REISE KNOW-HOW im Internet

Aktuelle Reisetipps und Neuigkeiten
Ergänzungen nach Redaktionsschluss
Büchershop und Sonderangebote

**www.reise-know-how.de
info@reise-know-how.de**

Wir freuen uns über Anregung und Kritik.

A. Braun, H. Cordes, A. Großwendt, H.-G. Semsek
Großbritannien

Du Land der „Times" und Land der großen Charte,
Du Land von Löwenherz in jedem Strauß,
Besiegerin Du des Kaisers Bonaparte,
Erbweisheitsland, der Freiheit Hort und Haus,
Ach, frag ich mich, was schließlich ganz aparte
Du hast vor uns und andrem Volk voraus,
So ist das: Es fehlen hier die Semmeln
Doch bist Du groß in Rindfleisch und in Hämmeln

Theodor Fontane

A. Braun, H. Cordes, A. Großwendt, H.-G. Semsek

Großbritannien

Impressum

A. Braun, H. Cordes, A. Großwendt, H.-G. Semsek

Großbritannien
erschienen im
REISE KNOW-HOW Verlag Peter Rump GmbH
Osnabrücker Str. 79
33649 Bielefeld

© **Peter Rump** 1996, 2000, 2002, 2004
5., komplett aktualisierte Auflage 2006

ALLE RECHTE VORBEHALTEN

Gestaltung:
   Umschlag: M. Schömann, P. Rump (Konzept)
   André Pentzien (Realisierung)
   Inhalt: K. Röckenhaus (Realisierung)
   Karten: der Verlag
   Fotos: die Autoren, Wolfram Schwieder
   Titelfoto: H.-G. Semsek
   Bildbearbeitung: T. Buri, der Verlag

Lektorat (Aktualisierung): André Pentzien

Druck und Bindung: Fuldaer Verlagsanstalt GmbH & Co KG, Fulda

ISBN-10: 3-8317-1446-0
ISBN-13: 978-3-8317-1446-9

PRINTED IN GERMANY

Dieses Buch ist erhältlich in jeder Buchhandlung Deutschlands, der Schweiz,
Österreichs, Belgiens und der Niederlande. Bitte informieren Sie Ihren
Buchhändler über folgende Bezugsadressen:
Deutschland: Prolit Verlagsauslieferung GmbH, Siemensstr. 16,
35461 D-Fernwald (Annerod), sowie alle Barsortimente
Schweiz: AVA/Buch 2000, Postfach, CH-8910 Affoltern
Österreich: Mohr Morawa Buchvertrieb GmbH, Sulzengasse 2, A-1230 Wien
Niederlande, Belgien: Willems Adventure, Postbus 403, NL-3140 AK Maassluis

Wer im Buchhandel trotzdem kein Glück hat, bekommt unsere Bücher
auch über unseren **Büchershop im Internet:**
www.reise-know-how.de

Inhalt

England

Exkurse

Hinweise zur Benutzung

Dieser Reiseführer ist als praktischer Ratgeber für Touristen konzipiert, die sich Großbritannien aktiv erschließen wollen. Er gliedert sich in einen allgemeinen Teil mit reisetechnischen Hinweisen und der Vorstellung des Landes und einen Teil mit den Ortsbeschreibungen.

Das Kapitel „*Praktische Reisetipps A–Z*" enthält allgemein nützliche Informationen wie Adressen, Botschaften, Tipps für Anreise und das Reisen in Großbritannien, etc.

Die Abschnitte „*Land und Natur*", „*Staat und Gesellschaft*" und „*Die Menschen und ihre Kultur*" bieten einen genauen Einblick in das historische und heutige Großbritannien.

Den größten Platz nehmen verständlicherweise die *Ortsbeschreibungen* ein. Die jeweils touristisch wichtigsten Städte oder Gebiete werden immer nach demselben System beschrieben. Dazu gehören neben Sehenswertem und den Hintergründen auch genaue Hinweise zu Unterkünften, wichtige Adressen und Verkehrsverbindungen.

Für die angegebenen *Preise und Tarife* können wir natürlich keine Garantie übernehmen. Die Preisangaben sind deshalb als Richtwerte zu verstehen, die vor allem Auskunft über die Preiskategorie einer Unterkunft oder eines Restaurants geben sollen.

Das ausführliche *Register* im Anhang erlaubt einen schnellen Zugriff auf Informationen über eine bestimmte Örtlichkeit, eine Person oder ein Sachgebiet.

Die einzelnen *Landkarten* sind über Hinweise in der Kopfzeile, über einen Blattschnitt in den Umschlagklappen sowie über das Kartenverzeichnis im Anhang zu finden.

Wer sich für weitergehende Informationen zu Großbritannien interessiert, sei auf die *Literaturhinweise* verwiesen, die ebenfalls im Anhang stehen.

Abkürzungen

NT	National Trust for Places of Historic Interest or Natural Beauty (kurz: National Trust, s. S. 355)
EH	English Heritage (s. S. 355)
d	Pence
£	Pfund
s	Shilling

Warnung

Die britischen Behörden warnen vor der Möglichkeit *terroristischer Anschläge* im Vereinigten Königreich und haben daher Landsleute wie Reisende zu besonderer Wachsamkeit aufgerufen.

Praktische Reisetipps A–Z

Ausrüstung

Regenfeste Kleidung und vor Feuchtigkeit schützendes, **rutschfestes Schuhwerk** gehören auf alle Fälle ins Reisegepäck. Ein Schirm leistet weniger gute Dienste, da die Windböen dafür sorgen, dass man dann eben unterhalb des Kopfes nass wird. Ideal ist eine dreiviertellange Jacke aus Goretex oder Sympatex mit Kapuze. Für kurze Spaziergänge zu landschaftlichen Höhepunkten abseits befestigter Wege eignen sich leichte Wanderschuhe mit rutschfester Profilsohle. Ein dicker Pullover wärmt an kalten Sommertagen. Aber auch Eleganteres sollten Sie für den Urlaub einpacken; die guten Restaurants sehen bei Herren ein Sakko mit Krawatte und bei Damen ein Kleid als Muss an.

Selbst wenn Sie kein Hobby-Ornithologe sind, nehmen Sie trotzdem ein **Fernglas** mit, an den Küsten kann man schon zum Vogelliebhaber werden; viel Freude kommt auf, wenn zum Beispiel die lustig aussehende Papageientaucher *(puffin)* ins Blickfeld des Feldstechers gerät.

Ein Schweizer **Offiziersmesser,** oder etwa ein *Leatherman* (ein höchst intelligentes Mini-Werkzeugset für breiteste Anwendungsbereiche) und eine Taschenlampe gehören natürlich in jedes Reisegepäck. Nützlich erweist sich ein kleiner **Rucksack,** neuerdings *Day Pack* genannt, um alle Tagesutensilien beisammen zu haben.

Wenn Sie wandern wollen – und das ist in Großbritannien sehr empfehlenswert – benötigen Sie selbstverständlich ein paar gute Wanderschuhe, einen **Kompass,** einen kleinen **Erste-Hilfe-Set** und eine **Feldflasche.**

Autofahren

Sieht man vom Linksverkehr ab, sind im Wesentlichen die gleichen Verkehrszeichen und -regeln wie auch bei uns gültig. Es gelten die folgenden **Höchstgeschwindigkeiten:**

Ortschaften	30 mph	(48 km/h)
Landstraßen	60 mph	(96 km/h)
Autobahnen	70 mph	(112 km/h)

Die Autos im **Kreisverkehr** *(roundabout)* haben Vorfahrt und fahren im Uhrzeigersinn.

Im Inselreich sind die Landstraßen nicht so gut ausgebaut wie hierzulande, der Verkehr führt über kurvenreiche und nicht sonderlich breite Trassen. Im Süden säumen zudem hohe Hecken die Straßen, deren Ausläufer in 5 m Höhe dann über die Fahrbahn aufeinander zuwachsen, so dass man das Gefühl hat, sich in einem Tunnel fortzubewegen. *Wolfgang Hildesheimer* nannte es in seinem Band „Zeiten in Cornwall" „fahren, wie in einem Labyrinth".

Auf den unübersichtlichen, schmalen und recht kurvenreichen Sträßchen empfiehlt sich dringend eine **defensive Fahrweise.** Ein einsamer Radfahrer ist durch rasende Automobilisten hochgradig gefährdet. Großbritannien ist kein Land für Rennfahrer!

Auch durchziehen nicht so viele Autobahnen das Land, wie wir es von

Deutschland gewohnt sind; bis auf wenige Ausnahmen verlaufen sie in Nord-Süd-Richtung.

Viele unklassifizierte Straßen – vor allem in Schottland – sind sogar nur einspurig *(single track road)* und bieten dafür alle paar Meter Ausbuchtungen, so genannte **Passing Places,** an, in denen man den Gegenverkehr vorbeilassen kann.

Selbstverständlich ist die **Tankstellendichte** in Großbritannien hervorragend, und alle *Petrol Stations* führen bleifreies Benzin *(Unleaded).*

In den Ortschaften finden sich in der Regel große **Parkplätze** nahe dem Zentrum. Hier gilt die Regel *pay and display;* aus einem Ticketautomaten zieht man je nach gewünschter Parkdauer mit Kleingeld einen Zettel, der die Rückkehrzeit anzeigt und klebt diesen dann von innen an die Windschutz- oder Seitenscheibe. Ohne eine solche Maßnahme sollten Sie Ihren Wagen keineswegs auf gebührenpflichtigen Parkplätzen oder an Straßenrändern abstellen. Da ausländische **Parksünder** ihre Strafmandate nicht bezahlen, werden ihre Autos zumeist mit einer *clamp*, einer Radkralle, verziert, die am Wegfahren hindert, oder abgeschleppt. Befindet sich eine solche *clamp* an Ihrem Wagen, so haben Sie zuerst die Strafe zu bezahlen (Adresse auf dem Bußbescheid), gehen dann zu ihrem Wagen zurück und warten, bis das *Clamp Removal Unit* kommt und die Kralle wieder abmontiert. Unter Umständen müssen Sie bis zu fünf Stunden ausharren, bis die Einheit erscheint und den Wagen endlich freigibt.

Vor und hinter **Fußgängerüberwegen** zeigen weiße Zickzacklinien die absoluten Parkverbotsbereiche an, und an den **Bordsteinrändern** weisen eine gelbe Linie auf das Parkverbot und zwei gelbe Linien auf das absolute Halteverbot hin.

Bei einem **Unfall** rufen Sie immer und unbedingt die Polizei; zentrale **Notfallrufnummer** für Polizei, Krankenwagen und Feuerwehr ist **999.**

Bei einer **Panne** sollten Sie sich an einen der beiden nationalen Automobilclubs wenden. Die Telefonnummern des *breakdown service*: *Royal Automobile Club* (RAC) 0800/828282; *Automobile Association* (AA) 0800/0289018 (Null nach Vorwahl wählen!).

Hilfe ist z. B. für ADACPlus-Mitglieder oder ÖAMTC-Mitglieder teilweise kostenlos. Man kann sich auch direkt an seinen Automobilclub wenden. Hier die drei größten für Deutschland, Österreich und die Schweiz:

● **ADAC,** Tel. 0049-89-222222, unter 0049-89767676 erfährt man, wo sich in der Nähe Ihres Urlaubsortes ein deutschsprechender Arzt befindet; die Liste kann man auch vorab anfordern.
● **ÖAMTC,** Tel. 0043-1-2512000 oder 01-2512020 für medizinische Notfälle.
● **TCS,** Tel. 0041-22-4172220.

Einkäufe

Großbritannien ist nicht unbedingt ein Einkaufsparadies, es gibt wenig, was es hierzulande nicht auch gäbe; zudem sind alle Artikel in England teurer als hierzulande, und auch die **Mehrwertsteuer** ist höher. Bezüg-

Auf dem Markt von Norwich

lich des Shoppings in London schauen Sie in den Beileger.

Rigide **Ladenschlusszeiten** wie in Deutschland kennen die flexiblen Briten nicht, während der Saison sind in den Badeorten die Geschäfte manchmal bis 21 Uhr geöffnet; die normalen Öffnungszeiten liegen zwischen 9 und 17.30 Uhr. Überall findet sich aber ein Inder oder Pakistani, dessen kleiner Tante-Emma-Laden oft bis in die späten Nachtstunden geöffnet ist. Sonntags dürfen Geschäfte zwischen 10 und 16 Uhr ihre Waren verkaufen.

In kleinen Orten schließt der Kaufmann seinen Laden gerne über die **Mittagszeit,** und hier gibt es auch den **Early Closing Day** – einmal in der Woche ist ab Mittag für den Rest des Tages dann Feierabend.

Alkoholische Getränke kann man nicht in jedem Geschäft kaufen, sondern nur in den so genannten *Off-Licences*. Auch diese Geschäfte sind bis in den späten Abend hinein geöffnet.

Große Supermärkte haben eine Off-Licence-Abteilung, ansonsten halte man Ausschau nach den im ganzen Land verteilten Läden der Ketten *Odd Bins* oder *Victoria Wine*.

Einreise-bestimmungen

Besucher aus EU-Ländern benötigen für die **Einreise** nach Großbritannien nur einen gültigen Personalausweis, Schweizer müssen zu ihrem Ausweis noch eine **Visitor's Card** ausfüllen.

Auch innerhalb der EU- und EFTA-Länder bestehen für die steuerfreie Mitnahme von Alkohol, Tabak und Kaffee Grenzen. Bei Überschreiten der Freigrenzen muss nachgewiesen werden, dass keine gewerbliche Verwendung beabsichtigt ist:

- **Alkohol:** 90 Liter Wein (davon höchstens 60 Liter Schaumwein), 110 Liter Bier, 10 Liter Spirituosen über 22 % Vol. und 20 Liter unter 22 % Vol.; für Schweizer jedoch nur 2 Liter bis 15 % Vol. und 1 Liter über 15 % Vol.
- **Tabakwaren:** 800 Zigaretten, 400 Zigarillos, 200 Zigarren, 1 kg Tabak; für Schweizer jedoch nur 200 Zigaretten oder 50 Zigarren oder 250 g Pfeifentabak
- **Sonstiges:** 10 kg Kaffee, abgabenfrei sind darüber hinaus alle Waren, die in regulären Geschäften erworben wurden, d.h. im so genannten „zoll- und steuerrechtlich freien Verkehr". Hat man die Waren dagegen im „Duty-Free-Einkauf" erworben, gelten die Bestimmungen für so genannte „Drittländer", also ein Reisefreibetrag von 175 €. Für Schweizer gilt grundsätzlich die eingeschränkte Wareneinfuhr bis zu einer Grenze von max. 175 € pro Person in ein EU-Land.

Darüber hinaus gelten in allen EU- und EFTA-Mitgliedstaaten weiterhin **nationale Ein-, Aus- oder Durchfuhrbeschränkungen,** z. B. für Tiere, Waffen, starke Medikamente, Drogen und auch für Cannabis-Besitz und -handel. Des Weiteren muss man bei Mitführung von mehr als 15.000 Euro Bargeld belegen, woher das Geld stammt und wozu es verwendet werden soll. **Nähere Informationen** gibt es:

- **Deutschland:** www.zoll.de oder beim Zoll-Infocenter Tel. 069-469976-00
- **Österreich:** www.bmf.gv.at oder beim Zollamt Villach Tel. 04242-33233
- **Schweiz:** www.zoll.admin.ch oder bei der Zollkreisdirektion in Basel Tel. 061-2871111

Seit Ende Februar 2000 ist das so genannte *Pet Travel Scheme,* ein **Pilotprojekt für die Einreise von Haustieren,** gültig. Bis zu diesem Zeitpunkt mussten Hunde und Katzen eine sechsmonatige Quarantäne über sich ergehen lassen. Damit sollte verhindert werden, dass die Tollwut, die es auf den Britischen Inseln nicht gibt, ins Land eingeschleppt wird. Man muss eine Tollwutschutzimpfung und ein **EU-Heimtierausweis** (Pet Passport) für Hund oder Katze haben. Die Blutuntersuchung muss dabei sechs Monate vor Einreise erfolgt sein und das Tier darf in dem Zeitraum die EU nicht verlassen haben. 24 bis 48 Stunden vor Reisebeginn nach Großbritannien müssen Hunde und Katzen **gegen Zecken und Bandwürmer** behandelt werden. Diese Behandlung muss im EU-Heimtierausweis vermerkt sein. Darüber hinaus muss das Tier mit einem **Microchip** oder übergangsweise bis zum Juli 2011 mit einer lesbaren Tätowierung gekennzeichnet sein.

Weitere detaillierte Regelungen sind zu beachten, über die man beim Tierarzt oder unter z. B. www.britischebotschaft.de mindestens **neun Monate vor Einreise** in Erfahrung bringen sollte.

Elektrizität

Auch in Großbritannien gibt es 220 Volt Wechselstrom wie hierzulande – doch damit ist das Ende der Gemeinsamkeiten schon erreicht. Wollen Sie Ihren Haarfön nutzen, so hilft nur ein dreipoliger **Zwischenstecker,** den es in jedem englischen Haushaltswarengeschäft zu kaufen gibt; dort erstehen Sie einen *plug*, in den der *continental plug* hineinpasst. Vorsichtshalber können Sie den Zwischenstecker auch schon zu Hause, entweder in einem Elektrogeschäft oder beim ADAC, besorgen.

Für Herren, die sich trocken *rasieren,* gilt dies alles nicht. Im Bad befindet sich der uns bekannte Stecker mit der Aufschrift *Shavers only* – Nur für Rasierer. Den Fön treibt dieser Stecker trotzdem nicht, eine Sicherung *(fuse)* lässt nur die wenigen Ampere durch, die der Rasierapparat benötigt.

Ist der Stecker in der Dose, aber nichts tut sich, so untersuchen Sie die **Steckdose** *(socket);* sie werden einen kleinen Kipphebel finden, den man umlegen muss. Funktionieren also Fernseher oder Teekessel nicht, so beschweren Sie sich nicht gleich bei Ihrer *landlady,* sondern werfen Sie erst einen Blick auf die Steckdose. Bleibt es im Hotelzimmer dunkel, so ist sicher die Glühbirne hinüber; ordern Sie an der Rezeption eine neue *bulb.*

Essen und Trinken

Die Mahlzeiten

Den miserablen Ruf, den das englische Essen hat, werden die Briten sicher nie mehr los. Der Urlauber sei deshalb vorab informiert, dass er auf einer Großbritannien-Rundfahrt durchaus gastronomische Highlights erleben kann.

Doch beginnen wir erst einmal mit dem außerordentlich sättigenden, aber auch den Cholesterinspiegel in ungeahnte Höhen treibenden **Frühstück.** Es geht los mit *cereals* (Cornflakes oder Müsli), hartgesottene können auch *porridge* (Haferschleim) ordern; hat man sich reichlich bedient, wird man nach den Wünschen des *cooked breakfast* gefragt und ordert etwa folgendermaßen: *bacon and scrambled eggs with sausages and baked beans*; gebratener Schinken und Rühreier, Würstchen und (süße) Bohnen in Tomatensauce. (Ein Tipp: Verzichten Sie unbedingt auf die Würstchen!) Außerdem wird Toast mit Butter und Marmelade gereicht. Häufig gibt es eine schrumpelige, gegrillte Tomate zum *cooked breakfast* oder gebratene Champignons *(mushrooms).* Statt Rührei kann man auch Spiegeleier *(fried eggs)* bestellen. Trinken Sie Tee zum Frühstück, der Kaffee erinnert gelegentlich an Spülwasser!

Über die **Mittagszeit,** zum **Lunch,** trifft man sich gerne in den Pubs und Inns und greift dort zum *Pub Grub.* Ausnahmslos alle Tavernen haben auf dem Land eine weite Palette an Snacks im Angebot. Sandwiches sind obligatorisch, aber langweilig. Bestellen Sie einen **Ploughman's oder Fisherman's Lunch;** ersterer besteht aus einer dicken Scheibe Käse, Brot mit Butter und etwas Salat, letzter hat statt Käse eine Räuchermakrele auf dem Teller. Salate mit Schinken oder Fleischbeilage sind ebenfalls beliebt und weit verbreitet, gleiches gilt für **Currys** – also indische Hühner-, Rind- und Schweinefleischgerichte mit Reis.

Auch eine *Soup of the Day* – Tomaten-, Hühner-, Gemüse- oder Spargelcremesuppe – ist immer im Angebot und wird mit gerösteten Brotstücken obenauf sowie mit Brot und Butter serviert.

Zwei Arten von **Pies** sind heißbegehrt: *Steak and Kidney Pie*, Rindfleisch- und Nierengulasch in Teighülle, sowie *Shephard's Pie*, Hackfleisch mit überbackenem Kartoffelpüree. Fragen Sie den Wirt, was er sonst noch im Angebot hat; häufig hängt aber drinnen oder draußen eine große schwarze Wandtafel, auf der alle Gerichte verzeichnet sind.

Eine walisische Spezialität ist *laverbread,* in der Pfanne angebratener Seetang. In Schottland ist *haggis* das Nationalgericht, ein gehackter Schafsmagen mit Gewürzen, frischen Kräutern, weiteren Innereien sowie Hafermehl in einem Plastikdarm. Mittags zur Lunch-Zeit kommt im hohen Norden gerne die *Scottish broth,* eine Graupensuppe mit Schafsfleisch, oder *cock-o-leekie,* eine Hühnersuppe mit Lauch, auf den Tisch. Beliebt bei den Besuchern in Schottland sind vor allem der geräucherte Lachs und die Steaks der Angus-Hochlandrinder – wenngleich auf dem Kontinent und besonders in Deutschland große Angst vor dem britischen Rinderwahnsinn *(Mad Cow Disease)* herrscht. Weitere urschottische Gerichte, die allerdings wie Haggis auch nie in einem Restaurant, sondern nur zu Hause aufgetischt werden, sind Grünkohlspeisen, das typische Arme-Leute-Essen der früheren Tage, so etwa *Kail and Knockit Corn* (Grünkohl mit Haferbrei), *Lang Kail* (Grünkohl mit Butter) oder *Kilmenny Kail* (Grünkohl mit Kaninchen).

Am späteren **Nachmittag** schlägt dann die Stunde der *Tea Rooms.* Hier in einer gemütlichen Wohnzimmeratmosphäre nimmt der Brite gern seinen **Cream Tea,** und hat der Kontinentaleuropäer die Sitte erst einmal kennen gelernt, so wird auch er sie bald nicht mehr missen wollen. Ein Cream-Tea-Gedeck beinhaltet eine Kanne Tee, frische, warme und leicht süßliche *Scones* (etwa ein Fruchtrosinenbrötchen), *Clotted Cream*, dicke Buttersahne, und *Jam*, Marmelade.

Ein abendliches **Dinner** ist dann der gastronomische Hochgenuss und rundet den Tag des Gourmets erfolgreich ab. Leider sind **Restaurantbesuche** weitaus teurer als in unseren Gefilden, dennoch dürfen Sie sich das eine oder andere gute Restaurant nicht entgehen lassen.

Entlang der Küste finden sich immer wieder ausgezeichnete **Seafood Restaurants,** doch sollten Sie auch die ganz spezifisch britische Küche nicht aus den Augen verlieren; so etwa Lamm in Minzsoße oder Roastbeef und Yorkshire Pudding. Sie werden erstaunt sein, wie gut und schmackhaft die englische Küche ist.

Vornehmere Restaurants erwarten eine angemessene **Kleidung** vom Gast; dazu gehört bei Herren ein Sakko mit Krawatte und bei Damen ein Kleid.

Pubs

Den unerfahrenen Pub-Besucher werden sicher die **Schilder an den Türen** irritieren, die aus einer Zeit stammen, als das Standesbewusstsein in Großbritannien noch ausgeprägt war. Heute haben sie keine Bedeutung mehr, doch sollte man wissen, was es damit einst auf sich hatte:

- **Public Bar,** für die untersten gesellschaftlichen Schichten, rustikale Einrichtung, harte Stühle, Sägespäne auf dem Boden;
- **Saloon Bar,** für den Bürger, gemütlicher eingerichtet und etwas teurer;
- **Lounge Bar,** für den gutbetuchten Bürger oder den kleinen Landadligen, elegante Ausstattung, manchmal gar mit Bedienung;
- **Private Bar,** für distinguierte Aristokraten oder alleinreisende Damen.

Das **Verhalten in britischen Pubs** unterscheidet sich grundlegend von dem in deutschen Kneipen. In den Tavernen und Inns wird man nicht am Tisch bedient, sondern holt sich die Getränke an der Bar ab. Auch ordert man nicht einfach „Ein Bier", was als Unhöflichkeit gilt, sondern gibt die Menge und die Sorte an: *Half a Pint of Bitter* (ca. 0,25 l) oder *A Pint of Lager* (ca. 0,5 l), dann schließt man mit einem markigen *Please*. Man zahlt sofort und gibt kein Trinkgeld. Hat man eine Lieblingssorte, die im Pub ausgeschenkt wird, so bestellt man: *A Pint of Bass* oder *Half a Pint of Yorkshire Bitter* oder *A Pint of Ruddless Conty*.

Gutes britisches Bier reift erst im Keller des Pubs, denn die Brauereien liefern exzellente Gebräue noch im Gärzustand aus, welche je nach Fassart, Kellertemperatur und Lagerdauer dann ihren vollen Geschmack entfalten. Dieses Bier wird in seinem Aroma von den gasbetriebenen Steigleitungen geschmacklich zerstört, so dass die Anzahl der **Handpumpen** in einem Pub sehr

viel über die Bierqualität des Ortes aussagt. Man sollte immer das Bier aus diesen Handpumpen vorziehen.

Da die meisten Pubs im Besitz weniger Großbrauereien sind, versuchten diese in den 1960er und 1970er Jahren schnell und billig gebrautes Instant-Bier an die Bars zu bringen. Die Wirte, keineswegs selbstständige Unternehmer, sondern Pächter, konnten sich nicht dagegen wehren, und schnell wurden die Pubs mit den so genannten **Keg-Bieren,** fertig pasteurisierten und künstlich mit Kohlensäure versehenen Bieren versorgt.

Nur die **Free Houses,** Pubs also, die keiner Brauerei gehörten, wehrten sich dagegen, und deren Wirte riefen zusammen mit der *Consumer's Association* 1975 die CAMRA ins Leben, die **Campaign for Real Ale.** Der Erfolg war überwältigend; wie ein Mann standen die britischen Pub-Besucher hinter den Verbraucherschützern, und die Brauereien gaben ihren Widerstand auf und produzierten wieder *Real Ale*.

Nach wie vor jedoch haben die *Free Houses* mehr und interessantere Biersorten im Angebot als die brauereieigenen Häuser, die natürlich nur das in ihren Steigleitungen haben, was der Konzern herstellt. Ein *Free House* ist in diesem Führer immer besonders gekennzeichnet.

Kinder unter 14 Jahren dürfen laut Gesetz nicht in Pubs, und so gibt es separate **Familienräume;** im Biergarten darf man sommertags mit den Kleinen natürlich auch sitzen. Viele Pubs auf dem Land haben einen kleinen Spielplatz oder führen an sommerlich schönen Wochenenden gar

Britische Pub-Besonderheiten

Viele **Namen von Pubs** gehen auf die biblische Geschichte oder auf christliche Zeichen zurück; so etwa *The Cross*, *The Mitre* (Die Mitra), *Adam and Eve* oder *The Angel Inn*. Bezeichnungen wie *Four Bells* oder *Bell Inn* erinnern an die Kirchenglocken oder geben gleich die Anzahl der Glocken der heimischen Kirche an. Ist ein Gotteshaus St. Peter geweiht, so heißt der Pub nahebei mit Sicherheit *Cross Key*, das nämlich sind die beiden Schlüssel, mit denen Petrus entweder die Hölle oder den Himmel aufschließt.

The Lamb and the Flag ist weit verbreitet, dies war das heraldische Zeichen der Templer-Ritter; *The Star* bezeichnet den Stern, der die drei Weisen nach Bethlehem führte, und *The Anchor* ist nicht nur ein nautisches Symbol, sondern auch ein Zeichen der Hoffnung; viele Pubs heißen denn auch zur Verstärkung *Hope and Anchor*. *The Cock Inn* hat seinen Namen nicht vom Hühnerhof, sondern erinnert an Simon Petrus: Noch ehe der Hahn dreimal gekräht hat, wirst Du mich verraten haben! Unvergessen auch die Taverne, die *Ye Olde Trip to Jerusalem* hieß.

Viele Pub-Namen gehen auf uralte heraldische Zeichen zurück. Am bekanntesten ist *Red Lion*, von jeher das Wappentier der schottischen Könige, das mit dem schottischen *Jakob VI.*, der in England 1603 König *Jakob I.* wurde, in den Süden der Insel kam. Auch *Unicorn*, das Einhorn, geht auf die schottischen Herrscher zurück. Der *Greyhound* war das heraldische Zeichen der Tudors, und die Hannoveraner führten *The White Horse* in ihrem Wappen.

Manchmal findet der durstige Zecher auch recht **seltsame Pub-Namen** vor und kann sich gar nicht vorstellen, was damit wohl gemeint sein soll. Welchen Sinn macht beispielsweise *The Goat and Compasses?* Hier war ein Atheist am Werke, der den betulichen Puritanerspruch *God encompasses you* recht pfiffig verballhornt hat. Heißt eine Taverne *Bag o'Nails*, ist man durchaus richtig vor Ort, der Name geht auf eine Verfremdung vom *Bacchanal* des römischen Weingottes zurück. Beim *Pig and Whistle* bläst keineswegs ein Schwein die Pfeife, sondern hier wird *a pail of health,* ein Eimer voll Gesundheit, verballhornt. Bei *Elephant and Castle* geht es gleich zweimal um die Ecke. Der gleichnamige Londoner Stadtteil geht auf Königin *Eleonore von Kastilien*, die *Infanta of Castile*, zurück, was die verballhornungsfreudigen Londoner zu *Elephant and Castle* mutieren ließen. Ein Elefant mit einem Burgturm auf dem Rücken ist aber auch ein altes heraldisches Zeichen. Heißt ein Pub so, dann gehört er jedoch mit großer Wahrscheinlichkeit zur *Cutlers* Brauerei, die nämlich führt diese Insignien in ihrem Wappen.

Biere werden in Pubs in **Half Pints** und **Pints** ausgeschenkt, was ungefähr unserem Viertelliter bzw. einem halben Liter entspricht. Ganz selten findet man noch einen *Yard of Ale*, eine ca. einen Meter lange Glasröhre, die ungefähr drei Pints enthält. Wie man hört, ist das lange Ding bei Trinkwettbewerben noch sehr beliebt.

Der Wirt bestellt sein Bier bei der Brauerei in **Casks**, in Fässern. Noch heute gelten die **Cask-Maße**, die auf dem Neunersystem beruhen:

1 Pin = 4,5 Gallonen (20,5 l);
1 Firkin = 9 Gallonen (41 l);
1 Kilderkin = 18 Gallonen (81,8 l);
1 Barrel = 36 Gallonen (163,7 l);
1 Hogshead = 54 Gall. (245,5 l).

Das Butt, das 108 Gallonen (491 l) fasste, ist nicht mehr im Gebrauch.

Punch and Judy Shows (Kasperle-Theater) für die Kleinen auf.

Im November 2005 wurden die noch aus dem Ersten Weltkrieg stammenden, rigiden **Sperrstunden** der Pubs von der Regierung **aufgehoben.** Tausende von Kneipenwirten haben sich daraufhin um eine verlängerte Schanklizenz bemüht, so dass Pub-Besuche nun bis spät in die Nacht möglich sind.

Feste und Feiertage

Offizielle Feiertage

- Neujahr *(New Years Day)*
- Karfreitag *(Good Friday)*
- Ostermontag *(Easter)*
- 1. Montag im Mai *(Labour Day)*
- 1. und 2. Weihnachtsfeiertag *(Christmas Day and Boxing Day).*

Zusätzlich dazu gibt es zwei so genannte **Bank Holidays,** freie Tage, die die Gewerkschaften in früheren Jahren einmal erkämpft haben. *Spring Bank Holiday* ist der letzte Montag im Mai und *Summer Bank Holiday* ist der letzte Montag im August. Traditionell sind die Briten dann auf Achse; Hotels und Pensionen sind hoffnungslos ausgebucht, die Restaurants stets voll.

Feste

Vor allem im Sommer gibt es in vielen Örtchen und Städtchen Großbritanniens eine ganze Reihe von Festivals oder Shows, örtliche Kulturveranstaltungen oder *Flower Shows* bis hin zu Straßenfesten und jahrmarktsähnlichen Veranstaltungen.

Auch **Wohltätigkeitsbasare** sind während der Saison an der Tagesordnung. Solche Charity-Veranstaltungen werden für die RNLI (die *Royal National Lifeboat Institution)* abgehalten, die die gesamte Küste mit ihren Seenotrettungskreuzern überwacht, für die Vogelschutzfreunde der RSPB *(Royal Society for the Protection of Birds),* für die Tierschutzgesellschaft RSPCA (die *Royal Society for the Prevention of Cruelty to Animals)* oder auch für die Kinderschutzorganisation NSPCC *(National Society for the Prevention of Cruelty to Children)* (Nicht nur Zyniker weisen übrigens darauf hin, dass die Vogelschutz- und Tierschutzgesellschaft sich mit dem werbewirksamen Vorsatz *Royal* schmücken dürfen, nicht jedoch der Kinderschutzbund.) Aber auch lokale Themen stehen auf einem solchen Wohltätigkeitsprogramm, so etwa die Rettung des Kirchturms von Salisbury, für den Spenden von rund 500.000 £ benötigt wurden.

Geld

Das **Englische Pfund** (abgekürzt £, derzeit 1,44 € / 2,27 SFr, Stand: März 2006) hat 100 Pence. Es gibt eine ganze Anzahl von Münzen in gleichem Wert, aber unterschiedlicher Größe oder Form. Pence wird nicht ausgesprochen, sondern kurz als „p" (pi) bezeichnet. Alle Münzen und Scheine tragen das Bild der Königin.

Die preiswerteste Art der Geldbeschaffung ist die Barabhebung vom Geldautomaten unter Angabe der PIN mit der **Maestro-Karte** (früher in Deutschland EC-Karte genannt). Je

Festivalkalender

Abkürzungen: SE = Süd-England, ME = Mittel-England, NE = Nord-England, S = Schottland

Februar/März	London Arts Season, London, kulturelle Veranstaltungen aller Art
Februar	Jorvik Festival, York (NE), kulturelle Veranstaltungen aller Art
Februar	Bath International Literature Festival, Bath (SE), alles rund ums Buch,
April	Beginn der Shakespeare Theatre Season, Stratford-upon-Avon (ME)
April	Bootsregatta zwischen Oxford und Cambridge, von Putney nach Mortlake, auf der Themse (ME)
April	Beginn der Pitlochry Festival Theatre Season, Pitlochry (S)
Mai	Brighton Festival, Brighton (SE), kulturelle Veranstaltungen aller Art
Mai	Bournemouth International Festival, Bournemouth (SE), kulturelle Veranstaltungen aller Art
Mai	Beginn der Glyndbourne Festival Opera Season, Glyndbourne (SE), berühmteste Opernsaison Englands
Mai/Juni	Bath International Music Festival, Bath (SE), berühmtes Musikfest
Mai	Beginn des Minnack Theatre Summer Festival, Minnack Theatre, Porthcurno (SE), Aufführungen in einem oberhalb des Meeres gelegenen Freilichttheater
Mai	Orkney Traditional Folk Festival, Orkney Islands (S), kulturelle Veranstaltungen aller Art
Juni	Aldeburgh Festival of Music and Arts, Aldeburgh (ME), großes internationales Musik-Festival
Juni	Durham Regatta, Durham (NE)
Juni	Horseracing Royal Ascot, Ascot, SE), berühmtes Pferderennen
Juni/Juli	Lawn Tennis Championship, Wimbledon/London
Juni/Juli	Glasgow International Jazz Festival, Glasgow (S)
Juli	Henley Royal Regatta, Henley (ME), sehr berühmte Regatta
Juli/August	Skye Folk Festivall, Isle of Skye (S), großes Inselfest zu allen kulturellen Sparten
August	Sailing Cowes Week, Cowes/Isle of Wight (SE), so etwas wie die Kieler Woche Englands, elegante Segelregatten
August/September	Edinburgh International Festival, Edinburgh (S), größtes Kulturfest der Welt
September	Braemar Royal Highland Game, Braemar (S), berühmte Hochlandspiele

nach Hausbank wird dafür pro Abhebung eine Gebühr von ca. 1,30–4 € bzw. 4–6 SFr. berechnet.

Wesentlich gängiger als hierzulande erfolgt der Einsatz von **Kreditkarten.** In Supermärkten, an Tankstellen, in Geschäften aller Art, in Buchläden und selbstverständlich in Hotels und Bed & Breakfast-Pensionen wird fast ausnahmslos nur noch mit *Plastic Money* bezahlt. Barabhebungen per Kreditkarte kosten je nach ausstellender Bank bis zu 5,5 % an Gebühr, aber für das bargeldlose Zahlen werden nur ca. 1–2 % für den Auslandseinsatz berechnet.

Reiseschecks werden ohne Probleme in allen Banken eingetauscht, gleiches gilt für das Wechseln von **Bargeld.** Auch im kleinsten Örtchen findet man eine Filiale von *Barclay's* oder *Lloyd's*.

Die **Öffnungszeiten der Banken** liegen werktags zwischen 9.30 und 15.30 Uhr.

Wesentlich gängiger als hierzulande erfolgt der Einsatz von **Kreditkarten.** In Supermärkten, an Tankstellen, in Geschäften aller Art, in Buchläden und selbstverständlich in Hotels und Bed & Breakfast-Pensionen wird fast ausnahmslos nur noch mit *Plastic Money* bezahlt. Genügend Bargeld sollten Sie dennoch immer dabei haben.

Die Bank of Scotland und die Royal Bank of Scotland geben schottische Banknoten heraus, die den gleichen Wert wie die englichen haben. Theoretisch sind alle Noten überall gültig, es gibt aber durchaus eigensinnige Engländer, die schottisches Geld nicht akzeptieren.

Bei Verlust von Geldkarte oder Reiseschecks siehe Kapitel „Notfall".

Gesundheit

Die gesetzlichen Krankenkassen von Deutschland und Österreich garantieren eine Behandlung im akuten Krankheitsfall auch in Großbritannien, wenn die medizinische Versorgung nicht bis nach der Rückkehr warten kann. Als Anspruchsnachweis benötigt man seit Januar 2005 die **Europäische Krankenversicherungskarte,** die man von seiner Krankenkasse erhält.

Im Krankheitsfall besteht ein Anspruch auf ambulante oder stationäre Behandlung bei jedem zugelasse-

nen Arzt und in staatlichen Krankenhäusern **(National Health Service)**. Da jedoch die Leistungen nach den gesetzlichen Vorschriften im Ausland abgerechnet werden, kann man auch gebeten werden, zunächst **die Kosten der Behandlung** selbst zu tragen. Obwohl bestimmte Beträge von der Krankenkasse hinterher erstattet werden, kann ein Teil der finanziellen Belastung beim Patienten bleiben und zu Kosten in kaum vorhersagbarem Umfang führen.

Deshalb wird der Abschluss einer **privaten Auslandskrankenversicherung** empfohlen. Diese sollte eine zuverlässige Reiserückholversicherung enthalten, denn der Krankenrücktransport wird von den gesetzlichen Krankenkassen nicht übernommen.

Schweizer sollten bei ihrer Krankenversicherungsgesellschaft nachfragen, ob die Auslandsdeckung auch für Großbritannien inbegriffen ist. Sofern man keine Auslandsdeckung hat, kann man sich kostenlos bei Soliswiss (Gutenbergstr. 6, 3011 Bern, Tel. 031-3810 494, info@soliswiss.ch, www.soliswiss.ch) über mögliche Krankenversicherer informieren.

Zur Erstattung der Kosten benötigt man ausführliche **Quittungen** (mit Datum, Namen, Bericht über Art und Umfang der Behandlung, Kosten der Behandlung und Medikamente).

Eine **Arztpraxis** erkennt man an dem Schild *Surgery*, einen **Zahnarzt** an der Aufschrift *Dentist*.

Apotheken heißen *Dispensing Chemist* oder *Pharmacy* und sind häufig in Drogerien integriert. *Boots,* landesweit die größte Drogerie- und Apothekenkette, hat noch in jedem kleinsten Örtchen einen Laden. Rezepte von Ärzten nennt man in Großbritannien *Prescription*.

Der landesweit gültige **Notruf** für Krankenwagen, Feuerwehr und Polizei ist 999.

Hin- und Rückreise

Mit der Fähre

Viele Großbritannien-Besucher werden sicher mit dem eigenen Auto auf unsere Nachbarinsel reisen.

Längere Fährverbindungen gibt es von Cuxhaven in den östlich von London gelegenen Fährhafen Harwich, von Rotterdam und Zeebrugge nach Hull, von Amsterdam nach Newcastle und von Zeebrugge nach Rosyth (Schottland).

Der *Tarifdschungel* auf den unterschiedlichen Linien ist dicht, und das Studium der Broschüren oder Websites unterschiedlicher Fährfirmen artet zu einer Geduldsprobe aus. Mal gelten die Preise nur für den Pkw, mal für den Pkw und vier Erwachsene, mal für den Pkw mit zwei Personen, dann wieder gibt es Familiensparstickets, wenn die eigenen Kinder mitfahren; mehr als drei dürfen es aber auch nicht sein, sonst kommen Aufschläge zur Geltung. Auf einer Linie können manchmal bis zu sieben unterschiedliche *Tarifgruppen* gelten, je nachdem, ob die Fähre tagsüber oder nachts oder zu ganz bestimmten Uhrzeiten ablegt.

Selbstverständlich haben alle Anbieter auch Senioren- und Studentenermäßigungen in ihren Angeboten, und schließlich steigen die Reedereien im Kampf um die Kunden noch mit allen möglichen Spezial- und Supertarifen in den Ring. Alle nur denkbaren Arten von geschickt versteckten Aufpreisen – Einbettkabine, Zweibettkabine, mit Dusche und WC, ohne Dusche und WC, mit Waschbecken, ohne Waschbecken, Spezialaußenkabine, Schlafsessel, Liegesitze, etc. – sorgen nicht selten für weiteren Unmut beim Studium der Fahrpläne.

Hier einige **Preisbeispiele:**

● **Cherbourg – Portsmouth:** hin und zurück für zwei Personen im Juli 2006, mit Auto (5 m lang, 1,83 m hoch), mit *Brittanny Ferries* bei Vorbuchung 463 £.

● **Calais – Dover:** hin und zurück für zwei Personen im Juli 2006, mit Auto (5 m lang, 1,50 m hoch), mit *Seafrance* bei Vorbuchung 100 £.

● **Zeebrügge – Rosyth** (bei Edinburgh): hin und zurück für zwei Personen im Juli 2006, mit Auto (6 m lang, 2 m hoch), mit *Superfast Ferries* bei Vorbuchung 433,80 £.

Durch den Kanaltunnel

Da ist es vielleicht einfacher (und schneller allemal), man benutzt den **Kanaltunnel,** *Chunnel* genannt, eine Wortschöpfung aus *Tunnel* und *Channel*.

Nach 65 Mio. Jahren insularer Abgeschiedenheit ist Großbritannien nun wieder auf dem Landweg zu erreichen, die *Splendid Isolation* der Briten hat ein Ende. Zeitungsschlagzeilen wie die berühmte, aus den 1920er Jahren stammende „Nebel über dem

Fährverbindungen

Die wichtigsten Strecken und
Reedereien (mit Telefonnummern
in Deutschland) zwischen
Großbritannien und dem
Kontinent.

1	Superfast, 0451/88 00 61 66
2	DFDS Seaways, 040/38 90 371
3/4/5/7/9	P&O Ferries, 0180/50 09 437
5/6	Hoverspeed, 00800/12 11 12 11
5	Seafrance, 06196/94 09 11
8/10/11/12	Brittany Ferries, 06196/94 09 11

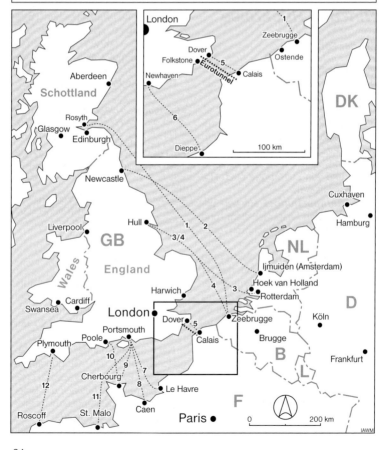

Kanal – Kontinent abgeschnitten" wird es dann nicht mehr geben können.

Beim *Chunnel* handelt es sich um drei Tunnelröhren, die durch den wasserundurchlässigen Kreidefelsen gebohrt wurden: zwei Schienentunnel und ein kleinerer Wartungstunnel in der Mitte. Die beiden Schienentunnel werden jeweils nur einspurig und in einer Richtung befahren.

An 365 Tagen im Jahr fahren Pendelzüge von *Eurotunnel* zwischen Calais und Folkestone rund um die Uhr. Jeder Zug transportiert 180 Pkw bzw. 120 Pkw und zwölf Busse; in Spitzenzeiten sogar im 15-Minuten-Takt, und selbst in Nächten mit schwachem Verkehrsaufkommen sind stündliche Abfahrten garantiert. Reservierungen sind dank des kundenfreundlichen Fahrplans nicht nötig – man fährt einfach hin und nimmt den nächsten Zug. Die Tickets löst man an Autoschaltern, in einem Terminal oder vorab in jedem Reisebüro.

Die Reise unter dem Kanal dauert nur 35 Min. von Bahnhof zu Bahnhof und knapp eine Stunde von Autobahnausfahrt zu Autobahnauffahrt.

Zum Einsatz kommen eigens für den Pendelverkehr konstruierte *Doppeldeckerzüge.* Die Passagiere bleiben während der kurzen Fahrt bei ihren Fahrzeugen oder können sich die Beine vertreten. Für Unterhaltung sorgt das Radioprogramm von *Eurotunnel*, und elektronische Anzeigetafeln halten die Reisenden über den Fahrtverlauf auf dem aktuellen Stand.

Motorrad- und Fahrradfahrer stellen ihre Zweiräder in einem speziellen Zugabschnitt ab und reisen in Abteilen mit Sitzgelegenheiten. Die Waggons für Busse und andere Fahrzeuge über 1,85 m sind einstöckig.

Der Kanaltunnel ist auf beiden Seiten an das jeweilige *Autobahnnetz* angeschlossen. Über die A 16 kommend, nimmt man bei Calais die Ausfahrt 13, auf der Rückreise über die M 20 die Ausfahrt 11a bei Folkestone.

Gut ausgebaute Zufahrtsstraßen führen zu den Terminals. Die französischen und britischen *Grenzkontrollen* finden schon vor der Abfahrt statt: Man hat also nach der Ankunft auf der anderen Kanalseite sofort freie Fahrt.

Informativ ist ein Besuch des *Eurotunnel-Ausstellungszentrums* in Calais und Folkestone. Der Bau des Tunnels und der Betrieb der Züge wird hier mit audiovisueller Technik dargestellt.

Buchung vorab möglich im *Internet:* www.eurotunnel.com.

Eisenbahn

Neben den Pendelzügen für die Pkw verkehrt von Paris über Brüssel nach London zum Bahnhof Waterloo International der *Eurostar,* ein Hochgeschwindigkeitszug für Personen. Von *Hamburg* und *Berlin* gibt es täglich bequeme Nachtzugverbindungen der Deutschen Bahn nach Brüssel (Berlin (21.18 Uhr) – Wolfsburg – Hannover – Bielefeld – Lüttich – Brüssel (6.09 Uhr); Hamburg (22.32 Uhr) – Bremen – Osnabrück – Lüttich – Brüssel (6.09 Uhr)), von wo aus man dann mit dem Eurostar weiterfahren kann.

Von *München* und *Frankfurt* aus nimmt man die Nachtzugverbindung nach Paris, von wo aus man ebenfalls mit dem Eurostar weiter nach London fährt (München (20.56 Uhr) – Augsburg – Ulm – Göppingen – Stuttgart – Pforzheim – Karlsruhe – Paris (6.58 Uhr); Frankfurt (22.50 Uhr) – Darmstadt – Heidelberg – Karlsruhe – Paris (6.58 Uhr)). Ebenso verkehrt der *Euronight-Zug* von Wien nach Paris (Wien (20.34 Uhr) – Linz – Salzburg – München – Augsburg – ... – Paris (20.27 Uhr)).

Von der Schweiz bietet sich die Fahrt mit dem D-Zug von Zürich via Bern nach Paris an, wo man wiederum auf den Eurostar umsteigt.

Die Fahrtzeit von Paris bis London beträgt ca. 3 Stunden, von Brüssel aus ca. 2 Stunden und 40 Minuten.

Bahntickets können auch online oder telefonisch gebucht werden:

● *Deutsche Bahn,* www.bahn.de oder in Deutschland Tel. 11861, automatische Fahrplanauskunft unter 0800-1507090 (kostenlos) bzw. aus Mobilfunknetzen 01805-221100.
● *Österreichische Bahn,* www.oebb.at oder in Österreich Tel. 05-1717 (Ortstarif).
● *Schweizer Bahn,* www.sbb.ch oder in der Schweiz Tel. 0900-300300.
● *DB NachtZug,* www.nachtzugreise.de oder in Deutschland Tel. 01805-141514 oder über obige Bahngesellschaften.
● *Eurostar:* www.eurostar.com oder über obige Bahngesellschaften.

Bahnpässe

Nachfolgende Pässe für kostenlose Fahrt auf den staatlichen Strecken, die sich jedoch nur lohnen, wenn man vor Ort viel mit dem Zug fährt.
● *InterRail Ticket:* Gibt es für Reisende bis 25 Jahre (InterRail –26) und für Reisende ab 26 Jahren (InterRail 26+). Zone Großbritannien: 195 € bzw. 286 € (16 Tage gültig). Für den Fahrpreis vom Wohnsitz bis nach Großbritannien erhält man 50 % Rabatt (der

Eurostar Brüssel – London ist zuschlagpflichtig).
● *Euro Domino:* ab 3 Tage 144 €, 30 € je Zusatztag (einen Monat gültig). Für Kinder, Jugendliche und Senioren gibt es Ermäßigungen.
● *BritRail Scottish Freedom Pass:* Für das schottische Bahnnetz. Für 4 frei wählbare Tage innerhalb von 8 Tagen (172 €) oder für 8 frei wählbare Tage innerhalb von 15 Tagen (225 €). Kinder zahlen die Hälfte.
● *BritRail Euro FlexiPass:* Für das Bahnnetz in ganz England, Wales und Schottland (nur für Nicht-Briten erhältlich!). 2–15 Tagen für 117–426 € (einen Monat gültig). Für Kinder, Jugendliche und Senioren gibt es Ermäßigungen.

Mit dem Flugzeug

Flugverbindungen

Direktverbindungen mit Flugzeugen nach Großbritannien bestehen von vielen Flughäfen in Deutschland, Österreich und der Schweiz mit *Austrian Airlines, British Airways, British Midland, Lufthansa* und *Swiss* nach London, von etlichen Flughäfen auch nach Birmingham, Edinburgh, Glasgow und Manchester.

Ein Economy-Ticket von Deutschland, Österreich und der Schweiz hin und zurück nach London bekommt man je nach Jahreszeit und Aufenthaltsdauer *ab unter 100 €* (Endpreis einschl. aller Steuern, Gebühren und Entgelte).

Für die Tickets der Linienairlines kann man bei folgenden *Reisebüros* meistens günstigere Preise als bei vielen anderen finden:

> ### Buchtipp
> ● *Erich Witschi:* **Clever buchen – besser fliegen,** Praxis-Reihe, REISE KNOW-HOW Verlag

●*Jet-Travel,* Buchholzstr. 35, D-53127 Bonn, Tel. 0228-284315, Fax 284086, info@jet-travel.de, www.jet-travel.de. Auch für Jugend- und Studententickets. Sonderangebote auf der Website unter „Schnäppchenflüge".

●*Globetrotter Travel Service,* Löwenstrasse 61, CH-8023 Zürich, Tel. 01-228 6666, zh-loewenstrasse@globetrotter.ch, www.globetrotter.ch. Weitere Filialen, siehe Website.

Billigfluglinien

Preiswerter kann man es bei den so genannten Billigfluglinien haben, sofern man *sehr früh auf der jeweiligen Website bucht.* Es werden keine Tickets ausgestellt, sondern man bekommt nur eine Online-Bestätigung mit einer Buchungsnummer per E-Mail.

Im Flugzeug ist dann oft *freie Platzwahl.* Alle Serviceleistungen werden extra berechnet. Geld sparen kann man, wenn man sich *Verpflegung* mitbringt.

Alle Billigairlines werden auf einen Blick vorgestellt unter *www.billig flieger-vergleich.de.* Für die Region interessant sind:

●*Air Berlin,* www.airberlin.com oder (D)-Tel. 01805-737800, (A)-Tel. 0820-400011, (CH)-Tel. 00848-737800.

●*Bmi Baby,* www.bmibaby.com.

●*Flybe.com,* www.flybe.com.

●*Easy Jet,* www.easyjet.com oder (D)-Tel. 01803-65432, (CH)-Tel. 0848-888222.

●*Germanwings,* www.germanwings.com oder (D)-Tel. 01805-955855, (A)-Tel. 01-502 910070, (CH)-Tel. 022-7100024.

●*Hapagfly,* www.hapagfly.com oder (D)-Tel. 01805-757510.

●*Hapag-Lloyd Express,* www.hlx.com oder (D)-Tel. 0180-5093509.

●*Helvetic,* www.helvetic.com oder (CH)-Tel. 043-5579099.

●*Jet2.com,* www.jet2.com.

●*Ryan Air,* www.ryanair.com oder (D)-Tel. 0190-170100.

●*SkyEurope Airlines,* www.skyeurope.com oder (A)-Tel. 01-99855555.

Last-Minute

Wer sich erst im letzten Augenblick für eine Reise nach Großbritannien entscheidet oder gern pokert, kann Ausschau nach Last-Minute-Flügen halten, die von einigen Airlines mit deutlicher Ermäßigung *ab etwa 14 Tage vor Abflug* angeboten werden, wenn noch Plätze zu füllen sind. Diese Last-Minute-Flüge lassen sich nur bei Spezialisten buchen:

●*L'Tur,* www.ltur.com; (D)-Tel. 01805-212 121, (A)-Tel. 0820-600800, (CH)-Tel. 0848-808088.

●*Lastminute.com,* www.de.lastminute.com, D: Tel. 01805-777257.

●*5 vor Flug,* www.5vorflug.de, D: Tel. 01805-105105.

●*www.restplatzboerse.at:* Quelle von Schnäppchenflügen für Österreich.

Ankunft

Wer nach London fliegt landet entweder in Heathrow, Gatwick, Stansted, Luton oder dem City Airport in den Docklands. Von Heathrow verkehren Züge der *Piccadilly Line* der Londoner U-Bahn während der Hauptverkehrszeiten im Minutentakt und benötigt ca. 45 Minuten bis ins Zentrum. Die schnellste Verbindung stellt jedoch der 1998 in Dienst gestellte *Heathrow Express* dar, der viertel-

---

Buchtipp

●*Frank Littek: **Fliegen ohne Angst,** Praxis-Reihe, Reise Know-How Verlag*

stündlich fährt und in 15 Minuten Paddington Station erreicht. Von dort aus fährt man mit der U-Bahn weiter. Die so genannten Air-Busse A1 und A2 fahren je nach Verkehrsaufkommen innerhalb von 80 Minuten ins Herz der Metropole. Von Gatwick aus verlässt der **Gatwick Express** tagsüber alle 15 Minuten den Flughafen und hält in Victoria Station, und von Stansted aus fährt der **Stansted Express** im 30-Minuten-Rhythmus zur Liverpool Street Station. Von Luton aus gibt es einen kostenlosen Shuttlebus-Service zum Bahnhof von Luton, von wo aus man das Zentrum erreicht, der City Airport in den Docklands ist mit den öffentlichen Verkehrsmitteln Londons angebunden.

Informationsstellen

Informationen aller Art über Großbritannien liefert **Visit Britain** (www.visitbritain.com):

● **Deutschland/Schweiz/Österreich:** Hackescher Markt 1, 10178 Berlin, Tel. 01801/468642 (Ortstarif), Fax 030/3157 1910, gb-info@visitbritain.org.

In Großbritannien verfügt fast jedes Örtchen über eine **Tourist Information,** in der man Prospekte, Landkarten etc. erhält und von dem freundlichen Personal hilfreiche Auskünfte bekommt. Hier ist auch die Buchung von Bed&Breakfast-Pensionen oder Hotelzimmer möglich. Motto: BABA = *Book a Bed Ahead.*

In **London** befindet sich die Tourist Information in Waterloo Station.

Mit Kindern unterwegs

Die Briten sind ein **kinderfreundliches Volk,** und die Familien sind wesentlich größer als bei uns. Drei oder vier Kinder in Orgelpfeifengröße sind nicht selten, und während die kleinste noch im *Pram* sitzt, schiebt der größte schon den Wagen.

Besonders Englands Südküste ist ein Ferienparadies für Eltern mit Kindern; auf der Isle of Wight und westlich von Bornemouth gibt es Sandstrände. **In den Seebädern entlang den Küsten** wird viel für die Kleinen getan; da fahren Mini-Eisenbahnen an der Promenade entlang, Vergnügungsparks säumen die Küste, deren Besuche für die gestressten Eltern zur reinen Erholung werden; in den Landhäusern findet man Abenteuerspielplätze, und selbst die Pubs haben nicht selten eigene Spielplätze. Auf den Promenaden und den Piers der großen Seebäder finden regelmäßig **Punch and Judy Shows** statt, die englische Version des deutschen Kasperletheaters.

Beliebt in Großbritannien bei Groß und Klein ist das **Brass Rubbing;** in einer Kathedrale hält man den Nachwuchs dadurch still, dass man ihn, angetan mit Papier und Stiften, alte Grabdenkmäler abpausen lässt.

Multimediashows mit Krach- und Donnereffekten, Blitzen, sprechenden Hexen und rauschenden Meereswellen sind allerorten zu finden, so z. B. auf der Burgruine in Hastings, in Plymouth, Land's End und gar in den Tropfsteinhöhlen von Cheddar.

Im Dartmoor und Exmoor, an der cornischen Küste, im mittelenglischen Peak District, in den wunderschönen Cotswolds Hills und natürlich im Lake District sowie in den schottischen Wanderregionen gibt es genügend Routen für **Wanderer,** die kurz genug sind, dass auch die Kleinen sie schaffen.

Oder machen Sie mit Ihren Kindern im Süden eine Fahrt in der **Mini-schmalspurbahn** von Romney über Hythe bis an die Spitze der Dungerness-Halbinsel und zurück, oder zockeln Sie von Torquay bis nach Kingswear. Oder nehmen Sie im Norden, im Naturschutzgebiet North York Moor, die große, laut schnaufende, aus dem 19. Jahrhundert datierende Moor-Bahn; auch in Wales gibt es eine ganze Reihe von einst wirtschaftlich wichtigen Schmalspurbahnen, die heute dem Tourismus dienen.

Kinder unter 14 Jahren dürfen nicht in **Pubs;** fragen Sie den Wirt nach dem *Family Room*.

Maße und Gewichte

Seit kurzem müssen sich die Briten beim alltäglichen Einkauf ganz gehörig umstellen, denn endgültig ist nun das **metrische System auch im Inselreich** eingeführt. Vorbei ist es jetzt mit Foot, Inch, Yard und Pound, stattdessen heißt es Zentimeter, Meter und Kilogramm. Zwar wird das metrische System seit über 20 Jahren schon in der Schule gelehrt, doch blieb es trotzdem für die Briten graue Theorie – weil eben nicht im Alltag erprobt. Das ist jetzt anders, und Umrechnungstabellen werden die Hausfrauen wohl noch einige Zeit beim Einkauf mit sich tragen. Schon seit Mitte der 60er Jahre hegen Politiker Änderungsabsichten, und 1971 wurde als erster Schritt die Währung auf das Dezimalsystem umgestellt. Zehn Jahre später kam trotz lauter Proteste das Aus für die Gallone, seitdem tankt der Brite in Litern. Und nun eben wird alles im metrischen System gemessen.

Alles? Großbritannien wäre nicht Großbritannien gäbe es nicht auch hier inseleigene Vorstellungen von europaweiten Vereinheitlichungen. Den Autofahrern bleiben die **Meilen** (1,61 km), und Biertrinker bestellen im Pub nach wie vor *a* **Pint** *of Lager, please* (1 Pint = 0,5681 l).

Für den Reisenden bedeutet das alles natürlich eine Erleichterung. Trotzdem werden nicht alle fremden Maße über Nacht verschwunden sein, daher befindet sich für den Bedarfsfall im Anhang eine **Umrechnungstabelle.**

Nachtleben

Das britische Nachtleben beschränkt sich auf die größeren Badeorte und Städte, und selbst dort ist in der Regel mit dem Schließen der Pubs Feierabend. Die eine oder andere Disco hält Nachtschwärmer dann noch bis zwei Uhr in der Früh auf den Beinen – das war's dann aber auch.

Notfall

Wird der **Reisepass oder Perso-nalausweis im Ausland gestoh-len,** muss man dies bei der örtlichen Polizei melden. Außerdem sollte man sich an die nächste diplomatische Auslandsvertretung seines Landes wenden, damit man einen **Ersatz-Reiseausweis** zur Rückkehr ausge-stellt bekommt (ohne kommt man nicht an Bord eines Flugzeuges!).

Auch in **dringenden Notfällen,** z. B. medizinischer oder rechtlicher Art, sind die Auslandsvertretungen bemüht vermittelnd zu helfen.

Deutschland
● **London:** German Embassy, 23 Belgrave Square, Tel. 020/78241300.

Deutsche Konsulate *(German Consulate)* fin-det man auch in:
● **Aberdeen:** c/o Ledingham Chalmers, So-licitors, 52–54 Rose St, Tel. 01330/844414.
● **Birmingham:** c/o Wragge & Co., 55 Col-more Row, Tel. 0121/6852992.
● **Bristol:** Thring Towsend Solicitors, Saint Bartholomews, Lewins Mead, Tel. 0117/9309542.
● **Cardiff:** c/o Berry Smith, Solicitors, Hay-wood House, Dumfries Place, Tel. 029/20345511.
● **Dover:** Hammond House, Limekiln St, Tel. 01304/ 201201.
● **Edinburgh:** 16 Eglinton Crescent, Tel. 0131/3372323.
● **Glasgow:** The Pentagon Centre, Suite 215, 36 Washington St, Tel. 0141/226 8443.
● **Lerwick (Shetland):** Shearer Shipping Services Ltd., Garthspool, Tel. 01595/692556.
● **Liverpool:** 40/42 Kingsway, Waterloo, Tel. 0151/9208800.
● **Middlesbrough:** 15 Bridge St East, Tel. 01642/230111.

● **Newcastle upon Tyne:** c/o The French Business Council, Grainger Suite, Dobson House, Regent Centre, Cosforth, Te. 0191/2336315.
● **Norfolk:** 11 New Conduit St, King's Lynn, Tel. 01553/692233.
● **Plymouth:** Escombe Lambert Ltd., Victo-ria Wharves, Tel. 01752/663175.
● **Orkney:** Shore St, Kirkwall, Tel. 01856/872961.
● **Southampton:** Bowling Green House, 1 Orchard Place, Tel. 023/80223671.

Österreich
● **London:** Austrian Embassy, 18 Belgrave Mews, Tel. 020/72353731.
● **Birmingham:** Austrian Consulate, 5, Bar-lows Rd., Edgbaston, Tel. 0121/4541197.
● **Edinburgh:** Austrian Consulate, 9 Howard Place, Tel. 0131/5581955.

Schweiz
● **London:** Swiss Embassy, 16–18 Montagu Place, Tel. 020/76166000.
● **Belfast:** Swiss Consular Agency, 8 The Horse Park, Boneybefore, Carrickfergus, Co. Antrim, Tel. 02890/321626.
● **Manchester:** Swiss Consulate, Portland Tower, 6. Etage, Portland St, Tel. 0161/2362933.

Diebstahl oder Verlust von Geld
Bei Verlust oder Diebstahl der Geldkarte oder Reiseschecks sollte man diese umgehend sperren las-sen. In Deutschland gibt es dafür seit Juli 2005 die einheitliche **Sperr-nummer 0049-116116** für Maes-trokarten, Kreditkarten, Krankenkas-senkarten und Handykarten u. a. In Österreich und der Schweiz gelten hingegen:

● **Maestro-Karte,** A: Tel. 0043-1-204 8800; CH: Tel. 0041-1-2712230; UBS: 0041-8488-88601; Credit Suisse: 0041-8008-00488.
● **MasterCard und VISA,** A: Tel. 0043-1-717014500 (Euro/MasterCard) bzw. Tel. 0043-1-71111770 (VISA); CH: Tel. 0041-

44-2008383 für alle Banken außer Credit Suisse, Corner Bank Lugano und UBS.
- *American Express,* A: Tel. 0049-69-97971000; CH: Tel. 0041-1-6596666.
- *Diners Club,* A: Tel. 0043-1-501350; CH: Tel. 0041-1-8354545.

Nur wenn man den Kaufbeleg mit den Seriennummern der **Reiseschecks** sowie den Polizeibericht vorlegen kann, wird der Geldbetrag von einer größeren Bank vor Ort binnen 24 Stunden zurückerstattet. Also muss man den Verlust oder Diebstahl umgehend bei der örtlichen Polizei und bei American Express bzw. Travelex/Thomas Cook melden:

- *American Express Reiseschecks,* D: Tel. 0049-69-97971850; A: Tel. 0043-1-5450120; CH: Tel. 0041-17454020.
- *Travelex / Thomas Cook Reiseschecks,* mehrsprachiger Computer für alle Länder Tel. 0044-1733318949.

Öffnungszeiten

Großbritannien hat ein sehr flexibles Ladenschlussgesetz, und so sind **Läden und Geschäfte** in der Regel von 9 bis 17.30 Uhr geöffnet. Längere Öffnungszeiten bis in die Abendstunden hinein sind aber keine Seltenheit. Sonntags dürfen von 10 bis 16 Uhr Läden ihre Waren verkaufen.

Einmal in der Woche gibt es in ländlichen Gebieten den **Early Closing Day,** dann ist schon ab Mittag Feierabend.

Banken öffnen ihre Schalter zwischen 9/9.30 und 15.30/16 Uhr, und die **Postämter** stellen ihren Service dem Kunden zwischen 9 und 17.30 Uhr zur Verfügung.

Orientierung

Unbedingt sollte man sich vor Ort einen **Straßenatlas** kaufen. Sehr bewährt hat sich der Michelin Motoring Atlas Great Britain and Ireland im Maßstab 1:300.000; 1 cm auf der Karte entspricht hierbei 3 km in der Realität. Hierin findet sich auch eine ganze Anzahl von Innenstadtplänen. Zu empfehlen sind auch die **Travelmaster-Karten** des britischen Landesvermessungsamtes, die ausführliche touristische Hinweise geben und Großbritannien mit neun Blättern im Maßstab 1:250.000 abdecken. Für die Gesamtübersicht empfiehlt sich eine **Straßenkarte** von Großbritannien, so z. B. die Karte von Kümmerley und Frey „Britische Inseln" im Maßstab 1:1.000.000.

Vor Ort sind die **Ordnance-Survey-Karten** zu erhalten, die im Maßstab 1:25.000 Großbritannien kartographisch erfassen und besonders für Wanderungen unabdingbar sind.

Buchtipp

- *Wolfram Schwieder:* **Richtig Kartenlesen,** Praxis-Reihe, REISE KNOW-HOW Verlag

---

Post und Telefon

Postdienste

In ganz winzigen Dörfchen, vor allem im hohen Schottland, kann es schon mal sein, dass die Post im örtlichen Lebensmittelgeschäft untergebracht ist, ansonsten sind die Ämter der **Royal Mail** nicht zu verfehlen. Öffnungszeiten siehe oben.

Für den *Standardbrief* oder die *Postkarte* an die lieben Daheimgebliebenen muss man 38 p berappen.

Telefonieren

Das Telefonnetz untersteht nicht der Post, sondern der *British Telecom,* die dabei ist, die berühmten roten Telefonzellen durch hässliche graue Plastikhäuschen zu ersetzen.

Öffentliche Fernsprecher nehmen 10-, 20-, 50-p-Stücke und 1-£-Münzen. Auch in Großbritannien setzen sich immer mehr die *Cardphones* durch. Es gibt *Phonecards* für 20, 40, 100 und 200 Einheiten. Aus allen Telefonzellen kann man ins Ausland telefonieren und sich in der Zelle auch anrufen lassen, die Nummer ist gut sichtbar am Telefon angebracht – steht also jemand untätig in einer Fernsprechzelle herum, so hat dies seinen Grund.

Vorwahl von England
● *Deutschland:* 0049
● *Österreich:* 0043
● *Schweiz:* 0041

Vorwahl nach England
● von Deutschland, Österreich oder der Schweiz aus: 0044
● Vorwahl nach *London:* 0171 für den Innenstadtbereich und 0181 für die Außenbezirke

Wichtige Telefonnummern
● *Nationale Auskunft:* 192
● *Vermittlung* von Hand beim freundlichen *Operator:* national 100, international 153.
● *Notruf* für Polizei, Krankenwagen und Feuerwehr: 999.

Deutsche *Handys* loggen sich automatisch in die Netze der britischen Mobilfunkbetreiber ein. Die meisten Mobilfunkgesellschaften haben Roamingverträge mit den britischen Gesellschaften Vodafone, http://online.vodafone.co.uk, O², www.o2.co.uk, Orange, www. orange.co.uk, T-Mobile oder Hutchison.

Wegen hoher Gebühren sollte man bei seinem Anbieter nachfragen oder auf dessen Website nachschauen, welcher der Roamingpartner günstig ist und diesen per *manueller Netzauswahl* voreinstellen.

Wesentlich preiswerter ist es sich von vornherein auf *SMS* zu beschränken, der Empfang ist dabei in der Regel kostenfrei. Der Versand und Empfang von *Bildern per MMS* hingegen nicht nur relativ teuer, sondern je nach Roamingpartner auch gar nicht möglich. Die *Einwahl ins Internet* über das Mobiltelefon um Daten auf das Notebook zu laden ist noch kostspieliger – da ist in jedem Fall ein Gang in das nächste Internetcafé weitaus günstiger.

Falls das Mobiltelefon *SIM-lockfrei* ist (keine Sperrung anderer Provider vorhanden ist) und man vorwiegend Telefonate in Großbritannien führen muss, kann man viel Geld sparen indem man sich eine *SIM-Karte* bei einem britischen Anbieter besorgt (kann man auch vorab online kaufen).

In Schottland ist ein Handybetrieb aufgrund der vielen Funklöcher nur eingeschränkt möglich. Handys heißen im Englischen übrigens *Mobile Phone* oder kurz *Mobile.*

Reisezeit

Die beste Reisezeit erstreckt sich von Anfang Mai bis Anfang Juli. In dieser Zeit steht alles in schönster Blüte; Hotels, Pensionen und Restaurants sind nicht überfüllt, und auch die Niederschlagsmengen halten sich in erträglichen Grenzen. Ende Juli dann beginnen in Großbritannien die Sommerferien, und die Südküste gehört zu den beliebtesten Urlaubsgebieten der Briten. Im Juli und August strömen auch die Kontinentaleuropäer in die Region, und die Folge ist ein rechtes Chaos. Im September ist es dann wieder schön ruhig, und auch die Temperaturen sind noch durchschnittlich so hoch wie im Juni. England im Herbst ist sehr schön!

Sicherheit

Großbritannien ist ein relativ sicheres Reiseland, und gerade in ländlichen Gebieten geht es so ruhig zu wie hierzulande auch.

Wer sein Auto in London oder anderen großen Touristenzentren mit voller Ausrüstung parkt, darf sich allerdings nicht wundern, wenn der Wagen ggf. aufgebrochen wird. Kofferraumabdeckung und Handschuhfachklappe sollte man auflassen, damit potentielle Diebe kein Interesse bekommen. Auch das Radio gehört – wenn von technischer Seite her möglich – ausgebaut.

Bitte beachten Sie den aktuellen Sicherheitshinweis des Auswärtigen Amtes auf S. 10.

Sport und Erholung

Fahrrad fahren

Das Fahrrad ist genau wie hierzulande auf dem Vormarsch. Immer mehr Engländer schwingen sich auf einen Drahtesel, mit dem man ohne große Kondition 40 km am Tag zurücklegen kann. Viele Regionen Englands sind allerdings ganz schön hügelig, von den Bergen in Schottland und Wales ganz zu schweigen. Wer sein Fahrrad nicht mitnehmen möchte und nur ab und an unterwegs eine Tour zu landschaftlichen Attraktionen in der Umgebung seines Standquartiers machen möchte, findet in diesem Band eine ganze Anzahl von Rent-a-Bike-Stationen genannt (siehe auch die Hinweise für ökologische Wander- und Fahrradferien unter dem Stichwort „Wandern").

Wandern

Die ideale Fortbewegung in der arkadischen Landschaft von Englands Süden, in den walisischen Nationalparks und in den geschützten Regionen Nord- und Mittelenglands sowie Schottlands ist das Wandern. Grundsätzlich sollten Sie nur mit guten Wanderstiefeln starten (dies vor allem bei den rauen Klippenwanderungen in Cornwall oder in den Bergen Schottlands) sowie ein Erste-Hilfe-Set dabeihaben. Weiterhin benötigen Sie die detailreichen *Ordnance-Survey-Karten* im Maßstab 1:25.000. Gut sind auch die **Wanderführer** von *Ordnance Survey,* die so genannten *Pathfinder,* die es für alle Regionen Großbritanniens gibt. Für Schottland ist der *Guide to the Munroes* wichtig; Munroes heißen die schottischen Berge, die über 3000 ft. hoch sind – wer sie alle bestiegen hat, darf sich *Munroist* nennen, und dieser Titel schlägt im Inselreich jedes Adelsprädikat!

Ganz Großbritannien ist von vielen **Fernwanderwegen** durchzogen, die sich der passionierte Wanderfreund nicht entgehen lassen sollte.

Die Tourist Information Centres entlang der Strecke und in der Umgebung halten exaktes Kartenmaterial und Unterkunftsvorschläge bereit.

Hier zwei Adressen, wo man **ökologisch verträgliche Wander- und Fahrradferien** buchen kann und von einem naturerfahrenen Guide durch die schönsten Stellen Süd-England geführt wird. Unter beiden Adressen kann Info-Material bestellt und auch gebucht werden.

● **Connect with Nature** von *Martin Hunt,* North Trefula Farm, Redruth, Cornwall TR16 5ET, Tel. 01209/820847, www.adventure line.co.uk.

● **Combe Lodge Hotel** von *Bryan* und *Janet Cath,* wo Wanderer und Fahrradfahrer willkommen sind und von dort auf die schönsten Touren geschickt werden: Combe Lodge Hotel, Chambercombe Park, Ilfracombe, Devon EX34 9QW, Tel. 01271/864518, Fax 01271/867628.

Golf

Golfer kommen in Großbritannien auf ihre Kosten, denn ein dichtes Netz von 9- und 18-Loch-Plätzen überzieht das Land. Golf ist dort keineswegs ein so elitäres Vergnügen wie hierzulande, und die *Green Fees* betragen um die 10 £ pro Tag.

Tennis

Wer sein Tennis-Racket auch im Urlaub nicht aus der Hand legen will, findet in Seebädern, etwa in Eastbourne, Brighton, Bournemouth, Torquay, Newquay und Weymouth, eine ganze Reihe von Anlagen.

Reiten

Wer nur Glück auf dem Rücken der Pferde erfährt, sollte im New Forest, einer wunderschönen Wald- und Heideregion Süd-Englands, reiten. Die *New Park Manor Stables* an der Lyndhurst Road in Brockenhurst/ New Forest sind die ideale Anlaufstation für den Pferdefreund. Und ein Besuch beim Nationalgestüt in Newmarket, der Hauptstadt der Pferde-Industrie, mit seinen beiden Rennbahnen darf nicht fehlen; Newmarket liegt wenige Kilometer östlich von Cambridge in Mittelengland. Alle Tourist Information Offices kennen Reitställe in ihrer Region und helfen dem Besucher weiter.

Uhrzeit

Es gilt nicht die hierzulande bekannte Mitteleuropäische Zeit (MEZ), sondern die *GMT,* die **Greenwich Mean Time,** die eine Stunde hinter der unsrigen herhinkt.

Auch Großbritannien hat **Sommerzeit,** so dass die Stunde Unterschied auch im Sommer bleibt.

Denken Sie auch daran, dass es in Großbritannien **keine 24-Stunden-Einteilung** gibt; zwischen Mitternacht und 12 Uhr hängt man ein a.m. *(ante meridiem)* und zwischen 12 Uhr mittags und 0.00 Uhr ein p.m. *(post meridiem)* an die Zahl. 6 a.m. meint also sechs Uhr morgens, 6 p.m. ist 18 Uhr am frühen Abend.

Unterkunft

Selbstverständlich verfügt die Urlaubs- und Ferienregion im ganzen Land über eine reichhaltige Palette an Unterkunftsmöglichkeiten, die jedoch in der **Hauptsaison** Juli und August hoffnungslos überbelegt sind. Buchen Sie in dieser Zeit immer schon einige Tage telefonisch im Voraus, sei es über das örtliche Tourist Office (*Book-a-bed-ahead*) oder indem Sie sich direkt an eine Bed & Breakfast-Pension oder ein Hotel wenden.

Zu allen genannten Unterkunftsmöglichkeiten finden Sie in den Tourist Information Offices dicke **Adressenlisten;** diese können Sie auch schon vorab im Britain Shop bei *Britain Direct,* Ruhbergstr. 8, 69242 Mühlhausen (www.britaindirect.com) bestellen.

Bed & Breakfast

Die klassische britische Unterkunftsart ist das Bed & Breakfast in einem Privathaushalt.

In den niedlichen, handtuchgrossen Vorgärten weist ein großes **Schild** den Besucher auf eine solche Familienunterkunft hin: B&B (*Bed and Breakfast*), weiterhin *Vacancies,* wenn noch Zimmer frei sind, bzw. *No Vacancies,* wenn dies nicht der Fall ist. Angepriesen wird auch die Ausstattung. Also etwa: *Tea-Making Faci-*

lities heißt, dass ein Kochkessel sowie Teebeutel und Tassen bereitstehen, C/TV verspricht einen Farbfernseher im Zimmer, *Rooms En Suite* oder *Private Facilities* weisen auf ein eigenes Bad hin.

Detektivischen Spürsinn gilt es ohnehin immer im Bad zu entfalten, vorausgesetzt, Sie möchten **heiß duschen.** Mischbatterien sind dem Briten fremd, stattdessen hängt in der Dusche eine abenteuerliche Elektroinstallation, die jedem Sicherheitsingenieur des deutschen TÜV den Angstschweiß auf die Stirn treiben würde. Bevor dieser Elektrodurchlauferhitzer Heißwasser produziert, müssen Sie irgendwo im Bad entweder einen Schalter umlegen, häufiger jedoch an einer Schnur ziehen, die von der Decke hängt. Damit ist der Strom für den Durchlauferhitzer freigegeben, dessen Wasser Ihnen nun die Haut verbrüht oder Sie frösteln lässt. Die Feinabstimmung eines solchen Geräts ist nur selten funktionstüchtig.

Die **Preise** pro Person liegen in der Vorsaison zwischen 15 und 20 £ und in der Hauptsaison zwischen 20 und 25 £ je nach Ausstattung.

In jedem Tourist Information Office können Sie für einige Pfund ein Buch mit allen vom Tourist Board empfohlenen B&B kaufen.

Guest Houses und Private Hotels

Guest Houses oder Private Hotels bezeichnen eigentlich größere Bed & Breakfast-Unterkünfte, vergleichbar unseren Pensionen, bieten einen etwas besseren Standard als die B&B,

sind aber einige Pfund teurer als diese.

Die Briten, denen man ja nachsagt, dass ihr Home ihr Castle ist, lieben **prachtvolle Namen** für ihr Heim, und das zeigt sich auch in den Bezeichnungen für B&B und Guesthouses. Da werden Unterkünfte im *Orchard House*, im *Bay View Private Hotel*, im *Blue Lagoon Lodge House*, im *Dolphin & Anchor Guest House* oder im *White Cliff Lodge* angeboten.

Doppelzimmer verfügen häufiger über zwei getrennte Betten als über ein großes Doppelbett; dies sind *Twin Beds* oder *Twin Rooms* genannte Unterkünfte, während der *Double Room* ein Doppelbett hat.

Hotels

Hotels folgen dem **Internationalen Sterne-Standard** und beginnen bei 20 £ für das Einzelzimmer.

Achtung: Bei den im Reiseteil aufgeführten Hotels und B&B werden Preise für ein Doppelzimmer angegeben. Diese sind nur Richtwerte, da die Zimmer in der Vorsaison billiger, in der Hauptsaison teurer sind. An Wochenenden sind Zimmer in touristischen Hochburgen wiederum teurer als in der Woche: In Städten aber sind die Zimmer am Freitag und Samstag billiger, da dann keine Geschäftsreisenden unterwegs sind.

Hervorragend sind die **Country House Hotels,** kleinere Häuser mit vielleicht 15–20 Zimmern und mit einem sehr individuellen Service sowie herzallerliebst eingerichteten Zimmern im Landhausstil. Eine kleine

Bar und ein kleines Restaurant runden die Angebotspalette ab. Leider gibt es dabei wohl nichts unter 45 £ pro Person. *Country Houses* sind beispielsweise ideal für frisch Verliebte, die die Einsamkeit suchen, in rauer windiger Landschaft ausgedehnte Spaziergänge machen wollen und sich beim exzellenten abendlichen Dinner lange in die Augen sehen möchten.

Ferienhäuser

Ferienhäuser (*Holiday Homes*) bieten sich für Familien mit kleinen Kindern an, ähnliches gilt für Ferien auf der Farm. Besonders interessant sind in diesem Zusammenhang die Häuser des *National Trust*, der alte Cottages, Mühlen und Farmhäuser restauriert und als Ferienwohnung vermietet. Urlaub im historischen Ambiente! Ähnliches hat der *Landmark Trust* im Angebot. Auskünfte und Kataloge sind zu beziehen bei:

● **National Trust,** Holiday Booking Office, PO Box 536, Melksham, Wiltshire SN12 8SX, England, Tel. 0044/870-4584422, www.nationaltrustcottages.org.uk, cottages@ nationaltrust.org.uk;

● **Landmark Trust,** Shottesbrooke, Maidenham, Berkshire SL6 3SW, England, Tel. 0044/1628-825925, Fax 825417, boo kings@landmarktrust.co.uk, www.landmark trust.org.uk

Jugendherbergen

Mit einem Jugendherbergsausweis ist man gerne willkommen in den englischen *Youth Hostels,* die man jedoch auch schon in der Vorsaison vorab telefonisch buchen sollte. Auskünfte zu Jugendherbergen bei:

● **Youth Hostel Association,** Trewelyan House, Matlock, Derbyshire DE4 3Yh, England, Tel. 0044/8708-708808, Fax 0044/1629-592702, www.yha.org.uk (für England und Wales).

● **The Scottish Youth Hostel Association,** 7 Glebe Crescent, Stirling FK8 2JA, Schottland, Tel. 0044/1786-891400, Fax 0044/1768-891333, www.syha.org.uk (für Schottland).

Camping

Camping ist auch in Großbritannien beliebt, davon zeugen die unglaublich landschaftsverschandelnden **Caravan Sites,** deren zumeist fest installierte, in vielen tief gestaffelten Reihen stehende Wohnwagen als billige Landhäuser oder Ferienwohnungen dienen; solche Plätze sollten Sie möglichst meiden. Selbstverständlich gibt es durchaus eine ganze Reihe anheimelnder **Camping Sites.**

Verkehrsmittel

Eisenbahn

Wer Großbritannien mit der Bahn erkunden möchte, sollte sich vorab in Deutschland den **Britrail Pass** gekauft haben. Diese Dauerfahrkarte gibt es in unterschiedlicher Gültigkeitsdauer, von vier Tagen bis zu einem Monat. Man bekommt sie bei:

● **Britain Direct GmbH,** Ruhbergstr. 8, 69242, Mühlhausen, Tel. 06222/678050, Fax 6780519, www.britaindirect.com.

Der **Britrail Classic Pass** erlaubt das Reisen innerhalb der Gültigkeitsdauer; es gibt ihn zwischen vier Tagen und einem Monat. Der **BritRail**

Flexi Pass hat eine Gültigkeit von 4 bis 15 Tagen innerhalb von zwei Monaten. Beim **Family Pass** reist ein Kind von fünf bis 15 Jahren kostenlos, weitere Kinder zahlen die Hälfte des Fahrpreises. Der **Freedom of Scotland Travel Pass** gilt für die unbeschränkte Benutzung aller schottischen Bahnstrecken und für die meisten Fährverbindungen; er gilt für vier oder acht Tage innerhalb von 15 Tagen. Mit dem **Freedom of Wales Flexi Pass** kann man für vier und acht Tage mit der Bahn oder für acht und 15 Tage mit Bussen reisen.

Rund um London ist das **Bahnnetz** besonders dicht, da jeden Morgen Abertausende von Pendlern (*Commuters*) aus dem *Commuter Belt* rund um Britanniens Kapitale ihren Arbeitsplatz per Zug ansteuern. Dies ist das dichtgewobene *Network Southeast.* Je weiter man nach Westen und Norden kommt, um so grobmaschiger wird das Bahnnetz, dennoch sind alle wichtigen touristischen Orte mit der Eisenbahn erreichbar.

Bahnreisen sind teurer als Busreisen; sehr unerquicklich ist, dass im Gegensatz zu unseren Bahnhöfen die britischen oft weit, manchmal sogar etliche Kilometer außerhalb der Ortszentren liegen.

Busse

Die Alternative zur Bahn sind die Busse des **National Express.** Von London aus wird das gesamte Land von den komfortablen weißen *Coaches* befahren. Wie bei der Bahn ist auch hier der **Tarifdschungel** der Sonder-, Wochenend-, Regional-, Kinder-, Jugend- und Seniorenpreise undurchdringlich. Für junge Leute unter 26 Jahren und für Senioren lohnt sich die **Discount Coach Card** zum Preis von 8 £ (Preisnachlass von 30 % auf die normalen Fahrtkosten). Der **Tourist Trail Pass** für England und Wales sowie der **Explorer Pass** für Schottland (beide 5–30 Tage gültig) erlauben unbegrenztes Reisen mit den Bussen.

In Schottland fahren unter anderem die Busse der Gesellschaft **Scottisch Citylink,** die mit vergleichbaren Tarifen arbeitet.

Im Gegensatz zu den Bahnhöfen sind die **Busstationen** immer in den Zentren der Städte zu finden.

Die oben genannten Bus-Pässe bekommt man in Deutschland über das *Reisebüro Winkelmann,* Schulstr. 2, 29308 Winsen/Aller, Tel. 05143/93434, Fax 2337.

Taxen

In Großbritannien hält man Taxen per Handzeichen auf der Straße an; einen freien Mietwagen erkennt man an einem beleuchteten Schild mit der Aufschrift *For Hire.* Kurze Strecken sind relativ **preiswert;** geht die Fahrt über einen Sechs-Meilen-Radius (ca. 10 km) hinaus, so darf der Fahrer die Beförderung ablehnen, i.d.R. versucht er jedoch, einen höheren Fahrpreis auszuhandeln. Obwohl per Gesetz dazu verpflichtet, weigern sich viele Fahrer, einen Gast in Gegenden zu bringen, in denen sie keinen Kunden für die Rückfahrt finden.

Mittlerweile sind die meisten Mietwagen mit einem elektronischen **Taxameter** ausgerüstet, der den Preis anzeigt; wenn noch eine alte Uhr in Gebrauch ist, so weist eine Tabelle an der Trennscheibe den richtigen Tarif aus. Es gibt **Zuschläge** für jeden weiteren Passagier sowie für große Gepäckstücke und für Fahrten zwischen 20 und 6 Uhr. **Trinkgeld** ist obligatorisch und sollte 10 % des Fahrpreises betragen.

Versicherungen

Zum Thema **Auslandskrankenversicherung** s. Kapitel „Gesundheit".

Egal welche weiteren Versicherungen man abschließt, hier ein Tipp: Für alle abgeschlossenen Versicherungen sollte man die **Notfallnummern** notieren und mit der **Policenummer** gut aufheben! Bei Eintreten eines Notfalles sollte die Versicherungsgesellschaft sofort telefonisch verständigt werden!

Ob es sich lohnt, weitere Versicherungen abzuschließen wie eine Reiserücktrittsversicherung, Reisegepäckversicherung, Reisehaftpflichtversicherung oder Reiseunfallversicherung, ist individuell abzuklären. Gerade diese Versicherungen enthalten viele **Ausschlussklauseln,** sodass sie nicht immer Sinn machen.

Ist man von Europa mit einem Fahrzeug unterwegs, ist der **Europaschutzbrief** eines Automobilclubs eine Überlegung wert. Wird man erst in der Notsituation im Ausland Mitglied, gilt diese Mitgliedschaft nur für dieses Land, und man ist in der Regel verpflichtet fast einen Jahresbeitrag zu zahlen, obwohl die Mitgliedschaft nur für einen Monat gültig ist.

Land und Natur

Klima

„Der Engländer redet so viel vom Wetter, dass man sich ebensogut mit einem Barometer unterhalten kann."

A. J. B. Defauconpret, „London und seine Einwohner", 1817

Das Wetter in Großbritannien ist geprägt vom **atlantischen Klima;** das heißt nur mäßig warme Sommer und milde Winter mit über das Jahr hin verteilten gleichmäßigen Niederschlägen. Vor allem während der Sommermonate sind die auftretenden Schauer häufig nur von kurzer Dauer.

Der **Golfstrom** sorgt hauptsächlich im Süden und Südwesten dafür, dass die Temperaturen nicht in unerquickliche Tiefen fallen. Diesem Wetter angemessen ist die liebliche sattgrüne Landschaft in Englands Süden.

Auf der **Isle of Wight** und den **Scilly Isles** – wo subtropisches Klima herrscht – liegen die Temperaturen um rund 4 °C höher, die Sonnenscheindauer ist länger als auf dem Festland, und es regnet bedeutend weniger.

An den Bergen von Nord-Wales und im Westen Schottlands bleiben die atlantischen Wolkenmassen hängen und entladen als Steigungsregen ihre feuchte Fracht. In den Snowdonia Mountains von Wales und den schottischen Highlands kommt es nicht selten schon im Oktober auf den Gipfeln zu Schneefällen, und selbst im Frühsommer blitzen noch weiße Schneekappen in der Sonne. Das kontinentale Vorurteil des ergiebigen Dauerregens allerdings kann nicht bestätigt werden, es gibt vor allem im Mai und im Juni durchaus lange und sonnige Trockenzeiten.

Flora und Fauna

Vor allem England ist eine dicht besiedelte, landwirtschaftlich genutzte Landschaft, in der nur wenig an natürlicher Flora und Fauna erhalten ist. Doch besitzen England, Schottland und Wales viele **Landschaftsgärten** und **Nationalparks,** in denen die heimischen Bäume, Sträucher und Pflanzen gehegt und gepflegt werden.

Aufgrund des Golfstroms wachsen in Cornwall, auf den Scilly Isles wie auch an einigen anderen geschützten Flecken des Südens **subtropische Pflanzen,** so etwa Zitronen, Bananen, neuseeländische Harthölzer, burmesisches Geißblatt, indische Fächerfarne, südamerikanische Lilien, mexikanische und afrikanische Palmen.

In den ausgedehnten **Moorgebieten** – im Süden etwa im Dartmoor und Exmoor, in Mittelengland im Peak District und in den Norfolk Broads, im Norden in den North York Moors – findet der Wanderer die typischen Wollgräser sowie fleischfressende Pflanzen wie den Sonnentau.

Viele Felder werden immer noch von Bäumen, Sträuchern und Hecken vor dem Wind geschützt, und diese parkähnliche Kulturlandschaft ist von großer ökologischer

Bedeutung, da sie vielen **Kleintieren** einen natürlichen Lebensraum gewährt.

7 % der Gesamtfläche Großbritanniens sind von **Wald** bestanden. Wenn im August das Schmalblättrige Weidenröschen blüht, sind viele Nationalparks des Landes bis an den Horizont in einen rot leuchtenden Teppich getaucht, und in weiterer großen Regionen strahlt purpur die **Heide.**

Hase, Igel und Fuchs sind im ganzen Land weit verbreitet. Vom gestiegenen Umweltbewusstsein haben vor allem die **Füchse** profitiert, deren Population stark zugenommen hat und die bei den Farmern mittlerweile wieder als Landplage gelten. Da jedoch in Großbritannien die traditionelle Fuchshatz hoch zu Pferde und mit der Hundemeute sich auch bei Landadel hoher Beliebtheit erfreut, steht nicht zu erwarten, dass die Fuchsbestände weiter wachsen werden.

Im südenglischen New Forest, im Dartmoor und im Exmoor sowie im walisischen Brecon Beacon und in den Snowdonia Mountains streifen **wilde Ponies** über die Heidekraut- und Moorebenen. Im Exmoor gibt es zudem den größten **Rotwildbestand** im Süden des Landes; nach Schätzungen durchziehen an die 2000 Rehe und Hirsche die Gegend. Mit ein wenig Glück bekommt man im Exmoor und Dartmoor – die übrigens ausgewiesene Nationalparks sind – noch einen possierlichen **Otter** zu Gesicht. Wenn nicht, sollte man zum Kinderbuch „Tarka, the Otter" von *Henry Williamson* greifen, hierin wird das Exmoor umfassend beschrieben. Auch in den einsamen Abschnitten der walisischen Flüsse, so etwa im Teifi, tummeln sich dank des *Otter Haven Projects* wieder steigende Bestände von Fischottern. Große Rotwildbestände besitzen auch die schottischen Highlands und die walisischen Nationalparks.

Durch die Gebirgsregionen von Wales und Schottland ziehen zudem mit sicherem Tritt an den steilen Hängen die **Bergziegen.** In Schottland streift durch die einsamen Northwestern Highlands noch die **Wildkatze,** und im gesamten Hochland gibt es

Wiesel

Fischotter

– wie auch in den Bergregionen von Wales – noch **Dachse** und **Wiesel.** Selten geworden ist im ganzen Land leider der Baummarder.

In den schottischen Flüssen laichen noch **Lachse,** und mit ein wenig Glück kann der Besucher sie von Mai bis September die Stromschnellen hochspringen sehen.

Reich ist die **Vogelwelt** entlang der 11.200 km langen Küste Großbritanniens, und *Bird Watching* gehört bei vielen Briten zur liebsten Feierabend- und Ferienbeschäftigung, und die RSPB, die **Royal Society for the Protection of Birds,** ist eine der mitgliederstärksten Institutionen im Inselreich. Mehr im Hinterland findet der Hobby-Ornithologe den Teichrohrsänger (*Sedge Warbler*), das Goldhähnchen (*Goldcrest*), den Reiher (*Heron*), das Blesshuhn (*Coot*), den Regenpfeifer (*Plover*), die Brandente (*Sheldrake*), den schillernden Eisvogel (*Kingfisher*) und die Eiderente (*Eiderduck*).

An der Küste geraten in das Blickfeld des Feldstechers die majestätischen Kormorane (*Cormorant*), die lustig aussehenden Papageientaucher (*Puffin*), Austernfischer (*Oystercatcher*), die Gemeinen Seeschwalben (*Common Tern*), Seetaucher (*Grebe*), Tordalk (*Razorbill*), Trottellummen (*Guillemot*), die rasant durch die Lüfte fetzenden Sturmschwalben *(Storm Petrel)*, die unermüdlich ihren englischen Namen *Kittiwake, Kittiwake* krächzenden Dreizehenmöwen und die an Land recht unbeholfenen und daher treffend benannten Basstölpel (*Northern Gannet*), die aus großer Höhe in Sturzflügen ins Meer schießen.

Der mächtigste Vogel ist die Große Seemöwe (*Great black-backed gull*), die eine Spannweite von mehr als 1,50 m erreichen kann. Wohlgelitten ist sie bei den *Birdwatchern* nicht, denn sie bringt die allseits beliebten, putzigen Papageientaucher ums Leben, greift sich allerdings auch Ratten, Mäuse und Kaninchen.

Umwelt- und Naturschutz

Erfreulich ist, dass **Prince Charles** seinen Landsleuten kräftig ins Gewissen redet und stets mit guten Beispielen vorangeht, wenn er seine Ländereien nach allen Regeln des Umweltschutzes hegt. Bestes Beispiel sind seine Initiativen auf den Isles of Scilly, wo umweltzerstörender Tourismus eingedämmt und das nicht bewohnte Land dem Schutz eines *Environmental Trust* überantwortet wurde.

Nachgerade epochal arbeitet Seine Königliche Hoheit in Dorchester mit einer großen Supermarktkette zusammen, die zahlreiche Produkte aus biologischem Anbau mit dem Wappen des Prinzen schmücken darf. *Charles*, dessen *Duchy of Cornwall* (Herzogtum Cornwall) allein 66.500 Hektar Agrarland umfasst, will anderen Bauern beweisen, dass sich umweltverträgliche Landwirtschaft auch finanziell lohnt. Im Rahmen eines Pilotprojektes bringt der Thronfolger derzeit Kekse auf den Markt, deren Rohstoffe organisch gedüngt wurden. Angeboten werden die Biscuits in einer umweltfreundlichen Verpackung; die Kekse wurden zu einem solchen Erfolg, dass sie

nun unter dem Namen *Duchy Original* (etwa Herzogliches Originalprodukt) vertrieben werden.

Wie ernst es hingegen britische Politiker mit dem Umweltschutz nehmen, verdeutlicht die unter Naturschutz stehende **Romney Marsh,** ein ökologisch fragiles Biotop, in dem die Stromproduzenten ein gigantisches Atomkraftwerk und die Militärs einen Truppenübungsplatz einrichten konnten.

Überhaupt entsteht mittlerweile der Eindruck, dass der anheimelnden und landschaftlich ungemein schönen englischen Countryside der Garaus gemacht werden soll. Noch von der konservativen Regierung wurde ein *gigantisches Straßenbauprojekt* geplant, das ohne Rücksicht auf Biotope, Naturschutzgebiete und Regionen besonderer Schönheit die liebliche englische Landschaft unter Beton und Asphalt verschwinden lassen sollte. Diese Planungen sind von der Labour-Regierung nicht fundamental geändert worden.

Wut und Resignation machte sich bei Umweltschützern breit, als die „Schlacht" um die **Twyford Downs** verloren war. Die Twyford Downs bei Winchester sind – jetzt muss man sagen: waren – eine ausgewiesene *Region of outstanding Beauty*, eine Region von außergewöhnlicher Schönheit, und besaßen gleich zwei *Sites of Specific Scientific Interest* (*SSSIs*), also zwei Örtlichkeiten von besonderem wissenschaftlichem Interesse: Rundgräber aus der Bronzezeit und keltische Feldsysteme. Ein Sprecher der staatlichen Einrichtung *English Heritage* beschrieb die Twyford Downs

Land und Natur

Die Twyford Downs vor ihrer Zerstörung

„als bedeutendste archäologische Landschaft Süd-Englands." 20 Jahre lang kämpften Bewohner, Bürgerinitiativen, Wissenschaftler und Ökologen um die Region, selbst die EG-Bürokraten mischten sich ein und drohten eine Klage beim Europäischen Gerichtshof an – doch es hat alles nichts genützt. Schwere Planierraupen haben die Region niedergefurcht und rettungslos zerstört.

Viele Milliarden Pfund hat die Regierung in den letzten Jahren in das Straßenbauprogramm gesteckt und der Natur damit ordentlich geschadet. Langsam begreifen die Briten, was ihnen droht, wenn das so weitergeht. Die Countryside ist ihr liebstes Freizeitgut, wer es sich auch nur irgendwie leisten kann, hat ein kleines Häuschen auf dem Land, wo die Wochenenden und die meisten Ferien verbracht werden. Auf dem Land,

eben in der Countryside, ist für die Briten die Welt noch in Ordnung. Hier in der heimeligen Umgebung von schmalen, heckengesäumten Sträßlein, kleinen verschlafenen Örtchen mit reetgedeckten Cottages, efeuumrankten alten Fachwerkgemäuern, blumengeschmückten Straßenrändern und Hausfassaden, da fühlt man sich wohl, dort möchte man leben, dort sollen die Kinder ungestört aufwachsen und im Frühjahr den Ruf des Kuckucks und das Klopfen des Buntspechtes hören.

Genau eine solche Landschaft von arkadischer Schönheit haben die englischen Dichter und Literaten im 18. und 19. Jahrhundert beschrieben, und die Maler haben sie gemalt. *William Wordsworth* hat sie in seinen Gedichten festgehalten, die Romane von *Thomas Hardy, D. H. Lawrence* und *Jane Austen* wären nicht entstanden, *Emily Brontë* hätte ihre „Wuthering Heights" nicht geschrieben, wäre keine beschreibenswerte Landschaft vorhanden gewesen, und die Maler *Constable, Turner* und *Gainsborough* hätten keine Szenerie gehabt, um ihre Bilder zu malen.

Der in England so beliebte Landhausstil, der auf *William Morris* zurückgeht und der von *Laura Ashley* in einen Massengeschmack umgesetzt wurde, erfreut sich bei den Briten nach wie vor eines regen Kaufinteresses. Den Traum vom Landleben träumt in der Welt niemand tiefer als die Briten – das gilt es zu wissen, will man sich vorstellen, was das unnütze Straßenbauprogramm in den Seelen der Inselbewohner angerichtet hat.

Schlimme Zahlen legte das *Council for the Protection of Rural England* vor und forderte die Regierung auf, der Landschaftszerstörung endlich Einhalt zu gebieten. Seit 1945 hat Großbritannien knapp 30 % seiner Moor- und Heidegebiete verloren, 445.000 Hektar fruchtbares Ackerland wurden zubetoniert.

Doch auch jeder einzelne Brite ist dabei, der geliebten Countryside das schnelle Ende zu bereiten. Immer mehr Menschen leisten sich das Häuschen auf dem Lande – erfreulich für die marode Bauindustrie, die Lockerungen der Bauverordnungen fordert, diese auch bekommt und die Regierung drängt, immer mehr Flächen als Bauland auszuweisen. Wer sich kein Häuschen leisten kann, begnügt sich eben mit einem *fest stationierten Caravan,* um der geliebten Natur nahe zu sein; nichts

verschandelt einen Landstrich mehr, als Aberhunderte von diesen Caravans in endlosen Reihen bis an den Horizont. Als *Caravan Blitz* werden diese Wohnwagenparks verspottet (das deutsche Wort Blitz bezeichnet im englischen Sprachraum den Bombenkrieg des Zweiten Weltkriegs).

Dort, wo es die Leute an Wochenenden und in den Ferien hinzieht, versucht die Freizeitindustrie, ihnen das Geld aus der Tasche zu ziehen, und an den allerschönsten landschaftlichen Orten gibt es Genehmigungen, lärmende **Kirmesparks** anzulegen; so z. B. an der Südwestspitze der Isle of Wight bei den Needles und an Großbritanniens westlichstem Punkt, Land's End.

Die **Badewasserqualität** vor den Küsten Großbritanniens ist in den letzten Jahren sehr verbessert worden, wie der EU-Bericht über die Wasserqualität vermerkt. In den Regionen East Anglia, East Midlands, North, North West, Scotland, South East, South West, Wales, Yorkshire and Humberside wurden insgesamt 531 Wasserproben vor den Küsten oder in Flussmündungen untersucht, von denen nur 12 nicht mit den Badewasserrichtlinien der EU übereinstimmten. Keine einzige der untersuchten Proben führte jedoch dazu, dass ein Warnhinweis für eine bestimmte Region ausgesprochen werden musste.

Aus **Schottland** kommen grundsätzlich erfreuliche Zahlen; tatsächlich sollen noch 95 % aller schottischen Flüsse Trinkwasserqualität haben und 70 % aller Seen noch reinstes Wasser besitzen. Das *Scottish Development Department* ist dem Gewässerschutz in besonderer Weise verpflichtet.

Die *Forestry Commission* sorgt landesweit für regelmäßige Aufforstungen, und die *Countryside Commission for Scotland* kümmert sich um die Naturschutzregionen, wobei die Behörde Unterstützung von der *Royal Society for the Protection of Birds* (RSPB) und vom *National Trust for Scotland* erfährt. Gleiches gilt für die *Countryside Commison for England and Wales,* die ebenfalls vom *National Trust* und der RSPB Hilfe bekommt, und schließlich richtet die mitgliederstarke RSPB eigene Naturreservate für die gefiederten Freunde an. Das 1973 gegründete *Nature Conservancy Council* (NCC), die zentrale britische Naturschutzbehörde, berät die Zentralregierung sowie die lokalen Gebietskörperschaften *(Local Governments)* in allen Fragen des Naturschutzes.

Die *Norfolk Broad* in East Anglia, ein ausgedehntes Seen- und Flussgebiet, stand durch den Bootstourismus, vor allem aber durch ungeklärte Einleitungen von Kunstdünger, kurz vor dem Umkippen. Rechtzeitig genug konnten Umweltschützer 1988 dem Gebiet den Status eines Nationalparks sichern und zusätzliche Bereiche unter einen besonderen Naturschutz stellen. Grünes Gedankengut wird in Großbritannien erfreulicherweise immer populärer.

Staat und Gesellschaft

Geschichte Großbritanniens
– Kommentierte Geschichtstabelle

54/55 v. Chr. Strafexpeditionen unter *Julius Caesar* dringen auf die Insel vor.

43 n. Chr. Kaiser *Claudius* befiehlt die **Invasion Britanniens**, und mit vier Legionen unterwerfen die Römer die Insel und gliedern sie ins Römische Reich ein. Am Nordufer der Themse gründen die Invasoren die Stadt Londinium. Schon sechs Jahre später haben die Römer auch über Wales die Oberhoheit.

79 *Agricola,* der Schwiegervater des *Tacitus,* marschiert mit seinen Truppen in Schottland ein.

122 *Hadrian* schlägt einen Aufstand im Norden des Landes nieder und lässt den 120 km langen **Hadrianswall** erbauen, einen „Limes", der sich vom Solvay-Firth im Westen bis zur Tyne-Mündung im Osten zieht.

ab 143 Beträchtlich weiter nördlich errichten die römischen Pioniere den 65 km langen **Antoniuswall,** der vom Firth of Forth bis zur Mündung des Clyde reicht.

286 *Carausius,* Befehlshaber der Flotte, rebelliert gegen Kaiser *Diokletian* und lässt sich zum Herrscher Britanniens ausrufen.

410 Die römische Garnison wird aus England abgezogen, um Rom von den Westgoten unter *Alarich* zurückzuerobern.

449 Die **Angeln und Sachsen** unter ihren halblegendären Führern *Hengist* und *Horsa* drängen ins Land; die Kelten leisten vergebens Widerstand unter ihrem ebenfalls sagenumwobenen König *Artus.* Aufgrund der ungenügenden Quellenlage heißt die folgende Ära der englischen Geschichte auch das **Dark Age.** Die Kelten werden immer weiter nach Westen getrieben und siedeln in den walisischen Bergen: Die Angelsachsen überschreiten den River Severn nach Wales nicht.

563 Der hl. *Columban* verlässt Irland und gründet mit zwölf getreuen Brüdern auf der schottischen **Insel Iona** ein Kloster.

um 596 Der heilige *Augustinus* missioniert in Südostengland, gründet die **erste Kirche** in Canterbury und wird erster Bischof des Landes.

663 **Synode von Whitby,** um den römischen Ritus in der monastisch geprägten frühchristlichen Kirche Englands durchzusetzen. Dennoch halten sich fast ein halbes Jahrtausend lang die starken Einflüsse der Mönchskirche.

ab 789 Überfälle und Plünderungen durch **Dänen und Wikinger in England, Schottland und Wales;** zwischen 839 und 1035 wird London mehrfach belagert und zerstört.

827 *Egbert* eint die angelsächsischen Stämme und begründet in Süd-England das **Königreich Wessex** mit der Hauptstadt Winchester; *Egbert* gilt als erster Herrscher eines Reiches in Großbritannien.

um 844 *Kenneth MacAlpin* von Dalriada eint im hohen Norden **Pikten und Schotten** und wird Stammvater der schottischen Monarchie.

871–899 *Alfred der Große von Wessex* schlägt mehrfach die Dänen und Wikinger, die sich in den Norden der Insel zurückziehen.

1016–1035 Die Dänen schlagen die untereinander zerstrittenen Angelsachsen, und der Nordmann *Knut* regiert über England, doch schon sein Sohn muss bald die Vorherrschaft der südenglischen Wessex wieder anerkennen.

1040 **Macbeth** ermordet in Schottland König *Duncan,* 17 Jahre später fällt er *Malcolm III. Canmore* zum Opfer.

1042–1066 *Eduard der Bekenner,* ein Normanne, ist König von England; unter seiner Herrschaft wird die südenglische Verteidigungsliga der **Cinque Ports** ge-

Der Hadrianswall

	gründet; zu den fünf Häfen zählen Sandwich, Dover, Hastings, Romney und Rye, später kommen Hythe und Winchelsea hinzu.
1066	Der Normanne *William the Conqueror* (Wilhelm der Eroberer) wird nach der Schlacht bei Hastings in der Westminster Abbey zum König gekrönt. Die **Normannen** marschieren sehr schnell auch in Wales ein, legen Grenzen fest und beginnen mit einem Burgenbauprogramm. Die walisischen Fürsten *LLywelyn der Große* und *LLywelyn II.* einigen die Stämme des Landes und bereiten den Normannen zunehmend Probleme.
1086	Das **Domesday Book,** Englands erstes Katasterwerk, verzeichnet den Besitz von Städten, Dörfern und Kirchsprengeln.
1100–1135	Während der Regierungszeit von *Heinrich I.* erlangt **London** endgültig den Rang einer **Hauptstadt;** 1130 gewährt ein königliches Dekret *(Charter)* der Metropole Stadtfreiheiten und Ämter der Selbstverwaltung *(Lord Mayor =* Bürgermeister, Stadtrat).
ab 1124	*König David* (reg. 1124–53), der Sohn des Macbeth-Bezwingers *Malcolm III. Canmore,* wandelt Schottland in einen **Feudalstaat** nach normannischem Vorbild um.
10./11. Jh.	Die **großen gotischen Kathedralen** Englands – Chichester, Winchester, Salisbury, Exeter und Wells, Ely und Lincoln – entstehen.
1170	Ermordung des Erzbischofs *Thomas Becket* in der Kathedrale von Canterbury durch vier nahe Gefolgsleute von *Heinrich II.; Heinrich,* der den Mord nicht befohlen, doch durch zornige Äußerungen zumindest angeregt hatte, tut öffentlich Buße und wird am Schrein von *Becket* gegeißelt.
1176–1209	Bau der **Old London Bridge,** der ersten Steinbrücke über die Themse und noch für viele Jahrhunderte die einzige Themseüberspannung Londons (bestand bis 1832).

1215	König *Johann Ohneland*, böse und grausam, bis heute der unpopulärste aller englischen Herrscher, wird vom Adel gezwungen, die **Magna Charta** zu unterschreiben; in England besteht nun Rechtssicherheit für jeden Bürger.
1237	*Alexander II.*, König von Schottland (reg. 1214–49), erkennt die Solvay-Tweed-Linie als Südgrenze seines Reiches an; trotzdem kommt es regelmäßig zu **Grenzstreitigkeiten** mit den Engländern.
1215–1272	Regierungszeit des englischen Herrschers *Heinrich III.* Gegen den Willen von *Heinrich,* aber mit Unterstützung des Adels und der Cinque Ports beruft *Simon de Montfort* ein **erstes Parlament** ein.
1277	*Eduard I.* zerschlägt das Stammesfürstensystem in **Wales,** vereinigt das Land mit England, teilt nach englischem Vorbild Wales in Grafschaften *(Counties)* ein und beginnt mit dem *Iron Ring* ein Burgenbauprogramm zur Sicherung seiner Oberhohheit: Auch führt er für den Thronfolger den Titel *Prince of Wales* ein.
1284	Der *Treaty of Rhuddlan* legt fest, dass Wales vom englischen König regiert wird.
1297	An der Stirling Bridge siegen die schottischen *Schiltrons*, das mit langen Lanzen bewaffnete Fußvolk, über ein einmarschiertes englisches Heer. Ein Jahr später kehrt der englische König *Eduard* mit einer neuen Streitmacht zurück nach Schottland und siegt in der **Schlacht von Falkirk.**
1314	Diesmal sind es die *Schiltrons* von *Robert Bruce,* die beim schottischen **Bannockburn** die einmarschierten Engländer vernichtend schlagen: Während der Herrschaft von *Robert Bruce* (1306–29) kehrt im wesentlichen Ruhe im Reich ein, die Schotten erholen sich in einer längeren Atempause von den Engländern.
1320	*Declaration of Arbroath* gegen jeglichen Versuch englischer Einflussnahme in Schottland. Hier heißt es: „Wir kämpfen nicht für Ruhm oder Reichtum oder Ehr', sondern einzig für die Freiheit; nie und unter keinen Umständen werden wir uns englischer Herrschaft unterwerfen."
1328	Die Engländer akzeptieren im Vertrag von Northampton die Souveränität Schottlands, dennoch versuchen alle weiteren englischen Herrscher, die Macht im hohen Norden an sich zu reißen.
1337–1453	**Hundertjähriger Krieg** der Engländer gegen Frankreich. Trotz anfänglicher Siege der Engländer verlieren sie bis auf Calais alle französischen Besitzungen.
1371	*Robert Stewart* avanciert zum schottischen König; die Dynastie, die später ihren Namen **Stuart** schreibt, regiert mit zwei kurzen Unterbrechungen bis zum Jahr 1714.
1348/49	Eine verheerende **Pest** rafft in England fast die Hälfte der Bevölkerung dahin; Versuche, den wirtschaftlichen Niedergang mit höheren Steuern auszugleichen, führen zu Bauernaufständen und Bürgerkriegswirren.
1415	Der englische Herrscher *Heinrich V.* siegt unerwarteterweise in der **Schlacht bei Agincourt** gegen die Franzosen.
1455–1485	Zeit der **Rosenkriege.** Das Haus *York* (Weiße Rose) kämpft gegen das Haus *Lancaster* (Rote Rose) um die englische Krone.
1473	**Hansekaufleute** aus Köln lassen sich in London nieder (bis 1598).
1476	*William Caxton* eröffnet die **erste Buchdruckerei** in London.
1483	**Richard III.** lässt im Tower von London seinen Neffen *Eduard*, den rechtmäßigen Thronfolger, und dessen Bruder *Richard* ermorden und reißt die Krone an sich.
1485	*Heinrich VII.* begründet in England die **Tudor-Dynastie.**

1488   *Jakob IV.* besteigt den schottischen Thron und intensiviert die Beziehungen zum französischen Herrscherhaus. Durch seine Heirat mit der Tochter des englischen Königs *Heinrich VII.* kommt es zu einer längeren friedlichen Periode in Schottland.

1509–1547   Unter der Herrschaft von *Heinrich VIII.* kommt es in England zur Trennung von Rom und zur Gründung der **Anglikanischen Staatskirche.**

1532   Der Augsburger **Hans Holbein d. J.** wird in London Hofmaler von *Heinrich VIII.*

1535   Der Humanist **Thomas Morus,** von 1529 bis 1535 Lordkanzler von *Heinrich VIII.,* wird nach Auseinandersetzungen mit dem König hingerichtet.

1536   Während der Tudor-Ära kommt es zum **Acts of Union,** dem formellen Übergang von Wales ins englische Reich.

1542   In Schottland wird **Maria Stuart** geboren; am 8. Februar 1587 wird sie in England als Hochverräterin hingerichtet.

1558–1603   Herrschaft der englischen **Königin Elisabeth I.,** die als Mäzenin Wissenschaft und Künste fördert; das Inselreich erlebt eine kulturelle und wirtschaftliche Blüte.

1563   Einführung der ersten gesetzlich geregelten **Sozialhilfe** für die Armen Londons.

1577–1580   Der englische Seebär **Francis Drake** umsegelt auf seiner *Golden Hind* die Welt.

1588   Der spanische König *Felipe II.* schickt aufgrund der englischen Unterstützung der Freibeuterei (Kaperfahrten von *Sir Francis Drake* gegen spanische Gold- und Silbertransporte) und der Handelsbeziehungen Englands mit spanischen Kolonien die **Armada** gen Norden, um England militärisch in die Knie zu zwingen; die als unbesiegbar geltende Flotte wird vernichtend geschlagen.

1592   Erste Erwähnung von **William Shakespeare** (1564–1616), der als Stückeschreiber in London lebt.

1597   *Shakespeare* und seine Truppe spielen in London im **Globe Theatre.**

1603   Nach dem Tod von *Elisabeth I.* wird *Jakob VI. von Schottland* als *Jakob I.* auch König von England. Mit *Jakob,* Sohn von *Maria Stuart,* beginnt die Herrschaft der schottischen Stuarts in England.

1605   Katholiken unter Führung von *Guy Fawkes* versuchen, das Londoner Parlament in die Luft zu sprengen **(Gunpowder Plot);** die Verschwörer werden verraten und hingerichtet.

1620   An Bord der *Mayflower* laufen die Pilgerväter aus dem Hafen von Southampton in die Neue Welt aus. Die intensive **Besiedelung Nordamerikas** mit europäischen Auswanderern beginnt.

1642–49   Machtkampf zwischen Parlament und König. London unterstützt im Bürgerkrieg die Anhänger des Parlaments (Rundköpfe) gegen die Sympathisanten des Königs. *Oliver Cromwell* lässt *Karl I.* hinrichten und übernimmt als **Lord Protector** die Regierungsgeschäfte (1653–1658).

1652   Das **erste Kaffeehaus** öffnet in London seine Pforten.

1660   Restauration des Herrscherhauses der Stuarts; der lebenslustige und vergnügungssüchtige **Merry Monarch** *Karl II.* ist neuer König. London hat mehr als eine halbe Million Einwohner, damit wohnen 10 % aller Engländer in der Hauptstadt.

1665   In London wütet die **Pest** und fordert 70.000 Menschenleben.

1666   Beim **großen Brand von London** fallen vier Fünftel der Stadt in Schutt und Asche. Der geniale Architekt *Sir Christopher Wren* (1632–1723) wird zum

Gesellschaft

Leiter des Wiederaufbauprogramms ernannt, kann sich mit seinen städtebaulichen Plänen jedoch nicht durchsetzen; neben weiteren 50 City-Kirchen entsteht nach seinen Plänen und unter seiner Bauaufsicht die neue St. Paul's Cathedral.

1685–1688 *James II.* versucht, den Katholizismus wieder einzuführen, wird von seinem protestantischen Schwiegersohn *Wilhelm von Oranien* gestürzt und muss ins Exil fliehen. Wichtige verfassungsrechtliche Schritte, so die Verabschiedung der **Bill of Rights,** stärken die Macht des Parlaments und die Rechtssicherheit der Bürger.

1692 Das **Massaker von Glencoe;** auf Geheiß des englischen Königs *Wilhelm von Oranien* ermorden die schottischen Campbells den Clan der Mac Donalds.

1707 Schottland geht im Königreich England auf, behält aber das Recht auf einen eigenständigen Überseehandel.

1710 Der deutsche Komponist **Georg Friedrich Händel** siedelt nach London über, wo ihm vorerst ein größerer Erfolg jedoch versagt bleibt.

1714 *Georg I.* begründet die Herrschaft des **Hauses Hannover.** *Händel* wird Leiter der neuen Oper von London.

1721 *Sir Robert Walpole* wird **erster Premierminister** Großbritanniens.

1727–1760 Siegreiche Kriege von *Georg II.* gegen Spanien und Frankreich und die **Einverleibung von Indien und Kanada** ins Empire sichern dem Inselstaat weltweit eine Sonder-und Vorreiterrolle zu.

1746 Die Anhänger des schottischen Herrscherhauses der Stuarts, die Jakobiten, akzeptieren den Verlust der schottischen Souveränität nicht und versuchen, mit dem jungen Stuart-Spross *Bonnie Prince Charlie* den schottischen Thron zurückzugewinnen. Es kommt zur **Schlacht von Culloden,** der bis heute letzten Kampfhandlung auf britischem Boden. *Prince Charlies* schottisches Heer wird völlig aufgerieben, und die Engländer regieren fortan Schottland wie eine Kolonie, verbieten den Dudelsack, die gälische Sprache und den Kilt – die schottische Kultur soll systematisch ausgemerzt werden.

1759 Eröffnung des **Britischen Museums** in London, das aus einer 1753 erfolgten Stiftung hervorgeht.

1760 Die Londoner Stadtmauer und alle -tore werden niedergerissen, um die Ausdehnung der Metropole zu ermöglichen.

1775 **William Turner,** Maler und Wegbereiter des englischen Impressionismus, wird in London geboren (gest. 1851).

1801 **Erste Volkszählung:** England und Wales haben 10 Mio. Einwohner, London 860.000.

1802–1828 Der **Londoner Hafen** wird ausgebaut, bekommt eine Reihe neuer Docks und avanciert zum größten Hafen des Landes.

1805 *Lord Nelson* läuft mit seinem Flaggschiff *Victory* und einer Kriegsflotte aus dem Hafen von Portsmouth aus und verabreicht der französischen Marine bei **Trafalgar** eine vernichtende Schlappe; *Nelson* kommt in der Schlacht ums Leben.

1814 Das so genannte *Year of the Burning;* die Hochlandbauern *(Crofters)* werden gewaltsam von ihren Feldern und aus ihren Häusern vertrieben, damit riesige Schafherden in den Highlands grasen können *(Highland Clearances).*

1824 Gründung der **National Gallery** in London.

1837–1901 Regierungszeit von **Königin Victoria.** Großbritannien ist das reichste und industrialisierteste Land der Welt. Die sozialen Missstände des **Manchesterkapitalismus** haben für die Masse der Bevölkerung verheerende Auswirkungen. Armut und Elend breiten sich aus.

1842	Königin *Victoria* und ihr Mann *Albert von Sachsen-Coburg* besuchen Schottland, sind von der Landschaft verzaubert, und *Albert* baut die bis heute königliche Residenz im hohen Norden – Balmoral. Die beiden verbringen mehrmals im Jahre längere Zeiten in Schottland
1847/48	*Karl Marx* und *Friedrich Engels* gründen den Bund der Kommunisten und publizieren das **Kommunistische Manifest** („Ein Gespenst geht um in Europa …").
1851	**Erste Weltausstellung** in London; *Joseph Paxton* baut den architektonisch bedeutsamen Ausstellungspavillon Crystal Palace.
1886–1894	Nach den Plänen und unter der Bauleitung von *Horace Jones* und *John Wolf-Barry* entsteht in London die **Tower Bridge.**
1908–1911	Der Schatzkanzler und spätere Premierminister *Lloyd George* führt die Altersrente ein und ruft ein **Sozialversicherungsprogramm** ins Leben.
1910	*Georg V.* besteigt den Thron.
1911	Eine **Volkszählung** für London ergibt 7 Mio. Einwohner.
1914–1918	**Erster Weltkrieg;** durch deutsche Luftangriffe mit Zeppelinen kommen ca. 2000 Hauptstadtbewohner ums Leben.
1918	Nach beharrlichem Kampf der Suffragetten erhalten **Frauen das Wahlrecht.**
1928	In Schottland wird die **Scottish National Party** (SNC) gegründet, um auf politischem Weg die Unabhängigkeit von London zu erreichen.
1936	*Edward VIII.* dankt ab, um die geschiedene Amerikanerin *Wallis Simpson* heiraten zu können. **Krise der Monarchie,** deren Ansehen bei der Bevölkerung auf den Nullpunkt sinkt.
1939–1945	**Zweiter Weltkrieg;** ab 1940 zahllose Luftangriffe auf London, bei denen rund 30.000 Menschen getötet werden. In der Stadt lassen sich viele vor dem faschistischen Regime geflüchtete Exilregierungen nieder.
1952	In Westminster Abbey wird **Elisabeth II.** zur Königin gekrönt.
1968	**Großer Streik von London;** das wirtschaftliche Leben in Großbritanniens Metropole kommt völlig zum Erliegen.
1969	In der mächtigen walisischen Burg von Caernarfon findet die Investitur von *Prinz Charles* zum *Prince of Wales* statt.
1977	Große Feiern im ganzen Land zum 25-jährigen Thronjubiläum von *Elisabeth II.*
1979	**Margret Thatcher** wird Premierministerin.
1982	Protestdemonstrationen im Inselreich gegen den zwischen Großbritannien und Argentinien entbrannten **Falkland-Krieg.** Rassenunruhen und Konflikte aufgrund steigender Arbeitslosigkeit erschüttern das öffentliche Leben in der Hauptstadt.
1988	Große Ausstellung im National Maritime Museum in Greenwich zum 400. Jahrestag der Vernichtung der spanischen Armada.
1990	Steuererhöhungen und die Einführung der *poll tax* (eine Art Kopfsteuer) führen zu großen Demonstrationen und weitreichenden Protesten in der Bevölkerung. Nach parteiinternen Machtkämpfen muss *Margret Thatcher* zurücktreten, neuer Regierungschef wird **John Major.**
1992	Obwohl der Labour Party Gewinnchancen eingeräumt werden, gewinnen die Konservativen erneut die **Parlamentswahlen.**
	Das britische Königshaus steckt aufgrund der **amourösen Eskapaden** von *Charles* und *Diana*, *Edward* und *Fergie* in einer schweren Krise; Königin *Elisabeth* spricht von einem „Horrorjahr". Ein Brand zerstört weite Teile von Windsor Castle.
1994	Nach langjähriger Bauzeit wird im Mai der **Tunnel** eröffnet, durch den man innerhalb von 35 Minuten den Ärmelkanal unterqueren kann.

Gesellschaft

1995   Die konservative Regierung steckt in einer tiefen Krise. Premierminister *John Major* ist laut Umfragen der unbeliebteste Regierungschef überhaupt. Zudem feinden ihn Mitglieder der eigenen Partei an oder intrigieren gegen ihn.

1996   Anfang des Jahres läuft vor dem Ölhafen Milford Haven in Wales ein **Tanker auf Grund.** Wegen der schlampig arbeitenden Behörden, die eine sofortige Bergung des Havaristen versäumen, laufen über 50.000 Tonnen Öl aus und verseuchen weite Küstenbereiche in Südwestwales (siehe Exkurs im Kapitel Wales).

Wenige Monate später kommen weitere Schreckensmeldungen aus dem Inselreich. Die **Rinderseuche BSE** könnte nun doch auf den Menschen übertragbar sein. Genau dies aber hatte die Regierung in den letzten Jahren vehement bestritten. Führende Wissenschaftler hatten seit langem vor einer Übertragung auf den Menschen gewarnt.

1997   Im Mai gewinnt nach fast zwei Jahrzehnten in der Opposition die **Labour Party** wieder die Macht und stellt die Regierung. Premierminister wird *Tony Blair.* Zügig werden Reformen umgesetzt; die Bank von England wird nach deutschem Vorbild unabhängig und die Regierung lässt ein Referendum zu, in dem sich die Schotten und Waliser mit großer Mehrheit für ein eigenes Parlament entscheiden.

1998   Trotz vieler Rückschläge durch protestantische wie katholische Hardliner wird ein **Friedensvertrag in Nordirland** beschlossen und ein Parlament für die nordirische Provinz gewählt, das im Herbst des Jahres zu seiner ersten Sitzung zusammentritt.

1999   *Königin Elisabeth II.* eröffnet formell im Mai das walisische und im Juli das schottische Parlament. Damit ist die **Selbstverwaltung von Wales und Schottland** auch offiziell in Kraft getreten.

2000   Aus Protest gegen die **höchsten Benzinpreise Europas** belagern wütende Truck-Fahrer Raffinerien im ganzen Land. Kein Tanklastwagen wird aus den Depots gelassen. 98 % aller britischen Tankstellen fallen innerhalb weniger Tage trocken. Der National Health Service ruft den Notstand aus und unternimmt nur noch Notoperationen. Schulen werden geschlossen, in den Supermärkten werden die Grundnahrungsmittel rationiert und der öffentliche Busverkehr kommt fast zum Erliegen.

2001   Anfang des Jahres bricht in Großbritannien die **Maul- und Klauenseuche** aus. Die Tierkrankheit verbreitet sich auch in einigen Ländern des Kontinents. Mit großer Mehrheit wird die Labour Party unter Premierminister Tony Blair wiedergewählt.

2002   Am 30. März, nur sieben Wochen nach dem Tod von *Prinzessin Margaret,* stirbt *Queen Mum* im Alter von 101 Jahren.

2003   Wegen seiner Beteiligung am Golf-Krieg gerät der britische Premierminister stark unter Druck. Als dann der Waffenexperte *Kelly,* als Quelle für einen regierungsfeindlichen BBC-Bericht enttarnt wird und Selbstmord begeht, muss Blair einen Untersuchungsausschuss einsetzen. Die Labour-Regierung gerät unter den Dauerbeschuss der Medien.

2005   Nachdem *Tony Blair* seine Widerstände aufgegeben hat, wird es in absehbarer Zeit auch an allen öffentlichen Stätten in England eine **totales Rauchverbot** geben. In Schottland und Wales gilt ein Rauchverbot ab 2006.

Im November hebt das Parlament die aus dem Ersten Weltkrieg stammende **Sperrstunde in Pubs** auf.

Monarchie und Regierung

Beim Parlament, bestehend aus dem **Oberhaus** *(House of Lords)* und dem **Unterhaus** *(House of Commons),* liegt in Abstimmung mit dem König die souveräne Gewalt des Vereinigten Königreiches – ausgedrückt durch die verfassungsrechtlichen Begriffe *The King in Parliament,* womit der Ort der höchsten Gewalt veranschaulicht wird, und *His Majesty's Government* als Bezeichnung für die Regierung.

Bereits in angelsächsischer Zeit gab es die Gewaltenteilung zwischen dem Herrscher und einer freien, alle Teile des Landes vertretenden Versammlung, dem so genannten **Witenagenot.** Dieser Rat hatte große Machtbefugnisse, konnte den König wählen bzw. absetzen, und nur in enger Zusammenabeit mit dem Rat durfte der Monarch Gesetze erlassen, geistliche wie weltliche Würdenträger ernennen, Lehen vergeben und Gerichte einberufen.

Nach der Invasion der Normannen im Jahre 1066 hatten sich deren Könige während ihrer Herrschaft mit den **Great Councils** auseinanderzusetzen – Versammlungen, die aus den Lehnsträgern bestanden und den Herrscher in allen wichtigen Fragen von nationalem Interesse berieten. Im Laufe der Zeit entwickelte sich daraus eine recht machtvolle Institution, die den König heftig unter Druck setzen konnte, wie das Jahr 1215 zeigte. In jenen Tagen zwangen die Adligen *König Johann Ohne-*land *(John Lackland)* – bis heute bei den Briten der unpopulärste aller Könige –, die **Magna Charta** anzuerkennen. Darin wurde der Monarch unter anderem verpflichtet, Steuererhöhungen mit dem Council abzusprechen. Dieser Rat bestand aus geistlichen Würdenträgern und Mitgliedern adliger Familien sowie den königlichen Lehnsträgern. 1254 entsandte jede Grafschaft vier gewählte Ritter in diese Versammlung, und ein gutes Jahrzehnt später konnten auch die Städte Repräsentanten *(Commons)* in den Council schicken.

1295 kam es in der Regierungszeit von *Eduard I.* mit dem **Model Parliament** zu einer weiteren Entwicklung der demokratischen Tradition in England. Dieser Rat setzte sich aus Bischöfen und hohen Adligen zusammen; die geistlichen Würdenträger brachten Mitglieder des niederen Klerus mit, die Aristokraten Ritter aus jeder Grafschaft und Bürger aus jeder Stadt. Dieses Parlament bestimmte die Steuern und äußerte sich zu Gesetzesvorlagen; es war darüber hinaus das höchste Gericht des Landes *(The High Court of Parliament).*

In der Mitte des 14. Jh. trennte sich diese Versammlung dann in **zwei Häuser;** die Ritter tagten zusammen mit den Bürgern und die weltlichen zusammen mit den geistlichen Würdenträgern. Damit war die Urform des heutigen Unter- bzw. des Oberhauses gefunden.

Bei den Auseinandersetzungen während der Zeit von *Karl I.* (1625–1649), die schließlich zur Hinrichtung des Herrschers führten, ging es

Gesellschaft

um die Frage, wem die Souveränität gebühre: dem König allein oder dem König im Parlament *(King in Parliament).* Letztere Auffassung setzte sich durch, und ab nun hatte der Herrscher bei allen wichtigen Entscheidungen das Parlament zu konsultieren.

In den **Bill of Rights** wurden 1689 die Rechte und Pflichten des *King in Parliament* formuliert und festgeschrieben: Der König benötigte nun die Zustimmung der Versammlung, wenn er Gesetze erlassen, suspendieren oder ein stehendes Heer in Friedenszeiten aufstellen wollte. Damit war auch in England die konstitutionelle Monarchie eingeführt.

1701 wurde durch den *Act of Settlement* die **Erbmonarchie** eingeführt und die Thronfolge geregelt. Stirbt der Herrscher, so geht die Krone auf seinen ältesten Sohn (bzw. auf die älteste Tochter) über. Der König muss der Anglikanischen Staatskirche angehören und darf nicht katholisch verheiratet sein. Seit Mitte des 19. Jh. hat der Monarch nur noch Repräsentationspflichten, seine politischen Statements müssen die Regierungspolitik widerspiegeln. Die Regierung hat gegenüber dem König nur noch Informationspflichten, er wird bei Entscheidungen vorher nicht mehr konsultiert; seine Haltung muss parteipolitisch neutral sein.

Das Oberhaus, das **House of Lords,** ging aus dem *Great Council* (s.o.) hervor; im 14. Jh. trennten sich die Adligen und der hohe Klerus (*Lords*) von den bürgerlichen Repräsentanten (*Commons*). Mit Auflösung der Klöster durch *Heinrich VIII.*

Heinrich VIII

nahm der Einfluss der Geistlichkeit zugunsten der Mitglieder des Adels *(Peers)* ab. Die *Reform Bill* aus dem Jahre 1832 beschnitt dem Oberhaus das Recht, die Mitglieder des Unterhauses zu bestimmen, und mit dem *Parliament Act* von 1911 wurde dem House of Lords die Beteiligung an der Gesetzgebung weitestgehend genommen. Das Kabinettsystem der Regierung hat die Einflussnahme des Oberhauses weiter reduziert.

Alle Mitglieder des *House of Lords* sind dort aufgrund ihrer adligen Herkunft *(Peers)* mit Sitz und Stimme vertreten. Seit dem *Life Peerage Act* von

1958 kann die **Peers-Würde** auf Lebenszeit vergeben werden, auch an Frauen *(Peeresses)*. Der *Peerage Act* aus dem Jahre 1963 gibt Politikern, die wichtige Ministerposten innehaben, aufgrund ihrer adligen Herkunft aber nicht im Unterhaus sitzen dürfen, die Möglichkeit, ihre Peers-Würde abzulegen.

Das House of Lords ist das **oberste englische Gericht,** es bearbeitet die Gesetzesvorlagen des Unterhauses, unterbreitet Änderungsvorschlä-ge und diskutiert wichtige außen- und innenpolitische Fragen.

Etwa seit dem Jahr 1375 wird im **House of Commons,** im Unterhaus, aus der Mitte der Abgeordneten der Sprecher **(Speaker)** gewählt, der allein berechtigt ist, die politischen Ansichten des Hauses gegenüber dem Monarchen darzulegen. Urkundlich erwähnt ist die Funktion des *Speakers* ab 1547, da man erst in diesem Jahr damit begann, Sitzungsprotokolle zu führen.

Nationale Symbole und Wahrzeichen

Höchstes Nationalsymbol ist bei der jahrhundertealten monarchistischen Tradition natürlich die **Krone** *(Crown)*, die den Herrscher und damit gleichzeitig den Staat symbolisiert; die Regierung wiederum erhält ihre Legitimität „im Namen der Krone".

Der **Löwe** *(Lion)* ist ein ebenfalls jahrhundertealtes Symbol der Kraft und steht als König der Tiere symbolisch für die Macht des Herrschers.

Oft findet sich beim Löwen das **Einhorn** *(Unicorn)*, das als Sinnbild der Reinheit gilt und sowohl im englischen als auch im schottischen Wappen erscheint. Viele **Pub-Namen** wie etwa *Red Lion* oder *Lion and Unicorn* haben hier ihren Ursprung.

Die Figur des **John Bull** wurde erstmals Anfang des 18. Jh. in einer Satire als ehrlicher Leinenhändler dargestellt. Danach, vor allem ein Jahrhundert später, wird er vielfach variiert – mal als dummer August, mal als kluger Brite. Er trägt häufig eine Weste im **Union-Jack-Look** und hat eine Bulldogge zu seinen Füßen.

Die **Bulldogge** *(Buldog)* steht für die militärische Stärke Großbritanniens und dient potentiellen Aggressoren als Warnung.

Die **Britannia,** eine sitzende Frau, die mit Dreizack und Helm über die Meere herrscht, ist die Personifizierung des Landes; der Besucher kann sie auf der 50-p-Münze bewundern.

Der **Union Jack** ist die Landesfahne und zeigt das rote Kreuz des *Hl. Georgs,* des Schutzpatrons Englands, sowie die zwei diagonalen weißen Streifen auf blauem Grund, dem Kreuz des *Hl. Andrew,* Schutzpatron Schottlands, und das rote Kreuz von *St. Patick,* dem Schutzheiligen Irlands.

An Pflanzensymbolen stehen **Leek** und **Daffodil** (Lauch und Narzisse) für Wales, **Thistle** (die Distel) für Schottland und die **Rose** für England.

Während des 15. Jh. erlangte das Unterhaus die Rechte über die **Finanzgesetzgebung,** 200 Jahre später begann es, die steuerlichen Maßnahmen festzusetzen. Seit den vier Wahlrechtsreformen im 19. Jh. repräsentiert das *House of Commons* die britische Bevölkerung. 1918 wurde das **allgemeine Wahlrecht** eingeführt.

Der Regierung gehören über 100 Mitglieder an. Es obliegt dem Premierminister – ein Amt, das erst 1721 mit *Robert Walpole* eingeführt wurde –, die Ressortchefs der einzelnen Ministerien ins **Kabinett** zu berufen, der Außen- und der Innenminister, der Finanz- und Verteidigungsminister sowie der Lordkanzler *(Lord High Chancellor)* sitzen jedoch auf alle Fälle am Kabinettstisch.

Der Führer der Mehrheitsfraktion im Unterhaus wird vom König zum **Premierminister** berufen, auf Vorschlag des Regierungschefs ernennt der Herrscher die Mitglieder der Regierung. Der Premierminister bestimmt die Richtlinien der Politik, er kann das Unterhaus auflösen und Neuwahlen ausrufen.

Die jährliche **Parlamentseröffnung** nimmt der König in einem großen Staatsakt vor, ausgerichtet werden die Feierlichkeiten vom Großzeremonienmeister des Hofes. Bekleidet mit einem historischen Kostüm fährt der Monarch in der Staatskarosse zum Parlamentsgebäude, wo die Festrobe angelegt und die Krone aufs königliche Haupt gesetzt wird. Begleitet vom Hofstaat betritt der Herrscher nun das Oberhaus; ihm vorangetragen werden das Reichsschwert und die *Cap of Maintenace*, eine Samthaube, deren genaue Bedeutung nicht mehr bekannt ist. Nachdem der Monarch, der ja nicht ins Unterhaus darf, im House of Lords Platz genommen hat, schreitet der so genannte *Black Rod*, der oberste Beamte des Parlaments, zum Unterhaus, um die dort versammelten Parlamentarier ins House of Lords zu bitten. Dreimal klopft er mit seinem Stab an die Tür des Sitzungssaales (damit wird dokumentiert, dass die Mitglieder des Unterhauses nicht auf Abruf bereitstehen), dann wird ihm Einlass gewährt, und er führt die Abgeordneten ins Oberhaus, wo der König die vom Premierminister verfasste Rede verliest.

Die Labour-Regierung unter *Tony Blair* plant, dem Oberhaus eine ganze Reihe von **Rechten** zu **streichen** und auf längere Sicht gar die Auflösung der Institution. Ein erster Schritt dazu fand im November 1999 statt, als den meisten Parlamentariern des Oberhauses der erbliche Adel genommen wurde.

Autonomie-bestrebungen in Wales und Schottland

Brits out now oder einfach nur *Independence*, aber auch drastischer wie *Fuck the Tory Brits* findet der aufmerksame Besucher in Schottland an viele Mauern gesprüht, und in Wales lautete die eindeutige **Absage an die Oberhoheit der Engländer** ganz lapidar *Keep Wales Tidy - Drop* *your litter in England* - so steht es auf vielen walisischen T-Shirts zu lesen. Sowohl in Schottland als auch in Wales gibt es starke nationale Bewegungen mit eindeutig artikulierten Autonomiebestrebungen.

Vor allem in **Schottland** sind die Menschen auf Unabhängigkeit aus, eine Umfrage liefert eindeutige Daten: 78 % der rund 5 Mio. Schotten befürworten die Loslösung von England, davon sind wiederum 34 % für eine Totalautonomie, während 44 % eine Teilautonomie mit eigenem Parlament innerhalb des Königreiches fordern. Im Londoner Parlament, dem *House of Commons*, kämpfen die Abgeordneten der 1928 gegründeten *Scottish National Party (SNC)* für eine Unabhängigkeit von England.

Ebenfalls in den 1920er Jahren wurde in **Wales** die *Plaid Genedlaethol Cymru*, die *National Party of Wales,* ins Leben gerufen, die ebenfalls Vertreter im Parlament zu Westminster hat und sich natürlich der Sympathie der schottischen SNC sicher ist. *Plaid Cymru* bekommt Unterstützung von der 1963 gegründeten *Cymdeithas yr Iaith Gymraeg*, der *Welsh Language Society*. Dass deren Bemühungen für eine nationale walisische Identität erfolgreich sind, bemerkt man in Wales auf Schritt und Tritt: Viele Waliser sprechen nämlich im Alltag ihr nationales Idiom.

Die Zerstörungen an den Wochenendhäusern englischer Besitzer zeigen, dass sich der walisische Nationalismus auch gewalttätig äußern kann. Damit artikuliert sich auch ein Protest gegen die Politik im fernen London. Denn während in vielen kleinen Örtchen der strukturschwachen Regionen die Kosten für den Lebensunterhalt den Leuten über den Kopf wachsen, kaufen sich begüterte Engländer billig dort ein.

Dass der nationale Riss durch Britannien geht, merkt man auch an den **Sprachregelungen,** die Schotten und Waliser bezeichnen ihr Land auch als Schottland und Wales und sich selbst als Schotten und Waliser. Die Engländer hingegen reden nicht von England, sondern von Great Britain, schließen also Schottland und Wales automatisch mit ein. Der Besucher ist also gut beraten, Schotten und Waliser als solche zu bezeichnen und ihre Länder mit dem Nationalnamen zu belegen, die Engländer aber hingegen als Briten anzureden, und keinesfalls sollte man die Bewohner des Inselreiches gedankenlos als Engländer über einen Kamm scheren.

1997 ließ die neue Labour-Regierung in Schottland und Wales ein Referendum über eigene Parlamente durchführen, und die Bevölkerung entschied sich mit großer Mehrheit für eine weitgehende **Teilautonomie.** 1999 trat diese offiziell in Kraft, nachdem *Königin Elisabeth* die beiden Parlamente formell eröffnet hatte.

Medien

Die Briten und ihre Zeitungen

Überall wo der Brite steht, sitzt oder wartet, holt er sofort seine Zeitung aus der Tasche und beginnt sich in die Lektüre zu vertiefen, in der drangvollen Enge der U-Bahn eben-

so wie auf dem Klappstuhl hoch oben auf der Klippe – soweit das durchaus zutreffende Klischee.

„Nichts kennzeichnet die britische Psyche besser als ihre Leidenschaft für das Pressewesen", schrieb der Dichter *William Cowper* schon vor über 200 Jahren, und daran hat sich bis heute nichts geändert. Kaum ein anderes westeuropäisches Land hat eine solche Fülle an täglich erscheinenden überregionalen Zeitungen wie Großbritannien. Für den Besucher, der mit der **englischen Presselandschaft** nicht vertraut ist, stellt sich die Frage nach dem richtigen Blatt. Die folgende, recht subjektive Übersicht will ein wenig Hilfestellung geben.

Ganz unten auf der Qualitätsskala rangiert die so genannte **Gutter Press,** vergleichbar mit der hiesigen Bildzeitung. Das Schmierenblatt *The Sun* hat die höchste Auflage von sämtlichen Gossenblättern, 4 Mio. Exemplare dieses Blut-und-Busen-Blattes werden täglich ausgeliefert, und Schätzungen zufolge lesen 10 Mio. Menschen Tag für Tag in der *Sun*, die nach der Redaktionsdevise *Boobs, more boobs and bums* (Busen, mehr Busen und Hintern) gestaltet wird. Weiterhin gehören der *Daily Mirror* und der *Daily Star* zur *Gutter Press.*

Kaum besser, wenngleich vom Selbstverständnis der Zeitungsmacher im höheren Qualitätsbereich liegend sind die Blätter der so genannten **Middle Market Newspaper.** Dazu gehören *Daily Mail, Daily Express* und *Today*. Während bei den oben genannten Boulevardblättern Primitivinformationen und Horrorgeschichten den Inhalt bestimmen, liefern diese drei Zeitungen wenigstens in Ansätzen auch Auslandsberichte.

Lesbar sind jedoch allein der **Guardian,** die **Times,** der **Daily Telegraph,** die **Financial Times** und der **Independent.** Der britische Journalist *Ryan Chandler* hat die folgende, höchst treffende Charakterisierung dieser fünf Blätter abgegeben: Der *Guardian* wird von denjenigen gelesen, die das Land verändern möchten, in die *Times* schauen die, die das Land wirklich regieren, aus dem *Daily Telegraph* informieren sich Leute, die glauben, dass sie das Land regieren, die *Financial Times* blättern diejenigen durch, denen das Land gehört, und den *Independent* liest der, der das Land regieren möchte.

Der *Guardian* steht links von der Mitte, die *Times* ist bürgerlich konservativ, ebenso der *Daily Telegraph*, der im Volksmund auch *Torygraph* (die Konservativen werden auch als *Tories* bezeichnet, und ein *Tory* ist ein Mitglied der konservativen Partei) genannt wird; die *Financial Times* ist das Fachblatt der Banker und Börsianer, und der *Independent* ist liberal, sucht seine Leserschaft in der politischen Mitte und gestaltet seine Artikel und Kommentare derartig ausgewogen, dass Sarkasten das Blatt auch schon als *Indiscribably Boring*, als unbeschreiblich langweilig bezeichnen.

Auch **am Sonntag** ist Bewegung in der Presselandschaft, eine ganze Anzahl von Zeitungen konkurriert auf dem heißumkämpften Markt. Spitzenreiter ist das Revolverblatt *News of the World*, das seinen Namen völlig zu Unrecht trägt und von den Briten daher zu *Screws of the World* verballhornt wird. *(To screw* bedeutet viel in der englischen Sprache, so z. B. „drehen", d. h. man dreht an den Nachrichten, weiterhin bedeutet *to screw* auch „auspressen", d. h. man schlachtet eine Nachricht bis ins letzte unappetitliche Detail aus, to screw hat aber auch eine sexuelle Bedeutung, und so könnte der oben genannte Titel in deutscher Übersetzung auch etwa lauten „Alle Nummern dieser Welt".) 5 Mio. Ausgaben kursieren Sonntag für Sonntag und werden laut Schätzungen von 10 bis 12 Mio. Menschen gelesen.

In die gleiche Qualitätskategorie fallen *Sunday People,* wegen der vielen Klatsch- und Schlüssellochgeschichten auch *Sunday Peephole* genannt, und *Sunday Mirror.* Alle drei Blätter haben Hochglanzbeilagen und werden laut *Ryan Chandler* von Leuten gelesen, „die gaffend bei Verkehrsunfällen herumstehen."

Auch *Daily Mail* und *Daily Express* haben Sonntagsausgaben mit Hochglanzmagazinen.

Inhaltlich umfangreich, damit dick und schwer, kommt die *Sunday Times* daher; das Mitte-Rechts-Blatt, so witzelt *Ryan Chandler,* „ist die einzige Zeitung, die ein Hund nicht im Maul halten kann und dessen Leser ein Body Builder mit einem IQ von 180 sein muss."

Linksorientiert sind der *Observer* sowie der *Sunday Correspondent,* und wie jeden Tag der Woche sind auch beim *Sunday Telegraph* und beim *Independent on Sunday* die redaktionellen Strickmuster die gleichen; auch diese Zeitungen haben farbige Hochglanzbeilagen.

In Spiegel-Manier kommt das ausgezeichnete **Nachrichtenmagazin** *Economist* daher, das 2003 seinen 160. Geburtstag feierte und dabei keine alterungsbedingten Verkalkungserscheinungen zeigte, sondern wie ein junger Springinsfeld mit geschärfter Feder seine rechtskonservativen Kritiker zum Duell forderte und alsbald in die Flucht schlug. Dem Gemisch aus „Zeitung und Geheimdienst" wurde von den Rechten angekreidet, „dass es einem klassen- und wurzellosen, multiethnischen, internationalen Liberalismus" frönt – ein Grund, das Magazin sofort zu abonnieren! Und das tun 400.000 Leser weltweit, denn von der 500.000er Auflage verbleiben nur noch ca. 20 % im Heimatland, der Rest geht in alle Staaten dieser Erde „an überdurchschnittlich wohlhabende und intelligente Leser." Denen bereitet das Blatt die wichtigsten ökonomischen, politischen und kulturellen Ereignisse in hervorragenden Analysen und stilistisch brillanten Artikeln auf. Der Kampf gegen Rassismus und für Menschenrechte, gegen die Todesstrafe und totalitäre Systeme war dem Magazin dabei von Anfang an selbstverständlich, bekämpfte es in seiner Gründungszeit doch vehement die Sklaverei. Also: Abonnieren!

Die einzige akzeptable überregionale Tageszeitung in **Wales** ist die *Western Mail,* und im Magazinbereich gibt es den hervorragenden, vierzehntägig erscheinenden *Planet,* der walisische, britische und internationale Themenbereiche abhandelt. Das *New Welsh Review* hat politische, wirtschaftliche und literarische Artikel zu Wales im Redaktionsteil und erscheint einmal im Monat. *Poetry* schließlich widmet sich der walisischen Literatur im Allgemeinen.

Lesbare **schottische** Tageszeitungen sind der rechtsorientierte *The Scotman* und der etwas liberalere *Herald.* Weit verbreitet ist das in Erscheinungsbild und Inhalt etwas altmodische *Scots Magazine.*

Radio und Fernsehen

Im Jahre 1922 nahm die öffentlichrechtliche **BBC (British Broadcasting Corporation)** ihre Rundfunksendungen auf, und nur 14 Jahre später strahlte sie weltweit das erste regelmäßige Fernsehprogramm in den Äther. Der Mammutsender finanziert sich über Teilnehmergebühren und ist daher nicht auf Werbeeinnahmen angewiesen; konsequenter als die Öffentlich-Rechtlichen in der Bundesrepublik sendet die BBC demzufolge auch keine Werbung. Lediglich die Auslandssendungen des Hörfunks bekommen Gelder, deren Höhe das Parlament festlegt.

Das **Rundfunkprogramm BBC 1** besteht aus kurzweiliger Pop-Musik und aus nichts anderem; die stündlich gesendeten Nachrichten sind nicht länger als 30 Sekunden. **BBC 2** liefert dann Unterhaltungssendungen, leichte Musik, Sportinformationen; **BBC 3** hat klassische Musik und Kultursendungen im Programm, und **BBC 4** sendet Nachrichten, Reportagen, Hörspiele etc.

Unerreicht ist das Auslandsprogramm des BBC, der **World Service,** der 24 Stunden täglich in Englisch und in 36 weiteren Sprachen Nachrichten und Informationen auf Kurzwelle um die ganze Welt schickt. (Leider hat die BBC ihre Sendungen in deutscher Sprache 1999 eingestellt.) Der *World Service* wird in seiner Qualität von keinem anderen Sender übertroffen, und der weltweit gute Ruf der BBC beruht in erster Linie auf der Arbeit der Redakteure im Londoner Bush House, wo die Auslandsabteilung untergebracht ist.

Die beiden **Fernsehkanäle** heißen analog zu den Rundfunksendern BBC 1 und BBC 2; **BBC 1** sendet Nachrichten (Hauptnachrichtensendung um 21 Uhr), Unterhaltungssendungen, Sport, während **BBC 2** mehr Kultur im Programm hat.

1955 wurde der Alleinvertretungsanspruch der BBC durch die Gründung der **IBA (Independent Broadcasting Authority)** aufgehoben. Die IBA vergibt Lizenzen und ist die Aufsichtsbehörde der privaten Radio- und Fernsehsender.

Derzeit gibt es etwa 70 nichtstaatliche Rundfunkstationen, so etwa **Capital Radio** in London, und ca. 15 regionale Fernsehsender der **ITV** *(Independent Television)*, die einen gemeinsamen Nachrichtendienst, den **ITN** *(Independent Television News),* haben; Hauptnachrichtensendung ist täglich das zu Recht vielgelobte *News at Ten*. Seit 1982 gibt es als vierten Fernsehsender **Channel Four,** und in den letzten Jahren sind eine ganze Reihe von weiteren Kabel- und Satellitensender hinzugekommen.

Wirtschaft

Größtes Wirtschaftszentrum nicht nur des Südens, sondern von ganz England ist natürlich **London,** dessen Sog die Bewohner des gesamten dichtbevölkerten Südostens in die Kapitale zieht.

Industrie, geschweige denn eine Schwerindustrie (sieht man von Portsmouth, Southampton und Bristol einmal ab), gibt es so gut wie keine in **Englands Süden.** Die Region lebt nach wie vor von der Landwirtschaft, von ein wenig Fischerei, von Dienstleistungen aller Art und dem Tourismus – ist die Südküste doch das beliebteste Ferienziel der Briten. Um aus dem teuren London fortzukommen, siedelten sich in den letzten Jahren vor allem High-Tech-Branchen an der sonnigen Südküste und in Bristol an.

Bristol ist überhaupt neben London das zweite ökonomische Zentrum des Südens. Traditionell ist die Hafenmetropole die Stadt der Flugzeugbauer; *Rolls Royce* produziert seine Triebwerke hier und ist zusammen mit dem Luftfahrtunternehmen *British Aerospace* der größte Arbeitgeber für die Stadt und das Umland. Außerdem hat sich Bristol neben London zu einem Finanzzentrum gemausert.

Damit die **Badeorte** auch außerhalb der Saison Besucher und damit fließende Gelder in die Stadtsäckel bekommen, werben sie mit ihren Konferenz- und Tagungsinfrastrukturen, ziehen erfolgreich betuchte Rentner aus anderen Teilen des Landes in den warmen Süden und bieten

Jahr für Jahr Abertausenden von Sprachschülern Kurse an.

Über die **Hafenorte Southampton und Portsmouth** läuft ein großer Teil der englischen Importe und Exporte, die zusammen mit der Werftindustrie und den Ölraffinerien die Arbeitsplätze sichern.

In der **Landwirtschaft** können aufgrund des warmen Golfstroms Wein und Obst kultiviert werden; in Kent sind der Hopfenanbau für die Bierproduktion und die Apfelese für den *Cider* von Bedeutung; die Bewohner der Scilly's exportieren ab Dezember Schnittblumen in alle Landesteile. Schafe und Rinder grasen auf den saftigen Weiden. Im Südosten jedoch, innerhalb des riesigen Einzugsgebietes von London, geben immer mehr Bauern auf und verkaufen ihr gutes Land für viel Geld an Immobilienfirmen – London machts möglich!

Der Süden, vor allem aber der Südosten, bringt seinen Bewohnern den höchsten **Lebensstandard** im gesamten Vereinigten Königreich: In London werden die höchsten Gehälter gezahlt, gefolgt von Südosten und dem Südwesten. In den ärmeren Landesteilen im Norden liegen die

Ein Versorgungsschiff für die Ölplattformen

Angestellten mit ihren Arbeitseinkünften um rund ein Drittel niedriger. Das krasse Nord-Süd-Gefälle wird in Großbritannien *North-South Devide* genannt.

Das sympathische Norwich in **East Anglia** hat es in den letzten Jahren geschafft, High-Tech-Produzenten an sich zu ziehen und weist gute Aufschwungzahlen aus. East Anglia – und vor allem die Hafenstadt Lowestoft – partizipiert von den Bohrinseln in der südlichen Nordsee; so sind auch hier eine ganze Reihe von Arbeitsplätzen gesichert.

In **Mittelengland** wird ebenso wie im Süden noch intensiv Landwirtschaft betrieben, weiter nach Norden dann wird die Landschaft rauer, gebirgiger und zunehmend unfruchtbarer. Inseln des Wohlstandes sind die beiden Universitätsstädte **Oxford und Cambridge.**

Nach wie vor große Strukturprobleme finden sich in den ehemaligen Städten des einstigen **Industrial Belt,** und die Arbeitslosenquote in Städten wie Birmingham, Manchester, Leeds, Sheffield und Liverpool ist nach wie vor hoch.

Auch in **Schottland** hat die PC-Produktion den einstigen Exportschlager Whisky überflügelt, über 400 Firmen arbeiten in der Region westlich von Edinburgh, und so wird dieser Landstrich *Silicon Glen* genannt *(Glen* ist das gälische Wort für „Tal"). In den schottischen Lowlands wird eine intensive Landwirtschaft mit Rinderzucht betrieben. Berühmt sind die Galloway-Rinder, die schon mit den Kelten in den Norden gekommen sind. Eine Zuchtvereinigung wacht über die Reinheit der Rasse.

Auffallend sind die vielen in der Sonne strahlend gelb leuchtenden Rapsfelder. Aus der genügsamen, ölhaltigen Pflanze wird ein umweltverträgliches Schmieröl hergestellt, und die Bauern, die ihre Felder damit bepflanzen, erhalten EU-Mittel.

Schottlands Ostküste, und hier vor allem Aberdeen, partizipiert an den Ölplattformen in der Nordsee; wenngleich das meiste Geld nach London fließt, so erfreuen sich die Bewohner der Region doch ihrer gutbezahlten Arbeitsplätze. Intensiv gefischt wird noch im hohen Norden, 70 % aller Fänge in Großbritannien gehen auf das Konto schottischer Fischer. Aberdeen im Osten, Ullapool und Kinlochbervie im Westen haben bedeutende Häfen, in denen schwimmende Fischfabriken vor Anker liegen.

Glasgow, das über Jahrzehnte mit großen wirtschaftlichen Problemen zu kämpfen hatte und dessen Stahlhütten und Werften seit Kriegsende geschlossen wurden, hat sich zu einer **Dienstleistungsmetropole** gemausert und es sogar geschafft, Firmen aus dem teuren London an die Ufer des River Clyde abzuziehen.

Je mehr man aber im „Alaska Großbritanniens" in den Westen und den Norden kommt, um so mehr häufen sich die Probleme in diesen so strukturschwachen Gebieten. Die jungen Leute kehren ihrer Heimat den Rücken, und demzufolge ist die Landflucht groß. 1965 wurde das Highland and Island Development Board geschaffen, das wirtschaftliche und soziale Verbesserungen in diesen Regionen vorantreiben soll.

Industrieansiedlungen sind hier aber so gut wie unmöglich, und so wird verstärkt auf den Tourismus gesetzt.

Auf den *Orkney-Inseln* wird noch viel Landwirtschaft betrieben. Die *Shetland's* partizipieren vom Öl-Boom und besitzen mit dem Sullom Voe Terminal die größte Ölverladestelle Europas. Schlecht sieht es hingegen auf den *Hebriden* aus, wo die Arbeitslosigkeit hoch ist. Einziges Ausfuhrprodukt ist hier der noch immer auf Handwebstühlen gefertigte Tweed. Der so beliebte Stoff der reitenden und jagenden britischen Oberschicht ist nur echt, wenn er von der Isle of Lewis and Harris kommt.

In *Wales* sieht es prinzipiell nicht anders aus als in Schottland. Vor allem im Süden des Landes sind in den letzten Jahren fast alle Kohlenminen geschlossen worden, und von den einst 25.000 Kumpeln arbeiten heute gerade noch einmal 1000 in der Förderung – und ihre Zukunft sieht nicht rosig aus! Die Wales Development Agency versucht analog zu ihrer Schwesterorganisation in Schottland Besserungen zu schaffen. Einnahmequellen sind vor allem im Norden und Nordwesten von Wales der Tourismus, der Fährhafen Holyhead, der Überfahrten nach Irland anbietet, die Fischerei, einige kleine Ölraffinerien sowie im Süden eine im Niedergang befindliche Stahlindustrie und die Landwirtschaft.

Generell lässt sich sagen, dass die britische Wirtschaft vor allem in der zweiten Hälfte der 1990er Jahre einen *rasanten Aufschwung* erfuhr, der auch zu Beginn des neuen Jahrtausends bisher angehalten hat. Sichtbarer Ausdruck der prosperierenden Ökonomie sind die niedrigsten Arbeitslosenzahlen seit Jahrzehnten und ein ungeheuer starkes Pfund.

Leider hat vor allem der Landwirtschaft das unkluge Verhalten der britischen Regierung bei der Behandlung der Rinderseuche *BSE* sowie bei der *Maul- und Klauenseuche* sehr geschadet.

Die Menschen und ihre Kultur

Bevölkerung

Wie kaum in einem anderen Land des Westens haben es die Briten verstanden, bis in unsere Tage hinein ein **Klassensystem** aufrechtzuerhalten, das ganz offensichtlich in der Lage ist, auch dem gleichmachenden Spätkapitalismus zu trotzen. So unterscheidet man die *Working Class*, die *Middle Class* und die *Upper Class*. In jeder dieser Klassen gelten andere kulturelle Strickmuster, Verhaltensnormen, ja sogar Sprachformen, und jede Gesellschaftsschicht ist strikt von der anderen abgeschottet, hat ihren eigenen Bildungshintergrund, ihre eigenen Wohnformen und ganz spezifische Freizeitvergnügen.

Der Begriff der Klasse wird in Deutschland an das Einkommen und damit an Geldbesitz geknüpft, in Großbritannien dagegen meint *Class* weniger Geld als vielmehr den *Background* einer Person. Die Einteilung in eine bestimmte Klasse erfolgt u. a. durch den Beruf, durch die Art und Weise, wie man sein Geld verdient und wofür man es ausgibt.

Die **Working Class** wird geprägt vom *Blue-Collor Worker*, vom Arbeiter im Blaumann, der mit seiner Familie in einem kleinen, schon älteren *Terraced House* lebt, eines von endlos vielen, in langer Reihe stehenden Häuschen mit zwei Schlafzimmern und einem kleinen Garten nach hinten raus. Das *Socio-Economic Profile of the Uk Population,* das z. B. von den *Building Societies* oder den Banken für Kreditgewährungen herangezogen wird, unterscheidet nochmal zwischen der *Skilled Working Class,* der ein Facharbeiter *(Electrician, Plumber)* angehört, und der *Unskilled Working Class,* für ungelernte Arbeiter *(Labourer, Roadsweeper).*

Die Angehörigen der **Middle Class** mit ihren *White-Collar Jobs* halten Handel, Verwaltung, Staat und Regierung sowie das weite Feld der Dienstleistungen am Laufen. Hier unterscheidet das „Socio-Economic Profile" gleich dreimal, in die untere, die mittlere und die obere Mittelklasse. Wohnen die ersten beiden in *Semi-Detached Houses* (kurz *Semis* genannt), in vertikal getrennten Doppelhaushälften mit einem Vor- und einem Rückgarten sowie drei bis vier Schlafzimmern, so lieben die Angehörigen der *Upper Middle Class* die sogenanten *Detached Houses*, freistehende Häuser. Sie sind es auch, die ein kleines Cottage weit draußen auf dem Land haben, im grünen *Stockbroker Belt* rund um die Metropole London wohnen und als wohlbetuchte, so genannte *Gin and Tonic Commuters* allmorgendlich in die Hauptstadt fahren.

Zur **Upper Class** schließlich gehört der Adel; die Earls und Dukes leben in ihren kleinen oder großen Herrenhäusern, die sie schon lange nicht mehr unterhalten können und daher der neugierigen *Middle* und *Working Class* zugänglich machen müssen; andere haben ihren Besitz an den National Trust abgegeben und im Gegenzug das Recht auf Wohnsitz bekommen.

Wie groß die Klassenunterschiede sind, zeigt sich sehr deutlich an der **Sprache;** der britische Linguist

A.S.C. Ross führte 1954 ein soziolinguistisches Begriffspaar zur Charakterisierung der Sprache ein: die *Upper Class Usage* (= *U*) und die *Non Upper Class Usage* (= *Non-U*). Bei dieser *U and Non-U Language* ist erstere eine perfekte, vornehme Ausdrucksweise, in der vorwiegend angelsächsische Wörter benutzt werden, und letztere die Sprache der Masse, in der romanische Begriffe (so genannte *Hard Words)* verwendet werden. Hier einige Beispiele:

U	NON-U
Lavatory	Toilet
Lunch	Dinner
Sorry	Pardon
Jam	Preserve
Looking Glas	Mirror
Bike	Cycle
Napkin	Serviette
Rich	Wealthy
to die	to pass away

Sorgen machen sich britische Soziologen seit einiger Zeit über einen neuen Rechtsruck und den damit verbundenen **Rassismus** im Inselreich. Maßgeblich verantwortlich wird dafür die frühere Regierungschefin *Margret Thatcher* gemacht, die propagierte, dass nicht mehr die Gesellschaft, sondern nur noch das Individuum etwas gelte. Dieser **Thatcherismus,** dessen ökonomische Rezepte sich am Monetarismus orientieren, hat in den letzten Jahren wenige reicher, aber sehr viele wesentlich ärmer gemacht. Bis in die heutigen Tage hinein reichen die Einschnitte ins soziale Netz, von denen

die Labour Party nichts zurückgenommen hat. *Margaret Thatcher* hat mit Wucht und auf Kosten der kleinen Leute die Sozialsysteme und die Staatsfinanzen saniert – Labour rühmt sich nun einer vorbildlichen Politik. Dies alles hat dazu geführt, dass die Existenzängste der *Working and Lower Middle Class* sich in Form von Rechtsradikalität und Gewalttätigkeit gegen ethnische Minderheiten artikulieren.

„Der Rassismus ist auf dem Vormarsch", musste das Londoner Magazin *New Statesman and Society* entsetzt konstatieren. Dabei waren die Briten – durch den Kolonialismus geschult – immer stolz darauf, als Schmelztiegel der Nationen zu gelten. Damit ist es lange vorbei. Farbige Briten verlassen derzeit zuhauf das Land und kehren in ihre Heimat zurück, die schiere Angst hat sich breitgemacht. Jedes Jahr registriert die Polizei zwischen 25.000 und 30.000 **rassistische Übergriffe** und in den 1990er Jahren waren leider gar eine ganze Reihe von Toten zu beklagen.

Untersuchungen haben ergeben, dass 10 % aller Briten keinen Juden als Nachbarn haben möchten, 25 % gar wollen nicht neben einer farbigen Familie wohnen.

Schon im Jahr 1968 krähte der konservative Unterhausabgeordnete *Enoch Powell* danach, dass „Ströme von Blut" die Farbigen von einer Einwanderung abhalten sollten. Es war dann natürlich *Margret Thatcher*, die die Migrationsgesetze erheblich verschärfte. Im Februar 1994 lief der stockkonservative Staatsminister im

Die Menschen

Schatzkanzleramt aus dem Ruder. Öffentlich erklärte das Mitglied der Regierung: „Abroad is bloody and foreigners are bad." Im Klartext: „Im Ausland geht es schlimm zu und alle Ausländer sind schlecht."

Architektur

In den Jahren 43 bis 410 siedelten die Römer auf der Insel; als die Westgoten unter der Führung *Alarichs* Rom eroberten, strebten die in Britannien stationierten Legionen in Gewaltmärschen gen Rom, um die Stadt zurückzuerobern. Damit endete der Einfluss der Römer, und die Angelsachsen konnten die Insel, ohne auf nennenswerte Widerstände zu stoßen, erobern.

Ein hervorragendes Zeugnis *römischer Baukunst* ist das Bad in Bath, weitere römische Hausfundamente findet der Besucher in Dover und auf der Isle of Wight; nicht versäumen darf man einen Besuch im Römischen Palast von Fishbourne nahe Chichester, nach Bath der größte Fund aus der Römerzeit, und ebenfalls bei Chichester lohnt eine Besichtigung der Bigor Villa.

Baudenkmäler aus der *angelsächsischen Zeit* sind selten; Kirchen aus jener Zeit zeigen dicke Mauern, niedrige Fenster mit einem Bogenabschluss und das so genannte *Long-and-Short Work*, ein steinernes Fachwerk.

Mit der Invasion des Normannen *Wilhelm der Eroberer* setzte sich auch der **normannische Baustil** auf der Insel durch. Auf dem Kontinent wurde er **Romanik** genannt. Alle großen Kathedralen sind in diesem gedrungenen normannischen Baustil begonnen und dann ein Jahrhundert später gotisch modifiziert, umgebaut und erweitert worden.

Es waren die Zisterzienser, die ab etwa 1130 die **Gotik** vom Kontinent auf die Insel brachten; es sollte jedoch noch an die 50 Jahre dauern, bis sich eine erste eigenständige englische Gotik, die **Early English,** mit dem Bau der Kathedrale von Wells entwickelte. Bei dieser frühen englischen Gotik findet die Horizontale eine stärkere Betonung, der Chor ist gerade abgeschlossen und besitzt keine Kranzkapellen, und die Gewölbe sind dekorativer gestaltet als die französischen Vorbilder.

Im späten 13. Jh. wandelt sich die Gotik der *Early English* zum phantasievolleren und verspielten **Decorated Style,** dessen konvex und konkav geschwungene Formen vor allem bei Bögen und in den Maßwerksfenstern zu beobachten sind; freie Flächen werden – wie der Name schon andeutet – durch vielerlei Dekorationen, aber nicht naturalistischer, sondern stilisierter Art, reich verziert. Die Baumeister des *Decorated Style* maßen zudem der Raumbildung eine große Bedeutung zu und schufen lange und unerwartet weite Durchblicke.

Ab 1330 kommt es in England zur Ausprägung der Hochgotik, die im **Perpendicular Style** ihren Höhepunkt findet. Im Gegensatz zum *Decorated* wird die verspielte, überbordende Verzierungssprache im *Per-*

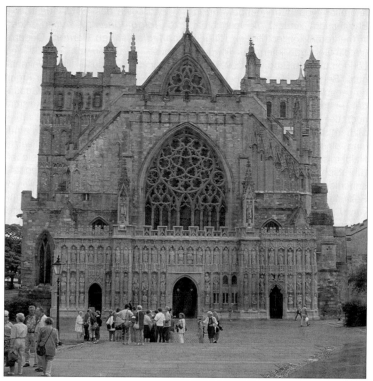

Die Kathedrale von Exeter: Mischform verschiedener Gotikstile

pendicular Style wieder zurückgenommen; charakterisiert ist die englische Hochgotik durch die Betonung von vertikalen Linien, durch schlanke Stützen und durch recht phantasieloses Maßwerk in den Fenstern, wo rechteckige Felder mit Spitzbogen aneinandergereiht werden. Schön hingegen sind im *Perpendicular* die wirklich prachtvollen Fächergewölbe.

Als die Normannen 1066 auf die Insel kamen, revolutionierten sie, ausgehend von der palisadenumzäunten Motte mit Hügelaufschüttung und Holzbefestigung, recht schnell den **Burgenbau.** Wie auf dem Kontinent hatten auch die frühen englischen Befestigungen einen Bergfried *(Keep)* in Form des französischen *Donjons*. Aufgrund der Erfahrungen aus den Kreuzzügen lag das Hauptgewicht jedoch bald nicht mehr in der Verteidigung eines einzigen Turms, sondern man schlug die

Angreifer von türmchenbewehrten Burgmauern zurück, die manchmal in mehreren konzentrischen Ringen um die Gebäude liefen. Der Tower in London und die Burg von Dover sind gute Beispiele dieser frühen Festungsbauweise. Mit dem Aufkommen der ersten Artillerie wandelte sich auch der Burgenbau. Die gewaltigen Mauern standen nun nicht mehr entlang einer Linie, sondern bildeten Halbkreise, an denen die Kugeln „abrutschten" und wenig Schaden anrichteten. Gute Beispiele sind die Festungen aus der Regierungszeit von *Heinrich VIII.*, z. B. Deal und Walmer Castle oder Mawes Castle.

In der Zeit von *Heinrich VII.* kam die *Renaissance* auf die Insel, blieb jedoch für viele Jahre erst einmal auf die Innendekoration beschränkt.

In der Elisabethanischen Ära dann entstanden die ersten großen Renaissance-Bauten für den Adel, allen voran Longleat House. Diese heute *Stately Homes* genannten Paläste haben einen E- oder H-förmigen Grundriss, einen Innenhof, und große Fenster dominieren und gliedern die Fassaden; gerade oder geschwungene Giebel, reiches Terrakottazierwerk sowie vielerlei Holz- und Stuckdekorationen schmücken die Häuser. Innen dominiert die so genannte *Long Gallery*, ein im ersten Stock über die gesamte Länge des Hauses reichender schmaler Saal, in dem sich die männlichen Adligen mit ihren Gästen bei schlechtem Wetter die Zeit vertrieben, in den großen Fenstererkern Karten spielten oder von dort auf die Gärten schauten und sich unterhielten.

Zu Beginn des 17. Jh. dann vollzog *Inigo Jones* mit seinen beiden *palladianischen Bauten,* Queen's House in Greenwich (1616) und Banqueting House in Whitehall (1619), eine Revolution in der Architektur. Beeinflusst von den Gedanken des italienischen Baumeisters *Andrea Palladio* (1508–1580), arbeitete *Jones* nach den Prinzipien einer harmonischen Proportion, setzte Vorbauten in Form von säulenreichen Tempelfronten an und verwendete reichhaltig das so genannte Palladiomotiv; bei diesem auch Venezianisches Fenster genannten Stilmittel ist ein breites Fenster von einem Bogen gekrönt und wird von zwei schmalen Öffnungen flankiert, die nach oben dort abschließen, wo der Bogen beginnt.

Der zweite geniale Architekt des 17. Jh. war *Christopher Wren,* der nach dem Großen Brand von London (1666) St. Paul's Cathedral sowie weitere 50 City-Kirchen erbaute und dabei eine erstaunliche Formenvielfalt zeigte; entweder legte er klassisch einfache Prinzipien zugrunde wie in der Kuppel von St. Paul's, oder er vermischte Stilmittel des Barocks mit gotischen Formen, worin ihm seine Schüler folgen sollten. Erst nach *Wren* und ein gutes Jahrhundert, nachdem *Inigo Jones* seine beiden palladianischen Schmuckstücke in die Stadtlandschaft von London gesetzt hatte, wurde der Palladianismus richtungsweisend bis in das frühe 19. Jh. hinein, dabei vielfach modifiziert sowie abwechslungsreich und kreativ in neue Stilrichtungen eingepasst. So z. B. in

Altes Fachwerkhaus in Boston

der **Georgian Architecture,** benannt nach den Königen der Hannoveraner. Hier war es der gleichermaßen geniale wie ungeheuer geldverschwendende *John Nash,* der die architektonischen Akzente setzte und die Repräsentationsbauten in klassizistischer Linienführung und vollendeter Grandezza in Szene setzte. Bei den Privathäusern des Adels hingegen zeigen die georgianischen Bauten außen mehr Zurückhaltung, sind dagegen im Innern üppig geschmückt.

In der Ära Königin *Victorias* (1837–1901) macht sich Regellosigkeit breit; einerseits verspielt Wahnsinniges wie der Royal Pavilion von Brighton, andererseits **Historismus,** der sich in neogotischen Bauten wie etwa den Houses of Parliament niederschlägt.

Zu Beginn des 20. Jahrhunderts sind die britischen Architekten mit der **Domestic Revival** weltweit führend in der Planung von Gartenvorstädtchen und in der Wohnhausarchitektur. Der Jugendstil des Kontinents schlägt sich in Großbritannien in der **Arts & Craft-Bewegung** nieder, dessen Meister der Schotte *Charles Rennie Macintosh* war.

Nach Kriegsende ist die Diskussion in der britischen Architektur von Annahme des bzw. Opposition gegen den **Internationalismus** bestimmt, dessen Stilmittel gekennzeichnet sind durch asymmetrische Kompositionen, einfache kubische Hauptformen, in horizontalen Reihen gegliederte Fensterfronten und das Fehlen von Ornament und Profilierung.

Englische Literatur – ein Überblick

Bei den Orts- und Routenbeschreibungen werden auch einige Schriftsteller, Lyriker und Literaten vorgestellt, die in der jeweiligen Stadt oder Region gewohnt haben, zu Besuch weilten oder über die Landschaft geschrieben und ihre Protagonisten dort angesiedelt haben. Eine kurze Literaturgeschichte soll hier deshalb einen Überblick über die Stilepochen und die bekanntesten Autoren vermitteln.

Sieht man von den altenglischen Heldenliedern wie dem *„Beowulf"* ab, so beginnt die englische Literatur mit den *„Canterbury Tales"* von **Geoffrey Chaucer** gleich mit einem Paukenschlag. *Chaucer* (um 1340–1400) ist der erste Autor des Mittelalters, der aus der Anonymität heraustritt, als Mensch wie als Schriftsteller biographisch fassbar wird und ein vielseitiges dichterisches Gesamtwerk hinterlassen hat. Anglisten loben sehr zu Recht „die Eleganz und Geschmeidigkeit seiner Sprache und die souveräne Heiterkeit, die den Ernst seines Anliegens hinter der Grazie der Aussage zu verbergen

weiß, solche Vorzüge sollten sobald nicht wieder in dem Werk eines Autors vereint sein."

Chaucers Hauptwerk sind die *„Canterbury Tales"*, die Geschichten, die sich Pilger auf dem Weg von London nach Canterbury zum Schrein des hl. *Thomas Becket* unterwegs erzählen, um die Reise kurzweiliger zu gestalten. Hören wir einmal hinein in die von *Martin Lehnert* übersetzten Verse:

„Wenn milder Regen, den April uns schenkt,
Des Märzens Dürre bis zur Wurzel tränkt
Und badet jede Ader in dem Saft,
So dass die Blume sprießt durch solche Kraft;
Wenn Zephyr selbst mit seinem milden Hauch
In Wald und Feld die zarten Triebe auch
Erwecket hat und Sonne jung durchrann
Des Widders zweite Sternenhälfte dann,
Wenn kleine Vögel Melodien singen,
Mit offnen Augen ihre Nacht verbringen
So stachelt die Natur sie in die Brust:
Dann treibt die Menschen
stark die Wallfahrtslust,
Und Pilger ziehn zu
manchem fremden Strand,
Zu Heiligen berühmt in
manchem fernen Land;
Besonders sieht aus Englands Teilen allen
Man freudig sie nach Canterbury wallen,
Dem segenreichen Märtyrer zum Dank,
Der ihnen half, als sie einst siech und krank."

Chaucer vermittelt ein saftvoll-kraftvolles Bild des spätmittelalterlichen Menschen und hat uns dadurch ein ausdrucksvolles Zeitgemälde jener Tage hinterlassen.

Mit *Heinrich VII.* (1485–1509) beginnt die Dynastie der Tudors, und die Renaissance hält im Inselreich ihren Einzug. Neben *Erasmus von Rotterdam* ist **Thomas More** (lat. *Morus*, 1478–1535) der bedeutendste

Humanist Europas und sein Hauptwerk „Utopia", in dem er einen idealen Staat entwirft und mit Kritik an den herrschenden Ungerechtigkeiten in England nicht spart, das vielgelesene Buch der großen Geister jener Tage. *Erasmus* lobt, „dass die Natur nichts Zarteres, Edleres und Glücklicheres geschaffen habe als den Geist des Thomas Morus". *Morus'* Gemüt zeichnet sich durch fromme Gläubigkeit, aber auch durch Fröhlichkeit und Humor, durch einen verschmitzten *Common Sense*, wie ihn die Briten ja so sehr lieben, durch Mut, große Bildung, diplomatisches Geschick und tiefe Liebe vor allem zu seinen Kindern aus. In der Regierungszeit von *Heinrich VIII.* steigt er bis in das höchste Amt des Staates auf, wird Lordkanzler; doch dann verweigert er seinem König nach dessen Bruch mit Rom die Anerkennung als kirchliches Oberhaupt der Anglikanischen Kirche, worauf der Schlächter *Heinrich* den aufsässigen Humanisten hinrichten lässt.

Als einer der bedeutendsten Dichter der Hochrenaissance, der zu Unrecht ganz vom Glanze seines Zeitgenossen *Shakespeare* überstrahlt wird, verdient **Edward Spenser** (um 1552–1599) Erwähnung, dessen Name kaum über England hinaus bekannt geworden ist. Im Alter von 27 Jahren veröffentlicht *Spenser* die große und anspruchsvolle Dichtung „The Sheapheardes Calender", die Literaturkritiker als Meilenstein in der Entwicklung der englischen Dichtkunst feiern. Hier geht es um moralische Tugenden, um Stolz, Ehrgeiz, Demut, es geht um die Jugend und

das Altern, um die Ungerechtigkeiten von König und Kirche. Um den großen Erfolg seines Schäferkalenders nicht zu gefährden, tritt *Spenser* erst elf Jahre später wieder, in den Folgejahren dann regelmäßig, mit weiteren umfangreichen Verssammlungen an die Öffentlichkeit.

Ein weiterer Vorläufer *Shakespeares* ist **Christopher Marlowe** (1564–1593), *The Muses' Darling* genannt, der als erster Autor eines poetischen Dramas gilt und seine Figuren und Charaktere mit Leben füllen kann. *Marlowe* war es, der als erster den Faust für die Bühne bearbeitete und die Blankverse – die er mit großer poetischer Kraft schmiedete – in die englische Literatur einführte. Von *Shakespeare* und seinen Zeitgenossen ob seiner literarischen Qualitäten bewundert, war *Marlowe* selbst ein unbequemer Geselle. In den letzten Jahren seines kurzen Lebens mehrfach wegen Totschlag, Landfriedensbruch, Gotteslästerung, Atheismus und Homosexualität angeklagt, wurde er bei seinem ausschweifenden Leben folgerichtig im Alter von 29 Jahren bei einer Wirtshausschlägerei erstochen.

Das elisabethanische Zeitalter steht ganz im Zeichen des alle überragenden **William Shakespeare** (1564–1616), Versdichter, Autor von Komödien, Tragödien und historischen Stücken, ein Universalgenie, ein genialer Autor, leider aber auch eine schwer zu fassende Persönlichkeit, über die wir eigentlich recht wenig wissen (siehe Exkurs).

Neben *Shakespeare* ist in dieser Zeit der hierzulande unbekannte

Die Menschen

Ben Jonson (1573–1637) – „ein Riese der Energie", wie ihn ein Dichterkollege nannte – der bedeutendste Dramatiker. Er schart einen Kreis von ihn verehrenden Schriftstellern um sich, der spöttisch *Tribe of Ben* genannt wird, und ist recht beliebt und erfolgreich am Hof von *Jakob I.*

Als Dichter des elisabethanischen Zeitalters muss auch **John Donne** (1572–1631) genannt werden, der erfolgreich die bis dahin gängigen Sonett-Traditionen ignoriert und in der Poesie neue Akzente setzt und „lyrische Kostbarkeiten" hervorbringt. Die Literaturkritik lobt seine Fähigkeit, „die ganze Skala der Liebesgefühle von der zartesten und innigsten geistigen Beziehung bis zum groben Zynismus durch kühne Vergleichsaspekte prägnant zu erläutern."

Nicht nur in literarischer Hinsicht muss **Francis Bacon,** später *Baron Verulam* und *Viscount St. Albans* (1561–1626), als einer der ganz großen Geister Britanniens genannt werden. Das Universalgenie ist erfolgreich in der Politik und steigt bis zum Lordkanzler auf, gilt als hervorragender Jurist, Philosoph, Naturwissenschaftler und als Meister der englischen Prosa. Er ist es, der den Essay als neue Kunstform einführt.

Große politische Bedeutung erlangt der Verfechter eines extremen Materialismus, der von seinen Gegnern als der *Bugbear of the Nation* geschmähte **Thomas Hobbes** (1588–1679), dessen theoretisches Werk *„Leviathan"* zu den einflussreichsten politischen Schriften des Jahrhunderts zählt. *Hobbes* erklärt zum

Schrecken der Kirche den absoluten Staat nicht mehr als gottgewollt, sondern entstanden aus reinen Nützlichkeitserwägungen – die Aufklärung wirft ihre Schatten voraus!

Der letzte große Dichter der englischen Renaissance – ähnlich sprachgewaltig wie *Shakespeare* – ist **John Milton** (1608–1674), der in seinen Werken die Kultur des Altertums mit Glaubensbezügen des Christentums in eine barocke Sprache fasst.

Als Literaturkritiker tritt **John Dryden** (1631–1700) mit seinem Band *„Essay of Dramatic Poesie"* an die Öffentlichkeit; sein scharfes Urteil, die Fähigkeit zur Textanalyse und sein brillanter Stil bleiben ebenso unerreicht wie seine Gedichte und Dramen.

Wenngleich nicht gerade ein Literat, so darf doch **Samuel Pepys** (1633–1703) nicht vergessen werden, der ein sehr privates und für den heutigen Leser äußerst vergnügliches Tagebuch hinterlassen hat, in dem das Leben in der Mitte des 17. Jh. in einer selten zu findenden Lebendigkeit erstrahlt.

Mit Beginn des 18. Jh. entwickeln **Daniel Defoe** (um 1660–1731) und **Jonathan Swift** (1667–1745) neben ihren klassischen Prosabänden auch den literarischen Journalismus; ihre im Verlauf der Jahrhunderte von Lektoren immer weiter verstümmelten Werke „Robinson Crusoe" und „Gullivers Reisen" gehören heute beide zu den Klassikern der Jugendliteratur.

Alexander Pope (1688–1744) ist der Meister der klassizistischen Dichtung im 18. Jh. und wird mit seinem subtilen wie geistreichen Stil der führende Dichter jener Zeit.

Samuel Richardson (1689–1761), **Henry Fielding** (1707–1754) und **Lawrence Sterne** (1713–1768) sind die großen Romanschriftsteller jener Tage; *Richardson* schreibt psychologische Briefromane, die *Goethe* sehr bewundert, *Fielding* verfasst bissige Satiren auf die moralgeschwängerten Inhalte von *Richardson* und ist uns vor allem mit seinem Band zum Findlingskind *Tom Jones* im Gedächtnis geblieben. *Sterne* schließlich ist bis heute für seinen *„Tristam Shandy"* bekannt.

In jener Epoche nicht vergessen werden sollten auch die bis heute gelesenen Romanautoren **Oliver Goldsmith** (1730–1774), **Tobias Smollet** (1721–1771) und **Horace Walpole** (1717–1797), letzterer begründete mit seinem Band *„Die Burg von Otranto"* die Literaturgattung der *Gothic Novel*, des Schauerromans.

Nachhaltigsten Einfluss auf die britische Literatur hat **Dr. Samuel Johnson** (1707–1784), dessen Bedeutung und Wirken in Großbritannien etwa mit demjenigen *Goethes* in Deutschland vergleichbar ist. Sowohl als Dichter als auch als Prosaschreiber leistet er Hervorragendes. Sein größtes Vermächtnis jedoch ist das 1755 erschienene Dictionary of the English Language, das erste brauchbare Wörterbuch der englischen Sprache. *Johnson* definiert darin 40.000 Wörter und gibt diesen über 100.000 Zitate bei. Viele Definitionen sind bis in unsere Tage hinein gültig, und auf *Johnsons* Werk basiert letztendlich das heutige

„Oxford English Dictionary". Das Leben des Literaten ist dank seines Freundes *James Boswell* beachtlich gut dokumentiert, und dessen Band *„Life of Johnson"* ist eine der ersten großen Biographien im englischsprachigen Raum.

In der zweiten Hälfte des 18. Jh. ist es das schottische Naturtalent **Robert Burns** (1759–1796, das poetische Werke von großer Kraft schreibt und in jenen Tagen keinen ernsthaften Konkurrenten hat.

Unter den Dichtern der Romantik ragen die beiden Poetengrößen **William Wordsworth** (1770–1850) und sein Freund **Samuel Taylor Coleridge** (1772–1834), der auch als Philosoph und Literaturkritiker hervortritt, heraus. Tragisch verläuft das Leben der drei anderen großen Dichter der englischen Romantik; **Lord Byron** stirbt 1824 36-jährig als Freiheitskämpfer für die Griechen an einem Fieber, nur 30-jährig ertrinkt **Percy Bysshe Shelley** 1822 im Golf von Livorno, und **John Keats** wird als 26-jähriger im Jahre 1821 in Rom von der Tuberkulose hinweggerafft. Doch die Sprachgewalt ihrer frühen Jahre hat sie schon unsterblich gemacht.

Jane Austen (1775–1817), eine Romanschriftstellerin von Rang, siedelt ihre Protagonisten in der englischen Countryside zwischen niederem Landadel und gehobenem Bürgertum an. Der Schotte **Sir Walter Scott** (1771–1832) schreibt aufgrund seines starken Geschichtsbewusstseins neben Versromanzen vor allem historisch solide Romane, die dem Publikumsgeschmack sehr ent-

Die Menschen

gegenkommen, in viele Sprachen übersetzt werden und Schottland international bekannt machen.

Während des Viktorianischen Zeitalters redet der schottische Historiker **Thomas Carlyle** (1795–1881) der rein nach materialistischen Gesetzen funktionierenden Gesellschaft mit Sprachgewalt und großer moralischer Geste ins Gewissen und beklagt die Unterdrückung durch die Industrialisierung.

Ganz im Gegensatz zu ihm steht der zweite große Historiker jener Tage, **Thomas M. Macaulay** (1800–1859), der die Gegenwart über alle Maßen lobt. Seine Essays gehören zu den meistgelesenen Texten, und seine vierbändige *„History of England"* macht ihn zu einem berühmten Mann. Sein Gegenspieler *Carlyle* nannte ihn einmal eine „machtvolle Persönlichkeit", die leider über keine „göttliche Idee" verfüge.

Unermüdlich prangert **Charles Dickens** (1812–1870) in seinen sozialkritischen Romanen – so etwa *„David Copperfield"* oder *„Little Dorrit"* – das Elend des Frühkapitalismus an und betätigt sich als „Sonderkorrespondent Londons für die Nachwelt".

Benjamin Disraeli (1804–1881) ist nicht nur ein begnadeter Politiker und intelligenter Premierminister des 19. Jh., sondern auch ein exzellenter Romanschriftsteller, der ebenfalls die sozialen Gegensätze Englands analysiert und sprachgewaltig beschreibt.

Mit dem Roman *„Vanity Fair"*, dem „Jahrmarkt der Eitelkeiten", ist **William Makepeace Thackeray** (1811–

1863) berühmt geworden; auch er übt beißende Kritik an der in Müßiggang und Langeweile versinkenden Oberschicht.

Die drei **Brontë-Schwestern** *Charlotte* (1816–1855), *Emily Jane* (1818–1848) und *Anne* (1820–1849) wachsen mutterlos in einer kleinen, armen Landpfarrei in Yorkshire auf, werden zusammen mit ihrem Bruder vom Vater weitgehend allein gelassen und erhalten kaum eine Schulbildung. In einer Landschaft von kahlen Hügeln und einem weiten Moor schaffen sich die Kinder ihre eigenen Traumwelten, die sie sich gegenseitig in Heftchen aufzeichnen. Aus dieser Lehrzeit des Schreibens resultieren ihre Romane, von denen Emilys wortmächtiges *„Wuthering Heights"* die größte Bekanntheit erreicht hat.

George Eliot ist das Pseudonym von *Mary Ann Evans*, die in der puritanischen viktorianischen Zeit mit einem verheirateten Mann zusammenlebt und dadurch schwer gegen die Konventionen im England des 19. Jh. verstößt. Sie ist es, die den Roman aus der „Sphäre der Unterhaltung" löst und ihn mit „kritischem Verstand als Kunstwerk gestaltet".

Der Dichter der Viktorianer ist **Alfred Lord Tennyson** (1809–1892), der zu den ganz Großen der englischen Lyriker gerechnet werden muss. Große Bekanntheit und Beliebtheit als Dichter erreichen im 19. Jh. **Robert Browning** (1812–1889) und seine Frau **Elizabeth Barret Browning** (1806–1861), der präraffaelitische Maler **Dante Gabriel**

Rossetti (1828–1882) und *Algernon Charles Swinburne* (1837–1909).

Vielfache Interessen zeichnen *John Ruskin* (1819–1900) aus, der als Begründer einer modernen Literaturkritik gilt, ein reiches Prosawerk hinterlassen und auch mehrere kunsttheoretische Bände verfasst hat.

Viel Dramatik hat der Schotte *Robert Louis Stevenson* (1850–1894) mit seinem Abenteuerroman *„Die Schatzinsel"* in unsere Kinderzimmer gebracht. Er konnte nicht nur spannend erzählen, sondern widmete sich mit psychologischem Feingefühl und suggestiven Bildern vor allem der Gattung der Kurzgeschichte. Die Gruselstory von Dr. Jekyll und Mr. Hyde gehört dazu. Nur 44-jährig verstarb *Stevenson* in der Südsee an einem Schlaganfall.

Wie kein anderer hat **Thomas Hardy** (1840–1928) seine südenglische Landschaft und die Menschen mit ihren Sorgen und Nöten, eingebettet in die allumgebende Natur, beschrieben. *„Tess of the d'Urberville"* ist sein bekanntester Roman, der das unglückliche Leben der schönen Tess zum Inhalt hat, die verführt und mehrfach verlassen wird, schließlich ihren Peiniger ersticht und nach kurzer Zeit des Glücks gefasst und hingerichtet wird.

Umstritten ist der Autor des Dschungelbuches, **Rudyard Kipling** (1865–1936), der sich in seinen Werken als Reaktionär und Rassist entlarvt und zudem seinen chauvinistischen Vorurteilen frönt. Dennoch erhielt er als erster Brite den Nobelpreis für Literatur.

Vom gut beobachtenden und hervorragend beschreibendem **Henry James** (1843–1916) wird der Leser viele kurze oder auch längere, aber immer treffende Zitate in diesem Band finden. *James*, eigentlich Amerikaner, aber fast sein ganzes Leben in England wohnend, arbeitete sowohl als Romancier als auch als Reiseautor. Seine Fahrtbeschreibungen durch Großbritannien lassen sich amüsant und lustig lesen und sind gesammelt in dem Band „In England um glücklich zu sein".

Joseph Conrad (1857–1924), der aus einer gebildeten polnischen Familie stammt und eigentlich *Theodor Josepf Konrad Korzeniowski* heißt, fährt als Kapitän der englischen Handelsmarine mehr als 20 Jahre zur See, bis er sich dann in England als Schriftsteller niederlässt. Seine Protagonisten stehen – wie nach einem Seefahrerleben nicht ungewöhnlich – in ständiger Auseinandersetzung mit den Kräften der Natur sowie ihren eigenen psychischen Urgewalten. Angelehnt an *Conrads* bekanntesten Roman *„Herz der Finsternis"* hat *Francis Ford Coppola* sein Vietnam-Trauma *„Apocalypse Now"* verfilmt.

John Galsworthy (1867–1933), mehr der Realität im edwardianischen England als der Romantheorie verhaftet, verfasste eine ganze Reihe von sozialkritischen Romanen; durch eine Fernsehserie auch hierzulande bekannt geworden ist die Familienchronik *„Forsythe Saga"*.

Aus kleinen Verhältnissen stammt **Herbert George Wells** (1866–1946). Er bekommt nur wenig schulische Bildung und muss früh in die

Die Menschen

Lehre. Doch dann ermöglicht ein Stipendium dem Autodidakten das Studium an der renommierten School of Science im Londoner Viertel South Kensington. Hier erlernt er die theoretischen Grundlagen für seinen in fast alle Sprachen der Welt übersetzten phantastischen Roman *„Die Zeitmaschine"*.

Gilbert Keith Chesterton (1874–1936) ist hierzulande vor allem durch seine Pater-Brown-Krimis bekannt geworden, und **William Somerset Maugham** (1874–1965) hat uns eine ganze Reihe exzellenter Gesellschaftsromane hinterlassen.

Der Ire **George Bernard Shaw** (1856–1950) bringt das Drama zu neuem Ansehen, auf sein Stück *„Pygmalion"* geht das bekannte Musical *„My Fair Lady"* zurück.

Der bedeutendste Dichter nach dem Ersten Weltkrieg ist **T. S. Eliot** (1888–1965), dessen Geniestreich *„The Waste Land"* in der Hogarth Press von *Virginia* und *Leonard Woolf* publiziert wird; *Eliot* schreibt auch Dramen, so das religiöse Stück *„Mord im Dom"*, das die Ermordung des Erzbischofes *Thomas Becket* zum Inhalt hat und 1936 in der Kathedrale von Canterbury aufgeführt wird.

Leidenschaftlich und unkonventionell sind die Romane von **D. H. Lawrence** (1885–1930), der zu den größten englischen Schriftstellern des 20. Jahrhunderts zu rechnen ist. In seinen Werken entwickelt er Visionen des Lebens und profiliert sich als scharfer Gesellschaftskritiker.

Virginia Woolf (1882–1941, siehe Exkurs) präsentiert in ihren Romanen einen exklusiven Ausschnitt der

George Bernard Shaw

Wirklichkeit, ihr bekanntestes Werk *„Orlando"*, in dem sich die Hauptfigur vom Mann zur Frau wandelt und vom elisabethanischen Zeitalter bis heute durch die Jahrhunderte reist, wurde vor nicht allzulanger Zeit verfilmt.

In seinem Roman *„Brave New World"* (der Titel stammt aus dem Shakespeare-Stück „Der Sturm") entwickelt **Aldous Huxley** (1894–1963) das Horrorszenario, dem die heutigen Gentechnologen immer näher kommen, und **George Orwell** (1903–1950) zeichnet unter dem Einfluß des Faschismus in seinem weltberühmten *„1984"* den totalitären Überwachungsstaat. Mit seiner Fabel *„Animal Farm"*, in der einige gleicher als andere sind, rechnet er mit dem Kommunismus stalinistischer Prägung ab.

Der Konflikt zwischen Gut und Böse zieht sich wie ein Roter Faden durch die Romane von **E. M. Forster** (1879–1970), der diesen Aspekt häufig durch Gegenüberstellungen zweier Welten verdeutlicht.

Graham Greene (1904–1991) schildert mit dem Blick des exzellenten Beobachters in seinen Romanen soziale Milieus und nimmt diese gesellschaftskritisch unter die Lupe.

Mit **John Osborne** (geb. 1929) und seinem Stück *„Blick zurück im Zorn"* entstand die Protestbewegung der *Angry Young Men*, die sich gegen den Mief in der Nachkriegsära Großbritanniens organisierten.

Für **Lawrence Durrell** (1912–1990), der fast sein ganzes Leben außerhalb Englands verbrachte, stand die Suche des Menschen nach seiner Identität im Mittelpunkt des schriftstellerischen Schaffens, und **William Golding** (1911–1993) zeigt in seinen Werken Personen, die in schnell wechselnden Situationen handeln müssen, z. B. in seinem Erstlingswerk *„Herr der Fliegen"*.

Die Gedichte des jung verstorbenen **Dylan Thomas** (1914–1953) haben eine explosive Kraft, er „häuft Wörter, Begriffe, Bilder in schier unerschöpflicher Fülle und Intensität aufeinander."

Harold Pinter (geb. 1930), der seit 1959 Stücke für die Bühne, das Fernsehen und den Film schreibt, ist der bedeutendste Dramatiker der Gegenwart und Vertreter des englischen absurden Theaters. 2005 erhielt er den Nobelpreis für Literatur.

Anthony Burgess (1917–1993) findet erst im Alter von 39 Jahren zur Literatur; bekannt gemacht hat ihn sein Gewaltepos *„Clockwork Orange"*, das von *Stanley Kubrick* verfilmt wurde.

Iris Murdoch (geb. 1919), Dozentin für Philosophie in Oxford, beschreibt in ihren Werken das Verhältnis des Menschen zu der ihn umgebenden Wirklichkeit.

Im Zentrum von **Doris Lessings** (geb. 1919) Romanen stehen die gesellschaftlichen, aber auch sexuellen Erfahrungen der Frau, während bei **Muriel Spark** (geb. 1918) häufig der moralische Grundcharakter deutlich hinter einer satirischen Oberfläche hervortritt.

Erst in den 1980er Jahren ist **John Fowles** (geb. 1926) so richtig zu Ruhm gekommen; in seinen Romanen verschafft er „dem Leser die Freiheit lebendiger Teilnahme und Entscheidung".

Die Menschen

England

Städte und Landschaften Süd-Englands

Überblick

„Keine Grafschaft Englands ist mit Kent vergleichbar, so wenig als irgendein Land mit England zu vergleichen ist", soll *Winston Churchill* eines Tages einmal gesagt haben. Und hier, in **Kent,** das auch den lieblichen Namen „Garten Englands" trägt, beginnt unsere Rundreise durch den Süden der Insel. Fruchtbar ist die Grafschaft, große Obstplantagen und endlose Hopfenfelder sind sachte eingepasst in die sanft geschwungene, grüne Landschaft.

Entlang der Küste und vorbei am pittoresken Örtchen Rye sind schnell die beiden eleganten und gepflegten **Seebäder** Eastbourne und Brighton erreicht, und auch eine ganze Menge weiterer kleiner *Seaside Resorts* harrt zu Beginn des Sommers auf die sonnen- und meerhungrigen Besucher. Im Hinterland gibt es eine Reihe von atmosphärereichen Dörfern mit vielen blumengeschmückten Cottages zu entdecken.

Southampton und Portsmouth, zwei der großen britischen **Hafenstädte,** sind die industriellen Zentren der Südküste. Hier wurde englische Seefahrtsgeschichte geschrieben, von hier lief die *Mayflower* mit den Pilgervätern in die neue Welt, von hier startete *Lord Nelson* mit seinem Flaggschiff *Victory,* um Großbritannien in der Schlacht von Trafalgar für mehr als ein Jahrhundert die absolute Vormachtstellung zur See zu sichern.

Nicht versäumen darf man Ausflüge zu den **Kathedralstädten** von Winchester, Salisbury und Exeter.

Weiter gen Westen lohnen sich **Wanderungen** im Dartmoor und im Exmoor, über deren Torfböden wilde Ponies galoppieren und wo scheues Rotwild äst. Viele Pfade durchziehen diese einsamen Regionen.

Das West Country, **Cornwall,** ist für viele Besucher gleichbedeutend mit Süd-England. An Land's End, dem westlichsten Punkt Großbritanniens, branden unermüdlich die Wellen des Atlantik an die spektakuläre Klippenszenerie, hier senden Leuchttürme ihre Lichtfinger weit hinaus auf die See, um den Schiffen den sicheren Weg in den englischen Kanal zu weisen. Rau und rissig, steil und steinig ist die **Küste** rund um Cornwall, doch gleichzeitig von unvergleichlicher Schönheit, weil ungezähmt und naturbelassen. Hoch über dem tosenden Meer schreitet der einsame Wanderer auf schweren Kieseln den Klippenpfad daher und genießt von Sekunde zu Sekunde neue und dramatische Bilder.

Dover

„This precious stone set in the silver sea", „Dies Kleinod in die Silbersee gefaßt" – jedem Engländer sind diese Zeilen aus *Shakespeares* Werk *„Richard II."* geläufig. Und besonders gern zitiert der Brite sie in Dover. Der westliche Kreidefelsen heißt nämlich **Shakespeare's Cliff,** Englands großer Dramatiker siedelte dort eine Szene des *„King Lear"* an.

Auf der östlichen Kreideklippe ragt unübersehbar **Dover Castle** auf, eine der größten Burganlagen in Europa (EH, April bis Sept. tgl. 10–18 Uhr,

England, Süd

Wells

Okt. bis März tgl. 10–16 Uhr). Um 1170 ließ *Heinrich II.* den mächtigen Bergfried errichten, im 13. und 14. Jh. kamen die unüberwindlichen Ringmauern hinzu.

Wer den Burghügel zu Fuß hinaufschreitet, passiert eine 6 m lange **Bronzekanone,** die als *Queen Elizabeth's Pocket Pistol* bekannt ist und angeblich ein Geschenk von Spaniens König *Philipp II.* an *Elisabeth I.* war. Die mit Blumenelementen verzierte Kanone trägt einen gegen die Franzosen gerichteten Sinnspruch: „Use me well and keep me clean, I'll send a ball to Calais Green." Dieses Versprechen war jedoch ziemlich übertrieben, denn so weit konnte man mit dem Geschütz gar nicht feuern; gerade mal 2000 m flog eine daraus abgeschossene Kanonenkugel.

Interessanter noch als die Festung sind die unterirdischen **Tunnelsysteme** von Dover Castle, die bis 1985 der militärischen Geheimhaltung unterlagen, nun aber besichtigt werden können. Schon im 13. Jh. gruben die Verteidiger erste Stollen in den weichen Kreidefelsen, während der napoleonischen Kriege dann wurde das Grabenlabyrinth vergrößert, und im Zweiten Weltkrieg arbeitete hier ein großer Kommandostab. Von Dover Castle aus organisierten die Briten und ihre Verbündeten unter dem Befehl von Vize-Admiral *Ramsay* die Evakuierung der 1940 in Dünkirchen eingeschlossenen alliierten Truppen und später dann die Landung in der Normandie.

Im **Ortszentrum** von Dover lohnt ein Besuch im preisgekrönten **Roman Painted House** (New Street,

April bis Okt. Di–So 10–17 Uhr). Bei Ausschachtungsarbeiten in den 1970er Jahren wurden Reste einer Gästevilla für römische Legionäre um 200 n. Chr. gefunden.

Nahebei am Market Square kann der Besucher in einem Museum die Geschichte Dovers in der **White Cliffs Experience** an sich vorbeiziehen lassen (tgl. 10–18 Uhr).

Praktische Hinweise

Tourist-Information
● **The Old Town Goal,** Biggin, Tel. 01304/205108

Unterkunft
● **Churchill Hotel,** Dover Waterfront, Tel. 01304/203633, Fax 216320, www.churchill-hotel.com, DZ 80 £.

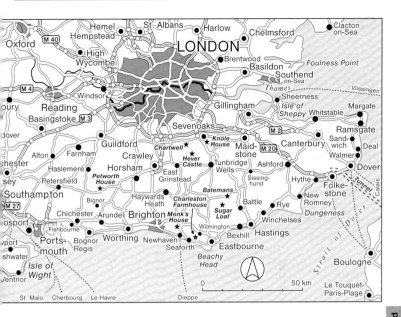

●*Wallett's Court Hotel,* West Cliffe, St. Margaret's-at-Cliffe, Tel 01304/852424, Fax 853430, www.wallettscourt.com, DZ 75 £.

●*Castle Guest House,* 10 Castle Hill, Tel. 01304/201656, Fax 210197, www.castle-guesthouse.co.uk, DZ 40 £.

●*Bed & Breakfast: St. Martin's,* 17 Castle Hill Road, Tel. 01304/205938, Fax 208 229, res@stmartinsgh.co.uk, DZ 38 £; *Peverell House,* 28 Park Avenue, Tel. 01304/ 202573, Fax 240034, DZ 36 £; *Penny Farthing,* 109 Maison Dieu Road, Tel. 01304/ 205563, Fax 204439, pennyfarthing.dover @btinternet.com, DZ 44 £; *Number One,* 1 Castle Street, Tel. 01304/202007, Fax 214 078, res@number1guesthouse.co.uk, DZ 46 £.

●*Jugendherberge:* 306 London Road, Tel. 01304/201314.

●*Camping: Hawthorn Farm Caravan & Camping Site,* Martin Mill, Tel. 01304/852658, die A 258 in Richtung Deal, links in Martin Mill.

Pubs, Cafés und Restaurants

●*Elephant and Hind,* Pub, Market Square, bei schönem Wetter sitzt man auf dem Marktplatz.

●*Prince Albert,* Pub, Biggin Street/Ecke High Street, 1842 trank der Gemahl von Königin *Viktoria* hier ein Bitter.

●Internet Café *Shop around,* Pencester Road.

●*Ristorante Dino,* italienisch, Castle Street, um 9 £.

●*Blake's,* Free House mit Wine Bar, Castle Street.

Verbindung

●Mit *Bus* (National Express) und *Bahn* (Network Southeast) in alle Landesteile.

Canterbury

Canterbury gehört mit zu den schönsten Städten im Süden Englands, in der die **Studenten der Universität Kent** neben den vielen Besuchern das Straßenbild prägen.

Geschichte

Auf den Fundamenten einer eisenzeitlichen Siedlung begannen die **Römer** kurz nach ihrer Eroberung Britanniens mit dem Bau der Stadt *Durovernum Canticorum*, die im 5. Jh. von den Angelsachsen in Cantwaraburg umgetauft wurde. Um die Wende vom 5. zum 6. Jh. kam der **Missionar Augustinus** ins Land, ließ laut den Kirchenannalen mit dem Bau eines Gotteshauses beginnen und wurde der erste Erzbischof von Canterbury.

Nach der normannischen Invasion 1066 machte sich Bischof *Lafranc* daran, die Kathedrale zu planen. Nach der Ermordung des Erzbischofs *Thomas Becket* am 29. Dezember 1170 durch einen Trupp Höflinge von *Heinrich II. Kurzmantel* avancierte Canterbury zum **Wallfahrtsort,** der so beliebt wurde, dass 200 Jahre später der königliche Zollaufseher *Geoffrey Chaucer* seine „Canterbury Tales" mit großem Erfolg veröf-

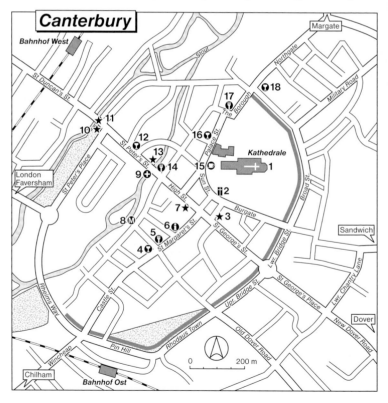

Mord im Dom

Thomas Becket (1118–1170) war der Sohn eines wohlhabenden normannischen Tuchhändlers und wuchs in London und Paris auf. In Auxerre und Bologna studierte er Theologie und kanonisches Recht. 1155 wurde er **Lordkanzler** von *Heinrich II. Kurzmantel* (reg. 1154–1189); bis heute sind sich die Historiker dahingehend einig, dass *Becket* die beherrschende Figur bei Hofe war und mit großer Umsicht, Intelligenz und hervorragendem diplomatischem Geschick die Interessen Englands wahrte. Im Laufe der Jahre verband gar eine persönliche Freundschaft den Herrscher und seinen Lordkanzler.

Als *Thomas Becket* 1162 zum **Erzbischof von Canterbury** geweiht wurde, nahm er die Kirchengeschäfte mit gleicher Inbrunst wahr und verweigerte sich *Heinrichs* „Constitutions of Clarendon", in denen die Macht der Kirche unter die Oberhoheit des Staates und des Souveräns gestellt werden sollte. *Heinrich* ließ *Beckets* Besitztümer konfiszieren, und der Erzbischof **floh nach Frankreich.**

Zwei Jahre später stellte er sich unter den Schutz des Papstes, der ihn erneut in sein Amt einsetzte. 1170 erfolgte eine **Versöhnung** zwischen *Heinrich* und *Becket*, die jedoch nicht lange anhielt. Bald kam es zu **neuen Zusammenstößen** zwischen ihm und dem Monarchen. Der rief eines Tages, umgeben von seinen Höflingen und Rittern, zornentbrannt aus: „Who will rid me of this low-born priest?"

Die Historiker sind sich einig, dass *Heinrich* die Frage rein rhetorisch stellte und nicht ernsthaft die Absicht hatte, **dem hohen Kirchenmann ans Leben** zu gehen. Doch vier Schurken aus seiner Ritterschar, *Richard Brito*, *Hugh de Moreville*, *Reginald Fitz Urse* und *William de Tracy*, wollten sich beim König einschmeicheln und machten sich nach Canterbury auf. Der Vespergottesdienst war in vollem Gange, als die vier am Dienstag, den 29. Dezember 1170, in die Kathedrale einbrachen und im Halbdunkel des Gotteshauses nach dem Erzbischof brüllten, zwischendurch Verwünschungen und gröbste gotteslästerliche Flüche ausstoßend. Im nordwestlichen Querschiff trat *Thomas Becket* den Unruhestiftern entgegen, hieß sie schweigen und verwies sie seiner Kirche. Als die vier keine Anstalten machten zu gehen, streckte *Becket Reginald Fitz Urse* mit einem kräftigen Faustschlag zu Boden, *William de Tracy* schrie: „Strike, strike!" und verletzte den Kirchenvater mit seinem Schwert am Kopfe; dann führte *Richard Brito* den tödlichen Hieb.

Schon drei Jahre später wurde der Märtyrer von Papst *Alexander III.* **heiliggesprochen.** 1174 leistete *Heinrich* öffentlich Abbitte und wurde an *Beckets* Schrein von den Mönchen der Kathedrale ausgepeitscht.

Von 1170 bis 1220 stand der Schrein mit den Gebeinen des Heiligen in der Krypta, dann war die Chorverlängerung fertig, und *Beckets* Gebeine wurden in die **Dreifaltigkeitskapelle** gebracht. Dort ließ *Heinrich VIII.*, ein weiterer König, der sich an dem Kirchenvater verging, während der Reformation 1538 den Schrein zerstören.

Heute bezeichnet ein Stein mit der Inschrift „Thomas" die Stelle, an der *Becket* tödlich verletzt zu Boden sank.

England, Süd

Kathedrale von Canterbury

fentlichte. In Versen wird von einigen Pilgern berichtet, die sich die Reise dadurch verkürzen, dass ein jeder von ihnen eine Geschichte zu erzählen hat.

Aufgrund der frühen christlichen Bedeutung der Stadt wurde nach der Trennung von Rom der **Erzbischof von Canterbury** zum höchsten Geistlichen der anglikanischen Staatskirche.

Sehenswertes

Beherrschend im Stadtbild der angenehmen Metropole ist die **Kathedrale** mit ihrem Vierungsturm und den beiden Westtürmen, die der normannische Bischof *Lafranc* zwischen 1070 und 1077 auf den Fundamenten einer angelsächsischen Kirche errichten ließ.

Um die Wende vom 14. zum 15. Jh. wurde das Kirchenschiff im gotischen Perpendicular-Stil umgestaltet, rund 50 Jahre später kamen die Querschiffe und danach der 80 m hohe Vierungsturm hinzu.

Betritt man die Kathedrale, so endet der Blick in das Langhaus am **steinernen Lettner,** der Chorschranke, in deren Nischen sechs Statuen frühe englische Herrscher darstellen. Unter der Vierung hat man einen phantastischen Blick in den **Bell Harry Tower** mit dem prachtvollen Fächergewölbe. Im nordwestlichen Querschiff, dem **Martyrium,** fand *Becket* den Tod. An das Martyrium schließt sich die **Marienkapelle** an, die ebenso wie die Vierung mit einem schönen Fächergewölbe geschmückt ist. Über die Pilgerstufen gelangt man vorbei am Altar in die **Dreifaltigkeitskapelle,** wo die Wallfahrer am Schrein von *Becket* beteten. Am Nordgang der Kapelle zeigt ein Glasfenster *Thomas Becket,* der – angetan mit einem grünen Messgewand und mit erhobenem rechtem Zeigefinger – recht mürrisch in die Runde blickt.

Nahebei findet sich die letzte **Ruhestätte von Heinrich IV.**, der hier zusammen mit seiner Frau *Johanna von Navarra* bestattet ist; es ist das einzige Herrscherpaar, das in Canterbury Cathedral zur Ruhe gebettet wurde. Vorbei an der Corona stößt man auf das **Grabmal des Schwarzen Prinzen** (1330–1376), Sohn von *Eduard III.* und Vater *Richards II.* Die liegende Bronzefigur zeigt den Prinzen in voller Kampfmontur. Auf seine schwarze Rüstung geht der Beiname zurück, der erstmals im 16. Jh. aufkam. Der Schwarze Prinz kämpfte seit seinem 16. Lebensjahr für Vater *Eduard* im Hundertjährigen Krieg; König wurde er nicht mehr, da er ein Jahr vor seinem Vater starb und die Krone an seinen Sohn *Richard* fiel.

Ein Stückchen weiter passiert man die **Anselmkapelle,** benannt nach Bischof *Anselm,* der als Nachfolger des Kirchenmannes *Lafranc* die Arbeiten am Bau der Kathedrale fortsetzen ließ. Dann geht es vorbei am **Thronsessel des Erzbischofs** in den Chor, dessen Gestühl von dem Architekten *George Gilbert Scott* entworfen wurde. Vom südwestlichen Querschiff führen Stufen hinunter zur Krypta.

An die Domfreiheit der Kathedrale schließt sich die **King's School** an, die älteste Schule Englands, die angeblich bereits von Mönchen im Jahre 598 ins Leben gerufen wurde. Der 1564 in Canterbury geborene **Christopher Marlowe** – „der bedeutendste Dramatiker neben Shakespeare" – gehörte zu ihren Schülern. *Marlowe* war es, der als erster den Faust für die Bühne bearbeitete und die Blankverse in die englische Literatur einführte.

Ein weiterer Literat, der die Tage in King's School in schlechter Erinnerung behielt, war der Gesellschaftsromanschreiber **Somerset Maugham** (1874–1965); *Maugham,* der stotterte, wurde ebenfalls viel und häufig von den Mitschülern verspottet und verprügelt. Die leidvollen Erfahrungen hat er in seinem Roman *„Of Human Bondage"* (1915, dt. *„Der Menschen Hörigkeit")* literarisch verarbeitet.

Im Nordwesten der Stadt ließ das **Westgate** ehemals die Pilger in die von einer Stadtmauer gesäumte Metropole ein. Ende des 14. Jh. errichtete es der Baumeister *Henry Yevele,* der anschließend der Kathedrale ein neues Langhaus erbaute. Mit einem Fallgitter und einer Zugbrücke, mit den mächtigen Türmen und den Pechnasen besaß es alle Qualitäten, einem Angriff standzuhalten. Neben dem Tor ragt die Guildhall auf.

Auf der St. Peter's Street, die später in die High Street übergeht, spaziert man durch das schöne Zentrum von Canterbury. Dort, wo der schmale River Stour überquert wird, findet man die **Weaver's Houses,** alte Fachwerkhäuser, in denen die aus Frankreich geflüchteten Hugenotten an ihren Webstühlen Tuch herstellten. Hier erkennt man auch einen **Ducking Stool,** auf dem man in früheren Tagen zänkische Weiber in den Fluss tauchte. Gegenüber von den Weberhäusern steht die Pilgerherberge **The Canterbury Pilgrim's**

England, Süd

Hospital of St. Thomas, die Mitte des 12. Jh. erbaut wurde.

Biegt man hier rechts in die Stour Street ab, so gelangt man zum **Canterbury Heritage Museum,** das in einem weiteren ehemaligen Pilgerhospiz untergebracht ist. In den ansprechend gestalteten Ausstellungsräumen erfährt der Besucher viel über die Geschichte der Stadt (Mo–Sa 10.30–16 Uhr, So 14–16 Uhr).

Flaniert der Besucher weiter die High Street hinunter, so passiert er das alte, 1573 errichtete Fachwerkgemäuer **Queen Elizabeth's Guest Chamber,** dessen Name an einen Besuch der Monarchin erinnert. Hier kann man rechts in die St. Margaret's Street einbiegen und im **Pilgrim's Way Centre – The Canterbury Tales** erfahren, wie sich im Mittelalter eine Wallfahrt zum Schrein des Heiligen *Thomas Becket* ausnahm (tgl. 9.30–17 Uhr). Hier werden die Geschichten wieder lebendig, die *Geoffrey Chaucer* (um 1343–1400) in seinen „*Canterbury Tales*" in Verse schmiedete, in denen er exemplarisch für die unterschiedlichen Gesellschaftsschichten jeweils eine typische Person vorstellt und uns so ein lebendiges Bild jener Tage zeichnet.

Zurück in der High Street, geht es gleich links in die Butchery Lane hinein; dort haben die Archäologen ein **römisches Stadthaus** ausgegraben, die Funde und der schöne Mosaikfußboden können in einem kleinen Museum besichtigt werden (April–Sept. Mo–Sa 10–13 Uhr, 14–17 Uhr, Okt. bis März Mo–Sa 14–16 Uhr).

Nur einen Steinwurf entfernt befindet sich die Gasse **Buttermarket,** beidseitig bestanden mit alten Fachwerkhäusern, deren Giebel so weit hervorkragen, dass sie sich fast berühren. Am Ende tritt man durch das prachtvolle **Christ Church Gate,** erbaut im schönsten Perpendicular-Stil mit ersten Renaissance-Elementen, auf die Domfreiheit.

Praktische Hinweise

Tourist Information
● 12/12 Sun Street, Buttermarket, neben dem Torhaus zur Kathedrale, Tel. 01227/378100.

Unterkunft
● **Ebury Hotel,** New Dover Road, Tel. 01227/768433, Fax 784482, info@ebury-hotel.co.uk, DZ 65 £.
● **Canterbury Hotel,** 71 New Dower Road, Tel. 01227/450551, Fax 780145, canterbury.hotel@btinternat.co, DZ 75 £.
● **Pointers Hotel,** 1 London Road, Tel. 01227/456846, Fax 452786, pointers.hotel@dial.pipex.com, DZ 60 £.
● **Victoria Hotel,** 59 London Road, Tel. 01227/459333, Fax 781552, manager@vichotel.fsnet.co.uk, DZ 52 £.
● **Bed & Breakfast:** *Castle Court,* 8 Castle Street, Tel./Fax 01227/463441, guesthouse@castlecourt.fsnet.co.uk, DZ 40 £; *Yorke Lodge,* 50 London Road, Tel. 01227/451243, Fax 462006, yorke-lg@dircon.co.uk, DZ 45 £; *Oriel Lodge,* 3 Queens Avenue, Tel./Fax 01227/462845, info@oriel-lodge.co.uk, DZ 44 £; *Clare Ellen,* 9 Victoria Road, Tel. 01227/760205, Fax 784482, loraine.williams@clareellenguesthouse.co.uk, DZ 48 £.
● **Jugendherberge:** *Ellerslie,* 54 New Dover Road, Tel. 01227/462911.

Pubs und Restaurants
● **Alberry's,** St. Margaret's Street, freundliche Weinbar und Bistro, gute Gerichte um 11 £.

- **The Jolly Sailor,** North Gate/Ecke Broad Street, Pub mit preisgekrönten Lunch-Snacks und Biergarten.
- **Ristorante Tuo e Mio,** The Borough, 9 £. Freundliches italienisches Lokal mit Pizzen und Pastas zu 9 £, Fisch und Fleischgerichte zu 13 £.
- **Pub Cricketeer,** St. Peter's Street, gemütliche alte Taverne mit Biergarten.
- **Hobgoblin,** St. Peter's Street, Pub am mächtigen Westgate aus dem Jahr 1888.
- **Marlowe's Restaurant & Cocktail Bar,** St. Peter's Street, um 7 £.
- **The Bell and Crown,** Palace Street, gemütlicher alter Pub aus dem Jahr 1862 mit viel Atmosphäre.
- **Restaurant Ask,** 24 High Street, ordentliches italienisches Lokal einer Restaurant-Kette mit Gerichten bis 10 £.
- **Pub The Three Tuns,** Watling Street/Ecke Castle Street. Gasthof aus dem 15. Jh. mit viel Atmoshäre.
- **Caffe Venezia,** italienische Espresso-Bar mit kleinen Snacks bis 6 £.
- Internet Café **Chaucer Cyberspace,** Chaucer Technology School Spring Lane.

Verbindung

- **Züge** im Network Southeast
- **Busse** des National Express

Hever Castle

Vom Örtchen East-Grinstead geht es einige Kilometer nach Nordosten zum ansehnlichen Tudor-Schlösschen Hever Castle, das auf das engste mit dem frauenmordenden Wüstling *Heinrich VIII.* in Verbindung steht, der Unglück und Leid über die hier lebende Familie brachte.

Im Jahre 1489 wurde *Geoffrey Bullen*, Vorfahre von **Anne Boleyn,** Lord Mayor, also Oberbürgermeister von London, die Position brachte ihm Wohlstand und Ansehen, und so kaufte er das nahe bei London gele-

England, Süd

Hever Castle

Leben und Regierungszeit von Heinrich VIII.

Zumindest zwei Episoden aus seinem Leben weiß jeder zu berichten: Dass er sechs Frauen geheiratet hat, von denen er zwei hinrichten ließ, und dass er die katholische Kirche von Rom loslöste und die Anglikanische Staatskirche begründete. Wer war und was tat *Heinrich VIII.* sonst noch?

Im Jahre 1509, im Alter von 18 Jahren, bestieg *Heinrich* kurz nach dem Tod seines Vaters den Thron. Kurz zuvor hatte er die sechs Jahre ältere **Katharina von Aragon,** die Tochter des spanischen Königs, geheiratet; wenngleich diese Eheschließung natürlich ein politischer Schachzug war, so heißt es doch, dass *Heinrich* seine Gemahlin aufrichtig liebte.

Kaum gekrönt, setzte der junge König ein deutliches Zeichen seiner Macht: Er ließ die beiden im Volk wie beim Adel ungeliebten **Finanzkommissare seines Vaters** vor Gericht stellen. Obwohl sich zeigte, dass die beiden völlig schuldlos an den hohen Ausgaben von *Heinrichs* Vorgänger waren, verurteilte das Gericht die beiden auf Druck des Königs als Hochverräter zum Tode. Diese Maßnahme fand in der Bevölkerung breite Zustimmung, man hoffte auf neue und bessere Zeiten.

So blutrünstig, wie die Historie den Herrscher zeichnet, nahmen ihn seine Zeitgenossen nicht wahr; *Heinrich* war zuallerst der Prototyp eines **Renaissance-Fürsten,** dem in bester machiavellistischer Manier die Staatsräson über alles ging! *Pasqualino,* ein venezianischer Diplomat, beschrieb ihn kurz nach seiner Thronbesteigung als den bestaussehenden Fürsten, den er je zu Gesicht bekommen habe. Er sei ein Gebildeter von exzellenten Fähigkeiten, spräche Französisch, Englisch, Latein und ein wenig Italienisch, spiele recht gut auf der Laute und dem Virginal, könne vom Blatt singen. Er sei ein guter Tennisspieler und Bogenschütze. Sehr fromm sei er auch, höre drei Messen an Jagdtagen und manchmal fünf, wenn er zu Hause bliebe. Äußerst friedliebend sei er, ansprechbar und gnädig.

Das sollte sich rasch ändern! Im Gegensatz zu seinem Vater, der bis ins Detail die Regierungsgeschäfte mitentschieden hatte, war *Heinrich* der alltägliche Kleinkram zuwider. Er genoss es, als Herrscher dazustehen und damit vor allem Macht zu demonstrieren. Da während der Tudor-Ära jedoch eine Vielzahl von autonomen Institutionen am Hofe agierten, verlangte dies eine zentrale **Entscheidungs- und Integrationsfigur.** Wenn der König diese Aufgabe nicht wahrnahm, so bedurfte er eines Vertrauten, der für ihn dieses Amt ausfüllte.

Eine solche Zentralfigur konnte nur der *Lord Chancellor,* der Lordkanzler, der oberste Minister des Königs, sein. Während der ersten Regierungsjahre saß **Kardinal Wolsey** auf diesem wichtigen Amt. *Wolsey,* aus armen Verhältnissen stammend, war von brennendem Ehrgeiz und Machtbesessenheit ergriffen. Doch er galt als ungeheuer fleißiger Arbeiter und ideenreicher politischer Lenker. *Heinrich* vertraute ihm fast blind, und *Wolsey* stand loyal zu seinem Monarchen. Innerhalb weniger Jahre hatte der Lordkanzler alle einflussreichen Persönlichkeiten am Hof entmachtet, eine ganze Reihe weiterer Ämter übernommen und einen immensen Besitz zusammengerafft. *Wolsey* ließ sich Hampton Court errichten, den größten Palast der Tudor-Zeit, und residierte dort wie ein zweiter König (*Heinrich* zwang ihn später, das Anwesen an ihn abzutreten).

Ein Mann mit einem derart exzentrischen Charakter konnte jedoch über die Jahre keine auf Kontinuität ausgerichtete Politik betreiben. Wie erwähnt, beruhte das Regierungssystem der Tudors auf einer Vielzahl von weitgehend autonom agierenden Gremien; erfolgreiche politische Entscheidungen kamen nur dann zustande, wenn es gelang, diese Einrichtungen zu einer Zusammenarbeit zu bewegen. *Wolsey* wurde jedoch ausnahmslos abgelehnt, alle opponierten gegen den mächtigen Lordkanzler. 1529 setzte *Hein-*

rich ihn ab und entschloss sich, den Kardinal als Hochverräter anzuklagen. *Wolsey* starb auf dem Weg zu seinem Prozess und entging so der Schmach, auf dem Schafott hingerichtet zu werden. Seine Ablösung hatte noch einen weiteren Grund: Es war ihm nicht gelungen, die Scheidung zwischen *Heinrich* und *Katharina von Aragon* beim Papst in Rom durchzusetzen.

Heinrich benötigte, um das Haus Tudor ungefährdet auf dem Thron halten zu können, unbedingt einen männlichen Nachkommen. Zwar war Katharina während der Ehejahre fast ununterbrochen schwanger gewesen, doch hatte sie nur ein Kind zur Welt gebracht: *Maria*, die spätere *Bloody Mary*. *Heinrich* setzte die Tochter als Thronerbin ein, hielt jedoch die **Nachfolgefrage** für nicht zufriedenstellend gelöst; der Thronanspruch weiblicher Nachkommen war nicht gesichert und konnte besonders dann sehr leicht torpediert werden, wenn eine Ehe mit einem ausländischen Fürsten eingegangen worden war.

Als *Katharina* aufgrund ihres Alters keine Kinder mehr bekommen konnte, wollte *Heinrich* die Ehe mit der kränkelnden und bigott-frommen Frau auflösen lassen. Zudem hatte sich *Heinrich* unsterblich in die junge Adlige **Anne Boleyn** verliebt. Mit Duldung der Königin hatte *Heinrich* schon immer Beziehungen zu anderen Frauen unterhalten, so auch zu der älteren Schwester von *Anne Boleyn*. Auch besaß er bereits einen Sohn, jedoch einen unehelichen. Den erhob er zwar zum *Duke of Richmond*, eine Thronanwartschaft war jedoch von vornherein ausgeschlossen. Die Anerkennung eines unehelichen Kindes war noch problematischer als die weiblicher Nachkommen.

Heinrich und *Wolsey* reichten also einen **Antrag auf Annullierung der Ehe** beim Papst in Rom ein. Normalerweise machte die päpstliche Kurie – vor allem bei einer so hochrangigen Persönlichkeit – keine Schwierigkeiten. *Heinrich* galt zudem als frommer Katholik und hatte von Rom den Ehrentitel *Fidei Defensor*, Verteidiger des Glaubens, bekommen. Der König und sein Lordkanzler waren sicher, dass die Formsache nach wenigen Monaten positiv entschieden sein würde – doch beide hatten die Machtverhältnisse im Europa des 16. Jh. sträflich außer Acht gelassen.

Papst Clemens VII. konnte nicht uneingeschränkt entscheiden, denn nach der Eroberung Roms durch die Truppen des Habsburger Kaisers *Karl V.* im Jahre 1527 war der Heilige Vater praktisch ein Gefangener und abhängig von *Karls* Gnaden. Und *Karl* wiederum war der Neffe von *Katharina* und dachte gar nicht daran, seine Tante einer ungewissen Zukunft auszusetzen.

Gegen Ende des Jahres 1532 war *Anne* schwanger, *Heinrich* musste nun schleunigst handeln, zumal die Hofastronomen einen Jungen prophezeiten. Im Januar 1533 heiratete *Heinrich Anne Boleyn*, im März passierte das Gesetz, das ausländischen Institutionen Eingriffe in englische Rechtsfälle verbot, das Parlament, im Mai annullierte eine Kommission unter dem Vorsitz des Erzbischofes von Canterbury die Ehe mit *Katharina*, im Juni krönte man **Anne zur Königin,** und am 7. September 1533 wurde *Elisabeth* (die spätere *Elisabeth I.)* geboren. *Heinrich* war seinem Ziel, einen männlichen Thronfolger zu bekommen, kein Stück näher gerückt.

Der päpstliche Stuhl konnte eine solche Demütigung natürlich nicht hinnehmen,

England, Süd

Clemens erklärte die neue Ehe für nichtig und *Elisabeth* als unehelich. *Heinrich* tobte und machte einem Rundumschlag: Die Abgaben an Rom wurden sofort eingestellt, dem Papst entzog er das Recht, bei Bischofswahl und -weihe zu entscheiden, die gesamte kirchliche Verwaltung kam unter königliche Order, und sich selbst ernannte er zum *Supreme Head of the Church of England*, zum **Oberhaupt der katholischen Kirche** in England. Proteste in der Bevölkerung gegen diese einschneidenden Maßnahmen gab es kaum.

Nachdem *Anne Boleyn* eine Totgeburt gehabt hatte und der König nicht mehr auf einen männlichen Nachfolger von ihr hoffte, ließ er **Anne den Prozess** machen. 22 Peers sprachen sie ohne jegliche Beweise des Ehebruchs mit fünf Männern und damit des Hochverrats schuldig, und im Mai 1536 wurde *Anne* hingerichtet.

Am Tag der Exekution ehelichte *Heinrich* **Jane Seymour,** die 1537 nun den lange ersehnten Sohn *Eduard* gebar (der kränkelnde und schwache Knabe sollte nur sechs Jahre regieren). *Jane* starb bei der Geburt.

1540 heiratete *Heinrich* **Anna von Kleve,** die Schwester des amtierenden Herzogs von Kleve, ohne seine Braut je gesehen zu haben. Der Hofmaler *Hans Holbein* hatte – wie bei solchen Anlässen üblich – zuvor ein Gemälde von der Dame angefertigt. *Heinrich* war entsetzt, als er seine Ehefrau sah. „Mein Gott, eine flandrische Stute", soll er ausgerufen haben. Gegen Zahlung einer beträchtlichen Summe an *Anna* holte man ihre Zustimmung zur Annullierung der Ehe ein.

Kurze Zeit später gab **Catherine Howard** dem Schlächter das Ja-Wort, was sie zwei Jahre später bitter bereuen sollte, denn auch sie ließ ihr Leben als angebliche Ehebrecherin auf dem Schafott.

Ab 1543 pflegte dann **Catherine Parr,** die sechste Ehefrau des Königs, den kränkelnden *Heinrich* bis zu seinem Tod im Jahre 1547.

gene Schlösschen. Hier wurde *Anne* 1507 geboren.

Zwei Jahre später bestieg *Henry Tudor* als *Heinrich VIII.* den Thron von England. Nachdem *Heinrichs* erste Frau, *Katharina von Aragon*, dem König keinen männlichen Erben gebar, ließ er die Ehe mit ihr annnulieren und heiratete die schon von ihm schwangere *Anne Boleyn*, wie sie ab jetzt hieß. Am 1. Juni 1533 wurde *Anne* zur Königin gekrönt, am 7. September gebar sie ein Mädchen, die spätere *Elisabeth I.* – *Heinrich* tobte! Ein Jahr später hatte *Anne* eine Fehlgeburt, bei einer weiteren Schwangerschaft starb das Baby kurz nach der Geburt, danach hatte *Anne* erneut eine Fehlgeburt.

Heinrich suchte mittlerweile wieder nach einer Frau und ließ *Anne* am 2. Mai 1536 unter der Anklage des Hochverrats und des Ehebruchs verhaften. Siebzehn Tage später wurde sie im Tower hingerichtet. An ihrem Hinrichtungstag wurde die neue Eheurkunde von *Heinrich* mit *Jane Seymour* unterzeichnet.

Zwei Jahre nach *Annes* Hinrichtung starb ihr Vater. *Heinrich* riss das Schlösschen an sich und gab es als Scheidungsdomizil – geschmacklich lag der König immer daneben – *Anna von Kleve,* seiner vierten Frau.

In den folgenden Jahrhunderten wechselte Hever Castle mehrfach den Besitzer, 1903 dann erwarb der steinreiche **William Waldorf Astor** das baufällige Anwesen. Die Dynastie derer von *Waldorf Astor* ging auf einen Metzgerjungen namens *Johann Jakob Astor* zurück, der von dem kleinen Dörfchen Walldorf bei

Heidelberg 1783 nach Amerika ausgewandert war. Dort baute er rasch einen schwunghaften Pelzhandel auf, und als sich das Jahrhundert dem Ende zuneigte, gehörten ihm bereits ein Dutzend Handelsschiffe, die Pelze nach Fernost lieferten und von dort wiederum mit Waren aller Art zurückkamen. Als *Johann Jakob* 1848 starb, war er der reichste Mann Amerikas.

Johanns Urenkel *William* hatte eine romantische Vorliebe für Europa und war als Botschafter von 1882 bis 1885 in Italien. 1890 erklärte er öffentlich, dass Amerika ein Land sei, in dem kein Gentleman leben könne, und folgerichtig nahm er die Kleinigkeit von 100 Mio US-$ und übersiedelte nach England, wo er 1903 Hever Castle kaufte. Als er 1919 starb, hatte *William* das Schlösschen nach seinen romantischen Vorstellungen restaurieren lassen. Sein Sohn *John Jacob* übernahm den hochherrschaftlichen Besitz. *John* war übrigens verheiratet mit der Amerikanerin *Nancy Langhorne,* die als erste Frau in das Unterhaus einzog und unter dem Namen **Lady Astor** eine erbitterte Gegenspielerin von *Winston Churchill* wurde.

Nachdem *William Waldorf Astor* das Schlösschen gekauft hatte, ging es erst einmal ans Renovieren und Modernisieren; *William* wünschte sich das Ambiente der Tudorzeit, verbunden mit allen Annehmlichkeiten des 20. Jh. Erst einmal stellte er fest, dass Hever Castle zu klein für seine Bedürfnisse war. Also ließ er hinter dem Schloss ein **Tudor Village** nachbauen, dessen Cottages zusammen weit über 100 Räume haben. *William* legte Wert darauf, dass sein „Dorf" so natürlich wie möglich aussah und dass jedes Cottage ein individuelles Aussehen bekam, so dass man glauben konnte, dass dies ein über Jahre gewachsenes Gemeinwesen war. Und in der Tat, das Tudor Village ist gut gelungen, nicht ein Haus gleicht dem anderen. 800 Arbeiter bauten drei Jahre am Dorf, während 748 weitere Handwerker das Schlösschen renovierten und den Garten anlegten. Ein Rundgang durch Hever Castle offenbart dem Besucher deshalb höfisches Leben aus der Zeit von *Heinrich VIII.*

Nach der Besichtigung sollte man einen Spaziergang durch den italienischen **Garten** bis zur Loggia am See nicht auslassen, und sich am **Heckenlabyrinth** erfreuen.

Öffnungszeiten: März bis Nov. tgl. 11–17.30 Uhr.

Winston Churchill in Chartwell

Von 1924 bis zu seinem Tod 1965 lebte *Winston Churchill* zusammen mit seiner Frau *Clementine („Clemmie")* auf Chartwell beim Örtchen Westerham, ca. 10 km westlich von Sevenoaks. Hier schrieb er die meisten seiner 48 Bücher, hier malte er, entwarf seine Reden, bewirtete Besucher, vor allem aber schöpfte er hier seine Kraft, über Jahrzehnte ununterbrochen Machtpolitik zu betreiben. Chartwell ist ein wichtiger Schlüssel zum Verständnis dieses Mannes.

Aufgrund der gestiegenen Kosten für Hauspersonal, ohne das das gro-

England, Süd

Winston Churchill

Knole und Sissinghurst

Einige Kilometer östlich von Chartwell liegt das verschlafene Landstädtchen **Sevenoaks,** in dem im Jahre 1894 **H. G. Wells** lebte; hier beendete er seinen berühmtesten Roman, der ihn bis in unsere Tage bekannt gemacht hat und der in fast alle Sprachen der Welt übersetzt wurde: *„Die Zeitmaschine".*

Knole

Eigentlicher Grund unseres Besuchs ist jedoch eines der größten englischen Herrenhäuser in der Umgebung – Knole, eine Stadt im Kleinen. Hier wuchs die Schriftstellerin **Vita Sackville-West** auf, von der auch noch in Verbindung mit *Virginia Woolf* und den Häusern Charleston Farmhouse und Monk's House die Rede sein wird.

ße Anwesen nicht auskam, waren die *Churchills* nach dem Krieg kurz davor, ihr geliebtes Heim verkaufen zu müssen. Doch da sprang eine Gruppe anonymer Bankiers ein und übernahm den gesamten Unterhalt von Chartwell. (Nach dem Tod von *Churchill* sollte das Haus dann an den National Trust fallen. Die Namen der Spender finden sich heute in einer Metallplatte an der Terrassenmauer eingraviert.)

Öffnungszeiten (NT): Haus, Atelier und Garten Mitte März–Okt. Mi–So 11–17 Uhr.

Geschichte

Knoles frühe Geschichte liegt im Dunkeln, doch nimmt man an, dass bereits Ende des 12. Jh. ein erstes Haus auf diesem Grund stand. Gesichert immerhin ist, dass ein gewisser *William Fiennes* am 30. Juni 1456 das Anwesen für rund 266 £ an *Thomas Bourchier,* Erzbischof von Canterbury, verkaufte. Der baute an und um und vermachte es dann an seinen Nachfolger im Amt.

Vier weitere Erzbischöfe residierten in Knole, da fiel das Auge von **Heinrich VIII.** auf das Herrenhaus, und er zwang den Kirchenmann *Thomas Cranmere,* das Anwesen an ihn abzutreten. Auf die gleiche Art und Weise hatte sich *Heinrich* bereits den Palast Hampton Court seines Lordkanzlers *Thomas Wolsey* einverleibt. Es bedeutete nie etwas Gutes, wenn der Blick dieses Schlächters auf etwas oder auf jemanden fiel. *Heinrich* investierte immerhin große Summen in den weiteren Ausbau, ohne je lange in Knole verbracht zu haben.

In den folgenden Jahren wechselte der Palast in rascher Folge mehrfach den Besitzer, bis ihn schließlich 1566 *Elisabeth I.* ihrem Cousin **Thomas Sackville** zum Geschenk machte; ein Jahr später ernannte sie ihn zum *Lord Buckhurst,* und 1604 stieß *Jakob I.* den Glücklichen weiter die Adelsleiter hoch; aus *Lord Buckhurst* wurde der *1. Earl of Dorset.* Seit jenen Tagen leben ununterbrochen die *Sackvilles* auf Schloss Knole, und in jeder neuen Generation wurde angebaut, modifiziert und renoviert – Knole wuchs und wurde immer größer. Es heißt, dass dem Haus – „ein mittelalterliches Dorf mit seinen viereckigen Türmchen und grauen Mauern, seinen hundert Schornsteinen, die blaue Rauchfahnen in den Himmel sandten" – eine astronomische Zählweise zugrunde liegt; danach gibt es sieben Innenhöfe, die für die sieben Tage der Woche stehen, 52 Treppen, für jede Woche des Jahres eine, und 365 Räume, einen für jeden Tag.

Seit 1946 ist das Anwesen im Besitz des **National Trust,** doch selbstverständlich haben die *Sackvilles* ihr Wohnrecht behalten.

Knole

Vita Sackville-West in Knole

Während alle großen Herrensitze, die bisher vorgestellt wurden, aus einem einzigen Gebäude bestanden, so hat es bei Knole den Anschein, dass es sich um eine ganze Reihe von verschiedenen, miteinander verbundenen Häusern handelt; so umfangreich ist das bebaute Areal, dass es fast so aussieht, als hätte man ein kleines Dorf vor sich.

In solch einem Haus also wurde am 9. März 1892 *Vita* geboren und wuchs hier als Einzelkind und als rechter Wildfang auf. „Immer schmutzig und zerzaust", tobte sie über Wiesen und Felder, schmierte anderen Kindern Klebstoff in die Nasenlöcher oder prügelte sie mit Brennesseln – mit anderen Worten, eine verzogene Göre. Allerdings muss man der Kleinen zugute halten, dass ihre neurotische Mutter nicht müde wurde, der Tochter zu erzählen, wie hässlich sie sei und ihr Anblick daher unerträglich. Wie ihr Leben gezeigt hat, war Vitas psychische Konstitution kräftig genug, so dass keine traumatischen Narben zurückblieben.

1913 heiratete sie den Diplomaten *Harold Nicholson,* und damit begann eine ungewöhnliche Ehe, denn beide hatten eine Reihe von gleichgeschlechtlichen Beziehungen. Ihr Sohn *Nigel Nicholson* hat über die ungewöhnliche Partnerschaft seiner Eltern den sehr lesenswerten Band *„Portrait of a Marriage"* publiziert. Auch die Briefe seiner Eltern hat *Nigel* herausgegeben.

1929, nach *Vitas* Liebschaft mit *Virginia Woolf,* begann sie mit den Arbeiten an ihrem Roman *„The Edwardi-*

England, Süd

ans" (1930, dt. *„Schloß Chevron"*), der ein Jahr später in der Hogarth Press von *Leonard Woolf* erschien und der in Knole spielt. „Vitas Buch ist ein derartiger Bestseller, dass Leonard und ich im Geld schwimmen, wir verkaufen jeden Tag ungefähr 800 Exemplare", konnte *Virginia* schon nach wenigen Wochen ihrem Neffen und späteren Biographen *Quentin Bell* berichten. Auch in den USA war der Titel ungewöhnlich erfolgreich und wurde zum *Literary Guild Book of the Month* gekürt, Übersetzungen in andere Sprachen folgten, und irgendjemand erarbeitete gar eine Bühnenadaption. *Vita* selbst sah völlig zu Recht den Band nicht als eine besondere schriftstellerische Leistung an, aber es ist eine gut erzählte Geschichte über die in ihren letzten Zügen liegende, verkommene edwardianische Gesellschaft im ausgehenden 19. Jh.

Das zweite Buch, das von Knole und *Vita* erzählt, ist *„Orlando"* von *Virginia Woolf,* das ein Jahr vor *„Schloß Chevron"* auf den Markt kam.

Sissinghurst

1930 kauften *Harold* und *Vita* das heruntergekommene **Sissinghurst Castle,** das rund 30 km südlich von Knole liegt. Der Begriff *Castle* ist missverständlich, denn Wehranlagen sind keine mehr vorhanden. Lediglich ein freistehender elisabethanischer Turm, ein langgestrecktes, niedriges Gebäude *(Main Cottage)*, ein kleines Häuschen *(Priest House)* und das so genannte *South Cottage* bilden das Gebäude-Ensemble von Sissinghurst. Die Bibliothek ist zu besichtigen, und im Turm kann man durch ein Türgitter einen Blick in **Vitas Arbeitszimmer** werfen. Es ist so, als wäre *Vita* gerade mal weggegangen, alles ist so erhalten wie damals. Dass man das Zimmer nicht betreten darf, hat natürlich seinen Grund – *Vita* wollte es nicht und schrieb kurz vor ihrem Tod über diesen Raum: „Oh stranger wander everywhere / Within the garden that I made / But come not here, oh come not here / Where I am shy but unafraid."

Die Gebäude lagen fast in Ruinen, als *Harold* und *Vita* Sissinghurst übernahmen. Es gab keinen Strom und kein fließend Wasser, kein Hausteil war bewohnbar. In den ersten zwei Jahren kampierte die ganze Familie während der Renovierungswochenenden im untersten Zimmer des Turms. Im nördlichen Teil vom Main House, den ehemaligen Stallungen, richteten sie die goße Bibliothek ein, ein Raum, der auch als gemeinsames Wohnzimmer genutzt wurde. Küche und Esszimmer sowie die Räume für die beiden Söhne *Nigel* und *Ben* kamen ins Priest House. Im Turm richtete sich *Vita* ihr Arbeitszimmer ein, während *Harold* im South Cottage seine Bücher und Artikel schrieb. Im Main House schließlich, dort wo *Nigel* heute noch immer lebt, befanden sich die Schlafzimmer und die Bäder. Wollte man von einem Zimmer zum nächsten, so musste ein jeder aus der Familie immer durch den Garten gehen. Da der kleine Park also praktisch die Fortsetzung der Räumlichkeiten war, ist es nicht verwunderlich zu hören,

Blick auf Priest House und den Weißen Garten von Sissinghurst

dass *Harold* und *Vita* „sich einen Garten von privatem, geradezu intimem Charakter wünschten."

Sissinghurst ist der **schönste Garten** in ganz England und daher auch der am meisten besuchte. Während *Harold* für die Gestaltung der Anlage zuständig war, suchte *Vita* Pflanzen und Büsche aus, um sie in Harolds Konzept einzupassen. In einem speziellen Gartentagebuch hat sie jeden einzelnen Schritt festgehalten und daraus Anregungen für ihre wöchentliche Gartenkolumne im „Observer" gezogen. **Vitas Gartenphilosophie** war einfach und wirkungsvoll: „Eine strikte Formalität in der Gestaltung, verbunden mit einem Maximum an Informalität in der Bepflanzung."

Schaut man von der Turmterrasse nach Norden in den „Weißen Garten" hinein, dann „sieht man die Beete im Juni bis August voller weißer Rosen, Königslilien, Löwenmäulchen, Pfingstrosen, Ziest, Buddleja, Callas, Fingerhüten Ehrenpreis – ein blendend weißer Juligarten, kühl und frisch im Kontrast des Weiß der Blüten zum Grün der Hecken."

Vita Sackville-West starb 70-jährig am 2. Juni 1962, sieben Wochen nach einer Krebsoperation im Priest House im Beisein ihrer Freundin *Edie Lamont*. Nach dem Tod seiner Mutter schrieb *Nigel* über seinen Vater *Harold*: „Er war nie wieder der gleiche. Er ging mit ihr." *Harold* überlebte *Vita* um sechs Jahre, geistig verwirrt starb er 1968 mit 81 Jahren.

Öffnungszeiten
● **Knole,** April–Okt., Mi–So 12–16 Uhr
● **Sissinghurst,** Mitte März–Okt. Mo/Di, Fr–So 11–18.30 Uhr

Rye

Süß, gemütlich, schön, lieblich, romantisch, pittoresk – das Puppenstubenstädtchen Rye wird mit vielen wohlklingenden Adjektiven bedacht. Schlendert man durch die gepflasterten Straßen, vorbei an den efeubewachsenen Fachwerkhäusern, und fühlt die rauen Steine unter den Sohlen, so gerät man in seinen Tagträumen schnell in die vergangenen Jahrhunderte. Rye gehörte seit 1191 zum Hafenverband der **Cinque Ports**, einem Verteidigungsbündnis mehrerer südenglischer Küstenstädte, war damit ein wichtiger Militärstützpunkt und den Franzosen von jeher ein Dorn im Auge. Viermal – 1339, 1365, 1377, 1448 – überfielen die kontinentalen Nachbarn die Hafenstadt, erschlugen die Bewohner, plünderten die Häuser und brandschatzten den Ort. Zur Zeit von *Heinrich VIII.*, im 16. Jh., versandete der Hafen, und Rye fiel in einen Dornröschenschlaf, aus dem erst der Tourismus des 20. Jh. es wieder erwecken sollte.

Sehenswertes

Während eines gemütlichen Spaziergangs lernt man die Schönheiten des Städtchens kennen. Ausgangspunkt ist das im Nordwesten des Ortes aufragende **Landsgate**, das einzige noch erhaltene Stadttor, mit dessen Bau im Jahre 1329 begonnen wurde. Dann geht es die Straße East Cliff hoch, links unten fließt der River Rother; das Areal dort ist als **Town**

Salt bekannt, denn bis zur Mitte des 19. Jahrhunderts diente es der Salzgewinnung. Nun links ab in die East Street passiert man rechterhand das **Rye Castle Museum,** das mit seinen Exponaten über die Lokalgeschichte des Örtchens informiert (Mo, Do, Fr 14–17 Uhr, Sa und So 10.30–13, 14–17 Uhr). Weiter vorbei am **Chequer House** (18. Jh.) trifft man auf die Market Street. Hier reihen sich das **Durrant House** aus dem Jahre 1800, das Fachwerk-Restaurant **Flushing Inn** aus dem 15. Jh. und die **Townhall** mit fünf Arkaden und geschmückt von einer Kuppel aus dem Jahr 1743 aneinander.

Mermaid Street

Dort, wo die Market Street auf die Lion Street trifft, blickt man auf die Teestube *Simon the Pieman,* daneben ragt **Fletcher's House** auf. 1579 erblickte hier *John Fletcher,* Dramatiker und Ko-Autor von *William Shakespeare,* das Licht der Welt (gest. 1625). Das Ende von Lion Street markiert die **Pfarrkirche St. Mary's,** in deren Turm eine der ältesten Uhren Großbritanniens seit dem Jahr 1561 die Stunden anzeigt. Im nördlichen Seitenschiff lässt ein von *William Morris* (zusammen mit dem präraffaelitischen Maler *Edward Burne-Jones*) entworfenes Buntglasfenster Licht ins Dunkel des Gotteshauses. Zwischen 9 und 18.30 Uhr kann man den Kirchturm für einen Rundumblick besteigen.

Quer über den Kirchgarten erreicht man den im 13. Jh. von *Heinrich III.* in Auftrag gegebenen **Ypres Tower** mit seinen vier runden Türmen. Lange Zeit diente die düstere Burg als Gefängnis, heute ist das Stadtmuseum darin untergebracht (10.30–17 Uhr). Entlang der Watchbell Street passiert man die italienisch inspirierte Franziskaner-Kirche **St. Anthony of Padua** und erreicht den **Lookout,** einen Aussichtspunkt, von dem aus früher bei Gefahr eine Glocke geläutet wurde (deshalb auch der Straßenname: Watchbell Street).

Von hier führt die Trader's Passage abwärts und trifft auf die **Mermaid Street,** die schönste Straße von Rye. Katzenkopfgepflastert zieht sich die Gasse hügelaufwärts, rechts und links bestanden von wunderschönen alten, blumengeschmückten Fachwerkhäusern. Der wildrosenbewachsene **Pub The Mermaid**

In Rye

Inn datiert aus dem Jahr 1420 und ruht sogar auf noch älteren Fundamenten. Ebenfalls aus dem 15. Jh. stammt das Fachwerkhaus **Old Hospital,** dessen drei mächtige Dachgiebel auf die Straße hervorkragen.

In der West Street steht **Lamb's House** (NT, April bis Okt. Mi, Sa 14–17.30 Uhr), in dem der 1843 in New York geborene Autor **Henry James** von 1898 bis zu seinem Tod 1916 lebte. Hier entstanden seine späten Meisterwerke. Für die Britannien-Besucher ist vor allem seine Aufsatzsammlung *„In England um glücklich zu sein" („English Hours",* 1905) von Bedeutung.

Auch der Autor von *„Pater Brown",* **G. K. Chesterton** (1874–1936), lebte kurzzeitig in Rye, „jener wundervollen Inlandsinsel, die gekrönt ist

England, Süd

103

von einer Stadt gleich einer Zitadelle auf einem mittelalterlichen Bild."

Weitere alte Gemäuer in der ebenfalls katzenkopfgepflasterten West Street sind **Tower House** aus dem Jahre 1700 und **Thomas House,** ein wunderschönes Fachwerkgebäude. In der High Street dann ziehen die **Old Grammar School** von 1635 und das **George Hotel** aus dem Jahr 1719 die Aufmerksamkeit auf sich.

Doch das ist noch lange nicht alles, was Rye zu bieten hat. Über die reine Architektur vergangener Zeiten hinaus schwebt in den winkligen und rauen Straßen das **Flair der Gemütlichkeit.** Blumen schmücken jede Häuserfront, Efeu rankt die Fachwerkmauern hoch, buntgebrannte Kacheln zeigen die Hausnummer an oder sie geben das Errichtungsjahr wieder.

Praktische Hinweise

Tourist Information
●**The Heritage Centre,** Strand Quay, 01797/226696.

Unterkunft
●**Flackley Ash Hotel,** London Road, Tel. 01797/230651, Fax 230510, flackleyash@marstonhotels.com, DZ 75 £.
●**The George Hotel,** High Street, Tel. 01797/222114, Fax 224065, DZ 70 £.
●**Bed & Breakfast:** *Little Saltcote,* 22 Military Road, Tel. 01797/223210, Fax 224 474, littlesaltcote.rye@virgin.net, DZ 39 £; *Old Vicarage,* Rye Harbour, Tel. 01797/222088, johnathan@oldvicarageryeharbour.co.uk, DZ 40 £; *Cliff Farm,* Military Road, Iden Lock, Tel./Fax 01797/280331, pat@clifffarm.freeserve.uk, DZ 34 £; *Old Borough Arms,* The Strand, Tel./Fax 01797/222128, oldboroughharms@btinternet.com, DZ 50 £.

Pubs, Cafés und Restaurants
●**Landgate Bistro,** 5 Landgate, bestes Haus am Platze, hervorragende Fleisch- und Fischgerichte, große Auswahl an Weinen, 17–26 £, Vorbestellung in der Saison ratsam, 01797/222829.
●**Mermaid Inn,** Mermaid Street, prachtvoller alter Pub aus dem Jahre 1420 (s. o.).
●**Fish Café,** Tower Street, Tel. 01797/222226, hervorragendes Seafood-Restaurant in einem alten Ziegel-Magazinspeicher aus dem Jahr 1907.
●**The Old Bell,** Mint Street, Free House aus dem 15. Jh., ältester Pub von Rye.
●**Monastery Restaurant,** High Street, gemütliches kleines Lokal mit Fisch- und Fleischgerichten zwischen 9 und 14 £.
●**Union Inn,** East Street, das Free House datiert aus dem 15. Jh.
●**Flushing Inn,** Market Street, gute Fischgerichte, Hummer 22 £.
●**Simon the Pieman,** Lion Street, seit dem Jahr 1920 weit über die Grenzen von Rye hinaus bekanntes Kaffee- und Teehaus mit hervorragendem Kuchen.
●**The Peacock,** Lion Street, ein Weinhaus.
●**The Copper Kettle,** The Mint, Restaurant, 2–14 £.
●**Standard Inn,** The Mint, das Gebäude datiert aus dem Jahr 1420, Free House mit Biergarten.

Rent-a-Bike
●Market Road

Verbindung
●**Busse** und **Züge** (Network Southeast) von Folkestone, Hastings, Eastbourne.

Winchelsea

Nur wenige Kilometer südwestlich von Rye liegt in musealer Stille das Dörflein Winchelsea. Wie auch Rye wurde es 1191 in die Vereinigung der **Cinque Ports** aufgenommen, genoss beträchtliche Privilegien und erwarb große Reichtümer mit dem Im-

Winchelsea

port von Bordeaux-Weinen. Das gesamte 13. Jh. über beutelten schwere Orkane den Hafenort, 1287 dann kam es zu einer **Jahrtausendflut,** und Winchelsea wurde vom Meer verschlungen. Schon kurze Zeit später ordnete *Eduard I.* einen umfangreichen **Neubeginn** an. Im Stadtzentrum sollte eine gewaltige Kirche aufragen, umgeben von den Häusern entlang der schachbrettartig angelegten Straßen. Doch es kam alles ganz anders. Der Hafen versandete, und die Arbeiten an der Kirche wie auch an der Stadt wurden eingestellt. Ein **langer Niedergang** begann.

1719 besuchte der Autor und Begründer der Methodisten-Kirche *John Wesley* den Ort und nannte ihn „das arme Skelett des alten Winchelsea"; 1813 wurde das Städtchen in dem Band „Die Schönheiten von England und Wales" als der „Schatten eines Schatten" beschrieben.

Ungeheuer **luftig und weitläufig** wirkt Winchelsea heute – es gibt keine Reihenhaussiedlungen, die Häuser stehen einzeln und weit auseinander, so dass der Wind zwischen ihnen hindurchfahren kann. Auch hier wieder überall Blumen, sprießende wilde Rosen, Efeu, grüne Bäume und Büsche rechts und links der Straßen. Mit rund 500 Einwohnern ist Winchelsea **Englands kleinste Stadt.**

Hastings

Um es gleich vorweg zu sagen: Von allen Seebädern an der südenglischen Küste ist Hastings sicherlich **das hässlichste.** Schon Ende des 19. Jahrhunderts trug es den Beina-

England, Süd

Café Old Castle House

men „fades Brighton". *Henry James* versuchte, allerdings ohne rechten Elan, den Ort aufzuwerten: „Ich glaube nicht, dass das Leben in Hastings das aufregendste oder zufriedenstellendste der Welt ist, aber es muss gewiss seine Vorzüge haben. (...) Dort würde ich inmitten der kleinen Läden und der kleinen Bibliotheken, der Rollstühle und der Straßenmusikanten, der Promenade und des langen Piers, bei mildem Klima, mäßigem Preisniveau und im Bewusstsein einer hochentwickelten Zivilisation eine Abgeschiedenheit genießen, die nichts Primitives oder Karges hätte" – eleganter lässt sich Langeweile wohl kaum beschreiben.

Im 12. Jh. gehörte Hastings als führende Hafenstadt zu den **Cinque Ports.** Das störte vor allem die Franzosen, die 1339 und 1377 einfielen und

große Zerstörungen anrichteten. Um diese Zeit begann auch der Hafen zu versanden, und Hastings verfiel in völlige **Bedeutungslosigkeit.** Erst der Anschluss an das Eisenbahnnetz und der damit beginnende **Badetourismus** des 19. Jahrhunderts sorgten wieder für Aufregung.

1854 zog der Autor und präraffaelitische Maler *Dante Gabriel Rosetti* (1828–1882) nach Hastings; ihm folgte *Elizabeth „Lizzie" Siddal* nach, Modell für viele präraffaelitische Künstler. 1860, heirateten beide in Hastings St. Clement Church. Weitere **frühe Besucher** waren *Lord Byron* und *Lewis Carroll.*

George Bernard Shaw machte 1922 Ferien in Hastings; von hier schrieb er seiner launenhaften und zickigen Freundin *Beatrice Stella Campbell* (die in seinem Musical My Fair Lady die

Hastings

Rolle der Eliza Doolittle spielte): „Es ist heute ein wenig kälter als am Nordpol oder als Dein Herz."

Sehenswertes

Eine steil hinunter zum Strand verlaufende Straße teilt Hastings in zwei Teile – im Osten die **Altstadt,** im Westen die **New Town.** Am alten Ortskern zieht sich der **lange Kieselstrand** entlang, auf dem die Fischerboote aufgereiht sind. Hier stehen auch die Netzspeicher – schwarze, aus geteerten Brettern erbaute *Net Lofts*, in denen die Fischer früher ihre Arbeitsutensilien aufbewahrten. Rundherum sorgen Karussels, Drehorgelspieler, Fischbratereien, eine Minigolfanlage und *Amusement Pavilions* mit Bingo-Hallen und einarmigen Banditen für Rummelplatz-Atmosphäre.

Einige Museen halten die Erinnerung an die Seefahrt wach, so das **Fishermen's Museum,** das **Shipwreck Heritage Centre** und das **Sea Life Centre** (alle Rock-a-Nore Street, Mo–Fr 10.30–17 Uhr, Sa/So 14.30–17 Uhr).

Im Rücken dieser Ausstellungsgebäude führt eine Kabinenbahn steil den West Hill zu der alten normannischen **Burg** hinauf, die sich *Wilhelm der Eroberer* direkt nach der erfolgreichen Invasion erbauen ließ.

In der Neustadt stakt ein langer **Pier** ins Meer hinaus, und genau hier soll *Wilhelm* seinen Fuß erstmals auf englischen Boden gesetzt haben. 1856 beschloss *Theodor Fontane* (1819–1898) seine zweite Englandreise in Hastings und dichtete recht lapidar über *Wilhelm den Eroberer*: „Die Klippe von Hastings, wohl war sie steil, / Und das Meer, wohl hat es gebrandet –/ Vergebens die Brandung, vergebens der Stein, / Herzog Wilhelm ist gelandet.“

Als Pendant zum Teppich von Bayeux findet sich im Rathaus von Hastings (Queen Street) das zum 900. Jahrestag der Invasion von der Royal School of Needlework 1966 fertiggestellte *Hastings Embroidery,* das auf fast 70 m Länge die Geschichte der Insel seit 1066 zeigt.

Praktische Hinweise

Tourist Information
● *The Stade,* Old Town, Tel. 01424/781111.

Unterkunft
● *Royal Victoria Hotel,* Marina St. Leonard's-on-Sea, Tel. 01424/445544, Fax 721995, reception@royal-vic-hotel.demon.co.uk, DZ 100 £.
● *Cinque Ports Hotel,* Bohemia Road, Tel. 01424/439222, Fax 437277, enquires@cinqueports.co.uk, DZ 80 £.
● *Beauport Park Hotel,* Battle Road, Tel. 01424/851222, Fax 852465, reservations@beauportprkhotel.demon.co.uk, DZ 100 £.
● *Bed & Breakfast: Lionsdown House,* 116 High Street, Tel. 01424/420802, DZ 40 £; *Eagle House,* Pevensey Road, Tel. 01424/430535, Fax 437771, info@eaglehousehotel.com, DZ 48 £.
● *Jugendherberge: Guestling Hall,* Rye Road, Tel. 01424/812373.
● *Camping: Shear Barn Holiday Park,* Barley Lane, Tel. 01424/423583, A 259 Richtung Rye; *Stalkhurst Camping & Caravan Site,* Stalkhurst Cottage, Ivyhouse Lane, Tel. 01424/439015, A 259 für 3 km Richtung Rye, dann links in die B 2093 Richtung Battle, nach 800 m rechts in die Ivyhouse Lane.

Pubs und Restaurants
● *The Stag Inn,* 14 All Saints Street, alter Schmuggler-Pub in der Altstadt, sicherlich die beste Kneipe in Hastings.

● *French's,* Robertson Street/Ecke Robertson Passage, New Town, kleines Billigrestaurant mit angeschlossener Weinbar.
● *Anchor Inn,* George Street, kleiner, alter gemütlicher Pub.
● *Fishermen's Club,* All Saints Street, ein Free House, hier war einmal die Fischereivereinigung von Hastings untergebracht.
● *The Italian Way,* an der Seefront zwischen Old und New Town, Pizzas & Pasta, 4–6 £.
● In der *George Street* (läuft parallel zur Seefront), am Anfang der Old Town einige kleine Restaurants und Pubs neben den Läden und Geschäften.
● *The Old Pumphouse,* George Street, alter, windschiefer Pub.
● *The Coach House,* All Saints Street, Old Town, Restaurant in einem alten Fachwerkhaus, 10 £.
● *Cinque Ports Arms,* All Saints Street, Free House in einem alten Fachwerkhaus.

Rent-a-Bike
● Direkt am Pier von Hastings.

Verbindung
● *Busse (National Express)* und *Züge (Network Southeast)* in alle Landesteile.

Battle

In Hastings ging *William the Conqueror* an Land, marschierte mit seinen Truppen einige Meilen nach Norden und traf am Samstag, den 14. Oktober 1066, auf die Recken von *König Harold.* Der hatte in einem Gewaltmarsch seine 7000 Mannen von Norden hergeführt und auf einem Hügelrücken in Stellung gebracht. Die Schlachtlinie war rund 550 m lang und bestand aus hintereinander gestaffelten Reihen von zehn bis zwölf Mann. Im Zentrum befand sich *Harold,* umgeben von seinen besten Kämpfern, die mit den beidhändig geführten Streitäxten und Schlachtschwertern den Herrscher schützten.

Den ganzen Tag über berannten die Invasoren den Hügel, konnten jedoch immer wieder von *Harolds* Bogenschützen, seinen Schwert- und Lanzenträgern zurückgeschlagen werden. Da griff *Wilhelm* zur List. Seine Truppen schützten eine wilde, ungeordnete Flucht vor, und die Angelsachsen stürmten aus ihrer sicheren Hügelstellung hinunter in die Ebene, um die Eindringlinge nun vollends niederzumachen. Rasch jedoch hatte *Wilhelm* seine Männer neu organisiert, griff nun die ihres strategischen Vorteils verlustig gegangenen Sachsen an und trieb einen Keil ins Zentrum der gegnerischen Schlachten-

reihe. In dieser kritischen Phase wurde *Harold* getötet, das Heer war ohne Führung und demoralisiert. *William* stand ein großer Sieg bevor.

Dort, wo zwischen Normannen und Angelsachsen die Schlacht *(battle)* tobte, erstreckt sich heute das sympathische Marktstädtchen Battle.

In der High Street informiert das **Battle & District Museum of Local History** (Mo–Sa 10–13, 14–17 Uhr, So 14–17 Uhr) über die Vergangenheit. In der Nähe erstreckt sich das einstige Schlachtfeld, wo sich auch die Reste von **Battle Abbey** befinden (EH, April bis Sept. tgl. 10–18 Uhr; Okt. bis März tgl. 10–16 Uhr).

Sollte er siegreich sein, so hatte *Wilhelm* geschworen, werde er auf dem einstigen Schlachtfeld eine große **Klosteranlage** errichten lassen. Und so geschah es. In der 1094 geweihten Abteikirche markiert der Altar die Stelle, an der König *Harold* einst erschlagen zu Boden sank. Rund 450 Jahre später überließ *Heinrich VIII.* im Zuge der Reformation die Anlage seinem Günstling *Sir Anthony Browne.* Der ließ großflächig abreißen und umbauen, so dass wir heute nur noch das mächtige Gatehouse aus dem Jahr 1339 bestaunen können (nur von außen) sowie einige Abteiruinen.

Praktische Informationen

Tourist Information
● 88 High Street, 01424/773721.

Pub
● ***The Pilgrim's Rest,*** High Street, am Gatehouse, ist eine alte Pilgerherberge aus dem 14. Jh., mit schönem Vorgarten.

Gatehouse von Battle

England, Süd

In das Hinterland von Hastings

Bateman's

Nordwestlich von Battle, nur einen Steinwurf vom Örtchen Burwash entfernt, befindet sich in den South Downs, einer sanft gewellten Landschaft, Bateman's House, das Heim des erzreaktionären **Rudyard Kipling** (1865–1936). 1902, im Alter von 36 Jahren, kaufte der um diese Zeit schon weltbekannte Autor – der chauvinistische „Barde des Imperialismus" – das aus dem Jahre 1634 datierende Haus, richtete sich mit seiner Familie ein, schrieb und legte den Garten an. Bibliothek, Arbeitszimmer sowie auch alle anderen Räumlichkeiten sind originalgetreu erhalten (NT, April bis Okt. tgl., außer Do/Fr 11–17 Uhr).

1907 erhielt der Schriftsteller für seine Erzählungen aus Indien als erster Brite den Nobelpreis für Literatur. Die Umgebung von Bateman's, vor allem aber der tägliche Blick auf den Pook's Hill, inspirierten *Kipling* zu den Kindergeschichten *„Puck vom Buchsberg" („Puck of Pook's Hill",* 1906), in denen Dan und Una Shakespeares Sommernachtstraum spielen und ihnen dabei Puck, der Kobold, erscheint. Täglich aufs neue war *Kipling* von der Schönheit der Landschaft hingerissen: „… meine Seele gäbe ich hin für die grasüberwachsenen South Downs, wo die Glocken der Schafe, die über sie dahinziehen, erklingen …"

Das Lexikon der englischen Literatur urteilt über Leben und Werk von *Kipling*: „Kein anderer Autor des 19. Jh. hat der Parteien Hass und Gunst vergleichbar heftig erfahren wie Rudyard Kipling. Ursache hierfür ist eine konservative Ideologie, die in nicht wenigen Gedichten und Kurzgeschichten mit rassistischen („Fuzzy-Wuzzy", „Gunga Din"), sexistischen („The Female of the Species") und vor allem imperialistischen („The White Man's Burden") Tendenzen Ausdruck findet. Diese antidemokratische Gesinnung verdeckt Spannungen in Kiplings Leben und Werk."

George Orwell nannte *Rudyard Kipling* einen „ordinären Flaggenschwenker" und „Dichter der Hurra-Schreier".

Verspürt man nach der Besichtigung Hunger, vor allem aber Durst, so sollte man im kleinen Zentrum von Burwash an der Kirche im **Pub Bell Inn** einkehren. Die atmosphärereichen Räumlichkeiten datieren aus dem Jahr 1609.

Zum Sugar Loaf – Auf der Suche nach einem Folly

Wer sich für *Follies* interessiert, architektonische Verrücktheiten, die exzentrische Briten in die Landschaft gesetzt haben, der mache sich von Battle ein paar Kilometer gen Nordwesten auf. Zwischen den beiden Örtchen Dallington und Brightling steht an der B 2096 auf freiem Feld nahe dem Weiler Wood's Corner (kurz bevor es rechts nach Brightling abgeht) ein gut 6 m hoher steinerner **Zuckerhut.** Die Absonderlichkeit geht auf *John Fuller* (1756–1834), einen der bekanntesten englischen Exzentriker, zurück, der im Volksmund auch den Beinamen *Mad Jack* trug. Als Parlamentsabgeordneter tat

Fuller viel für die Menschen in seiner Region, auch finanzierte er private Arbeitsbeschaffungsmaßnahmen, um die Erwerbslosigkeit zu lindern. Noch bevor *Lord Curzon* Bodiam Castle restaurierte, sorgte *Fuller* dafür, dass die Ruine nicht vollends zusammenstürzte.

Der *Sugar Loaf* ging angeblich auf eine **Wette** zurück. Eines Abends behauptete *Mad Jack*, er könne von seinem Wohnsitz Brightling Park aus den Kirchturm von Dallington sehen. Doch ein ortskundiger Gast hegte berechtigte Zweifel. Am nächsten Morgen stellte *Fuller* fest, dass er tatsächlich unrecht hatte und ließ geschwinde auf einem Feld die Kirchturmspitze des Gotteshauses von Dallington nachbauen – so wenigstens will es die Überlieferung. In Wahrheit beschäftigte *Fuller* auch hier für einige Zeit arbeitslose Familienväter.

Eastbourne

Von allen Seebädern entlang der englischen Südküste gehört Eastbourne mit zu den schönsten. An einem fast 5 km langen sauberen, beim Ansturm der Wellen leise murmelnden Kieselstrand zieht sich eine **Flanierpromenade** entlang, gesäumt von gepflegten weißen Häusern. Ein gut instand gehaltener Pier reicht weit ins Meer hinaus, von seiner Spitze aus hat man einen schönen Blick auf die „Skyline" von Eastbourne.

Das südliche Ende der Seefront markiert der markante **Wish Tower,** der größte Martello-Turm (ein alleinstehender runder Festungsturm), der je in England gebaut wurde und der französische Invasoren abschrecken sollte.

Nördlich vom Stadtzentrum sorgte die kreisrunde, 1810 in Dienst gestellte **Festungsanlage Redoubt Fortress** für Schutz. Heute sind hier drei kleine Militärmuseen (tgl. 9.30–17.30 Uhr) untergebracht, und während der Saison finden im Innenhof Konzerte statt.

Alles in Eastbourne macht einen gepflegten Eindruck, die Fassaden der Häuser und Hotels erstrahlen im makellosen Weiß, und viele Blumenbeete erfreuen Besucher mit blühender Pracht.

Tennis- und Golfspieler finden für ihre sportliche Betätigung genügend Plätze, und wenn es einfach nur ein geruhsamer Spaziergang sein soll, so gibt es neben der Strandpromenade eine ganze Reihe von grünen Parkanlagen.

Eastbourne ist auch als **Tagungs- und Konferenzort** beliebt, darüber hinaus bieten **Sprachschulen** ihre Dienste an, so dass während der Sommermonate das Heer der Touristen um viele Englisch-Schüler bereichert wird.

Ist das Wetter schlecht, so dass man auf ein Bad im Meer verzichten muss, kann man am östlichen Ende der Seeuferstraße im **Vergnügungsbad The Souvereign** im angenehm temperierten Wasser planschen.

George Bernard Shaw (1856–1950) stieg häufig im Grand Hotel – „eine Mischung aus halbkolonialem Gouverneurspalast und Empfangsgebäude eines viktorianischen Bahnhofs" – zusammen mit seiner hartherzigen „brieflichen Geliebten" *Beatrice Stella Campbell* ab. 1860 suchte **Charles Dickens** (1812–1870) hier Erholung von einer schweren Krankheit, und zwischen 1877 und 1887 kam regelmäßig der Mathematiker *Charles Lutwidge Dodgson* (1832–1898), bekannter unter dem Namen **Lewis Carroll,** ins mondäne Seebad. Der pädophile Autor von „Alice im Wunderland" hielt am Strand nach kleinen Mädchen Ausschau, freundete sich mit ihnen an, nahm sie dann mit in seine Wohnung und versuchte, sie nackt zu fotografieren. Seinem Tagebuch vertraute er an:

„Vor fünf Jahren wagte ich es, ein kleines Mädchen von zehn einzuladen, das mir ohne den geringsten Einwand anvertraut wurde. Im folgenden Jahr wohnte eine Zwölfjährige eine Woche lang bei mir. Im Jahr darauf lud ich eine Vierzehnjährige ein, ziemlich sicher, dass dies abgelehnt würde. Zu meiner Überraschung und Freude schrieb ihre Mutter nur: 'Irene darf für eine Woche oder vierzehn Tage zu Ihnen kommen.'"

Auch **Friedrich Engels** (1820–1895) mochte das Seebad und verbrachte in zehn aufeinanderfolgenden Sommern seine Ferien in Eastbourne. *Eric Blair*, bekannter unter dem Namen **George Orwell** (1903–1950),

Pier von Eastbourne

ging in Eastbourne zur Schule – für ihn die Jahre „der Gewalt, des Betrugs und der Heimlichkeiten." Regelmäßig wurde er von den Lehrern mit dem Rohrstock geschlagen und gedemütigt, am schlimmsten jedoch waren die widerlichen „Zinnschalen, aus denen wir unser Porridge aßen. Sie hatten vorstehende Ränder, und unter den Rändern war eine Ansammlung von Resten von eingetrocknetem, saurem, altem Porridge, das man in langen Streifen abziehen konnte." Nicht besser erging es dem Schriftsteller **E. M. Forster** (1879–1970) im Internat von Eastbourne; seine Mitschüler verprügelten den zarten Knaben regelmäßig, und von seinen Lehrern wurde er sogar verächtlich *Mousie* genannt.

Da es in der **Umgebung** von Eastbourne eine ganze Menge zu entdecken gibt, sollte man das Seebad zum Standquartier für Ausflüge in die Umgebung machen.

Praktische Hinweise

Tourist Information
●Cornfield Road, Tel. 01323/415450.

Unterkunft
●**Chatsworth Hotel,** Grand Parade, Tel. 01323/411015, Fax 643270, stay@chatsworth-hotel.com, DZ 88 £.
●**Lansdowne Hotel,** King Edward's Parade, Tel. 01323/725174, Fax 739721, the.lansdowne@btinternet.com, DZ 87 £.
● **York House Hotel,** 14 Royal Parade, Tel. 01323/412918. Fax 646238, frontdesk@yorkhousehotel.co.uk, DZ 80 £.
●**West Rocks Hotel,** Grand Parade, Tel. 01323/725217, Fax 720421, DZ 60 £.
●**Bed & Breakfast:** *Bella Vista,* 30 Redoubt Road, Tel. 01323/724222, DZ 38 £;

Beachy Rise, 5 Beachy Head Road, Tel. 01323/639171, DZ 45 £; *Cambridge House,* 6 Cambridge Road, Tel. 01323/721100, DZ 31 £; *Camelot Lodge,* 35 Lewes Road, Tel. 01323/725207, Fax 722799, DZ 49 £; *Far End House,* 139 Royal Parade, Tel. 01323/725666, DZ 36 £.

Pubs, Cafés und Restaurants
●**Arlington Arms,** am östlichen Ende der Seaside Road, drei seperate Bar-Areale, mit angeschlossenem Restaurant.
●**Mediterraneo,** Seaside Road, kleines ordentliches italienisches Lokal mit Pizzen und Pasta um 8 £, Fisch- und Fleischgerichte bis 13 £.
●**Pomodoro e Mozzarella,** Cornfield Terrace, ebenfalls ein gutes italienisches Restaurant mit Pizzen und Pasta zwischen 7 und 9 £, Fisch- und Fleischgerichte zwischen 12 und 14 £, mittägliches 3-Gänge-Menü 10 £, abendliches 3-Gänge-Menü 16 £.
●**Cornfield Garage,** Cornfield Road, ein Pub in einer ehemaligen Autowerkstatt.
●**Luigi's,** Seaside Road, freundliches kleines italienisches Lokal, kleine Pizzen, Pasta um 6 £, Fleischgerichte um 10 £, Fischspeisen zwischen 12 und 14 £.
●**Solo Pasta,** Cornfield Road, Pizzen und Pasta zwischen 6 und 8 £, Fisch- und Fleischgerichte zwischen 10 und 12 £, auch vegetarische Speisen.
●**Spaghetti Factory,** Terminus Road, Pizzen und Pasta um 7, Steaks um 11 £.
●**Princess Restaurant,** Seaside Road, internationale Küche, bis 11 £.
●**Fiesta Bistro,** Grove Road, Wine Bar & Restaurant, Pastas um 6 £, Fleisch- und Fischgerichte um 10 £.
●**Athens,** Terminus Street, griech. um 9 £.
●Internet Café **Global Info Centre,** 22 Pevensey Road.

Rent-a-Bike
●Nevada Bikes, Green Street.

Verbindung
●mit **Bussen** (*National Express*) und **Bahn** (*Network Southeast*) in alle Landesteile.

England, Süd

In der Umgebung von Eastbourne

Beachy Head und Seven Sisters

Ein wenig südlich von Eastbourne liegt das Kap Beachy Head. Fast 170 m hoch steigen die makellos weißen **Kreidefelsen** aus dem blauen Meer in den Himmel. Recht gut verdeutlicht ein knapp 50 m hoher, unten in der See stehender **Leuchtturm** die Proportionen.

Im Jahre 1895 wohnte **George Bernard Shaw** (1856–1950) im nahe gelegenen Beachy Head Hotel und versuchte hier, Fahrrad fahren zu lernen. Doch seine „Anstrengungen brachten die Küstenwacht so zum Lachen, wie keins meiner Bücher je ein Publikum. Ich machte mich mit solchem Erfolg lächerlich, dass ich mich ganz in der Stimmung fühlte, auch mal über jemanden zu lachen."

Am 27. August 1895 streuten die Freunde von **Friedrich Engels** die Asche des großen Utopisten nicht weit von Beachy Head entfernt ins Meer – so hatte *Engels* es in seinem Testament bestimmt.

Vom Beachy Head gen Westen zieht sich die weiße Klippenformation **The Seven Sisters** bis zum kleinen Seebad Seaford. Von dort hat man auch die besten Blicke auf die Kreidefelsen.

Alfriston – Romantik unter Reetdächern

Ganz zauberhaft ist das Puppenstubenörtchen Alfriston, das einige Kilometer westlich von Eastbourne liegt. Alte, hübsch aussehende **Fachwerkhäuser** mit mächtigen Schindeldächern säumen die Dorfstraße, die so schmal ist, dass zwei Autos kaum aneinander vorbeikommen. Im kleinen Zentrum ragt ein verwittertes, mittelalterliches **Marktkreuz** auf und dokumentiert damit die frühere Bedeutung von Alfriston als Handelsstadt. Jedes Haus ist mit einem **Zunftzeichen** geschmückt und zeigt an, welcher Handwerker hier früher seine Künste ausgeübt hat: Kerzenmacher, Krämer, Flickschuster, Zimmermann, Schmied, Sattler, Fleischer …

Nahe dem zentralen Parkplatz informiert in der *Old Forge* das **Heritage Centre** (Ostern–Okt. tgl. 11–17 Uhr) über die Geschichte des Weilers.

Beachy Head bei Eastbourne

Neben der 700 Jahre alten **Dorfkirche** – die für einen Ort wie Alfriston recht groß geraten ist und deshalb auch *The Cathedral of the South Downs* genannt wird – steht das ebenfalls aus dem 13. Jh. datierende, strohgedeckte Pfarrgebäude **Clergy House,** eines der ältesten noch erhaltenen Wohnhäuser Englands. Es war das erste Objekt, das der National Trust 1896 zu einem Preis von 10 £ in seinen Besitz brachte (April–Okt. 11–18 Uhr).

Pubs

●Viele Pubs konkurrieren um die Gunst der Besucher; der **George Inn** ist die älteste Taverne im Örtchen und kann eine Schanklizenz aus dem Jahre 1397 vorweisen; aus dem gleichen Jahrhundert datiert **Tudor House.** Wie es heißt, soll es in früheren Tagen eine unterirdische Verbindung zwischen den beiden Kneipen gegeben haben, die von Schmugglern gegraben und genutzt wurde.
●Auch der zweistöckige Gasthof **Star Inn** (mit gutem Restaurant und Biergarten) erfreut sich seit 600 Jahren die durstigen Reisenden. In den alten Zimmern kann man heute stilvoll übernachten.
●Recht jung noch ist dagegen der **Market Inn,** der erst seit 1797 Bier ausschenkt und sich auch den altertümelnden Namen **Ye Olde Smuggler Inn** gegeben hat.

Der lange Mann von Wilmington

Nach wenigen Minuten Autofahrt von Alfriston gen Norden gelangt man zum Weiler Wilmington. Einzige Attraktion ist der von einem Hügel grüßende, 70 m hohe **Long Man of Wilmington.** Wenngleich die Wissenschaftler mit der Datierung unsicher sind, nimmt man doch an, dass die Umrisse der Figur schon in der Eisenzeit in den Kreideboden geritzt worden sind.

Charleston Farmhouse – Liebe und Kunst auf dem Lande

Auf dem Weg von Wilmington in Richtung auf das Städtchen Lewes liegt abseits der A 27 ein von außen recht unscheinbar wirkendes Bauernhaus (ausgeschildert, April–Juni/Sept./Okt., Mi–So 14–18 Uhr, Juli/Aug., Mi–Sa 11.30–18 Uhr). Hier lebte **Vanessa Bell** (1879–1961), die Schwester von *Virginia Woolf,* teilweise zusammen mit ihrem Mann *Clive Bell* (1881–1964), ihrem Lebensgefährten, dem Maler **Duncan Grant** (1885–1978), und dessen Freund *David Garnett* (1892–1982).

Charleston darf keinesfalls isoliert betrachtet, sondern muss zusammen mit Monk's Cottage in Rodmell und Sissinghurst Castle als Einheit erlebt werden. Monk's Cottage war das kleine Landhaus von *Virginia* (1882–1941) und *Leonard Woolf* (1880–1969), in Sissinghurst schrieben und gärtnerten *Vita Sackville-West* (1892–1962) und ihr Mann *Harold Nicolson* (1886–1968).

Im Herbst des Jahres 1916 zog *Vanessa Bell* mit ihren beiden Söhnen Julian und Quentin, ihrem Gefährten *Duncan Grant* und dessen Freund *David Garnett* in das **spartanische Charleston Farmhouse** ein. Beide Männer waren als Kriegsdienstverweigerer zur Erntearbeit verpflichtet. Im Haus gab es kein fließendes Wasser, keine Heizung, kein elektrisches Licht, und auch die sanitären Anlagen waren primitiv. „Das Leben in Charleston war recht dürftig", stellte *Virginia* fest, „nichts als Wind und Regen und keine Kohlen im Keller".

England, Süd

Vanessa, Duncan und *David* begannen sich einzurichten, renovierten und modernisierten in bescheidenem Maße. **Besucher** gaben sich die Klinke in die Hand: *Clive Bell* kam mit seiner langjährigen Freundin *Mary Hutchinson; John Maynard Keynes,* der berühmte Wirtschaftswissenschaftler, war nicht nur ein regelmäßiger Gast, sondern wohnte sogar zeitweise in Charleston. Hier schrieb er 1919 den Band *„The Economic Consequences of the Peace".*

Virginia und *Leonard* kamen vom nahe gelegenen Monk's House hinüber und brachten ihre Gäste sowie die Autoren ihres Verlags Hogarth Press mit, so etwa *T. S. Eliot.* Auch *Edward Morgan Forster* ging ein und aus und wurde sowohl von *Vanessa* als auch von *Duncan* gemalt. Liest man, wer während der 62 Jahre, in denen das Haus bewohnt war, alles in Charleston zum Tee kam, so hat man ein Who's Who der **intellektuellen Elite Englands** vor sich: Maler, Bildhauer, Dichter, Schriftsteller, Sachbuchautoren, Literaturkritiker, Kunsthistoriker, Schauspieler, Sozialwissenschaftler usw.!

Vanessa und *Duncan* bemalten fast jede freie Fläche in Charleston: die Türen, die Türzargen, die Fensterlaibungen, Tischflächen und Bücherschränke; kein Holzpaneel, das nicht farbig verziert wäre, Kaminseiten, das Kopfende eines Bettes, alles trägt Muster und Figuren. Selbst der kleine Kohlenkasten, der neben dem Kamin im Garden Room steht, ist bemalt – da zupft ein sitzender Engel an den Saiten einer Mandoline –, 1919 hat *Duncan* hier den Pinsel an-

gesetzt. **Stoffmuster** wurden für Stuhlbezüge und Vorhänge entworfen, einige davon sollte *Laura Ashley* rund 50 Jahre später in Massenfertigung produzieren. *Duncan,* der 1978 im Alter von 93 Jahren in Charleston starb, erlebte es noch, wie seine Entwürfe und Werke wieder en vogue wurden.

Natürlich hängt das ganze Haus auch voller **Bilder,** Gemälde von *Vanessa* und *Duncan,* aber auch andere Künstler sind in reichem Maße vertreten.

Nach hinten hinaus gibt es selbstverständlich einen **Garten,** den *Vanessa* und *Duncan* jahrzehntelang pflegten und der von Frühjahr bis Herbst mit seiner Farbenpracht Bewohner wie Besucher gleichermaßen erfreute.

Charleston ist ein lebendiges Gesamtkunstwerk, in dem die Aura seiner kreativen und liebenden Bewohner spürbar ist.

Glyndbourne – Die Oper neben dem Kuhstall

Wenige Kilometer östlich von Lewes, der Hauptstadt von East Sussex, erstreckt sich an einer schmalen Straße Glyndbourne, eigentlich nur ein größerer Herrensitz. In dieser einsamen, ländlichen Gegend findet alljährlich ein **grandioses Musikspektakel** statt. Zwischen Mai und August werden eine Reihe von Operninszenierungen aufgeführt, die zum Besten gehören, was Großbritannien in dieser Hinsicht zu bieten hat.

Oper auf dem Lande – das konnte nur dem Hirn eines exzentrischen

Engländers entspringen. **John Christie** hatte in den 1930er Jahren die Sopranistin **Audrey Mildmay** geheiratet. London war weit weg, und Mylady sah sich außerstande, ihren erlernten Beruf auszuüben. Gatte *John,* der bemerkte, auf welch harte Probe die Liebe gestellt wurden, fackelte nicht lange und baute dem Herrensitz ein Opernhaus an. Im Mai 1934 wurde – die Dame liebte *Mozart* – „Die Hochzeit des Figaro" gegeben, und zur Überraschung der angereisten Gäste konnte Ehefrau *Audrey* tatsächlich singen – die Premiere war ein voller Erfolg! *Virginia* und *Leonard Woolf* waren übrigens unter den Besuchern.

Mittlerweile ist es weniger die **Oper** als das Drumherum, das zum Zauber von Glyndebourne beiträgt. Die Singspiele beginnen schon am Nachmittag, gegen Abend gibt es dann eine lange Pause.

In großer Garderobe – lange Abendkleider, Frack und Fliege – hocken die Besucher nun auf den weiten Rasenflächen, bestaunt von Kühen, Schafen und Pferden, breiten Decken aus, kämpfen mit der Technik der Klappstühle und geben sich dem **Picknick** hin. Hinein in die pastorale Stille ploppen die Champagnerkorken, der Räucherlachs entfaltet sein Aroma in der bukolischen Aura, und allen mundet die Lammkeule in Minzsoße – Oper in Glyndbourne!

Wer es den Briten gleichtun möchte, sollte bereits im Dezember das Programm bestellen und nach Erhalt unverzüglich die Karten ordern: Glyndbourne Opera Festival, Glyndbourne/Lewes, BN8 5UU, East Sussex, Tel.

01273/813813, Fax 814686, www.glyndebourne.com

Monk's House – wo Virginia Woolf zu Hause war

Etwas südlich von Lewes liegt der kleine Weiler Rodmell, und hier ist es das Landhaus von *Virginia* und *Leonard Woolf,* das den „Voyeur" in die ländliche Stille eines südenglischen Dorfes zieht (NT; April bis Okt. Mi u. Sa 14 – 17.30 Uhr).

„Es war ein bescheidenes, aus Back- und Feldsteinen errichtetes, zur Straßenseite hin mit Schindeln verschaltes Haus mit steilem Dach; drinnen kleine, niedrige, ineinandergehende Zimmer, die Böden mit Ziegeln gepflastert, die Treppe eng, die Stufen ausgetreten", so beschreibt *Quentin Bell* in seiner Virginia-Biographie Monk's House. Im Juli 1919 ersteigerten die 37-jährige *Virginia* und ihr zwei Jahre älterer Mann *Leonard* das Häuschen für 700 £.

Virginia beschrieb den Moment der Auktion in ihrem Tagebuch: „Nur selten in meinem Leben war eine Zeitspanne von fünf Minuten so voller Aufregung. Der Raum im White Hart war überfüllt. Ich forschte in jedem Gesicht, an jeder Jacke und an jedem Rock nach Zeichen von Reichtum und war erleichtert, keine zu entdecken. Aber dann sah ich *Leonard* an und dachte: Sieht er etwa aus, als ob er 800 Pfund in der Tasche hätte? Vielleicht trugen die kapitalkräftigen Bauern ihre Notenbündel im Strumpf verborgen. Das Bieten begann. Einer bot 300 Pfund. Nur zu rasch waren 600 erreicht."

England, Süd

Virginia Woolf – Ein Leben am Rande des Wahnsinns

Virginia erblickt am 25. Januar 1882 als drittes Kind von *Julia* und *Leslie Stephen* in London das Licht der Welt. 1879 bereits war *Vanessa* geboren, ein Jahr später, 1880, kam *Thoby* hinzu, 1883 schließlich *Adrian*. Die vier Kinder wachsen in einem viktorianisch-großbürgerlichen, **gebildeten Haushalt** auf. *Sir Leslie* hatte einen Namen als Literaturkritiker und arbeitete 18 Jahre lang an der 63bändigen Ausgabe der „Dictionary of National Biography". *Virginia,* die nie eine Schule, geschweige denn als Frau in jenen Tagen eine Universität besucht hatte, verdankt ihr Wissen fast ausschließlich dem väterlichen Unterricht.

Virginia ist 13 Jahre alt, als die Mutter stirbt; einige Monate später hat sie ihren ersten **psychischen Zusammenbruch.** Anfang des Jahres 1904 verstirbt auch *Sir Leslie.* Die vier Stephen-Kinder erholen sich von dem langen Sterben des Vaters auf einer Reise nach Italien. Nach der Rückkehr erleidet *Virginia* einen zweiten schweren depressiven Anfall. Fast sechs Monate lang wird sie von drei Krankenschwestern umsorgt. Die Stephen-Kinder ziehen vom teuren Stadtteil Kensington in das billigere Bloomsbury um und wohnen nun am Gordon Square 46. Im November des Jahres 1904 ist *Leonard Woolf,* Studienkollege von Bruder *Thoby,* bei den *Stephens* zu Gast, bevor er als Kolonialbeamter nach Sri Lanka aufbricht. Einen Monat später erscheint der erste gedruckte Text von *Virginia* im Guardian.

Ab 1905 lädt *Thoby* jeden Donnerstagabend seine Freunde aus den gemeinsamen Studientagen in das Haus am Gordon Square ein, „lauter erstaunliche Burschen, die, nachlässig gekleidet und ohne Manieren im Hyde-Park-Gate-Sinne, sich zunächst schweigend um ihn, seine schönen Schwestern *Vanessa* und *Virginia* und deren Freunde gruppierten, aber bei einem stimulierenden Stichwort überaus

aufmerksam und äußerst beredt wurden". Die Gruppe, heute als **Bloomsbury Group** bekannt und berühmt, diskutiert über Politik, Kunst, Literatur und – ganz wichtig für das nachviktorianische Zeitalter – ausführlich und ungehemmt über Sex. *Virginia* berichtet: „Es war an einem Frühlingsabend, Vanessa und ich saßen im Salon. Ich redete egozentrisch, aufgeregt, zweifellos nur über meine eigenen Probleme. Plötzlich öffnete sich die Tür, und die lange und unheimliche Gestalt von Mr. Lytton Strachey stand auf der Schwelle. Er zeigt mit dem Finger auf einen Fleck auf Vanessas weißem Kleid. Sperma, rief er aus. Darf man das wirklich sagen, dachte ich, und wir brachen in Gelächter aus. Durch dieses Wort fielen alle Barrieren der Zurückhaltung und Reserve. Eine Flut der geheiligten Ergüsse schien uns zu überwältigen. Sex beherrschte die Unterhaltung. Das Wort homosexuell lag uns ständig auf der Zunge. Wir diskutierten über den Beischlaf mit derselben Begeisterung und Offenheit, mit der wir über das Wesen des Guten diskutiert hatten."

Im Sommer des Jahres 1906 reisen die Stephen-Kinder nach Griechenland. *Thoby* kehrt vorzeitig nach England zurück, erkrankt an Typhus und stirbt am 20. November. Unter dem Eindruck der Trauer erhört *Vanessa* zwei Tage später den Heiratsantrag von *Clive Bell,* den sie bei den gemeinsamen Donnerstagnachmittagen kennen gelernt hatte. Nach der Hochzeit der beiden übersiedeln *Virginia* und *Adrian* zum Fitzroy Square; auf *Virginias* Initiative werden die Donnerstagabende wieder aufgenommen, auch schreibt sie weiter regelmäßige Buchrezensionen, hat einen Roman in Arbeit und engagiert sich in der Frauenrechtsbewegung. Mitte 1910 erleidet sie einen erneuten psychischen Zusammenbruch, steht am Rande des Wahnsinns und ist einige Wochen in stationärer Behandlung. Auch dieser Anfall geht glücklich vorbei.

Mittlerweile ist **Leonard Woolf** aus Sri Lanka zurück. *Virginia* beschließt einen

Wohnungswechsel innerhalb von Blooms-
bury und zieht Ende des Jahres 1911 mit
Adrian, dem Wirtschaftswissenschaftler
John Maynard Keynes, Duncan Grant und
Leonard Woolf in das Haus am Brunswick
Square 38. Auch mietet sie Asham House,
10 km nordöstlich von Brighton im Örtchen
Beddington gelegen, als stilles Refugium.

Im Januar 1912 macht *Leonard Virginia*
einen Heiratsantrag, aber erst am 29. Mai
willigt sie ein, ihn zu heiraten; am 10. August dann stehen beide im Standesamt von
St. Pancras. Eine zweimonatige Hochzeits-
reise führt in die Provence, weiter ins
Spanien, dann mit dem Schiff nach Italien
und von dort über Venedig zurück nach
London.

Im März des folgenden Jahres gibt *Virginia* das Manuskript ihres **Romans
„Voyage out"** an den Verleger *Gerald Duckworth,* der den Text für eine Veröffentlichung
annimmt. Aus Angst vor der Meinung der
Kritiker häufen sich *Virginias* Depressionen
und Wahnvorstellungen, sie verbringt einige Wochen in einer Privatklinik. Dann, am
9. September 1913, unternimmt sie einen
ersten Selbstmordversuch. Erst ein Jahr
später ist ihr psychischer Zustand wieder
stabil.

Nach *Leonards* Meinung regt die geschäftige Großstadt London *Virginia* zu
sehr auf; so mietet er in Richmond, vor den
Toren der Metropole, eine neue Heimstatt
an, Hogarth House.

Am 26. März 1915 erscheint *Virginias*
erster Roman. Tage vorher schon hat sie einen schweren Rückfall erlitten. Vier Krankenschwestern kümmern sich Tag und
Nacht um die von Delirien und Tobsuchts-
anfällen gepeinigte *Virginia.* Erst im November kann die letzte Krankenschwester Hogarth House verlassen.

Im Frühjahr 1917 wird die von *Virginia*
und *Leonard* bestellte Druckerpresse gelie-
fert, und im Sommer bringt der **Verlag Hogarth Press** seine ersten beiden Bücher
auf den Markt. Die *Woolfs* pendeln während
der kommenden Jahre zwischen Asham
House und ihrem Heim in Richmond hin
und her. *Virginia* betätigt sich als Setzerin

für die Hogarth Press, schreibt regelmäßig
für das renommierte *Times Literary Supple-
ment* und hat den Text zu **„Night and
Day"** in Arbeit, den sie Ende 1918 abschließt. Zur gleichen Zeit lernen die Woolfs
T. S. Eliot kennen, dessen umfangreiches
Gedicht „The Waste Land" die Hogarth
Press 1922 in das Verlagsprogramm aufnehmen sollte. Anfang 1919 wird *Virginia*
Asham House gekündigt, die *Woolfs* erstei-
gern Monk's House im Weiler Rodmell.
Zum Ende des Jahres erscheint, wieder
bei Gerald Duckworth, „Night and Day"

Die **Ehe von Virginia und Leonard** ist
von großer Liebe füreinander geprägt; ohne *Leonard* hätte *Virginia* ihre bisherigen
psychischen Zusammenbrüche wohl
kaum so gut überstanden. Nur selten sind
die *Woolfs* voneinander getrennt und
wenn, dann leiden beide. *Virginia* schreibt
einmal: „Ich liege da und denke an mein
teures Biest, das mich Tag für Tag meines
Lebens glücklicher macht, als ich es für
möglich gehalten hätte. Gar kein Zweifel,
ich bin schrecklich in Dich verliebt. Ich
denke dauernd daran, was Du wohl tust
und muß rasch damit aufhören – es ruft in
mir den Wunsch wach, Dich zu küssen."

T. S. Eliot, John Maynard Keynes und
E. M. Foster – um nur die bekanntesten zu
nennen – sind regelmäßige **Besucher** in
Rodmell wie auch in Richmond. Über all
die Jahre halten auch die engen Beziehungen zwischen *Virginia* und *Vanessa* an, die
ganz in der Nähe auf Charleston Farm lebt.

1923 übernimmt *Leonard* die Feuilleton-
Redaktion der Zeitung Nation, und die Hogarth Press druckt Virginias **Buch „Jacob's Room",** das von den Kritikern sehr
gut besprochen wird – *Virginia* erlangt
langsam Ruhm. *T. S. Eliot* schrieb ihr zu
dem Roman: „Sie haben sich freigemacht
von jedem Kompromiß zwischen dem her-
kömmlichen Roman und ihrer ureigenen
Begabung. Sie haben die Kluft zwischen
Ihren anderen Romanen und der experi-
mentellen Prosa überbrückt und etwas bemerkenswert Gutes zustande gebracht."

Virginia, die nun seit etlichen Jahren frei
von Anfällen ist, will fort von Richmond und

England, Süd

119

wieder hinein ins Londoner Leben. 1924 ziehen die *Woolfs* erneut nach Bloomsbury an den Tavistock Square 52.

Zwischen 1925 und 1928 hat Virginia eine **Liebesaffäre mit Vita Sackville-West**; bei den ersten Begegnungen ist sie allerdings noch wenig von der aristokratischen *Vita* beeindruckt. „Nicht so recht mein Geschmack", schreibt sie, „auffal-lend, schnurrbärtig, bunt wie ein Papagei, mit der ganzen natürlichen Ungezwungenheit ihrer Klasse, aber ohne die geistigen Voraussetzungen des Künstlers." Doch *Vita* verstand es zweifellos zu bezaubern, und so heißt es schon bald darauf in einem Brief an *Vanessa:* „Gleich kommt Vita, um mit mir allein zwei Nächte hierzubleiben; Leonard fährt nach London zurück.

(...) Trotzdem, die Juninächte sind lang und warm; die Rosen stehen in Blüte; und der Garten ist voll von Lust und von Bienen, die sich auf den Spargelbeeten vermischen."

1927 erscheint *„To the Lighthouse"*, und im gleichen Jahr beginnt *Virginia* mit der Arbeit an **Orlando;** die durch die Jahrhunderte reisende Hauptfigur, sowohl Mann als auch Frau, ist nach *Vita* modelliert. Der Roman erscheint Ende 1928 und ist eine große Liebeserklärung an *Vita*. So heißt es über *Orlando*: „Das Rot der Wangen war von Pfirsichflaum überzogen; der Flaum auf den Lippen nur um ein weniges dichter als der Flaum auf den Wangen. Die Lippen selbst waren kurz und leicht geöffnet über Zähnen von erlesenem mandelhellem Weiß. Nichts störte die pfeilgerade Nase auf ihrem kurzen gespannten Flug; die Haare waren dunkel, die Ohren klein und eng am Kopf anliegend. (...) Er hatte Augen wie benetzte Veilchen, so groß, dass es schien, das Wasser habe sie bis zum Rand gefüllt und sie geweitet, und eine Stirn wie die Wölbung einer marmornen Kuppel, eingepreßt zwischen den beiden blanken Medaillons, die seine Schläfen waren."

In den folgenden Jahren schreibt *Virginia* an weiteren Werken, arbeitet sporadisch in der Hogarth Press und hat zusammen mit *Leonard* viele **gesellschaftliche Verpflichtungen;** die *Woolfs* pendeln regelmäßig zwischen Monk's House und Bloomsbury hin und her. *Virginia* kränkelt zwar häufig und verfällt oft in Melancholie, doch ist sie, gemessen an ihren früheren Zusammenbrüchen, psychisch recht stabil. Sowohl in Rodmell als auch in Bloomsbury gehen Besucher ein und aus, *Virginia* und *Leonard* sind häufig bei Freunden eingeladen, gehen ins Theater, in Konzerte und schauen sich Kinofilme an. Die beiden besuchen Griechenland, Frankreich und Deutschland. *Virginia* ist zu einer bekannten und **geachteten Schriftstellerin** geworden; drei englische Universitäten bieten ihr daraufhin die Ehrendoktorwürde an, doch sie lehnt ab.

1939 übersiedeln die *Woolfs* an den Mecklenburgh Square; ein Jahr später wird das Haus bei einem Luftangriff schwer beschädigt. Die Druckmaschine der Hogarth Press sowie die Bücher und viele Möbelstücke werden nach Monk's House in Sicherheit gebracht.

Ende 1940, Anfang 1941 verschlechtert sich der psychische Zustand von *Virginia* rapide. Am Morgen des 28. März, an einem sehr kalten und klaren Tag, schreibt sie in Monk's House **Abschiedsbriefe** an *Vanessa* und *Leonard,* die beiden Menschen, die sie am meisten liebt. Dann geht sie über die Wiesen zum River Ouse, zwängt einen schweren Stein in ihren Mantel und ertränkt sich.

In ihrem Brief an *Leonard* heißt es: „Liebster, ich spüre genau, dass ich wieder wahnsinnig werde. Ich glaube, dass wir eine solch schreckliche Zeit nicht noch einmal durchmachen können. Und diesmal werde ich nicht wieder gesund werden. Ich höre Stimmen, und ich kann mich nicht konzentrieren. Darum tue ich, was mir in dieser Situation das Beste scheint. Du hast mir das größtmögliche Glück geschenkt. Du bist mir alles gewesen, was einem einer sein kann. Ich glaube nicht, dass zwei Menschen haben glücklicher sein können ..."

Virginia ist 59 Jahre alt geworden; *Leonard* blieb nach ihrem Tod in Monk's House, wo er 1969, 89-jährig, starb. In seiner Biographie schrieb er, dass er *Virginia* wie eine kostbare Ming-Vase behütet habe, von der man weiß, dass sie einen Sprung hat.

Strom und fließend Wasser gab es nicht, so dass für die nächsten Jahre Renovierungsarbeiten an der Tagesordnung waren. 1931 dann schrieb Virginia einer Freundin, „dass das Haus nun so luxuriös ist, dass wir sogar elektrische Heizer in den Schlafzimmern haben".

Nach Kriegsbeginn siedelten die *Woolfs* von London nach Rodmell um. 1941 ertränkte sich *Virginia* – gequält von Depressionen – im nahe vorbeifließenden River Ouse, *Leonard* starb 28 Jahre später in Monk's House. Die Asche der beiden wurde in ihrem Garten verstreut.

Brighton

Kein anderes britisches **Seebad** ist so berühmt wie Brighton, das nachgerade als Inbegriff südenglischer Badefreuden gilt. Schon um das Jahr 1750 reisten die ersten Lords, Earls und Dukes nach Brighton, um Erholung am und im Meer zu suchen.

Sehenswertes

Brightons herausragende Sehenswürdigkeit ist der **Royal Pavilion,** Großbritanniens größte Geschmacksverirrung (tgl. 10–17 Uhr). Den Thronfolger hatte es ja schon früh ins Seebad gelockt, und ab dem Jahr 1802 ließ *Prinny, The Prince of Whales*, der Prinz der Wale, wie der spätere *Georg IV.* aufgrund seiner Leibesfülle und Genusssucht auch genannt wurde, seine Villa zu einem prunkvollen Palast umbauen. Mit Hilfe des be-

gnadeten und geldverschwendenden Architekten *John Nash* (1752–1839) entstand der größte und teuerste aller britischen Follies.

Von außen ist der Royal Pavilion mit seinen Zwiebelkuppeln, Bleistiftminaretten, den säulengetragenen Balkonen und der orientalischen Ornamentik im indisch-muslimischen Stil gehalten und hätte bestimmt jedem ehrbaren Maharadscha zur Ehre gereicht; im Innern dagegen dominiert mehr der fernöstliche Einfluss – französisierend Chinoiserie genannt.

Der Dichter *William Cobbet* (1763–1835), ein Zeitgenosse von *Prinny,* verspottete den Bau als „square box, a large Norfolk turnip and four onions" („Eine Hutschachtel, eine große Norfolk-Steckrübe und vier Zwiebeln"), und der bissige Illustrator *George Cruikshank* zeichnete eine giftige Karikatur von *Prinny* als Mandarin im pompösen Bankettsaal, umgeben von spinnerten Chinesen unter dem Titel „The Court at Brighton à la Chinese".

Der Bankettsaal sollte – so stellte es sich *Prinz Georg* vor – die geladenen Gäste während des Dinners vor Begeisterung in Atem halten. Riesige Wandmalereien zeigen chinesisch inspirierte Szenen, unter einer Milchglaskuppel schwebt ein silberner Drache, und ein 9 m hoher, eine Tonne schwerer Kristalllüster hängt von der Decke herab.

Die Küche war eine der modernsten ihrer Zeit. Es gab Dunstabzugshauben, motorisierte Drehspieße und verschließbare Herde. Die gusseisernen tragenden Säulen sind als Palmen gestaltet.

Royal Pavilion in Brighton

Durch den Südsalon, den kreisrunden Mittelsalon und den Nordsalon – hier pflegte man Konversation, spielte Karten, Schach oder Backgammon – geht es dann in den Musiksaal. Eine goldene Kuppel überspannt den Raum, gewaltige rot-goldene Wandgemälde machen sprachlos, mächtige Lüster zeigen Drachen- und Flammenornamente.

Sage und schreibe 500.000 £ kostete *Georgs* Märchenschloss – in jenen Tagen eine ungeheure Summe. Als es fertig war und die Geschmacksverirrungen in der Öffentlichkeit hämisch diskutiert wurden, war *Prinny* beleidigt und kehrte nie wieder nach Brighton zurück. *Queen Victoria,* der Prunksucht wahrlich nicht zugetan, verkaufte den exotischen Palast der Stadt Brighton für 50.000 £.

Gegenüber vom Pavillon steht **The Dome,** *Prinnys* einstige Reitställe, die von einer großen Kuppel gekrönt sind. Der Gebäudekomplex wird heute als Konzertsaal genutzt.

Flankiert vom Royal Pavilion im Norden und der Kongresshalle The Brighton Centre – ein monströser Betonklotz, der sich ziemlich grimmig neben der eleganten viktorianischen Fassade des Grand Hotels ausnimmt – erstreckt sich das verkehrsberuhigte Viertel **The Lanes,** Brightons Urzelle. Vor allem hier findet der Besucher, wonach er auf der Suche ist: Das enge Gassengewirr beherbergt gute Restaurants, gemütliche Cafés, alte Pubs sowie Läden

England, Süd

aller Art (z. B. in der Regency Arcade oder der Duke's Lane). In früheren Tagen flickten hier die Fischer ihre Netze und landeten den Fang an. *Johanna Schopenhauer* konnte auf ihrer Englandreise in den Jahren 1803–1805 gar nicht begreifen, warum ausgerechnet in den *Lanes*, „gerade in der Gegend, wo die Fischer ihre Netze zum Trocknen ausbreiten und die Luft verderben, die schöne Welt in buntem Gewühl auf und ab wogt."

Rund 7 km lang ist die **Strandpromenade,** in zwei Hälften geteilt durch den 1899 erbauten, 530 m langen **Palace Pier.** Einige hundert Meter weiter verschandelt eine Ruine den gepflegten Gesamteindruck der Brightoner Seefront. Rostend und mittlerweile ohne Verbindung zur Promenade, liegt das Skelett des West Pier im Wasser.

Folgt man der Uferstraße weiter gen Osten, so ist bald die **neue Marina** erreicht, in der einige tausend Yachten vor Anker gehen können. Die Betonklötze drumherum – Wohnhäuser und ein Shopping Centre – sind allerdings recht hässlich geraten und verschandeln den Gesamteindruck des Yachthafens erheblich.

Unbedingt sollte man sich die auf den Architekten *John Nash* zurückgehenden **Regency-Häuserzeilen** ansehen. Viele der halbmondförmigen Crescents oder rechteckigen Squares mit ihren gleichmäßigen Fassaden sind ein gelungenes Stück Stadtplanung. Die Häuser mit ihren über zwei Stockwerke laufenden Erkern und den drei eingesetzten Fenstern, dem schmiedeeisernen Balkon darunter, dem spitzen Gitterzaun und

dem unter Straßenniveau befindlichen Souterrain, in früheren Tagen der Dienstbotenbereich, haben einen ganz eigenen Charme. Gute Beispiele für diesen Baustil sind der Royal Crescent, östlich vom Palace Pier, und der Regency Square vor dem West Pier, weiterhin Oriental Place, Clarence Square und Silkwood Place.

Praktische Hinweise

Tourist Information
● 10 Bartholemew Square, Tel. 0906/711 2255.

Unterkunft
● **Old Ship Hotel,** Kings Road, Tel. 01273/329001, Fax 820718, oldship@paramount-hotels.co.uk, DZ120 £.
● **Queen's Hotel,** 1 King's Road, Tel. 01273/321222, Fax 203059, reservations@queenshotelbrighton.co.uk, DZ 60 £.
● **Brighton Hotel,** 143 King's Road, Tel. 01273/820555, Fax 821555, bthotel@pavilion.co.uk, DZ 80 £.
● **The Granville,** 124 King's Road, Tel. 01273/326302, Fax 728294, granville@brighton.co.uk, DZ 85 £.
● **Princes Marine,** 153 Kingsway, Tel. 01273/207660, Fax 325913 princesmarine@bestwestern.co.uk, DZ 70 £.
● **Bed & Breakfast:** *Paskins Town House,* 18 Charlotte Street, Tel. 01273/601203, Fax 621973, welcome@paskins.co.uk, DZ 55 £; *Brighton Marina House,* 8 Charlotte Street, Marina Parade, Tel. 01273/605349, Fax 679484, mhh@jungs.co.uk, DZ 45 £; *Gullivers,* 10 New Steine, Tel. 01273/695415, Fax 622663, gulliversh@aol.com, DZ 50 £; *Westbourne House,* 46 Upper Rock Gardens, Tel./Fax 01273/686920, DZ 50 £; *Cavalaire,* 34 Upper Rock Gardens, Tel. 01273/696899, Fax 600504, cavalaire.hotel@virgin.net, DZ 49 £; *Alvia Hotel,* 36 Upper Rock Gardens, Tel. 01723/682939, Fax 626287, enquiries@alvahotel.co.uk, DZ 45 £.

●*Jugendherbergen:* *Patcham Place,* London Road, 01273/556196; *Brighton Backpacker Hostel,* 75 Middle Street, Tel. 01273/777717, Fax 887778, stay@brightonbackpackers.com

Pubs, Cafés und Restaurants

●Die beiden Restaurants **One Paston Place,** 1 Paston Place, 01273/606933, und **Whytes,** 33 Western Street, 01273/776 618, gehören zu den besten kulinarischen Lokalitäten der Stadt (Gerichte 20–35 £).

Die folgenden Örtlichkeiten befinden sich in den Lanes:

●*Food for Friends,* 18 Prince Albert Street, mit Abstand bestes Café in Brighton, auch kleine Gerichte zwischen 9 und 15 £.

●*Sussex Tavern,* East Street, bei schönem Wetter sitzt man auf dem Vorplatz.

●*Seafood Restaurant,* neben der Sussex Tavern, Fisch, Austern, Hummer, bis 18 £.

●*Café Rouge,* Prince Albert Street, Restaurant mit gutem Preis-Leistungsverhältnis, Gerichte zwischen 4 und 11 £.

●*The Pump House,* Market Street, „Established in the reign of George I."

●*D'Arcy's Restaurant,* Market Street, kleines, preisgünstiges Lokal, um 7 £.

●*The Little Shop,* Market Street, Sandwiches aller Art zum Mitnehmen.

●*Pub The Druid's Head,* Brighton Place.

●*Donatello,* Brighton Place, preisgünstige Pizzen und Pastas.

●*Pub The Bath Arms,* Union Street, schöne klassische Pub-Einrichtung.

●*Bella Italia,* Bartholomews, für englische Verhältnisse gute Pizzen und Pastas zwischen 6 und 8 £.

●*The Quick Cricketers,* Black Lion Street, Brightons ältester Pub, recht gemütliche Atmosphäre unter den niedrigen Decken.

●*The Black Lion,* Black Lion Street, in einem alten Magazinhaus, mit Biergarten.

●*Casa Don Carlos,* Union Street, spanische Snacks um 5 £.

●Internet-Café **Surfers@Paradise,** 18 a Bond Street.

Rent-a-Bike

●Am verrottenden West Pier.

Verbindung

●*IC-Verbindung* mit London.
●Mit **Bus** (National Express) und **Zug** (Network Southeast) in alle Landesteile.

Petworth House

15 km nördlich von Arundel wird das kleine Örtchen Petworth fast erdrückt von einem der bedeutendsten Herrenhäuser Englands. Mitten durch das gemütliche Dorf mit seinen Fachwerkhäusern und den engen, winkligen Straßen zieht sich die gewaltige Mauer von **Petworth House** (NT, Mitte März–Okt., Mo-Mi, Sa/So 11–17 Uhr).

Zwischen 1688 und 1693 entstand auf Initiative des „*Proud Duke*", des „stolzen Herzogs" von Somerset, *Charles Seymour,* weitgehend die heutige Gestalt des Hauses. 1751 beauftragten die durch Heirat in den Besitz gekommenen *Wyndhams,* die *Earls of Egremont,* das Landschaftsgenie *Lancelot „Capability" Brown* mit der Anlage des wunderschönen Parks. Vor allem dem 3. Earl of Egremont, **George Wyndham** (1761–1837), ist es zu verdanken, dass Petworth House derartig viele Schätze birgt. Von exzellenter Bildung auf allen Gebieten der Künste, gepaart mit Wissen über die modernen Formen der Landwirtschaft, kultiviert bis in die Zehenspitzen, war der Sammler sehr beliebt und ein großer Gastgeber und Mäzen. Die Maler *Turner* und *Reynolds* wohnten zeitweilig in Petworth und unterhielten dort Ateliers.

Über 400 **Gemälde** und an die 100 **Skulpturen** schmücken Petworth House, zusammengetragen zumeist vom 3. Earl; darunter befinden sich allein 20 Gemälde von *Turner,* 19 von *Sir Anthony van Dyke,* 14 von *Sir Joshua Reynolds,* vier von *Sir Godfrey Kneller,* zwei von *Thomas Gainsborough,* zwei von *Tizian,* dazu eine Vielzahl von Kunstwerken holländischer Meister.

Der Historienmaler *Benjamin Haydon* schrieb über *George Wyndham:* „His greatest pleasure was sharing with highest and humblest the luxury of his vast income. The very animals at Petworth seemed happier than in any other spot on earth." („Sein größtes Vergnügen war es, sich den Luxus zu leisten, sein riesiges Vermögen mit dem Höchsten und dem Niedrigsten zu teilen. Selbst die Tiere in Petworth schienen glücklicher zu sein als an jedem anderen Fleck der Erde.")

Sieht man von der North Gallery mit dem **Turner Room** – dem Museumsflügel von Petworth House – einmal ab, so sind der Carved Room und The Grand Staircase die Schmuckstücke des Herrensitzes. Die grandiosen Holzschnitzarbeiten im **Carved Room** fertigte der geniale *Grinlin Gibbons* 1692 (dafür er erhielt er die damals stattliche Summe von 150 £). Über dem *K*amin zeigt ein gewaltiges Gemälde *Heinrich VIII.* (nach *Hans Holbein d. J.*), weitere Bilder großer Meister schmücken die Wände.

The Grand Staircase, das Treppenhaus, zieren prachtvolle barocke Wandmalereien; der untere Teil zeigt Szenen aus dem Leben des Prometheus, der Flur die Ankunft der Musen, die südliche Wand auf halber Höhe die Herzogin von Somerset in einer Kutsche, umgeben von ihren Kindern, ihrem Lieblingsspaniel, posaunenden Engeln und Nymphen, die Decke schließlich die Versammlung der griechischen Götter.

Rückfront von Petworth House

Das Design der Treppenbalustrade übrigens stammt von *Sir Charles Barry*, dem Architekten der Londoner Houses of Parliament; die Schnüre, die man durch die Geländer gezogen hat, sind ein zeitgenössisches Arrangement und sorgen dafür, dass die kleinen Kinder der Wyndham-Familie – die noch immer auf Petworth wohnt – nicht durch die Lücken fallen.

Nach der Besichtigung sollte man einen geruhsamen Spaziergang oder ein leckeres Picknick im **Park** von Petworth nicht versäumen.

Bignor

Nur etwas südlich von Petworth findet der archäologisch interessierte Besucher beim Weiler Bignor einen der bedeutendsten **Funde aus der Römerzeit.** Im Jahre 1811 legte ein Bauer beim Pflügen die Reste einer römischen Mauer frei; die Archäologen gruben eine große, residenzähnliche Villa in den Maßen 50 x 80 m aus, die in einem ca. 2 ha großen, mauerumsäumten Park stand. In einem kleinen Museum (März bis Okt. tgl., außer Mo, 10–18 Uhr) kann man eine ganze Reihe von Fundstücken bewundern.

Chichester

Die rund 25.000 Einwohner zählende Stadt ist weithin bekannt für ihre prächtige Kathedrale, außerdem ist die kleine Metropole voller Charme und Atmosphäre.

Den Römern, die um 200 n. Chr. Noviomagnus mit einer elfeckigen

Marktkreuz von Chichester

Stadtmauer und Toren in allen vier Himmelsrichtungen sicherten, ist die ausnehmend **klare Stadtgliederung** zu verdanken. Das Zentrum des Ortes bildet das große, Anfang des 16. Jh. errichtete Marktkreuz, das ein beliebter Treffpunkt ist. Von hier gehen nach Norden die North, nach Osten die East, nach Süden die South und nach Westen die West Street ab. An allen vier, in Teilstücken verkehrsberuhigten Sträßchen finden sich Geschäfte, Cafés, Restaurants und Pubs jeder Couleur.

Sehenswertes

Folgt man der North Street vorbei am ehemaligen Stadttor, so erreicht man nach wenigen Minuten Fußweg das **Chichester Festival Theatre** im Oaklands Park. Das Schauspielhaus ist weit über die Grenzen der Stadt

England, Süd

127

für seine hervorragenden und künstlerisch eigenwilligen Shakespeare-Aufführungen bekannt. Dieses zu hören verwundert nicht, wenn man weiß, dass *Sir Lawrence Olivier* erster Direktor des Hauses war. Das ganze Jahr über kommen Aufführungen auf die Bühne, doch zwischen Mai und September ist Festspiel-Saison, und dann zieht es viele Briten von nah und fern nach Chichester.

Am Ende der North Street gibt es in der Priory Lane eine große Einkaufsarkade. Nahebei kann man einen **Wall Walk** beginnen, also einen Spaziergang auf der alten Stadtmauer unternehmen.

Am Schnittpunkt der North, East, South und West Pallant Street befindet sich **Pallant House,** ein ehemaliges Weinhandelskontor, das als schönstes Beispiel georgianischer Stadtarchitektur gilt und die Wohnbedingungen des gehobenen Bürgertums im 18. Jh. deutlich macht. Heute befindet sich in den Räumlichkeiten ein bedeutendes Museum zur modernen Kunst (Di–Sa 10–17 Uhr).

Unübersehbar ist die **Kathedrale** der Stadt. Obwohl der mächtige Vierungsturm mit einer fast 100 m hohen Helmspitze dem Betrachter von weitem reinste Gotik signalisiert, ist das Gotteshaus doch weitgehend normannisch, also romanisch, gehalten. 1091 begann man mit dem Bau, erste Teilabschnitte konnten 1108 geweiht werden. 1186 brannte das Holzdach ab, die Hitze hatte dem Mauerwerk jedoch keinen nennenswerten Schaden zugefügt, so dass man nur einige gotisierende Restaurierungen im Early-English-Stil vornahm. Im 13. Jh. mauerten die Handwerker den Vierungsturm hoch, der dann 200 Jahre später seinen hohen und spitzen Helm erhielt. In der Mitte des 19. Jahrhunderts wurde das Gotteshaus umfassend renoviert.

Machen wir uns nun auf einen *Rundgang durch die Kathedrale:* Im nördlichen Seitenschiff steht – in der Kleidung eines antiken Römers – die Statue von *William Huskisson,* der 1830 bei der Eröffnung der *Liverpool and Manchester Railway* das erste Opfer der neuen Verkehrstechnik wurde. Im nördlichen Querschiff zeigen Gemälde von *Lambert Bernard* die Porträts der Bischöfe von Chichester. Wiederum im nördlichen Seitenschiff ehrt ein Denkmal den Bischof *Edward Story,* der Anfang des 16. Jh. Chichesters prächtiges Marktkreuz errichten ließ. Einige Meter weiter lässt an der nördlichen Seite des Retrochors (das ist der Umgang hinter dem Chorgestühl in der englischen Kathedral-Gotik) ein Glasfenster von *Marc Chagall* Licht ins Dunkel des Gotteshauses. Hinter dem Altarraum liegt der *Hl. Richard* – Mitte des 13. Jh. Bischof der Stadt – zur letzten Ruhe gebettet. In der Südostkapelle hängt das aus dem Jahr 1962 datierende Altargemälde „Noli me tangere" von *Graham Sutherland*. Einige Meter weiter, an der Südwand des Retrochors, sieht man zwei durch Glas geschützte Reliefs aus dem 12. Jh. Das eine zeigt die Erweckung des Lazarus, das andere den Einzug von Jesus in Bethlehem. Auf dem Boden – ebenfalls durch eine Glasplatte geschützt – erkennt man die Reste eines römischen Mosaiks, das 1968 freigelegt wurde. Im südlichen Querschiff hängen als Gegenstück zu den Bischofsporträts im nördlichen Querhaus die Darstellungen der englischen Könige, und zwar beginnend bei *Wilhelm dem Eroberer* bis zu *Heinrich VIII.;* auch diese Gemälde stammen von *Lambert Bernard.* Im Südwestturm schließlich befindet sich das Taufbecken, das *John Skelton* 1983 schuf, und ein Gemälde von *Hans Freibusch*, das die Taufe Christi zeigt (1952).

Einen Steinwurf nur gen Süden erstreckt sich entlang vieler kleiner Buchten und rund um etliche kurze Halbinseln das **Chichester Harbour** genannte Seegebiet, wo Freunde des Wassersportes auf ihre Kosten kommen.

Nahebei, ca. 3 km westlich, zwischen der Stadt und dem Meer gelegen, darf man einen Besuch im **Römischen Palast von Fishbourne** nicht auslassen (März bis Nov. 10–17 Uhr). Das größte je in England ausgegrabene römische Haus wurde um 80 n. Chr. erbaut und fiel rund 190 Jahre später einem verheerenden Brand zum Opfer. Über 100 Räume gruppierten sich einst um einen großen Innenhof. Interessant sind vor allem die Mosaike.

In *Fishbourne* spielt der Roman *„The History of Mr. Polly"* (1910), die Geschichte eines Stoffhändlers, in dem *H. G. Wells*, der Vater der *„Zeitmaschine",* Autobiographisches beschrieben hat, nämlich seine eigenen Erlebnisse als junger Lehrling in einem Textilgeschäft in Portsmouth („... die schrecklichste Zeit meines Lebens ...").

Praktische Hinweise

Tourist Information
● South Street, 01243/775888.

Unterkunft
● **Suffolk Hotel,** East Row, Tel. 01243/778899, Fax 787282, info@suffolkhs hotel.co.uk, DZ 89 £.
● **Bed & Breakfast:** B&B Cedar House, 8 Westmead Road, Tel. 01243/787771, Fax 538316, mel.judi@talk21.com, DZ 45 £.
● **Camping:** *Wicks Farm Caravan & Camping Farm,* Redlands Lane, West Wittering, Tel. 01243/513116, von Chichester die A 286 gen Süden, weiter auf der B 2179 auf das Dörfchen West Wittering zu, kurz vor dem Ort rechts ab in die Redlands Lane.

Restaurants, Cafés und Pubs
● **Platter's Restaurant,** Southgate, eines der besten Lokale von Chichester, Drei-Gänge-Menü 14 £, à la carte zwischen 10 und 15 £.
● **White Horse,** South Street, gemütlicher alter Pub mit Bleiglasfenstern und schwarzer Fachwerkfassade, beeindruckende Palette an Snacks zur Lunch-Zeit.
● **The Royal Arms,** East Street, gemütlicher Pub in einem uralten Fachwerkhaus.
● **The Buttery at the Crypt,** South Street, Café mit leckeren Kuchen und kleinen Snacks in einer Krypta aus dem 12. Jh.
● **The Vestry,** South Street, Restaurant & Bar, gute internationale Gerichte bis 12 £.
● **Pub The Fountain,** South Street, mit Biergarten.
● **Pub The Hole in the Wall,** St. Martin's Street (off East Street), kleine, ganztägig geöffnete Kneipe.
● **The Old Cross,** North Street, sehr großer alter Fachwerk-Pub mit schönen Bleiglasscheiben, traditioneller Pub-Atmosphäre und vielen Snacks zur Lunch-Zeit.
● **The George and Dragon,** North Street, kleine Kneipe.
● **Café Rouge, South Street,** freundliches Restaurant mit ausgesprochen gutem Preis-Leistungsverhältnis, Gerichte zwischen 4 und 12 £.

England, Süd

Rent-a-Bike
● *Daughtry's,* The Hornet (Verlängerung der East Street).

Verbindung
● Mit **Zügen** im Verbund des Network Southeast und **Bussen** des National Express in alle Landesteile.

Portsmouth

Erst Ende des 15. Jh. ließen die örtlichen Autoritäten den sicheren Naturhafen von Portsmouth befestigen und eine große Werftanlage samt Trockendock errichten. Seit den Zeiten dann von *Heinrich VIII.* ist der Hafen von Portsmouth Englands **wichtigster Marinestützpunkt.**

Zwei große **Katastrophen** ereigneten sich vor den Toren des Hafens: Am 19. Juli 1545 kenterte die Mary Rose, das stärkste Kriegsschiff von *Heinrich VIII.,* beim Auslaufen vor den Augen des entsetzten Königs; 700 Mann ertranken. Schlimmer noch war das Unglück am 29. August 1782; da sank das Flaggschiff Royal George mit 1000 Mann an Bord.

Lord Horatio Nelson lief am 14. September 1805 mit seiner *HMS Victory* von Portsmouth Harbour aus, um die Seeherrschaft der Franzosen ein für allemal zu brechen; das gelang ihm in der Schlacht von Trafalgar. *(HMS* bedeutet *Her Majesty Ship*; alle Kriegsschiffe im Vereinigten Königreich gehören ihrer Majestät; darüber hinaus sind Schiffe, wie es sich für eine seefahrende Nation gehört, verehrungswürdige Objekte und daher weiblichen Geschlechts:

The Victory – she was the flagship of King George's war fleet.)

Am 1. Mai 1661 machte sich der Flottenbeamte und Tagebuchschreiber **Samuel Pepys** auf eine Dienstreise und notierte: „Nach Portsmouth, das mir ein stattlicher und angenehmer Ort zu sein scheint. Mit Mrs. Creed auf den Wällen rings um die Stadt gegangen. Dann zurück zu unserem Gasthof. Dort empfingen mich die Angestellten der Werften mit großem Respekt."

Zwar nicht mehr stattlich, dafür aber angenehm ist es heutzutage nur noch in der kleinen Altstadt an der Hafeneinfahrt und in **Southsea,** in dem Seebad, in das Portsmouth nahtlos übergeht. Von der Hafeneinfahrt kann man sehr schön oben auf den ehemaligen Befestigungswällen entlang der Meeresfront nach Southsea flanieren.

Portsmouth ist ansonsten eine **gesichtslose Großstadt,** die sich nach verheerenden Bombenangriffen im Zweiten Weltkrieg im Einheitsgrau der Betonarchitektur präsentiert und keinerlei Atmosphäre hat.

Dafür ist nirgendwo sonst die maritime Vergangenheit Großbritanniens besser präsent als in dieser Stadt, die sich selbst mit dem Beinamen **Flagship of Maritime England** ziert, und der Besucher ist daher gut beraten, mit viel Zeit und Muße in die Tiefen britischer Seefahrerei einzusteigen.

Sehenswertes

Allererster Anlaufpunkt ist der **Historic Dockyard** (tgl. 10–17.30 Uhr) im

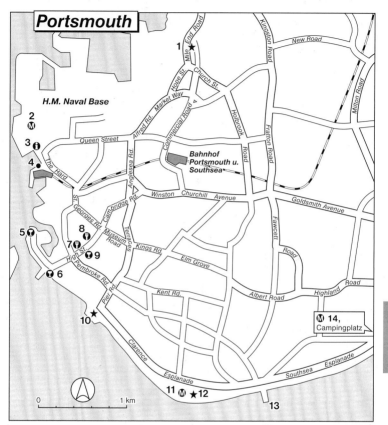

- ★ **1** Geburtshaus von Charles Dickens
- Ⓜ **2** Historic Dockyard und Royal Navy Museum
- ❶ **3** Tourist Information
- ● **4** Fähren zur Isle of Wight
- ❓ **5** Pub Spice Island Inn, Pub + Restaurant Still and West Country House
- ❓ **6** Pub The Wellington, Pub Sallyport, Pub + Restaurant Moncks Bar
- ❓ **7** Restaurant Good Fortune
- ❓ **8** Restaurant The Lemon Sole
- ❓ **9** Pub Dolphin, Pub Duke of Buckingham
- ★ **10** Clarence Pier mit Dauerkirmes
- Ⓜ **11** D-Day Museum
- ★ **12** Southsea Castle
- **13** South Parade Pier
- Ⓜ **14** Royal Marine Museum

England, Süd

131

Lord Nelson, die Victory und die Schlacht von Trafalgar

Die Victory, ein Dreimaster, ist 62 m lang, 15,5 m breit und erreichte bei gutem Wetter unter vollen Segeln eine Geschwindigkeit von 8 Knoten (knapp 15 km/h). Über 41 km an Seilen sicherten die drei Masten und die insgesamt 1,6 ha oder 16.000 m² an Segelfläche. Das doppelte Steuerrad der Victory wurde unter normalen Wetterkonditionen „nur" von vier, bei Sturm von acht Mann bedient.

Die Victory hatte im Unterdeck 30 **Kanonen** des Kalibers 32 Pfund, im Mitteldeck 28 Vierundzwanzigpfünder, auf dem Oberdeck 30 und dem Achterdeck 12 Zwölfpfünder sowie auf dem Vorderdeck 2 Achtundsechzigpfünder und 2 Zwölfpfünder. Die 68er Mörser waren für kurze Entfernungen konzipiert und richteten verheerende Schäden an. Eine Kugel aus einem Zweiunddreißigpfünder durchschlug noch nach 1,5 km Flug 60 cm dicke Eichenbalken.

850 Mann **Besatzung** waren nötig, um das Schiff kampftüchtig zu halten. Allein eine Kanone des Kalibers 32 benötigte eine Crew von 12 Personen; hinzu kam noch der Pulverjunge, *Monkey* genannt, der das Schießpulver aus verständlichen Sicherheitsgründen für jeden einzelnen Schuss aus dem tief im Innern des Schiffes gelegenen, besonders geschützten *Hanging Magazines* holte.

Die **Geschützmannschaften** waren derart gut gedrillt, dass die Victory alle 90 Sekunden eine volle Breitseite feuern konnte. In der Schlacht von Trafalgar war der besiegte Admiral *Villeneuve* voll des Lobes über die Kampfdisziplin der Briten. Die Franzosen brauchten mehr als doppelt so lange, um ihre Kanonen wieder schussbereit zu machen; dies gab den Briten eine überlegene Feuerkraft.

Die **englischen Seeleute** galten zudem als die besten der Welt; bei dem Befehl *Clear for Action*, „Fertig zum Gefecht", war ein Kriegsschiff von der Größe der Victory in weniger als zehn Minuten kampftauglich. Und das mit Mannschaften, die entweder *shanghait*, also entführt und zum Dienst gezwungen worden waren, oder aber anstelle einer Gefängnishaft sich freiwillig zur See gemeldet hatten. Eine derartig unzufriedene, wenig motivierte Truppe konnte nur durch eine mörderische Disziplin und durch drakonische Strafen in Zucht und Ordnung gehalten werden, und in der Tat waren die britischen Marinegesetze und ihre praktischen Auswirkungen die brutalsten in ganz Europa.

Gegessen und geschlafen wurde auf allen drei Decks zwischen den Kanonen; allein im Unterdeck aßen und schliefen 550 Mann. Dabei bekam jeder Matrose eine „Schlafbreite" von 14 inch = 35,5 cm zugestanden. In Friedenszeiten hingen Tischplatten an Seilen von der Decke, und einfache Bänke dienten als Sitzgelegenheiten. Drei Mahlzeiten gab es pro Tag; morgens Porridge aus Weizenmehl mit einem Schlag Fett, mittags gepökeltes Schweine- oder Rindfleisch mit getrockneten Erbsen und Schiffszwieback und abends Zwieback mit Käse und Butter. Auf jedem Deck befanden sich große Fässer, in denen schon nach einigen Tagen auf See das faulende Wasser stank; nach einer zeitgenössischen Quelle hatte dieses wichtigste aller Lebensmittel eine „Farbe von der Borke eines Birnenbaums, mit Maden und Rüsselkäfern darin". Ähnliches wird vom Schiffszwieback berichtet, „der den Schlund ganz eisig werden ließ, wenn man ihn herunterschluckte, weil die Maden sehr kalt waren, und der wie Kalbspfote in Aspik oder wie ein glibbriger Wackelpudding schmeckte."

Die einzige Freude der hart arbeitenden Seeleute war die täglich ausgegebene **Rum-Ration.** Pro Mann gab es einen Viertelliter, der in einem großen Hieb weggeschluckt werden musste; so hatten die Matrosen keine Möglichkeit, den Alkohol zu horten und für ein großes Besäufnis aufzusparen.

Bänke und Tische ließen sich vor einem Kampfeinsatz leicht forträumen und verstauen. Abends hängten die Männer dann ihre **Hängematten** an die Decke, des Morgens wurden sie zu einem Bündel zusammengerollt. Die Brücke, also das hintere erhöhte Deck, der Ort, von dem die Offiziere ihre Befehle gaben, war mit Netzen eingefasst. Drohten Kampfhandlungen, so kamen die zu Würsten gerollten Hängematten dort hinein und dienten als Splitterschutz.

Die Victory erlangte besondere Berühmtheit als Flaggschiff der englischen Flotte, die in der **Schlacht vor Trafalgar** die französisch-spanische Armada besiegte und damit die englische Vorherrschaft auf den Weltmeeren errang.

Am frühen Morgen des 21. Oktober 1805 sichtete *Nelsons* Flotte die französischen Schiffe vor dem südspanischen Kap Trafalgar. *Napoleons* maritime Streitmacht war wesentlich stärker als die britische; die Franzosen konnten sieben Schiffe mehr in die Schlacht führen. Um 7 Uhr gab *Nelson* den Befehl *Prepare for Battle*, dann formierten sich die Flotten zu Kampfverbänden. Als die Schiffe noch 2,5 km voneinander entfernt waren, sagte *Nelson* zu seinem Adjutanten: „Ich werde die Flotte jetzt mit einem Signal erfreuen!" Und dann ließ er den Spruch übermitteln, den jedes englische Schulkind kennt. „England expects that every man will do his duty" (England erwartet, dass jeder Mann seine Pflicht tut). Um 12.40 Uhr eröffnete die Victory eine **erste Breitseite** auf das französische Flaggschiff Bucentaure. Die Kanonade aus 52 Geschützen richtete verheerende Schäden an, tötete an die 200 Franzosen und ließ das Schiff des Admirals *Villeneuve* manövrierunfähig zurück. Dann durchbrach die Victory den feindlichen Verband, gefolgt von weiteren britischen Schiffen, die ihre Breitseiten auf die Franzosen abfeuerten. Eine parallel zur Victory segelnde britische Streitmacht durchbrach an einer weiteren Stelle die Linie, so dass die Flotte der Franzosen in drei Teile gespalten war und nicht mehr synchron kämpfen konnte.

Um 13.25 Uhr, 45 Minuten nachdem die Victory das Feuer eröffnet hatte, wurde **Nelson** von der Musketenkugel eines Mastschützen **getroffen.** Rasch brachten einige Offiziere den Admiral – der sich sein Taschentuch vor das Gesicht hielt, damit seine Männer nichts vom Ausfall ihres obersten Schlachtenlenkers sahen – unter Deck. Doch der Schiffsarzt konnte nichts mehr für ihn tun. Als die Kämpfe vorbei waren, kam *Thomas Hardy,* der Kapitän der Victory, hinunter, gratulierte *Nelson* zu seiner erfolgreichen Taktik und meldete die Versenkung oder Zerstörung von 15 französischen Schiffen. „Das ist gut", soll *Nelson* geflüstert haben, „doch hatte ich eigentlich mit 20 gerechnet." Und so verschied der Held von Trafalgar.

Den weitaus meisten Engländern galt sein Tod übrigens als göttliche Strafe für sein langjähriges Verhältnis mit Lady *Emma Hamilton,* der Frau des britischen Gesandten in Neapel.

Die sterblichen Reste des Admirals wurden in der St. Paul's Cathedral beigesetzt.

Noch heute beeindruckend: HMS Victory

Kirmesrummel in Portsmouth

Hafengebiet. Hier locken drei Schiffe aus ruhmreicheren Tagen zur Besichtigung.

Direkt am Eingang des Hafenareals dümpelt **HMS Warrior** am Kai, als erstes stahlbewehrtes Kriegsschiff 1860 vom Stapel gelaufen. Mit seiner Panzerung, den schnell von hinten zu ladenden Kanonen und der kräftigen Dampfmaschine stellte es eine gefürchtete Waffe dar und war Britanniens Antwort auf die Flottenbaupläne der ambitionierten Franzosen. *Napoleon III.* war sich ganz offensichtlich der Kampfkraft bewusst, denn er soll HMS Warrior als „eine schwarze Schlange unter Kaninchen" bezeichnet haben.

Hauptanziehungspunkt im Hafengebiet ist jedoch Nelsons Flaggschiff **HMS Victory,** 1758, im Geburtsjahr des großen maritimen Strategen auf Kiel gelegt und sieben Jahre später

vom Stapel gelaufen. HMS Victory ist – so wie sie im Dock von Portsmouth liegt – uneingeschränkt seetüchtig und offizielles Flaggschiff des *Commander-in-Chief Naval Home Command!*

Neben der Victory sind in einer Klimahalle die Reste der **Mary Rose** aufgebaut. Der Stolz der Kriegsmarine von *Heinrich VIII.* führte eine Streitmacht gegen die vor Portsmouth kreuzenden Franzosen an, segelte in voller Kampfesstärke in den Solent ein, krängte hier im Wind stärker als erwartet und zog durch die Geschützluken innerhalb von Sekunden Tausende von Hektolitern Seewasser. Vor den Augen des Königs soff das Schiff wie ein Stein ab. 1982 wurde der gut erhaltene Rumpf der Mary Rose gehoben. In der Klimahalle ist eine Längsseite des Schiffes zu besichtigen. Konstante

5 °C und ein feiner Seewassersprühregen halten die Schiffsplanken solange unter Meereskonditionen, bis die Restauratoren geeignete Konservierungstechniken entwickelt haben. Ohne diese Maßnahmen wären die Holzplanken schon lange zerfallen.

Nahebei kann man in einem kleinen Museum eine Vielzahl von Ausrüstungsgegenständen besichtigen, die zusammen mit dem Rumpf gehoben wurden.

Im **Royal Naval Museum,** das in einer Reihe von einstigen Speicherhäusern eingerichtet ist, zeigen eine Vielzahl weiterer Exponate vom Mittelalter bis heute Englands Geschichte als seefahrende Nation.

Ein weiteres martialisches Ausstellungsgebäude findet der interessierte Amateurkriegshistoriker im mit Portsmouth zusammengewachsenen Seebad Southsea. Das **D-Day Museum** (tgl. 10.30–17.30 Uhr) in der Clarence Esplanade, nahe von Southsea Castle, lässt die Invasion der Alliierten während des Zweiten Weltkriegs noch einmal lebendig werden. Am 6. Juni 1944 setzten die Alliierten vor der Küste der Normandie 160.000 Soldaten an Land. Damit hatte das größte Landungsunternehmen aller Zeiten begonnen. Anhand von Originaldokumenten, Filmbeiträgen und vielen anderen Exponaten wird das Interesse der Briten an der *Operation Overlord* wachgehalten, die mit dem Code-Wort D-Day begann. Oh, what a lovely war!

Prunkstück der Ausstellung ist der mehr als 80 m lange Wandteppich *Overlord Embroidery*, in die die militärischen Operationen eingestickt sind. Fünf Jahre haben Mitglieder der *Royal School of Needlework* an dem guten Stück gearbeitet. Auch dieser Riesengobelin ist als Pendant zum Teppich von Bayeux gedacht; zeigt jener die normannische Invasion Englands im Jahre 1066, so hat seine moderne Entsprechung das gegenteilige Thema zum Inhalt.

Spaziert der Besucher über die Esplanade von Southsea weiter nach Osten, so kommt er an **Southsea Castle** vorbei – von hier beobachtete *Heinrich VIII.* den Untergang seiner Mary Rose.

Ein Stückchen weiter dann passiert man den *South Parade Pier* und das Vergnügungsbad *Pyramid Centre* und stößt dann in den *Eastney Barracks* auf das **Royal Marines Museum;** hier wird die Geschichte der britischen Elitetruppe von ihren Anfängen bis zum Falkland-Krieg erzählt.

Nach so viel Schlachtengetöse eilt der Feingeist nun in die Commercial Road 393, in das Haus, in dem **Charles Dickens** am 7. Februar 1812 geboren wurde. Ein kleines **Museum** würdigt Leben und Werk des sozialkritischen Dichters.

Dickens ist jedoch nicht der einzige Autor, den Portsmouth vorzuweisen hat. **H. G. Wells** (1866–1946), der „Erfinder" der Zeitmaschine, arbeitete als junger Mann in der St. Paul's Road in einem Textilgeschäft, zog sich in jeder freien Minute hinter einen Tuchballen zurück, las und bildete sich weiter.

Im September 1882 öffnete **Arthur Conan Doyle** (1859–1930) in Bush Villas Nr. 1 eine Arztpraxis; fünf Jahre

England, Süd

später erschien sein erster Roman „A Study in Scarlet" (dt. „Späte Rache"), in dem Sherlock Holmes – benannt nach zwei bekannten Cricketspielern – zum ersten Mal auftritt. Den Dr. Watson, der dem Detektiv zur Seite steht, modellierte Doyle nach dem Arzt Dr. James Watson, dem Präsidenten der literarischen und naturwissenschaftlichen Gesellschaft von Portsmouth.

Praktische Hinweise

Tourist Information
● **The Hard** (neben dem Historic Dockyard), 023/92826722.
● **Pyramids Centre,** Clarence Esplanade, Southsea, 023/92826722.

Unterkunft
● **Queen's Hotel,** Clarence Parade, Southsea, Tel. 023/92822466, Fax 92821901, reservations@queenshotel-southsea.co.uk, DZ 85 £.
● **Inlodge Hotel,** Burfield Road, Tel. 023/92650510, Fax 92693458, Inlodge@best western.co.uk, DZ 57 £.
● **Royal Beach,** South Parade, Southsea, Tel. 023/92731281, Fax 92817572, info@royalbeach-hotel-portsmouth.com, DZ 50 £.
● **The Beaufort,** 71 Festing Road, Southsea, Tel. 023/92823707, Fax 92870270, DZ 58 £.
● **Bed & Breakfast:** Hamilton House, 95 Victoria Road, Southsea, Tel./Fax 023/9282 3502, sandra@hamiltonhouse.co.uk, DZ 42 £; Abbey Lodge, 97 Waverley Road, Southsea, Tel. 023/92828285, Fax 9287 2943, Linda@abbeylodge.co.uk, DZ 38 £; The Elms, 48 Victoria Road, Southsea, Tel./Fax 023/92823924, TheElmsGH@aol.com, DZ 42 £; The Festing Grove, 8 Festing Grove, Southsea, Tel. 023/9273-5239, DZ 32 £; Fairlea, 19 Beach Road, Southsea, Tel./Fax 023/92733090, DZ 28 £.
● **Jugendherberge:** Old Wymering Lane, Tel. 023/92375661.

● **Camping:** Southsea Caravan Park, Melville Road, Southsea, Tel. 023/92735070.

Restaurants, Café und Pubs
● **Bistro Montparnasse,** 103 Palmerstone Road, Southsea, bestes Haus am Platze, u. a. täglich frischer Fisch, 100 Weine im Angebot, 25–36 £.
● **Sallyport,** Broad Street, in der Altstadt, am Fischer- und Yachthafen, an der Hafeneinfahrt, eine gemütliche Teestube mit guten Snacks, befindet sich in einem Haus aus dem 17. Jh. und wurde in der Lokalpresse mehrfach hochgelobt.
● **Spice Island Inn,** Pub am Ende der Broad Street, mit schönem Blick auf die Hafeneinfahrt und die regelmäßig zur Isle of Wight verkehrenden Fähren.
● **Still and West Country House,** Bath Square, Seaside Pub aus dem Jahre 1700, Restaurant im ersten Stock, um 7 £.
● **The Lemon Sole,** 123 High Street, kleines, sehr gemütliches und gutes Seafood-Restaurant mit Preisen zwischen 10 und 15 £
● **The Wellington,** High Street, Pub mit Biergarten.
● **Sallyport Hotel,** High Street, Free House
● **Monck's Bar,** High Street, Free House, mit angeschlossenem Restaurant, 10 £.
● **The Dolphin,** High Street, in einem alten, efeugeschmückten Fachwerkhaus.
● **Duke of Buckingham,** High Street, Free House.
● **Good Fortune,** High Street, preiswertes chinesisches Restaurant mit Gerichten bis 7 £.

Verbindung
● Mit **Zügen** im Network Southeast und mit **Bussen** des National Express in alle Landesteile.
● **Auto- und Personenfähren** zu den Spitzenzeiten im Halbstundentakt zur Isle of Wight. Anlegestelle: The Hard (ausgeschildert; nahe dem Historic Dockyard).

Rent-a-Bike
● **Butler's,** Higland Road, Southsea.

Isle of Wight

Die Isle of Wight ist seit 1890 eine eigenständige Grafschaft und Großbritanniens kleinstes County. Von Nord nach Süd misst die Sonneninsel 20 km, von West nach Ost 35 km; der Inselgarten Englands umfasst eine Fläche von 380 qkm und zählt 129.000 Einwohner.

Das sympathische Eiland bekommt von allen britischen Landstrichen jährlich den meisten Sonnenschein ab. Lange Sandstrände, kleine, überschaubare Seebäder ohne großen Ferienrummel, romantische Dörfer mit reetgedeckten Cottages, steil abfallende Kreideklippen und im Inselinnern eine grüne, leicht gewellte Landschaft sind weitere Markenzeichen. Es heißt, die Isle of Wight sei ein verkleinertes Abbild Englands; alles, was es dort im Großen gibt, ist hier in einer Miniaturausgabe ebenfalls vorhanden.

Anreise

● Die *Autofähre* von Portsmouth benötigt 25 Minuten für die Überfahrt und legt beim Weiler Fishbourne an.

● Die *Passagierfähre* ist zehn Minuten schneller und dockt am langen Pier von Ryde an.

● Von der Clarence Esplanade in Southsea starten die *Hovercrafts,* die noch einmal fünf Minuten schneller sind und ebenfalls in Ryde ins Terminal rauschen.

● Wer nicht mit dem eigenen Auto übersetzt und auch für eine Fahrraderkundung nicht genügend Zeit mitbringt, der kann mit den doppelstöckigen *Bussen* der Linie 7 und 7 A des Nahverkehrsunternehmens *Southern Vectis* (*Vectis* nannten die Römer die Isle of Wight) auf der Küstenstraße rund um die Insel gelangen. Die Busse verkehren im Stun-

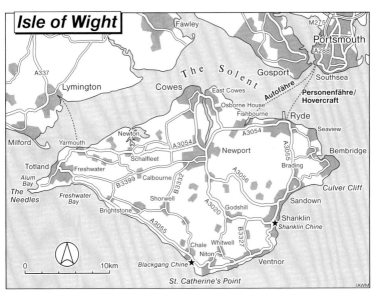

England, Süd

dentakt, so dass für Besichtigungen in den Dörfern und Städtchen genügend Zeit bleibt; eine vollständige Umrundung ohne Stopps dauert vier Stunden.

Ryde

Ryde, mit 30.000 Einwohnern die **Metropole der Sonneninsel,** hat sich den Beinamen *Gateway to the Garden Isle* gegeben.

Ein langer, 1815 erbauter, fast 1 km weit ins Meer reichender **Pier** dominiert die Seefront. Doch dient er nicht wie anderswo den Vergnügungen der Sommergäste, sondern fungiert als Anlegestelle für die Fähren, die bei Ebbe sonst keine Passagiere anlanden könnten. Ein restaurierter Untergrundzug der Londoner **Tube** rattert immer dann bis an die Spitze, wenn die Personenfähre von Ports-

mouth festmacht und die Pendler heimbringt. Die *Tube* verkehrt weiter die Westküste entlang bis zum Seebad Shanklin.

Überall in Ryde findet man noch georgianische Häuserzeilen und viktorianische Architektur; so etwa die **Victorian Arcade** an der Hauptgeschäftsstraße Union Street, eine schöne Einkaufspassage aus dem Thronjahr *Königin Viktorias.*

Ein amerikanischer Autor schrieb 1830 über das Seebad: „It is a place of baths, boarding houses and people of damaged constitution, with very select society, and quiet and rather primitive habits." („Der Ort besitzt Bäder, Pensionen und Leute mit schlechter Gesundheit aus den unteren Gesellschaftsschichten, die ruhige, aber trotzdem primitive Verhaltensweisen zeigen.")

Searider im Solent

Sandown von den Culver Cliffs gesehen

Pubs und Restaurants

- In Union Street/Ecke Yelf's Road lockt das **Free House Yelf's.**
- Daneben, im **Yelf's Hotel,** speist man ganz gut im Restaurant.
- Im **Royal Squadron** gibt es in der Saison an den Wochenenden Disco bis 1 Uhr.
- **Ryde Tandoori Restaurant Koh-i-noor,** Union Street, preisgünstige indische Küche
- Die Taverne **The Redan** liegt in der Union Street und überzeugt mit einer klassischen Pub-Atmosphäre in einem schönen, alten Fachwerkhaus.
- Sehr gut ist das Restaurant im Hotel **Ryde Castle** an der Esplanade.
- **Weitere Pubs** und Billigrestaurants in Union und Castle Street.

Die Ostküste

Vom Örtchen Brading aus führt im Nordosten der Insel eine Stichstraße hoch zu den **Culver Cliffs** (Ausschilderung Culver Downs), von denen man gen Norden einen phantastischen Ausblick auf den Solent und die südenglische Küste hat und in Richtung Süden auf die langen Strände von Sandown und Shanklin schaut.

Am höchsten Punkt ehrt ein 1849 errichteter **Obelisk** *Charles Pelham,* 1. Earl of Yarborough, den Initiator der *Royal Yacht Squadron* von Cowes (s.u.). Nahebei schreckte **Fort Culver** (Privatbesitz, nicht zu besichtigen), Mitte des 19. Jahrhunderts erbaut, Invasoren ab.

Nur wenige Minuten Fahrt, und die zwei zusammengewachsenen Seebäder Sandown und Shanklin sind erreicht. **Sandown** ist eine alte Ansiedlung und bereits im „Domesday Book", dem direkt nach der Invasion von 1066 angelegten Katasterwerk, erwähnt. Der breite Strand von San-

England, Süd

139

Pub The Crab im Old Village von Shanklin

down ist im Norden und im Süden von hohen Klippen eingerahmt, in der Mitte jedoch führt flaches Land bis ins Inselinnere.

Eine solche landschaftliche Formation zieht feindliche Invasoren geradezu an und macht heimische Militärs zunehmend nervös. Schon *Heinrich VIII.* ließ im Rahmen seines Küstensicherungsprogramms 1537 eine erste **Festung** erbauen, die jedoch bald vom Meer verschlungen wurde. 1632 folgte ein zweites Fort, doch auch dieses stand zu nahe am Strand; es wurde abgetragen und durch eine dritte Anlage ersetzt. Diese Befestigung ist heute in den **Zoo** von Sandown integriert, der Raubkatzen aller Art besitzt und auf Schlangen spezialisiert ist.

Bei schlechtem Wetter lohnt sich auch ein Besuch im **Geologischen Museum** in der High Street; dort wird man auf unterhaltsame Art und Weise mit der erdgeschichtlichen Situation der Insel vertraut gemacht. *Charles Darwin* (1809–1882) arbeitete hier kurze Zeit an seinem epochemachenden Werk *„On The Origins of Species"* (dt. 1899, *„Über den Ursprung der Arten")*.

In der Saison gibt es von Ostern bis Ende September jeden Montag einen **Markt** an der Culver Parade.

Der Strand von Sandown – von dem aus man gute Ausblicke auf die weißen Culver Cliffs hat – ist leichter zugänglich als das sandige Gestade von **Shanklin,** denn dort steigt eine steile Klippe auf. So gelangt man vom hochgelegenen Shanklin aus mit einem Fahrstuhl an der East Cliff Promenade sozusagen in einem Rutsch bis hinunter an die Meeresfront.

Überhaupt sollte man die **East Cliff Promenade** in Ruhe entlangspazieren, denn von dort oben hat man eine phantastische Aussicht auf das türkisblaue Meer, auf Ozeanriesen und kleine Yachten mit ihren schneeweißen Segeln, die auf den Solent zulaufen, auf die langen, sanft geschwungenen Sandstrände und die hochaufragenden Kreideklippen.

Obwohl in einem Herbststurm des Jahres 1987 Shanklin-Pier von den Wellen in Stücke gehauen wurde, hat der Schwesterort von Sandown immer noch genügend zu bieten. Allererste Attraktion ist die 1817 der Öffentlichkeit zugänglich gemachte **Shanklin Chine,** eine tiefe, in Jahrmillionen vom Wasser ausgewaschene Klamm. (Im übrigen Großbritannien ist die Bezeichnung für eine Klamm *Gorge*, nur auf der Isle of Wight heißt sie *Chine*.)

In den vergangenen Jahrhunderten diente die Schlucht Schmugglerbanden als versteckter Unterschlupf. Im Old Village von Shanklin, am südlichen Ende der High Street, quert ein wirklich winziges Rinnsal die Straße und stürzt plötzlich hinter dem Ticket Kiosk spektakulär 15 m senkrecht in die Tiefe. Seltene Pflanzen säumen die Hänge der Schlucht, hohe Bäume spenden an heißen Tagen angenehmen Schatten, leise murmelt ein Bächlein, Vögel zwitschern.

Die Klamm endet unten am Strand von Shanklin, dort, wo der **Pub Fisherman's Cottage** mit seinem Familiengarten auf Kundschaft wartet.

Im Old Village, dem ältesten Teil von Shanklin, sorgen eine ganze Reihe gut erhaltener reetgedeckter Häuser für romantische Atmosphäre. Gemütlich und anheimelnd ist der blumengeschmückte, efeuumrankte Pub **The Crab Inn.** Der amerikanische Dichter *Henry W. Longfellow* (1807–1882) war von der Cottage-Taverne so beeindruckt, dass er an deren Brunnen ein noch heute sichtbares Gedicht hinterließ.

1819 war der Lyriker *John Keats* für einige Wochen vor Ort und logierte im Eglatine Cottage in der High Street 76; **Keats Green** heißt heute das Klippenareal, an dem er täglich entlangspazierte. In Shanklin hat der Romantiker sein berühmtes Gedicht „*Endymion*" geschrieben, das mit der bekannten Zeile beginnt: „A thing of beauty is a joy for ever".

Pubs und Restaurants

Im Old Village und entlang der hübsch aussehenden High Street von Shanklin mit ihren vielen Geschäften finden sich eine ganze Reihe von Pubs und kleinen Restaurants; so etwa:

● **The Village Inn,** ein Free House mit Biergarten.

● **Pencil Cottage,** eine Teestube mit Garten.

● **Black Cat,** ein kleines Restaurant mit gemütlicher Wohnzimmeratmosphäre und Preisen um 8 £.

● **Vernon Cottage,** ein Free House, vor dessen efeuumrankter Fassade mit dem reetgedeckten Dach es sich bei schönem Wetter gemütlich auf der großen Wiese sitzen lässt.

Der Süden und Westen

In Shanklin führt die Route von der Küste fort, und nach einigen Kilometern inseleinwärts ist das niedliche Dörflein **Godshill** erreicht. Die kurze Hauptstraße säumen reetgedeckte

England, Süd

Cottages, in denen Pubs – so etwa das Free House **The Cask and Taverner** aus dem Jahr 1600 mit Biergarten und sehr gutem Restaurant, (Drei-Gänge-Menü für 16 £) –, Teestuben, Cafés, Restaurants und Kunstgewerbeläden untergebracht sind. Ein großer Parkplatz am Ortseingang bietet auch Platz für viele Reisebusse, und so drängeln sich in stetiger Regelmäßigkeit an schönen Tagen Hunderte von **Tagesausflüglern** im Örtchen. Am schönsten präsentiert sich die schmucke Dorfanlage oben rund um die **Kirche St. Lawrence,** hier geraten Hobbyfotografen schier ins Schwärmen über die gut konservierte Kulisse aus vergangenen Tagen. Im Jahre 1992 feierte das kleine normannische Gotteshaus sein 950-jähriges Bestehen. Kinder werden sich am **Model Village** erfreuen, einer Miniaturstadt, die in einem Maßstab von 1 : 10 im Garten des alten Vikarhauses bestaunt werden kann.

Nur ein Katzensprung gen Süden, und das 6000-Seelen-Städtchen **Ventnor,** Großbritanniens wärmster und regenärmster Ort, ist erreicht. Im 19. Jahrhundert erlangte Ventnor als **Heilbad** für Tuberkulose-Kranke Reputation; das letzte Sanatorium schloss 1964 seine Pforten. Der krebskranke *Karl Marx* war 1878 hier zur Kur; aufgrund der finanziellen Unterstützung durch *Friedrich Engels* konnte *Marx* 1882, ein Jahr vor seinem Tod, noch einmal in das Seebad kommen.

Am Strand von Ventnor

Vom Zentrum mit der geschäftigen High Street verläuft eine kurvenreiche und extrem steil nach unten führende Straße zum **Strand.** Am Ende der kurzen Promenade überblickt Ventnors schönster Pub, **The Spyglass Inn,** das sandige Gestade; zur Mittagszeit gibt es ein reichhaltiges Angebot an *Lunch Snacks.*

Außerhalb des Ortes lohnt ein Besuch im 9 ha großen **Botanischen Garten,** in dem – vom milden Klima verwöhnt – subtropische Pflanzen in großer Farbenpracht blühen.

Weiter gen Westen ist bald eine neue Attraktion, die **Blackgang Chine,** erreicht. Der unermüdlich nagende Zahn der See hat einen Teil der Klammschlucht zum Einsturz gebracht und abgetragen. Von der steilen, hohen Klippe sieht man sehr schön auf eine weitere Chine, die gleichermaßen von den Gewalten des Meeres zerstört wurde. Während der vergangenen 70 Jahre hat die See hier fast 280 m Land abgespült, noch 1911 konnte man bis an den Strand hinunterlaufen. 1963 wurde Sealand House, ein nahe gelegener viktorianischer Herrensitz, unterspült und fiel die Klippe hinab, 15 Jahre später wuschen die Wassermassen fünf Häuser weg. Durchschnittlich werden jedes Jahr zwischen 3,60 m und 4 m der Südküste von Wight abgetragen.

Entlang der Blackgang-Klippe – die ihren Namen von einer berüchtigten Schmugglerbande namens *Black Gang* erhalten hat – sorgt ein **Theme Park** bei den Kleinen für Freude und Aufregung. Da gibt es ein Piratenschiff, eine Westernstadt, eine Zau-

Blackgang Chine

berburg, ein Indianerdorf, einen Dino-Park, ein Jungle and Adventure Land und vieles andere mehr.

Schon von weitem erkennt man an der Westspitze der Isle of Wight die schneeweißen Felsen der **Freshwater Bay,** hoch über der See führt die Straße nahe am Klippenrand entlang, ins Landesinnere hinein blickt man auf in der Sonne leuchtende kanariengelbe Rapsfelder, und je näher man kommt, um so mehr eröffnen sich spektakuläre Ausblicke auf die **Kreidefelsen** entlang der Freshwater Bay, um deren Gestade sich das gleichnamige Dörfchen schmiegt. Hier im Westen der Isle of Wight findet der Besucher die landschaftlichen Höhepunkte der kleinen Insel.

Von der Freshwater Bay verläuft ein *Public Footpath,* der *Tennyson Trail,* an die Westspitze der Isle of Wight, wo drei große weiße Kreidefelsen im Meer stehen – die **Needles.** Auf dem Weg, der immer wieder wunderschöne Ausblicke auf das Meer und die gegenüberliegende südenglische Küste zulässt, passiert der Wandersmann auch die 150 m hohe Erhebung **Tennyson Down,** wo ein **Denkmal für den Poet Laureate** steht. Der Titel „Hofdichter" des Königshauses verpflichtete ihn zum Schmieden offizieller Verse über Mitglieder der königlichen Familie sowie zum Abfassen reimender Sentenzen bei nationalen Anlässen von Bedeutung. Der erste, der das Amt innehatte, war 1668–1688 *John Dryden.*

An den Needles angekommen, sollte man erst einmal den phantastischen Ausblick genießen und dann eine Besichtigung der **Old Battery** nicht versäumen. Die aus dem Jahr 1862 datierende Küstenbefestigung liegt 77 m über dem Meer und hat 60 m an Tunneln und Kasematten; auch von hier ist die Aussicht hervorragend (März bis Okt. tgl., außer Fr/Sa, 10.30–17 Uhr, Mai bis Sept. auch Fr/Sa).

In **Yarmouth** passiert der Besucher als erstes eine große *Marina,* in der Aberhunderte von **Yachten** vor Anker liegen. Anheimelnd und gemütlich ist es im winzigen Ortszentrum rund um den Fähranleger, die kleine Festung und den kurzen, ins Meer hinausragenden Pier. An schönen Sommertagen tummeln sich so viele Yachten im Solent vor Yarmouth, dass man vor lauter Segeln kaum die südenglische Küste erkennt.

Pubs, Cafés und Restaurants

●Am zentralen Square lockt das Kaffeehaus **The Gossip,** nahebei die Pubs **The George** und **The King's Head** mit Biergarten sowie in einem alten Fachwerkgemäuer **The Bugle Hotel** mit gemütlichem Pub und angeschlossenem Restaurant.

●Wenige hundert Meter außerhalb von Yarmouth in Richtung Shalfleet lockt ein Parkplatz mit dem Hinweis **View Point Picnic Area;** ein kurzer Weg führt hinunter zur Küste, dort stehen eine Anzahl Tische und Bänke, und vor der guten Kulisse schmeckt das Picknick doppelt so gut.

Calbourne, Winkle Street

Der Norden

Auf keinen Fall darf man den im Inselinnern gelegenen Weiler **Calbourne** auf der Rundtour auslassen. Dort gibt es ein kurzes Stück Straße, die **Winkle Street,** die mit ihren winzigen efeubewachsenen und reetgedeckten Cottages, dem leise murmelnden Bach und den samtenen Grünflächen an romantischer Schönheit unübertroffen ist.

Acht Kilometer nördlich von Newport erstreckt sich am westlichen Ufer des River Medina **West Cowes** und gegenüber **East Cowes,** beide Stadtteile werden durch eine **Floating Bridge** genannte Kettenfähre miteinander verbunden.

East Cowes hat dem Besucher wenig zu bieten; in einem großen Industriegelände produziert die *Hovercraft Corporation* die bekannten Luftkissenboote.

West Cowes dagegen ist eine sehr attraktive kleine Stadt mit einer langen, gewundenen, verkehrsberuhigten **High Street,** die rechts und links von hübschen Geschäften, gemütlichen Pubs, kleinen Cafés und guten Restaurants in allen Preisklassen gesäumt wird. Wer nicht gerade die Einsamkeit sucht oder Ruhe haben möchte, der sollte sein Inselquartier in West Cowes aufschlagen.

An der Promenade befinden sich die Räumlichkeiten von Großbritanniens exklusivstem Seglerverein, dem **Royal Yacht Squadron.** Hier kann man sich in den 22 blitzblank geputzten Messingkanonen spiegeln, die Salut feuern oder mit einem Böllerschuss den Start einer Regatta melden. Während der Sommermonate finden eine ganze Anzahl von Segelveranstaltungen in Cowes statt. Einer der Höhepunkte ist alljährlich an jedem letzten Samstag im Juni das *Round the Island Race,* bei dem die Isle of Wight einmal umrundet wird. Unbestrittene Highlights sind jedoch die Regatten während der Cowes Week Anfang August. Alle zwei Jahre wird hier auch um die berühmte Trophäe *Admirals Cup* gesegelt.

Pubs und Restaurants

●An dem verkehrsberuhigten Shooters Hill in West Cowes lockt das kleine italienische Restaurant **Tonino's** mit Gerichten um 10 £.
●Shooters Hill geht in die High Street über, und hier findet man den Pub **Anchor Inn** mit vielerlei Angeboten zur Lunch-Zeit sowie einem Biergarten, die Kneipe **Pier View,** wie der Name schon sagt mit guten Ausblicken, weiterhin die Bar und das Restaurant im sehr schönen **Fountain Hotel,** in einem winzigen Häuslein das Lokal **The Red Duster** (um 8 £) und das Free House **The Three Crowns.**
●Vom Pub **The Globe** an der Parade schaut man weit über den Solent auf die südenglische Küste.
●In der Bath Road lockt noch das italienische **Capri Restaurant** mit teuersten Gerichten um 13 £.
●Daneben geht's im thailändischen Restaurant **Baan Thai** etwas billiger zu (5–8 £).

Osborne House

Auf dem Weg von East Cowes nach Fishbourne passiert man Osborne House, die **Residenz von Königin Victoria** (April bis Sept. tgl. 10–17 Uhr; Okt. bis März tgl. 10–16 Uhr). **Prinz Albert,** ihr Gemahl, entwarf und baute zusammen mit dem Architekten *Thomas Cubbit* das Schlösschen

England, Süd

in den Jahren 1845– 1850 im Stil einer italienischen Villa mit einem kleinen Campanile. *Victoria* war begeistert: „It is impossible to imagine a prettier spot", schrieb sie in ihr Tagebuch. Es war das erste Haus, das *Prinz Albert* für seine *Victoria* errichten ließ. Einige Jahre später legte er beim Bau von Balmoral Castle in den schottischen Highlands gleiches Engagement für seine geliebte Königin an den Tag. Balmoral und Osborne wurden die beiden bevorzugten Aufenthaltsorte der Herrscherin.

Als *Albert* 1861 im Alter von 42 Jahren an Typhus starb, war *Victorias* Schmerz unermesslich. 40 Jahre sollte sie noch ohne ihren geliebten Mann und vertrauten Berater regieren; mit ihrer **lebenslangen Trauer** prägte sie die Epoche des puritanischen Viktorianismus, der tiefe Auswirkungen auf das Lebensgefühl einer ganzen Generation haben sollte.

Für drei Jahre, von 1861 bis 1864, zog sie sich in ihrem Kummer nach Osborne zurück und mied jeden öffentlichen Auftritt; nicht einmal kam sie nach London. Bis 1874 dann unternahm *Victoria* nur die allernötigsten Aufgaben und beschränkte ihre Repräsentationspflichten so weit wie eben möglich. Die Briten nahmen ihr diesen völligen Rückzug ins Private sehr übel, und die Times rügte die Monarchin in einem Leitartikel: „Die Lebenden und nicht nur die Toten haben ein Recht auf Dich!"

Praktische Hinweise

Tourist Information
- ●*Cowes,* Fountain Quay, Tel. 01983/813818
- ●*Ryde,* 81 Union Street, Tel. 01983/813818
- ●*Shanklin,* 67 High Street, Tel. 01983/813818
- ●*Ventnor,* 34 High Street, Tel. 01983/813818
- ●*Yarmouth,* The Quay, Tel. 01983/813818

Unterkunft
- ●*Cowes: Duke of York,* Mill Hill Road, Tel. 01983/295171, Fax 295047, DZ 50 £.
- ●*Ryde: Appley Manor,* Appley Road, Tel. 01983/564777, Fax 564704, appleymanor @lineon.net, DZ 46 £; *Yelf's Hotel,* Union Street, Tel. 01983/564062, Fax 563937, manager@yelfshotel.com, DZ 63 £.
- ●*Sundown: Bayshore,* 12 Pier Street, Tel. 01983/403154, Fax 406574, DZ 42 £.
- ●*Shanklin: Keats Green,* 3 Queens Road, Tel. 01983/862742, Fax 868572, keatsgreen @netguides.co.uk, DZ 68 £.
- ●*Seaview: Seaview Hotel,* High Street, Tel. 01983/612711, Fax 613729, reception@sea viewhotel.co.uk, DZ 70 £.
- ●*Ventnor: Eversley,* Park Avenue, Tel. 01983/852244, Fax 853948, eversleyhotel @fsbdial.co.uk, DZ 58 £; *Hillside Hotel,* Mitchell Avenue, Tel./Fax 01983/852271, aa@hillside-hotel.co.uk, DZ 48 £.
- ●*Jugendherberge: Sandown,* Fitzroy Street, Tel. 01983/402651; Totland Bay, West Wight, Hurst Hill, Totland Bay, Tel. 01983/752165.
- ●*Camping: Whitecliff Bay Holiday Park,* Bembridge, Tel. 01983/872671, die A 3055 bis Brading, von dort die B 3395 Richtung Bembridge, restliche Strecke ist ausgeschildert; *Fairway Holiday Park,* Sandown, Tel. 01983/403462, A 3055 nach Sandown, nahe dem Golfplatz; The Orchards Holiday Caravan Park, Calbourne, Tel. 01983/78331.

Rent-a-Bike
- ●*Cowes Cycle Centre,* 41 Denmark Road.
- ●*Offshore,* Orchardleigh Rd, Shanklin.
- ●*Church Street Motorcycles,* Church Street, Ventnor.

Winchester

Die 30.000 Einwohner zählende Hauptstadt der Grafschaft Hampshire blickt auf eine lange und bedeutende Geschichte zurück. Unter den Römern war sie eine der größten Ansiedlungen in Britannien und hieß *Vente Belgarum*; die Angelsachsen machten Wintaceaster im 7. Jh. zur **Hauptstadt des Königreiches Wessex.** Unter der Herrschaft der Könige *Egbert* und *Alfred* avancierte

Wintaceaster dann im 9. Jh. zur Kapitale ganz Englands. *Wilhelm der Eroberer* ließ sich 1066 sowohl in London als auch in Winchester krönen und bewahrte hier das Domesday Book und die königliche Schatztruhe auf.

Ab dem 12. Jh. jedoch verlor die Stadt ihre Vorrangstellung, und London war fortan das neue Herrscherzentrum. Winchester fiel in einen **Dornröschenschlaf,** aus dem es allem Anschein nach auch die vielen

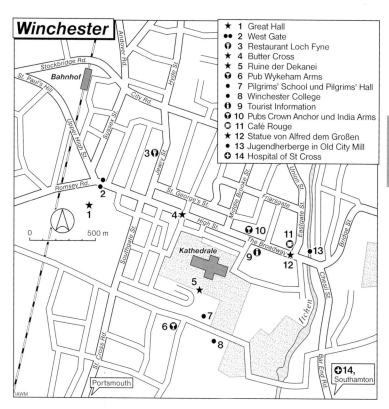

Winchester

- ★ 1 Great Hall
- ●● 2 West Gate
- ❶ 3 Restaurant Loch Fyne
- ★ 4 Butter Cross
- ★ 5 Ruine der Dekanei
- ❶ 6 Pub Wykeham Arms
- ● 7 Pilgrims' School und Pilgrims' Hall
- ● 8 Winchester College
- ❶ 9 Tourist Information
- ❶ 10 Pubs Crown Anchor und India Arms
- ◒ 11 Café Rouge
- ★ 12 Statue von Alfred dem Großen
- ● 13 Jugendherberge in Old City Mill
- ✚ 14 Hospital of St Cross

England, Süd

Touristen bisher nicht aufwecken konnten.

Neben dem angenehmen, atmosphärisch dichten Gesamteindruck der Kleinstadt ist die **Kathedrale** unter kunsthistorischen wie auch allgemeingeschichtlichen Gesichtspunkten die herausragende Sehenswürdigkeit der Grafschaftskapitale. *Daniel Defoe*, bekannt als Autor des *„Robinson Crusoe"*, vermerkte, dass die Kathedrale „ein in ganz Europa eher berühmtes Gotteshaus ist, von dem man so viel spricht".

Schon ab dem 9. Jh. waren Baumeister für die kommenden 200 Jahre mit Arbeiten an einer großen Kirche beschäftigt, an der immer wieder Veränderungen und Anbauten vorgenommen wurden. 14 Jahre nach der erfolgreichen Invasion von

High Street

148

1066 ging der von *Wilhelm* eingesetzte *Bischof Walkelyn* daran, die Baumaßnahmen zu koordinieren, und ließ ein gewaltiges Gotteshaus im normannischen Stil errichten. Krypta, Chor sowie nördliches und südliches Querschiff dieses **Old Minster,** des Alten Münsters, sind erhalten geblieben.

Im Jahre 1107 stürzte der Vierungsturm in sich zusammen. Ein göttliches Zeichen, wie die abergläubischen Zeitgenossen sofort erzählten. Sieben Jahre zuvor nämlich war **Wilhelm II. Rufus,** Sohn des Eroberers, von den kirchlichen Autoritäten, dem Adel und dem Volk gleichermaßen gehasst, unter der Vierung beigesetzt worden. Ein verirrter Pfeil hatte ihn bei der Jagd im New Forest vom Leben zum Tode befördert. Weder wollte Gott den Frevler auf Erden wandeln noch unter dem Turm seiner Kirche aufgebahrt sehen, raunten die erschrockenen Zeitgenossen.

Ende des 12. Jh. begann die **gotische Umgestaltung,** Retrochor und Marienkapelle entstanden im *Early English Style,* im folgenden Jahrhundert ging man daran, das Langhaus im **Perpendicular** umzubauen. Dessen klassische Attribute – senkrechtes Maßwerk in großen Fenstern und Fächergewölbe – sind hier reichlich vertreten. Besonders schön sieht man dies am Fenster über dem Eingangsportal und an allen Gewölben des Langhauses, aber auch in der Vierung.

Während des Bürgerkriegs richteten die Truppen **Cromwells** verheerende Schäden an, ihrer völligen Zerstörung entging die Kathedrale nur

Marktkreuz in Winchester

aufgrund des beherzten Eingreifens der Bürger. Nach *Cromwells* Verschwinden wurde das Gotteshaus umfassend renoviert.

Eine letzte spektakuläre **Rettungsaktion** musste Anfang des 20. Jahrhunderts vorgenommen werden. Die Fundamente begannen, im weichen Torfuntergrund einzusinken, und die Kathedrale drohte auseinanderzubrechen. Stützende Strebepfeiler, vor allem jedoch die Arbeit von *Will the Diver* retteten das Gotteshaus; sieben Jahre lang goss der „Taucher" *William Walker* den Untergrund mit Beton aus und schuf damit eine stabilisierende Bodenwanne.

Man betritt die mit Hunderten von Denkmälern geschmückte Kathedrale durch das Portal der **Westfassa-**de – in dem großen Fenster befinden sich noch Reste des ursprünglichen mittelalterlichen Glases. Im Innern flankieren die Statuen von *Karl I.* und *Jakob I.* das Eingangsportal. Im **nördlichen Seitenschiff** ruhen die sterblichen Reste der Dichterin *Jane Austen*, die 1817 42-jährig in ihrem Haus an der College Street an Tuberkulose starb. Ein Stückchen weiter ehrt ein Fenster ihre dichterische Schaffenskraft. Ein normannisches **Taufbecken** aus schwarzem Marmor zeigt Reliefszenen aus dem Leben des hl. Nikolaus. Das **nördliche Querschiff** ist wie auch das südliche noch im wesentlichen im normannischen Stil gehalten; in der **Dreikönigskapelle** lässt ein Fenster von *William Morris* fahles Licht ins Dunkel des Gotteshauses.

Im **nördlichen** und südlichen **Chorumgang** ruhen in hölzernen Särgen eine ganze Reihe von angelsächsischen Königen. Die Altarrückwand, in die man im 19. Jh. neue Figuren einsetzte, ist von zwei Grabkapellen flankiert: Die nördliche, letzte Ruhestätte von Bischof *Stephen Gardiner*, enthält den Stuhl, auf dem *Maria I.* im Juli 1554 bei ihrer Eheschließung mit *Philip II.* von Spanien saß. In der **südlichen Grabkapelle** harrt Bischof *Richard Fox*, auf dessen Initiative das prachtvolle Fächergewölbe der Vierung zurückgeht, auf das ewige Leben. Vor dem Eingang zur **Kapelle für Bischof Thomas Langton** steht die von *Sir Charles Wheeler* geschaffene Bronzestatue von *Will the Diver*, *William Walker*.

Im **südlichen Querschiff** liegt *Izaak Walton* zur letzten Ruhe gebet-

England, Süd

149

tet; der Autor hat der Welt im Jahre 1653 sein berühmtes Werk „The Compleat Angler" hinterlassen. Das mit Fischen aller Art verzierte Fenster der Grabkapelle stifteten Angler aus der gesamten englischsprachigen Welt. Schließlich trifft man auf das Grabmal von Bischof *William Edington*, auf den Mitte des 14. Jh. die gotische Umgestaltung des Langhauses zurückgeht.

Kostbarster Schatz in der **Dom-Bibliothek** ist die aus dem 12. Jh. stammende Winchester-Bibel, die mit Miniaturmalereien illuminiert ist.

Auf dem Areal der Domfreiheit, südlich der Kathedrale, findet der Besucher die **Ruine der Dekanei**, Pilgrim's Hall und Pilgrim's School sowie das King's Gate, das in die

Kathedrale von Winchester

College Street führt. Hier wird das **Winchester College** von einer hohen Mauer geschützt. 1382 von Bischof *William of Wykeham* ins Leben gerufen, ist dies die älteste Public School Großbritanniens. (*Public School* bezeichnet keineswegs eine öffentliche, sondern ganz im Gegenteil eine private Schule.) Wer sie erfolgreich absolviert hat, studiert dann am ebenfalls von *Wykeham* gegründeten New College in Oxford. In diesem Teil Winchesters ist die Stadt am schönsten, alte Fachwerkgemäuer und enge Straßen vermitteln das Flair vergangener Tage.

Kurz vor der High Street, der verkehrsberuhigten Hauptgeschäftsstraße, lässt das **West Gate** den Besucher in den Innenstadtbereich von Winchester.

Daneben ragt die 1234 errichtete **Great Hall** auf, in deren großem Saal die riesige runde Tischplatte aufbewahrt wird, an der *König Artus'* Tafelrunde einst diniert haben soll. Niemand weiß, aus welcher Zeit der *Round Table* datiert, sicher aber ist es, dass er nicht aus der Ära des legendären Königs stammt. In der Great Hall feierte *Maria I.* ihre Hochzeit mit *Philip II.* von Spanien; einige Jahre später wurde *Sir Walter Raleigh* hier der Schauprozess gemacht, der mit seiner Hinrichtung endete.

In der **High Street** findet der kauflustige Besucher Einzelhandelsgeschäfte des gehobenen Standards in schönen, alten Häusern mit hohen Fachwerkfassaden und vorkragenden Giebeln; beim Flanieren passiert man auch das prachtvolle, aus dem 14. Jh. stammende Marktkreuz, **But-**

Alfred der Große, König von Wessex

ter Cross genannt, mit seinen vielen Heiligenfiguren. High Street geht in The Broadway über, an dessen Ende die 1901 enthüllte, gewaltige **Statue von König Alfred dem Großen** (9. Jh.) in martialischer Geste wacht.

Sehr empfehlenswert ist ein Spaziergang entlang der **Water Meadows,** der Flussauen des River Itchen, in südlicher Richtung zum **Hospital of St. Cross.** Englands ältestes Armenhaus wurde 1136 von *Bischof Blois* ins Leben gerufen und versorgte die Armen und Hungernden mit Speise, Trank, Kleidung und Obdach. Wer darauf besteht, wird noch heute mit dem *Wayfarer's Dole* gespeist und bekommt ein Glas Bier und eine kräftige Brotkruste.

Und von der Spitze des **West Hill** schauten Angel Clare und seine Ver-

wandte Liza-lu über die angenehm anzusehende Stadt Wintoncester; so heißt es in „*Tess of the d'Ubervilles*", dem berühmtesten Roman des Dorset-Dichters *Thomas Hardy* (1840–1928).

Praktische Hinweise

Tourist Information
● **Guildhall,** The Broadway, 01962/840500.

Unterkunft
● **Royal Hotel,** Saint Peter Street, Tel. 01962/840840, Fax 841582, royal@marston hotels.com, DZ 85 £.
● **Stratton House Hotel,** Stratton Road, Tel. 01962/863919, Fax 842095, stratton group@btinternet.com, DZ 60 £.
● **Bed & Breakfast:** *Acacia,* 44 Kilham Lane, Tel./Fax 01962/852259, amelia.shirley@ btinternet.com, DZ 50 £; *Shawlands,* 46 Kilham Lane, Tel./Fax 01926/861166, kathy@ pollshaw.u-net.com, DZ 40 £; *The Farrells,* 5 Ranelagh Road, Tel. 01962/869555, the farrells@easicom.com, DZ 40 £.

Pubs und Restaurants
● **Wykeham Arms,** 35 Kingsgate Street, bester und schönster Pub in Winchester in einem 250 Jahre alten Gemäuer, mit sehr guten, aber auch teuren Gerichten zur Mittagszeit, 22 offene Weine, kleiner Biergarten.
● **Loch Fyne Restaurant,** Jewry Street, hervorragendes Fisch- und Seafood-Lokal mit einem sehr guten Preis-Leistungsverhältnis in einem alten, sehr schön renovierten elisabethanischen Gemäuer, kompletter Taschenkrebs (Krabbe) 13 £.
● **The Old Coach House** und **Crown Anchor,** beide an The Broadway; zwei gemütliche Pubs gegenüber der Guildhall mit täglichen Lunch-Gerichten.
● **Ask,** im verkehrsberuhigten Teil der High Street, italienisches Lokal einer Restaurantkette in einem alten Fachwerkhaus mit gutem Preis-Leistungsverhältnis, bis 10 £.

England, Süd

●**Restaurant Gandhi,** The Broadway, preiswertes indisches Lokal gegenüber der Touristeninformation.

●**The Guildhall Tavern,** The Broadway, sehr gemütlicher Pub im Gebäude der Guildhall, mit guten Bar Meals und einem Biergarten.

Verbindung

●Mit **Zügen** im Network Southeast und **Bussen** des National Express in alle Landesteile.

Salisbury

Hatten die beiden Kathedralenstädte Chichester und Winchester in ihren engen Straßen und zwischen den alten Fassaden schon eine reiche Atmosphäre und viel Flair, so erlebt der Besucher in Salisbury eine weitere Steigerung. Salisbury ist neben Bath die **schönste Stadt im Süden** Englands, einerseits romantisch verträumt, andererseits aber ebenso vital und spritzig; ungebremst wogt das zeitgenössische Leben zwischen den alten Häuserzeilen, so dass es eine Freude ist, durch die Stadt zu flanieren. Selbst in der **prachtvollen Kathedrale** und um sie herum geht es nicht museal still, sondern springlebendig zu. Daran hat ganz ohne Zweifel die prachtvolle Kirchenarchitektur erhebliche Anteile; Salisbury Cathedral wirkt mit dem hohen Turmhelm leicht und luftig und damit fast heiter.

Die Ursprünge der Stadt liegen 3 km außerhalb in **Old Sarum;** in diesem eisenzeitlichen Hügelfort von 1,5 km Durchmesser – seit der Prähistorie besiedelt – nahmen auch die Römer Quartier und nannten den Ort

Sorviodunum, dann kamen die Angelsachsen und schließlich die Normannen. Die legten den Bischofssitz nach Old Sarum, bauten innerhalb der inneren Umwallung eine Festung und innerhalb der äußeren eine Kathedrale. Doch geistliche und weltliche Herrscher kamen nicht miteinander aus, zudem herrschte Wassermangel in der Gegend, und so zogen die Kirchenleute gen Süden und fanden in einer anmutigen Schleife des River Avon auf einer großen Flussaue einen Platz für ihr neues Gotteshaus.

1220 wurde der Grundstein der **Kathedrale** gelegt, 1265, nach nur 45 Jahren Bauzeit, war das Gotteshaus fertig; allerdings vorerst noch ohne Kreuzgang, Kapitelhaus und Turm. Trotz der für die damalige Zeit ungewöhnlich **kurzen Bauzeit** entstand ein gotisches Wunderwerk, das fast ausschließlich im reinsten *Early-English-Stil* errichtet worden ist.

1240 ließ der Bischof mit dem Bau des **Kreuzganges** beginnen, der 30 Jahre später fertiggestellt wurde. Von 1263 bis 1284 dauerten die Arbeiten am achteckigen **Kapitelhaus,** und 1315 dann war auch der **Turm** mit der Spitze fertiggestellt.

Fährt man auf die Stadt zu, so grüßt schon früh dieser nadelspitze, 120 m hohe Turmhelm, der schlank in die Höhe strebt. Ist man dann vor Ort, so zeichnet maßgeblich für den Gesamteindruck des Gotteshauses der große **Cathedral Close** verantwortlich, die größte Domfreiheit aller englischen Kathedralen. Da wächst das Gotteshaus auf einem weiten grünen Grasteppich in die Höhe, „steigert sich in Stakkato-Sprüngen bis hin zum Vierungsturm" und findet in dessen hohem Helm seinen konzentrierten Abschluss. Schon der amerikanische Autor *Henry James,* der fast sein ganzes Leben in England verbrachte, wusste um den Reiz eines großen *Cathedral Close*: „Die Kathedrale ist von höchstem Rang, aber die Domfreiheit macht stets die Szene aus."

Die **Westfront** ist ähnlich wie die von Wells und Exeter mit reichem Skulpturenschmuck überzogen.

Im Innern findet man im nördlichen Seitenschiff Englands **ältestes Uhrwerk,** das vermutlich um das Jahr 1386 gefertigt wurde. Nahebei ehrt ein *Grabdenkmal William Longespée d. J.,* der während des Kreuzzugs 1250 bei den Kämpfen um die ägyptische Stadt Mansura ums Leben kam. 1226 wurde *William Longespée* d. Ä. als erster Verstorbener in der Kathedrale beigesetzt. William – anwesend bei der Grundsteinlegung der Kathedrale – war ein Sohn von *Heinrich II.,* ein Halbbruder des berüchtigten *Johann Ohneland* (*John Lackland*, der unpopulärste König der englischen Geschichte) und des Grafen von Salisbury.

In der Vierung erkennt man besonders gut an der südwestlichen Säule, wie sich diese unter dem Gewicht des Turmes verbogen hat. Nur vier *Hauptsäulen,* die anderen drei krümmen sich ebenfalls unter der Last, tragen das ungeheure Gewicht von 6400 t. Die ursprüngliche Planung sah überhaupt keinen Turm, geschweige denn eine Helmspitze vor. Ein durchbrochener Dachaufsatz auf der Vierung überragte nur wenige

Meter das Hauptschiff. Die Stützpfeiler waren somit lediglich für eine Last von ungefähr 400 t ausgelegt – mehr als genug für den Dachstumpf. Doch dann fügte ein kühner Baumeister zwei weitere hohe Absätze hinzu, gab sich mit dem Erreichten keineswegs zufrieden und begann, die 120 m hohe steinerne Spitze rund um ein hölzernes Gerüst aufzumauern. Leider wissen wir heute nicht mehr, wer dieser Könner war.

Unter **statischen Gesichtspunkten** hätte es den Turm nicht geben dürfen, seine Konstruktion war und ist äußerst fragil. Zwar wurden zeitgleich mit dem Bau des Turmes die ohnehin schon dicken Lichtgadenmauern mit steinernen inneren Stützpfeilern versehen, hinzu kamen äußere Strebebogen, die von den Hauptschiffwänden bis in den Turm hineinragten und für weitere Stabilität sorgten. Das reichte aber noch immer nicht, und so entlasteten ab Ende des 14. Jh. im Chor und im östlichen Querschiff Scherenbogen die Hauptsäulen (leider sind diese nicht ganz so elegant wie die in Wells). Trotzdem, die vier Hauptsäulen begannen, sich zu biegen, und die Wände verschoben sich leicht. So ließ im 15. Jh. *Bischof Beauchamp* an den Eingängen zu den Hauptquerschiffen weitere Stützbogen anbringen, und 1479/80 wurde das hölzerne Deckengewölbe des Chores durch ein widerstandsfähigeres aus Stein ersetzt. Der Turm hielt die Baumeister und Bischöfe immer wieder in Atem. Im 17. Jh. beauftragten sie den großen *Sir Christopher Wren* – u. a. Architekt der St. Paul's Cathe-

England, Süd

dral in London – mit einer statischen Untersuchung. Der Baumeister fand heraus, dass der Turm um „nur" 9 cm abgesackt war und die Spitze sich um 75 cm nach Südwesten neigte. *Wren* ließ den Turm mit Eisenbändern ummanteln und verstärkte somit das dem Druck standhaltende Gemäuer. 1737 tat es ihm *Sir Gilbert Scott* nach und sicherte den Turm mit weiteren Eisenstreben; außerdem richtete er eine Messstation ein: Der Fußboden im Mittelpunkt der Vierung erhielt eine Messingplatte, auf die von der Turmspitze ein Lot herunterreichte; dort, wo es die Platte berührte, wurde eine Markierung angebracht. In dem einen Jahrhundert zwischen *Wrens* Berechnungen und *Scotts* Messungen hatte sich die Turmspitze nicht weiter geneigt. Auch 1951 und 1970, als erneute Untersuchungen vorgenommen wurden, konnte keine weitere Veränderung festgestellt werden. Dafür waren mittlerweile die Eisenbänder und -streben, die *Wren* und *Scott* hatten anbringen lassen, durchgerostet, und auch die oberen 9 m der Spitze mussten erneuert werden. Dennoch blieb eine grundsätzliche Renovierung weiterhin dringend nötig, und 1985 rief *Prince Charles* zu einer großangelegten Spendenkampagne auf. 7 Mio. Pfund wurden benötigt, um den höchsten Kirchturm Englands und den zweithöchsten Europas sicher ins 21. Jahrhundert zu bringen.

Weiter geht es nun mit dem Rundgang. Im nördlichen Hauptquerschiff kann man an einem **großen Modell** die Kathedrale genau studieren. Um die Ecke herum, im nördlichen Chorschiff, weist eine Metalltafel mit der Markierung *Flood Level* und dem Datum des 5. Januar 1915 auf eine **Hochwasserkatastrophe** hin; in jenem Jahr war der Avon in einer Jahrhundertflut über die Ufer getreten. Es heißt, dass die hohe Geistlichkeit auf ihren Pferden in die Kathedrale geritten kam, um trockene Füße zu behalten.

Im südlichen Chorschiff schließlich darf man einen langen Blick auf das freundliche, dem Leben zugeneigte **Grabdenkmal der Familie Mompesson** nicht versäumen. Die letzte Ruhestätte der *Mompessons* ist bunt wie ein Papagei und wirkt fröhlich und heiter.

Über das südliche Hauptquerschiff gelangt man in den Kreuzgang und von dort aus ins **Kapitelhaus.** Hier tagten die Geistlichen der Kathedrale; bei ihren Zusammenkünften war es Brauch, ein Kapitel aus der Bibel vorzulesen, und so erhielten das Domkapitel und das Kapitelhaus ihre Namen.

Das achteckige kleine Gebäude ziert ein vollständig umlaufendes, mittelalterliches Steinfries, das Szenen aus der Bibel zeigt. In der Mitte des Raumes ragt eine Säule auf, die in ein Fächergewölbe übergeht und die Dachlast trägt. Im Kapitelhaus wird u. a. ein Original der **Magna Charta** (1215) ausgestellt; Adel und Kirche trotzten dem verhassten König *John Ohneland* weitreichende Rechte ab und zwangen ihn, die Verfassungsurkunde zu unterschreiben.

Der große Cathedral Close, die **Domfreiheit,** wird von schönen alten Häusern eingefasst. Am West Walk ist im 700 Jahre alten King's House das sehr sehenswerte **Salisbury & Wiltshire Museum** (Mo–Sa 10–17 Uhr, Juli/Aug. So 14–17 Uhr), das Heimatmuseum der Region, untergebracht.

Ein Stückchen weiter pflegt der National Trust **Mompesson House,** das aus dem 18. Jh. datiert und mit seinen Möbeln einen Eindruck vom Wohnstandard des gehobenen Bürgertums der damaligen Zeit gibt (April bis Okt. tgl., außer Do/Fr, 12–17.30 Uhr).

Nun sollte man sich auf einen ausgiebigen Stadtbummel begeben, beispielsweise dem Avon durch das Stadtzentrum folgen, rund um den **Marktplatz** flanieren, das prachtvolle Marktkreuz **Poultry Cross** bestaunen und sich in der Milford Street das aus dem 14. Jh. stammende **Red Lion Hotel** anschauen, in dessen verwunschenem, efeuumranktem Innenhof früher die Postkutschen einfuhren.

Praktische Hinweise

Tourist Information
● **Fish Row,** 01722/334956.

Unterkunft
● **The White Hart,** St. John Street, Tel. 0870/4008125, Fax 01722/412761, heritage hotels_Salisbury.white_hart@forte-hotels. com, DZ 80 £.
● **Red Lion,** Milford Street, Tel. 01722/ 323334, Fax 325756, reception@the-red lion.co.uk, DZ 80 £.
● **Kings Arms Hotel,** 7 St. John Street, Tel. 01722/327629, Fax 414246, www. kingsarmshotelsalisbury.activehotels.com, DZ 80 £.

● **Bed & Breakfast:** *Clovelly,* 17 Mill Road, Tel. 01722/322055, Fax 327677, clovelly. hotel@virgin.net, DZ 50 £; *The Edwardian Lodge,* 59 Castle Road, Tel. 01722/413 329, Fax 503105, richardwhite@edlodge. freeserve.co.uk, DZ 45 £; *Glen Lyn,* 6 Bellamy Lane, Milford, Tel./Fax 01722/327 880, glen.lyn@btinternet.com, DZ 44 £; *Malvern,* 31 Hulse Road, Tel./Fax 01722/ 327995, DZ 40 £; *Websters,* 11 Hartingdon Road, Tel./Fax 01722/339779, websters. salis@ eclipse.co.uk, DZ 38 £.
● **Jugendherberge:** *Milford Hill House,* Milford Hill, Tel. 01722/327572.

Pubs und Restaurants
● **Haunch of Venison,** Minster Street, Salisburys atmosphärereichster Pub gegenüber vom Market Cross in einem wunderschönen alten Gemäuer aus dem Jahr 1320, zur damaligen Zeit Haus des Priesters der St. Thomas Church, klein und immer überfüllt, neben verschiedenen Biersorten sind 100 Malt Whiskys im Angebot.
● **Harper's,** 7 Ox Row, Market Square, eines der besten Restaurants von Salisbury, *great traditional eating and good value for money,* lautet die Kritikermeinung, 16–35 £.
● **Market Inn,** Market Square, Pub, während der Saison unregelmäßig Live Music.
● **King's Arms,** gegenüber vom St. Anne's Gate des Cathedral Close in St. John's Street, Pub und Restaurant in einem alten Fachwerkhaus mit einem schönen Innenhof
● **The Cloister,** Catherine Street, ein weiterer gemütlicher, uralter Pub.
● **Coach and Horses,** Winchester Street, eine alte Postkutschenstation, ältestes Gasthaus im Orte, sommertags sitzt man schön im Innenhof, um 10 £.
● **Anchor and Hope,** Winchester Street, alter Pub in einem schönen Fachwerkhaus, in dessen efeugeschmücktem Innenhof das Bitter sommertags besonders gut schmeckt.
● **The Kings Head Inn,** Bridge Street, großer gemütlicher Pub in einem alten elisabethanischen Haus.
● **Bishop's Mill Tavern,** Zugang von der Fisherton Street, sehr angenehm sitzt man hier bei schönem Wetter am Ufer des Avon und lauscht dem Murmeln und Rauschen ei-

England, Süd

155

nes kleinen Wasserfalls, der ehemals das Mühlrad trieb.

●Internet-Café *Salisbury Cyber Café,* 62 Winchester Road.

Rent-a-Bike

●*Hayball's Cycle Shop,* Winchester Street.

Verbindung

●Mit **Zügen** im Verbundnetz Network Southeast und **Bussen** des National Express in alle Landesteile.

●Von der Busstation in der Endless Street verkehren öffentliche Busse nach Stonehenge tgl. 9.45 bis 16.45 Uhr jede Stunde.

Wilton House

Kurz vor den Toren von Salisbury findet der Besucher das kleine Dorf Wilton, an dessen Ende das hochherrschaftliche Anwesen Wilton House seit 450 Jahren im Besitz derer *von Pembroke* ist.

Geschichte

William, der Stammvater des Geschlechts, hatte 1534 *Anne Parr* geheiratet, die Schwester von *Catherine,* der letzten Frau von *Heinrich VIII.,* und war daher mit dem Herrscher verwandt. Das zahlte sich aus, und 1551 wurde *William* zum *1. Earl of Pembroke* ernannt.

Mary, die Frau des Nachfolgers, war eine Liebhaberin der schönen Künste, und so kam es, dass *Ben Jonson* und *William Shakespeare* öfter am Ort waren. Im Jahre 1605 führte *Shakespeare* auf dem Grundstück von Wilton House vor dem Herrscher *Jakob I.* erstmalig seine Komödie „As you like it" (Wie es euch gefällt) auf. *Philip Massinger, Shakespeares* Co-Autor, verbrachte seine Kindheit auf dem Anwesen.

Für **William, den dritten Earl,** übernahm Königin *Elisabeth I.* die Patenschaft; 1626 wurde er Kanzler der Universität Oxford. Drei Jahre zuvor war die erste Folio-Ausgabe der Werke *Shakespeares* erschienen, und die Widmung darin ehrte *William* und seinen

Bruder *Philip,* „the most noble men and incomparable paire of brethen William, Earl of Pembroke and Philip Earl of Montgomery".

1647 verwüstete ein **Brand** das Anwesen, und unverzüglich wurde der be-rühmte Baumeister *Inigo Jones* beauftragt, ein neues Haus zu bauen. Doch Bauherr wie Architekt starben vor Fertigstellung, und *John Webb,* eine Neffe *Inigo Jones',* stellte unter dem *5. Earl, Philip,* das Anwesen 1653 fertig.

Ein unerquicklicher Bursche war der **7. Earl of Pembroke,** zweimal klagte man ihn des Mordes an, dann kam er wegen Totschlags in den Tower, wo er erfreulicherweise schnell verstarb. Viele Kunstschätze des Hauses mussten verkauft werden, um seine horrenden Spielschulden zu begleichen.

Sein Bruder **Thomas,** ein Mann von Weitblick und den Künsten zugetan, erbte den Titel. Neben verschiedenen öffentlichen Aufgaben widmete er sich dem Ausbau seiner Kunstsammlung und legte die Bibliothek an. Er war es auch, der zwei französische Teppichweber nach Wilton holte, die die englischen Weber in dieser Kunst unterrichteten, und die berühmte, in ganz England bekannte Wilton-Teppichmanufaktur ins Leben rief; schon nach wenigen Jahren erfreute die exquisite Arbeit den König so sehr, dass sich das Unternehmen *Royal Wilton Carpet Factory* nennen durfte.

1737 erbaute der **9. Earl,** *The Architect Earl,* wie er auch genannt wurde, die wunderschöne palladianische Brücke über den River Nadder, die nahe am Haus vorbeifließt. Das Brücklein erlangte eine solche Berühmtheit, dass es gleich zweimal kopiert wurde: einmal in Stowe/Buckinghamshire und dann auf dem Landsitz Prior Park von *Ralph Allen* bei Bath.

Henry, der **10. Earl of Pembroke,** beschäftigte den berühmtesten Porträtmaler seiner Zeit, *Sir Joshua Reynolds,* und ließ von ihm seinen Haushalt „ablichten".

Der **12. Earl** ging in die Politik und wurde im Alter von 35 Jahren Kriegsminister, ein Amt, das er einige Jahre später noch einmal übernehmen sollte. Mit seiner Unterstützung ging die Krankenschwester *Florence Nightingale* auf die Schlachtfelder der Krim und rief den ersten Sanitätsdienst ins Leben.

Henry, der heutige *17. Earl of Pembroke,* ist in England bekannt als Dokumentarfilmer und als Autor verschiedener Fernsehspiele für die BBC. Bei solchen Anlässen firmiert er unter dem Namen *Henry Herbert.*

Sehenswertes

In der Eingangshalle von Wilton House steht auf einem Tisch eine sehr ansprechende und sympathisch anzusehende **Statue von William Shakespeare;** der Dichter hat den Ellbogen auf einen Stapel seiner Bücher gelegt, die Faust stützt das Kinn, die Beine sind übereinandergeschlagen, lässig trägt der Meister den Mantel über der Schulter und blickt gedankenversunken in die Ferne. Der Bildhauer *William Kent,* der auch die Möbel im Single und Double Cube Room entwarf, hat die Statue für den *9. Architect Earl* gearbeitet. Der Preis 1743: die gewaltige Summe von 100 £ 18 s 4,5 d.

Zwei Räume ragen besonders aus der ohnehin schon prachtvollen Inneneinrichtung heraus. Da ist einmal der **Single Cube Room** von *Inigo Jones* mit den Ausmaßen 30 x 30 x 30 Fuß, also 9 m hoch, 9 m breit, 9 m tief, eine perfekte Proportion. Bilder von *van Dyck* und *Lely* zeigen Familienangehörige, die Deckenmalerei gibt den unglücklichen Flug von Ikarus und Daedalus wieder. Das Mobiliar wurde in den Werkstätten von *Chippendale* hergestellt.

Höhepunkt der Prunkentfaltung ist dann der **Double Cube Room** in den Maßen 60 x 30 x 30 Fuß, also 18 m lang, 9 m breit und 9 m hoch. In früheren Tagen nutzten die *Pembrokes* den Raum als Esszimmer, danach als Ballsaal. Während des Zweiten Weltkriegs war in Wilton House ein militärisches Hauptquartier untergebracht, und der Double Cube diente als Operationsraum; dort wurde die Invasion in der Normandie geplant.

Die Decke ist phantastisch bemalt, alle Bilder, die im „Doppelkubus" hängen, stammen von *van Dyck* und wurden extra für diesen Raum in Auftrag gegeben. Die Stirnseite wird von einem Riesengemälde in den Maßen 5,10 x 3,30 m geschmückt, das den *4. Earl von Pembroke* im Kreise seiner Familie zeigt; *van Dyck* hat nie ein größeres Bild gemalt.

Weitere Gemälde in den anderen Räumen stammen von *Rubens, Tizian, Breughel, Reynolds, Lely, Tintoretto* und *Rembrandt.*

Öffnungszeiten: April–Sept. tgl. 10.30–17.30 Uhr.

Stonehenge

Der bekannteste Steinkreis Europas, ca. 15 km nördlich von Salisbury, wird jährlich von weit über einer Million Besuchern angefahren, und während der Hauptreisezeit im Hochsommer kann es in der Umgebung auch schon einmal zu Staus kommen.

Ausgrabungen rund um die Steinblöcke und die Altersbestimmungen der Funde nach der C-14-Methode haben ergeben, dass Stonehenge während verschiedener Perioden errichtet und erweitert wurde; man spricht daher von den Phasen I, II, III a, III b, III c und IV.

Stonehenge I entstand während des Neolithikums (Jungsteinzeit) um

England, Süd

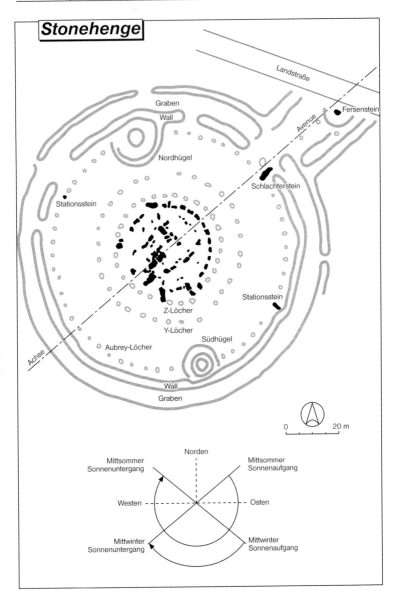

Stonehenge

Landstraße

Graben
Wall

Nordhügel

Avenue

Fersenstein

Schlachterstein

Stationsstein

Stationsstein

Z-Löcher

Y-Löcher

Südhügel

Achse

Aubrey-Löcher

Wall
Graben

0   20 m

Norden

Mittsommer
Sonnenuntergang

Mittsommer
Sonnenaufgang

Westen

Osten

Mittwinter
Sonnenuntergang

Mittwinter
Sonnenaufgang

etwa 2800 v. Chr. und war von einer kreisrunden Erdaufschüttung umgeben. Den Zugang zu diesem Rondell flankierten zwei senkrecht aufragende Steinblöcke, vor diesen stand der **Fersenstein** *(Heel Stone)* der – befand man sich im Zentrum der Anlage – den exakten Punkt des Sonnenaufgangs zur Tag- und Nachtgleiche im März und September markierte. An der Innenseite des Erdwalls reihten sich damals 56 ca. ein Meter tiefe Gruben aneinander, die so genannten **Aubrey-Löcher** (nach ihrem Entdecker *John Aubrey* benannt), deren Zweck unbekannt ist. Sicher weiß man nur, dass sie nicht der Aufnahme von Pfosten oder Blöcken dienten; bei ihren Untersuchungen fanden die Archäologen menschliche Knochenreste, wahrscheinlich wurden also Bestattungen in den Gruben vorgenommen. Die vier so genannten **Stationssteine** (*Station Stones*, einer liegt, einer steht noch, und zwei sind verschwunden) an der Innenseite des Walls bezeichneten wohl einmal die Himmelsrichtungen.

700 Jahre später begannen die Stämme der Glockenbecherkultur (so benannt, weil man als Grabbeigaben Tonbecher in Glockenform gefunden hat) mit der Erweiterung der Anlage (Stonehenge II). Parallel zum Erdwall hoben die frühen Arbeiter einen Graben in der Richtung des Sonnenaufgangs aus, die so genannte **Avenue,** die Prozessionsallee, und stellten im Zentrum des Rondells zwei kreisförmig angeordnete Reihen von senkrecht stehenden **Blausteinen** auf. Diese Felsen schafften die frühen Baumeister von den Pre-

Stonehenge

seli-Bergen in Südwest-Wales heran, die 225 km entfernt liegen. Der zentrale Doppelkreis wurde aus unbekannten Gründen nicht fertiggestellt.

Der Zeitraum zwischen Beginn und Ende der Frühbronzezeit, also um 2000 v. Chr. bis 1550 v. Chr., umfasst die Phasen III a bis III c. In hufeisenförmiger Anordnung entstanden nun in der Mitte der kreisrunden Umwallung eine Anzahl von **Trilithen** (griech. drei Steine, zwei senkrecht stehende Monolithe, denen ein dritter aufliegt). Mit rund 50 Tonnen Gewicht sind dies die größten und schwersten Blöcke, die in Stonehenge verbaut wurden; sehr wahrscheinlich stammen sie aus der 30 km nördlich gelegenen Gegend von Avebury und wurden auf Schlitten nach Stonehenge gebracht. Rund um die-

England, Süd

se hufeisenförmige Trilith-Anordnung errichteten die frühen Baumeister einen geschlossenen Kreis, der ebenfalls aus Trilithen bestand.

Um 1100 v. Chr. **verlängerte** man die **Prozessionsallee** bis zum Ufer des Avon (Stonehenge IV). Weitere Bautätigkeiten fanden nicht mehr statt. Stonehenge war also mindestens für 1700 Jahre, von 2800 v. Chr. bis 1100 v. Chr., in Gebrauch.

Obwohl die Archäologen recht genau über die Entstehungsgeschichte von Stonehenge Bescheid wissen, kennen sie den genauen **Zweck der Anlage** nicht und sind bis heute auf Spekulationen angewiesen. Stonehenge war sehr wahrscheinlich ein Tempel, obwohl man nicht weiß, welche Gottheit verehrt wurde und welche kultischen Rituale im Innern des Steinkreises stattfanden.

Möglicherweise diente das sakrale Areal der Sonnenanbetung, da man exakt den Sonnenaufgang und -untergang zum Mittsommer sowie Sonnenaufgang und -untergang zum Mittwinter bestimmen konnte; auch Mondauf- und -untergang sowie Mondfinsternisse konnten mit Hilfe der Anlage errechnet werden.

Weit verbreitet ist die Ansicht, dass in Stonehenge **Druiden,** keltische Priester, ihre rituellen Handlungen ausübten. *John Aubrey*, der als erster im 17. Jh. die Anlage beschrieben hat, äußerte diese Vermutung, die seitdem immer wieder durch die Köpfe der Besucher spukt. Wie jedoch schon *Julius Cäsar* überliefert hat, praktizierten Druiden ihre Kulte auf Waldlichtungen und nicht in steinernen Tempeln. Zur Zeit des Chro-

nisten *Cäsar* war Stonehenge zudem seit über 1000 Jahren verlassen, somit nicht mehr in Gebrauch und dürfte längst eine Ruine gewesen sein.

Das hält die Esoteriker nicht ab! Jedes Jahr zur **Mittsommernacht** sperrt die Polizei das Areal weitläufig und lässt niemanden durch die Postenkette schlüpfen. Schon Tage vorher hat aus ganz Großbritannien eine Völkerwanderung von selbsternannten Druiden und Artus-Abkömmlingen eingesetzt, die ihren Zauber vor Ort ausprobieren wollen; aufgrund der Präsenz mehrerer Hundertschaften Bobbies wird daraus jedoch nichts.

Öffnungszeiten: (EH), April bis Sept. tgl. 10–18 Uhr, restliche Zeit 10–16 Uhr.

Bournemouth

Bournemouth, Poole und das Örtchen Christchurch sind in den letzten Jahrzehnten zusammengewachsen und zählen heute fast 300.000 Einwohner.

Dennoch, wie Brighton und Eastbourne auch, ist Bournemouth immer noch ein gepflegtes, **international renommiertes Seebad,** das mit seinem großen Konferenzzentrum Tagungen aller Art ausrichten kann; viele Sprachschulen bieten ihre Dienste an und werden von jungen Leuten aus aller Herren Länder besucht. Weite Grünflächen und Parks – einer mit etlichen Vogel-Volieren, in der eine Anzahl exotischer Piepmätze herumzwitschern und wo die vie-

Strand von Bournemouth

len Eichhörnchen sehr zur Freude der Kleinen fast handzahm sind und sich füttern lassen – laden zur Erholung ein, und an den Straßenrändern spenden hohe Bäume Schatten und lassen die steinernen Häuserzeilen freundlicher aussehen.

10 km lang ist der **Sandstrand,** und zwei Piers signalisieren Größe und Bedeutung. Im Zentrum, am Bournemouth Pier, steigen die Klippen steil empor, viele Treppen führen hinunter ans Gestade; für Fußfaule gibt es zwei Aufzüge, die an der West Promenade und am östlichen Undercliff Drive die Schwimmer und Sonnenanbeter nach unten und auch wieder hoch bringen.

Von dort oben hat man auch einen schönen Blick auf den langen, weit ins Meer ragenden **Pier;** besonders abends sieht es recht stimmungsvoll

aus, wenn die Seebrücke mit bunten Lämpchen geschmückt ist. Bournemouth Pier ist von allen bisher gesehenen derjenige, der am wenigsten vom Kirmesrummel erschüttert wird. An seiner Spitze findet der Besucher keinen *Amusement Pavilion* mit einarmigen Banditen, sondern tatsächlich ein Theater, das abendliche Vorstellungen bietet.

Bournemouth wurde erst um 1810 gegründet und hatte 40 Jahre später noch immer weniger als 1000 Einwohner. Doch als der Ort dann 1870 an das Eisenbahnnetz angeschlossen wurde, gab es kein Halten mehr, Bournemouth entwickelte sich zu einem eleganten Seebad.

Im milden, golfstromerwärmten Klima suchten die Kranken Genesung von ihren Leiden. Der Jugendstil-Illustrator **Aubrey Beardsley** (1872–

1898), tuberkuloseinfiziert, war am Ort, bevor er nach Südfrankreich ging und 26-jährig in Menton starb.

Eine Cholera-Epidemie ließ 1884 den lungenkranken **Robert Louis Stevenson** (1850–1894) für drei Jahre vom sonnigen Südfrankreich nach Bournemouth übersiedeln; er wohnte im Skerrivore House, benannt nach einem Leuchtturm, den sein Onkel an der schottischen Küste erbaut hatte. Hier schrieb *Stevenson* einige seiner bekanntesten Romane und Novellen: *„Treasure Island“* (dt. *„Die Schatzinsel“*), *„The strange case of Dr. Jekyll and Mr. Hyde“* (*„Dr. Jekyll und Mr. Hyde“*) und *„Kidnapped“* (*„Entführt“*). Im Sommer des Jahres 1887 machte er sich in die Südsee auf, denn „die Medizinflaschen auf dem Kaminsims und das Blut in seinem Taschentuch" ließen ihm keine Wahl. Am 3. Dezember 1894 starb *Stevenson* 44-jährig auf der Samoa-Insel Upolo in seinem Haus Vailama – nicht an der Tuberkulose, sondern nach einem Schlaganfall.

D. H. Lawrence, der aufgrund seiner Tuberkulose den Anforderungen des Lehrerberufes nicht gewachsen war, suchte im Winter 1912 in Bournemouth ebenfalls Linderung von seinen Beschwerden. Hier vollendete er den im Jahr zuvor auf der Isle of Wight begonnenen tragischen Liebesroman *„The Trespasser“* (1912, dt. *„Auf verbotenen Wegen“*).

In seinem Meisterwerk *„Tess of the d'Urberville“* gibt **Thomas Hardy** Bournemouth den Namen Sandbourne; in dem „vornehmen Badeort mit seinen Ost- und Westbahnhöfen, seinen Molen, seinen Kieferngehölzen,

seinen Promenaden und gedeckten Gärten (...), in dem Märchenort, den plötzlich der Schlag eines Zauberers erschaffen hatte und ein wenig verstauben ließ", ersticht die unglückliche Alec ihren Verführer, den Vater ihres toten Kindes.

Auf dem Kirchhof der St. Peter's Church liegt das Herz von **Percy Bysshe Shelley** begraben (1792–1822), welcher zusammen mit *John Keats, William Wordsworth, Coleridge* und *Lord Byron* zu den ganz großen Dichtern der englischen Romantik zählt. *Shelley* war im Sommer des Jahres 1822 im Golf vor Livorno beim Kentern seines Segelbootes ertrunken; zwei Wochen später spülten die Wellen seine Leiche an Land. Am Strand von Viareggio wurden seine sterblichen Überreste verbrannt. Shelleys zweite Frau **Mary Wollstonecraft** (1797–1851), Autorin des Romans *„Frankenstein“* (1818), liegt ebenfalls auf dem Friedhof der St.-Peters-Kirche begraben.

Nahe dem Bournemouth Pier findet der kunstinteressierte Besucher das **Russel-Cotes Art Gallery and Museum** (Undercliff Drive), ebenfalls am Pier ragt unübersehbar die Tagungsstätte *BIC* auf, das **Bournemouth International Centre.**

Im östlich vom Zentrum gelegenen Stadtteil Boscombe, nicht weit vom Boscombe-Pier entfernt, ist in der Beechwood Avenue das **Casa Magni Shelley Museum** eingerichtet und ehrt Leben und Werk des begnadeten, so jung verstorbenen Romantikers (Juni bis Sept. Mo–Sa 10.30–17 Uhr, sonst Do/Fr/Sa 10.30–17 Uhr).

Am Strand von Bournemouth

In der Hafenbucht von Bournemouth/Poole liegt das kleine, 200 ha umfassende **Brownsea Island;** die Vogelschutzinsel gehört dem National Trust und ist nur von April bis Oktober von 10 bis 20 Uhr vom Poole Quay aus zu besuchen.

Praktische Hinweise

Tourist Information
- Westover Road, 08450/511700.

Unterkunft
- **Queens Hotel,** Meyrick Road, East Cliff, Tel. 01202/554414, Fax 294810, hotels@arthuryoung.co.uk, DZ 78.
- **Cliffside Hotel,** East Overcliff Drive, Tel. 01202/555724, Fax 314534, hotels@arthur young.co.uk, DZ 100 £.
- **Arlington Hotel,** Exeter Park Road, Lower Gardens, Tel. 01202/552879, Fax 298317, enquiries@arlingtonbournemouth.co.uk, DZ 77 £.

- **Bed & Breakfast:** *Ingledene House,* 20 Derby Road, East Cliff, Tel. 01202/555 433, Fax 555422, info@ingledenehouse. co.uk, DZ 40 £; *Thanet Private Hotel,* 2 Drury Road, Alum Shine, Tel./Fax 01202/761 135, DZ 41 £; *Dorset House,* 225 Holdenhurst Road, Tel. 01202/397908, DZ 40 £; *Amity,* 1247 Cristchurch Road, Tel. 01202/ 427255, Fax 461488, b&b@amity.co.uk, DZ 50 £.
- **Jugendherberge:** keine Jugendherberge in Bournemouth, nächste in Burley, ca. 10 km nordwestlich im New Forest gelegen, Cottesmoor House, Cott Lane, Tel. 01425/ 403233.
- **Camping:** *Cara Caravan Park,* Old Bridge Road, Iford, Tel. 01202/482121, an der A 35 zwischen Bournemouth und Christchurch.

Pubs und Restaurants
- **Theatre Bar,** kleiner Pub am Ende des Piers, neben dem Pier Theatre, mit schönem Blick aufs Meer und die „Skyline" von Bournemouth.

England, Süd

● **Daisy O'Briens,** im verkehrsberuhigten Teil der Old Christchurch Street, irischer Pub mit Guinness vom Fass.

● **The Littlen Tree,** Old Christchurch Road, großer, heller, urgemütlicher Pub, für britische Verhältnisse ungewöhnlich mit Korbmöbeln und Bücherregalen eingerichtet, große Auswahl an Bar Meals; wenige Schritte weiter:

● **Bar Vine,** Old Christchurch Road, eine große, helle und sehr gemütliche Weinbar, trinkbare offene Weine, kleine Snacks und Gerichte zwischen 3 und 11 £.

● **Cuccini's,** Old Christchurch Road, freundliches kleines italienisches Restaurant mit Pizzen und Pasta zwischen 6 und 8 £, Fisch- und Fleischgerichten zwischen 10 und 12 £.

● **Oriental Views,** Old Christchurch Road, ein preiswertes, sehr großes chinesisches Restaurant.

● **Noble House,** Lansdowne Road, ein weiterer preisgünstiger Chinese.

● **Baan Thai,** Old Christchurch Road, unaufdringliches, freundliches Lokal mit „authentischer thailändischer Küche" (Eigenwerbung).

Verbindung

● Mit **Zügen** im Intercity-Verbund und im Network Southeast und **Bussen** des National Express in alle Landesteile.

Umgebung von Bournemouth

Kingston Lacy

Einige Kilometer nordwestlich von Bournemouth findet man an der B 3082 mit Kingston Lacy einen weiteren prachtvollen **südenglischen Palast** (Mitte März–Okt., Mi–So 11–17 Uhr). Im Jahre 1663 beauftragte *Sir Ralph Bankes,* dessen alter Familienbesitz Corfe Castle in den Bürgerkriegswirren von den Cromwell-Truppen zerstört worden war, den Architekten *Roger Pratt* mit der Errichtung eines neuen Hauses – „for the politer way of living".

Gut 100 Jahre später wird hier **William John Bankes** geboren (1786–1855) und verbringt eine beschützte Jugend auf dem Landsitz. Zusammen mit *Lord Byron* studiert er in Cambridge und beginnt dann – für begüterte Adlige jener Tage unverzichtbar – die so genannte Kavalierstour, eine ausgedehnte Europa- und Orientreise. *Bankes* geht nach Spanien, wo er sich unter das fahrende Volk mischt und mit den Zigeunern lebt. (Eine Freundin informiert *Byron* über die Lebensweise von William John: „I have heard more of Bankes in Granada – he is living there in an beggarly eccentric way.") Als *Wellington* in mehreren Schlachten die Franzosen im so genannten *Peninsular War* von der Iberischen Halbinsel vertreibt, ist *Bankes* in seinem Gefolge und rafft an Kunstschätzen zusammen, was ihm unter die Finger gerät. *William John* treibt es so arg, dass *Wellington* eines Abends seinen Offizieren befiehlt : „Gentlemen, I will have no more looting; and remember, Bankes, this applies to you also!" („Meine Herren, ich möchte keine Plünderungen mehr, und vergessen Sie nicht, Bankes, das gilt ganz besonders für Sie!")

Natürlich hält sich der junge Springinsfeld nicht daran, rafft weiter zusammen und schickt wöchentlich Kisten nach Hause, frech adressiert an *Lord Wellington,* Kingston Lacy. Was *Bankes* von der Iberischen Halbinsel mitbrachte, dokumentiert der Spanische Raum in Kingston Lacy.

Als es in Spanien für ihn nichts mehr zu holen gibt, wendet sich *William John* Griechenland und Ägypten

Kingston Lacy

zu. 1815 lässt er auf der oberägyptischen Nil-Insel Philae einen Obelisken aus dem dortigen Isis-Tempel verschiffen. Die pharaonische Nadel enthält Hieroglypheninschriften und einen griechischen Text; zusammen mit dem Stein von Rosetta, der ebenfalls Inschriften enthielt, gelang es dann dem Franzosen *Champollion*, das Geheimnis der altägyptischen Schrift zu lösen. Der Obelisk ragt heute im Garten von Kingston Lacy in den südenglischen Himmel; der *Duke of Wellington* wählte auf die Bitte von *Bankes* den Standort und legte das Fundament. Neben vielen tausend weiteren Kleinigkeiten schickte *Bankes* auch noch einen lebensgroßen Sarkophag nach Hause.

Von Ägypten geht es nach Syrien, in den Libanon und nach Jordanien, wo *William John,* verkleidet als Beduine, in der Nabatäerstadt Petra forscht. Ein Begleiter schrieb: „From his profound knowledge of ancient history as well as his skill in drawing, he was by far the best calculated to go on such expedition." Und weiter: „Bankes leaves nothing unexplored." („Mit seiner profunden Kenntnis der Frühgeschichte und seinem Zeichentalent war er am besten geeignet, eine solche Expedition zu unternehmen." Und: „Bankes lässt nichts unerforscht.")

Unbestätigten Gerüchten zufolge soll *William John* sogar der erste Engländer gewesen sein, der in Verkleidung die heilige Stadt Mekka besuchte. Zuzutrauen wäre es ihm. Gesicherter ist, dass er wieder zurück ins Nil-Land kommt, wo er eine Expedition ausrüstet und von Oktober 1818 bis zum Frühsommer des

England, Süd

165

folgenden Jahres nach ägyptischen Schätzen sucht. *Bankes* dringt bis tief nach Nubien ein und kopiert die Wandreliefs von Abu Simbel, dem kolossalen Felsentempel von *Ramses II.*, der erst fünf Jahre zuvor von dem Schweizer *Johann Ludwig Burckhardt* entdeckt worden war. Hier besucht ihn – ebenfalls auf Grand Tour – der Architekt *Charles Barry*.

Von Ägypten reist *Bankes* in das Land zwischen Euphrat und Tigris und forscht nach den Spuren der Assyrer. Nach siebenjähriger Aufenthaltsdauer im Orient – die meiste Zeit an Plätzen, in denen „the eternal silence of infinite space", „das ewige Schweigen des unendlichen Raumes", herrschte – kehrt *Bankes* wieder in seine Heimat zurück. Vorher besucht er *Lord Byron* in Italien und kauft hier schnell noch einige Meisterwerke. In England wird er als *Nubian Explorer* von der feinen Gesellschaft gefeiert, aber auch seine Tätigkeit als Politiker wird hochgeachtet.

Um seiner Kunstsammlung einen angemessenen Rahmen zu geben, beginnt er zusammen mit *Charles Barry* Kingston, Lacy umzubauen. Sechs Jahre dauern die Arbeiten, und aus dem Haus wird einer der bewundertsten Landsitze Englands. Als der dann 1841 endlich fertig ist, bereitet sich *William John Bankes* darauf vor, die Großen des Landes in seinem Schatzhaus zu empfangen.

Doch es kommt alles ganz anders. *William Johns* homosexuelle Kontakte waren herausgekommen, er wird verhaftet und nur gegen Kaution auf freien Fuß gesetzt. Rasch legt er die Verwaltung von Kingston Lacy in die Hände seines Bruders und flieht nach Italien. Hier sammelt *Bankes* weiter Kunstwerke aller Art und schickt sie seinem Bruder; auch kommt er an Sonntagen in die Bucht von Studland gesegelt und löscht dort seine Ladung. Nach einem alten Gesetz durften im Ausland lebende Kriminelle an Sonntagen von Sonnenaufgang bis Sonnenuntergang ihren Fuß auf englischen Boden setzen, ohne dabei verhaftet zu werden. Der Brauch ging auf katholische Zeiten zurück, als man auch flüchtigen Verurteilten die Gelegenheit geben wollte, an Sonntagen die heilige Messe zu hören.

Am 17. April 1855 stirbt *William John Bankes* in Venedig. Ein Parlamentsbeschluss ist nötig, um seine sterbliche Hülle nach England zu überführen.

Der letzte Besitzer von Kingston Lacy war der exzentrische **Ralph Bankes**. Als *Lord Pembroke,* ein Schulfreund aus vergangenen Tagen, eines Tages anrief, um anzukündigen, dass die *Queen Mum* seine Kunstsammlung zu sehen wünschte, sagte *Ralph:* „The house is open to the public at weekends!"

Bei einer anderen Gelegenheit kam eine Besuchergruppe auf Einladung des Umweltministeriums extra von London angereist. Ein Teinehmer klingelte an der Haustür, *Ralph* steckte seinen Kopf aus einem Pförtnerzimmer und schimpfte laut: „Not in here!", schloss das Fenster, und die Tür blieb zu.

Völlig vereinsamt starb er 79-jährig im August 1981 in Kingston Lacy, das – so hatte der kinderlose Exzentriker beschlossen – mit sämtlichen

Ländereien **an den National Trust** fallen sollte. Eine größere Schenkung hatte der Trust bisher noch nicht erhalten. Das Objekt mit der grandiosen Kunstsammlung und den Landbesitzungen ist mehrere hundert Millionen Pfund wert. Als die Experten des Trusts das Haus besichtigten, sackte ihnen jedoch erst einmal das Herz in die Hose. Das Gebäude war praktisch eine Ruine; alles zusammen war nicht nur Millionen wert, es würde auch Millionen verschlingen, dies alles zu renovieren. Und so machten sich die Restauratoren des Trusts an ihre bisher größte Herausforderung. Fünf Jahre lang wurde ununterbrochen renoviert und restauriert – es gab nicht einen heilen Bilderrahmen, Meisterwerke von *Tizian, Rembrandt, Rubens, Reynolds, Brueghel, Veronese, Velazques, van Dyck* und *Kneller* schimmelten vor sich hin, der Regen plätscherte durchs Dach, kein Möbelstück, das nicht bei Berührung zusammenbrach, in tragenden Balken tummelten sich die Holzböcke, stützende Eisenkonstruktionen waren verrostet.

1986 dann konnte Kingston Lacy der Öffentlichkeit zugänglich gemacht werden.

Isle of Purbeck

Die Region südlich von Bournemouth wird Isle of Purbeck genannt und ist bekannt für ihren **Marmor,** der jede englische Kathedrale ziert. Die Gegend steht unter **Naturschutz,** doch findet man hier die gleichen Unvereinbarkeiten, die etwa in der Romney-Marsch für ungläubiges Kopfschütteln sorgen: Ein **militärisches Sperrgebiet** verschandelt das Nature Reserve.

Klammert man diesen unerfreulichen Tatbestand aus, so zeigt sich die Küste zwischen Bournemouth und Weymouth von dramatischer Schönheit.

England, Süd

Wilton House

Küste bei Swanage

Von Bournemouth geht es entlang der A 351 über Wareham zum efeuverhängten Weiler **Corfe Castle,** wo sehr malerisch eine Burgruine über dem Örtchen steht. Die Festung war der Stammsitz der Bankes-Familie, von der in Kingston Lacy die Rede war (s. o.). Im Jahre 1635 erhielt *Sir John Bankes,* oberster Richter unter *Karl I.,* Corfe Castle für seine Verdienste bei Hof. Während er mit dem König in Oxford war, belagerten *Cromwells* Truppen die Festung zweimal, konnten sie jedoch nur durch Verrat erobern. Aufgrund ihrer Tapferkeit ließ der Kommandeur der Rundköpfe *Lady Bankes* mit den Schlüsseln des Burgtors abziehen. Diese hängen heute noch immer in der Bibliothek von Kingston Lacy.

Von Corfe ist es nur noch ein Katzensprung zum **Seebad Swanage,** das im Vergleich zu anderen kleinen südenglischen Urlaubsorten recht wenig Kirmesrummel hat.

Ab Corfe führt eine unklassifizierte Straße nach Kimmeridge und über

East Lulworth **nach West Lulworth.** Da die Strecke durch das militärische Sperrgebiet führt, ist sie nur an Wochenenden und während der Sommerferien geöffnet. Sonst muss man von Wareham die A 352 in westlicher Richtung fahren und beim Weiler Wool die B 3071 gen Süden nehmen.

Die Strecke ist außerordentlich schön. Einige Kilometer vor East Lulworth hat man einen weiten Blick über die Region und auf das Meer. Die Felder sind von Wallhecken oder Bäumen eingefasst, überall grasen die weißen Schafe, der Himmel ist blau mit einigen Wattetupfern, das Meer türkis, die Felder grün, gelb strahlt der Ginster im Sonnenschein. **West Lulworth** ist ein angenehm anzusehendes Dörflein mit kleinen reetgedeckten Häusern, einigen gemütlichen Pubs und netten Cafés.

Kimmeridge Bay und **Lulworth Cove** sind zwei Buchten von spektakulärer Schönheit. Lulworth Cove beeindruckt durch die in perfekter Symmetrie gezogene halbkreisförmige Bucht mit ihren steilen, rauen Klippenformationen.

Von hier sollte man den Küstenpfad ca. 5 km Richtung Westen wandern; prachtvoll sind die Aussichten aufs Meer und die Küste. Und dann erreicht man **Durdle Door,** einen mächtigen, im Wasser stehenden Felsbogen. 200 m weiter schaut man auf hohe, steil ins Meer stürzende Klippen.

Wareham, Clouds Hill und Moreton

Machen wir uns auf, den Spuren eines ungewöhnlichen Mannes zu folgen, eines genialen Abenteurers, an denen das 20. Jh. so arm war. Suchen wir nach der Persönlichkeit, dem Charisma und dem Nimbus von *Thomas Edward Lawrence*, genannt **Lawrence von Arabien.**

Über die A 351 ist schnell das Dorf **Wareham** erreicht; hier steht in der kleinen angelsächsischen Kirche St. Martin ein Denkmal, das der Bildhau-

er *Eric Kennington* nach dem Tode von *Lawrence* zur Erinnerung an seinen Freund geschaffen hat. In arabischer Kleidung liegt *Lawrence* lang ausgestreckt, die rechte Hand umfasst den Dolch, sein Kopf ruht auf dem Kamelsattel – während seiner Reisen auf der Arabischen Halbinsel wird er so viele Nächte lang in den Schlaf gefallen sein.

Dann geht es ins **Piddle-und-Puddle-Land,** wo die Dörfer Affpuddle, Tolpuddle, Puddletown, Piddletrenthide und Piddlehinton heißen. Die Fahrt verläuft parallel zum gemächlich fließenden Piddle-or-Trent. Nördlich der A 352, zwischen den beiden Dörfern Bere Regis im Norden und Wool im Süden, liegt **Clouds Hill,** das winzige Refugium von *Lawrence* (April–Okt., Do–So 12–17 Uhr). 1923 mietete er das verrottete Häuschen und renovierte es. Als *Lawrence* 1925 wieder in die Air Force eintrat, kaufte er sein Refugium und verbrachte seine

Das Grabmal von Lawrence von Arabien

freien Tage und die Ferien hier. In Clouds Hill lebte *Lawrence* dann zusammen mit seinem Freund, dem schottischen Soldaten *John Bruce*, der für ihn Sekretariatsarbeiten übernahm.

Clouds Hill steht auf einer kleinen Lichtung und hat nur drei Räume; unten der so genannte Book Room, mit dem breiten Bett und den vielen Büchern, dann der Bunk Room, die kleine Küche, und im ersten Stock der Music Room mit dem Plattenspieler. Das Häuschen ist winzig, eng, niedrig, dunkel.

Im Book Room hängt auch der **Abdruck,** den *Eric Kennington* 1926 vom **Gesicht Lawrences** machte; das Pendant dazu befindet sich in der Krypta der St. Paul's Cathedral in London. *Lawrence* schrieb über die Maske an *Eric Kennington*: „Magnificent; there is no other word for it. It represents not me, but my top moments, those few seconds in which I succeed in thinking myself right out of things." (Wundervoll; es gibt kein anderes Wort dafür. Sie zeigt nicht mich, sondern meine höchsten Momente, jene wenigen Sekunden, in denen es mir geglückt ist, Dinge richtig erkannt zu haben.)

In dem Häuschen besuchten ihn **seine Freunde,** *E. M Forster, George Bernard Shaw* und dessen Frau, die ihm Schallplatten und Bücher mitbrachten und ihm auch das schwere Motorrad geschenkt hatten, *Thomas Hardy* mit seiner Frau, *Siegfried Sassoon* und viele mehr.

Nach seiner Entlassung aus der Air Force im März 1935 zog *Lawrence* fest in sein *Earthly Paradise* ein. Zwei Monate später kam er bei einem nie völlig aufgeklärten **Motorradunfall** 46-jährig ums Leben. *Somerset Maugham* hat in „Summing Up" (1938, dt. „Rückblick auf mein Leben") geschrieben: „Lawrence hatte die Gewohnheit, stets mit außerordentlicher Geschwindigkeit Motorrad zu fahren, in der Absicht, durch einen Unfall getötet zu werden, solange er noch im Vollbesitz seiner Kräfte war, damit ihm die Unwürdigkeit des Alters erspart bleibe."

Begraben ist *Lawrence* in Moreton, einen Katzensprung südlich von Clouds Hill, auf dem Kirchhof der St. Nicholas Church – sein Grab ist leicht zu finden.

Dorchester

Die **Kapitale der Grafschaft Dorset** zählt nur 15.000 Einwohner und strahlt den **behäbigen Charme** eines kleinen Landstädtchens aus. Die Zeit, so hat man den Eindruck, verstreicht hier langsamer als anderswo, ruhig und bedächtig geht es in den Straßen zu, niemand eilt ungebührlich rasch.

Um 70 n. Chr. gründeten die **Römer** die Ansiedlung Durnovaria, wovon heute noch der Mosaikfußboden des Römischen Hauses im Colliton Park und die Maumbury Rings, die Reste des römischen Amphitheaters, zeugen. Unter dem angelsächsischen König *Athelstan* hatte eine Münze ihren Sitz in der Stadt. 1685 verurteilte der *Chief Justice Lord Jeffrey* 300 Anhänger des *Duke of Monmouth* in den *Bloody Assizes* **(Blutgerichten)** in

Dorchester zum Tode. *James Scott, Duke of Monmouth* (1649–1685) war der illegitime Sohn von *Karl II.* und hatte in der Öffentlichkeit eine starke protestantische Anhängerschaft. 1683 war eine Verschwörung von ihm gegen seinen Vater aufgeflogen, und der Herzog musste in die Niederlande fliehen. Zwei Jahre später landete er mit seinen Truppen beim heutigen Seebad Lyme Regis, marschierte nach Norden bis in die Nähe des Städtchens Bridgwater, wurde dort in der Schlacht von Sedgemoor geschlagen, gefangen genommen, anschließend nach London gebracht und dort geköpft.

An der Ecke High Street West/The Grove ehrt das von dem Bildhauer *Eric Kennington* geschaffene Denkmal den Schriftsteller **Thomas Hardy,** einen der ganz Großen der englischen Literatur. *Hardys* Wohnhaus befindet sich in der Max Street (nicht zu besichtigen). Ebenfalls in der High Street West erläutert das **Dorset County Museum** (tgl., außer So, 10–17 Uhr) die Geschichte der Stadt und der Grafschaft; hier ist auch das Arbeitszimmer von *Thomas Hardy* nachgebaut. Neben dem Museum bewahrt die **St. Peter's Church** Konstruktionszeichnungen des Architekten *Hardy* auf.

Gegenüber steht das alte Fachwerkhaus **Judge Jeffrey Lodge** mit dem guten gleichnamigen Restaurant. Hier logierte Blutrichter *Jeffrey* während der Monmouth-Prozesse.

Gegenüber von St. Peter's beginnt die verkehrsberuhigte Einkaufsstraße South Street – jeden Mittwoch ziehen sich hier die Marktstände entlang –, an deren Ende linker Hand **Napper's Mite** einen Besuch lohnt. In einem ehemaligen Armenhauskomplex sorgen nun einige Cafés zur Mittagszeit für gute Lunches.

Eine ungewöhnliche Verbindung zeigt vor den Toren der Stadt ein großer **Supermarkt** an. Hier hat sich der Thronfolger *Prinz Charles* mit der großen Supermarktkette *Tesco* auf ein ökologisch-ökonomisches Geschäft eingelasssen. *Charles* hatte den Tesco-Managern 1991 ein großes Gelände für nur 6 Mio. £ überlassen; als Gegenleistung akzeptierten sie seine architektonischen Vorstellungen beim Bau des Ladenareals und verkaufen Brot und Lammfleisch nur nach den strengen ökologischen Vorstellungen des Prinzen. Dafür wiederum darf *Tesco* mit dem Wappen des Thronfolgers werben. Der Erfolg ist überwältigend; die Kunden kommen von weither angefahren.

Praktische Hinweise

Tourist Information
● 11 Antelope Walk, 01305/267992.

Unterkunft
● **Wessex Royale Hotel,** 32 High West Street, Tel. 01305/262660, Fax 251941, info@wessex-royale-hotel.com, DZ 79 £.
● **White Hart Hotel,** High Street, Tel. 01865/340074, Fax 341082, whitehartdorches@aol.com, DZ 80 £.
● **Bed & Breakfast:** *Yellowham Farmhouse,* Yellowham Wood, Tel. 01305/262892, Fax 257707, b&b@yellowham.freeserve.co.uk, DZ 45 £; *Churchview Guesthouse,* Winterbourne Abbas, Tel./Fax 01305/889296, stay@churchview.co.uk, DZ 48 £; *The Old Rectory,*

England, Süd

Winterbourne, Steepleton, Tel. 01305/889 468, Fax 889737, trees@eurobell.co.uk, DZ 58 £.

Pubs und Restaurants
- *Spice Centre,* High West Street, preiswertes indisches Lokal mit Gerichten bis 8 £.
- *Imperial Garden,* High East Street, preiswertes chinesisches Restaurant mit Gerichten bis 8 £.
- Restaurant *Judge Jeffrey's,* High Street West, um 7 £, auch gut zur Lunchzeit.
- *Tom Brown's,* High Street East, gemütlicher kleiner Pub.
- *Pub The Royal Oak,* High Street West, gemütliche alte Kneipe, mittags Bar Meals.

Rent-a-Bike
- *Dorchester Cycles,* Great Western Road.

Verbindung
- Mit *Zügen* des Network Southeast und *Bussen* des National Express in alle Landesteile.

Montacute House

Montacute House (April–Okt., tgl. außer Di 11–17 Uhr), unweit westlich von den kleinen Landstädtchen Yeovil gelegen, ist ein gutes Beispiel für den elisabethanischen Landsitz einer begüterten Familie. *Sir Edward Phelips,* der Erbauer von Montacute, war während der Regierungszeit von *Elisabeth I.* und ihrem Nachfolger *Jakob I.* ein erfolgreicher Mann. Er begann seine Karriere als Anwalt, wurde dann Parlamentarier, erlangte das Amt des *Speaker* im Unterhaus und wurde danach *Master of the Roll.* Im Jahre 1605 krönte er seine Laufbahn mit dem Prozess gegen *Guy Fawkes,* der im so genannten *Gunpowder Plot* versucht hatte, Parlament und König in die Luft zu sprengen.

1590 gab *Phelips* dem lokalen Steinmetz *William Arnold* den Auftrag, einen angemessenen Landsitz für ihn und seine Familie zu erbauen. *Arnold* vereinte die gotischen Traditionen des Kathedralenbaus mit den neuen Ideen der Renaissance des Kontinents zu einem harmonischen Ganzen. Insbesondere die Ostfassade kündet von den neuen gestalterischen Prinzipien; besonders ragen die *Figurengruppe* der so genannten *Nine Worthies* heraus; einvernehmlich nebeneinander stehen dort so illustre Gestalten wie *Alexander der Große, Cäsar, Josua, Judas Makkabäus, König Artus, Karl der Große, Hektor, David* und *Gottfried von Bouillon.*

Montacute wurde im Laufe der vergangenen Jahrhunderte kaum verändert; lediglich 1780 ließ ein weiterer *Phelips* die Westfassade modifizieren, so dass wir ein Herrenhaus im reinsten elisabethanischen Stil vor uns haben. Größte Attraktion ist heute wie damals die *Long Gallery.* Über die gesamte Länge des Hauses zieht sich im zweiten Stock diese so genannte Lange Galerie: 52 m lang und 6,50 m breit, die längste Galerie aller englischen Landsitze der damaligen Zeit. Der Reichtum einer Familie und der Wert eines Hauses zeigte sich in jenen Tagen an der Größe dieser besagten Long Gallery, und Montacute House wurde nicht übertroffen. War das Wetter schlecht, so dass sich die Männer der Familie mit ihren Gästen nicht draußen auf der Jagd vergnügen konnten, so verbrachten sie ihre Zeit in den Nischen der Long Gallery, schauten von den großen Fenstern auf die prachtvollen

Montacute House

Gartenanlagen oder wagten ein Spielchen. Heute zeigen hier Gemälde – Dauerleihgaben der Londoner National Portrait Gallery – Persönlichkeiten aus der elisabethanischen Ära.

Zu Beginn des 20. Jahrhunderts konnte die Phelips-Familie das große Haus nicht mehr unterhalten und vermietete es an **Lord Curzon,** den ehemaligen Vizekönig Indiens. Hier wartete Außenminister *Curzon* 1923 auf seine Berufung zum Premierminister. Endlich traf das Telegramm ein, das ihn nach London rief; dort musste er enttäuscht feststellen, dass *Stanley Baldwin* vom König in das höchste politische Amt berufen worden war.

Wunderschön ist der **Garten** des Montacute House, vor allem im East Court, der von zwei grazilen Pavillons flankiert wird.

Weymouth

Den Ruhm des **kleinen Seebades** begründete *König Georg III.*, der bereits im Jahre 1789 hier sommerliche Badefreuden genoss. Daran erinnert die 20 Jahre nach dem ersten Besuch von den dankbaren Bürgern der Stadt gestiftete papageienbunte Statue des Herrschers am westlichen Ende der Strandpromenade. Der richtige Aufschwung erfolgte jedoch erst 1857 mit dem Anschluss an das Eisenbahnnetz.

Am 10. Februar 1910 kam es in Weymouth zu dem in der englischen Öffentlichkeit berühmt gewordenen *„Jux mit der Dreadnought",* an dem die 28-jährige *Virginia Stephen*, die spätere *Virginia Woolf*, maßgeblich beteiligt war. Die Dreadnought

England, Süd

Ein Folly bei Weymouth, eine architektonische Verrücktheit, wie man sie oft in England findet

war das modernste Kriegsschiff der damaligen Zeit, und entsprechend hoch lagen die Sicherheitsstandards. *Virginia* war als Kaiser von Abessinien verkleidet und besichtigte mit ihrem Hofstaat, bestehend aus geschminkten und in Phantasiegewänder gesteckten Freunden, im Zuge eines „offiziellen Staatsbesuches" das Kriegsschiff. Niemand bemerkte etwas, die Spaßvögel teilten die Sache der Presse mit, und die Offiziere der Dreadnought fühlten sich um ihre Ehre gebracht und forderten schlimmste Bestrafungen bis hin zu körperlichen Züchtigungen. Später hat *Virginia* in einer Kurzgeschichte mit dem Titel *„A Society"* diese Erfahrung literarisch festgehalten. *Virginia* variiert in dieser Kurzgeschichte eines ihrer zentralen Themen, das – wie ihr Biograph schreibt – „der männlichen Ehre, der männlichen Gewalttätigkeit und Dummheit, der goldbetressten männlichen Überheblichkeit. Virginia hatte sich eingelassen auf das abessinische Abenteuer des Spaßes wegen; sie ging daraus hervor mit einem geschärften Sinn für die Albernheit der Männer, der sie in ihrer schon seit längerer Zeit genährten politischen Überzeugung bestätigte."

Attraktion des Seebades ist der 3 km lange, feine **Sandstrand,** begrenzt von der Promenade, die ein zum 20-jährigen Thronjubiläum *Victorias* erbauter Uhrturm in zwei Hälften teilt.

Geschäftig geht es am **alten Hafen** zu, der lange nicht mehr den Fischern dient. Die alten Speicherhallen werden zu Pubs, Restaurants und Ferienwohnungen umgebaut. Kinder dürften sich für das Ausstellungsgebäude **Deep Sea Adventure** mit einer Sonderabteilung zur gesunkenen Titanic interessieren (tgl. 10–17.30 Uhr).

Praktische Hinweise

Tourist Information
● **The Esplanade,** 01305/785747.

Unterkunft
● **Rex Hotel,** 29 The Esplanade, Tel. 01305/760400, Fax 760500, rex@kings hotels.f9.co.uk, DZ 72 £.
● **Hotel Rembrandt,** 12 Dorchester Road, Tel. 01305/764000, Fax 764022, recepti on@hotelrembrandt.co.uk, DZ 79 £.
● **Glenburn Hotel,** 42 Preston Road, Tel. 01305/832353, Fax 835610, DZ 57 £.
● **Bed & Breakfast:** *The Bay Guest House,* 11 Waterloos Place, Tel./Fax 01305/786289, DZ 36 £; *The Seaham,* 3 Waterloo Place, Tel. 01305/782010, seaham@tpetford.fs business.co.uk, DZ 40 £.
● **Camping:** *See Barn Farm Camping Site,* Fleet, Tel. 01305/782218, von Weymouth entlang der B 3157 Richtung Bridport und nach ca. 7 km links ab.

Pubs und Restaurants
● **Rossini,** Maiden Street, freundliches italienisches Restaurant, keine Pizzen, Pastas um 8 £, Fisch- und Fleischgerichte um 12 £.
● **Bella Italia,** St. Mary's Street, für britische Verhältnisse essbare Pizzen und Pasta zwischen 6 und 8 £.
● **The Globe,** East Street, schöner Pub am Old Harbour.
● Pubs **The George Inn, The Ship Inn, The Royal Oak,** alle am Old Harbour in ehemaligen Speicherhäusern.
● **The House on Pooh Corner,** St. Mary's Street, Kaffeehaus mit angeschlossenem kleinem Restaurant, um 5 £.
● **The Black Dog,** St. Mary's Street, Pub mit vielen Angeboten zur Lunch-Zeit.

Rent-a-Bike
● **Weymouth Cycles,** King Street.

Verbindung
● Mit **Zügen** im Verbundsystem Network Southeast und **Bussen** des National Express in alle Landesteile.

Umgebung von Weymouth

Isle of Portland und Chesil Beach
Südlich von Weymouth hängt nur an einem dünnen Zipfel die Halbinsel Isle of Portland, die *Thomas Hardy* als „das Gibraltar von Wessex" bezeichnete. Seit Jahrhunderten wird hier der graue **Portlandstein** gebrochen, der im ganzen Land beliebt ist. 60.000 t wurden allein an der St. Paul's Cathedral in London verbaut; auch die Bank von England, das Oxford-Street-Kaufhaus Selfridge's und die meisten Gebäude in Westminster bestehen aus *Portland Stone.*

Die Südspitze der Insel, **Bill of Portland** genannt, markiert ein rotweiß geringelter Leuchtturm, den man besteigen kann.

Hinter dem Örtchen Fortuneswell erheben sich die **Portland Heights,** an deren höchstem Punkt ein Obelisk steht. Von dort oben hat man einen prachtvollen Ausblick auf den **Chesil Beach,** eine gigantische, mehrere hundert Meter breite und 18 km lange, die Küste schützende Kieselsteinbarriere. Zwischen dem Festland und diesem „Damm" erstreckt sich eine schmale, unter Naturschutz stehende Lagune, **The Fleet** genannt, in der viele Vögel ein Refugium gefunden haben. Dazu gehören Teichrohrsänger *(Sedge Warbler),* Goldhähnchen *(Goldcrest),* Seeschwalbe *(Common Tern),* Reiher *(Heron),* Blesshuhn *(Coot),* Kormoran *(Cormorant),* Regenpfeifer *(Plover),* Seetaucher *(Grebe)* und Brandente *(Sheldrake).*

Auf gar keinen Fall sollte man von dem Kieselsteinstrand in die Fluten

England, Süd

Chesil Beach

springen. ***Starke Strömungen*** ziehen auch den stärksten Schwimmer auf Nimmerwiedersehen hinaus aufs offene Meer. Da tue man es doch lieber den Brandungsfischern nach, die ihre Angel ins Meer halten und von dem monotonen Murmeln der mahlenden Kiesel kurz vor dem Einschlafen sind.

Die Schwäne von Abbotsbury

Am westlichen Ende des Chesil Beach liegt das Dörflein Abbotsbury, das mit seinen *Thatched Cottages,* seinen reetgedeckten Häusern, einen romantischen Eindruck macht. Auf frühe Tage geht die weltweit einmalige *Swannery* zurück. Ende des 14. Jh. legten Benediktinermönche dieses **Schwanenschutzgebiet** an, erste urkundliche Erwähnungen

datieren aus dem Jahr 1591; darin wird *Elisabeth I.* mitgeteilt, dass 410 Schwäne und 90 Schwanenjungen von den Mönchen gehegt wurden.

Seit den Zeiten von *Heinrich II. Kurzmantel* (reg. 1154–1189) stehen die Schwäne ganz besonders hoch in der Gunst der Herrscher, und jeder frei geborene Wasservogel gehört seit jenen Tagen dem König – das ist heute noch immer so! Drakonische Strafen galten denjenigen, die Eier aus dem Nest stahlen oder gar ein ganzes Tier vom Wasser her flugs in die Bratröhre brachten: Ein Jahr Gefängnis stand auf solche Delikte. Bis ins 19. Jahrhundert hinein galt Schwanenbraten bei den Briten als Delikatesse, dann wurde jedoch der amerikanische Truthahn Mode, und der Geschmack änderte sich.

Die Schwäne von Abbotsbury

Die *Swannery* ist im Übrigen kein Schwanenzoo; während des Winters und in der Brutzeit werden die Tiere umsorgt und geschützt, aber sie sind völlig frei. Über 100 brütende Schwäne im Jahr hat man in Abbotsbury bereits gezählt; während des Winters sind bis zu 1000 der majestätischen Wasservögel in der *Swannery.*

Im kleinen Ortszentrum von Abbotsbury sollte man nicht an dem **Pub Ilchester Arms** vorbeifahren; das Gasthaus, eine ehemalige Kutschstation, datiert aus dem 17. Jh. und bietet auch einige individuell gestaltete Fremdenzimmer an, u. a. eine *Honeymoon Suite.*

Ein kurzes Stück hinter dem Ortsausgang von Abbotsbury lockt der farbenprächtige **Subtropical Garden,** zu dem recht gut das Kipling-Wort passt: „But the glory of the garden lies in more than meets the eye." (Die Pracht des Gartens ist mehr als das, was man mit den eigenen Augen sieht.) Die Ursprünge des Parks gehen auf die Countess of Ilchester zurück, die hier 1765 einen kleinen Kräutergarten für ihre Küche anlegen ließ. Wie der Name schon sagt, wachsen eine ganze Reihe exotischer Pflanzen in dem Garten, der in einem klimatisch sehr milden Teil der Südküste liegt. Einen Besuch sollte man auf jeinen Fall einplanen (im Sommer tgl. 10–18 Uhr, im Winter tgl., außer Mo, 10 Uhr bis Sonnenuntergang).

England, Süd

Lyme Regis

Von Abbotsbury folgt die Straße recht schön dem Küstenverlauf, und man hat gute Ausblicke hinaus aufs Meer. Vorbei am Dörfchen Bridport ist schnell das kleine Seebad Lyme Regis erreicht: The Pearl of Dorset – a centre of outstanding beauty, wie die lokale Fremdenverkehrswerbung vollmundig verspricht. Das **königliche Lyme,** so der Beiname Regis, geht nach Chroniken auf eine 774 gegründete Ansiedlung zurück. 1284 erhielt Lyme von *Eduard I.* die Stadtrechte – inklusive den Zusatz *Regis*. Stolz vermelden die Annalen des Seebades, dass im Jahre 1588 zwei lokale Schiffe an der Seeschlacht gegen die spanische Armada teilnahmen. 1760 kamen die ersten Besucher, die in der salzhaltigen Luft und dem Wasser kurten.

Lyme Regis ist ein gemütlich wirkendes Städtchen mit sehr **steil auf- und absteigenden Straßen** und Gassen (We don't rent bikes in Lyme, it's too hilly here; die Straße hinunter zum Hafen hat 20 % Gefälle), einer schmalen **Promenade** vor dem Sandstrand und einem kleinen Hafen mit der weit ins Meer reichenden, bereits aus dem Mittelalter stammenden **Mole The Cobb.**

Zu Beginn des 19. Jh., als das wissenschaftliche Interesse an der Entstehungsgeschichte der Welt seinen Höhepunkt erreicht hatte, machten sich aufgeklärte Geister trunken vor Wissensdurst auf nach Lyme Regis. Im Lias-Gestein der Umgebung fanden sich, reichhaltig wie nirgendwo

sonst, **Fossilien** aller Art. 1811 legte die erst 10-jährige *Mary Anning* das vollständige versteinerte Skelett eines Ichthyosaurus (Fischsaurier, Länge bis 17 m) frei; 17 Jahre später fand sie das erste Knochengerüst eines Pterodactylos (Flugsaurier mit bis zu 8 m Flügelspannweite, eines der größten bekannten Flugtiere).

In einigen kleinen Läden der Stadt kann der Interessent Fossilienhammer und -meißel erstehen und selbst auf die Suche gehen. Im Ausstellungsgebäude **Dinosaurland** (März bis Nov. tgl. 10–17 Uhr, ab hier während der Saison geführte Exkursionen zu den Versteinerungen) und im **Lyme Regis Museum History and Geology** (Mo-Sa 10.30–13, 14.30–17 Uhr) sind eine ganze Anzahl von Funden ausgestellt.

Jane Austen (1775–1817) kam Anfang des 19. Jh. erstmals nach Lyme Regis, und in den folgenden Jahren kehrte sie öfter wieder. In dem ein Jahr nach ihrem Tod publizierten, weitgehend autobiographischen Roman „*Persuasion*" verlegt sie weite Teile der Handlung in das Seebad. Die Protagonistin *Louisa Musgrove* stürzt in der traurigen Liebesgeschichte von der Hafenmole Cobb ins Meer. Dieser Ort interessierte auch Hofdichter **Tennyson** – im Jahre 1867 vor Ort – viel mehr als die Stelle, an der 1685 der Duke of Monmouth an Land gegangen war, um Englands Krone zu erlangen.

Der 1926 geborene Romancier **John Fowles** wohnte und wohnt nach Unterbrechungen heute wieder in Lyme Regis, „in der Stadt, die damals wie heute vom Klatsch so voll ist wie ein Stück Roquefort vom Käse." Sein berühmtester Roman, *„The French Lieutenant's Woman"* (1969, dt. *„Die Geliebte des französischen Leutnants"*), spielt in Lyme Regis; auch hier ist die Mole The Cobb wichtiger Schauplatz, denn in jeder Minute ihrer freien Zeit schaut Sarah Woodruff „von der langen Kralle aus altersgrauem Mauerwerk, die sich gegen das Meer hin krümmt", auf die See hinaus und wartet auf die Rückkehr des Geliebten. Für die Verfilmung schrieb *Harold Pinter* das Drehbuch, und *Meryl Streep* übernahm die Rolle der Sarah Woodruff. Wer aus der Feder von *John Fowles* Kulturgeschichtliches über Lyme Regis erfahren möchte, kaufe sich vor Ort den Band „Lyme Regis, three town walks".

Besucher, die während der Studentenbewegung Ende der 60er Jahre über repressionsfreie Kindererziehung diskutiert haben, werden sich an den Namen **A. S. Neill** erinnern. Dieser „angesehene Erzieher, der sich von einem konventionellen Schulmeister zu einem der originellsten und erfolgreichsten Reformer unserer Zeit entwickelt hat" – so *Bertrand Russel* –, gründete 1924 seine berühmte Internatsschule Summerhill in Lyme Regis.

Praktische Hinweise

Tourist Information
● **Guildhall Cottage,** Church Street, Tel. 01297/442138.

Unterkunft
● **Mariners Hotel,** Silver Street, Tel. 01297/442753, Fax 442431, mariners@ukgateway.net, DZ 76 £.

● **Bay Hotel,** Marine Parade, Tel. 01297/442059, Fax 444642, DZ 75 £.
● **Royal Lion,** Broad Street, Tel. 01297/445622, Fax 445859, DZ 70 £.
● **Bed & Breakfast:** *Coverdale,* Woodmead Road, Tel. 01297/442882, Fax 444673, coverdale@tinyworld.co.uk, DZ 44; *Old Lyme,* 29 Coombe Street, Tel. 01297/442929, Fax 444652, oldlyme.guesthouse@virgin.net, DZ 42 £; *The White House,* 47 Silver Street, Tel. 01297/443420, DZ 42 £; *Albany,* Charmouth Road, Tel. 01297/443066, albany@lymeregis.com, DZ 40 £.

Pubs und Restaurants
● **The Mad Hatters Restaurant,** Broad Street, auch vegetarisch, um 5 £.
● **Volunteer Inn,** Broad Street, recht gemütlicher Pub, sicherlich einer der atmosphärereichsten im Örtchen.
● **Broad Street Restaurant,** Broad Street, Tel. 01297/445792; bestes Restaurant von Lyme Regis, das nur lokale Produkte aus biologischem Anbau verarbeitet, hochgelobt in der heimischen Presse, abendliches Drei-Gänge-Dinner-Menü zu 25 £.
● **The Fudge Kitchen,** Broad Street, gemütliche Teestube.
● **Rock Point Inn,** Broad Street, Free House.
● **Pub The Pilot Boat,** Broad Street; die besten Bar Snacks zur Lunch-Zeit in ganz Lyme Regis.

Verbindung
● Lyme Regis hat keinen Bahnhof und ist auch nicht im Liniennetz des National Express; lokale **Busse von Dorchester.**

Exeter

Das 100.000 Seelen zählende Exeter ist die Hauptstadt der Grafschaft Devon, Bischofssitz und Universitätsmetropole. Trotz der vielen Einwohner hat Exeter sich einen beschaulichen Charme bewahrt und ist weit davon entfernt, von einer Großstadtatmosphäre erfasst zu werden.

England, Süd

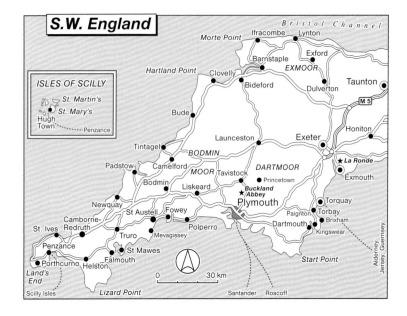

Um das Jahr 80 n. Chr. gründeten die Römer die Ansiedlung Isca Dumnoniorum, mehr als ein halbes Jahrtausend später kam unter den Angelsachsen ein Kloster hinzu, und kurz vor der normannischen Invasion erlangte Exeter 1050 den Rang einer Bischofsstadt. Die Abteikirche, 1003 von den Dänen zerstört, wurde zu einem großen normannischen Gotteshaus erweitert. 1270 dann begann man mit der gotischen Umgestaltung, die 90 Jahre später mit der Fertigstellung der grandiosen Westfassade ihr Ende fand. **Exeter Cathedral** ist im reinsten *Decorated Style*, in englischer Hochgotik, errichtet.

Blickfang ist zweifellos die **Westfassade,** die von einer dreireihigen Skulpturengalerie geschmückt ist. In den ersten Jahren nach der Fertigstellung muss dieser Teil des Gotteshauses noch beeindruckender ausgesehen haben, denn die Figuren waren bunt bemalt.

Rechts vom Haupteingang ruht in einer kleinen **Grabkapelle Bischof Grandisson,** der den Bau der Kathedrale maßgeblich vorantrieb. Im **Langhaus** stützen 16-teilige Pfeiler das Gewölbe, das, da es auch in der Vierung nicht unterbrochen ist, das längste gotische Gewölbe der Welt ist. Wäre da nicht der Lettner mit der Orgel obendrauf, könnte man sehr tief in die Weite der Kathedrale schauen. Den nördlichen Teil des Langhauses schmückt die **Sängerempore Ministry Gallery,** wo eine ganze Reihe von Engeln kräftig am musizieren ist.

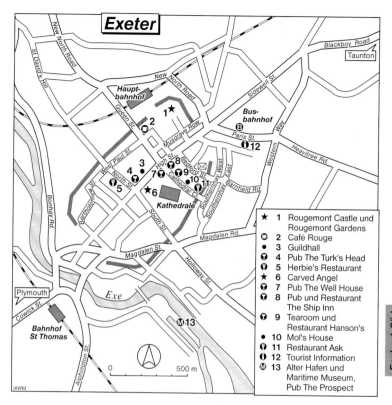

Exeter

★	1	Rougemont Castle und Rougemont Gardens
○	2	Café Rouge
●	3	Guildhall
♠	4	Pub The Turk's Head
♠	5	Herbie's Restaurant
★	6	Carved Angel
♠	7	Pub The Well House
♠	8	Pub und Restaurant The Ship Inn
♠	9	Tearoom und Restaurant Hanson's
●	10	Mol's House
♠	11	Restaurant Ask
❶	12	Tourist Information
Ⓜ	13	Alter Hafen und Maritime Museum, Pub The Prospect

Im nördlichen Querschiff zeigt die **astronomische Uhr** aus dem Ende des 14. Jh. nicht nur die Zeit, sondern auch die Mondphasen an. Im nördlichen Teil des Chores ist **Bischof Stapeldon** zur letzten Ruhe gebettet; auch er war einer der Geistlichen, unter denen die Baumeister große Fortschritte bei der Errichtung des Gotteshauses machten. Darüber hinaus war er Schatzmeister von *Eduard II*. Dies sollte ihm zum Verhängnis werden; ein wütender Londoner Mob brachte den wegen seiner unpopulären Maßnahmen gehassten Kirchenmann 1326 um. In der **Marienkapelle** ist der angelsächsische Bischof *Leofric* (gest. 1072) begraben.

Eine sehr persönliche Atmosphäre nimmt die steinerne Kathedrale an, wenn man die buntbestickten **Sitzkissen** entlang der Steinbänke sieht. 70 Frauen der Gemeinde haben mehr als ein halbes Jahrzehnt daran gestickt und erzählen in den Bildern die Geschichte der Stadt.

In der Dombibliothek ist mit dem so genannten **Exeter Book** die einzige Quelle angelsächsischer Dichtung erhalten; *Bischof Leofric* (s. o.) vermachte das Buch, dessen Texte zwischen 950 und 1000 geschrieben wurden, der Kathedralbibliothek.

Die **Domfreiheit** ist eine der kleinsten in England, nahe rücken die alten Fachwerkhäuser an das Gotteshaus heran. Dafür hat dieser *Cathedral Close* eine sehr intime Atmosphäre, wenn Schulklassen dort picknicken und an schönen Tagen die Angestellten der Umgebung über Mittag in ihre Sandwiches beißen.

An der Ostseite ragt über vier Stockwerke **Mol's House** auf, ein

Kathedrale von Exeter

schwarzweißes Fachwerkhaus aus elisabethanischer Ära; in dem Tee- und späteren Kaffeehaus kehrten die vier so genannten *Devon Sea Captains – Sir Francis Drake, Sir Martin Frobisher, Sir John Hawkins* und *Sir Walter Raleigh* – regelmäßig ein.

Vom Close geht die St. Martin's Lane ab und verbindet die High Street, die verkehrsberuhigte Hauptgeschäftsstraße, mit der Domfreiheit; in der engen Gasse lohnt unbedingt das **Ship Inn** einen Besuch. In dem alten Pub mit angeschlossenem Restaurant becherten die vier obengenannten Herren, *Elisabeths* Elitekapitäne, des Öfteren um die Wette.

In der High Street imponiert die **Guildhall,** deren Ursprünge auf das Jahr 1160 zurückgehen und die 1466 neu erbaut wurde. Damit ist es das älteste Verwaltungsgebäude Englands.

Nahebei – ebenfalls in der High Street – steht der **Pub The Turk's Head,** in dem *Charles Dickens* immer logierte, wenn er in Exeter war. Hier wurde er von einem Kellnerjungen bedient, der ihm als Vorbild für den Fat Boy in seinen *„Posthumous Papers of the Pickwick Club"* diente.

Geruhsam geht es in den zentrumsnahen **Rougemont Gardens** zu, wo Reste von Rougemont Castle daran erinnern, dass Exeter die einzige Stadt in England war, die sich nicht dem normannischen Eroberer *Wilhelm* unterordnete. Erst zwei Jahre nach der Invasion konnte die widerspenstige Ansiedlung eingenommen werden. *Wilhelm* ließ eine Burg errichten, um die rebellischen Bewohner besser kontrollieren zu können. „Ich war letzthin in Exeter,/da wies der Schulz verbindlich mir das Schloß/und nannt' es Rougemont", lässt *Shakespeare* in dem gleichnamigen Drama seinen Titelhelden *Richard III.* ausrufen.

Im Süden der Stadt breitet sich der **alte Hafen** aus, in dem erst vor wenigen Jahren kräftig renoviert wurde; in die alten Magazinhäuser sind Pubs, Cafés und kleine Geschäfte eingezogen, Apartmenthäuser säumen die Ufer des River Exe, und ein **Maritime Museum** zeigt Boote und Schiffe aller Art (tgl. 10–17 Uhr).

Praktische Hinweise

Tourist Information
●*Civic Centre,* Dix's Field, Tel. 01392/265700.

Unterkunft
●*Bartons Cross Hotel,* Huxham, Stoke Cannon, Tel. 01392/841245, Fax 841942, DZ 85 £.
●*Fairwinds Hotel,* Kennford, Tel./Fax 01392/832911, DZ 52 £.
●*Lord Halden Country House,* Dunchideock, Tel. 01392/832483, Fax 833765, lordhaldon@eclipse.co.uk, DZ 68 £.
●*Queens Court Hotel,* Bystock Terrace, Tel. 01392/272709, Fax 491390, sales@queenscourt-hotel.co.uk, DZ 59 £.
●*Devon Hotel,* Exeter Bypass, Tel. 01392/259268, Fax 413142, info@devonhotel.co.uk, DZ 59 £.
●*Bed & Breakfast: Sunnymede,* 24 New North Road, Tel. 01392/273844, 274359, DZ 38 £; *Kerswell Grange Country House,* Kennford, Tel. 01392/833660, Fax 833 601, kerswellgrange@hotmail.com, DZ 45 £; *The Edwardian,* 30 Heavitree Road, Tel. 01392/276102, Fax 253393, michael@edwardianexeter.co.uk, DZ 48 £.
●*Jugendherberge:* 47 Countess Wear Road, Tel. 01392/873329; *Exeter Globe*

Backpackers Hostel, 71 Holloway Street, Tel. 01392/215521, Fax 215531, caroline@globebackpackers.freenet.co.uk.
●*Camping: Kennford International Caravan Park,* Kennford, Tel. 01392/833046, 6 km südlich von Exeter an der A 38.

Pubs und Restaurants
●*Double Locks,* Canal Banks, Free House aus dem Jahr 1820, sehr schön am alten Kanal gelegen, mit großem Biergarten, Eltern werden sich über ein Kinderareal freuen, wo die Kleinen gut aufgehoben sind, breites Angebot an Real Ales und Bar Snacks, ein kleines Restaurant in separaten Räumen ist angeschlossen, leider nicht leicht zu finden, fragen Sie nach dem Exeter Ship Canal oder lassen Sie sich unter der Nummer 01392/256947 telefonisch vom Wirt den Weg erklären.
●*The Ship Inn,* St. Martin's Lane, mit angeschlossenem Restaurant, um 9 £, die Lieblingskneipe von *Sir Francis Drake.*
●*The Turk's Head,* High Street, mit angeschlossenem Restaurant, 11 £, hier nahm *Dickens* Quartier, wenn er in Exeter war.
●*The Well House,* Cathedral Yard, gemütlicher Pub, gute Ausblicke auf die Kathedrale
●*Hanson's,* Cathedral Close, traditionelles Teehaus und Restaurant, 5 £.
●*Herbie's,* North Street, vegetarisches Restaurant, um 5 £.
●*Café Rouge,* Queen's Street/Ecke Little Queen's Street, freundliches Restaurant mit einem sehr guten Preis-Leistungsverhältnis, Gerichte zwischen 4 und 12 £.
●*On the Waterfront,* The Quay, am alten Hafen, Pub und preiswerte Pizzeria.
●*Carved Angel,* am Cathedral Close, Tel. 01392/210303, Restaurant-Café, hervorragendes kleines Lokal, Hauptgerichte 12 £, Zwei-Gänge-Lunch 10 £, Drei Gänge Lunch 13 £.
●*Ask,* italienisches Lokal einer Restaurantkette mit gutem Preis-Leistungsverhältnis, Pizzen und Pasta bis 8 £.
●*The Prospect Inn,* The Quay, Pub am alten Hafen, originalgetreu erhaltener alter Gasthof aus dem 17. Jh.
●*Internet Café Hyperactive,* 1 B Central Station, Queen Street.

England, Süd

Rent-a-Bike
● *Saddles and Paddles,* The Quay, am alten Hafen.

Verbindung
● Am *Intercity-Netz* angeschlossen; ansonsten *Züge* von und nach Plymouth, Torquay, Bath und Bristol. Verbindungen mit *Bussen* des National Express.

A la Ronde

Wieder einmal eine Kuriosität ersten Ranges ist das etwas abseits der A 376, südlich von Exeter und am nördlichen Stadtrand von Exmouth gelegene Haus A la Ronde (April–Okt., tgl. außer Fr/Sa 11 – 17.30 Uhr). Wie der Name schon sagt, ist es rund geraten oder wenigstens annähernd rund, denn es ist sechzehneckig. Besucher hat der Folly recht schnell in seinen Bann gezogen, und so sind eine ganze Anzahl von **bewundernden Sentenzen** über das seltsame Haus gesprochen worden. „A unique survival of regency taste that is at once bizarre and intriguing, amateur and intellectual, rustic and cosmopolitan." Ein anderer verlautete 1866: „A curious looking modern building, something between a house and a Temple of a circular shape and with a fantastic chinese (sic) looking ornamental roof." Ein dritter schrieb schließlich 20 Jahre später lapidar: „Would not be out of place in one of the South Sea Islands."

A la Ronde geht auf die zwei alleinstehenden Damen **Jane Parminter und ihre Cousine Mary** zurück. Die beiden begaben sich 1784 auf die bei adligen Männern übliche Kavaliersreise, im Sprachgebrauch der damaligen Zeit *Grand Tour* genannt, und besuchten den Kontinent, vor allem Italien. *Jane* und *Mary* nahmen ihre Aufgabe mehr als ernst und kamen erst 11 Jahre später, beladen

A la Ronde

mit Souvenirs, wieder nach England zurück. Nun musste ein geeigneter Wohnsitz gefunden werden, und laut Familienüberlieferung soll *Jane* A la Ronde eigenhändig und ohne die professionelle Hilfe eines Architekten entworfen haben. Neuere Forschungen des National Trust, in dessen Händen sich diese einmalige Kostbarkeit befindet, haben jedoch ergeben, dass aller Wahrscheinlichkeit nach ein gewisser *John Lowder, Gentleman Architect* in Bath, das Haus konstruiert hat. Die Idee aber mag sicher in den Köpfen von *Jane* und *Mary* entstanden sein, denn, so heißt es, A la Ronde gehe auf die oktogonale Basilika San Vitale in Ravenna zurück. 13 Jahre noch konnte sich *Jane* an ihrer runden Heimstatt erfreuen, dann starb sie. *Mary* hinterließ bei ihrem Tod ein langes Testament, das vor allen Dingen zwei Besonderheiten enthielt; zum einen mussten das Haus, sein Mobiliar und alle Bilder, Souvenirs etc. originalgetreu erhalten bleiben, zum anderen durfte nur eine unverheiratete, in verwandtschaftlicher Beziehung zu ihr stehende Frau das Haus erben.

Um eine zentrale achteckige Halle, die von einer hohen Kuppel überwölbt wird, reihen sich ringförmig *die einzelnen Räume* – Arbeitszimmer, Musikzimmer, Bibliothek, Salon, Esszimmer und die Küche. Aufgrund der runden Bauweise befinden sich zwischen den Zimmern tortenförmige Kammern, die als Schränke und Stauräume genutzt wurden. Alle Zimmer sind mit Krimskrams überladen: Bilder an den Wänden, Bücher, wohin das Auge blickt, papageienbunter Nippes, muschelverzierte Kästchen, Scherenschnitte, in den Möbeln Holzeinlegearbeiten und vieles andere mehr. Die Krönung ist die **Shell Gallery,** ein Kuppelraum, der vollständig mit Muscheln verkleidet ist (da viele Besucher hier in den vergangenen Jahren Muscheln als Souvenir abgebrochen haben, hat der Trust ein Videosystem installiert; vor einem Videomonitor kann man mit einem Joystick eine Kamera steuern, Details anzoomen oder sich eine Gesamtansicht per Weitwinkel auf den Bildschirm holen).

Torbay

Die Orte Torquay, Paignton und Brixham bilden heute die langgestreckte **urbane Ballungszone Torbay** mit über 150.000 Einwohnern.

Dem Golfstrom ist es zu verdanken, dass **Torquay** die „Königin der englischen Riviera mit der milden italienischen Luft" ist, wie der Historiker *Macaulay* einmal bemerkte. Palmen säumen die Straßen, in einer großen **Marina** liegen Abertausende von Motor- und Segelyachten vor Anker, des Abends beleuchten bunte Lichterketten die Straßen und Hausfassaden – alles in allem gibt sich Torquay sehr kosmopolitisch und versucht, die Atmosphäre der französischen Riviera-Orte zu kopieren.

Läden und Geschäfte aller Art findet man entlang der Fußgängerzone **Fleet Street,** an deren Anfang sich gleich eine gut 150 m lange Arkadenpassage mit kleinen Läden und

England, Süd

185

Cafés – so z. B. die Teestube Poppy's – entlangzieht.

Mehr dörflich dagegen zeigt sich **Brixham,** wo am kleinen Hafen inmitten der flanierenden Urlauber tatsächlich noch Fischer dabei sind, ihre Netze zu flicken und ihre Boote zu überholen.

Hier liegt auch ein **Nachbau der Golden Hind** vor Anker (und bei Ebbe auf dem Schlick des kleinen Hafenbeckens), mit der *Sir Francis Drake* am 13. Dezember 1577 in See stach und nach dreijähriger Fahrt als erster Engländer nach *Magellan* die Welt umsegelte. Das Schiff ist erstaunlich klein, *Drakes* Kajüte dürfte nicht größer als 4 m² sein. Hier kann man sich leicht vorstellen, wie es war, wenn monatelang ein Haufen Männer auf engstem Raum zusammengepfercht blieb; die Disziplin konnte nur mit brutaler Härte aufrechterhalten werden, und ohne geeignete sanitäre Anlagen müssen Schiff und Mannschaft bestialisch gestunken haben.

In Brixham betrat **Wilhelm von Oranien** englischen Boden – ein Obelisk markiert die Stelle –, um im Zuge der *Glorious Revolution* das Erbe von *Jakob II.* anzutreten.

Rund um den Hafen von Brixham finden sich eine ganze Reihe von Pubs und Restaurants aller Arten und Preisstufen.

Das milde Klima der Region zog viele Schriftsteller nach Torquay. 1838 kam 29-jährig der spätere Hofdichter **Alfred Tennyson** (1809 – 1892) ins Seebad, nannte es „the loveliest sea-village in England" und

Am Hafen von Brixham: nicht nur Fischkutter …

ließ sich zu dem Gedicht *„Audley Court"* hinreißen.

1866 war **Robert Louis Stevenson** (1850–1894) vor Ort und suchte Linderung von seiner Tuberkulose; der 16-jährige schrieb an seinen Vater eine „Bitte allerbescheidenster Natur" und bat um mehr Geld.

Der homosexuelle **Oscar Wilde** (1854–1900) mietete von November 1892 bis zum März des kommenden Jahres eine Villa in Torquay an, um sich dort ungestört mit seinem Freund *Lord Alfred Douglas* treffen zu können (dessen Vater später für den Skandal sorgte, der *Wilde* ins Gefängnis brachte und letztlich vernichtete). *Wilde* schrieb in diesem Haus seine Komödie *„A Woman of no Importance"*, die schon im April 1893 auf die Bühne gebracht wurde.

1955 übersiedelte der irische Schriftsteller **Sean O'Casey** nach Torquay, wo er neun Jahre später im Alter von 84 Jahren starb. Der Kämpfer gegen die englischen Besatzer der Grünen Insel – so war *O'Casey* beispielsweise Sekretär der *Irish Citizen Army* – bestimmte in seinem Testament ausdrücklich, dass er „im verhassten England" begraben werden wollte.

1902 nahm **Rudyard Kipling** eine Wohnung im Seebad; hier entstanden u. a. seine Schulgeschichten *„Stalky and Co."*

Torquays berühmteste Literatin ist jedoch die am 15. September 1891 geborene *Agatha Marie Clarissa Miller*, die sich nach ihrem Mann **Agatha Christie** nannte und ihr Leben in Greenway House, nur einige wenige

... sondern auch Segeljachten

England, Süd

Kilometer südlich von Torquay, verbrachte.

Praktische Hinweise

Wenn nicht anders angegeben, befinden sich die nachstehend aufgeführten Adressen alle in Torquay.

Tourist Information
● Vaughan Parade, Tel. 0870/7070010.

Unterkunft

● *Livermead Cliff*, Torbay Road, Tel. 01803/299666, Fax 294496, enquiries@livermeadcliff.co.uk, DZ 82 £.
● *Lincombe Hall*, Meadfoot, Tel. 01803/213361, Fax 211485, lincombehall@lineone.net, DZ 76 £.
● *Oscars Hotel*, 56 Belgrave Road, Tel. 01803/293563, Fax 296685, reservations @oscars-hotel.com, DZ 53 £.
● *Frognell Hall*, Higher Woodfield Road, Tel. 01803/298339, Fax 215115, mail@frognel.co.uk, DZ 54 £.
● *Gresham Court Hotel*, Babbacombe Road, Tel. 01803/293007, Fax 215951, greshamcourthotel@hotmail.com, DZ 56 £.
● *Bed & Breakfast: Court Prior,* St. Lukes Road South, Tel./Fax 01803/292766, courtprior@lineon.net, DZ 40 £; *Cranmore,* 89 Avenue Road, Tel./Fax 01803/298488, dave@thecranmore.fsnet.co.uk, DZ 32 £; *Crown Lodge,* 83 Avenue Road, Tel./Fax 01803/298772, DZ 36 £; *Headland View,* 37 Babbacombe Downs Road, Babbacombe, Tel./Fax 01803/312612, briangallimore @headlandview.freeserve.co.uk, DZ 35 £.
● *Camping: Byslades Camping and Touring Park,* Totnes Road, Paignton, 01803/555 072, an der A 385 zwischen Paignton und Totnes.

Restaurants und Pubs
● *Table,* 135 Babbacombe Road, bestes Haus am Platze, zwischen 33 und 45 £.
● *Sinius,* Torwood Street, Italian Pizzeria, Pizzen und Pasta 6–8 £, Fisch- und Fleischgerichte 10–12 £, ein sehr großes Lokal.

● *Marina Restaurant,* Vaughan Parade, am inneren Hafenbecken nahe der Tourist Information, schöne Ausblicke beim Tafeln auf die vor Anker liegenden Yachten, Gerichte zwischen 7 und 15 £.
● *Pub The Cider Press,* Fleet Walk, gute Anlaufstelle entlang der Einkaufsstraße.
● *Chaplin's,* Union Street, Free House, weitgefächertes Lunch-Angebot mittags.
● *Bella Italia,* Union Street, für englische Verhältnisse gute Pizza und Pasta um 7 £.
● *Pub The Clocktower,* Torwood Street, gemütliche Kneipe in der Innenstadt.
● *Annie's Thai Restaurant,* Fleet Walk, im ersten Stock über einem Coffee Shop gelegen, gemütliches Lokal mit Ausblick auf die verkehrsberuhigte Einkaufsstraße, um 8 £.
● *Piazza,* Fleet Walk, kleine Bar, ab und zu Live-Music.
● *Kim Long,* Fleet Walk, vietnamesisches Restaurant, 7 £.
● *The Georgian Restaurant,* Torwood Street, internationale Gerichte und griechische Spezialitäten, 7–11 £.
● *Rotunda Restaurant,* Torwood Street, preisgünstige Hummer um 12 £.
● *Bianco's,* Torwood Street, ital. Restaurant, jedoch keine Pizzeria, um 14 £.
● Internet Café *The Net Zone,* 6 Newton Rd.

Rent-a-Bike
● *Colin Lewes,* 15 East Street, Torquay.
● *Cycle Hire,* Dartmouth Road, Paignton.
● *Mountain Bikes,* The Old Dairy, St. Mary's Road, Brixham.

Verbindung
● Torquay und Paignton sind im *Intercity-Netz, Züge* von Bristol, Exeter und Plymouth. *Busnetz* des National Express.

Dartmouth

1147 sammelten sich in dem natürlichen Hafen von Dartmouth, dem Mündungstrichter des River Dart, englische, französische, deutsche und flämische Schiffe, um zum Zwei-

ten Kreuzzug ins Heilige Land aufzu-
brechen. Zwischen 1488 und 1509
wurden zwei kleine unspektakuläre
Artilleriebefestigungen – **Dartmouth
Castle** und **Bayard's Cove Castle,**
deren Reste heute zu besichtigen sind
– zum Schutz gegen französische
Überfälle errichtet. *Thomas New-
comen of Dartmouth* (1663– 1729)
entwickelte Anfang des 18. Jh. die
erste industriell einsetzbare **Dampfmaschine** – heute zu besichtigen in
den Royal Avenue Gardens.

1905 wurde das hoch über Dartmouth gelegene **Royal Naval College** gegründet, eine Ausbildungsstät-
te für Seekadetten; *Königin Elisabeths*
Ehemann *Philip* und ihre drei Söhne
Charles, Andrew und *Edward* haben
hier ihren letzten militärischen Schliff
bekommen.

Zentrum der Stadt ist **The Quay** mit
einem kleinen quadratischen Hafenbecken, an zwei Seiten umstanden
von schönen, alten schwarzweißen
Fachwerkhäusern, an den beiden
anderen Seiten gesäumt von der
Seepromenade und einem kleinen
Park. Noch attraktiver ist **Butter-
walk,** bestanden von vielen alten,
gut restaurierten Gemäuern, die von
früheren Tagen künden.

Am schönsten ist es in Dartmouth
am frühen Abend, wenn man mit einem Bitter vom nahen **Pub Dartmouth Arms** am Kai auf den Bän-
ken der katzenkopfgepflasterten Straße Bayard's Cove sitzt und die glutro-
te untergehende Sonne das auf der
anderen Uferseite am baumbestan-
denen Hügel klebende Örtchen
Kingswear mit seinen bunten Häuschen beleuchtet.

Praktische Hinweise

Anreise

Von Brixham nimmt man die B 3205 zum
Örtchen Kingswear; wer nicht mit dem Auto
unterwegs ist, sollte die sorgfältig restaurierte
Schmalspureisenbahn benutzen, die fau-
chend und zischend von Paignton bis Kingswear ihre Rauchzeichen in die Luft lässt.

Von Kingswear geht es dann mit zwei
Fähren – *Lower Ferry* and *Higher Ferry* –
über den Mündungstrichter des River Dart
nach Dartmouth (Fährbetrieb tgl. zwischen 7
und 22.45 Uhr; während der Saison bilden
sich lange Autoschlangen vor den Fähranle-
gern, und man ist gut beraten, dann den
schnelleren Umweg von Torquay über Totnes nach Dartmouth zu machen).

Tourist Information

●**The Engine House,** Mayor's Avenue,
01803/ 834224.

Unterkunft

●**Stoke Lodge Hotel,** im Weiler Stoke Fle-
ming, Tel. 01803/770523, Fax 770851,
mail@stokelodge.co.uk, DZ 79 £.

●**Royal Castle Hotel,** 11, The Quay, Tel.
01803/833033, Fax 835445, enquiry@royal
castle.co.uk, DZ 90 £.

●**Endsleigh Hotel,** New Stoke Road, Fle-
ming, Tel. 01803/770381, Fax 770891, DZ
70 £.

●**Bed & Breakfast:** *Captain's House,* 18 Clarence Street, Tel. 01803/832133, enquiries
@captainshouse.co.uk, DZ 50 £; *Courtyard
House,* 10 Clarence Hill, Tel./Fax 01803/
835967, gailharvey@ukonline.co.uk, DZ 55 £.

Restaurants und Pubs

●**The New Angel,** South Embankment, Tel.
01803/839425, der vom Michelin mit zwei
Sternen geadelte Maitre *John Burton Race*
hat das weithin bekannte Restaurant *Carved
Angel* übernommen und umbenannt, hervorragende Küche mit den lokalen Produkten
der Umgebung, große Weinkarte, eines der
besten Lokale an der englischen Südküste.

England, Süd

●*Hooked – The Fish Restaurant,* Higher Street, exzellentes Seafood Restaurant, zweitbestes Lokal von Dartmouth, Reservierung empfohlen unter Tel. 01803/832022, Drei-Gänge Menü 30 £.

●*Room with a View – The Italian Connection,* South Embankment, ein sehr gemütliches italienisches Restaurant mit – wie der Name schon sagt – guter Aussicht auf den Hafen von Dartmouth, nahe dem Fähranleger, Pizzen, Pasta und Fleischgerichte zwischen 7 und 14 £.

●*Jonathan's,* Foss Street, sehr gemütliches Lokal mit leckeren Gerichten zwischen 9 und 14 £.

●*The Cherub,* Higher Street, schönster Pub im Ort, ein Free House im ältesten Gemäuer der Stadt, das niedrige efeuumrankte und blumengeschmückte Fachwerkhaus datiert aus dem Jahr 1320.

●*Shalimar,* Horn Hill, steile Treppengasse zwischen Fairfax Place und Higher Street, indische Spezialitäten, 7,50 £.

●*Tsang's Restaurant,* Fairfax Place, chinesisch, preisgünstiges Restaurant, 6 £.

●*Station Restaurant,* South Embankment, 8–13 £.

●*Bayard's Restaurant,* Bayard's Cove, gemütliches Lokal, um 13 £.

Verbindung

●Kein Bahnhof und keine Busse des National Express, *lokale Busse* von Torquay und Plymouth.

●*Schmalspurbahn* von Paignton nach Kingswear, von dort mit der Fähre nach Dartmouth.

Das Dartmoor

Wenn bei schönem Wetter ein paar weiße Kumuluswolken am blauen Himmel stehen, die Sonne auf die violette Heide scheint und deren Farbglanz noch verstärkt, wenn in der Ferne eine Herde Ponys im donnernden Galopp querfeldein stürmt und sich die Schafe wie weiße Farbkleckse an den grünen, sanft geschwungenen Hügeln ausnehmen, dann ist das Dartmoor eine zauberhafte Landschaft. Wirklich bedrohlich dagegen wirkt es, wenn plötzlich der Nebel aufzieht, die dunklen Wolken sich niedersenken, alles mit ihrem Tau einhüllen und jede Orientierung zunichte machen.

Der **Hund von Baskerville** durchstreift nächtens das nebelverhangene Dartmoor und heult klagend den ab und an von Wolkenfetzen verhan-

Wasserfall der Lydford Gorge

genen Mond an. Ein entflohener Sträfling aus *Dartmoor Prison* durchhastet das Sumpfgebiet, verfolgt von den Spürhunden der Konstabler – da bricht er ein und versinkt im Schlick; ein anderer irrt orientierungslos durch den dichten Nebel und steht nach vielen Stunden der Flucht wieder vor den Mauern des Gefängnisses – er war im Kreis gelaufen. Solcherart sind die Vorstellungen über das Dartmoor, die uns *Sir Arthur Conan Doyle* und *Edgar Wallace* hinterlassen haben.

Die geeignete Urlaubslektüre zwischen den Wanderungen ist ganz zweifellos *Sir Arthur Conan Doyles „Hund von Baskerville"*, wo es beispielsweise heißt: „Der Mond schien hell über der Lichtung, und da, in der Mitte, lag die unglückliche Maid, wie sie vor Erschöpfung und Angst tot zusammengebrochen war. Doch war es nicht der Anblick ihrer Leiche, noch der Anblick der Leiche Hugo Baskervilles, die in ihrer Nähe lag, bei welchem sich die Haare auf den Häuptern der drei gottlosen Raufbolde sträubten, sondern, dass über Hugo, an seinem Halse reißend, ein grässlich Ding stund, eine große schwarze Bestie von der Gestalt eines Hatzhundes, doch größer denn alle Hatzhunde so sterbliches Auge je erblickt. Und dieweil sie schauten, riss das Ding die Gurgel aus Hugo Baskerville, dann wandte es seine flammenden Augen und triefenden Fänge auf die Männer."

Das Dartmoor ist ein ca. 1000 qkm großes, einsames Heide- und Moorgebiet, wo aus den erikavioletten Flechten und dem gelben Ginster im-

England, Süd

mer wieder unvermittelt gewaltige **Steinauftürmungen** in die Höhe ragen. Diese so genannten *Tors* sind willkommene Orientierungspunkte für Wanderer.

Im Süden und Osten der Dartmoor-Region findet man eine sanftere Gegend vor, im Norden und Westen dagegen ist es rauer und schroffer. Das Zentrum dominiert ein großes Hochmoor, hier entspringen die kleinen **Flüsschen** Lyd, Tavy, Meavy, Walkham, Plym, Yealm, Erme, Avon, East und West Dart, Bovey, Teign, Taw und Okement, die alle, bis auf die beiden letztgenannten, im englischen Kanal münden und vielen Städtchen und Dörfern ihre Namen gegeben haben: Lydford, Plymouth, Yealmpton, Dartmouth, Dartmeet, North Bovey, Bovey Tracy, Teignmouth, Drewsteignton, Okehampton.

Fast überall stößt man auf **prähistorische Steinzirkel** oder auf die Reste ehemaliger neolithischer Ansiedlungen; das Dartmoor weist die größte Dichte an frühgeschichtlichen Monumenten in ganz England auf.

In Princetown gibt es ein ausgezeichnetes **Information Center,** das sachkundige und ausführliche Informationen über diese hochinteressante Gegend vermittelt.

In der Nähe von Princetown, im Zentrum des Dartmoors, befindet sich das berühmt-berüchtigte **Her Majesty Prison.** 1806 zogen die ersten Gefangenen aus den Napoleonischen Kriegen in das Gefängnis ein, ab 1850 dann wurde es für den normalen Strafvollzug genutzt. Im Frühjahr 1901 kam *Sir Conan Doyle* in das 1000-Seelen-Örtchen Princetown,

logierte im Rowe's Duchy Hotel und machte sich auf Wanderungen mit dem Dartmoor vertraut. Ein Jahr später erschien sein Roman „*The Hound of the Baskerville*".

Bei Yelverton, zwischen Tavistock und Plymouth, liegt **Buckland Abbey.** Die im Jahre 1278 gegründete Zisterzienserabtei kam nach der Reformation von *Heinrich VIII.* an *Sir Richard Grenville,* der das Kloster samt Kirche erst einmal für seine Bedürfnisse umbauen ließ. Dann aber gefiel ihm sein Landsitz nicht mehr, und 1581 verkaufte er das Anwesen an *Sir Francis Drake.* Heute hat der National Trust hier ein kleines **Marinemuseum** eingerichtet, das natürlich besonders an den legendären Seebären *Francis Drake* erinnert (NT, April bis Okt. tgl., außer Do, 10.30–17.30 Uhr, Nov. bis März Sa/So 14–17 Uhr).

Eine große **Ringstraße** – bestehend aus der A 38, A 30 und A 386 – umrundet den unter Naturschutz stehenden *Dartmoor National Park,* und eine **Nord-Süd-** (B 3212) und eine **West-Ost-Verbindung** (B 3357), die sich im Zentrum bei Two Bridges treffen, kreuzen die Region. Wer das Dartmoor nicht auf Wanderungen erkunden will, sollte auf dem Weg nach Plymouth wenigstens hindurchfahren, um einen Eindruck von der rauen Schönheit der Landschaft zu erhaschen. Von Exeter kommend, eignet sich die landschaftlich sehr schöne B 3212; von Torquay sollte man auf der Ost-West-Route (B 3357) über Two Bridges nach Tavistock und von dort dann nach Plymouth fahren.

Burgh Island

Einige Kilometer vor Plymouth liegt abseits der A 379 am Meer der Weiler **Bigbury-on-Sea.** Während der Saison wird man auf einen großen Parkplatz oberhalb des schönen Strandes gelotst, und von dort sieht man sie schon: Burgh Island. 400 oder 500 m vor der Küste liegt eine kleine Insel wie ein Buckelwal im türkisblauen Wasser. Doch damit nicht genug: Auf Burgh Island gibt es ein kleines Hotel im schönsten Art-Deco-Stil. Wer in dem atmosphärereichen Hotel auf dem Inselchen übernachten möchte, der sollte vorbuchen: **Burgh Island Hotel,** Tel. 01548/ 810514. *Agatha Christie* schrieb hier zwei ihrer Romane und ließ sich von der Örtlichkeit inspirieren.

Bei Ebbe marschiert man per pedes nach Burgh Island hinüber, bei Flut hingegen wird es pittoresk: Dann nämlich rattert der *Sea Tractor* – ein mit dicken Gummireifen bestückter, hochbeiniger Karren – durch die niedrigen Fluten und hält die Verbindung mit dem Festland aufrecht.

Auf einen Besuch der Insel sollte man nicht verzichten; es lockt nämlich auch der **Pub The Pilchard Inn,** ein Free House aus dem 14. Jh. Eltern werden zu schätzen wissen, dass der Pub-eigene Strand ungefährlich und ideal für die Kleinen ist.

Von der Taverne wie auch vom Hotel hat man einen schönen Blick auf die hohen Klippen der Küste östlich und westlich von Bigbury.

England, Süd

Burgh Island

Plymouth

Seit frühester Zeit ist Plymouth eng mit den maritimen Ambitionen Englands verbunden. 1231 taucht der Name erstmals in den Chroniken auf; zur Zeit *Wilhelm des Eroberers* lautete der Eintrag im Doomsday Book noch auf den Namen des Fischerörtchens Sutton, an das heute der gleichnamige Hafen erinnert. Schon während des **Hundertjährigen Kriegs** (1338–1453), in dem England für seinen Anspruch auf die französische Krone focht, liefen die Schiffe von Plymouth nach Frankreich aus. Von hier segelte auch *Eduard, der Schwarze Prinz,* mehrfach über den Kanal; schon im Alter von 16 Jahren kämpfte er so mutig gegen die Franzosen, dass er seinen furchteinflößenden Beinamen bekam, der sich auf die Farbe seiner Rüstung bezog.

Die größte Bedeutung hingegen erlangte Plymouth in der elisabethanischen Ära. Von Plymouth aus brach **Francis Drake** 1577 zu seiner Weltumseglung auf; drei Jahre später kehrte er zurück – begeistert begrüßt von den Bürgern der Stadt. Tief lag die Golden Hind im Wasser, schwer wog das Gold der gekaperten spanischen Galeonen. Elf Jahre später führte *Drake* die englische Flotte von Plymouth aus der angreifenden Spanischen Armada entgegen. Auch für die anderen *Devon Sea Captains* – *Frobisher, Hawkins* und *Raleigh* – war Plymouth Heimathafen.

Im Jahre 1620 fuhr die **Mayflower,** von Southampton kommend, in den sicheren Hafen ein, fasste hier noch einmal Proviant und segelte dann auf die Neue Welt zu. Im folgenden Jahrhundert startete **James Cook** seine Weltumseglungen in Plymouth, und

Am Hafen in Plymouth

auch der Südpolarforscher **Robert Falcon Scott** begann von Plymouth aus seine tragisch verlaufende Antarktisexpedition. Zu guter Letzt war es **Sir Francis Chichester,** der an die großen maritimen Traditionen anknüpfte und als Einhandsegler 1966 von Plymouth aus zu seiner Weltumseglung aufbrach.

Flair und Atmosphäre sowie Reminiszenzen an vergangene Tage findet der Besucher heute nur noch am Hafen. Die schweren Bombardierungen im Zweiten Weltkrieg haben kaum etwas unverschont gelassen, und Plymouth präsentiert sich weitgehend in grauer Betonarchitektur.

Prachtvoll grün und mit Denkmälern aller Art bestanden ist **The Hoe,** jener legendäre Platz, an dem man *Drake* – gerade beim Bowling-Spiel – die in den Englischen Kanal einlaufende Armada meldete. *Sir Francis Drake* – „man kann sich die Haltung des gemächlichen Kugelwerfers vorstellen, wie er sein Holz wiegt und dabei den Pflock anvisiert, man hört das Echo des schleppenden Tonfalls aus dem Westland" – sprach: „Wir haben Zeit genug, unser Spiel zu beenden und außerdem noch die Spanier zu schlagen!" Der amerikanische Historiker *Garret Mattingly*, der einen fulminanten Bericht über die Armada geschrieben hat, bemerkt zu dem Wahrheitsgehalt dieser berühmten Überlieferung: „Die Worte passen zu Drake, sie atmen seinen Anflug von Prahlerei und seinen Sinn für einen vertraulichen Scherz, der die Spannung löst." Wie *Mattingly* recherchiert hat, wurde *Drake* die Nachricht über die feindliche Flotte

gegen drei Uhr nachmittags überbracht. Zu dieser Zeit lief gerade die Flut in den Sund von Plymouth ein, und zusätzlich drückte ein starker Südwestwind auf die Hafeneinfahrt. Bei solchen Wetterkonditionen war es nicht nur schwierig, sondern überdies auch gefährlich, auslaufen zu wollen. *Drake* wäre ein schlechter Seefahrer gewesen, hätte er dies nicht augenblicklich erkannt. Erst nach 22 Uhr am Abend, bei kräftig ablaufender Ebbe, machte sich die Flotte auf den Weg in die Schlacht. „Es war also noch genügend Zeit, die begonnene Runde Bowling zu beenden."

Einträglich nebeneinander stehen auf dem Hoe das Kriegerdenkmal der Marine, das Armada-Denkmal und auch die **Figur von Sir Francis Drake** nebeneinander. Der große Seebär trägt seinen Degen an der Seite und hat die Hand so auf einen Globus gelegt, als wollte er den Anspruch seines Landes auf die weltweite Seeherrschaft bekräftigen. Er trägt der Mode der damaligen Zeit entsprechend kurze Pluderhosen mit Strickstrümpfen und hält mit stolzgeschwellter Brust siegessicher nach den feindlichen spanischen Schiffen Ausschau.

Rotweiß geringelt ragt hier auch **Smeaton's Tower** auf, einer der ersten Leuchttürme, die einst die englische Küste sicherten. Früher versah er seinen Dienst vor den Eddystone Rocks im Plymouth-Sund. Man kann das *Lighthouse* bis zur oberen Plattform besteigen, hat von dort oben natürlich einen guten Ausblick, schaut nach Osten auf den *Sutton*

Francis Drake und die Spanische Armada

Wann genau *Francis Drake* das Licht der Welt nahe dem Örtchen Tavistock in Devon erblickte, wissen wir nicht; unterschiedliche Quellen datieren seine Geburt auf die Jahre 1540, 1543 oder 1545.

Francis war freibäuerlicher Herkunft und wurde im frommen protestantischen Sinne erzogen. Unter dem Sklavenkapitän *John Hawkins*, mit dem seine Familie entfernt verwandt war, lernte er den Seefahrerberuf und zeichnete sich bereits mit Anfang 20 als Kapitän der „Judith" im Golf von Mexiko gegen die Spanier aus.

1572 plünderte *Drake* mit nur einem Schiff in einem Anfall von Tollkühnheit die spanische Karibikniederlassung Nombre de Dios, segelte durch den Isthmus von Panama und fügte der spanischen Flotte schwere Schäden zu. Sein größter Erfolg war die Kaperung einer spanischen Galeone, die Silber im Wert von 40.000 Pfund an Bord hatte.

Am 13. Dezember 1577 stach *Francis Drake* nach finanzieller Unterstützung durch *Elisabeth I.* auf seiner „Golden Hind" und mit vier weiteren Schiffen in See und umsegelte als erster Engländer die Welt. Während seiner Fahrt brachte er eine Anzahl spanischer Schiffe auf und kehrte 1580 mit reicher Beute wieder nach England zurück; nicht nur Gold und Silber, sondern auch Tabak und Kartoffeln füllten den Laderaum, und die Golden Hind lag tief im Wasser, als der umjubelte Kapitän mit seiner kleinen Flotte in dem Hafen von Plymouth einlief. Auf Anweisung von *Elisabeth* sollte sein Schiff als nationales Denkmal erhalten bleiben, und für seine mutigen Taten adelte die Königin den tapferen Seebären.

Der spanische König schäumte vor Wut, war gereizt wie ein wütender Stier und befahl die Aufstellung der Armada, um England in die Knie zu zwingen. Ein solch gewaltiges Vorhaben konnte jedoch nicht lange geheim bleiben, und am 19. April 1587 drang *Drake* mit 30 Schiffen in den Hafen von Cadiz ein; hier lag ein großer Teil der bereits fertiggestellten Armada. *Drake* beschoss die Schiffe und setzte sie in Brand. Nach seinen eigenen Worten „versengte er dem König von Spanien damit den Bart", als er über 1000 t Schiffsraum zu den Fischen schickte.

Die Seeschlacht mit der spanischen Armada

Ein Jahr später segelte die gewaltige spanische Armada dann auf England zu, und unter dem Kommando von *Lord Howard* trat *Drake* als Vize-Admiral in die Seeschlacht ein.

Während es früher so war, dass die Schiffe sich mit ihren Bugspießen zu rammen versuchten, wobei dann die Mannschaften auf das feindliche Deck enterten und der Kampf Mann gegen Mann losbrach, ließ sich dies nun aufgrund der gewaltigen Menge an Schiffen nicht bewerkstelligen. Es galt nun nicht mehr der Kampf Schiff gegen Schiff, sondern Flottenverband gegen Flottenverband.

Um 9 Uhr morgens am 31. Juli 1588 griff *Lord-Admiral Howard* auf seinem Flaggschiff „Ark Royal" die nördliche Spitze des spanischen Halbmonds an, an der die „Rata Coronada" segelte. Beide wechselten einige Breitseiten, kamen sich jedoch aufgrund der Windverhältnisse nicht nah genug, und niemand wurde verletzt.

Als die halbmondförmige Schlachtenreihe neu gebildet wurde, stieß das Flaggschiff des andalusischen Geschwaders, die „Nuestro Señora del Rosario", mit einem anderen Segler zusammen und wurde manövrierunfähig; kurz darauf explodierte die Pulverkammer der „San Salvador". Während die Spanier Rettungsmaßnahmen einleiteten und dann in Formation weitersegelten, hielten die englischen Kapitäne auf dem Flaggschiff Kriegsrat.

Francis Drake sollte in der kommenden Nacht die Verbindung zur Armada halten, während sich die englische Flotte an seiner Heckleuchte orientieren konnte – und so segelte man in die Nacht hinein!

Als dann die Morgendämmerung kam, sah *Lord Howard* an Bord des Flaggschiffes entsetzt, dass er der Hecklaterne des gegnerischen Flaggschiffs gefolgt war und inmitten des spanischen Halbmonds segelte. Von *Drake* fand sich weit und breit keine Spur, von der englischen Flotte sah man nur einige Mastspitzen in weiter Ferne über die Erdkrümmung ragen. Die Engländer wendeten und gaben Fersengeld.

Francis Drake war in der Nacht angeblich zufällig auf die manövrierunfähige „Nuestra Señora de Rosario" gestoßen und hatte dort eine Prise gemacht, was ihm später allerdings nicht ganz geglaubt wurde.

Einen Tag später lag die Armada dicht vor der Küste, und *Howard* wollte sie von der Seeseite her an der Flanke angreifen. Es entspann sich ein heftiges Gefecht, Engländer wie Spanier feuerten aus allen Rohren Breitseiten, kein Matrose hatte je etwas ähnliches erlebt, und die Befehlshaber der einzelnen Verbände wussten eigentlich gar nicht so recht, was sie genau tun sollten, keine Seite konnte Erfolge verbuchen. Die Engländer benötigten dringend neue Munition und Pulver, und auch bei den Spaniern wurden die Kugeln knapper. Weiterhin hielten die Spanier ihre behäbige halbmondförmige Schlachtenreihe bei – unter seglerischen Gesichtspunkten ein Glanzstück –, welche die schnelleren und wendigeren, dafür leichteren englischen Segler nicht auseinanderbringen konnte. So fuhren die Flotten weiter entlang der Südküste gen Osten, und die Armada erreichte Calais, wo sie vor Anker ging, um sich mit den in Holland und Belgien stationierten spanischen Landtruppen zu koordinieren.

Die Engländer wussten, dass Gefahr im Verzug war und hatten schnell die rettende Idee, um die ankernde Flotte anzugreifen: Brander! Acht Schiffe wurden entladen und dann mit schnell brennbarem Material gefüllt, die Kanonen erhielten eine doppelte Ladung Pulver und Kugeln, der Wind war günstig und die vollgetakelten brennenden

Geisterschiffe, immer zwei nebeneinander, stoben auf die Armada zu. *Medina Sidonia,* der spanische Admiral der Armada, ließ schnell Pinassen ausschwärmen, um die fliegenden Holländer vom Kurs abzubringen. Das gelang bei den ersten beiden, doch als die zweite Reihe herankam, explodierten die Kanonen, und die Mannschaften auf den Pinassen brachten sich in Sicherheit. Ungehindert rauschten die Brander auf die Armada zu. Hier brach nun Panik aus, niemand folgte den vernünftigen Befehlen von *Medina Sidonia,* die spanischen Schiffe gingen an den Wind und strebten in alle Richtungen auseinander, liefen zum Teil auf Sandbänke oder strandeten an Felsen – die Ordnung war gebrochen.

Am nächsten Morgen ging *Howard* zum Kampf, fand zu seiner Freude jedoch nur einige Schiffe vor, auf die er Breitseiten niederprasseln ließ; im Verlauf des Tages kamen weitere spanische Segler in den engen Kanal zurück und wurden von den Engländern mit weiteren Breitseiten empfangen. Mitten in die Kämpfe sauste nun ein Sturm mit wolkenbruchartigen Regenfällen hinein, und schwer angeschlagen, mit Tausenden von Toten und Verwundeten, ohne Munition, mit lecken Schiffen, zerstörten Aufbauten, wenig Lebensmitteln und fauligem Trinkwasser entkamen die Reste der stolzen Armada.

Wie ging es weiter mit *Sir Francis Drake?* Nachdem sich der erst einmal ausgiebig in seinem Ruhm gesonnt hatte, unternahm er weitere Kaperfahrten und machte sich dann zusammen mit *John Hawkins* wieder in die Karibik auf, um spanische Stützpunkte zu überfallen und den Spaniern das Gold und Silber abzujagen. Die beiden fähigen Kapitäne behinderten sich jedoch gegenseitig, und das einstige Lehrer-Schüler-Paar zerstritt sich so heftig, dass der Expedition kein Erfolg beschieden war. Aus Gram hierüber, so heißt es, sei *Sir Francis Drake* am 28. Januar 1596 in Portobello gestorben; doch war es wohl nicht nur Gram, sondern auch die Ruhr hatte ihren Anteil am Tod des Helden.

Harbour und in die andere Richtung auf die *Great Western Docks.* Bei schönem Wetter kann man auf dem Hang von The Hoe sitzen, in die Picknick-Sandwiches oder die Hühnerkeule beißen und dabei dem Schiffsverkehr zuschauen.

An der Südspitze von The Hoe gibt der neue **Plymouth Dome** mit der audiovisuellen Mediashow „The Plymouth Story Past and Present" Einblicke in die maritime Vergangenheit und Gegenwart der Stadt.

Im Rücken von The Hoe schließt sich die Neustadt von Plymouth mit ihrem schachbrettartigen Straßenraster an. Am Platz Charles Cross erinnert die **Ruine der Charles Church** an die Toten der Bombenangriffe.

Folgt man der Promenade Madeira Road gen Osten, so passiert man die mächtige **Zitadelle** und flaniert dann am Sutton Harbour entlang ins alte **Hafenviertel Barbican.** Hier findet man die **Mayflower Steps,** jene Stelle, an der die Pilgerväter die Leinen lösten und ab in die Neue Welt segelten. Die neueste Attraktion ist seit Mai 1998 das **National Marine Aquarium** (tgl. 10–18 Uhr), das dem Besucher tiefe Einblicke in die geheimnisvolle Unterwasserwelt ermöglicht. Beachtung schenken sollte man im Barbican aber auch dem alten **Elizabethan House** in der katzenkopfgepflasterten New Street, das aus der Ära der Königin datiert.

Praktische Hinweise

Tourist Information
● **Plymouth Mayflower Centre,** 3–5 The Barbican, Tel. 01752/306330.

Unterkunft
● **Novotel Plymouth Hotel,** Marsh Mills, Tel. 01752/221422, Fax 223922, h0508 @accor-hotels.com, DZ 64 £.
● **Bed & Breakfast:** *Squires,* 7 St. James Place, The Hoe, Tel./Fax 01752/261459, DZ 42 £; *Caraneal,* 12 Pier Street, West Hoe, Tel. 01752/663589, Fax 212871, caranealhotel@hotmail.com, DZ 38 £; *Jewell's,* 220 Citadell Road, The Hoe, Tel./Fax 01752/254760, DZ 35; *Citadel House,* 55 Citadell Road, The Hoe, Tel. 01725/661712, Fax 202192, info@citadelhouse.co.uk, DZ 35 £.

Pubs und Restaurants
● **Chez Nous,** 13 Franckfort Gate, 01752/266793, bestes Haus am Platze und eines der besten Restaurants in Südengland, mit großer Weinkarte, 34–62 £.

Alle weiteren genannten Lokalitäten nun im Barbican-Viertel am Hafen:

● **The Ship,** Quay Road, Pub mit angeschlossenem Restaurant im ersten Stock.
● **The Dolphin,** Southside, ehemalige Hafenarbeiterkneipe, kleine Snacks.
● **Himalaya Spice Indian Restaurant,** New Street, neben dem Elizabethan House, preiswerte, empfehlenswerte indische Küche in einem Fachwerkhaus aus dem 16. Jh.
● **Bites,** Quay Road, kleine Sandwich-Bar, im Sommer kann man seine Brote draußen mit Blick auf den alten Hafen genießen.
● **Admiral MacBride,** Barbican, Hafenpub.
● **Strand Tea Room,** New Street, gemütliche Teestube.
● **Bella Napoli,** South Side, italienisches Restaurant 6 bis 11 £.
● **Seafood & Pasta,** Quay Road, kleines ansprechendes Lokal mit Pasta-Gerichten um 7 £, Fisch und Meeresfrüchte bis 14 £.
● **The Thai House Restaurant,** Notte Street, preiswerte thailändische und vietnamesische Gerichte, auch vegetarisch, 6–9 £.
● **Crap Computer & Internet Café,** 32 Franckfort Gate.

Verbindung
● Im **Intercity-Netz,** weiterhin **Züge** von Exeter, Torquay, Truro und Penzance.
● im **Busnetz** des National Express.

Das Eden Project

Zwischen Plymouth und St. Austell, südwestlich von Plymouth und nordöstlich von St. Austell, liegen die *riesigen Gewächshäuser* des Eden Project. In einem 60 m tiefen Krater wurden eine Reihe von Gewächshäusern hineingebaut, deren reiche Pflanzenwelt die Tropen und die Subtropen dokumentieren. Auf 12 ha oder einer Größe von fast 30 Fußballfeldern wachsen Pflanzen aus Amazonien, Afrika, Malayia und Ozeanien, so etwa Gummibäume, die Kautschuk geben, Aakao, Vanille, Orchideen und Bambus. Auch die Klimazonen von Kalifornien, Südafrika und den Mittelmeerländern sind vertreten. 175 Mio. Pfund hat das ungewöhnliche und sehr sehenswerte Project verschlungen und der Besucher weiß das Geld gut angelegt.

Anreise: Von der A 30, A 390 und A 391 ist das nordwestlich von St. Austell liegende Areal ausgeschildert.

Öffnungszeiten: März–Okt. 10–18 Uhr; Nov.–März 10–16.30 Uhr.

Polperro, Fowey, Mevagissey und St. Mawes

Von Plymouth geht es auf einer hochgelegenen Brücke, die den River Tamar überspannt und von der man einen phantastischen Ausblick hat, hinein in Englands westlichstes County, nach **Cornwall.**

Irgendwann sollte man von der A 38 nach Süden abbiegen, um ans Meer zu kommen. Über die Küstenstraße geht es dann vorbei an den beiden Örtchen East und West Looe,

England, Süd

Am Hafen von Polperro

199

deren Häuser sich links und rechts einer Flussmündung entlangziehen, nach Polperro, einem der vielen kleinen museal und wenig lebendig wirkenden Fischerdörfer Cornwalls.

Polperro

Schon der werbewirksam gemeinte Beiname *Historic Fishing Village* lässt bei genauer Analyse eher Schlimmes ahnen. Ein kleines Heer an Ordnern lotst die Autofahrer und die Konvois der Touristenbusse auf mehrere **Großparkplätze,** wo bereits erste Souvenirhändler am Massenansturm zu partizipieren suchen, und dann spaziert der Besucher zu Fuß, an schönen Tagen zusammen mit einigen tausend anderen Ausflugswilligen, nach Polperro hinein. Wer fußfaul ist, kann sich auch mit der Kutsche bis nahe ans Wasser bringen lassen.

Im Frühjahr und Sommer des Jahres 1918 muss es noch gemächlicher in Polperro zugegangen sein, denn in jener Zeit nahmen *Vita Sackville-West* und ihre Geliebte *Violet Trefusis* „in vollständiger Freiheit des Ganzen" Quartier im kleinen Örtchen.

In dem **winzigen Hafen** von Polperro dümpeln einige Bötchen und Yachten vor sich hin; bei Ebbe liegen die Schifflein wenig elegant und platt im schwarzen Schlick, aus dem modriger Fischgeruch aufsteigt. Hier sorgt der 400 Jahre alte **Pub The Three Pilchards** noch für ein wenig Schmugglerromantik; die Freihändler Polperros waren derart berüchtigt, dass im 19. Jahrhundert auf königliche Anordnung hin ein erster Trupp Zöllner in den Ort verlegt wurde.

Ebenfalls am Hafen gibt das **Free House Blue Peter,** erbaut im 16. Jh., Eindrücke, wie in früheren Tagen eine Fischerkneipe einmal ausgesehen haben könnte.

Die engen, holprigen Straßen, übervoll mit Besuchern, sind gesäumt von zahlreichen Pubs, Restaurants, Kaffee- und Teestuben, Andenkengeschäften, Fish-and-Chips-Buden sowie von mobilen Sonnenbrillen- und Plastiksandalenständen; auf den ersten Blick erscheint alles mal pittoresk, mal gemütlich; doch kann man sich des Eindrucks nicht erwehren, dass hier vor allem ein schnelles Pfund gemacht werden soll.

So verlässt man rasch diesen Ort und fährt zum nächsten Dorf, in der Hoffnung, dass es dort weniger pittoresk zugeht, es weniger *beautiful* und *cosy* ist, stattdessen etwas handfester.

Fowey

Mit Freude entdeckt man dann, dass in den engen Straßen und am Kai von Fowey an schönen sonnigen Tagen eine heiter-mediterrane Stimmung herrscht. Hierher hat uns die kleine **Fähre von Bodinnick** (dort befindet sich das ausgezeichnete, 400 Jahre alte Free House *Old Ferry Inn*) gebracht, die den Verkehr über den Mündungstrichter des River Fowey aufrechterhält.

Am **Town Quay** dann geht es geschäftig zu, man schaut neidisch den Seglern nach, blickt auf die bewaldeten Hügel an der anderen Seite des Flusses, erfreut sich dort am Anblick der bunten Häuser von Polruan, isst einen Snack oder trinkt ein Bitter draußen vor dem gemütlichen Pub mit dem für britische Verhältnisse seltsamen Namen *The King of Prussia.* Auch die Taverne *The Galleon* sorgt für Speise und Trank, guten Fisch gibt es im Restaurant *Food for Thought,* dem besten Haus am Platze.

Im Mittelalter war Fowey berüchtigt für seine **Seeräuber,** die vor allem französische und spanische Handelsschiffe kaperten. Franzosen wie Spanier schickten daraufhin ein um das andere Mal Strafexpeditionen aus, und bei einer dieser Übergriffe wurde das Örtchen der frechen Einwohner niedergebrannt.

Daphne du Maurier (1907 – 1989) hatte die Ehre, in den 1930er Jahren häufig zum Tee in das Haus von *Sir Arthur Quiller-Couch* gebeten zu werden, zu dem „großen Mann", wo sie sich bemühte, „keinen schäbigen Eindruck zu hinterlassen". Der Professor für Literatur ist in England für sein bisher fast eine Million Mal verkauftes „Oxford Book of English Verse" bekannt sowie auch für eine ganze Anzahl weiterer Anthologien. Nach seinem Tod 1944 stellte *Daphne du Maurier* seinen unvollendet gebliebenen Roman „*Castle Dore*" fertig, so wie *Quiller-Couch* das Romanfragment „St. Ives" von *Robert Louis Stevenson* vollendet hatte.

Von Fowey aus unternahm die Schriftstellerin Wanderungen in die Umgebung und entdeckte dabei **Menabilly,** ein schönes Herrenhaus aus dem 16. Jh., das sie sehr bewunderte. Ein paar Jahre später heiratete sie dessen Besitzer *Sir Frederick Browning*. So kam es, dass „in vierzehn Jahren die Stimmen meiner drei Kinder durch das Haus klingen, meine Möbel die Räume füllen würden und ich 1937/38 einen Roman mit dem Titel Rebecca schreiben sollte, in dem alle meine Eindrücke

England, Süd

Am Quay in Fowey

von 'Menabilly' ihren Niederschlag fanden." Und in der Tat ist Manderley, das Haus im Roman *„Rebecca"*, ganz nach Menabilly modelliert.

Mevagissey

Im Gegensatz zu Polperro ganz erträglich ist der Fischerort Mevagissey, der von der Anlage zwar ähnlich, aber nicht so puppenstubenhaft, weit weniger von Besuchern überlaufen und somit weniger kommerzialisiert ist. Auch hier gibt es ein **kleines Hafenbecken** mit engen Straßen drumherum. Mit ein wenig Phantasie kann man sich die längst vergangenen Tage vorstellen, an denen die Fischer morgens mit ihren Luggern zum Sardinenfang ausfuhren, abends dann am Hafenkai den Fang anlandeten, der gleich von den Frauen weiterverarbeitet wurde.

George Bernard Shaw verbrachte die Sommer 1906 und 1907 im Örtchen; hier arbeitete er an dem Stück *„The Doctor's Dilemma"* (dt. *„Der Arzt am Scheideweg"),* in dem er einen staatlich organisierten Gesundheitsdienst fordert und die Geschäftemacherei der Ärzte anprangert.

Im **Shark Fin's Restaurant** unmittelbar am Hafen gibt es fangfrische Meeresfrüchte sowie Lamm- und Geflügelgerichte bis 18 £.

St. Mawes

Letztes kleines Örtchen entlang des Küstenbogens ist nun St. Mawes, das an der Spitze der kleinen Roseland Peninsular – sieht man einmal von den Monaten Juli und August ab

– seinen Dämmerschlaf hält. Wieder einmal auf *Heinrich VIII.*, der ja die gesamte Südküste mit Verteidigungsanlagen bestücken ließ, geht die Burganlage **Mawes Castle** zurück, die zusammen mit ihrem Pendant **Pendennis Castle** im heutigen Falmouth auf der anderen Uferseite der Carrick Roads jedem invasionsfreudigen Franzosen die Einfahrt in den Sund unmöglich gemacht hätte. Kreisrund ist Mawes Castle, zur Meerseite hin dann sitzt ein kleiner Ausguckturm recht keck auf dem Mauerkranz. Zwischen Falmouth und St. Mawes verkehrt eine kleine Personenfähre.

Angenehm ist in Mawes ein Spaziergang vom Hafen entlang des Wassers und langsam aufsteigend zur runden Burganlage. Zwei, drei gemütliche Pubs, zwei, drei kleine Restaurants mit Wohnzimmeratmosphäre sorgen für leibliches Wohl. Wem der Sinn nach Ruhe steht, der ist hier am richtigen Ort.

Falmouth

Am schönsten ist es in Falmouth, wenn man oben auf dem Hügel von **Pendennis Castle** steht, Stadt und Hafen dem Besucher zu Füßen liegen, weite Blicke über das blaue Meer schweifen und man den Schiffen im englischen Kanal nachschaut. Pendennis Castle, das Gegenstück zu St. Mawes, schützt seit 1546 die Einfahrt in die Carrick Roads.

Ende des 17. Jh. avancierte Falmouth zur zentralen Poststation, hier legten die Windjammer aus der Neuen Welt an, deren Postsäcke dann mit Kutschen nach London befördert wurden. Aber auch für die Handelsschifffahrt war Falmouth mit seinem großen **geschützten Naturhafen** eine der wichtigsten Anlegestellen in England und hatte zeitweise nach London den höchsten Warenumschlag. Mit dem Aufschwung der von Dampfmaschinen angetriebenen Schiffe ging es dann mit dem Hafen von Falmouth bergab. Stattdessen wurde bei Plymouth eine Brücke über den Mündungstrichter des River Tamar geschlagen, und nun kam die Eisenbahn nach Falmouth. Die brachte sommertags Ausflügler und Badegäste mit, wodurch wieder ein Aufschwung erreicht wurde.

Vom **Custom House Quay** verkehren die Fußgängerfährboote zum Örtchen St. Mawes auf der anderen Seite der Carrick Roads. Hier am Kai kann man auch wieder einmal eine Kuriosität bestaunen: In einem hohen Kamin, **The King's Pipe** genannt, verbrannten die Zöllner während der vergangenen Jahrhunderte Schmuggelware wie zum Beispiel Tabak.

Gleich am Anfang des Hafengebietes, am Discovery Quay, macht das hochinteressante **National Maritime Museum** mit der Geschichte der Seefahrt in Großbritannien vertraut (tgl. 10–17 Uhr).

Praktische Hinweise

Tourist Information

● 13 Market Strand, Price of Wales Pier, Tel. 01326/312300.

Blick über Falmouth vom Castle Hill

England, Süd

Unterkunft

● *Falmouth Hotel,* Castle Beach, Tel. 01326/312671, Fax 319533, info@falmouth hotel.com, DZ ab 65 £.

● *St. Michael's of Falmouth,* Gyllyngvase Beach, Seafront, Tel. 01326/312707, Fax 211772, DZ ab 66 £.

● *Bed & Breakfast: Gayhurst,* 10 Pennant Road, Tel. 01326/315161, jfgriffin@hotmail. com, DZ 38–46 £; *Ivanhoe,* 7 Melville Road, Tel./Fax 01326/319083, ivanhoe@enter prise.net, DZ 44–50 £.

● *Camping: Maen Valley Holiday Park,* Blickland Water Road, Tel. 01326/312190, Fax 211120, maenvalley@aol.com; von der A 39 am Hillhead Roundabout der Penryn-Umgehungsstraße den Hinweisschildern Maenporth und Industrial Estate folgen, Platz dann nach 2 km rechterhand.

Pubs und Restaurants

● *Seafarer's Restaurant,* 33 Arwenack Street, Tel 01326/319851, gutes und gemütliches Seafood Restaurant, Muscheln und Austern als Vorspeise zwischen 4 und 6 £, Hauptgerichte bis 15 £, auch Lamm und Geflügel.

● *Pipeline,* Church Street, im ersten Stock, man läuft leicht am Eingang vorbei, Tel. 01326/312774, preiswerte Gerichte zwischen 4 und 8 £, Spezialitäten bis 14 £.

● *Café-Restaurant No. 33,* 33 High Street, Tel. 01326/211944, sehr gemütliches Lokal mit frischem Fisch, Meeresfrüchten, Lamm und vegetarischen Speisen, Hauptgerichte zwischen 11 und 14 £.

● *Da Vinci,* 35 High Street, alteingesessene Pizzeria, Pizzen 6 bis 8 £, Pastas 7 bis 9 £.

● *Thai Orchard,* High Street, gegenüber von Café No. 33, preiswerte thailändische Küche zwischen 7 und 9 £.

● *The King's Head,* am Übergang von der Arwenack in die Church Street, alter charaktervoller Pub.

● *The Grapes Inn,* Church Street, freundliche, blumengeschmückte Kneipe mit Lunch-Gerichten zur Mittagszeit.

● *Finn M'Coul's,* Killigrew Street, gemütlicher irischer Pub mit Guinness vom Fass.

● Internet-Café *Net 1,* 10 The Moor.

Verbindung

● *Züge* von Penzance, Truro, Newquay, Plymouth, St. Ives.

● im *Busnetz* des National Express.

St. Michael's Mount

Von Falmouth geht es über die A 394 durch den Norden der Lizard-Halbinsel und dann entlang des Meeresgestades, bis man auf einer kleinen Insel ein paar hundert Meter vor der Küste eine Burg aufragen sieht. Das ist St. Michael's Mount, das englische Gegenstück zum französischen Mont St. Michel (NT, März bis Okt. Mo–Fr 10–17 Uhr).

Im Jahre 495, so heißt es in der *Chronik der Felseninsel,* soll den Fischern der *hl. Michael* erschienen sein, fortan galt der Platz als heiliger Ort, und einige keltische Mönche pflegten hier das monastisch geprägte frühe Christentum. Nachdem der Normanne *William the Conqueror* 1066 den Sprung über den Kanal nach England wagte, überließ er den bretonischen Benediktinermönchen des Mont St. Michel die Bruderabtei, und 1135 gingen die gläubigen Männer bald daran, Baumaßnahmen durchzuführen. St. Michael's Mount avancierte zu einer der Stationen des irisch-schottisch-englischen Pilgerwegs bis ins spanische Santiago de Compostela. *Heinrich VIII.* dann beendete die religiöse Nutzung der Felseninsel und ließ die heilige Stätte im Zuge seines Südküstenbefestigungsprogramms in eine Trutzburg umbauen. Mitte des 17. Jh. übernahm die Familie *St. Aubyn* die Felseninsel

St. Michael's Mount

und baute die Gemäuer zu einem angenehmen Landsitz aus. 1954 übergab *Lord St. Levan,* Nachfahre der *Aubyns,* die Burg dem National Trust, behielt sich aber das Wohnrecht vor.

Bei Ebbe spaziert man auf einem Damm zur Felseninsel hinüber, bei Flut gelangt man nur mit Booten dorthin. Ausgangspunkt ist das kleine und angenehme Örtchen **Marazion,** das zu Unrecht im Schatten der Burginsel steht. Hier gibt es noch gemütliche Pubs, von deren Terrassen man einen guten Blick auf das ganze Felseneiland hat.

An den Wochenenden sind ganze Völkerscharen bei Ebbe in Richtung Damm unterwegs.

Penzance

Mit rund 20.000 Einwohnern ist Penzance die cornische Metropole, die mit dem Eisenbahnendpunkt, dem Fährhafen für die Isles of Scilly und dem Helioport, dem Hubschrauberterminal für die Scilly-Inseln ein wichtiger **Verkehrsknotenpunkt** ist.

Eine erste Siedlung entstand bereits im 11. Jh., 300 Jahre später erhielt der Weiler Marktrechte, und nach weiteren 300 Jahren dann wurde Penzance der Stadtstatus zuerkannt. 1595 kamen die Spanier, brandschatzten an der cornischen Küste und zogen auch Penzance schwer in Mitleidenschaft. Mit dem Anschluss an das Bahnnetz im 19. Jahrhundert und wegen der Fährverbindung zu den Scilly Isles avancierte Penzance zur ökonomisch wichtigsten Stadt Cornwalls. Die ist das Städtchen noch heute, und vielleicht liegt es daran, dass es Penzance ein wenig an Atmosphäre und Flair gebricht. Es wachsen zwar in jedem Vorgarten ganz selbstverständlich die Palmen, doch vermögen sie es nicht, ein vollends sympathisches und anheimelndes Bild des Ortes zu zeichnen.

England, Süd

Der walisische Dichter **Dylan Thomas** – von der Moderne tief gespalten: „In mir steckt ein Tier, ein Engel, ein Narr" – heiratete 1937 in Penzance *Caitlin Macnamara*; obwohl beide alkoholabhängig waren und sich dauernd stritten, blieben sie bis zu *Thomas'* frühem Tod 1953 zusammen.

Einzige Sehenswürdigkeit ist in der Chapel Street das **Ägyptische Haus,** das 1835 im Zuge der orientalischen Manie nach pharaonischen Stilvorlagen – Papyrusbündelsäulen, Hohlkehlen mit der Uräusschlange, Mumienfiguren u. Ä. – erbaut wurde.

Nicht versäumen sollte man einen Besuch im **Trinity House,** dem Leuchtturmmuseum (tgl. 11–17 Uhr) am Hafen; hier informiert eine interessante Ausstellung über die Geschichte der Leuchtfeuer entlang der britischen Küste. Wenngleich sich die Stadtväter von Penzance sehr dagegen wehren, kann es sein, dass die Ausstellungsstücke vom Trinity House in den **Dome von Plymouth** ausgelagert werden.

Praktische Hinweise

Tourist Information
●Station Road, Tel. 01736/362207.

Unterkunft
●**Mount Prospect Hotel,** Britons Hill, Tel. 01736/363117, Fax 350970, enquiries@hotelpenzance.com, exzellentes Hotel mit viel Atmoshäre, empfehlenswert auch das *Bay Restaurant,* EZ 65 £.

●**Bed & Breakfast:** *Holbein House,* Alexandra Road, Tel. 01736/332625, DZ 28 £; *Westbourne Guest House,* Alexandra Road, Tel./Fax 012736/350535, westbourneguesthouse@talk21.com, DZ 45 £; *Penalva,* Alexandra Road, Tel./Fax 01736/369060, fünf Zimmer, davon vier en suite, DZ 30–44 £; *Pendennis,* Alexandra Road, Tel./Fax 01736/363823, ray@pendennishotel_freeserve.co.uk, acht Zimmer, davon sieben en suite, DZ 30–44 £; *Treventon,* Alexandra Road, Tel. 01736/363521, Fax 361873, sieben Zimmer, davon vier en suite, DZ 32–44 £.

●**Jugendherbergen:** *Castle Horneck,* Alverton, Penzance, Tel. 01736/362666, Fax 362663; *YMCA Penzance Hostel,* The Orchard, Alverton, Tel. 01736/365016, Fax 334823; *Penzance Backpackers,* The Blue Dolphin, Alexandra Road, Tel. 01736/363 836.

●**Camping:** *Bone Valley Caravan & Camping Site,* Heamoor, Tel./Fax 01736/360313; auf der A 30 Richtung Land's End, am zweiten Roundabout rechts in Richtung Heamoor, nach 300 m rechts in Joseph's Lane, dann erste Straße links, Platz 50 m weiter linkerhand.

Pubs und Restaurants
●**Harris's,** 46 New Street, Tel. 01736/364408, eine kleine Gasse neben dem Pub Star Inn, geht gegenüber vom Market House ab, bestes Lokal von Penzance, Nichtraucherrestaurant, frischer Fisch und Meeresfrüchte in anglo-französischer Zubereitung, Hauptgerichte zwischen 15 und 17 £, preiswertere Lunch-Gerichte zur Mittagszeit.

●**Bar Co-co's,** 12 Chapel Street, ansprechendes Bar-Café-Restaurant mit Tapas, weiteren Gerichten zwischen 7 und 12 £ und guten Weinen.

●**The Turk's Head,** 49 Chapel Street, viel von dem Gebäude wurde zerstört, als die Spanier im 16. Jh. in Penzance einfielen. Das, was damals übrig blieb, reicht heute immer noch für stilvolles Trinken, mit Biergarten.

●Daneben befindet sich ebenfalls in 46 Chapel Street die Kneipe **Admiral Benbow,** ein ebenso traditioneller Pubs für gemütliches Bechern.

●**Tremenheere,** Market Jew Street, großer Pub im Ortszentrum, Free House.

Rent-a-Bike
●Market Jew Street, am Ortsausgang in Richtung St. Michael's Mount.

Verbindung

- *Intercity-Netz,* oder **Züge** von Plymouth, Truro, St. Ives, Falmouth und Newquay.
- **Busse** des National Express.
- von April bis Okt. tgl. außer Sa legt um 9.15 Uhr die Scillonian III im Hafen von Penzance **zu den Isles of Scilly** ab; Sa von Ende Mai bis Ende August 6.30 Uhr.
- vom **Helioport** am Ortseingang von Penzance Hubschrauberflüge zu den Scilly's.
- vom Land's End Aerodrome (ca. 3 km nördlich von Land's End) **Skybus Flights** in zweimotorigen Propellermaschinen.

Rund um Penzance

Land's End

Allererste Station in der Umgebung von Penzance ist natürlich Land's End, Großbritanniens westlichster Punkt. Unerbittlich nähert sich die Straße – auf einem Teilstück von mehreren hundert Metern ohne Wendemöglichkeit – dem Ticket-Kiosk, denn Land's End ist in Privatbesitz und muss somit Geld einbringen. Eine Familie mit zwei Kindern wird hier rund 15 £ an Eintrittsgeldern los.

Das **Naturerlebnis** am westlichsten Punkt der Insel erhält man völlig legal kostenlos, wenn man einen kleinen und landschaftlich sehr schönen Spaziergang einplant. Einen Steinwurf nördlich von Land's End liegt der kleine Weiler Sennen (Ausschilderung Sennen und dann Sennen Cove folgen); man lässt den Parkplatz von Sennen Cove rechts liegen und fährt einige hundert Meter weiter zu den Stellplätzen von Sennen Harbour. An dem Toilettenhäuschen weist ein Schild in Richtung Süden: *Coast Path.* Auf einigen Betonstufen geht es bergauf, oben auf dem Klippenplateau des Mayon

Land's End

Rock, an einem kleinen Look-Out-Türmchen, hat man prachtvolle Ausblicke über den Strand von Sennen Cove und über das türkisblaue, tief unten anbrandende Meer.

Der weitere Weg ist nicht zu verfehlen. Dieser Klippenabschnitt bis kurz vor Land's End wird vom National Trust umsorgt und gehört mit zu den schönsten von ganz England. Tief unten im Meer ragt die Irish Lady aus den Fluten, ein großer Steinblock, der fragil auf einer Felsspitze sitzt. Kurz vor Land's End dann passiert man eine weitere Steinklippe im Meer, die auf den skurrilen Namen „Dr. Syntax's Head" hört, und nahebei sieht man die weißen Gebäude von Land's End mit der **Rummelplatz-und Disneyland-Atmosphäre.**

England, Süd

The romance of Land's End has all but vanished under commercial pressure", beklagt ein englischer Reiseführer zu Recht. Vor einigen Jahren wurde das Gelände zum Kauf angeboten, der National Trust, dem umliegendes Küstenareal gehört, bot mit, rief dann zu einer nationalen Spendenaktion auf, doch alles nützte nichts, Land's End fiel in die Hände von Finanzspekulanten und wurde weitestgehend kommerzialisiert.

Um so mehr nun freuen wir uns, ohne ein saftiges Eintrittsgeld bezahlt zu haben, auf dem Areal von Land's End angekommen zu sein – und das völlig legal, denn das am Auto-Kiosk teuer erstandene Ticket berechtigt nur für die überflüssige und wenig sehenswerte Multimedia Show *The Last Labyrinth*, die überdies so erschreckend ist, das viele kleine Kin-der in kräftiges Weinen ausbrechen. Die Natur an Land's End dagegen ist kostenlos. So kann man beispielsweise von einer Hängebrücke in die Nistplätze der **Seevögel** an einer Steilklippe hineinschauen. Nahebei bieten Mitglieder der RSPB – das ist die *Royal Society for the Protection of Birds* – Besuchern mit ihren starken Teleskopen einen Blick auf die unermüdlich ihren Namen *Kittiwake, Kittiwake* rufende Dreizehenmöwe. Freude kommt auf bei Groß und Klein, wenn der mit seiner roten Höckernase lustig aussehende Papageientaucher ins Blickfeld des Fernglases gerät, rasant fetzen Tordalks *(Razorbill),* Sturmschwalben *(Storm Petrel)* und große Sturmtaucher *(Great Shearwater)* durch die Lüfte.

Auf einem Spielplatz können die Kleinen in einem Piratenschiff spie-

Land's End von Sennen

len, während die Eltern auf der Terrasse der Longship Bar etwas trinken oder Snacks zum Lunch essen.

In der Ferne, in Richtung Amerika, erkennt man die **Longship-Klippen** mit dem gleichnamigen Leuchtturm, der den Schiffen den sicheren Weg in den englischen Kanal weist. Nahebei strandete 1967 der Öltanker „Torrey Canyon", das Schiff lief auf Grund, brach auseinander und Tausende von Tonnen an Rohöl flossen aus und vernichteten die Flora und Fauna dieses Küstenstreifens.

Ein wenig lustig, vor allem aber nett und sympathisch ist es anzusehen, wie aufgeregt die Engländer den westlichsten Punkt ihrer Heimat bestaunen und es eigentlich gar nicht fassen können, dass ihr schönes England hier ganz einfach zu Ende ist. Da stehen drei Generationen einer Familie zusammen, alle halten einen Arm ausgestreckt und weisen sich gegenseitig über das Wasser in die Ferne. Der abgeklärte kontinentale Besucher steht dabei und erlebt plötzlich eine Heiterkeit des Gemüts, die er schon lange nicht mehr verspürte.

Porthcurno

Etwa 3 km südlich von Land's End liegt das kleine Dörflein **Porthcurno.** Attraktionen sind der prachtvoll geschwungene, weiße Sandstrand und das **Minack Theatre,** ein faszinierendes, wunderschön gelegenes Freilichttheater. Von Mai bis September finden fast täglich Aufführugen von Stücken aller Art statt. Man sollte sich das kulturelle Naturerlebnis nicht nehmen lassen. Wenn der Theaterfreund an einem klaren, warmen Abend vom Sitzplatz auf das

Strand von Porthcurno

Ein Theater am Meer – das Minack Theatre

Unweit von Englands westlichstem Punkt Land's End entfernt ist in die Steilküste von Cornwall ein kleines Theaterhalbrund in den Felsen gehauen – das Minack Theatre. Während der Sommermonate von Mai bis September finden mehrmals wöchentlich sowohl am frühen Nachmittag als auch am Abend Aufführungen unter freiem Himmel statt – und das seit nun schon mehr als 60 Jahren.

Man schrieb das Jahr 1929, kulturelle Ereignisse im rauen Westen von Cornwall standen nur selten auf der Tagesordnung. Eine Gruppe von Laienschauspielern aus der Gegend um Land's End führte während der warmen Jahreshälfte 1929 *Shakespeares* „Sommernachtstraum" auf einer Wiese auf. Das Ereignis sprach sich schnell herum, und die Leute kamen von weither in ihren Kutschen angefahren; kaum ein Zuschauer hatte je eine Theateraufführung gesehen. Dem Ensemble war ein überwältigender Erfolg beschieden.

Rowena Cade, in jenen Tagen 35 Jahre alt, hatte die Kostüme sowie das Bühnenbild für das Shakespeare-Stück entworfen und arbeitete als Organisatorin für die Laiengruppe. Alle Akteure – von der Begeisterung der Zuschauer mitgerissen – planten weitere Stücke für die kommenden Sommer, und es galt nun, einen besseren Platz als die feuchte Wiese zu finden. *Rowenas* kleines Anwesen – Minack House genannt – lag oberhalb der See, und ihr Garten fiel über eine Klippe steil zum Meer hinab. Mit Hilfe zweier Gärtner begann sie, rund um ein kleines Plateau, die spätere Bühne, Erde und Gesteinsbrocken wegzuschaffen und Terrassen für die Sitzplätze aus den Felsen zu schlagen. Dort, wo das nicht möglich war, „klebte" sie mit ihren Helfern Zementsitze an die Klippe. Jede kleinste Unebenheit wurde genutzt, und so hängen über dem einen Ende der Bühne gar zwei kleine Logen im Stein. Wenn diese Balkone nicht zum Bühnenbild gehören, dann sitzen bei vollem Haus auch dort Zuschauer.

Über zwei Jahre arbeitete *Rowena* an ihrem Theater, und im Frühsommer des Jahres 1932 führte die Laienschar *Shakespeares* Märchenspiel „Der Sturm" („The Tempest") vor vollbesetzten Rängen auf. Wieder strömten von nah und fern die Fischer, die Bauern und die Arbeiter der Zinngruben zusammen, hatten Spaß am Stück, lachten, schluchzten und applaudierten. So ging es bis in den Herbst hinein. In jeder freien Minute widmete sich *Rowena* ihrem Theater und versuchte, an den unmöglichsten Stellen noch Plätze aus dem Stein zu schneiden, damit so viele Leute wie eben nur möglich in das Theater kommen konnten. Heute fasst das Minack 800 Zuschauer.

Drei Jahre nach der Premiere schrieb die *Times* im fernen London einen langen und begeisterten Artikel über das Theater am Meer, und nun reisten auf dem Weg in die Sommerfrische gar die Hauptstadtbesucher an. Bis zum Kriegsausbruch brachte jede Saison *Rowena* und der Schauspieltruppe große Erfolge. Dann hatten die Briten anderes zu tun, als sich der Schauspielerei zu widmen.

1952, 20 Jahre nach der Eröffnung, brachte *Rowena* auf den Tag genau wieder *Shakespeares* „Sturm" auf die Bühne – das Minack Theatre hatte seine neue Saison eröffnet. Im Laufe der Jahre und Jahrzehnte wurden immer mehr Feinarbeiten rund um diese einzigartige Spielstätte geleistet.

1982, zum 50. Jahrestag des Minack, wurde zum dritten Mal *Shakespeares* „Tempest" gegeben; *Rowena,* 89-jährig, saß wie immer auf ihrem Platz. Ein Jahr später, kurz vor Beginn der Spielzeit und nur wenige Wochen vor ihrem 90. Geburtstag, starb sie in ihrem Haus oberhalb des Theaters.

Pro Saison strömen 50.000 Besucher zusammen und erfreuen sich an der grandiosen Naturkulisse. Wie fast alle anderen britischen Schauspielhäuser auch, wird das Minack staatlich nicht subventioniert.

Von den sechs Pfund (Kinder unter 16 Jahren zahlen nur die Hälfte), die ein Ticket kostet, verbleibt das meiste bei den Schauspielgruppen. Ehrenamtliche Helfer fungieren als Platzanweiser oder Beleuchter. Gespielt wird alles; *Shakespeare* ist selbstverständlich, Komödien aller Art, Dramen natürlich, ab und zu auch Musicals; die englischen und irischen Klassiker ebenso wie avantgardistisches Theater. Wirtschaftlich erfolgreich aber müssen alle Stücke sein.

Nur selten wird eine Aufführung wegen schlechten Wetters abgesagt. *Phillip Jackson*, der Manager des Minack, erzählt, dass von über 100 Vorstellungen im Durchschnitt nur vier Veranstaltungen wetterbedingt ausfallen. Selbstverständlich wird bei einem normalen Regenguss weitergespielt – die Schauspieler heben die Stimme ein wenig, schlüpfen, als wäre es eine Regie-Anweisung vom Autor, in die Wetterjacken, und die Besucher zurren die Kapuzen fest. Viel unangenehmer als ein feuchter Schauer ist die mittägliche Sonne während der Matinees. „Auf Regen, Wind und Kälte sind sie alle eingestellt", erklärt *Phil Jackson,* „aber nur die erfahrenen Besucher haben auch Sonnenschutzmittel dabei". Krebsrot an Gesicht und Händen verlässt mancher Besucher die Vorstellung.

blaue Meer schaut und von den weißen Schönwetterwolken am Himmel gegrüßt wird, dann ist dies die beste Kulisse für Shakespeares *„Sommernachtstraum"*. Liegt aber dichter Dunst über der See, so dass man kaum die Bühne erkennt und vom Meer her der klagende Ton des Nebelhorns gedämpft durch die weiße Watte herüberweht – das passt dann zu *„MacBeth"*! Im Minack verbinden sich Kultur und Natur.

Im Frühjahr 1922 kaufte der Philosoph **Bertrand Russel** zusammen mit seiner zweiten Frau *Dora* das Bauernhaus Carn Voel in Porthcurno.

Mousehole

Mousehole (gesprochen Mausel), 5 km südlich von Penzance, ist laut der Fremdenverkehrswerbung wieder einmal ein pittoresker, **atmosphäre-reicher Fischerort,** was nichts anderes heißt als das, was man schon in Polperro erleben konnte. Im kleinen Hafenbecken liegen bei Ebbe die Boote im fischig und modrig riechenden schwarzen Schlick, Besuchergruppen umströmen die Piers und die engen Sträßlein, und im Ship Inn am Hafen, der Fischertaverne aus dem 16. Jh., wird nach wie vor gebechert.

Im Dezember 1981 drohte der Frachter Union Star auf eine Klippe geworfen zu werden, und der **Seenotrettungskreuzer von Mousehole** lief mit acht erfahrenen Seeleuten bei schwerster Brandung und orkanartigen Böen aus. Alle acht kamen nicht mehr zurück. Ganz Großbritannien – und dies ist keine rhetorische Wendung – trauerte tief um die acht Männer aus Mousehole.

Das Inselvolk mit der großen maritimen Vergangenheit hat die Erfahrungen der See kollektiv verinnerlicht.

St. Ives

Ganz ohne Zweifel ist St. Ives das touristische und kulturelle Zentrum Cornwalls. Der Besucher ist gut beraten, im Ort sein Standquartier aufzuschlagen und von hier das *West Country* zu erkunden. Wenngleich St. Ives von der Anlage her prinzipiell wie Polperro und Mousehole aussieht, jedoch weitaus größer ist, so wirkt es doch trotz der Besuchermassen nicht ausschließlich touristisch und vermittelt noch die Atmosphäre, dass es bewohnt ist von Menschen mit normalen Berufen und einem unspektakulären Alltagsablauf. Zwar ist St. Ives als **Hochburg des cornischen Fremdenverkehrs** kommerzialisiert bis in die letzte Seitengasse, doch fehlt dem Warenangebot die Penetranz von Polperro.

St. Ives ist zwischen 9 und 16 Uhr für den gesamten **Autoverkehr gesperrt,** nur Einheimische dürfen in diesen Zeiten ihre Fahrzeuge bewegen. Hinweisschilder lotsen die Autofahrer zu großen Parkplätzen.

Schon seit über einem Jahrhundert gilt St. Ives als Künstlerkolonie. Das sympathische, vom Golfstrom verwöhnte Städtchen hat ein **unvergleichliches Licht** zu bieten – wesentliche Voraussetzung für malerisches Schaffen.

Einer der ersten, der die beschwingte Atmosphäre von St. Ives als Inspiration nahm, war **William**

In den Straßen von St. Ives

Turner, der Maler, der wie kein anderer Licht auf die Leinwand zu bringen verstand, der ein nicht nur sinnhaftes, sondern ein fast physisch erfahrbares Leuchten in seinen Bildern produzierte. 1883 kam der amerikanische Künstler **James Whistler** mit dem in München geborenen Briten *Walter Sickert* im Gefolge in den Ort, *„to paint ships, seas and skies".*

1920 eröffnete **Bernard Leach** – beeinflusst von der japanischen Porzellankunst – zusammen mit *Shoji Hamada* eine Töpferei, in der die beiden westliche Motive mit fernöstlichen Elementen kombinierten, womit sie eine ganze Generation von Töpfern beeinflussten. In der *Leach Pottery* (Higher Stennack, am Ortsausgang Richtung Penzance, direkt an der B

3306) wird heute noch immer in der Tradition von *Bernard* gearbeitet.

Der Maler *Ben Nicholson* zog 1939 zusammen mit seiner Frau *Barbara Hepworth* und seinen Drillingen ins Hafenstädtchen, gefolgt von dem russischen Bildhauer und Bauhauslehrer *Naum Gabo*. Sie alle lernten von **Alfred Wallis,** einem einfachen Fischer, der mit seinen naiven Bildern die „Profis" in seinen Bann zog und ihnen einen schnelleren Zugang zur Bevölkerung von St. Ives verschaffte. *Wallis* hatte erst mit 70 Jahren, nach dem Tode seiner Frau, mit dem Malen begonnen.

Die Bilder, Zeichnungen und Skulpturen der heimischen Künstler sind seit 1993 in der **Tate Gallery** von St. Ives zu besichtigen. Dieses sehr ansprechende Ausstellungsgebäude wurde von den beiden Architekten *Eldred Evans* und *David Shalev* entworfen und beeindruckt durch die große, kreisrunde Eingangshalle, die an den Gasometer erinnert, der ehemals an dieser Stelle aufragte. Das farbige Glasfenster in dieser Rotunde schuf der Künstler *Patrick Heron*, dem *Ben Nicholson* 1958 sein Atelier übergab. Es befindet sich in der Back Road West und ist eines der dreizehn Porthmeor-Ateliers. Hier malte auch der aus Thüringen stammende *Walter Weschke*, der sich nach seiner Kriegsgefangenschaft in den 1950er Jahren hier angesiedelt hat.

Prince Charles, der ja nicht nur der Prince of Wales, sondern auch der Herzog von Cornwall und damit Herr über die Duchy of Cornwall ist, war voll des Lobes über den Entwurf des Museums. Königliche Hoheit hat ja mehrfach die kalte Architektur der Postmoderne ins Visier genommen und sich in dem Band *„Die Zukunft unserer Städte"* mit seinen dezidierten Vorstellungen auch an die Öffentlichkeit gewandt. So war es nur natürlich, dass *Charles* das Ausstellungsgebäude, eine Dependance der Londoner Tate Gallery, auch einweihte.

Das schneeweiße Gebäude überragt den **Porthmeor Beach,** und Schwimmer wie Museumsbesucher freuen sich gleichermaßen: Vom Strand hat man einen schönen Blick auf das gut in das Stadtensemble eingesetzte, optisch ansprechende Museum, und von innen schaut der Malerfreund auf den langen Sandstrand hinunter, an dem schäumend die Brandung des Atlantiks ausläuft.

Der schönste Platz in St. Ives aber ist im Garten des **Ateliers der Bildhauerin Barbara Hepworth,** die zusammen mit *Henry Moore* zu den ganz großen Bildhauern des 20. Jh. gehört. Zwischen hohen Palmen, blühenden Blumen und auf einem grünen, samtenen Grasteppich stehen 22 Skulpturen. In einem kleinen Gewächshaus kann man sich auf einigen Sesseln ausruhen, auch im Garten stehen natürlich Bänke, und so ist hier die Möglichkeit gegeben, an diesem angenehmen Ort sich in seine Tagträume zu vertiefen und „den Geist eine Fahrt ins Blaue machen zu lassen". Ungehindert schweift der Blick dann in das Atelier, und hier hat es den Anschein, als würde die bedeutende Bildhauerin jeden Moment wieder an die Arbeit zurückkehren. Halbfertige Skulpturen stehen auf Arbeitstischen, Hunderte von Werkzeugen liegen herum, staubige Kittel hängen an Haken. 1975 kam *Barbara Hepworth* bei einem Brand in ihrem Atelier 72-jährig ums Leben.

In der St. Ives Church sollte man sich die **Skulptur „Madonna mit Kind"** ansehen, die *Barbara Hepworth* 1954 nach dem Verlust ihres Sohnes *Paul* fertigstellte, der als Pilot der Royal Air Force ums Leben gekommen war.

Im September 1881 kaufte **Leslie Stephen,** der Vater von *Virginia Woolf,* das weiße, hoch über Hafen und Bucht von St. Ives liegende **Talland House,** am äußersten Zehennagel Englands, wie er sich ausdrückte. Vier Monate später, im Januar 1882, wurde *Virginia* geboren, ab dem Sommer dann verbrachte die

Familie *Stephen* jedes Jahr die warme Jahreszeit in St. Ives. Vater *Leslie* begann hier mit seinen Arbeiten als Herausgeber des 64bändigen *„Dictionary of National Biography"*, das er in seinem Todesjahr noch abschließen konnte. Währenddessen tobten die Kinder, *Vanessa, Adrian, Virginia* und *Thoby,* am Strand herum und machten unbeschwerte Ferien. 1894 kam auch *Henry James* nach St. Ives und besuchte die Familie *Stephen;* mit Vater *Leslie* – „the silent Stephen, the almost speechless Leslie" – unternahm er lange Spaziergänge.

Wenn *Virginia* vom Haus aufs Meer schaute, so sah sie den Godrevy-Leuchtturm, der sie Jahre später bei der Niederschrift ihres Romans *„To the Lighthouse"* (1927, dt. *„Die Fahrt zum Leuchtturm"*) noch inspirieren sollte. Hierin hat sie auch ihren Vater in der Figur des *Mr. Ramsey* unsterblich gemacht. In den Romanen *„Jacob's Room" („Jakobs Zimmer")* und *„The Waves" („Die Wellen")* verarbeitete *Virginia* ebenfalls sommerliche Erfahrungen aus St. Ives.

Spannender aber noch als Kricket und die Jagd auf einen Schmetterling war das Meer. *Virginia* erlebte noch die Tage, als das ganze Dorf auf die Pilchard-Schwärme wartete. Hoch über der Bucht saß dann der so genannte Aussinger *(Huer),* der die dunklen, Millionen Fische zählenden Schwärme im Wasser sah und dann kräftig in sein Horn stieß. Unermüdlich liefen nun alle Kutter von St. Ives aus und kamen Stunde um Stunde mit berstenden Laderäumen zurück. Geschäftig ging es dann am Kai zu, und spannend war es für die begüterten Stadtkinder, dem bodenständigen Leben der Fischer zuzusehen. „Es war die glückliche Zeit einer glücklichen Kindheit."

Im Mai 1895 starb *Julia, Virginias* Mutter, und *Leslie* war es unmöglich, ohne seine geliebte Frau nach St. Ives zu gehen; so wurde Talland House verkauft.

Praktische Hinweise

Tourist Information
● *Guildhall,* Street-an-Pool, Tel. 01736/796 297.

Unterkunft
● *Skidden House Hotel,* Skidden Hill, Tel. 01736/796899, Fax 798619, skiddenhouse @x-stream.co.uk, DZ 70 £.

● *Chy-an-Albany,* Albany Terrace, Tel. 01736/ 796759, Fax 795584, info@chy-an-albany htl.demo.co.uk, DZ 70–92 £.

● *Porthminster,* The Terrace, Tel. 01736/ 795221, Fax 797043, reception@porthmins ter-hotel.co.uk, DZ 88–100 £.

● *Pedn-Olva,* West Porthminster Beach, Tel. 01736/796222, Fax 797710, pednolva hotel@cornwall-country.com, DZ 96 £.

● *Bed & Breakfast: The Sloop Inn,* der älteste Pub von St. Ives, The Wharf, Tel. 01736/ 796584, Fax 793322, sloop@connexions. co.uk, DZ 62 £ (s. u.); *Tregony,* 1 Clodgy View, Tel. 01736/795884, Fax 798942, info @tregony.com, DZ 44 £; *Trewinnard,* 4 Parc Avenue, Tel. 01736/794168, Fax 798161, trewinnard@cwcom.net, DZ 46–64 £; *Chy-Roma,* 2 Seaview Terrace, Tel./Fax 01736/ 797539, jenny@omshanti.demon.co.uk, DZ 36–54 £; *Portarlington,* 11 Parc Bean, Tel. 01736/797278, Portarlington@btinternet. com, DZ 45 £; *Kynance,* The Warren, Tel. 01736/796636, enquiries@kynance24.co. uk, DZ 44–52 £.

● *Jugendherberge: St. Ives Backpackers,* Lower Stennack, Tel. /Fax 01736/799444, st.ives@backpackers.co.uk, direkt im Ortszentrum gegenüber vom Kino.

England, Süd

●*Camping: Polmanter Tourist Park,* Halsetown, Tel./Fax 01736/795640; von der B 3311 bei Halsetown ausgeschildert, hervorragend ausgestatteter Platz; *Little Trewarrack Tourist Park,* Carbis Bay, Tel. 01736/797 580; von der A 30 die A 3074 mit der Ausschilderung Carbis Bay/St. Ives nehmen, in Carbis Bay Village links in die unklassifizierte Straße hinein.

Pubs und Restaurants

●*Tide's Café,* The Digey, Tel. 01736/ 799600, „local produce with global influence", lautet die glaubhafte und nachvollziehbare Eigenwerbung, ambientereiches und hervorragendes Café-Lokal mit Lunch und Dinnergerichten sowie Tee mit Scones zur Nachmittagszeit, Seafood und Lamm, gute Weine, u. a., einen guten Muscat-Dessertwein, Hauptgerichte um 12–14 £.

●*Alba Restaurant,* The Wharf, Tel. 01736/ 797222, am Anfang der Hafenstraße, neben dem Gebäude mit dem Seenotrettungskreuzer, getafelt wird stilvoll im ersten Stock mit Ausblicken über den Hafen, Early Evening-Zwei-Gänge-Menu von 17–19 Uhr 13 £, Drei Gänge 16 £, Hauptgerichte um 13 £.

●*The Seafood Café,* 45 Fore Street, Tel. 01736/794004, gute und reichhaltige Auswahl an leckeren Meeresfrüchten und frisch gefangenen Fischen, gehört mit den beiden oben genannten Restaurants zu den besten von St. Ives, Gerichte zwischen 12 und 14 £.

●*Pepper's Pasta & Pizza,* Fore Street, Tel. 01736/794014, für britische Verhältnisse ungewöhnlich gute Pizzen und Pastas zwischen 7 und 9 £.

●*The Island Cafe* oder auch *Porthmeor Beach Café* genannt, direkt am Porthmeor Beach gelegen, Tel. 01736/793226, ordentliche Gerichte, bester Platz, den Sonnenuntergang bei einem Glas Wein und einer Mahlzeit zu genießen.

●*The Sloop Inn,* The Wharf, älteste Taverne von St. Ives, um das Jahr 1312 erbaut, eine der betagtesten Kneipen Cornwalls, direkt am Hafen gelegen, Bitter und Lager in guter Atmosphäre, eine große Palette an Bar Meals, wechselnde Ausstellungen mit Bildern der lokalen Künstlern, B&B (s. o.).

●*Union Inn,* Fore Street, sehr gemütlicher Pub mit vielen alten Fotos aus der Historie von St. Ives, so kommt beim Trinken keine Langeweile auf.

●*Castle Inn,* Fore Street, zehn Schritte vom Union Inn entfernt, auch hier Fotos aus vergangenen Tagen, bechern in gemütlichem Ambiente.

Viele weitere einfache Lokale entlang der Hafenfront und der Fore Street.

Padstow

Weit über die Grenzen des kleinen Ortes hinaus bekannt ist das *Seafood Restaurant von Rick Stein* am kleinen Hafen von Padstow (Riverside). Ohne Übertreibung kann man sagen, dass dies eines der besten Restaurants Süd-Englands ist. Bei Preisen zwischen 26 und 61 Pfund pro Person (inkl. Wein; Hummer 30 £) ist dies ein teurer Spaß, doch sollte man sich das lukullische Vergnügen durchaus einmal gönnen (Vorbestellung unter Tel. 01841/532700 ist ratsam). Hinzu kommt, dass die Weinkarte Dimensionen hat, wie man sie nur selten findet – oder wie ein Gast beim Studium derselben bewundernd ausrief: *„A truly outstanding wine list!"*

Da die engen Straßen des Städtchens den motorisierten Massenansturm nicht verkraften können, gibt es einige hundert Meter außerhalb des Zentrums einen *Riesenparkplatz.* Vorbei an dem alten schmalen Hafen, in dem bei Ebbe die Fischerboote auf dem Schlick sitzen, geht es dann ins atmosphärereiche Örtchen. Bei Niedrigwasser erkennt man sehr deutlich die *Sandbank* vor der Hafeneinfahrt und die schmale ausgebaggerte Rinne, die den Zugang aufrechterhält. Glaubt man der cornischen **Legende,** so hielt eine Meerjungfrau die Hafeneinfahrt frei, bis sie eines Tages von einem jungen Mann angeschossen wurde; tödlich verletzt verfluchte sie den Ort, alsbald versandete der Hafen, und mit der wirtschaftlichen Vorrangstellung war es ein für allemal vorbei.

Am inneren Hafen sorgt ein **Schleusentor,** ein *Tidal Gate,* dafür, dass bei Ebbe das Wasser nicht abfließen kann, und so dümpeln die Bötchen und Jachten daher anmutig im Wasser und liegen nicht platt im schwarzen Schlick.

Hier finden sich der **Pub Old Custom House** mit angeschlossenem Restaurant in einem schönen alten Gemäuer, die **Taverne Shipwrights** mit Biergarten und das **Restaurant Fo'c's'le,** auch mit vegetarischen Gerichten (um 9 £).

Spaziert man durch die engen Straßen dieses typischen cornischen Fischerdorfes, so kommt man auch durch die Lanatwell Street und vorbei am uralten Fischerpub **The London Inn,** dessen Häuserwand ein Schild ziert, auf dem die ausgeschenkten Biersorten charakterisiert werden; so z. B.: *„Bosun's Balanced Draft Bitter, light and flavour, offering good value for money."*

Wie in einer Puppenstube kommt man sich vor, wenn man zwischen Market Place und Mill Square auf dem winzigen Platz vor dem **Pub The Old Ship** sitzt und, umgeben von alten Häuschen, einen Ploughman's Lunch zur Mittagszeit isst.

Am South Quay residierte **Sir Walter Raleigh,** wenn er denn in der Gegend war. 1584 hatte ihn *Elisabeth I.* zu ihrem Statthalter in Cornwall erklärt, was in erster Linie das Eintreiben der Steuer bedeutete und recht lukrativ war.

Umgebung von Padstow

Tintagel

Einige Kilometer Fahrt weiter gen Norden führen in das Land von **König Artus** und nach Tintagel. Das eigentlich unattraktive Straßendorf lebt ausschließlich vom Mythos dieses edlen Keltenherrschers. Autoren wie *Wilkie Collins, Charles Dickens, Alfred Lord Tennyson, Algernon Charles Swinborne, T. S. Eliot* und *William Morris* pilgerten nach Tintagel und reimten Sentenzen auf den mythischen Herrscher.

Daphne du Maurier schrieb einmal: „Artus ist für Cornwall, was Theseus für Griechenland ist. Sein Mythos ist überall."

Grund für den Massenansturm ist eine **Burgruine** auf zwei Klippen hoch über dem Wasser; hier soll Artus als Schüler des begnadeten Zauberers Merlin aufgewachsen sein. Die Besucher kümmert wenig, dass die spektakulär gelegene Burg etwa 700 Jahre nach *König Artus* gebaut wurde und davor auf dem Felsen eine keltische Klostersiedlung den Mönchen Sicherheit bot – Esoteriker lassen sich von archäologischen Fakten wenig beeinflussen.

Am Fuß des Burgberges soll – so die cornische Überlieferung – Merlin seine Heimstatt gehabt haben. Eine Höhle, **Merlin's Cave,** jedenfalls wird mit dem großen Magier in Verbindung gebracht. Seine Wohnung

England, Süd

hätte dem Zauberer allerdings wenig Freude bereitet, denn die Grotte ist eigentlich ein Tunnel mit Verbindung zum Meer. Bei Flut zwängen sich die Wassermassen hinein und überfluten alles. Vielleicht aber vermochte der mächtige Merlin die Wasser zu bannen, schließlich sprach er von sich selbst in bestem Ton: „Gleich einem übermenschlichen Wesen weiß ich die Taten versunkener Völker und sage Künftiges voraus. Ich kenne das Verborgene aller Dinge, den Flug der Vögel, die schweifende Bahn der Sterne und die Züge der Fische."

Nahe bei Tintagel, unter dem Erdwall von Bossiney Mound, soll **Artus' runder Tisch** vergraben sein, um den sich die Tafelrunde einst zwanglos gruppierte. Jedes Jahr zur Mittsommernacht, so behaupten die Bewohner des Landstrichs, steigt er aus der Erde empor und erleuchtet mit seinen Strahlen für kurze Zeit die dunkle Nacht. Dann versinkt er wieder im Boden. Wenn das Ende der Welt jedoch kommt, wird er aufsteigen zum Himmel, und alle Heiligen werden um ihn herum sitzen. Tatsächlich wollen die Bewohner der Umgebung von Bossiney Mound alljährlich zur Mittsommernacht ein unerklärliches Licht, ein Glühen, an einem Fenster ihrer Kirche sehen. Darauf angesprochen sagte ein „Zeuge" dieses wundersamen Naturereignisses: „Wir wissen, dass wir etwas gesehen haben. Ich glaube immer, es hat etwas mit der Legende zu tun. Warum sonst zur Nacht? Warum so nah am Hügel?"

Unschön nimmt sich die Dreistigkeit aus, mit welcher die lokalen Souvenirhändler mittels Beschwörung des Keltenherrschers oder seiner berühmten Zeitgenossen versuchen, ihren **Artus-Kitsch** oder andere Dienstleistungen an den Besucher zu bringen. Da gibt es ein *Lancelot*-Café, einen *Merlin* Gift Shop, das Free House *King Arthur's Arms,* einen *Artus* Bookshop, ein *Excalibur* Bed & Breakfast mit *Galahad Room* und einen *Queen Guinevere* Craft Shop – da fühlt man sich schnell in einer Touristenfalle, besichtigt rasch noch das sehenswerte, unter der Last seines Schieferdaches ächzende **Old Post Office** (NT, April bis Okt. 11 – 18 Uhr) und flieht rasch aus dem Dorf.

Im Bodmin Moor

Einer der trivialsten Romane von *Daphne du Maurier* ist zweifellos das Werk **„Jamaica Inn",** das im Deutschen zudem noch in einer dürftigen Übersetzung daherkommt und damit gleich doppelt schlecht auf den Leser wirkt. Die Erzählung spielt im Bodmin Moor, und *Mary,* die Protagonistin, erlebt die Landschaft folgendermaßen: „Die Moorstriche waren noch wilder, als sie gedacht hatte. Wie eine ungeheure Wüste wogten sie von Osten nach Westen, mit Radspuren da und dort an der Oberfläche, und große Hügel unterbrachen die Horizontlinie. Wo sie endeten, wurde ihr nicht klar. Nur einmal, weit im Westen, als sie die höchste Felszacke hinter dem Haus erklommen hatte, erblickte sie als einen Silberschimmer die See. Es war eine schweigsame, verlassene Gegend, aber gewaltig und von Menschenhand unberührt. Auf den hohen Felsblöcken standen aneinandergelehnt die Steinplatten als seltsame Formen und Gestalten, wuchtige Schildwachen, die da aufragten, seit die Hand des Schöpfers sie geschaffen hatte. Einige sahen aus wie riesige Möbel, ungeheure Stühle und schiefe Tische. (…) Wilde Schafe lebten auf diesen Felsklippen, und auch Raben waren da und Bussarde; die Hügel waren die Heimstatt aller einsamen Dinge. Schwarze Kühe weideten unten im Moorland; behutsam schritten sie auf dem festen Grund. Ihr angeborenes Wissen hielt sie von dem verführerischen Grasboden zurück, der in Wahrheit kein Boden war, sondern morastiger, lispelnder Sumpf.“

Hier besucht *Mary* nach dem Tod ihrer Mutter die Tante, die mit dem brutalen Wirt des Gasthofs Jamaica Inn verheiratet ist. Dunkle Gestalten gehen in der mitten im Moor gelegenen Spelunke ein und aus, aber des Nachts werden im Schutze der Dunkelheit Fässer und Kisten angeliefert. Der Wirt des Jamaica Inn ist nämlich der Anführer einer so genannten Shipwrecker-Bande, die mit falsch gesetzten Lichtzeichen Schiffe auf die Klippen der Küste lockt, die Mannschaft umbringt und die Fracht stiehlt. Nach einem flachen Spannungsbogen nähert sich die Geschichte dem Happy End.

Historisch richtig ist immerhin die Tatsache, dass Pubs Anlaufstellen von Smugglers und Shipwreckers waren. Nirgendwo ließ sich geschmuggelter Alkohol sicherer unter die Leute bringen als in einer Taverne, und welches normale Haus hatte schon so große Keller zur Lagerung der Fässer. Es gab Dörfer an der Südküste, wo die gesamte Bevölkerung eine einzige Schmugglerbande war, und oft hieß es, dass die Frauen die Fenster mit Gin putzten, in solchem Überfluss war der Sprit auf dem Schwarzmarkt.

Folgt man der gut ausgebauten A 30 mitten durch das Bodmin Moor, so kommt man beim Weiler Bolventor am besagten ***Jamaica Inn*** (Free House) vorbei. Der heutige Wirt hat Shipwrecking-Methoden nicht nötig, füllen doch die vielen Besucher von nah und fern ihr Geld ebenso freiwillig wie auch bereitwillig in seine Kassen. Dem Pub angeschlossen sind das „Butter's Curiosity Museum“ und der „Jamaica Inn Souvenir and Gift Shop“, es gibt einen Biergarten, einen Family Room, die „Daphne du Maurier Bar“ und natürlich eine „Smuggler's Bar“. Unnötig zu sagen, dass an sommerlich schönen Sonn- und Feiertagen *Jamaica Inn* wie ein Magnet wirkt und entsprechend überlaufen ist.

Vom Pub zweigt ein Sträßlein ab, das den Artus-Fan zum ***Dozmary Pool*** bringt, in dessen Tiefe ***Excalibur,*** das Schwert des großen Tafelrunden-Königs, ruhen soll.

Nicht weit entfernt vom See liegt ***Slaughter's Bridge,*** Schauplatz der Schlacht von Camlan, dem letzten Gemetzel von *König Artus*. Der ***Legende*** zufolge wurde hier der große Herrscher von seinem Sohn (laut einer anderen Version von seinem Neffen), dem Verräter *Mordred*, tödlich verwundet, doch *Artus* schaffte es noch, den Bösewicht mit einem letzten machtvollen Streich von Excali-

England, Süd

bur ins Jenseits zu befördern. Zusammen mit *Sir Bedivere* hockte der sterbende König am Ufer des Dozmary Pools, eines düsteren Hochmoorteiches. Hier sprach *Artus* zu *Bedivere*: „Meine Zeit eilt davon, darum nimm mein gutes Schwert Excalibur und geh damit zum Strand. Ich gebiete dir, wirf mein Schwert ins Wasser und komm zurück und berichte mir, was du gesehen hast."

„Hoher Herr", antwortete *Bedivere*, „ich will Eurem Gebot folgen und Euch schnell Nachricht bringen." Doch erschien ihm Excalibur zu wertvoll, so versteckte er es und sagte dem Herrscher, dass er es ins Wasser geworfen, aber nichts als Wind und Wellen gesehen habe. *Artus* glaubte ihm nicht und schickte ihn ein zweites Mal fort, den königlichen Auftrag wunschgemäß durchzuführen. Wieder tat *Bedivere*, als hätte er das Schwert ins Wasser geworfen. „Ach du treuloser Verräter", sagte *Artus*, „nun hast du mich zweimal betrogen. Wer hätte das von dir gedacht, der du mir so lieb und teuer warst. Man nennt dich einen edlen Ritter, und du betrügst mich wegen eines kostbaren Schwertes. Geh jetzt noch einmal, doch beeile dich, denn dein Zaudern bringt mein Leben in große Gefahr. Mir ist schon kalt." So nahm *Bedivere* das Schwert rasch aus dem Versteck und trat ans Wasser. Dort band er den Gurt um den Griff und warf das Schwert, so weit er konnte, ins Meer. Sogleich reckte sich eine Hand aus dem Wasser, griff danach und schüttelte und schwang es dreimal. Dann verschwand die Hand mit dem Schwert

im Wasser, *Sir Bedivere* kehrte zum König zurück und berichtete ihm, was er gesehen hatte. „Ach", sagte der König, „hilf mir von hier fort, ich habe schon zu viel Zeit verloren." Da nahm *Bedivere* den König auf den Rücken und trug ihn ans Wasser. Als sie am Strand ankamen, wartete dicht am Ufer eine kleine Barke mit schönen Frauen darin. *König Artus'* Überfahrt nach Avalon beginnt.

Das Schwert kehrte also dahin zurück, wo es hergekommen war, denn als junger Mann war *Artus* von seinem Erzieher, dem Zauberer *Merlin,* an einen See geführt worden. Aus dem Wasser ragte ein in Brokat gewandeter Arm, der das Schwert Excalibur in der Hand hielt. „Seht", sagte *Merlin,* „dort ist das Schwert, von dem ich sprach." Und da bemerkten sie ein Fräulein, das auf dem See fuhr. „Was für ein Fräulein ist das?", fragte *Artus*. „Das ist die Dame vom See", antwortete Merlin. „Wenn dieses Fräulein jetzt zu Euch kommt, dann redet recht freundlich mit ihr, damit sie Euch das Schwert gibt."

Clovelly

Erreicht der Besucher den kleinen Weiler Clovelly, so traut er zuerst seinen Augen nicht; Ordner lotsen ihn auf einen der riesigen Parkplätze, und dann steht er vor einem gigantischen Ticket Office, dessen Ausmaße von keinem Souvenir Shop in ganz Großbritannien übertroffen werden. Hat man hier die Kasse passiert, muss man vorbei an Vitrinen und Gondeln, in denen Andenken und Kitsch in großer Menge gestapelt sind. Dann geht es in einen Raum mit Kino-Ausmaßen, wo ein Videofilm über das Örtchen informiert, und danach beginnt man mit dem Abstieg auf der katzenkopfgepflasterten Straße hinunter zum Meer. Fußfaule oder ältere Besucher und Behinderte können einen Landrover-Service in Anspruch nehmen. Clovelly, ein Dorf mit 100 Einwohnern, wird gemanagt wie ein Großunternehmen – Disneyland im Kleinen.

120 m Höhenunterschied sind zu bewältigen, bis man nach 800 m auf Meereshöhe und damit am Hafen angekommen ist. Die steil nach unten führende Dorfstraße ist gesäumt von blumengeschmückten Cottages, zwischen denen die Besuchermassen wogen. Unten dann blickt man auf einen kleinen natürlichen Hafen, halb geschützt von einer Mole, auf Fischerboote, die im Wasser dümpeln oder auf den Kiesstrand gezogen sind, und auf den *Red Lion Pub* mit seinen wenigen Fremdenzimmern.

Eintritt in das Örtchen muss man übrigens deshalb zahlen, weil sich Clovelly in Privatbesitz befindet und die gesamte Infrastruktur nicht vom Staat getragen wird.

Clovelly

England, Süd

Exmoor National Park

Vom Doppelort Lynton/Lynmouth nun geht es von der Küste fort und hinein in den Exmoor National Park, in dessen geographischem Zentrum das Dörfchen **Exford** mit seinen reetgedeckten Häusern heimelige Atmosphäre verbreitet. Sehr schön trinkt man hier am Ufer des River Exe den Morgenkaffee, den nachmittäglichen Cream Tea oder das abendliche Bier im Garten des alten efeubewachsenen White Hart Inn.

Das nette Örtchen eignet sich gut, wenn man den Nationalpark auf **Wanderungen** erkunden möchte. Annähernd 1000 km an Pfaden ste-

Wegweiser in Exford

hen dem passionierten Spaziergänger zur Verfügung.

Von August bis in den April hinein sind die geruhsamen Fußmärsche jedoch weniger erquicklich; dann kracht es aus vielen hundert Büchsen, die **Rotwild-Jäger** galoppieren auf ihren Pferden über Stock und Stein, Hunde bellen, und Treiber scheuchen mit viel Lärm die heimischen Tiere auf.

So machten es seit den Zeiten von *William the Conqueror* auch schon alle englischen Herrscher, denn das Exmoor ist weniger eine Sumpf- und Moorregion als vielmehr ein ausgedehntes Waldgebiet. Die **Bezeichnung Forest,** die ja ursprünglich den königlichen Forst bezeichnete, der ausschließlich dem Herrscher zur Jagd vorbehalten war, deutet schon darauf hin.

243 **Vogelarten** haben die Ornithologen im Exmoor gezählt, über einhundert davon nisten auch im Nationalpark. Viele sind vom Aussterben bedroht, und daher stehen etliche Arten unter Schutz, so etwa die Schleiereule *(Barn Owl),* der farbenprächtige Eisvogel *(Kingfisher),* der Merlin *(Merlin),* ein Zwergfalke, der Wanderfalke *(Peregrine Falcon)* und der Sperber *(Sparrowhawk).* Darüber hinaus ziehen Bussarde *(Buzzard)* ihre Kreise, der Turmfalke *(Kestrel)* schießt durch die Lüfte, hochmütig stakst der Brachvogel *(Curlew)* durchs Gelände, und krächzend machen die schwarzen Raben *(Raven)* auf sich aufmerksam.

Hobby-Ornithologen sollten auf keinen Fall die **Exmoor Bird Gardens** versäumen; über 500 Vögel kann man sich hier ansehen. Die Vogelgärten liegen im Westen des Exmoor National Park, nahe der B 3226 zwischen den Weilern Blackmoor Gate im Norden und Brayford im Süden.

Die Biologen der *Exmoor Natural History Society* haben über 900 verschiedene Baumarten, Blumen und Gräser gezählt, die Liste reicht vom *Abraham-Isaac-and-Jacob-Gras* über *Yarrows* (Schafgarben) und *Yaws* (Eiben) bis hin zum Laichkrautgewächs Zanichellia.

Wie auch im Dartmoor grasen genügsame und gegen kalte Winter und stürmische Winde abgehärtete, **halbwilde Ponys** im Nationalpark, und rund 50.000 **Schafe** halten die Grasnarbe kurz. Vor allem aber ist das Exmoor für sein **Rotwild** bekannt, von dem nach Schätzungen der Förster noch ca. 800 Tiere scheu die Wälder durchstreifen; der Besucher wird sie nur mit Glück zu sehen bekommen.

Das Exmoor war im 17. Jh. Versteck und Wirkungskreis einer berüchtigten Räuberbande, der nach dem gleichnamigen Tal beim Weiler Oare benannten **Doone Gang.** Gegen Mitte des 19. Jahrhunderts, 1869, veröffentlichte *R. D. Blackmore* den Roman „*Lorna Doone*". Die Geschichte von *Lorna Doone* kennt auch heutzutage noch jedes Kind in Großbritannien, sie ist hier so berühmt wie die Geschichte von *Robin Hood. Lorna,* die vermeintliche Tochter des grimmigen Räuberhauptmannes, verliebt sich in den aufrichtigen und braven Bauernburschen *John Ridd,* dessen Vater einst von den *Doones* ermordet wurde. Erwachsen

geworden, kämpft er gegen die bösen Räuberscharen und entdeckt, dass *Lorna* in Kindertagen gekidnappt wurde und somit gar nicht von den schlimmen *Doones* abstammt. Groß ist die Freude, *Lorna* und *John* stehen vor dem Traualtar, als das Mädchen von einem *Doone* aus dem Hinterhalt niedergeschossen wird. *John* rächt die Tat gar fürchterlich, natürlich gesundet *Lorna,* und ein glückliches Ende steht dem Leser ins Haus.

Etwas nördlich von Exford hat man vom 519 m hohen **Dunkery Beacon** bei klarem Wetter phantastische Ausblicke über die Region.

Einige Kilometer von Exford Richtung Süden kommt man zu einem Parkplatz, von dem aus nach wenigen Minuten Fußweg durch einen Wald eine *Clapper Bridge* erreicht ist, die 55 m lange Steinplattenbrücke **Tarr Steps,** die über den flachen River Barle führt. Die Brücke ist alt, aber niemand weiß genau, wie alt; als halbwegs gesichert gilt, dass die Überspannung mindestens aus der Bronzezeit datiert, doch kann sie auch noch wesentlich weiter in die Frühzeit zurückreichen. Mehr als einmal hat die Flut die bis zu 10 t schweren Steinplatten und die mächtigen Basissteine weggespült, immer wieder aber ist in den Jahrtausenden die Brücke erneuert worden, und zwar genau im bronzezeitlichen Design.

Von den Tarr Steps geht es zum Weiler **Winsford,** der von mehreren kleinen Bächen durchzogen wird, die, munter plätschernd und murmelnd, das Gemüt wattieren. Hinzu kommen eine ganze Reihe reetge-

England, Süd

deckter Cottages, ein Marktkreuz aus früheren Tagen und der alte und gemütliche Royal Oak Pub, ein Free House, mit seinem Strohdach.

Glastonbury

Das 5000 Einwohner zählende Städtchen Glastonbury ist für Esoteriker ein herausragender Wallfahrtsort, und das ganze Jahr über reißt der Strom derjenigen nicht ab, die christliche wie keltische Mysterien zu beschwören suchen. Schauen wir uns zunächst die **Spekulationen** an, um dann die Fakten zu prüfen!

Nach der Himmelfahrt Christi machte sich **Joseph von Arimathäa,** der Jesus vom Kreuz genommen, einbalsamiert und begraben hatte, auf den Weg, der Kelteninsel das Christentum zu bringen. Bei sich trug er den Kelch, aus dem Jesus und seine Jünger beim letzten Abendmahl getrunken hatten und mit dem Joseph während der Kreuzigung das Blut aus den Wunden des Herrn aufgefangen hatte. Am Weihnachtstag des Jahres 60 erreichte der fromme Mann Glastonbury Tor, einen weithin sichtbaren Hügel, stieß an dessen Fuß seinen Pilgerstab in die Erde und vergrub den Gral im Boden. Aus dem Wanderstock erwuchs ein Weißdornbusch, dessen Ableger auf dem Abteigelände auch heutzutage noch jedes Jahr um Weihnachten zu blühen beginnt, und dort, wo Joseph den Gral vergrub, sprudelte flugs eine Quelle hervor, die *Bloody Spring.* Auch errichtete er die erste Kirche auf englischem Boden.

Glastonbury soll – kommen wir nun zum zweiten Mythos – aber auch das **Avalon von König Artus** sein. 1191 wollten die Mönche der Abtei auf dem Kirchhof das Grab von *Artus* und seiner Frau *Guinevere* gefunden haben. 1278 war dann der Schrein fertig, der die Gebeine des Königspaars aufnahm. Die Abtei von Glastonbury avancierte damit zu einem Wallfahrtsort erster Güte und stellte selbst Canterbury mit dem Grab des ermordeten Erzbischofs *Thomas Becket* weit in den Schatten.

Verbürgt von all diesen Mysterien ist lediglich die **Tatsache,** dass um das Jahr 700 herum der angelsächsische König *Ina von Wessex* ein Kloster errichten ließ. Eine normannische Abteianlage brannte 1184 vollständig nieder, und so entstand im Laufe der folgenden Jahrzehnte eine neue Klosterkirche, die mit fast 180 m Länge alle anderen in England weit in den Schatten stellen sollte. Während der Reformation von *Heinrich VIII.* wurde die reiche Abtei aufgelöst, und die prachtvolle Kirche fiel den Bilderstürmern zum Opfer.

Eindrucksvoll sind heute noch immer die Ruinen auf dem großen grünbewachsenen Areal; die Stelle, an der einmal der Schrein von *König Artus* und seiner Frau stand, ist markiert.

Am Market Place ragt das reich verzierte, steinerne **Marktkreuz** in den Himmel. Hier kann man Unterkunft finden im *George and Pilgrim's Hotel,* einer rund 600 Jahre alten ehemaligen Pilgerherberge. Spaziert der Besucher die High Street hinunter, so passiert er auch das aus dem 15. Jh. stammende, spätgotische **Gerichts-**

gebäude The Tribunal mit der Tourist Information und einem kleinen **Heimatmuseum;** hier werden die Funde des Glastonbury Lake Village gezeigt, eines 1892 ausgegrabenen eisenzeitlichen Seedorfes.

Gegenüber vom George and Pilgrim's, am Anfang der High Street, hat sich **Glastonbury Experience** niedergelassen – der bevorzugte Anlauftreff der Esoteriker; hier finden sich die Tagungsstätten der **University of Avalon,** die spirituelle Seminare durchführt wie etwa „Communication with the Earth, Learning to live more effectively, The Ultimate Healing Course" und weitere um diese Themenkomplexe kreisende, für viele Leute offensichtlich sinnstiftende Veranstaltungen.

George Bernard Shaw besuchte hier einmal zusammen mit seiner Freundin *Molly Tompkins,* seiner „Mollissima", eine Freilufttheateraufführung. *Shaw* war von den Tanzfähigkeiten der Akteure wenig beeindruckt und soll, so berichtete es einmal seine Begleiterin, mit seiner „verheerenden Fistelstimme" gesagt haben: „Unglaublich, wie viele Leute Hühneraugen haben!" – was für ein erfrischend lapidarer Treffer in der mysteriengeschwängerten Atmosphäre von Glastonbury.

Praktische Hinweise

Tourist Information
●**The Tribunal,** 9 High Street, Tel. 01458/832954.

Unterkunft
●**George and Pilgrim's Hotel,** 1 High Street, Tel. 01458/831146, Fax 832252, DZ 60 £.

●**Bed & Breakfast:** *Blake House,* 3 Bove Town, Tel. 01458/831680, dshankins@ukonline.co.uk, DZ 40 £; *Melrose,* 17 Bere Lane, Tel. 01458/832016, DZ 42 £; *Wood Lane House,* Butleigh, Tel.01458/850354, DZ 40 £; *Glastonbury Backpackers* (Hostel), Market Place, neben dem George and Pilgrim Hotel, Tel. 01458/833353.

Pubs und Restaurants
●**Ristorante Pizzeria,** Market Place, Pizzen und Pastas um 5 £.
●**Market House Inn,** Market Place, gemütlicher Pub mit Biergarten und angeschlossenem Restaurant.
●**The Blue Note Café,** High Street, Kaffee und Kuchen, kleine Snacks.
●**The Rainbow End,** High Street, Café und kleines Restaurant, mehrfach von englischen Bistro-Führern empfohlen.
●**The Monarch,** High Street, Tea Room and Café, hausgemachte Kuchen und Snacks.
●**Becket's Inn,** High Street, alter gemütlicher Pub.
●**The Queen's Head,** Ende der High Street, Pub mit Snacks zur Mittagszeit.

Rent-a-Bike
●Magdalene Street/Market Place.

Verbindung
●Lokale **Busse** nach Wells und weiter nach Bristol.

Wells

Die kleine Stadt mit ihren 10.000 Einwohnern hat dem Besucher eine der schönsten **gotischen Kathedralen** zu bieten, und selbst wer an Architektur und Kunstgeschichte kein sonderliches Interesse hat, wird trotzdem von dem prachtvollen Gotteshaus beeindruckt sein. Ihm wird es gehen wie *Henry James,* der einräumen musste: „Das Erfreulichste

England, Süd

225

im Leben ist ganz zweifellos das Erfreuliche, das einen überrumpelt – obschon ich bei meiner Ankunft in Wells überhaupt nur infolge eines leichtfertigen Mangels an Kenntnissen hatte überrumpelt werden können. Ich wusste ganz allgemein, dass diese alte kleine Stadt eine große Kathedrale vorzuweisen hatte, doch ich war weit davon entfernt, die Intensität des Eindrucks zu ahnen, der mich erwartete. Das ungeheuer Beherrschende der beiden Münstertürme, während man sie aus dem herannahenden Zug über den zu ihren Füßen zusammengedrängten Häusern sieht, vermittelt einem in der Tat eine Andeutung ihres Charakters.“

Um das Jahr 705 ließ der angelsächsische König *Ina von Wessex* auf den Rat des heiligen *Aldhelm* hin ein Priesterseminar und eine Kirche nahe jener Quellen errichten, nach denen Wells seinen Namen hat. Um 1180 beauftragte dann Bischof *Reginald de Bohun* die Baumeister mit den **Arbeiten an der Kathedrale;** in seiner Amtszeit entstanden die vier östlichen Joche des Hauptschiffs, Teile des Chors, die Querschiffe und das Nordportal. *Bischof Jocelyn* von Wells setzte die Arbeiten ohne Änderung des ursprünglichen Bauplans fort, so dass die Kathedrale weitgehend einheitlich im *Early English* errichtet wurde und dadurch beson-

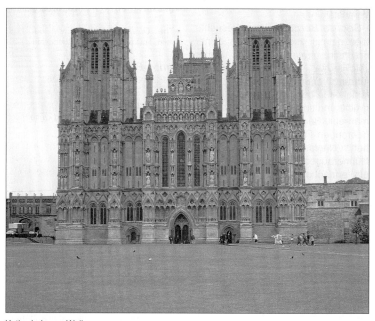

Kathedrale von Wells

ders harmonisch auf den Betrachter wirkt. *Jocelyn* vollendete das Hauptschiff und weihte das Gotteshaus im Jahre 1239. Drei Jahre später, die Steinmetze arbeiteten noch an der Westfassade, starb er; unter seinem Nachfolger *Bitton* entstanden die Krypta und die wie eine Kaskade herabflutende Treppe zum *Kapitelhaus,* das erst der Dekan *John de Godelee* Anfang des 14. Jh. vollenden ließ. Er trieb die Arbeiten am Vierungsturm, 1322 fertiggestellt, voran und realisierte auch die Marienkapelle.

Auf die Initiative von Bischof *Ralph von Shrewsbury* ging die Fertigstellung des Chors zurück; vor allem aber verdanken wir seinem raschen Entschluss zum Handeln die **wunderbaren Vierungsbogen,** die *Inverted Arches*, die umgekehrte Bogen oder auch Scherenbogen genannt werden und die in ihrer „surreal abstrahierten Form" Wells berühmt gemacht haben. Der zentrale Turm, dessen Dach nach altem Brauch Bleiplatten bedeckten, war den Erbauern zu schwer geraten und drohte die stützenden Vierungspfeiler auseinanderzudrücken. Also setzten die Baumeister um 1338 im nördlichen, westlichen und südlichen Teil der Vierung zwischen den Pfeilern Spitzbogen ein, denen – so der optische Eindruck – ein zweiter umgekehrter Spitzbogen aufgesetzt wurde, dessen beide Ausläufer dann oberhalb des Triforiums die Vierungspfeiler verstärkten und abstützten. Nie hatte es vorher einen solch harmonischen und unter statischen Gesichtspunkten tragenden Bogen gegeben, und doch weiß man nicht, wer der geniale Baumeister war, der ihn erfand.

Als der Turm der Kathedrale von Salisbury die Vierungspfeiler zu zerbrechen drohte, übernahmen die dortigen Baumeister die Bogen von Wells, die maßgeblich Anteil daran hatten, dass der Turmhelm noch heute in den Himmel ragt. Allerdings sind die Scherenbogen von Salisbury nicht annähernd so harmonisch geraten wie die von Wells.

Der Besucher wird sich fragen, warum am östlichen Teil der Vierung der Bogen fehlt; dort stützt schon der Lettner, die Chorschranke, die Turmpfeiler, so dass ein teurer Scherenbogen nicht nötig war.

1386 und 1424 entstanden die beiden **Türme der Westfassade,** von denen manchmal behauptet wird, dass ihnen die Spitzen fehlen. Dies stimmt jedoch nicht, denn hätten die Baumeister sie mit einem Helm gekrönt, dann wären sie höher als der zentrale Vierungsturm geworden und die Proportionen der Kathedrale wären völlig aus dem Lot geraten.

Schatzmeister *Hugh Sugar* ließ um 1470 im oberen Teil des westlichen Scherenbogens ein großes **Kruzifix** einsetzen, das in den Reformationswirren zerstört wurde. Der Sockel aber blieb erhalten, und so konnte dort 1920 ein neues Kreuz aufgesetzt werden.

Prachtvoll und einmalig ist der Blick vom Anfang des großen, grünen *Cathedral Close* auf die **Westfassade** der Kathedrale. Keiner der großen Dome Englands hat eine solch reiche Figurenvielfalt zu bieten wie das Gotteshaus von Wells.

England, Süd

Betritt man nun das Innere, wird schon der erste Blick direkt eingefangen von dem westlichen Scherenbogen, in dessen oberem Teil das große **Kruzifix** aufragt. Kurz vor Erreichen der Vierung finden sich zwischen den linken Säulen die **Grabkapelle für Bischof Bubwith,** der eine beträchtliche Summe für den Bau des nördlichen Westturms stiftete, und auf der rechten Seite die **Votivkapelle** für den Schatzmeister **Hugh Sugar,** auf dessen Initiative das große Kreuz zurückging.

Im südlichen Querschiff sind eine ganze Anzahl von Bischöfen und Adligen bestattet; vor allem sehenswert sind hier die Werke der Steinmetze. Die Kathedrale von Wells ist berühmt für ihre **fein gearbeiteten Kapitelle,** hier, im südlichen Querschiff werden sie noch unter dem Thema „Die Obstdiebe" um eine humoristische Note bereichert: Zwei Männer plündern einen Weinberg oder einen Obstgarten, doch dabei werden sie beobachtet. „He Bauer, aufgewacht, jemand stiehlt dein Obst", scheint der Beobachter zu sagen, der die Nachricht überbringt; der Bauer macht sich auf die Jagd, fängt auch einen Dieb und zieht ihm mit der Mistforke den Scheitel nach. Unnachahmlich ist dem Steinmetz das verdatterte Gesicht des verprügelten Diebes gelungen.

Der **Chor** ist prachtvoller ausgestattet als das weitgehend schlichte Hauptschiff. Sein Abschlussfenster, das so genannte *Golden Window*, wurde im Jahre 1340 eingesetzt. Die Figuren in den Nischen unterhalb des prächtigen, bunten Lichteinlasses

wurden nach dem Ersten Weltkrieg angefertigt und sollen den Frieden anmahnen; dargestellt sind Christus und die Heiligen Andreas, Petrus, Dunstan, Patrick, David und Georg.

Hinter dem Bischofsthron liegt in einer prachtvollen **Grabkapelle** Bischof *Beckinton* begraben. Nahebei ruht Bischof *Harewell*, der Gelder für den Südwestturm hinterlassen hat; seinen Schrein zieren in Anspielung auf seinen Namen zwei Hasen. Nur ein paar Schritte entfernt hat der Kirchenmann *Ralph von Shrewsbury* die letzte Ruhe gefunden.

Im nördlichen Querschiff ist die berühmte, um 1390 gebaute **astronomische Uhr** allererster Besuchermagnet. Alle 15 Minuten öffnet sich oberhalb der Zifferblätter ein Törchen, und vier Ritterfiguren „reiten" im Kreis herum; nach jedem Rundgang wird ein Ritter niedergestreckt – liegen sie allesamt platt im Turnierhof, ist eine Stunde um.

Das äußere Zifferblatt hat eine 24-Stunden-Einteilung, dort zeigt der große Stern die Stunde an; ein kleinerer Stern im inneren Kreis teilt dem Betrachter die Minuten mit.

Vom nördlichen Querschiff flutet wie eine Woge die **Treppe von Wells,** ebenso berühmt wie die Scherenbogen, aus dem achteckigen Kapitelsaal nach unten ins Kirchenschiff; die Decke des Kapitelhauses wird, wie auch in der Kathedrale von Salisbury, von einem Bündelpfeiler getragen.

Einen Steinwurf nördlich der Kathedrale, unter dem Chain Gate hindurch, findet sich **Vicar's Close,** die erste Reihenhausanlage der Welt. Bischof *Ralph von Shrewsbury,* von dem schon mehrfach die Rede war, plante diese Straße im Jahre 1348. 42 Häuschen, jedes mit einem mächtigen Kamin, stehen sich gegenüber; in handtuchgroßen Vorgärten blühen bunt die Blumen. Seit jeher wohnen hier die Lehrer der Domschule, die – 909 gegründet – zu den ältesten der Welt zählt. Es ist nichts Ungewöhnliches, die Schüler im Talar über die Domfreiheit toben zu sehen, die dadurch doch sehr an Leben gewinnt. Lassen wir noch einmal *Henry James* zu Worte kommen: „Noch mehr kam meine Phantasie bei der einzigartigen Wunderlichkeit des als Vicar's Close bekannten Bereichs auf ihre Kosten. Er schließt sich unmittelbar an den Cathedral Green an, und man betritt ihn durch eines der massiven alten Torhäuser, die ein so auffälliges Element der kirchlichen Ausstattung von Wells bilden. (...) Die kleinen Häuser sind sehr modernisiert, doch haben sie ihre hohen Schornsteine mit gemeißelten Tafeln an der Vorderseite, ihre altehrwürdige Gedrängtheit und Gefälligkeit und ein gewisses leicht weihevolles Gepräge, wie von Klosterzellen, beibehalten."

Südlich der Kathedrale schließt sich hinter einem Burggraben und den schützenden Mauern der **Bischofspalast** an, dessen ältester Teil, die Great Hall, um 1230 begonnen wurde. *Ralph von Shrewsbury* ließ dann 110 Jahre später Graben und Mauern errichten. Am linken Eingangstorturm befindet sich eine kleine Glocke; dort klingeln die Schwäne des Burggrabens, wenn sie Hunger haben und gefüttert werden wollen. Schwäne unterlagen dem besonderen Schutz der Monarchen, und jeder frei auf dem Wasser geborene Vogel gehörte dem König.

In den Gärten des Bischofspalastes entspringen auch die **Quellen,** die Wells ihren Namen gegeben haben. Die Rinnsale fließen entlang der Bürgersteige durch die Straßen des Städtchens, an einigen Stellen durch oberirdisch verlegte, für die Autofahrer farbig markierte Röhren.

Nicht versäumen darf man einen geruhsamen Spaziergang durch das schöne Stadtzentrum, das mit seinen alten Ladenfronten Flair und Atmosphäre ausstrahlt.

Im Jahre 1923 besuchte *Lawrence von Arabien* Wells und verglich die französischen Kathedralen mit den englischen Gotteshäusern und ihrer Domfreiheit, „die so stattlich von Bäumen umgeben ist und so gewissenhaft gepflegt wird, dass sie bereits wie im Vorhof zum Allerheiligsten wirkt", während die französischen Dome „ihre Füße auf Marktplätzen haben und von Verkaufsbuden und Schornsteinen und Plakaten und Lärm umgeben sind."

Praktische Hinweise

Tourist Information
● **Town Hall,** Market Place, Tel. 01749/672 552.

Unterkunft
● **Swan Hotel,** Sadler Street, Tel. 01749/ 836600, Fax 836301, swan@behere.co. uk, DZ 90 £.
● **White Hart Hotel,** Sadler Street, Tel. 01749/672056, Fax 671074, info@white hart-wells.co.uk, DZ 75 £.

England, Süd

●*Bed & Breakfast:* *Bekynton House,* 7 St. Thomas Street, Tel./Fax 01749/672222, reservations@bekynton.freeserve.co.uk, DZ 45 £; *Canon Grange,* Cathedral Green, Tel. 01749/671800, canongrange@email.com, DZ 45 £; *Infield House,* 36 Portway, Tel. 01749/670989, Fax 679093, infield@talk21. com, DZ 42 £.

Pubs und Restaurants

●*Goodfellows,* 5 Sadler Street, Tel. 01749/ 673866, ein sehr gutes kleines Seafood Café, Zwei-Gänge-Menü 13 £, Drei-Gänge-Menü 15 £, Hauptgerichte zwischen 7 und 16 £, dazu gehört auch eine Patisserie, die leckere Kuchen im Angebot hat.

●*Ask,* Market Place, italienisches Lokal einer Restaurant-Kette mit gutem Preis-Leistungsverhältnis, Pizzen und Pastas um 9 £, trinkbare Weine.

●*White Hart,* Sadler Street, Pub in einem schönen alten Fachwerkhaus aus dem Jahr 1497, mit angeschlossenem Restaurant, Drei-Gänge-Menü um 13,50 £.

●*The Crown at Wells,* Market Place, Gasthof aus dem 15. Jh., sehr atmosphärereiches Free House, mit angeschlossenem Restaurant zwischen 9 und 14 £, 15 Gästezimmer.

Verbindung

●Nur *lokale* Verbindungen nach Bristol und Bath.

Bristol

Die Einwohner von Bristol vergleichen ihre angenehme, 400.000 Seelen zählende Stadt gerne mit der italienischen Metropole Rom, denn wie auch diese ist sie auf sieben Hügeln erbaut. Dass dem so sei, behauptete jedenfalls *Johanna Schopenhauer,* die in den ersten Jahren des 19. Jh. nach Bristol kam und im Nobelvorort Clifton (s. u.) Quartier bezog. Vom *Rom des Nordens* reden zu hören, wird aber sicher jeden *Bristolian* erfreuen.

Geschichte

Schon immer produzierten die **Werften** von Bristol Schiffe und sorgten für Arbeit und Einkommen, richtigen Aufschwung aber brachten der Sklavenhandel und die Zuckertransporte, die Bewohner der Stadt kamen zu Wohlstand. Im 19. Jh. wurde der Schiffsbau nochmals intensiviert, Tabakwarenhersteller und chemische Industrie siedelten sich an, und im 20. Jahrhundert avancierte Bristol schließlich zum Sitz der englischen *Flugzeugindustrie.* Vor allem aus diesem Grund bombardierte die reichsdeutsche Luftwaffe im Zweiten Weltkrieg die Stadt und legte sie weitgehend in Schutt und Asche.

Schon zur Zeit der Angelsachsen fand geschäftiger Betrieb im Hafen statt, und im Jahr 1373 erhob *Eduard II.* Bristol in den Grafschaftsstatus. Das änderte sich erst 601 Jahre später, 1974 nämlich, als das neue County Avon eingerichtet wurde, dessen Kapitale Bristol nun ist.

1497, fünf Jahre nach *Kolumbus,* stach **John Cabot** von Bristol aus in die See und machte sich auf nach Nordamerika, wo er Neufundland „entdeckte". Am Hafen ehrt eine Statue den Seebären.

1692 ging **Daniel Defoe,** der Autor des Romans „*Robinson Crusoe*", in London in den Untergrund, nach einem Monat wurde ihm das Pflaster in der Hauptstadt allerdings zu heiß, und unter Zurücklassung eines Schuldenbergs von rund 17.000 £ zog es ihn ins vermeintlich sicherere Bristol. Das meiste Geld gehörte seiner Schwiegermutter, die die Häscher gegen ihn ausgeschickt hatte. Vorsichtshalber traute er sich nur sonntags in die Öffentlichkeit; als so genannter *Sunday Gentleman* konnte er laut Gesetz am siebten Tag der Woche nicht verhaftet werden, da man auch Kriminellen die Möglichkeit geben wollte, an einem Gottesdienst teilzunehmen.

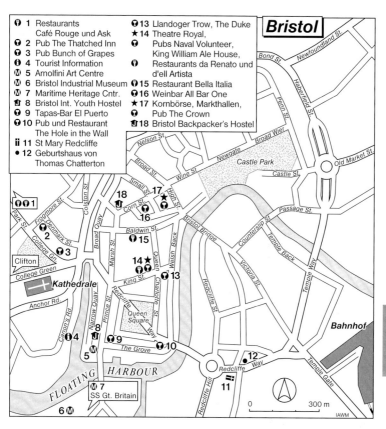

1 Restaurants
   Café Rouge und Ask
2 Pub The Thatched Inn
3 Pub Bunch of Grapes
4 Tourist Information
5 Arnolfini Art Centre
6 Bristol Industrial Museum
7 Maritime Heritage Cntr.
8 Bristol Int. Youth Hostel
9 Tapas-Bar El Puerto
10 Pub und Restaurant
   The Hole in the Wall
11 St Mary Redcliffe
12 Geburtshaus von
   Thomas Chatterton
13 Llandoger Trow, The Duke
14 Theatre Royal,
   Pubs Naval Volunteer,
   King William Ale House,
   Restaurants da Renato und
   d'ell Artista
15 Restaurant Bella Italia
16 Weinbar All Bar One
17 Kornbörse, Markthallen,
   Pub The Crown
18 Bristol Backpacker's Hostel

England, Süd

Sehenswertes

Allererste Attraktion ist natürlich – wie es sich für eine Hafenstadt gehört – der **Floating Harbour**, der sich parallel zum River Avon durch ganz Bristol zieht und mit dem **Maritime Heritage Centre** die Geschichte der Seefahrt dokumentiert (Whapping Wharf, Gas Ferry Road, tgl. 10–18 Uhr). Hier liegt auch der Steamer „Great Britain" vor Anker, das erste vollständig aus Stahl erbaute und mit einer Schiffsschraube versehene Dampfschiff, das 1843 vom Stapel lief. Konstrukteur war der geniale **Isambard Kingdom Brunel** (1806–1859), der eine technische Herausforderung nach der nächsten löste. Zusammen mit seinem Vater arbeitete *Isambard Kingdom* die Pläne für den Londoner Themse-Tunnel

231

von Rotherhithe nach Wapping aus (1825–1843), baute die Hungerford-Hängebrücke (1841–1845) über die Themse und die Clifton Suspension Bridge, von der gleich noch die Rede sein wird; nach seinen Zeichnungen wurde die „Great Western" (1837) auf Kiel gelegt, das erste Dampfschiff, das in Atlantiküberquerungen zum Einsatz kam, sowie die „Great Eastern" (1853–1858), die damals für viele Jahre als weltweit größtes Schiff die Weltmeere durchpflügte. Auch die Bristol Old Station, der mächtige alte, im neogotischen Stil errichtete Bahnhof der Stadt, geht auf *Brunels* Entwürfe zurück.

Fährboote bringen an verschiedenen Stellen die Spaziergänger an das jeweils andere Ufer des langen Hafens. Sommertags, an Wochenenden und Feiertagen, führen **Oldtimer-Nostalgiker** auf dem Hafengelände ihre alten, sorgfältig restaurierten Dampfwalzen vor, ein alter Kran, ebenfalls mittels Dampfkraft bewegt, zieht Lasten hoch, auf einem Schienenstrang von einigen hundert Metern schnauft und zischt eine putzige kleine Lok mit einigen Güterwagen daher und stößt mächtige schwarze Rauchwolken in die Luft – und die Kinder stehen dabei und machen große Augen.

Alljährlich Mitte Juli findet hier auch das *Steam Festival* statt, und dann pufft, schnauft und zischt es noch mächtiger.

In der Nähe der Prince Street Bridge, am Prince Wharf stellt das

Rüstige Oldtimer beim Steam Festival

Bristol Industrial Museum seine Exponate zur Industriegeschichte aus (tgl., außer Do/Fr, 10–13, 14–17 Uhr). Die Brücke führt auf die gleichnamige Straße; linker Hand findet man in einem restaurierten Speichergebäude das ***Arnolfini Arts Centre,*** das die zeitgenössische Kunst würdigt, nahebei, direkt am Kai, auch die Touristeninformation.

Dort, wo die Princess Street auf einen Kreisverkehr trifft, geht es rechts ab in die King's Street. Ein Teil der Gebäude, ehemalige Armenhäuser, datieren aus dem 17. Jh. Ein Jahrhundert jünger nur ist das ***Theatre Royal*** von 1766, das älteste durchgängig bespielte Theater Englands. Im ganzen Land bekannt ist das *Bristol Old Vic*, das Ensemble, das hier auf der Bühne steht.

Einen Steinwurf weiter stößt man rechter Hand auf die in einem dreigiebeligen, schönen Fachwerkhaus von 1669 untergebrachte Taverne ***Llandower Trow,*** einen der berühmtesten Pubs im ganzen Königreich. Hier nämlich soll *Daniel Defoe* den schottischen Matrosen *Alexander Selkirk* getroffen haben, der ihm seine Lebensgeschichte erzählte – damit hatte *Defoe* den Stoff für seinen „Robinson Crusoe" zusammen. Das beeindruckte auch *Robert Louis Stevenson*, der die Kneipe unter dem Namen *The Spy Glass* – in der deutschen Übersetzung der Gasthof „Zum Fernrohr" – in seiner Schatzinsel auftauchen lässt. Dort heißt es: „Es war ein recht hübsches, reinliches Lokal. Das Wirtshausschild war neu gemalt, an den Fenstern hingen ordentliche rote Vorhänge, und der Fußboden war sauber mit Sand bestreut. Auf jeder Seite befand sich eine Straße, und auf beide hinaus führte je eine offene Tür, was den weiten, niedrigen Raum trotz der Wolken von Tabakqualm ziemlich übersichtlich machte."

Sir Herbert Beerbohm-Tree, im 19. Jahrhundert ein bekannter englischer Regisseur und Schauspieler, hatte in der Kneipe einmal eine Zeit lang seinen Schreibtisch stehen und arbeitete dort. An Nachschub von geistigen Getränken wird es ihm nicht gemangelt haben. Der Taverne ist auch ein Restaurant angeschlossen.

Ein paar Minuten Fußweg nach Norden führen zur Corn Street, an deren Ende sich die Weizenbörse befindet. Hier befinden sich auch die Markthallen des ***St. Nicolas Market,*** der 1743 eröffnet wurde. Bis 2003 war das Marktareal in Betrieb, heute findet hier ein erweiterter Flohmarkt statt. Stärken kann man sich in den Markthallen im gemütlichen Pub *The Crown.*

Vom treffend *The Centre* genannten großen Kreisverkehr der befahrenen Colston Avenue verläuft die Straße College Garden, deren Verlängerung Park Street heißt. Hier reihen sich viele Restaurants aneinander, u. a. die beiden Lokale der Restaurant-Ketten *Café Rouge* und *Ask,* die ein gutes Preis-Leistungsverhältnis bieten (s. u.).

Nur wenig südlich befindet sich ***Bristol Cathedral,*** deren Ursprünge auf das Jahr 1140 zurückgehen, die aber mit dem Bau der Türme erst 1888 vollständig fertiggestellt war.

England, Süd

Die zweite bedeutende Kirche Bristols, *St. Mary Redcliffe,* befindet sich im Südwesten der Stadt, wo der Floating Harbour einen großen Bogen schlägt. Die zwischen dem 13. und dem 15. Jh. entstandene Kirche beeindruckte *Elisabeth I.* so sehr, dass die Königin bei ihrem Besuch 1574 das Gotteshaus als die „frömmste, anmutigste und berühmteste Pfarrkirche Englands" bezeichnete. Mit ihrem 100 m hohen, spitzen Turmhelm nimmt St. Mary's in der Tat Kathedralenausmaße ein. Hofkomponist *Georg Friedrich Händel* gab hier einige seiner im ganzen Land berühmten wie beliebten Orgelkonzerte, ein Kirchenfenster mit Darstellungen aus dem Messias-Oratorium im nördlichen Teil würdigt *Händels* musikalische Verdienste.

Ein Denkmal im Innern der Kirche erinnert an den tragischen Tod des jungen **Thomas Chatterton,** und im Kirchhof würdigt eine Statue den gerade der Kindheit entwachsenen Dichter. „Der Wunderknabe von Bristol" wurde am 20. November 1752 gegenüber von St. Mary's geboren und in der Kirche getauft. Erzogen vom Onkel, dem Küster von St. Mary's, vergrub er sich schon in frühen Jahren in die alten Kirchenregister und die pergamentenen Urkunden des kirchlichen Archivs und lebte ganz in der Gedankenwelt des Spätmittelalters. Mit 14 Jahren kam er zu einem Anwalt in die Lehre, während der er „kein Gasthaus betreten, nicht Würfel spielen, keine Unzucht treiben und keine Ehe eingehen durfte". Sehr bei der Sache war er allerdings nicht, denn sein

ganzer Ehrgeiz bestand darin, auf altem Pergament und in verstellter altertümlicher Handschrift Gedichte niederzuschreiben, die er als Arbeiten des Dichtermönchs *Thomas Rowley* ausgab, der angeblich im 15. Jh. gelebt hatte, und die er im Kirchenarchiv gefunden haben wollte. *Horace Walpole,* dem *Thomas* einige Manuskripte zugeschickt hatte, war von den Texten sehr angetan und versprach Unterstützung bei der Publikation. 1770 übersiedelte *Thomas* nach London, wo er in einer zugigen und kalten Dachstube Unterkunft fand. Doch da bemerkte *Walpole* die Fälschungen, er und die Herausgeber anderer „Schriften" von dem imaginären *Rowley,* die *Thomas* unter dem Pseudonym *Decimus* hatte erscheinen lassen, bezichtigten ihn des Betrugs. Der erst Siebzehnjährige – noch ein halbes Kind und völlig allein in einer Millionenstadt – verlor die Nerven und vergiftete sich aus Scham und Angst in der Nacht zum 25. August 1770.

Erst als die Zeitgenossen vorurteilsfrei an seine Gedichte herangingen, bemerkten sie die sprachliche Genialität des Jungen. *Keats* hat *Thomas Chatterton* sein *„Endymion"* gewidmet, *Coleridge* schrieb eine *„Monodie auf den Tod Chattertons"* („Schöpferisches Kind der freien Natur! / Der du so schön deine frühe Blüte entfaltest / und die weite Luft mit reinem Duft erfülltest! / Dir lächelte vergebens alles Himmmlische") und auch *Wordsworth* griff zur Feder („... dieser wunderbare Junge, diese schlaflose Seele, die im Stolz verging ...").

Auf keinen Fall darf man einen Besuch an der mautpflichtigen **Clifton Suspension Bridge** versäumen, die in schwindelerregender Höhe im Vorort Clifton den River Avon überspannt. Am späten Abend ergibt sich ein besonders farbenprächtiges Bild, wenn die vielen hundert bunten Lämpchen die Hängebrücke farbig illuminieren. Schaut man von der nordwestlichen Ecke in die Tiefe, so erkennt man oft Einhandkletterer, die die vollständig senkrechte Wand des Felsens zu bezwingen suchen – ein Blick, dem nur Schwindelfreie Vergnügen abgewinnen können.

Isambard Kingdom Brunel, der bereits erwähnte geniale Ingenieur, plante die Brücke im Jahr 1830, sechs Jahre später begannen die Arbeiten, die aufgrund fehlender finanzieller Mittel 1843 erst einmal eingestellt werden mussten; *Brunel* erlebte die Fertigstellung nicht mehr, 1864, fünf Jahre nach seinem Tod erst, konnte die faszinierende Avon-Überspannung eingeweiht werden.

Die Clifton Suspension Bridge

Praktische Hinweise

Tourist Information
●**Harbour Side,** Tel. 0906/711219.

Unterkunft
●**Henbury Lodge Hotel,** Station Road, Tel.0117/9502615, Fax 9509532, enquiries @henburylodge.com, DZ 80 £.
●**Seeley's,** 17 St. Paul's Road, Cilften, Tel. 0117/9738544, Fax 9732406, admin@see leys.demon.co.uk, DZ 80 £.
●**Best Western Glenroy,** Victoria Square Clifden, Tel./Fax 0117/9739058, admin@ glenroyhotel.demon.co.uk, DZ 82 £.
●**Bed & Breakfast:** *Downlands House,* 33 Henleaze Gardens, Henleaze, Tel./Fax

0117/9621639, mjdownlands@compuserve. com, DZ 46 £; *Downs Edge,* Saville Road, Stoke Bishop, Tel./Fax 0117/9683246, downsedge@sbishop99.freeserve.co.uk, 42 £; *Shirehampton Lodge,* High Street, Shirehampton, Tel. 0117/9073480, Fax 907 4381, DZ 50 £.
●**Jugendherberge:** *Bristol Youth Hostel,* 14 Narrow Quay, Tel. 0117/9221659; *Bristol Backpackers Hostel,* 17 St. Stephen Street, Tel. 0117/9257900, info@bristol backpackers.co.uk.

Pubs und Restaurants

Bristol hat wie kaum eine andere Stadt Südenglands eine ganze Reihe an exzellenten Restaurants, die im Folgenden in vier Gruppen eingeteilt werden; auch Lokale der vierten Gruppe sind noch immer außerordentlich gute Häuser, eine ganze Reihe von großen Städten in Südengland kann selbst mit solchen Restaurants nicht aufwarten:
●**Markwicks,** 43 Corn Street, Tel. 0117/ 9262658, mit umfangreicher Weinkarte,

und **Hunt's,** Broad Street, Tel. 0117/9265580, nehmen den ersten Rang der exzellenten Restaurants von Bristol ein, beide um 40 £.

● **Muset,** 12 Clifton Road, Tel. 0117/9732920, **Bell's Diner,** 1 York Road, Montpelier, Tel. 0117/9240357 sowie das Lokal **Glass Boat,** Welsh Back, Tel. 0117/929 0704, gehören zur zweiten Gruppe mit Preisen zwischen 18 und 36 £.

● **Rocinantes,** 85 Whiteladies Road, Tel. 0117/9734482, **Melbournes,** 74 Park Street, Tel. 0117/9226996, **Howard's,** 1 A Avon Crescent, Tel. 0117/9262921 sind die drittbesten Restaurants Bristols mit Preisen um 30 £.

Nun die preiswerteren Lokale sowie die Pubs von Bristol:

● **El Puerto,** The Grove/Ecke Prince Street, freundliche Tapas-Bar mit guten Weinen in einem ehemaligen Magazinspeicher, Tapas zwischen 5 und 12 £, vorabendliches Zwei-Gänge-Menu 10 £.

● **The Hole in the Wall,** Redcliffe Way/Ecke The Grove, Pub mit Biergarten, von dem man auf den Floating Harbour und die Kirche St. Mary's blickt, mit angeschlossenem Restaurant, um 6 £.

● **Ask,** 51 Park Street, italienisches Lokal einer Restaurant-Kette mit gutem Preis-Leistungsverhältnis, Pizzen und Pastas um 9 £, trinkbare Weine.

● **Café Rouge,** 85 Park Street, Lokal einer Restaurant-Kette mit gutem Preis-Leistungsverhältnis, teuerste Gerichte bis 13 £, trinkbare Weine.

● **Naval Volunteer,** King Street, Free House, eine der ältesten Tavernen von Bristol, nach eigener, durchaus richtiger Einschätzung mit *Cosy Atmosphere.*

● **Ristorante da Renato,** King Street, italienisches Restaurant, um 11 £.

● **Ristaurante La Taverna de'll Artista,** King Street, italienische Gerichte, um 12 £.

● **The Old Duke,** King Street, Pub, an Sonntagvormittagen zum Frühschoppen Live Jazz.

● **The Llandoger Trow,** King Street, mit Restaurant, zwischen 5 und 11 £, hier erfuhr *Daniel Defoe* seine Robinson-Crusoe-Geschichte, und *Robert Louis Stevenson* verewigte die Kneipe in seinem Abenteuerroman „Die Schatzinsel".

● **All Bar One,** Corn Street, sehr gemütliche Weinbar mit trinkbaren Rebensäften, guten Snacks und kleinen Gerichten.

● **The Crown,** Kneipe in den Markthallen von Bristol, immer voll mit Markthändler und Käufern, Zugang von der Corn Street aus.

● **King William Ale House,** King Street, alteingesessener Pub in der Kneipen- und Theaterstraße von Bristol, mit Bar Meals zwischen 4 und 7 £.

● Internet Café **Netgates Café,** 51 Broad Street.

● **Bunch of Grapes,** Denmark Street, Pub mit schöner Jugendstilglasfassade.

● **The Thatchet Inn,** Denmark Street, gemütlicher alter Pub in einem schönen Fachwerkgebäude mit niedrigen Räumen.

● **Bella Italia,** Baldwin Street, preiswerte Pizzen und Pasta um 7 £.

Rent-a-Bike

● **Cycle Hire,** 12 Narrow Quay, bei der Tourist Information.

● **Paddlemania,** 80 West Street, südlich vom Floating Habour und vom Avon.

Verbindung

● Im **Intercity-Netz,** weiterhin **regionale Züge** von Exeter, Bath, Southampton, Weymouth, Brighton, Portsmouth.

● **Busse** des National Express.

Bath

„In Bath traf sich die Welt und badete und trank."

William Thackeray, 1875

Bath gehört zu den schönsten Orten Großbritanniens und ist zusammen mit Salisbury die herausragende Stadtattraktion im Süden Englands, ein einmaliges und vollständiges georgianisches Architekturensemble. So verwundert es nicht zu hören,

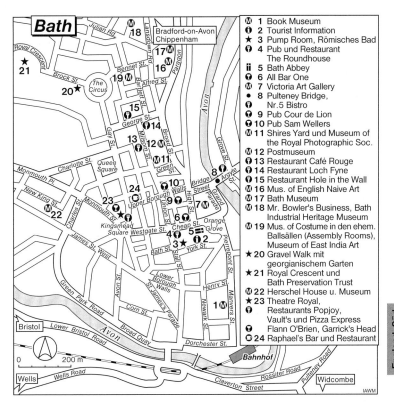

England, Süd

dass fast die gesamte Bausubstanz der 80.000-Seelen-Metropole unter Denkmalschutz steht, die *UNESCO* Bath als einzige Stadt Großbritanniens zum „kulturellen Welterbe" zählt und die alte Römersiedlung somit eine **World Heritage City** ist.

Geschichte

Es waren die **Römer,** die schon bald nach ihrer Invasion im Jahre 43 die heißen Quellen entdeckten und flugs mit dem Aufbau ei-

nes Bades begannen, um das sich rasch eine Stadt entwickelte: Aquae Sulis. „Über diesen Quellen regiert Minerva, und in ihrem Tempel verglühen die ewigen Feuer niemals zu Asche", schrieb ein Römer im 3. Jh. und gab die Vorstellung der damaligen Zeit wieder: Minerva, die Göttin der Weisheit, der Wissenschaft und der Künste, hatte ihren Wohnsitz in den Tiefen des Wassers; beim Baden nahm sie Gebete entgegen und reichte als Antwort über das Wasser Gesundheit an die Frommen.

Beheizt wurden Räume wie auch Bäder durch die so genannten *Hypokausten*, eine Fußboden- und Wandheizung. Der steinerne

237

Boden ruhte auf einer Vielzahl von Kanälen, durch welche die von Holzkohlenfeuern erwärmte Luft zirkulierte; Kamine in den Wänden leiteten die Luft ab. Aufgrund der dicken Wände und Decken blieb der Wärmeverlust gering.

Als im Jahre 410 alle römischen Truppen von der Insel abgezogen wurden, um Rom zurückzuerobern – *Alarich* hatte mit seinen Westgoten die mächtige Stadt eingenommen und geplündert – konnten die keltischen Briten sich nicht alleine gegen die eindringenden **Angelsachsen** durchsetzen. Die nun kannten keine so verfeinerte Badekultur, und so verfielen die römischen Bäder. Die erste glanzvolle Epoche von Aquae Sulis/Bath war vorüber.

676 gründeten die Angelsachsen in Bath ein **Nonnenkloster,** in dessen Abtei 300 Jahre später am Pfingstsonntag des Jahres 973 *Edgar* durch die Erzbischöfe von Canterbury und York zum König gekrönt wurde (die damals entwickelte Krönungszeremonie ist bis heute nur leicht modifiziert worden).

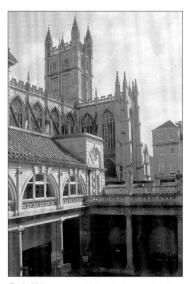

Bath Abbey

Die Stadt, die sich seit jenem Ereignis des besonderen Schutzes der Herrscher erfreute, wurde 1088 von den Widersachern des Königs *William Rufus* zerstört. Der setzte nun seinen Vertrauten, *John de Villula,* als Bischof ein, und der energische Mann trieb den Aufbau rasch voran. Auch ließ er die **Badeanlagen restaurieren,** und eine Chronik aus der Mitte des 12. Jh. belegt, dass „die Kranken aus ganz England hierherkommen, um ihre Gebrechen in den gesundheitsbringenden Wassern wegzuwaschen." 1180 entstand nahe der heißen Quellen die erste mildtätige Institution für die Kranken, das **St. John's Hospital.**

Die **Bäder** waren nicht überdacht und den Unbilden des Wetters ausgesetzt. Auch konnten die Besucher von Galerien aus die Badenden beobachten, denen das wiederum nichts auszumachen schien. *Ciala Fiennes* schrieb 1687 in ihr Tagebuch, „dass auf dem Wasser in den Bädern eine unangenehme Schmutzschicht schwamm, die abgeschöpft werden musste. Trotzdem badeten die Damen in Gewändern aus feinem gelben Linnen mit weiten Ärmeln wie ein Priestergewand. (…) Die Männer trugen Hosen und Wämser aus dem gleichen Material."

Bath hatte also trotz seiner heißen Quellen keine gute Reputation im Lande. Das sollte sich erst ändern, nachdem im Jahre 1705 der Spieler und Dandy **Richard Nash,** aufgrund seines hässlichen Äußeren auch ironisch *Beau Nash* genannt, ins Örtchen kam und seinen Zeitgenossen Manieren beibrachte. Der Dichter *William Congreve* nannte ihn im Jahre 1728 den „Generalgouverneur der Unterhaltung in Bath". Als offizieller Zeremonienmeister drängte er die Autoritäten dazu, die Straßen und öffentlichen Plätze sauber zu halten, ließ Schwert und Reitstiefel tragenden Männern den Zutritt in die öffentlichen Räume verweigern und baute auf eigene Kosten die *Assembly Rooms,* die Ballsäle.

Stadtrundgang

Bath ist eine der belebtesten und quirligsten Städte Englands, mit viel

Charme und einer **unvergleichlichen Atmosphäre.** Pflastermaler und Straßenmusikanten sorgen für zusätzliches Flair, interessante Geschäfte mit hübschen Ladenfronten locken Antiquitätenkäufer, die vielen Teestuben, Cafés und Pubs, die an Sommertagen Tische und Stühle herausgestellt haben, sind voll mit Besuchern. Seit 1947 kommen jedes Jahr im Mai für drei Wochen bekannte Musiker aus aller Welt zum **Bath Festival** in das Städtchen, und Hunderttausende von Gästen strömen in die Konzerte.

Allererste Attraktion ist natürlich das **Römische Bad,** in dem Hinweistafeln mit ausführlichen Erklärungen den Besucher auf geradezu vorbildliche Weise durch die vielen Räumlichkeiten leiten.

Heute noch wie schon zur Zeit der Römer fließt Tag für Tag rund eine Million Liter Wasser aus den Quellen, das eine konstante Temperatur von 46,5 °C hat. Mittelpunkt des Badekomplexes ist das eindrucksvolle große, nicht überdachte Becken, in dem dampfend und grünlich das Wasser steht und von dessen Kolonnaden man einen Blick auf den Himmel und den Turm der Abbey Church hat.

Neben dem Bad war und ist der **Pump Room** gesellschaftlicher Mittelpunkt der Stadt. Unter den wattierenden Klängen des hauseigenen Pianisten sitzt man elegant und stilecht beim Morgenkaffee wie beim nachmittäglichen Cream Tea.

Dritte Attraktion ist **Bath Abbey,** deren 1992 gereinigte und restaurierte Westfassade im schönsten Glanz auf den Abbey Church Yard vor dem Pump Room scheint. 1499 ließ Bischof *Oliver King* – wie es heißt aufgrund eines Traums – den Bau der Abteikirche beginnen, aber schon um 1540 war erst einmal Schluss; mit der Reformation von *Heinrich VIII.* und der damit verbundenen Auflösung der Klöster wurden die Arbeiten an dem Gotteshaus eingestellt. Die Stadt kaufte auch nicht – wie das die Bürger einiger anderer Städte taten – die Kirche, und so verfiel die geheiligte Stelle und wurde als Steinbruch genutzt. Erst zu Anfang des 17. Jh. begannen erste Renovierungsarbeiten, die mit der Arbeit von *George Gilbert Scott* ein Jahrhundert später ihr Ende fanden. *Scott* war es auch, der das phantastische Fächergewölbe – die Hauptsehenswürdigkeit – im gesamten Hauptschiff einziehen ließ. Mehrere hundert Grabdenkmäler ehren bedeutende Persönlichkeiten, darunter, im südlichen Querschiff, den berühmtesten Bürger der Stadt, *Beau Nash.* Außen erinnert die Westfassade an den Traum von Bischof *King* und zeigt Engel, die die Himmelsleiter auf- und absteigen, so ähnlich wie es in der Bibel bei der Geschichte von Josephs Traum heißt.

Einen Steinwurf westlich, am Sawclose, findet der schauspielbegeisterte Besucher das **Theatre Royal,** in dem im Jahre 1805 erstmals ein Stück auf die Bühne kam; vor einigen Jahren wurde der Zuschauerraum wieder in seinen originalgetreuen Zustand versetzt.

Daneben lockt das **Restaurant Popjoy;** in diesem Gebäude wohnte *Beau Nash* – laut *Johanna Schopen-*

Pulteney Bridge in Bath

hauer „eine um ein glänzendes Nichts sich drehende Existenz" – ab 1720 zusammen mit seiner Geliebten *Juliana Popjoy*. Als er hier 1761 im Alter von 81 Jahren starb, verließ auch *Juliana* das Haus, ging in ihre Geburtsstadt zurück und lebte – so heißt es – fortan leicht verwirrt in einem hohlen Baumstamm.

Folgt man der Straße Sawclose weiter gen Norden, so gelangt man in die Verlängerung **Gay Street.** Der Architekt *John Wood* und sein Sohn entwarfen die Häuser rechts und links der Straße.

Man passiert nun linker Hand den quadratischen, grünen und mit Bäumen bestandenen **Queen Square.** Seine Ausgestaltung und der Bau der Häuser ringsum waren *John Woods* erster Auftrag, an dem er von 1729 bis 1736 arbeitete.

Folgt man der Gay Street weiter gen Norden, so gelangt man zum **Circus,** einem kreisrunden Platz, von dem drei Straßen abgehen und dessen Häuser jeweils im Halbrund gebaut sind. Der Circus ist ein Meisterstück georgianischer Architektur und der kreative Höhepunkt im Leben von *John Wood,* den angeblich das Colosseum in Rom zu der Anlage inspirierte. Kurz nach der Grundsteinlegung starb der geniale Architekt, sein Sohn führte nun das väterliche Erbe fort und beendete die Arbeiten. Der berühmte Afrikaforscher *David Livingstone* wohnte in Haus Nr. 13, und der Maler *Thomas Gainsborough* lebte 16 Jahre lang im Haus Nr. 17, wo er reiche Badegäste malte.

Am Circus geht es links ab in die Brock Street hinein, und diese führt nun auf den architektonischen Höhepunkt von Bath zu, auf den *Royal Crescent*. 1767 ließ der jüngere *Wood* mit den Arbeiten beginnen, sieben Jahre später war das Meisterwerk fertig und ist seitdem Vorbild geworden für unzählige Crescents, Places und Squares in ganz England. 30 Häuser enthält der 180 m lange steinerne Halbmond, über hundert ionische Säulen schmücken seine Front. Der frühe deutsche Englandbesucher *Friedrich Karl Grimm* sah den Crescent kurz nach der Fertigstellung: „Jedes Haus hat drei Stockwerke, und an der Vorderwand ruhen auf dem Stockgeschoss sieben um einen Balkon halb herausstehende Säulen, die die folgenden unterstützen. Die Häuser sind mit Blei gedeckt, und es versteht sich, dass sie alle genau gleiche Höhe, um die ein anderer Balkon herumläuft, haben. In dem Innern dieser Häuser, die noch zur Zeit nicht alle bewohnt sind, ist die größte Regelmäßigkeit und jeder Teil zum Gebrauch aufs Bequemste eingerichtet. Die Zimmer zur Wirtschaft, als Küche, Gewölbe, Vorratskammer, sind frisch geräumlich und helle, und die Wohnzimmer hoch, helle und in einer Folge. Die Kamine sind mit allerhand Arten von Marmor, doch meistens weiß und grauem, ausgesetzt. Die Handhaben an den Geländern der Treppen sind aus Mahagoniholz, und das Untere ist weiß überfirnist. Aus den Fenstern hat man die vortrefflichste Aussicht über den tiefen Grund, in dem die Altstadt liegt, auf die Gärten und Wiesen, die zur Rechten über der Stadt hinauflaufen, auf die Landstraße nach Bristol und die gegenüberliegenden

Berge. Ich besinne mich nicht leicht, eine schönere Gegend, die etwas rau, und doch nicht übertrieben wild, aussieht, jemals erblickt zu haben."

In dem prachtvollen palladianischen Flankenhaus Royal Crescent Nr. 1 hat seit 1968 der *Bath Preservation Trust* sein Domizil, und hier kann man eine originalgetreue Einrichtung vom Ende des 18. Jh. besichtigen und sich ein Bild davon machen, wie die gutbetuchten Besitzer des Crescent lebten und wohnten (März bis Okt. Di–So 11–17 Uhr).

Schräg gegenüber, auf der anderen Straßenseite, beginnt unter hohen, schattenspendenden Bäumen der Gravel Walk; geht man nach einigen Metern an der ersten Abzweigung links ab, spaziert man an den Gärten und den rückwärtigen Fassaden der Häuserzeilen vom Circus entlang. Hier ist auch der so genannte *georgianische Garten* zu finden, der öffentlich zugänglich ist und eine typische Gartenanlage aus dem 18. Jahrhundert darstellt.

Am Ende von Gravel Walk – im 17. und 18. Jh. ein beliebter Weg der Sänftenbesitzer – geht es links ab in Queen's Parade Place. Nach wenigen Metern ist wieder die Gay Street erreicht. Man biege hier wieder links ab und sofort in die nächste Straße, die George Street, rechts hinein. Nach wenigen Metern Fußweg spaziere man rechts in die Milsom Street. Schon seit den georgianischen Tagen ist dies die Haupteinkaufsstraße von Bath. Hier sollte man sich das *Museum der Royal Photographic Society* im Gebäude The Octogon ansehen, wo man einen

England, Süd

faszinierenden „Gang" durch die Geschichte der Fotografie machen kann (tgl. 9.30–17.30 Uhr).

Kurz vor dem Ausstellungsgebäude, auf der linken Straßenseite, findet sich **Shires Yard,** ein ehemaliger großer Mietstall aus dem Jahr 1714, der schön zu einer Passage mit vielen Geschäften, Cafés und Bistros umgebaut wurde. Spaziert man durch den Komplex, kommt man am anderen Ende an der Broad Street heraus, wo das **Postmuseum** die Philatelisten anzieht. An diesem Ort klebte ein Postmann am 2. Mai 1840 die erste Briefmarke auf einen Brief (Mo–Sa 11–17 Uhr, So 14–17 Uhr).

Der Broad Street folge man nach rechts und biege links in die Bridge Street ein. So steht man bald auf der **Pulteney Bridge,** einer der drei Brücken in der Welt, die rechts und links mit Geschäften bebaut sind.

Folgt man der Grand Parade flussabwärts, kommt man zu den **Parade Gardens;** von der geruhsamen Gartenanlage (Eintritt) hat man einen prachtvollen Blick auf den River Avon mit seinem Wehr und der pittoresken Brücke, die 1770 nach Entwürfen von *Robert Adam* erbaut wurde. Hier in der grünen Lunge von Bath findet unser Stadtrundgang sein Ende.

Praktische Hinweise

Tourist Information
● **Abbey Chambers,** Church Yard, Tel. 0906/7112000.

Unterkunft
● **Haringtons,** 8 Queen Street, Tel. 01225/ 461728, Fax 444804, post@haringtons hotel.co.uk, DZ 88 £.

● **Wentworth House Hotel,** 106 Bloomfield Road, Rel. 01225/339193, Fax 310460, stay@wentworthhouse.co.uk, DZ 60 £.
● **Old Malt House,** Radford, Timsbury, Tel. 01761/470106, Fax 472726, hotel@old malthouse.co.uk, DZ 80 £.
● **Bed & Berakfast:** *Armstrong House,* 41 Crescent Garden, Upper Bristol Road, Tel. 01225/442211, Fax 460665, tony@arm stronghouse.junglelink.co.uk, DZ 48 £; *Blairgowrie House,* 55 Wellsway, Tel. 01225/ 332266, Fax 484535, blairgowrie.bath@ ukgateway.net, DZ 48 £; *Cranleigh,* 159 Newbridge Hill, Tel. 01225/319197, Fax 423143, cranleigh@btinternet.com, DZ 45 £; *Arney,* 99 Wells Road, Tel. 01225/ 310020, DZ 44 £.
● **Jugendherberge:** *Bath Youth Hostel,* Bathwick Hill, Tel. 01225/465674; *Bath Backpackers Hostel,* 13 Pierrepont Street, Tel.01225/446787.
● **Camping:** *Newbridge Caravan Park,* Brassmill Lane, 01225/428778, an der A 46 ca. 3 km nördlich von Bath gegenüber von Newbridge Park.

Pubs und Restaurants
● **Hole in the Wall,** 16 George Street, Tel. 01225/425242, eines der besten (Nichtraucher-) Restaurants in Bath mit sehr guter Weinkarte, Gerichte zwischen 18 und 39 £.
● **Wood's,** 9 Alfred Street, Tel. 01225/314 812, ausgezeichnete Küche, um 20 £.
● **Popjoy,** Sawclose, direkt neben dem New Theatre Royal gelegen, gutes Restaurant mit einem Drei-Gänge-Menu für 23 £; in dem Haus wohnte einmal *Beau Nash* mit seiner Lebensgefährtin *Juliana Popjoy* (s. o.).
● **Nr. 5 Restaurant,** 5 Argyle Street, Tel. 01225/ 444499, dieses gute Lokal liegt unweit der Pulteney Bridge, Gerichte 17–20 £.
● **Sam Wellers,** Union Street/Ecke Upper Borough Walls, Pub, datiert aus dem 18 Jh., benannt nach einer Figur in *Charles Dickens* „Pickwick Papers", preisgekrönter Pub Grub.
● **Pizza Express,** Sawclose, am Theatre Royal, Pizzen und Pastas 7–9 £.
● **Coeur de Lion,** Northumberland Place, eine Passage zwischen High Street und Union Street, schöner, gemütlicher Pub mit alten Bleiglasfenstern.

●*The Roundhouse,* Stall Street/Ecke Cheap Street, Pub/Restaurant, um 6 £.

●*Flann O'Brien,* Westgate Street/Ecke Sawclose, schöner, großer irischer Pub mit Guinness-Ausschank sowie den Konkurrenzprodukten Beamish Stout und Murphy's, irisches Harp Lager und Bushmill Whiskey, angenehmster Pub von Bath. Wie es sich gehört, sind die Toilettenbezeichnungen in gälisch, *Fin* = Herren, *Mna* = Damen.

●*The Garrick's Head,* Sawclose, benannt nach dem berühmten Schauspieler *David Garrick,* der hervorragend Charaktere von Shakespeare darstellte. Der Pub ist abends voll mit Besuchern vom daneben gelegenen Theatre Royal, jüngst renoviert.

●*Vault's Restaurant,* off Sawclose, am Theatre Royal, um 12 £.

●*Raphael's,* Upper Borough Walls, Bar and Restaurant, Gerichte zwischen 8 und 14 £.

●*Café Rouge,* Milsom Street, freundliches Lokal einer Restaurantkette mit gutem Preis-Leistungsverhältnis, bis 13 £.

●*Crystal Palace,* Abbey Street, Georgian Bar, gute Bar-Snacks, mit Biergarten.

●*Loch Fyne Restaurant,* Milsom Street, Tel. 01225/750120, hervorragendes, sehr zu lobendes Seafood Restaurant mit guten Weinen, Krabbe (Taschenkrebs) 13 £.

●*All Bar One,* High Street, sehr gemütliche Weinbar mit trinkbaren Rebensäften, guten Snacks und kleinen Gerichten.

●Internet-Café *Click Café,* 19 Broad Street.

Rent-a-Bike

●*Avon Valley Ciclery,* Underneath the Arches, Arch 37, Rückseite vom Bahnhof.

Verbindung

●Im *Intercity-Netz.*
●*Regionale Züge* von Bristol und Exeter.

Ausflüge von Bath

Bath eignet sich gut als Standquartier für Ausflüge in die Umgebung, denn mit Freude fährt man nach einem erlebnisreichen Tag wieder in das angenehme Ambiente der Stadt zurück.

Longleat

Erstes Ziel ist südlich von Bath beim Ort Frome eines der bedeutendsten *Stately Homes* von ganz Großbritannien, *eines der prachtvollsten Herrenhäuser* im gesamten Königreich – Longleat (tgl. 10–16 Uhr, Ostern bis Sept. 10–18 Uhr), nur zu vergleichen mit Wilton House, Kingston Lacy und Petworth. Der mächtige dreistöckige Prachtbau entstand ab 1567 und war der erste große architektonische Gesamtentwurf in der elisabethanischen Ära. Auftraggeber war *John Thynne,* der den riesigen Komplex zusammen mit dem Steinmetz *Robert Smythson* plante und umsetzte. Als der Palast dann nach 13 Jahren Bauzeit fertig war, konnte sich der Auftraggeber nicht mehr so recht daran erfreuen, *Thynne* starb im gleichen Jahr.

Beeindruckt durchschreitet man die Räume, über eine ganze Flucht zieht sich die mit 50.000 Bänden bestückte *Bibliothek,* eine der wertvollsten privaten Buchsammlungen weltweit; hier liegen die ersten Folioausgaben von *Shakespeares* Werken ebenso wie der Band „History of Troy", das erste Buch, das 1475 in die englische Sprache übersetzt wurde.

Von den hohen Fenstern schweift der Blick auf den *Landschaftsgarten,* der, wie könnte es anders sein, um das Jahr 1757 von *Lancelot „Capability" Brown* angelegt wurde.

1946 erbte *Henry Thynne,* 6. Marquess of Bath, Longleat – und stand vor einer Katastrophe. Auf sage und schreibe 700.000 £ beliefen sich in jenen Tagen die Erbschaftssteuern, umgerechnet rund 2,3 Mio. Euro;

England, Süd

Labyrinth von Longleat

seit über 40 Jahren war nichts mehr an der Bausubstanz gemacht worden, es regnete durchs Dach, zwei Kamine drohten zusammenzustürzen, am schlimmsten aber waren die Holzwürmer, die sich an den tragenden Balken labten, darunter der unerquickliche, weithin gefürchtete und daher treffend bezeichnete *Death-Watch Beetle*. *Henry* dachte darüber nach, wie er das Haus im Familienbesitz halten konnte. Nur unkonventionelle Ideen würden den Landsitz retten, für dessen Erhaltung pro Jahr 30.000 £ (1947) nötig waren. Von den 6500 Hektar Land wurden 2200 verkauft, um die Steuern zu zahlen. Mit dem Geld, das übrig blieb, ließ *Henry* das Gelände aufforsten, das während des Krieges abgeholzt worden war (in Zeiten knapper Geldmittel eine weitsichtige

Entscheidung; heute liegt Longleat wieder wunderschön eingebettet im grünen Samt). Dann begann er zu restaurieren und zu renovieren, aus den Magazinen holte er alte, kostbare Möbel, Gobelins, Porzellan und vieles andere mehr; auch viele dieser Sachen mussten erneuert werden. Der Garten wurde wieder instandgesetzt und bepflanzt, im Westflügel brachte man ein Café unter, und *Henrys* Frau schrieb ein kleines Büchlein über die Geschichte von Longleat.

Im April 1949 wurde Longleat, *The Treasure House of the West*, als erstes *Stately Home* im Familienbesitz **der Öffentlichkeit zugänglich** gemacht! Natürlich schnappte der britische Hochadel nach Luft, selten hatte jemand die Standesetikette so nachhaltig verletzt, indem er den Pöbel in die heiligen Hallen ließ; pikiert sprachen allerhöchste Blaublüter vom *Mad Marquess*.

Familienmitglieder übernahmen Führungen durchs Haus, *Henry* begrüßte die Besucher von der Freitreppe aus, und der 17 Jahre alte Sohn *Alexander* sorgte für Ordnung auf dem Parkplatz. Der grandiose Erfolg von *Henrys* Idee übertraf alle seine Erwartungen. Neun Monate nach der Eröffnung, am Ende des Jahres 1949, hatte die unglaubliche Zahl von 135.000 Gästen das Haus gesehen, und ein jeder von ihnen hatte – das war das Schönste – 2 s 6 d Eintritt bezahlt. (Heutzutage hat ein englisches Pfund 100 Pence. Bis 1970 bestand ein Pound [£] aus 20 Schilling [s] und jeder Schilling aus 12 Pence [d]).

So billig kommt man heutzutage nicht mehr davon; fährt man die kilometerlange Auffahrt zum Hause entlang, so verzeichnen große Schilder die **Eintrittspreise.** Für die Attraktionen von Longleat kann man einzeln Eintrittsgelder entrichten, wenn man sich nicht alles anschauen möchte. Denn vom Haus über den Safaripark bis hin zum Heckenlabyrinth ist alles kostenpflichtig und der Besucher wähnt sich an schönen Tagen manchmal wie auf einem Rummelplatz, so groß ist der Andrang. Der geländeeigene Pub hat zudem wohl die höchsten Bierpreise im gesamten Königreich.

Henrys Beispiel machte Schule, und eine ganze Anzahl Erben des verarmten Hochadels folgten seiner Idee, *they jumped on the bandwagon,* wie *Henry* sich auszudrücken pfleg-

te. Als man ihn fragte, warum er zu so ungewöhnlichen Maßnahmen gegriffen hat, antwortete er: „People put me down as a bit mad, but the situation is simply that I love this place so much that – although I'm basically shy – I force myself to do things to attract people to Longleat and so make money to preserve it." („Die Leute halten mich für ein bisschen verrückt, aber die Situation ist nun einmal so, dass ich mich in diesem Haus wohlfühle, und obwohl ich eigentlich ein schüchterner Mensch bin, zwinge ich mich, Dinge zu tun, um Longleat für Besucher attraktiv zu machen, damit Geld zu verdienen und das Haus so zu erhalten.")

Zwischen 1949 und 1964 öffneten sage und schreibe 600 weitere Besitzer von *Stately Homes* ihre Pforten für die Öffentlichkeit, ein völlig neuer Fremdenverkehrszweig war entstanden. Bis zum Jahre 1973 hatten 43 Mio. Besucher die britischen Landsitze bestaunt.

Jahr für Jahr musste auf Longleat **weiter restauriert** werden; der Schaden, den besagter *Death-Watch Beetle* im Gebälk angerichtet hatte, summierte sich auf rund 80.000 £; damit so etwas nicht wieder vorkommt, sind zwei Zimmerleute das Jahr über damit beschäftigt zu erhalten und auszubessern. Zwischen 1947 und 1957 investierte *Henry* 300.000 Pfund in die Ausgestaltung und Renovierung des Hauses und der Möbel. In der Bibliothek mit ihren unersetzbaren Büchern hatten sich Motten niedergelassen, das säurehaltige Papier löste sich auf. Ein Bibliothekar sorgt mit etlichen Helfern dafür, dass Seite für Seite restauriert und haltbar gemacht wird.

In der Mitte der 1960er Jahre verlor sich jedoch das Interesse der Briten an den Adelspalästen, und **neue Attraktionen** mussten gefunden werden. *Henry* dachte darüber nach, wie er das zahlende Publikum einen ganzen Tag lang auf dem Gelände halten konnte. Der Dompteur *David Chipperfield* hatte dann die Idee eines Safari-Parks, in dem 50 Löwen nicht in Käfigen, sondern frei durchs Unterholz streifen sollten, bestaunt von den Insassen der Autos. *Henry* und *David* stellten also einen Antrag „To erect a fence to restrict the movement of certain animals". Dem Antrag wurde stattgegeben, und niemand fragte, was wohl die *certain animals* sein mochten. Als dann herauskam, dass es sich um 50 Löwen handelte, ging ein Aufschrei der Entrüstung durch die Öffentlichkeit; der *Mad Marquess* hatte wieder zugeschlagen! Die Times legte ungewöhnlich wenig geistige Flexibilität an den Tag, als es in einem Artikel über die neue Attraktion von Longleat hieß: „Cattle, sheep and deer ought to be good enough for a Wiltshireman."

Der **erste Safari-Park Europas** öffnete dennoch im April 1966 seine Pforten, der Eintritt kostete 1 £ pro Auto; lange Staus bildeten sich auf der Zufahrt zu Longleat House, und am Ende des Jahres hatten sich alle Investitionen bereits amortisiert.

Mittlerweile ist die Vision von *Henry* Wirklichkeit geworden, und die Besucher verbringen tatsächlich einen ganzen Tag auf dem *Longleat Estate*.

Nachdem sie durch den Safari-Park gefahren sind, der nun auch von Elefanten, Giraffen, Nashörnern und Tigern bevölkert wird, lassen sie sich auf den ausgedehnten Rasenflächen nieder und picknicken, besuchen dann das Haus, staunen wieder einmal über den Luxus vergangener Tage und inspizieren neugierig die überall ausgestellten privaten Fotos, verirren sich dann im größten Heckenlabyrinth der Welt mit einer Gesamtlänge von von 2,72 km und trinken ein Bier, während die Kleinen auf dem Abenteuerspielplatz toben oder in der Mini-Eisenbahn ihre Runden drehen. Zwischen 250.000 und 300.000 Besucher kommen jährlich, haben ihre Freude und helfen dem Marquess, eines der bedeutendsten *Stately Homes* Großbritanniens im Familienbesitz zu halten.

Stourhead

Wohl kein Garten in England reicht an die Prachtentfaltung und Schönheit des Landschaftsparks von Stourhead heran, der ohnehin zum Inbegriff des Englischen Gartens geworden ist. Stourhead, noch ein Stück südlich von Longleat, atmet eine elegante Natürlichkeit, so dass man Mühe hat, die ordnende Hand des Gärtners im Gesamtensemble wahrzunehmen.

Urvater dieser unnachahmlich ansprechenden Umgebung war der Bankier *Henry Hoare d. Ä.,* der 1717 das Grundstück kaufte und sich darauf ab 1721 von dem Architekten *Colen Campbell* einen im damals so beliebten palladianischen Stil gehaltenen Landsitz erbauen ließ. Nach dem Tode des Vaters 1725 vollendete **Henry Hoare II.,** aufgrund seines erlesenen Geschmacks auch *Henry der Prächtige* genannt, das Haus und legte die Kunstsammlung an. Als Mittdreißiger, im besten Alter, um das Leben zu genießen, verließ *Henry the Magnificent* die Alltagsarbeit im Bankhaus, „wandte sich den Büchern zu und erlangte die Fähigkeiten, die einen Gentleman vom vulgären Manne unterscheiden." Er kannte *Ovid* und las *Virgil*, ging auf die Kavaliersreise, die Grand Tour, nach Italien, kaufte dort Kunstwerke, bewunderte die Bauten der italienischen Renaissance und übte sich im Mäzenatentum, indem er den Poeten *Alexander Pope* unterstützte.

Ab 1741 dann machte er sich an die **Ausgestaltung des** zum Schluss 36 Hektar umfassenden **Parks,** wobei ihn – wie andere Landschaftsarchitekten seiner Zeit auch – *Claude Lorrains* Bild „Aeneas in Delos" inspirierte und im konkretes Vorbild war. Henry folgte damit dem sage und schreibe vierbändigen Lehrgedicht „Der englische Garten" von *William Mason*, der seinen Lesern empfahl, die umgebende Natur nach den Bildern von *Lorrain* zu gestalten.

Henry ließ das Flüsschen Stour aufstauen und überflutete damit ein kleines Tal; die wichtigste Voraussetzung, ein **künstlicher See,** war damit geschaffen. Der Uferverlauf wurde bewusst „kurvig" angelegt, so dass kleine Buchten und Landzungen entstanden, von denen immer wieder neue Eindrücke gewonnen werden können. Geschickt arrangierte Baumgruppen und Haine leiten das suchende Auge in die richtige Richtung, verbergen, wo nötig, oder sind so licht gesetzt, dass ein Gebäude hindurchschimmert – so steigt die Spannung!

In jenen Tagen kam in England der **Begriff des Picturesque** auf (der nur ungenügend mit dem deutschen pittoresk zu übersetzen ist), um eine ganz bestimmte landschaftliche Szenerie adäquat zu beschreiben; dessen Elemente waren *Roughness* und *Irregularity*. So gedachte man, Natur am ehesten „schaffen" zu können und sie als gestaltete Wirklichkeit so natürlich wie möglich erleben zu lassen, wenn die ordnende Hand des Gärtners hinter der scheinbar echten Fassade nicht mehr spürbar war.

Eine solche Anlage hatte aber auch einen **philosophisch-soziologischen Hintergrund:** „Denn der Landschaftsgarten steht im Spannungsfeld zwischen Arkadia und Utopia, zwischen der Sehnsucht nach dem verlorenen Paradies und dem Wunschbild einer wahrhaft humanen und liberalen Gesellschaft. Insofern ist er die Natur gewordene Form der ein Jahrhundert zuvor begonnenen Aufklärung und verkörpert in schönster Art und Weise ihre Inhalte: die Vereinigung von Kultur und Natur."

Auf einem 3,5 km langen Weg umwandert man den künstlichen See und hat alle paar Schritte immer wieder aufs neue **überraschende Aussichten.** Da schmiegt sich ein gotisches Cottage ans malerische Ufer, da spaziert der Besucher durch eine Grotte, durch die das Wasser des River Stour plätschert, und der Blick umschmeichelt die Figur der schlafenden Ariadne; ein Höhlenteil weiter verteilt der Flussgott Gerechtigkeit an die Nymphen, die seinen Strom bewohnen. Weiter passiert der staunende Besucher am Ufer des spiegelnden Sees den Tempel der Flora, dessen Figuren Marc Aurel und Alexander den Großen darstellen. Man spaziert vorbei an einem Obelisken (der Stein, der die Wolken ritzt) und an einem sich in den Himmel reckenden mittelalterlichen Marktkreuz, überquert auf einer anmutig geschwungenen Steinbrücke, eine Kopie von *Palladios* Brücke in Vicenza, das Wasser und sieht oben auf dem Hügel den Tempel des Apollo weit über die Landschaft grüßen. Der runde Säulentempel wurde einem in Baalbek ausgegrabenen Heiligtum nachempfunden; die Statuen, die einst die Nischen schmückten, schauen heute vom Stourhead House auf die Besucher herab. Dann, noch während man weit entfernt ist, schimmert es hell durch die Bäume, und sobald der Blick ungestört über die Wasserfläche eilen kann, trifft er auf das weiße, sich im Wasser spiegelnde und „ganz auf Fernwirkung berechnete Tempelgebäude mit dem sechssäuligen Portikus und der monumentalen Flachkuppel". In diesem Pantheon stehen Herkules, Diana, die Göttin der Jagd, Flora, Göttin des Gartenbaus, und die schöne Isis, Muttersymbol und Verkörperung des fruchtbaren Niltals.

Herkules ist in Gärten eine sehr beliebte Göttergestalt, das liegt an seinem elften Abenteuer, zu dem Eurystheus ihn schickte. Gaia, die Mutter Erde, hatte einen Garten geschaffen, in dem ein Baum goldene Äpfel hervorbrachte, die von den Hesperiden, den vier anmutigen Jungfrauen, den Töchtern der Nacht, und von dem hundertköpfigen Drachen Ladon, der nie Schlaf brauchte, bewacht wurden.

Johanna Schopenhauer fehlte irgendwie die richtige Bewunderung, denn, obwohl sie den Park „lieblich" nannte und die Landschaftsarchitekten als „eigentliche Künstler der Nation" lobte, so fand sie doch, dass die Gärten, „ein paar Spielereien abgerechnet, … einen in diesem Lande seltenen, kleinlichen Geschmack verraten."

Unternimmt man dann einen Rundgang durch Stourhead House, so wird die **Bibliothek** überraschen, eine der schönsten im ganzen Land; die Regale sind in die Wände eingelassen, durch die hohen Fenster flutet reichlich Licht herein, das von der weißen gewölbten Kassettendecke reflektiert wird, und in den Deckenbogen der Stirnseiten finden sich idylisierende Malereien. Das Mobiliar stammt von *Chippendale* persönlich.

Öffnungszeiten: Garten tgl. 8–19 Uhr bzw. Sonnenuntergang; Haus April bis Okt. täglich, außer Do, Fr, 12 bis 17.30 Uhr.

Der Osten Englands – East Anglia

Überblick

Was dem Westen des Landes Oxford, das ist dem Osten **Cambridge,** Englands zweite berühmte Universitätsmetropole. Lieblingsbeschäftigung vieler Besucher ist neben der Besichtigung der vielen alten Colleges eine geruhsame Bootsfahrt auf dem River Cam. Flache Nachen, Punts genannt, stakst man dabei über die leicht gekräuselte Wasserfläche.

In größerem Stil können Wasserfreunde in den ausgedehnten **Norfolk Broads** mit Kabinenkreuzer über eine Vielzahl von miteinander verbundenen Flüssen und Seen schippern und sich so recht als Hobbykapitäne fühlen. An vielen Marinas lassen sich hier Kajütboote mieten, und die Pubs und Restaurants entlang der vielen Wasserstraßen besitzen natürlich einen Anlegepier. Norwich, mit seinem im ganzen Land berühmten tagtäglichen Markt, ist die Metropole inmitten der Broads. Flugzeug-Enthusiasten dürfen das Duxford-Luftfahrtmuseum nicht versäumen, in dem so ziemlich alles, was sich einmal in die Lüfte erhoben hat, zu besichtigen ist. Vom Überschall-Passagierflugzeug Concorde bis zur achtstrahligen B 52 ist jedes Fluggerät vorhanden.

Nicht versäumen darf man auch Besuche in den beiden **Kathedralstädten** Ely und Lincoln; der Dom von Ely zeigt eine architektonische Besonderheit, die es nirgends sonst in der Kathedralgotik des Inselreiches gibt: Über der Vierung ragt kein Turmhelm auf, sondern ein achteckiges Fenster lässt Licht ins Dunkel

England, Ost

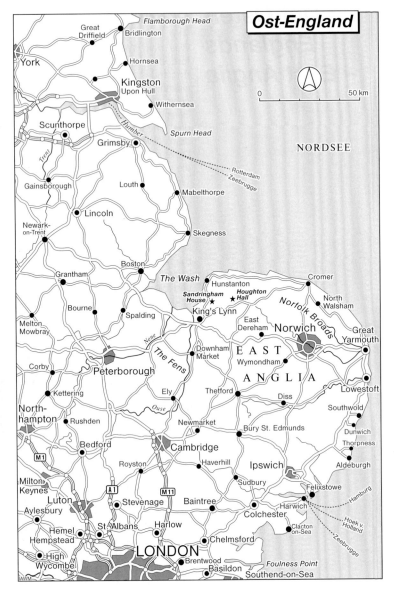

Ost-England

des Gotteshaus. Unvergleichlich sind die Licht- und Schattenspiele dieses Octogon im Kirchenschiff bei wechselnden Sonnenstand.

In dem kleinen, unspektakulären Seebad Aldeburgh findet alljährlich im Sommer das mittlerweile weltbekannte **Aldeburgh Festival of Music and the Arts** statt, bei dem renommierte, internationale Orchester das Publikum verzaubern.

Cambridge

Verlässt man London auf der kreisrunden Autobahn *London Orbital,* die einmal rund um die britische Metropole führt, und biegt dann im Norden der Kapitale in die M 11 ein, so ist nach einer Stunde Autofahrt die weltberühmte Universitätsstadt Cambridge erreicht.

Kleiner als Oxford und kompakter von der Stadtanlage her, ist die **Studentenmetropole** wesentlich anregender als das große Oxford, zudem hat man den Eindruck, dass Bewohner und Studenten der Stadt erdverbundener, unprätentiöser daherkommen als die hochnäsigen *Oxfordians.*

Eine besondere Attraktion in Cambridge sind die **Backs** mit der Skyline der aufragenden rückwärtigen Fassaden der Colleges; von der Ringstraße der Stadt her, der Queen's Road, kann man recht gut diese grünen, weiten Hinterhöfe der Colleges entlang des River Cam einsehen.

Cambridge ist von solch atmosphärischer Dichte, dass man die Stadt als Standquartier für Erkundungen im Osten Englands wählen soll-

te. Ohne dass Langeweile aufkommt, kann man allein mehrere Tage in der Stadt selbst zubringen und immer wieder über die gleichen Straßen flanieren, die gleichen Colleges besuchen und auf dem River Cam geruhsam mit dem *Pole* ein **Punt** staken; wie in Oxford auch, steht man dabei wie ein venezianischer Gondoliere hinten auf einem Plateau des flachen Nachens und bewegt das Bötchen durch Staken mit einem langen Bootshaken vorwärts. Eine solche Technik verlangt jedoch Übung, und wer sich die Lernphase ersparen möchte, der halte Ausschau nach männlichen wie weiblichen Studenten, die einen kreisrunden Strohhut auf dem Kopf tragen; dies ist das Markenzeichen geübter *Punter,* die gegen Entgelt Besucher lässig-ge-

Straßenszene in Cambridge

England, Ost

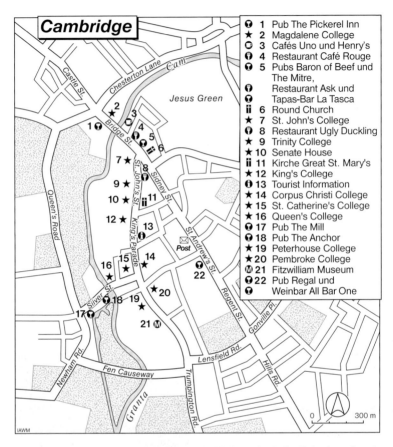

⚲	1	Pub The Pickerel Inn
★	2	Magdalene College
☕	3	Cafés Uno und Henry's
⚲	4	Restaurant Café Rouge
⚲	5	Pubs Baron of Beef und
		The Mitre,
⚲		Restaurant Ask und
⚲		Tapas-Bar La Tasca
⛪	6	Round Church
★	7	St. John's College
⚲	8	Restaurant Ugly Duckling
★	9	Trinity College
★	10	Senate House
⛪	11	Kirche Great St. Mary's
★	12	King's College
ⓘ	13	Tourist Information
★	14	Corpus Christi College
★	15	St. Catherine's College
★	16	Queen's College
⚲	17	Pub The Mill
⚲	18	Pub The Anchor
★	19	Peterhouse College
★	20	Pembroke College
Ⓜ	21	Fitzwilliam Museum
⚲	22	Pub Regal und
⚲		Weinbar All Bar One

konnt über den River Cam befördern und sich damit ein kleines Zubrot in der finanziell so angespannten Studentenzeit verdienen.

Cambridge wurde – so erzählen die Chroniken – von aus Oxford geflüchteten Lehrern und Studenten gegründet, nachdem ein aufgebrachter Mob eine Reihe von College-Mitgliedern gelyncht hatte. 1271 entstand das erste College in Cam-

bridge, und wie in Oxford auch entwickelte sich sofort der *Konflikt zwischen Town and Gowns,* zwischen den Autoritäten der Stadt und den Universitätslehrern. Die Hochschule versuchte, auf das soziale Leben der Stadt Einfluss zu nehmen, und verhedderte sich in ihren Bemühungen derart, dass es schon 1381 zu einem ersten Aufstand (und keineswegs zum letzten) der Bürger gegen die „Intellektuellen" kam. Truppen marschierten in Cambridge ein, um der Lage Herr zu werden, und fünf Bürger wurden durch den Strang hingerichtet. Solche Vorfälle waren nicht geeignet, vertrauensbildende Maßnahmen zwischen Stadt und Universität einzuleiten, und prinzipiell ist das bis heute so geblieben.

Feindschaft herrschte über die Jahrhunderte auch zu Oxford, was sich noch heute in der berühmten, alljährlich ausgetragenen **Regatta der Ruderachter** von Oxford und Cambridge auf der Themse zeigt. Die Konkurrenten aus Oxford haben mit vielen Siegen einen starken Vorsprung herausgerudert.

Im 16. Jh. unterstützte die Universität die Reformation von *Heinrich VIII.* und brachte berühmte protestantische Geistliche wie *Cranmer, La-*

timer und *Ridley* hervor. *Heinrichs* Tochter *Mary,* die für kurze Zeit den Katholizismus wieder einführte und mit dem Beinamen *Bloody Mary* in die Geschichte einging, ließ die drei pikanterweise in Oxford hinrichten. Zwei Jahrhunderte später steckte das akademische Leben in einer Flaute, tiefe Krisen machten sich unter den Professoren und Studenten breit, und *Lord Byron* höhnte von *Din and Drunkeness,* von Getöse und Trunkenheit, auf dem Campus.

Das 19. Jh. nun sah einen radikalen Wandel; nachdem neue Fächer eingeführt wurden, explodierten die Studentenzahlen, und durch Anbindung an die Eisenbahn stiegen auch die Bewohnerzahlen rapide an. Die Universität verlor ihre Privilegien im Rat der Stadt, und Frauen eroberten langsam die Hörsäle, wenngleich es

Beim Punting in Cambridge

England, Ost

noch bis 1947 dauern sollte, bis ausnahmslos in allen Fakultäten Studentinnen akademische Titel zuerkannt wurden.

Die Anlage der Stadt ist, wie schon gesagt, kompakt, und für den Besucher sind zwei Straßenzüge von Bedeutung. Da ist einmal die **Shopping-Meile** der Bridge Street, deren Verlängerung dann Sidney Street heißt, schließlich zur St. Andrew's Street wird und dann als Regent Street endet. Die renommiertesten **Colleges** reihen sich entlang der St. John's Street auf, die zur Trinity Street wird, in die King's Parade übergeht und schließlich Trumpington Street heißt.

Bridge Street stadtauswärts befinden sich rechter Hand die aus dem 16. Jh. datierenden Gebäude von

Der Eingangsturm von Trinity-College

Magdalene College. Im zweiten Hof steht das **Pepys Building,** benannt nach dem berühmten Autor, der im 17. Jh. über viele Jahre ein Tagebuch führte, das es uns ermöglicht, viel über das soziale und wirtschaftliche Leben jenes Jahrhunderts zu erfahren. Das Tagebuch ist ein Lesevergnügen ganz besonderer Art und liegt in einer preiswerten deutschen Übersetzung vor. Kurzes Beispiel: „1. 3. 1662; Mit meiner Frau in 'Romeo und Julia'. Das schlechteste Stück, das ich je gesehen habe, dazu schauderhaft gespielt." 1742 kam das Original des Tagebuches sowie *Pepys* Bibliothek, eine der größten Privatbibliotheken der damaligen Zeit, samt der Regale ins Magdalene College.

Biegt der Besucher von der Bridge Street an der **Round Church,** der kreisrunden Kirche von Cambridge, nach rechts in die St. John's Street ab, so findet sich gleich rechter Hand der hohe Torturm vom **St. John's College.** 1511 rief *Lady Margaret Beaufort,* die Mutter von *Heinrich VII.,* diese Institution ins Leben, daher schmückt ihr Wappen den Eingang. Der Dichter *William Wordsworth* studierte in St. John's und hatte sein Zimmer, in das er durch den Treppenaufgang F gelangte, über der Küche. Den Hof des Colleges nannte er in einem Gedicht *gloomy,* düster, bedrückend, doch muss das andere Gründe als optische gehabt haben.

Attraktion von St. John's ist die *Bridge of Sigh,* die **Seufzerbrücke** über den Cam; Besuchern bleibt das berühmte Brücklein, das seine Ursprünge in Venedig hat, verschlossen, was aber nichts macht, da man es ja von außen fotografieren und besichtigen kann; das ist entweder bei einer geruhsamen Punt-Fahrt oder von einem parallel zur Seufzerbrücke verlaufenden zweiten Bogenschlag möglich, der von *Christopher Wren* erbauten St. John's Bridge.

An den College Garden grenzt der **New Court** an, der im 19. Jahrhundert, als die Neo-Gotik in Mode war, erbaut wurde. Treffend verspotten die Studenten das reich geschmückte Bauwerk als *wedding cake,* als Hochzeitstorte.

An St. John's schließt sich das **Trinity College** an; es wurde von *Heinrich VIII.* 1546 gegründet, schmückt sich mit dem größten Innenhof von allen Colleges und ist – wie es heißt – drittgrößter Grundbesitzer Englands. Die Liste der Absolventen liest sich wie eine Elite-Auflistung des Landes: Hier haben die Dichter *Dryden, Byron* und *Tennyson* studiert, der Schriftsteller *Vladimir Nabokov,* die Premierminister *Balfour* und *Baldwin,* die Naturwissenschaftler *Isaac Newton* und *Lord Rutherford,* weiterhin der Staatsmann *Nehru,* die Philosophen *Bertrand Russel* und *Ludwig Wittgenstein,* die Könige *Edward VII.* und *Georg VI.* und schließlich *Prince Charles.*

Rund um den Great Court schliessen sich prachtvolle Tudor-Fassaden an, und die Mitte des großen Hofes markiert ein Brunnen, in dem einmal *Lord Byron* mit seinem Haustier, einem Bären, nackt gebadet haben soll, um gegen das Verbot der Hundehaltung zu protestieren. Nicht versäumen sollte man einen Besuch in der **Wren Library,** die auf den genialen Architekten zurückgeht, der ursprünglich einmal Professor für Astronomie in Oxford war. Die Bibliothek besitzt eine Reihe von wertvollen Manuskripten aus allen Jahrhunderten, darunter auch *Winnie the Pooh* (Pu der Bär), ein Papierkonvolut mit dem wohl sympathischsten Inhalt.

Dort, wo Trinity Street in King's Parade übergeht, wird der Blick magnetisch angezogen von den wuchtigen Gebäuden des **King's College,** vor allem von der Kapelle, die *Turner* malte und die *Wordsworth* in romantischer Verklärung zu gleich drei Sonetten anregte. King's College geht auf *Heinrich VI.* und das Jahr 1441 zurück. Hier studieren in erster Linie Privatschulabsolventen, die meisten kommen aus Englands elitärster Bildungsschmiede, aus

Der Eingang zum St. John's College

Ost

England, Ost

Die Mathematical Bridge

Eton. Der Schriftsteller *E. M. Forster,* der Regisseur *Derek Jarman* sowie der Ökonom *John Maynard Keynes* haben hier ihren intellektuellen Schliff bekommen.

Schräg gegenüber vom Haupteingang des King's College ragt der Turm von **Great St. Mary** in den Himmel, und von dort oben hat man einen ganz prachtvollen Blick auf die reich geschmückte King's College Chapel sowie auf die Fassaden der ehrwürdigen Hochschulinstitution.

Hinter St. Mary's breitet sich der **Marktplatz** aus, auf dem frisches Obst und Gemüse unter die Leute kommt.

Gegenüber von St. Mary's steht das palladianische **Senate House,** für das der berühmte Londoner Architekt *James Gibbs* verantwortlich zeichnete. Am letzten Samstag im Juni ploppen hier die Sekt- und Champagnerkorken, wenn die Graduationsurkunden ausgegeben werden.

Weiter King's Parade abwärts stoßen wir auf **St. Catherine's College,** 1473 gegründet, und gegenüber auf **Corpus Christi College,** das von 1352 datiert. *Christopher Marlowe* schrieb hier sein in Blankversen geschmiedetes Stück *Tamburlaine the Great,* noch bevor er 1587 sein Examen machte. Diese Bibliothek besitzt eine berühmte Sammlung angelsächsischer Manuskripte.

Biegt man nach wenigen Metern rechts in die Silver Street ab, so ist schnell der River Cam erreicht, und hier kann man einen Blick auf die **Mathematical Bridge** werfen, die über den Fluss und hinein in die Backs von **Queen's College** führt.

Das Innere von deren College Hall gestaltete *William Morris,* ein Wegbereiter des Jugendstils. Hier gibt es auch einen freundlichen Riverside Pub, bei dem man Punts mieten kann.

Zurück in der Trumpington Street und weiter die Straße abwärts liegen links **Pembroke College** und rechter Hand **Peterhouse College.** *William Pitt d. J.,* ein erwiesener Gegner der Sklaverei, studierte hier und brachte es bis zum Premierminister. Peterhouse war das erste College von Cambridge und ist demzufolge die älteste Universitätsinstitution der Stadt.

Wenige Meter hinter diesen beiden Colleges liegt rechter Hand das säulengeschmückte, neoklassizistische Gebäude des **Fitzwilliam Museum** (Lower Gallery Di-Sa 10-14, Upper Gallery Di-Sa 14-17, So beide 14.15-17 Uhr). Die Lower Gallery zeigt u. a. archäologische Schätze aus Ägypten und Griechenland sowie europäisches und chinesisches Porzellan; die Upper Gallery bietet dem Besucher Bilder von *Gainsborough, van Dyke* und *Reynolds,* den großen englischen Portraitisten, Gemälde der führenden Präraffaeliten wie *Millais, Rosetti, Ford Maddox Brown* und *Burne-Jones,* Werke flämischer Künstler wie *Frans Hals* und *Ruisdal,* italienische Klassiker wie *Tizian* und *Veronese,* Bilder von *Picasso, Modigliani* sowie von französischen Impressionisten; moderne Kunst zeigen die Arbeiten der Bildhauer *Henry Moore* und *Barbara Hepworth* sowie der Maler *Robert Rauschenberg* und *David Hockney.*

Praktische Hinweise

Tourist Information
● Wheeler Street, Tel. 0906/5862526.

Unterkunft
● **Cambridge Quy Mill Hotel,** Newmarket Road, Tel. 01223/293383, Fax 293770, cambridgequy@bestwestern.co.uk, FZ 90 £.
● **Arundel House Hotel,** Chesterton Road, Tel. 01223/367701, Fax 367721, info@arundelhousehotels.co.uk, DZ 75 £.
● **Acorn Guesthouse,** 154 Chesterton Road, Tel. 01223/353888, Fax 350527, info@acornguesthouse.co.uk, DZ 50 £.
● **Bed & Breakfast:** *Alpha Milton,* 61 Milton Road, Tel. 01223/311625, Fax 565100, DZ 40 £; *Arbury Lodge,* 82 Arbury Road, Tel. 01223/364319, Fax 566988, arburylodge@ntlworld.com, DZ 45 £; *Assissi,* 193 Cherry Hinton Road, Tel. 01223/211466, Fax 412900, DZ 48 £; *Avimore,* 310 Cherry Hinton Road, Tel./Fax 01223/410956, DZ 45 £; *Cistina's,* 47 St. Andrew's Road, Tel./Fax 01223/365855, cristinas.guesthouse@ntlworld.com, DZ 49 £; *Southampton,* 7 Elizabeth Way, Tel. 01223/357780, Fax 314297, southamptonhouse@telco4u.co.uk, DZ 40 £; *Dykelands,* 157 Mowbray Road, Tel. 01223/244300, Fax 566746, dykelands@fsbdial.co.uk, DZ 47 £.
● **Jugendherberge:** *Cambridge Youth Hostel,* 96 Tenison Road, Tel. 01223/354601.
● **Camping:** *Highfield Farm Camping Park,* Comberton, Tel. 01223/262308, von Cambridge auf der A 45 Richtung Bedford, nach ca. 5 km links ab an einem Roundabout den Schildern nach Comberton folgen; von der M 11 die Ausfahrt 12 zur A 603 nehmen, nach einem knappen Kilometer in die B 1046 Richtung Comberton einbiegen, dann ausgeschildert.

Pubs & Restaurants
● **Baron of Beef** und **The Mitre,** beide in der Bridge Street, sind zwei freundliche und sehr gemütliche Pubs.
● **The Pickerel Inn,** Magdalene Street, Bechern unter niedriger Holzdecke in einen uralten Pub.

England, Ost

Kunstflugdarbietung
über dem Duxford Air Field

● *The Mill,* Mill Lane, ein Riverside Pub am Cam, hier kann man auch Punts mieten.
● *The Anchor,* Silver Street, am River Cam.
● *Twenty Two,* 22 Chesterton Road, Tel. 01223/351880, bestes Restaurant der Stadt in einem alten viktorianischen Gemäuer mit hervorragenden Gerichten zwischen 20 und 40 £ und einer guten Weinkarte.
● *Ugly Duckling,* St. John's Street, ein sehr feines chinesisches Restaurant, dass erfreulicherweise auf chinesische Einrichtungsfolklore verzichtet, 9 £.
● *Ask,* Bridge Street, Pizzen und Pastas in dem Lokal einer Restaurantkette, 7–9 £.
● *La Tasca,* Bridge Street, spanische Tapas-Bar, Tapas zwischen 3 und 6 £, Hauptgerichte zwischen 8 und 10 £.
● *Café Rouge,* Bridge Street, sehr freundliches und atmosphärereiches Bistro.
● *Café Uno,* Quayside, kleines italienisches Restaurant, Pizzen, Pasta und Salate zwischen 6 und 9 £.
● *Henry's,* Quayside, Café direkt am Ufer des Cam gelegen.

● *Regal,* 39 St. Andrew's Street, hervorragender Pub in einem ehemaligen Kino, angeblich der größte Pub Großbritanniens!
● *All Bar One,* 36 St. Andrew's Street, eine außerordentlich gemütliche Weinbar.

Rent-a-Bike
● *Geoff's Bike Hire,* 65 Devonshire Road.

Verbindung
● mit *Bussen* und *Bahnen* in alle Landesteile.

Duxford Air Field

Nur wenige Kilometer südlich von Cambridge direkt an der Autobahn M 11 liegt das ausgedehnte Areal des Duxford-Flughafens, der während des Zweiten Weltkriegs angelegt wurde und heute in den vielen Hangars und auch im Freiluftteil ein hochinteressantes Flugzeugmuseum beherbergt, dass fast alle zivilen wie militärischen Maschinen zeigt. Da kann man das Innere einer Concorde besichtigen, ein gigantischer B-52-Bomber mit acht Triebwerken steht hier, und eine ganze Reihe weiterer großer Passagierflugzeuge wartet auf Besucher. An schönen Sommertagen fliegen viele Piloten die alten, gut instandgehaltenen Maschinen, so beispielweise eine Spitfire, drehen Loopings, gehen dann in den Sturzflug über und zischen nur wenige Meter über der Startbahn her, um dann wieder in den steilen Steigflug zu gehen. Viele Besucher picknicken auf den ausgedehnten Rasenflächen und schauen dabei den Flugmanövern zu.

Öffnungszeiten: April–Sept. tgl. 10–18; Okt.–März tgl. 10–16 Uhr.

Newmarket

Nach wenigen Kilometern in Richtung Osten ist Newmarket erreicht. Pferdefreunde wird es mit Macht in das kleine Örtchen ziehen, denn hier dreht sich alles ausschließlich um die edlen Tiere. Glaubt man der Legende, so lieferten sich in der Region schon *Boadiceas* Recken Wagenrennen. Gesicherter ist, dass es *Karl II.* war, der das **Gestüt** in Newmarket ins Leben rief und alljährlich regelmäßig mit seinem kompletten Hofstaat besuchte.

Heute nennt sich die 17.000 Einwohner zählende Kleinstadt die **Kapitale der Rennsport-Industrie** – und das bestreitet ernsthaft niemand im Inselreich. 2500 Vollblüter stehen in den ausgedehnten Stallungen, es gibt 65 Rennställe und 39 Gestüte, die Trainingsgelände umfassen sage und schreibe 1800 Hektar rund um die Stadt, darauf gibt es 120 km an Reit- und 87 km an Galoppbahnen; für die Pferde stehen fünf Swimming-Pools zur Verfügung, für die Bewohner des Städtchens reicht ein Schwimmbad aus. Zwei Rennkurse gibt es, und an insgesamt 32 Tagen im Jahr finden die Derbys statt. Auf zwei Flugplätzen schweben dann die Jockeys und Rennstallbesitzer ein. Weiterhin bietet Newmarket eine Jockey-Schule, ein Pferdemuseum sowie einen kleinen, aber feinen, 1757 gegründeten Jockey-Club, der zugleich der größte Grundbesitzer und die reichste Institution in Newmarket ist. Und schließlich gibt es eine Pferdeklinik, die es von ihrer Ausstattung her mit jedem Universitätsklinikum aufnehmen kann und in der die kranken Zossen mit einem Kran auf den OP-Tisch gehievt werden – was also Pferde betrifft, so herrschen in Newmarket die Superlative! Jeden Morgen um kurz nach sechs Uhr erwacht die Stadt durch das Hufgeklapper aus dem Schlaf. Im sommerlichen Frühdunst biegen um jede Ecke Jockeys auf ihren Pferden, aus den Seitenstraßen quellen Trupps, Hunderte machen sich jeden Morgen auf zu ihren Trainingsarealen rund um die Stadt. Ampelanlagen regeln die Vorfahrt für Ross und Reiter.

In der High Street findet sich das **National Horse Race Museum** (April–Nov. Di–Sa 11–17 Uhr) gleich neben dem Gebäude des Clubs und informiert den Besucher über alles, was er schon immer über Pferde wissen wollte. Vom Museum finden auch Führungen zum Nationalgestüt statt, zu einen Pool für Pferde und zu den erlesenen Räumlichkeiten des Clubs.

Danach kann man sich in den freundlichen Pubs *Wagon & Horses* oder *The Bull Inn,* beide an der Hauptdurchgangsstraße, von den Besichtigungen erholen.

Tourist Information
●Palace Street, Tel. 01638/667200.

Ely und die Fens

Das verschlafene, kleine, so typisch englische Landstädtchen hat eine der schönsten Kathedralen im ganzen Inselreich. Im 7. Jh. bauten Benediktiner-Mönche auf einer Insel inmitten der sumpfigen *Fens,* wie die Moorlandschaft genannt wird, ein Kloster und eine Abteikirche. Als die Normannen 1066 ins Land einfielen, hielt sich der angelsächsische Widerstand in Ely noch bis 1071, dann war auch hier alles unter der Kontrolle der neuen Herren.

Wenige Jahre später begannen die Arbeiten an der heutigen **Kathedrale.** Betritt der Besucher das Gotteshaus, so wird er gleich von zwei Dingen überrascht, von der ungeheuren Länge des Hauptschiffes und von der bemalten Balkendecke. Doch die größte Überraschung steht noch bevor, denn über der Vierung erhebt sich kein gewöhnlicher Turm, sondern ein Oktogon, ein achteckiger Fensteraufsatz, *Lantern* genannt, der Licht ins Dunkel des Kirchenschiffes bringt und je nach dem Stand der Sonne Teile der Kathedrale erleuchtet. Das 1322 eingebaute Oktogon ist einmalig in der Kathedralbaukunst und entstand aus einer Notlösung; der Vierungsturm war nämlich in sich zusammengestürzt, und ein neuer Turm hätte umfangreicher Vorarbeiten bedurft. So entstand diese faszinierende Konstruktion, die Lichteinlässe von unerhörter Schönheit zulässt; das Licht-und-Schatten-Genie *William Turner* hat mit dem Oktogon der Kathedrale von Ely eines seiner schönsten Bilder gemalt.

Hinter dem Hochaltar befindet sich das Grab der *hl. Ethelreda,* die im Jahre 673 die Abtei gründete; obwohl die Dame zweimal verheiratet war, hat sie dennoch den kirchlichen Status einer Jungfrau. Im Mittelalter pilgerten viele Wallfahrer zu ihrem Grab.

Gegenüber vom Haupteingang der Kathedrale befindet sich **Oliver Cromwell's House,** in dem der spä-

Straße in Ely

tere *Lord Protector* einmal 10 Jahre lang als Steuereintreiber lebte. Rund um die Kathedrale stehen noch eine ganze Reihe von Gebäuden und Häusern aus mittelalterlicher Zeit; die schönsten befinden sich in der Firmary Lane und in The Gallery.

Spaziert man durch die anderen Straßen und Gassen von Ely, die zumeist mit freundlichen georgianischen Fassaden bestanden sind, so fällt es nicht schwer, sich das Leben der vergangenen Jahrhunderte im Kathedralstädtchen vorzustellen.

In der *Minster Tavern,* direkt an der Kathedrale, sind gute *bar meals* im Angebot, und das kleine, sehr gemütliche *Thai Restaurant* in der St. Mary´s Street serviert thailändische Gerichte um 8 £.

Auf der Fahrt von und nach Ely durchquert man die **Fens,** wie diese einstige Sumpf- und Moorlandschaft genannt wird. Das riesige Areal erstreckte sich einmal von Cambridge in den Norden bis hin nach Boston und gen Westen bis an die Küste, bedeckte also ganz East Anglia. Über die Jahrhunderte war die einsame Marschlandschaft kaum bewohnt, nur wenige Menschen siedelten auf kleinen Lehminseln, stachen Torf als Brennmaterial und schnitten Riedgräser für die Dächer der Häuser. Im 17. Jh. dann begann der holländische Ingenieur *Cornelius Vermuyden* damit, Drainagen zu legen, und damit die Fens zu entwässern – das führte jedoch zu einer Katastrophe. Das trockene Land schrumpfte ein und senkte sich ab, so dass die Flüsschen der Region das tieferliegende Areal überschwemmten.

Windgetriebene Pumpen wurden in aller Eile installiert, doch richtig trockengelegt werden konnten die Fens erst im 19. Jahrhundert, als leistungsfähige, von Dampfmaschinen betriebene Pumpen die Region vollständig entwässerten und in fruchtbares Ackerland verwandelten.

10 km südöstlich von Ely befindet sich **Wicken Fen,** ein 250 Hektar großes Areal, das noch die Originallandschaft der Region zeigt und nicht trockengelegt wurde. 1899 wurde es dem National Trust überlassen und war damit das erste Naturschutzgebiet im Inselreich. Hier befindet sich auch die letzte windgetriebene Pumpe der Fens.

Tourist Information

● **Oliver Cromwell House,** 29 St. Mary's Street, Tel. 01353/662062.

Lincoln

Schon von weitem erkennt man die hoch auf einem Hügel gelegene, mächtige, mit drei Türmen geschmückte Kathedrale von Lincoln. Bereits die Kelten hatten hier eine Befestigung, die sie *Lindon* nannten, zu deutsch „Hügelfort am See", was sich auf die weiten Auswaschungen in den Auen des River Witham bezog. Dann siedelten hier die Römer, und nach der Invasion 1066 ließ *Wilhelm der Eroberer* eine Burg errichten. Für die nächsten Jahrhunderte kamen die Bewohner durch den Wollhandel mit Flandern zu Reichtum, doch als dann 1369 der Tuchmarkt in die Nachbarstadt Boston verlegt wurde,

England, Ost

In den Straßen von Lincoln

war es mit der prosperierenden Wirtschaft von Lincoln vorbei. Das sollte beinahe ein halbes Jahrtausend anhalten, bis sich die Stadt als Produktionsstätte landwirtschaftlicher Geräte erneut einen Namen machen konnte. Lincoln breitete sich nun in alle Himmelsrichtungen aus und bekam eine bis heute gültige soziale Struktur. *Up the hill* wohnen die gutverdienenden Ober- und Mittelschichtsbürger, *down the hill* hat die Arbeiterklasse ihre Häuschen.

Die Ursprungskirche der heutigen **Kathedrale** geht auf ein normannisches Gotteshaus zurück, dass 1092 geweiht wurde. Noch kann man an der Westfassade gut erkennen, welcher Teil zu jener Kirche gehörte. 1185 hatte ein Erdbeben weite Teile dieses Ursprungsgebäudes zerstört,

Bischof Hugh of Avalon startete ein umfangreiches Restaurierungs- und Umbauprogramm und gab der Kathedrale damit weitgehend ihre heutige Gestalt; lediglich die Türme kamen erst im 14. Jh. hinzu.

Von der Kathedrale ist es nur ein Steinwurf bis zu **Lincoln Castle** (Mo–Sa 9.30–17.30 Uhr, So 11–17.30 Uhr); im alten Gefängnis der Burg kann man eine der vier noch verbliebenen **Magna Chartas** bestaunen, die *König Johann Ohneland* 1215 auf Druck des Adels unterschreiben musste. Damit bestand für jeden Bürger in England Rechtssicherheit, ein Zustand, von dem viele europäische Länder noch Jahrhunderte entfernt waren.

Verlässt man die Festung durch das Westgate, ist schnell **The Lawn** erreicht, eine frühere Irrenanstalt, auf englisch *lunatic asylum,* und heute ein Freizeitkomplex, der eine Ausstellung zur mentalen Gesundheit zeigt und darüber hinaus ein schönes Gewächshaus besitzt, das **Sir Joseph Banks Conservatory;** *Sir Joseph,* der lokale Botaniker, hatte *Captain James Cook* auf einer seiner Reisen nach Australien begleitet.

Wenige Minuten Fußweg nach Norden entlang der Union und Burton Road bringen uns zu den Victoria Barracks, in denen das **Museum of Lincolnshire Life** untergebracht ist, das sich dem Alltagsleben der vergangenen Jahrhunderte widmet (Mo–So 10–17.30 Uhr).

In der Straße The Strait steht das **Jew's House,** ein prachtvolles altes Fachwerkhaus, das daran erinnert, dass Lincoln im Mittelalter eine große jüdische Gemeinde hatte. Heute befindet sich hier ein Feinschmeckerrestaurant.

Praktische Hinweise

Tourist Information
●**Castle Hill,** neben der Kathedrale, Tel. 01522/873213.

Unterkunft
●**Grand Hotel,** St. Mary's Street, Tel. 01522/524211, Fax 537661, reception@the grandhotel.uk.com, DZ 67 £.
●**Tower Hotel,** 38 Westgate, Tel. 01522/529999, Fax 560596, DZ 55 £.
●**Bed and Breakfast:** *Abbotsford House,* 5 Yarborough Terrace, Tel./Fax 01522/826696, DZ 44 £; *Carholme,* 175 Carholme Road, Tel. 01522/531059, Fax 511590, farelly@talk21.com, DZ 40 £; *Carline,* 1 Carline Road, Tel./Fax 01522/530422, DZ 42 £; *Westlyn,* 67 Carholme Road, Tel./Fax 01522/537468, westlyn.bblincoln@easicom.

com, DZ 40 £; *Newport,* 26 Newport Road, Tel. 01522/528590, Fax 542868, info@ newporthouse.co.uk, DZ 40 £; *Elma,* 14 Albion Crescent, off Long Leys Road, Tel./Fax 01522/529797, ellen@elma-guest house.freeserve.co.uk, DZ 36 £.

Pubs & Restaurants
●**Magna Charta,** Exchequer Gate, gemütlicher alter Pub neben der Kathedrale.
●**Lion and Snake,** Bailgate, gute Bar Meals im Angebot.
●Lincolns bestes Restaurant ist das **Jew's House** in der Straße The Strait unterhalb der Kathedrale, ein sehr gemütliches und stilvolles Lokal in einem uralten Fachwerkhaus, Tel. 01522/524851.
●**Black Horse Chambers Restaurant,** Restaurant, 6 Eastgate, Tel. 01522/544 404, Wine Bar, Bistro, gutes, gemütliches und atmosphärereiches Lokal nur einen Steinwurf von der Kathedrale entfernt, Hauptgerichte bis 16 £.
●**Thailand No 1,** Bailgate, angenehmes thailändisches Restaurant mit Gerichten bis 10 £, Mo–Sa, Zwei-Gänge-Mittagsmenü 6,95 £.
●**Bombay,** The Strait, preiswerter Inder.
●**The Pickwicks,** The Strait, kleines Restaurant mit Wohnzimmeratmosphäre, 8 £.

Verbindung
●**Busse** und **Bahnen** in alle Landesteile.

Boston

Boston ist mit seinen vielen mittelalterlichen Häusern ein recht ansehnliches Städtchen, wenngleich es doch einen etwas verschlafenen Eindruck macht. Man mag nicht glauben, dass im 13. und 14. Jh. Boston Englands zweitgrößten Hafen besaß und mit dem Wollexport nach Flandern unermessliche Gewinne machte. Sogar die norddeutschen Hanse-

England, Ost

städte hatten hier ein Kontor. Die reichen Kaufleute ließen es sich etwas kosten, ein prachtvolles Gotteshaus in ihrer Stadt zu haben, stifteten Gelder, und zu Beginn des 16. Jh. war die Kirche fertiggestellt. Doch der Herr entzog anscheinend genau zu diesem Zeitpunkt seine schützende Hand, der Hafen versandete, und mit dem Wohlstand war es aus und vorbei. Das sollte sich erst im 19. Jahrhundert wieder ändern, als das umliegende Marschland entwässert werden konnte und landwirtschaftliche Produkte angebaut wurden. Boston wandelte sich zum Marktflecken für die Bauern der Gegend, und so ist es bis heute geblieben; mittwochs und samstags findet ein großer Markt statt.

Vom 90 m hohen Glockenturm der **St. Botolph Church,** im feinsten *Perpendicular* erbaut und früher einmal Englands größte Pfarrkirche, hat man einen guten Blick über das Städtchen und das Umland. Da der Turm keine Spitze trägt, haben die *Bostonians* ihm den Namen *The Boston Stump* gegeben. Da er nun schon einmal so hoch war, hat man ihm kurz nach seiner Fertigstellung eine Laterne aufgesetzt, und so diente der Glockenturm auch gleich noch als Leuchtfeuer, das den Schiffen und den durch das Marschland ziehenden Händlern des Nachts den Weg in den Hafen und in die Stadt wies.

In der prachtvollen **Guildhall** saßen 1607 die **Pilgerväter** für 30 Tage ein; nach ihrer Freilassung wanderten sie auf der Mayflower in die USA aus und gründeten dort an der Ostküste die Stadt Boston. In dem alten Zunfthaus macht ein kleines Museum mit der Geschichte der Stadt, den Pilgervätern und der Historie der Gegend vertraut (Mo–Sa 10–15 Uhr).

Ein freundlicher Pub mit guten Bar Meals und einigen Bed & Breakfast ist *Ye Olde Magnet Tavern* in South Square.

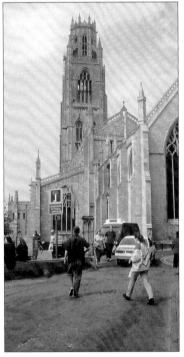

The Boston Stump

Tourist Information
● **Market Place,** Tel. 01205/356656.

King's Lynn

Wie auch schon Boston war das heute verschlafen wirkende King's Lynn in spätmittelalterlichen Tagen ein bedeutender Hafenort und lag strategisch so günstig, dass von hier aus gleich sieben englische Counties mit Waren versorgt werden konnten; darüber hinaus handelten die Kaufleute und Reeder mit den norddeutschen Hansestädten, denen sie Wolle, Salz und Getreide lieferten. Aus den skandinavischen Ländern importierten sie Trockenfisch nach England, die baltischen Staaten lieferten Holz, und aus Frankreich kam natürlich der Wein. Gleich zwei *Marktplätze* hat die Stadt, auf denen bis heute dienstags und samstags alle möglichen Waren unter die Leute kommen. Den Bewohnern ging es gut über die Jahrhunderte, alle kamen zu Wohlstand und Reichtum. Doch sind diese Zeiten schon lange vorbei.

Beginnen wir also einen Stadtrundgang am *Saturday Market Place,* der von der *Kirche St. Margaret* überragt wird.

Am Portal des Gotteshauses machen Markierungen auf die Höhe der *Überschwemmungen* aufmerksam, die Kings's Lynn im Laufe der letzten 100 Jahre schwer zugesetzt haben. Am 11. Januar 1978 hätte man an gleicher Stelle hüfthoch im eiskalten Wasser der Nordsee gestanden, und am 31. Januar 1953 war das verheerende Hochwasser annähernd gleich schlimm. Weitere Markierungen zeigen die Pegelstände aus den Jahren 1961, 1949 und 1883.

Das schönste Gebäude der sympathischen Stadt ist zweifellos die an der Nordseite des Marktplatzes gelegene *Trinity Guildhall,* die 1421 errichtet wurde und 1895 neogotische An- und Umbauten erfuhr.

Daneben befindet sich im *Old Goal House* nicht nur die Tourist Information, sondern auch ein kleines, pädagogisch gut aufbereitetes Museum zur spannenden Stadtgeschichte von King's Lynn (Ostern– Okt. tgl. 10–17 Uhr). Am Hafen des Städtchens zeigt in der St. Margaret's Lane der mittelalterliche Magazinspeicher *Hanseatic Warehouse,* wie zu den besten wirtschaftlichen Zeiten ein Lagerhaus der Hanse aussah. Ab 1475 lagerten die Händler der norddeutschen Hansestädte hier ihre Waren.

Das ehemalige Zollhaus des Hafens, *Custom House,* zeigt eine elegante palladianische Fassade und dokumentiert damit ganz gut den ehemaligen Reichtum der Stadt.

In der King's Street findet der Besucher die reichgeschmückte *St. George's Guildhall,* die von 1420 datiert und damit das älteste Zunfthaus Englands ist. In der elisabethanischen Ära befand sich im Innern ein Theater, und heute beherbergt es das *Fernoy Arts Centre,* das regelmäßig kulturelle Veranstaltungen im Programm hat. Hier trifft man auch auf das Areal des großen *Tuesday Market Place,* an dem recht repräsentativ das pastellfarbene *Duke's Head Hotel* aus dem Jahr 1689 aufragt und stilvolle Unterkunft anbietet, sowie auf die neoklassizistische *Corn Exchange,* die Getreidebörse.

England, Ost

Sozialhistorisch interessierte Besucher dürfen King's Lynns spannendstes Museum, das *True's Yard,* auf keinen Fall auslassen (tgl. 9.30–16.30 Uhr). Am Ende der North Street bekommt man dort auf einer Tour gezeigt und vom Führer lebendig erklärt, wie die armen Fischerfamilien zu Beginn des 20. Jahrhunderts den Alltag erlebten. Nicht selten hausten sie mit einer drei Generationen umfassenden Großfamilie von zehn und mehr Personen in einem Raum.

Am Tuesday Market Place bietet der sehr gemütliche Pub *The Wool Pack* gute Bar Meals an und erinnert mit seinem Namen an den Wollhandel der Gegend. Ebenfalls hier, in der St. Nicholas Street, off Tuesday Market Place, befindet sich das imposante Free House *Tudor Rose* in einem schönen, alten Fachwerkhaus, einem ehemaligen, kleinen Nonnenkloster, und serviert gute Bar Meals in altertümlicher, gemütlicher Atmosphäre.

Tourist Information
● *The Custom House,* Purfleet Quay.

Sandringham House und Houghton Hall

Wenige Kilometer nördlich von King's Lynn liegt die königliche Residenz *Sandringham,* die *Königin Victoria* 1861 für ihren Sohn, den späteren *Edward VII.,* als angemessenen Wohnsitz kaufte; über 30 Jahre sollte er hier verbringen und gelangweilt auf den Thron warten. Das neo-jakobitische Gebäude steht in einem 2800 Hektar großen Gelände, und das hauseigene Museum zeigt royale Exponate, von Puppen bis hin zu großen Karossen. Traditionell verbringt die königliche Familie das Weihnachtsfest sowie Silvester in Sandringham, und bis heute gehen die männlichen *Royals* dabei trotz Protesten der Tierschützer auf die Vogeljagd. Diese Unsitte führte der sich langweilende *Edward* schon im 19. Jahrhundert ein.

Öffnunszeiten: Ostern–Sept. tgl. 11–16.45 Uhr.

8 km östlich von Sandringham findet sich das frühe palladianische Meisterwerk *Houghton Hall;* dieses elegante Haus lehnte der geschmacklose *Edward* doch tatsächlich ab und entschied sich stattdessen für das schwere und barocke Sandringham. 1730 wurde das Houghton Hall für den ersten Premierminister Großbritanniens, *Sir Robert Walpole,* errichtet. Kostbares Porzellan und Gobelins sowie 20.000 Zinnsoldaten sind unter anderem zu besichtigen.

Öffnungszeiten: Ostern–Sept. Do u. So 14–17 Uhr.

Norwich

Die Metropole der Norfolk Broads, die inmitten des ausgedehnten Fluss- und Seengebietes im Osten Englands liegt, ist eine sympathische Stadt, Standquartier für die Erkundung der Broads und weit im Inselreich bekannt für den farbenfrohen und großen *Markt* zu Füßen der stattlichen Pfarrkirche.

Auf dem Markt von Norwich

In normannischen Tagen gehörte Norwich zu den fünf größten Städten des Landes, und über die Jahrhunderte brachten die Textilindustrie und der Handel mit Holland Reichtum und Wohlstand. Mit der beginnenden Industrialisierung dann verlor Norwich an Bedeutung, und es ging lange Zeit ruhiger zu. In den 80er Jahre dann siedelten sich High-Tech-Betriebe im Ort an und brachten der Kapitale East Anglias ein Wirtschaftswachstum mit fast zweistelligen Zuwachsraten. Norwich gehört derzeit zu den wohlhabendsten Städten im südlichen Teil der Insel.

Norwich ist natürlich eine **Kathedralstadt,** und das Gotteshaus im Nordosten des Zentrums ist nicht zu verfehlen, hat es doch mit 105 m nach Salisbury den zweithöchsten Glockenturm in ganz Großbritannien. 1096 begannen die Arbeiten an der großen Kirche, und von 1297 bis 1310 arbeiteten die Baumeister und Steinmetze am Kreuzgang. Verlässt man die Kathedrale durch diesen Kreuzgang, so stößt man dabei auf das Grab von *Edith Cavell,* die im Ersten Weltkrieg, 1915, von den Deutschen hingerichtet wurde, weil sie in Belgien alliierten Kriegsgefangenen zur Flucht verholfen hatte.

Der **Cathedral Close,** also die Domfreiheit, ist ein riesiges Areal und nahm im Spätmittelalter sage und schreibe ein Fünftel der mauerumgürteten Stadtfläche ein.

England, Ost

267

Westlich der Kathedrale liegt **Carney College;** die Schule wurde von König *Eduard VI.* gegründet, und die Schuluniform tragenden Zöglinge sieht man oft über die Domfreiheit toben. Berühmtester Absolvent der Elite-Schmiede war *Admiral Horatio Nelson,* der 1805 in der Schlacht von Trafalgar (vgl. Portsmouth) ums Leben kam. Eine Statue erinnert an den heldenhaften Seebären, der England für 100 Jahre die unangefochtene Herrschaft über die Meere brachte.

Ebenfalls westlich der Kathedrale führen zwei **mittelalterliche Tore** auf den **alten Marktplatz** aus angelsächsischer Zeit; das Areal heißt bis heute *Tombland,* und dies geht auf die angelsächsische Bezeichnung für „offener Platz" zurück.

Im Zentrum der Stadt findet sich auf einem künstlich angelegten Hügel für die erste normannische Motte (Burganlage) der **Bergfried** aus dem 12. Jh. (Mo-Sa 10-17, So 14-17 Uhr). Bei Führungen bekommen die Besucher die Befestigungen und die Gewölbeverliese gezeigt, die für 600 Jahre als Gefängnis dienten und in denen sich so manche Tragödie abgespielt hat. Wer sich mehr für Kunst als für dunkle Gemäuer interessiert, sollte das in der Burg untergebrachte **Castle Museum** besuchen, das vor allem Bilder der so genannten Norwich School zeigt; die Künstler dieser, Anfang des 19. Jh. sehr populären Stilrichtung hatten sich auf Landschaftsdarstellungen spezialisiert, und zwei bekannte Namen sind *John Sell Cotman* und *John Crome.*

Westlich von der Burg stoßen drei kleine Gassen – Royal Arcade, Davey Place und Old Post Office Court – von der Castle Street auf den großen, attraktiven **Marktplatz,** der hoch überragt wird von der **Pfarrkirche** der Stadt, St. Peter Mancroft. Bei dem geschäftigen Treiben auf dem großen Markt mit seinen vielen bunten, segeltuchüberspannten Ständen, einer gleichmäßig murmelnden Geräuschkulisse und dem eindrucksvollen Kirchenpanorama im Hintergrund kann man sich gut vorstellen, wie hier das öffentliche Leben im späten Mittelalter verlief.

Unterhalb der Kirche befindet sich der pinkfarbene **Pub Sir Garnett Wolsely,** die einzig verbliebene Taverne, von denen einst sage und schreibe einmal 44 Stück den Marktplatz für die Händler und ihre Kunden umstanden.

Gegenüber von St. Peter, im Norden des Marktplatzes, finden wir die im 15. Jh. teilweise aus Flintstein erbaute **Guildhall** mit der Tourist Information und einer kleinen Ausstellung über die Insignien der Stadt. Im Westen schließt die 1930 erbaute **City Hall** das große Areal ab.

In den westlichen Vororten der Stadt befinden sich die modernen Gebäude der University of East Anglia, und auf dem Campus ist das **Sainsbury Centre for Visual Arts** Ziel der Touristen (Di-So 12-17 Uhr). Architekt *Norman Foster* hat 1973 ein hochmodernes Ausstellungsgebäude geschaffen, das zuerst einmal für den Betrachter äußerst gewöhnungsbedürftig ist; von der Optik her würde es einem

Flugzeughangar alle Ehre machen. Gebäude samt Inhalt – Gemälde von *Alberto Giacometti* bis *Francis Bacon* und Skulpturen von *Henry Moore* finden sich neben archäologischen Funden aus Ägypten und Mexiko – stiftete die Familie *Sainsbury,* Besitzerin der gleichnamigen, über das ganze Land verteilten Supermarktkette, Selbstversorgern unter den Besuchern sicher bestens bekannt.

Praktische Hinweise

Tourist Infomation
●*The Forum,* Millennium Plain, Tel. 01603/ 727927.

Unterkunft
●*Beeches Hotel & Victorian Gardens,* 2 Earlham Road, Tel. 01603/621167, Fax 620151, reception@beeches.co.uk, DZ 76 £.
●*The Georgian House Hotel,* 32 Unthank Road, Tel. 01603/615655, Fax 765689, reception@georgian-hotel.co.uk, DZ 75 £.
●*Bed & Breakfast: Beauford Lodge,* 62 Earlham Road, Tel. 01603/627928, Fax 440712, beauford-lodge@faxvia.net, DZ 50 £; *Carr House,* Low Road, Strumshaw, Tel. 01603/713041, margotdunhm@supanet. com, DZ 40 £; *Earlham,* 147 Earlham Road, Tel. 01603/454169, Fax 451169, earlham gh@hotmail.com, DZ 42 £; *Arrandale Lodge,* 431 Earlham Road, Tel./Fax 01603/ 250 150, DZ 40 £; *Gables,* 527 Earlham Road, Tel. 01603/456666, Fax 250320, DZ 58 £.
●*Camping: Reedham Ferry Caravan and Camping Park,* Reedham Ferry, Tel. 01493/ 700429, ca. 8 km südöstlich von Norwich im Weiler Reedham, von der A 47 Richtung Osten nach Great Yarmouth, im Örtchen Acle nach Süden in die B 1140 einbiegen und dann auf Reedham zu; wer von Süden her kommt, biegt einen Steinwurf nördlich vom Städtchen Beccles in die B 1140 nach Norden ein und setzt dann mit der Fähre über den River Yare nach Reedham; direkt am Fähranleger befindet sich das alte und gemütliche Free House The Ferry.

Pubs & Restaurants
●*Adam and Eve,* Bishopsgate, ältester Pub der Stadt, hier tranken schon die Steinmetze beim Kathedralbau, sicherlich die atmosphärereichste Taverne von Norwich.
●*Wild Man,* Bedford Street, trotz des Namens geht es in dem Pub geruhsam und freundlich zu.
●*The Lamb Inn,* Orford Place, sommertags sitzt man nett im Innenhof.
●*The Murderers,* Orfordhill/Ecke Timberhill, ein Free House, trotz des kriminellen Namens ein großer und schöner Pub mit nettem Ambiente und guten Bar Meals, hat sich vorsichtshalber einen zweiten Namen zugelegt, *The Gardeners Arms,* mit Biergarten, Warsteiner Pilsener im Ausschank.
●Norwich hat sage und schreibe fünf exzellente Restaurants, wobei das erstgenannte eines der führenden Lokale im gesamten Osten Englands ist: *Adlards,* 79 Upper St. Giles Street, Tel. 01603/633522, französische Küche, gute Fischgerichte, mit einer außergewöhnlich umfangreichen Weinkarte, 30–55 £; Adlard's wird dicht gefolgt von dem (Nichtraucher-) *Restaurant By Appointment,* 27 St. George's Street, Tel. 01603/ 630730, exquisite britische Küche, 27–48 £; das folgende Lokal steht auf der gleichen qualitativ hohen Stufe: *Brasted's,* 8 Andrew's Hill, Tel. 01603/ 625949, serviert ebenfalls gute britische Gerichte, alle zwischen 20 und 42 £.
●*Casablanca,* 66 London Street, marokkanisches Restaurant im ersten Stock, Geflügelgerichte 11 £, Lamm- und Fischgerichte 13 £, Kufta 10 £.
●*Bella Italia,* Exchange Street, essbare Pizzen und Pastas zwischen 7 und 9 £.
●*Belgian Monk,* Potter Gate, alter Pub mit angeschlossenem Restaurant und Biergarten.
●*Café Rouge,* Exchange Street (geht vom Marktplatz ab), Lokal einer Restaurantkette mit sehr gutem Preis-Leistungsverhältnis, Gerichte 6–13 £.

Verbindung
●*Busse* und *Bahnen* in alle Landesteile.

England, Ost

Die Norfolk Broads

Die Norfolk Broads sind eine ausgedehnte Seenplatte mit insgesamt 52 Seen, von denen viele durch die Flüsse Ant, Bure, Yare, Thurne und Waveney miteinander verbunden sind. Solche Voraussetzungen ziehen Wassersportler und Hobby-Kapitäne an, und so ist es nicht verwunderlich, dass die Broads ein gerne besuchtes Naherholungsziel sind. Eine Viertelmillion Besucher strömt jeden Sommer in die Region und befährt mit Kajütbooten die Ströme und Seen. Das führt zu Uferbeschädigungen und Zerstörungen der Schilfbestände, in denen viele Tierarten nisten und ihren Lebensraum haben. Die Landwirtschaft hat ihr übriges getan und durch Einleitungen von Kunstdünger das Algenwachstum gefördert, so dass dem Wasser jeglicher Sauerstoff entzogen wurde. Zum Glück sind Naturschützer vehement gegen die touristische und landwirtschaftliche Bedrohung vorgegangen, man mag sich gar nicht vorstellen, wie es heute in der Gewässer- und Sumpflandschaft ohne deren Engagement aussehen würde. 1988 sind die Broads zum Nationalpark erklärt worden, und man bemüht sich redlich, den ökologischen Schaden zu beheben; weite Bereiche stehen als Feuchtbiotope unter strengem Naturschutz, und so erholen sich die Broads langsam wieder.

Die Seenplatte entstand im 14. Jh. durch die Einwirkungen des Menschen, der über die Jahrhunderte hier Torf gestochen hatte; dadurch senkte sich das Land ab, und Grundwasser trat an die Oberfläche.

In den Broads sind noch immer viele Vogelarten heimisch, und hier hat der Schwalbenschwanz sein Refugium, den es sonst in England nirgends mehr gibt. Insgesamt leben 25 Arten Süßwasser-Fische in den Seen und Flüssen, darunter auch die räuberischen Hechte und Zander.

Hickling Broad

Nur noch ein sehr kleiner Bereich, das Upton Fen, ähnelt den ursprünglichen Broads, doch herrscht vernünftigerweise hier ein sehr restriktiver Zugang. Ein anderes Naturschutzgebiet der Region ist das Hickling Broad, im Nordosten, östlich der A 149 gelegen, ein großer, nicht sehr tiefer See, der von Schilf, Riedgras, Sumpf und Wald eingerahmt wird. Das 550 Hektar große Areal ist berühmt für seine heile Vogelwelt und die durch die Luft schwirrenden Insekten. Hier brüten Rohrdommeln, Bartmeisen, auch Rohr- und Wiesenweiher; zu den durchziehenden gefiederten Freunden zählen die Trauerseeschwalbe und sogar der Fischadler.

Zugang vom Ort Hickling aus von April bis Okt., tgl. außer Di, betreten nur mit Genehmigung aus dem Warden's House, Stubb Road, Hickling.

Bure Marshes

Ein weiteres besonderes Naturschutzgebiet sind die Bure Marshes mit dem ***Hoveton Great Broad Nature Trail,*** ebenfalls nordöstlich von

Norwich und südlich vom kleinen Örtchen Hoveton gelegen. Das Feuchtbiotop bedeckt eine Fläche von 417 Hektar. Am mittleren Lauf des Flusses Bure schwimmen Enten und Haubentaucher friedlich auf dem Wasser, Rauschschwalben und Flussseeschwalben fetzen rasant durch die Lüfte, dichte Schilf- und Rohrgürtel säumen die Ufer.

Zugang nur mit dem Boot vom Örtchen Wroxham aus von Mo bis Fr in der Zeit von April bis Sept., Boote für eine Erkundung kann man bei *Blakes Holiday Ltd.,* Stalham Road, Wroxham, Tel. 01603/739300, mieten.

Strumpshaw Fen

Das Strumpshaw Fen südöstlich von Norwich ist ein 180 Hektar großes Sumpfgebiet und steht unter dem Schutz des RSPB *(Royal Society for the Protection of Birds).* Über 80 Vogelarten brüten hier, dazu gehören Schafstelze, Kiebitze, Schilfrohrsänger, Bartmeisen und Rohrammer. Mit ein wenig Glück sieht man das chinesische Wasserreh, Rotwild, Nerz und Fischotter.

Zugang: Mit dem Auto durch Brundall, dann von der A 47 die Low Road zum Parkplatz des Reservates fahren; ab hier zu Fuß. Ganzjährig geöffnet, es gibt einen Naturpfad und vier Unterstände für die Vogelbeobachtung.

Praktische Hinweise

Informationen

Informationen aller Art bekommt man vom ***Broadland Conservation Centre,*** am Ran-

worth Broad, 12 km nordöstlich von Norwich; hier gibt es auch eine Beobachtungsplattform mit Feldstechern, von der aus man viele unterschiedliche Wasservögel beobachten kann.

Die Ostküste East Anglias

Lowestoft

Lowestoft ist Großbritanniens östlichste Stadt und hat einen sehr betriebsamen ***Hafen,*** von dem aus die Ölplattformen in der südlichen Nordsee versorgt werden. Aber auch die Fischer fahren – seitdem 1847 die Eisenbahn in die Stadt gekommen ist – von hier noch mit ihren Trawlern auf Fang aus. Eine ganze Reihe von kleinen Sträßlein, im Städtchen Scores genannt und früher bestanden mit den Häuschen der Fischer, verlaufen östlich der High Street.

Attraktion ist die mehrmals täglich sich öffnende ***Klappbrücke,*** unter der große Versorgungsschiffe in den Inneren Hafen einlaufen können.

Wer sich mit der Geschichte des Örtchens intensiver befassen möchte, kann dies im ***Maritime Museum*** in der Whapload Road, nahe dem Leuchtturm tun (Mai–Sept. tgl. 10–17 Uhr). Interessant ist auch eine Hafenrundfahrt, die man in der Information buchen kann. Südlich vom Hafen zieht sich ein langer Sandstrand entlang des Ufers, und wie es sich für eine englische Stadt am Meer gehört, gibt es natürlich einen Pier mit *amusement pavilion.*

England, Ost

Tourist Information
● in einem viktorianischen Glaspavillon an der Esplanade, Tel. 01502/523000.

Southwold

Das kleine, freundliche *Seaside Resort* war im 16. Jh. der bedeutendste **Fischerort** in East Anglia, und Händler schickten die ausgenommenen und gepökelten Fische in großen Fässern durch das ganze Land. Davon ist heute nichts mehr zu spüren, wenngleich immer noch einige wenige Trawler für den Hering und den Heilbutt ihre Netze auswerfen.

In den letzten einhundert Jahren hat sich das Örtchen zu einem ruhigen **Badestädtchen** ohne schrille *amusement pavilions* oder laute *bingo halls* entwickelt; entlang der mit georgianischen Fassaden bestandenen wenigen Sträßchen reihen sich kleine Cafés, Tea Rooms mit dem Charme eines Wohnzimmers und Restaurants aneinander, und entlang der Seefront stehen viktorianische Hotels und Pensionen.

Die lokalen Sehenswürdigkeiten finden sich alle nahe dem St. James Green – der **Leuchtturm,** die über 1000 Jahre alte angelsächsische Kirche sowie die Brauerei des Städtchens.

Tourist Information
● 69 High Street, Tel. 01502/724729.

Unterkunft
● Zwei alte georgianische Hotels laden nahe dem Marktplatz zu stilvoller, wenngleich nicht gerade preiswerter Übernachtung: **Swan,** Market Place, Tel. 01502/722186, Fax 724800, und das **Crown,** 90 High Street, Tel. 01502/722275, Fax 727263.

Der Strand von Lowestoft

•Wesentlich preiswerter ist es in den vielen **B&B** an der Seefront, so z. B. im *Amber House*, 24 North Parade, Tel. 01502/ 723303, spring@amberhouse.fsnet.co.uk, DZ 55 £.

Pubs und Restaurant

•Das **Swan** besitzt ein gutes Restaurant, und am Meer findet sich in der East Street der gemütliche Pub **Lord Nelson,** in der Queen Street liegt der Pub **The Red Lion,** beide Kneipen servieren Bar Meals und haben das lokale Produkt *Adnam's* im Ausschank.

Dunwich

Um nach Dunwich zu gelangen, fährt man durch eine ausgedehnte Heide- und Dünenlandschaft, in der die RSPB das **Minsmere-Reservat** eingerichtet hat und Hobby-Ornithologen Vögel beobachten können.

In Dunwich angekommen, das so klein ist, dass man es schon nicht einmal mehr als Weiler bezeichnen möchte, mag man gar nicht glauben, dass dies einmal die Hauptstadt der Region war. Hier residierte vor langer Zeit ein König, die Stadt hatte einen Namen als Bischofssitz und besaß zudem den größten Hafen im Osten Englands. Im 12. Jahrhundert waren die Bürger die reichsten und wohlhabendsten in weitem Umkreis. Dass dies nicht so geblieben ist, liegt am Meer, das seit mittlerweile rund 1000 Jahren an der Küste von Dunwich nagt und dem der gesamte mittelalterliche Ortskern mit 12 (!) Kirchen zum Opfer gefallen ist. Das letzte Gotteshaus stürzte 1919 über die Klippe hinab, und bei Niedrigwasser erkennt der Besucher die Ruine. Durchschnittlich wird an der

Küste pro Jahr ein Meter **vom Wasser weggeschwemmt,** in den letzten 1000 Jahren ist also ein ganzer Kilometer im Meer verschwunden. Da wird es wohl nicht mehr lange dauern, bis auch der einzige Pub des Örtchens, The Ship Inn, den zerstörerischen Kräften der See zum Opfer gefallen ist. Alte Karten und Stadtansichten schmücken die Wände, und in einem kleinen, aber sehr interessanten **Museum** macht ein Model mit der einstigen Anlage von Dunwich vertraut und informiert über die Abspülungen (Ostern–Sept. 11.30–16.30 Uhr).

Am breiten **Kieselstrand** von Dunwich stehen kleine Fischerboote auf den Steinen, die von den Fischern mit einer Seilwinde aus dem Wasser gezogen werden.

Thorpeness

Spaziert der Besucher durch das winzige Thorpeness, so glaubt er sich in eine künstliche Traumwelt versetzt; das ist auch ganz normal, denn der Weiler ist ein Kunstprodukt und keineswegs ein gewachsenes Örtchen. 1910 gründete der lokale Landbesitzer ein **Feriendorf für Selbstversorger** und ließ kleine, hölzerne Fachwerk-Cottages im historisierenden Tudor-Stil hochziehen, einen künstlichen Dorfteich anlegen und die einzelnen Grundstücke mit ihrem grünen samtenen Rasenflächen durch schwarzweiß gestrichene Jägerzäunchen abtrennen. Das Motto des Feriendorfplaners lautete, „Häuser für Leute zu bauen, die das Erlebnis erfahren möchten,

England, Ost

wie es einmal war, im *Merry Old England* zu leben".

Wer mehr hierzu erfahren möchte, der besuche die **Windmühle,** in der ein kleines Museum ausführliche Informationen über das Dörflein gibt (Mai, Juni, Sept. Sa, So 14–17, Juli/Aug. tgl. 14–17 Uhr). Die zentrale Dorfkneipe ist der gemütliche Pub *The Dolphin Inn,* und der Coffee Shop *The Gallery* versorgt Besucher mit Snacks und Kuchen.

Leider ist das Motto des Gründers, nämlich in *Merry Old England* zu leben, auf recht drastische Weise untergraben worden; seit 1966 liefert die nur 3 km entfernt liegende **Sizewell Nuclear Power Station,** ein gasgekühltes Atomkraftwerk, Strom ins Netz. Zusätzlich zu Block A hat nun ein Druckwasserreaktor, Sizewell B, seine Stromproduktion aufgenommen. Ein Informationszentrum erklärt – wie nicht anders zu erwarten – den Besuchern, wie ungeheuer sicher, umweltfreundlich und beherrschbar die Atomtechnologie ist.

Aldeburgh

Das kleine, freundliche und unspektakuläre Städtchen zieht sich am Meer entlang und verspricht seinen Gästen ruhige Ferientage. Einige Fischer sorgen noch für fangfrische Meeresfrüchte, und entlang der Hauptstraße reihen sich kleine Lädchen, *Tea Rooms*, einige Pubs und Restaurants, alles gedacht für freundliche und unprätentiöse Besucher.

Mehrfach jedoch im Jahr weht internationales Flair durch Aldeburgh,

Häuser an der Straßenpromenade von Aldeburgh

zuerst einmal dann, wenn im Juni das landesweit beachtete **Aldeburgh Festival** beginnt. Es war der große englische Komponist *Benjamin Britten,* der 1948 das Musikfest ins Leben rief. *Britten,* der 1913 im nahe gelegenen Lowestoft geboren wurde, besaß ein Ferienhaus in Aldeburgh und schrieb hier seine bekanntesten Stücke, so sein Meisterwerk für Kinder *Noye's Fludde* und die Oper „Tod in Venedig". Mitte der 60er Jahre war das Festival derart erfolgreich geworden, reisten Abertausende von Besuchern aus aller Welt an, dass die Pfarrkirchen von Aldeburgh dem Ansturm der Musikfreunde nicht mehr gewachsen waren.

Also wurden 5 km westlich vom Örtchen am River Alde im Weiler **Snape Maltings** eine Reihe von ungenutzten *Malt Houses,* Malzhäusern, in Konzertsäle umgebaut, die landesweit mit zu den besten musikalischen Aufführungshäusern gehören. Mittlerweile gibt es hier darüber hinaus noch eine Musikschule, ein Tonstudio, eine Reihe von kleinen Geschäften und Cafés sowie den Pub Plough and Sail.

Informationen über das Festival sowie natürlich Karten bekommt der Musikfreund im Festival Box Office in der High Street von Aldeburgh (Tel. 01728/687110, boxoffice@aldeburgh.co.uk, www.aldeburgh.co.uk); es ist keine Seltenheit, dass alle Tickets bereits im April verkauft sind. Telefonische oder briefliche Vorbestellungen sind also bereits nach Weihnachten ratsam.

Weitere, jedes Jahr stattfindende und landesweit beachtete Konzerte in den ehemaligen Malzhäusern sind die **Proms Seasons** im August und das eine Woche dauernde **Benjamin Britten Festival** Ende Oktober.

1976 starb *Benjamin Britten* im Alter von 63 Jahren und wurde auf dem **Friedhof von Aldeburgh** begraben, neben ihm ist sein langjähriger Lebensgefährte, der Tenor *Peter Pears,* zur letzten Ruhe gebettet.

Eine weitere ungewöhnliche Persönlichkeit ist ebenfalls hier bestattet, die Frauenrechtlerin *Elizabeth Garret Anderson* (1836–1917). 1860 durfte sie als Frau ihr Medizistudium nicht mit einem Examen abschließen, also ging sie nach Frankreich und bekam an der freieren Sorbonne ihre akademischen Weihen. Fortan arbeitete sie als Frauen- und Kinderärztin im East London Hospital, engagierte sich für die Rechte der Frauen und war eine führende Persönlichkeit der englischen Suffragetten. 1908 wurde sie als erste Frau in England zur Bürgermeisterin ihrer Heimatstadt gewählt.

Das älteste Gebäude von Aldeburgh ist **Moot Hall,** das um das Jahr 1500 herum im Zentrum aus roten Ziegelsteinen, Flint und Holz erbaut und einmal als Markthalle genutzt wurde. Heute befindet es sich nach seiner Umsetzung ein Stückchen nördlich vom Städtchen am Strand und beherbergt ein **Museum,** das über Aldeburgh und sein Umland informiert (Juni–Sept. tgl. 12.30–17, Juli und August tgl. 10.30–12.30, 14.30–17 Uhr).

Tourist Information
● 152 High Street, Tel. 01728/453637.

England, Ost

Unterkunft

- **Wentworth Hotel,** Wentworth Road, Tel. 01728/452312, Fax 454343, wentworth. hotel@anglianet.co.uk, DZ 100 £.
- **The Brudenell,** The Parade, Tel. 01728/ 452071, Fax 454082, info@brudenellhotel. co.uk, DZ 100 £.
- **Bed & Breakfast:** *Uplands,* Victoria Road, Tel. 01728/452420, Fax 454872, DZ 82 £.
- **Jugenherberge:** *Blaxhall Youth Hostel,* Blaxhall, Heath Walk, Tel. 01728/688206, einige Kilometer westlich von Snape Malting.

Pubs & Restaurants

- **Cross Keys,** Crabbe Street, atmosphäre-reichster Pub von Aldeburgh mit guten Bar Meals.
- **The White Hart Inn,** High Street, freundliche Taverne mit Biergarten.
- **Prezzo,** High Street, freundliches und optisch ansprechendes Lokal mit Pizzen und Pastas zwischen 7 und 9 £.
- **Regatta Restaurant,** High Street, mit angeschlossener *Vine Bar,* 8 £.

Verbindung

- Täglich nur wenige **Busse** in die nähere Umgebung.

Bury St. Edmunds

Das kleine Bury St. Edmunds hat sich den schmückenden Beinamen *Britain's Floral Town* gegeben und ist ein schmucker Marktflecken mit vielen attraktiven georgianischen Ladenfassaden.

Im Jahre 869 fiel hier der angelsächsische **König Edmund** den eindringenden Dänen in die Hände, und die – wie es in jenen grausamen Tagen üblich war – folterten ihn erst und köpften ihn dann. Der glaubensstarke und fromme Herrscher, später heiliggesprochen, sollte nun auch eine angemessene letzte Ruhestätte

bekommen, und so gründeten im Jahr 945 Benediktiner-Mönche ein Kloster mit einer großen Abteikirche, in der die Grablege stattfand.

1214 trafen sich in dem Gotteshaus unter höchst konspirativen Umständen 25 hohe Adlige und beschlossen einen Putsch gegen den ungeliebten König *Johann Ohneland.* Ein Jahr später musste er die **Magna Charta** unterschreiben, und England war und blieb fortan ein Hort der Freiheit.

Diese beiden großen Ereignisse, die Bestattung *Edmunds* und die Vorarbeiten zur demokratischen Tradition des Landes, hat Bury St. Edmunds in seinem **Wappen** verewigt unter dem Motto: *Sacrarium Regis, Canubula Legis* – Schrein eines Königs, Wiege des Rechts.

Dort, wo die Abteikirche einmal stand – sie fiel einem heftigen Streit zwischen den Mönchen und den Bürgern der Stadt zum Opfer – breitet sich heute ein wunderschöner, mehrfach preisgekrönter **Park** mit blühenden Blumenbeeten und samtgrünen Rasenflächen aus, in dem die wenigen Ruinen des Gotteshauses dramatische Akzente setzen. Der eingangs erwähnte Beiname der Stadt besteht also zu Recht!

Der zentrale Platz des Städtchens heißt **Angel Hill** und ist von einer Reihe schöner georgianischer Häuser und dem efeugeschmückten alten Angel Hotel umstanden. *Charles Dickens* hat das Haus in seinen *Pickwick Papers* beschrieben.

Das **Manor House Museum** befindet sich in einem georgianischen Patrizierhaus in Honey Hill. Es zeigt

Kostüme aus vielen Jahrhunderten und beherbergt eine höchst interessante Ausstellung alter Uhren (Mo–Sa 10–17, So 14–17 Uhr).

Ganz am Ende der Crown Street hat neben einer Zuckerfabrik der größte Arbeitgeber vor Ort seine Produktionsanlagen errichtet; hier braut die **Green King Brewery** das beliebte Abbot Ale, das in den heimischen Pubs aus den Handpumpen fließt. Besichtigungen der Brauanlagen sind von Mo bis Do über die Tourist Information zu organisieren. Zwei nette alte Pubs, in denen man dann nähere Bekanntschaft mit dem lokalen Gebräu machen kann, liegen beide in der Straße The Traverse, einmal das *Cupola House* und dann *The Nutshell.*

Tourist Information
●*Angel Hill,* Tel. 01284/764667.

Umgebung von
Bury St. Edmunds

Lavenham

Ein ganz zauberhaftes Örtchen und an schönen Sommerwochenenden demzufolge von Ausflüglern manchmal doch arg überlaufen ist das kleine Dörflein Lavenham. Der Weiler war einmal Zentrum der Wollindustrie im 15. Jh., und seit jenen Tagen hat sich das Erscheinungsbild bis heute nicht geändert. Das ist vor allem der lokalen Dorf-Initiative zu danken, die sich schon seit Jahrzehnten für sorgfältige Restaurierungen einsetzt, und so ist Lavenham ein lebendiges Mu-

England, Ost

Alte Fachwerkhäuser in Lavenham

seumsdorf, in dem der Besucher mit ein wenig Phantasie die prosperierenden Zeiten des spätmittelalterlichen Wollhandels wieder heraufbeschwören kann.

Prachtvollstes Gebäude des Städtchens ist die aus dem 16. Jh. datierende **Guildhall,** in reich ornamentierter Fachwerkbauweise errichtet. Im Innern macht eine Ausstellung mit der Geschichte der lokalen Wollindustrie bekannt (April–Okt. tgl. 10–17 Uhr). Nur einen Steinwurf entfernt lohnt **Little Hall** einen längeren Blick und Besuch; das Fachwerkhaus wurde im 15. Jh. errichtet und zeigt Möbel und Kunstgegenstände aus jenen Tagen (Ostern–Okt. Mi, Do, Sa, So 14.30–18 Uhr). Das dritte besuchenswerte Gebäude im Örtchen ist die **Priory** in der Walter Street, die nicht nur schöne moderne Buntglasfenster und weitere Arbeiten des ungarischen Künstlers *Ervin Bossany* zeigt, sondern auch mit einem ruhigen Küchen- und Kräutergarten aufwarten kann (Ostern–Okt. tgl. 10.30–17.30 Uhr).

Hoch ragt der Glockenturm der **Pfarrkirche** auf, denn die reichen Wollhändler ließen sich beim Bau nicht lumpen und spendeten eifrig Geld für ihr Seelenheil; so ist er mit fast 50 m einer der höchsten in weitem Umkreis.

Das *Swan Hotel,* das sich in einem wunderschönen alten Fachwerkhaus befindet (Tel. 0870/4008116), bereitet dem Gast eine äußerst stilvolle, wenngleich recht teure Unterkunft und besitzt darüber hinaus eine gemütliche Bar und ein gutes Restaurant; wesentlich preiswerter sind

das *Angel Hotel* (Tel. 01787/247388) und *Angel Corner* (Tel. 01787/247 168), beide am zentralen Platz bei der Guildhall gelegen. Zwei atmosphärereiche Fachwerk-Pubs in der Church Street sind *The Greyhound* und *The Cock,* beide mit Biergarten.

Die **Tourist Information** ist in der Lady Street (Tel. 01787/248207).

Long Melford

Das Örtchen trägt seinen Namen zu Recht, hat es doch eine über 3 km lange Hauptstraße, an der sich die schwarzweißen Fachwerkhäuschen aneinanderreihen. Am nördlichen Ende öffnet sich die Main Street auf einen großen, grünen Platz, und hier stehen eine Anzahl von *almshouses,* Armenhäuser aus dem 16. Jh.

Östlich vom Dorfanger findet der Besucher hinter einer hohen Mauer **Melford Hall,** ein Tudor-Herrenhaus, das einmal den Mönchen von Bury St. Edmunds als ruhiger Landsitz diente (Mi, Do, Sa, So 14–17.30 Uhr). Das Innere ist mit Regency-Mobiliar geschmückt und zeigt Aquarelle der Künstlerin *Beatrix Potter* (1866–1943), die mit der Besitzerfamilie verwandt war; Generationen von Briten sind mit ihren liebenswerten Knuddelfiguren *Peter Rabbit* und *Jemima Puddle-Duck* aufgewachsen.

Der Pub *George and Dragon* mit einem Biergarten und angeschlossenem Restaurant (8 £) sowie die Taverne *Cock and Bell,* ein Free House, beide an der Main Street, sorgen für leibliches Wohl.

Colchester

Schon am Ortseingang teilt das sympathische Colchester seinen Besuchern mit, dass es Großbritanniens *„oldest recorded town"* ist – so, wie es die Annalen und Chroniken des Landes ausweisen.

Geschichte

Bereits im 5. Jh. v. Chr. war Colchester eine bedeutende Siedlung der Region, und einige Jahrzehnte nach der Zeitenwende, Anfang des 1. Jh., hatte *König Cunobelin - Shakespeares Cymbeline* – hier seine Residenz. Nachdem die **Römer** im Jahr 43 in Britannien einmarschiert waren, errichteten sie in Camulodunum ihren ersten Tempel und machten den Ort für einige Zeit zur Hauptstadt der neuen Provinz; später ließen sich verdiente Legionäre hinter den schützenden Mauern nieder.

Als im Jahr 60 die legendäre *Königin Boudicca,* bis heute jedem Schulkind landesweit bekannt als **Boadicea,** gegen die Römer revoltierte, ging Colchester endgültig in die Geschichte Britanniens ein. *Boadicea* war die Witwe des *Prasutagus,* Häuptling des beim heutigen Norwich siedelnden Stammes der Iceni; *Prasutagus* und seine Mannen hatten während der Invasion die Römer unterstützt, und als die nach Festigung ihrer Macht die kriegerischen Iceni entwaffnen wollten, holten sie sich eine blutige Nase. Natürlich machten die kriegserfahrenen Römer recht schnell die Männer des Stammes nieder. Nach *Prasutagus'* Tod ignorierten die arroganten Besatzer aus dem Süden das Testament des Iceni-Häuptlings und konfiszierten seinen gesamten Besitz. Als *Boadicea* daraufhin protestierte, ließen die Besatzer sie auspeitschen und vergewaltigten ihre Töchter.

Boadicea mobilisierte nun die Iceni und weitere Stämme der Region und griff die Römer an. Das verhasste Zentrum der Unterdrückung, der römische Tempel des vergöttlichten Kaisers *Claudius* in Colchester, wurde dem Boden gleichgemacht, und dann

Die Burg von Colchester

zog *Boadiceas* Heer gen London, wo die Legionäre vernichtend geschlagen und 70.000 romfreundliche Bürger massakriert wurden. Jeder Römer, der *Boadicea* in die Quere kam, und jeder britannische Kollaborateur wurde grausam zu Tode gefoltert.

Der römische Gouverneur *Suetonius Paullinus* schließlich besiegte die angelsächsische Heerführerin in einer Schlacht, die – wie die Chroniken berichten – nur 400 Römern, aber Tausenden von Britannen das Leben kosteten. *Boadicea* beging Selbstmord, und die Römer rächten sich fürchterlich an den aufständischen Stämmen East Anglias.

1648 brachte ein weiteres kriegerisches Ereignis den Bewohnern der Stadt Unglück. Während des *Bürgerkrieges* belagerten parlamentarische Truppen unter dem Befehl von *Lord Fairfax* Colchester; nach elf Wochen waren die Lebensmittelvorräte vollständig aufgebraucht, und eine Hungersnot wütete in der Stadt; die Autoritäten gaben auf und die royalistischen Führer wurden hingerichtet.

Sehenswertes

Heute ist Colchester eine freundliche und ruhige Universitätsstadt inmitten des ländlichen Essex, ein wichtiger Marktort für die Umgebung und ein ideales Standquartier für Besucher zur Erkundung des Umlandes. Der Name übrigens geht auf angelsächsische Zeiten zurück und bedeutet „Festung am River Colne".

Erste Attraktion der Stadt ist die normannische *Burg,* die auf Geheiß von *William the Conqueror* nur zehn Jahre nach der erfolgreichen Invasion auf den Fundamenten des römischen Tempels angelegt wurde. Im Innern macht eine interessante und unter museumspädagogischen Gesichtspunkten vortreffliche Ausstellung mit der langen Geschichte von Colchester bekannt (Mo–Sa 10–17, So 14–17 Uhr). Neben der Burg, gegenüber der Tourist Information in der High Street zeigt das *Hollytrees Museum* (Mo–Sa 10–17 Uhr) Kleidung, Spielzeug und Kunsthandwerk aus dem 18. bis 20. Jh. Ein Stückchen weiter die High Street abwärts, dann in deren Verlängerung East Hill hinein und über den River Colne erreicht man linkerhand das im 15. Jh. erbaute *Old Siege House,* das mit seinen 17 Kugellöchern in der Westfassade an die Belagerung durch parlamentarische Truppen erinnert; der Sieger, *Lord Fairfax,* schlug nach der Eroberung in dem repräsentativen Gebäude sein Hauptquartier auf. Der Spaziergang lohnt auch deshalb den Weg, weil in dem alten Gemäuer ein gemütliches italienisches Restaurant untergebracht ist, das gute mittägliche Lunch- und abendliche Dinner-Gerichte bietet.

Es geht nun zurück und über East Hill die High Street entlang; nach einigen Minuten Fußweg taucht rechter Hand die architektonisch eigenwillige *Town Hall* auf und zeigt eine Figur der *hl. Helena,* Schutzpatronin der Stadt und Mutter des ersten katholischen römischen Kaisers, der wegen seiner Religionswahl in den Geschichtsbüchern als Konstantin der Große firmiert. Im Rücken des Rathauses, also nördlich der High Street, erstreckt sich das so genannte *Dutch Quarter.* Flämische Flüchtlinge, die sich vor den einmarschierenden Spaniern nach England retteten, ließen sich hier im 16. Jh. nieder und sorgten für eine Intensivierung des Tuchhandels in der Stadt. Vor allem West und East Stockwell Street bieten noch die Atmosphäre aus jenen Tagen und zeigen eine ganze Anzahl an alten Fachwerkhäusern.

Südlich der High Street hat in der Trinity Street das **Tymperleys Clock Museum** sein Quartier in einem wunderschönen Fachwerkhaus inmitten eines blühenden Gartens gefunden. Das betagte Gemäuer zeigt die Anstrengungen und Bemühungen der Colchester Uhrenindustrie (Mo–Sa 10–17 Uhr). Spaziert man weiter in Richtung Westen bis zum Ende der High Street und folgt dort der Verlängerung Balkerne Passage, so gelangt man zum **Balkerne Gate,** das größte aus römischer Zeit datierende Stadttor im gesamten Land.

Praktische Hinweise

Tourist Information
●High St./Ecke Queen Street, Tel. 01206/282920.

Unterkunft
●**George Hotel,** 116 High Street, Tel. 01206/578494, Fax 761732, DZ 70 £.
●**Quality Hotel,** East Street, Tel. 01206/865022, Fax 792884, qhotel@netscapeonline.co.uk, DZ 69 £.
●**Bed & Breakfast:** *Old Manse,* 15 Roman Road, Tel. 01206/545154, Fax 545153, DZ 42 £; *Salisbury,* 112 Butt Road, Tel. 01206/508508, Fax 797265, DZ 50 £; *Globe,* 71 North Station Road, Tel. 01206/502502, Fax 506505, DZ 50 £.
●**Camping:** *Colchester Camping Caravan Park,* Cymbeline Way, Tel. 01206/545551, Ausschilderung von der A 12 folgen, dann die A 133 Colchester Central Slip Road.

Pubs & Restaurants
●**After Office Hour,** 130 High Street, Jazz and Wine Bar, die auch kleine Bar Snacks im Angebot hat.
●**O'Neill's Number 66,** North Hill, irischer Pub mit Guinness und Biergarten.

●**Café Rouge,** 59 High Street, Gerichte zwischen 4 und 11 £, gutes Preis-Leistungsverhältnis.
●**Wig and Pen,** High Street, ein Free House, gemütlicher Pub mit Bar Meals zur Lunchzeit.
●**Ye Olde Marquis,** North Hill, alter und großer Pub in einem schönen Fachwerkhaus aus dem Jahr 1520, sicherlich der gemütlichste Pub der Stadt.
●**The Castle,** natürlich an der Burg gelegen, freundlicher Pub mit einigen Tischen im Hof und guten Bar Meals zur Lunch-Zeit, während der Saison regelmäßig Live Music im 1690 errichteten Pub.
●**Warehouse Brasserie,** 12 a Chapel Street North, Tel. 01206/765656, Colchesters bestes Haus, Nichtraucherlokal, französisch angehauchte Küche, 18–34 £.
●**Ask,** North Hill, freundliches italienisches Lokal einer Restaurantkette mit essbaren Pizzen und Pasta zwischen 6 und 9 £.
●**Noodle Bar,** North Hill, ostasiatische Nudelgerichte aller Art zwischen 5 und 9 £.
●**The North Hill Exchange Brasserie,** North Hill, Tel. 01206/769988, schönes und mit edlem Touch angehauchtes Restaurant, 14 £.
●**Web's Internet Café,** 2a Queen's Street.

Rent-a-Bike
●**On your Bike,** 2 Leicester Close.

Verbindung
●**Busse** und **Züge** in alle Landesteile.

Dedham und Flatford Mill

„Wenn ich an meine sorglose Kindheit denke, so fallen mir als erstes die Ufer der River Stour ein", schrieb der Landschaftsmaler *John Constable.* Am lieblich dahinplätschernden River Stour schmiegt sich in die Flussauen das äußerst charmante und wahrhaft winzige Örtchen Dedham; auch hier sind an sommerlichen Wochenenden viele Ausflügler unterwegs, pick-

England, Ost

Entlang des River Stour zur Flatford Mill

nicken an den Ufern des Flüsschens, rudern mit Bötchen daher. Alle besuchen sie 4 km flussaufwärts neben der Mühle Flatford Mill, das reetgedeckte Cottage **Bridge House** (Mi–So 11–17.30 Uhr) in dem der Künstler *John Constable* (1776–1837) viele seiner Bilder malte und das mit einer Ausstellung an den großen Landschaftsmaler erinnert. Daneben gibt es ein kleines Café für die erschöpften Ausflügler, die Mühle beherbergt heute ein *National Trust Field Study Centre*.

Am schönsten spaziert man von Dedham entlang des linken Flussufers den River Stour stromaufwärts durch das Dedham Vale, wie das Tal des Stour hier genannt wird.

Kommt man von dem Ausflug zurück, bietet der uralte windschiefe Fachwerkgasthof *Marlborough Head* an der Kreuzung der beiden Dorfstraßen Bar Meals, Getränke in reicher Auswahl, ein Restaurant und stilvolle Unterkunft.

Southend-on-Sea

So ein richtig englisches **Seebad** mit allem, was dazu gehört, sollte man sich schon einmal ansehen, und Southend ist dazu bestens geeignet. Der Prinzregent und spätere König *Georg IV.* war es, der Southend-on-Sea ins Leben rief; 1809 war er nämlich der Ansicht, dass das Örtchen Prittlewell, heute von der Großstadt völlig verschluckt, ein gesünderer Aufenthaltsort für seine Frau *Caroline* wäre als das verräucherte London. Zudem befanden sich hier die feinsten und zu London nächsten Sandstrände. *Prinzessin Caroline* residierte in Prittlewell, zog wie ein Magnet die feine Gesellschaft nach, und so dauerte es nicht lange, und

Die Seepromenade von Southend

das Seebad Southend war geboren. Durch die Nähe zu London öffnete sich das *Seaside Resort* recht schnell auch dem Proletariat, und so finden wir hier *amusement pavilions, bingo halls, seaside pubs, pleasure parks, fish and chips shops* und Softeis-Kioske in überwältigender Anzahl. Die 150.000 Einwohner leben zum großen Teil vom Besucherstrom der nahen Hauptstadt, und ihr größtes Kapital ist der über 10 km lange Sandstrand.

Wie es sich für ein englisches Seebad gehört, gibt es natürlich auch einen **Pier,** und der von Southend ragt sage und schreibe 2 km hinaus ins Meer und ist damit der längste der Welt, *the longest pleasure pier in the world*, wie die Eigenwerbung lautet. Wer die lange Strecke bis zur Spitze der 1889 errichteten Seebrücke nicht laufen möchte, kann im Viertelstundenrythmus mit einer kleinen Bahn den Weg entlangzockeln.

Einzige Erinnerung an die Gründungstage von Southend gibt vielleicht noch die georgianische **Royal Terrace** im Zentrum oberhalb der Seefront und des Piers mit ihren eisernen Balkonen. *Prinzessin Caroline* hatte hier einmal in Nr. 7 und dann in Nr. 9 ihre Residenz. Ganz in der Nähe ist das Royal Hotel, dessen Lobby im 18. Jahrhundert als soziales Zentrum der High Society fungierte.

Hat man auf alles einen längeren Blick geworfen, ist man schnell bereit, Southend-on-Sea so rasch wieder zu verlassen, wie man hineingekommen ist.

Tourist Information
●**Pier Entrance,** Western Esplanade, Tel. 01702/215620.

England, Ost

Englands Westen – Im Shakespeare-Land

Überblick

Shakespeares Geburtsstadt Stratford-upon-Avon und die weltberühmte Universitätsmetropole Oxford mit ihren vielen jahrhundertealten Colleges sind die herausragenden Attraktionen im Westen Englands. Doch gibt es darüber hinaus viele weitere besuchenswerte Orte und Landschaften. Von unerhörter Größe und erschlagender Pracht ist Blenheim Palace, der Geburtsort von *Winston Churchill.* Anlässlich der alljährlichen Regatten in Henley-on-Thames kommen Adel und Königliche Familie ins kleine, schnuckelige Themse-Örtchen, und die Achter mit Steuermann rudern um die Wette. Wunderschön sind die Cotswold Hills mit ihren leicht rollenden, wie ondulierten Hügeln, und Wanderer kommen hier ganz besonders auf ihre Kosten. Das gilt aber auch für den Nationalpark Peak District, der – wie der Name schon andeutet – nicht so ganz leicht zu erwandern ist. Hier geht es schon recht steil die Berge hoch bis zu den Gipfeln. Ein weiterer Höhepunkt ist die Stadt Chester, die über die schönsten mittelalterlichen Fachwerkhäuser im ganzen Königreich verfügt. Warwick hat eine der machtvollsten und wehrhaftesten Burgen inmitten des Stadtbildes, und in Ironbridge und seinen vielen Freilichtmuseen folgt der Besucher den ersten Spuren der industriellen Revolution. Recht geruhsam sitzt man an den renovierten Magazinspeichern rund um den ehemaligen Hafen von Gloucester, isst eine Pizza oder trinkt in den Pubs ein Bitter oder Lager, be-

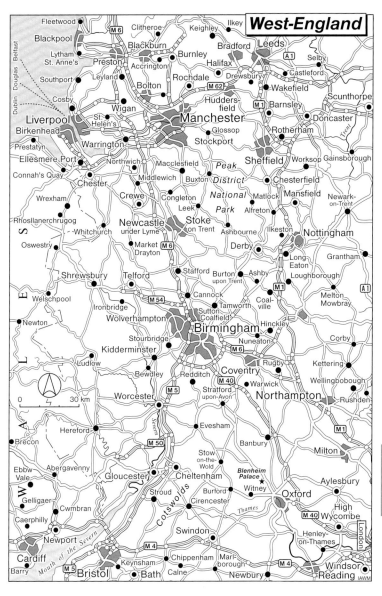

West-England

vor es dann zur Besichtigung der Kathedrale geht. Auch die großen Dome von Hereford und Worcester lohnen einen Besuch.

Windsor

Wenn man die Hauptstadt Richtung Westen verlässt, bietet sich Windsor als erster Stop an. **Windsor Castle** liegt ca. 35 km westlich von London inmitten des 30.000 Einwohner zählenden Ortes Windsor. Neben Buckingham Palace ist das Schloss der zweite bevorzugte Aufenthaltsort von *Königin Elisabeth;* wenn die Monarchin sich im Schloss befindet, weht über den Dächern die königliche Wappenfahne.

Geschichte

Ab dem Jahr 1086 befahl *Wilhelm der Eroberer,* der zuvor schon den Tower in London errichten ließ, an Windsor Castle zu bauen. Die Burg gehörte zu einer ganzen Kette von Verteidigungsanlagen, die rund um London angelegt wurden und die Stadt schützen sollten. Windsor Castle – auf einer Anhöhe über der Themse gelegen – kam dabei besondere Bedeutung zu, da die Festung den Fluss, eine mögliche Einfallstraße, kontrollieren konnte.

Die **Normannen** bauten in der damaligen Zeit die am besten geschützten und raffiniertesten Trutzburgen in ganz Europa. Eine bauliche Innovation in jenen Tagen stellten beispielsweise eine Anzahl hintereinandergestaffelter Verteidigungswälle dar, deren Überwindung einem potentiellen Angreifer bedeutende Verluste beibringen musste. Schon kurz nach Baubeginn nutzte der Herrscher den Stützpunkt als **königliche Residenz** und betrieb von hier aus sein Jagdvergnügen. In dem angrenzenden Waldgebiet waren auch bereits die angelsächsi-

schen Könige hinter Wildschwein und Hirsch hergewesen und hatten sich etwas flussabwärts in dem Weiler Windlesora ein kleines Jagdschloss erbauen lassen. Das Dörfchen gab nun der neuen Burg ihren Namen.

Von den ersten Gebäuden sind keine Reste erhalten geblieben; ab 1110 ließ dann *Heinrich I.* steinerne Unterkünfte errichten, auch die folgenden Herrscher verstärkten die Verteidigungsfähigkeit des Schlosses. Zweimal nur wurde die Burg angegriffen und belagert, beide Auseinandersetzungen fielen in die Zeit von *Johann Ohneland* - eingenommen jedoch wurde die Festung nicht.

Sehenswertes

Man betritt Windsor Castle (Mo–So 10–17.15 Uhr) durch ein gewaltiges Tor, das *Heinrich VIII.* anlegen ließ, und befindet sich nun im **Lower Ward,** im unteren Hof. Gegenüber vom Tor liegen die halbkreisförmig angeordneten Gebäude des **Horseshoe Cloister,** rechts daneben ragt die **St. George's Chapel** auf, 1477 von *Eduard IV.* begonnen, fertiggestellt während der Regierungszeit von *Heinrich VIII.;* die Kirche ist im *Perpendicular,* einer Stilrichtung der englischen Gotik, erbaut.

Den Lower Ward nach rechts aufwärtsschreitend, erreicht man **Middle Ward,** den mittleren Hof, mit dem gewaltigen, auf einem Hügel stehenden **Round Tower** (auf dieser Erdaufschüttung konzipierte man die ersten Verteidigungsanlagen). Links, nördlich vom Middle Ward, gelangt man auf die **Nordterrasse,** von der aus man einen weiten Blick über sattgrüne Wiesen bis hin zur Themse hat; auch erkennt man in der Ferne die Gebäude von Eton, der Elite-Schule Großbritanniens.

Umrundet man nach links, in nordwestlicher Richtung, den Middle Ward, so gelangt man durch das normannische Tor in den Bereich des **Upper Ward,** des oberen Hofes, dessen größter Teil für den Besucher gesperrt ist, da hier die Privatgemächer der Königin liegen. Zu besichtigen sind – soweit keine offiziellen Anlässe dagegen sprechen – die nördlich vom Upper Ward gelegenen **State Apartments** (Mo–Sa 10.30–17 Uhr, So 13.30–17 Uhr); hier befinden sich eine große Waffensammlung, erlesenes Mobiliar aus allen Epochen, eindrucksvolle Deckengemälde und Bilder großer Meister wie *Rubens, van Dyck, Holbein, Dürer* und *Rembrandt.* sowie in der königlichen Bibliothek Zeichnungen von *da Vinci, Raffael, Michelangelo* und *Holbein.*

Nach der Besichtigung von Windsor Castle sollte man noch durch die Gassen des **Ortes Windsor** flanieren; der Anblick von Kopfsteinpflaster, Fachwerkhäusern aus dem 17. und 18. Jh., Gasthöfen und Pubs in alten Gemäuern wird allerdings durch Fast-food-Läden getrübt. Im Bahnhof von Windsor, im **Windsor Royal Station** im Ortszentrum, sind eine ganze Reihe gemütlicher Pubs und kleiner Restaurants untergebracht; Fahrkarten und Zugverbindungen gibt es aber auch noch.

Tourist Information
● 24 High Street, Tel. 01753/743900.

Unterkunft
● **Innkeeper's Lodge Old Windsor,** Straight Road, Old Windsor, Tel. 870/7001314, Fax 7001341, info@innkeeperslodge.com, DZ 80 £.

● **Bed & Breakfast:** *Clarence,* 9 Clarence Road, Tel. 01753/864436, Fax 857060, DZ 50 £.

Pubs und Restaurants
● **The Old King & Castle,** Thames Street, gemütlicher Pub mit angeschlossenem Restaurant mit Speisen zwischen 7 und 13 £.
● **Café Rouge,** Royal Station, im alten Bahnhof, Lokal einer Restaurantkette mit gutem Preis-Leistungsverhältnis, Gerichte 5–13 £.

Legoland
● Der **Freizeitpark** liegt etwas außerhalb, ca. 3 km in südl. Richtung Bracknell/Ascot, Tel. 08705/040404, März–Okt. tgl. 10–18 Uhr.

Henley-on-Thames

Von Windsor weiter nach Westen, geht es vorbei an Maidenhead auf Oxford zu. Ein nächster Stop lohnt sich unbedingt in Henley-on-Thames, das ebenfalls an den Flussauen von Englands bekanntestem Strom liegt.

Hier wohnen betuchte Pendler *(commuters),* die allmorgendlich mit dem Zug nach London hinfahren und meist in der *City of London*, dem Banken- und Börsenzentrum Europas, ihren Geschäften nachgehen.

Die Hauptstraße des Örtchens ist von adretten Fachwerk- und Ziegelhäusern bestanden, in denen eine Reihe von Pubs und Restaurants für leibliche Genüsse sorgen.

Einmal jährlich ab dem letzten Mittwoch im Juni findet für fünf Tage die bekannteste **Regatta** in ganz Großbritannien statt. Dieses ist eines der bedeutendsten sportlichen Ereignisse im ganzen Inselreich und ähnlich wichtig wie die Pferderennen von Ascot. In dieser Zeit, so heißt es bei den Bewohnern der umliegenden

England, West

Dörfer und Städte, tragen die Bewohner von Henley ihre Nase ganz besonders hoch und kommen noch arroganter daher als sonst schon.

An schönen Sommertagen picknicken viele Besucher der Umgebung an den grünen, grasbewachsenen **Flussauen.**

Das Restaurant *La Bodega* in der Hart Street serviert Tapas und Fischgerichte zwischen 4 und 13 £. Die Pubs *Angel,* unterhalb der Flussbrücke, mit Biergarten, direkt an der Themse, sowie *J. D. Weatherspoone's* (Free House), ein sehr atmosphärereicher Pub mit guten Bar Meals, befinden sich ebenfalls dort.

Tourist Information
●**King's Arms Barn,** King's Road Tel. 01491/ 578034.

Oxford

Heinrich I. war es, der zu Beginn des 12. Jh. den Grundstein für erste universitäre Anstrengungen im Örtchen legte; dafür trägt er bis heute den Beinamen *Scholar King.* Als wenige Jahre später, 1167, englische Studenten von der Pariser Sorbonne vertrieben wurden, explodierten die Studentenzahlen, und eine ganze Reihe von weiteren Colleges öffneten ihre Pforten. Bischöfe und Könige wetteiferten nun mit der Gründung neuer Studienplätze. Schon fast von Anfang an verstanden der Magistrat von Oxford und die leitenden Köpfe der Universität einander nicht, und bis heute spricht man vom **Dauerzwist zwischen Town and Gowns,** zwischen der Stadt und den Talarträgern. Das beste Beispiel dafür zeigte der Bürgerkrieg im 17. Jh.,

Buy British

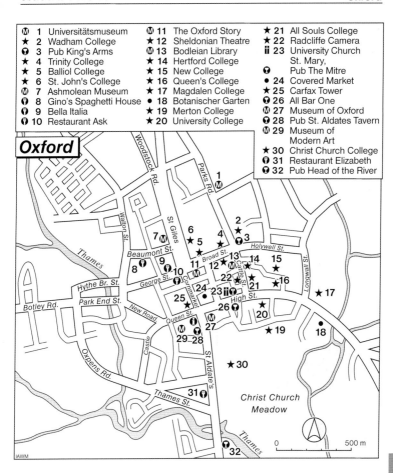

Ⓜ 1 Universitätsmuseum	**Ⓜ 11** The Oxford Story
★ 2 Wadham College	**★ 12** Sheldonian Theatre
❶ 3 Pub King's Arms	**Ⓜ 13** Bodleian Library
★ 4 Trinity College	**★ 14** Hertford College
★ 5 Balliol College	**★ 15** New College
★ 6 St. John's College	**★ 16** Queen's College
Ⓜ 7 Ashmolean Museum	**★ 17** Magdalen College
❶ 8 Gino's Spaghetti House	**● 18** Botanischer Garten
❶ 9 Bella Italia	**★ 19** Merton College
❶ 10 Restaurant Ask	**★ 20** University College

★ 21 All Souls College
★ 22 Radcliffe Camera
ii 23 University Church St. Mary,
❶ Pub The Mitre
● 24 Covered Market
★ 25 Carfax Tower
❶ 26 All Bar One
Ⓜ 27 Museum of Oxford
❶ 28 Pub St. Aldates Tavern
Ⓜ 29 Museum of Modern Art
★ 30 Christ Church College
❶ 31 Restaurant Elizabeth
❶ 32 Pub Head of the River

England, West

der zwischen Königstreuen und den Anhängern des Parlamentes tobte. Während die Universität *Karl I.* unterstützte, der dafür Oxford zur Hauptstadt Englands erklärte, folgten die Bürger der Stadt den Forderungen der Parlamentarier.

Da an all den Colleges **Theologie** lange Zeit einziges, danach aber immer noch wichtigstes Fach blieb, hatten kirchliche Belange jahrhundertelang absoluten Vorrang. So war es den Professoren doch tatsächlich bis 1877 verboten zu heiraten, und Frauen bekamen erst ab 1920 von einigen wenigen fortschrittlichen Colleges einen akademischen Grad verliehen. Der Einfluss der Universität auf das öffentliche Leben ganz Großbritanniens schmolz im Laufe der Zeit dahin; 1950 verlor die Hochschule auch das Recht, zwei Abgeordnete in das Londoner Parlament zu entsenden.

Heutzutage zählt Oxford insgesamt 35 **Colleges,** von denen viele über die Jahrhunderte recht eigenständige Züge ausgebildet haben. So gelten *Wadham* und *Balliol* beispielsweise als linksorientiert, *Trinity* dagegen als außerordentlich konservativ, *Christ Church* ist traditionell das College der Privatschul-Absolventen, *Hertford* wird dagegen von den Abgängern der staatlichen Schulen bevorzugt, im *Magdalen* studieren die Söhne und Töchter des Hochadels, und *St. John* schließlich ist das reichste College von allen.

Oxford wird von zwei Flüssen durchzogen, von der Themse sowie vom River Cherwell. Beliebtestes Freizeitvergnügen der Studenten ist, flache Nachen, **Punts** genannt, wie ein Gondoliere mit langen Bootshaken (*Pole*) über die Flüsse zu staken. Besucher, die mit ihrer Liebsten derart geruhsame Stunden auf dem Wasser verbringen möchten, sollten vorher heimlich üben; Anfänger machen nämlich keine sehr gute Figur beim *Punting,* und manch einer ist schon im Wasser gelandet.

Sehenswertes

Alle Sehenswürdigkeiten in Oxford sind ausgeschildert, und so findet sich der ausländische Besucher leicht zurecht. Um sich einen ersten Überblick vom Stadtgebiet zu ver-

Blick vom Carfax Tower

schaffen, sollte man auf den **Carfax Tower** steigen. Hier treffen die Hauptachsen von Oxford zusammen, von Osten, vom Magdalen College, kommt die High Street heran, von Norden Cornmarket, St. Aldates von der Themse, von Süden her, und Queen Street von Westen.

Spazieren wir die High Street gen Osten, so ist als erstes rechter Hand der Eingang zum **Covered Market** erreicht (Zugänge auch von Cornmarket und Market Street). In den ehemaligen Markthallen aus dem Jahr 1772 haben heute Juweliere, Kunsthandwerksgeschäfte, Galerien und kleine Cafés, aber auch noch Obst- und Gemüsehändler ihre Verkaufsstände.

Auf der gleichen Straßenseite ist nach wenigen Metern Fußweg dann

Oxfords Universitätskirche **St. Mary's** erreicht. Auch dieser Turm kann bestiegen werden (vom Radcliffe Square aus) und lässt gute Ausblicke über die Stadt zu.

Gegenüber von St. Mary's zweigt von der High Street eine schmale Gasse ab, die Magpie Lane, und führt zum **Merton College.** 1264 öffnete es als dritte dieser Institutionen seine Pforten und wurde deshalb sehr bedeutend, weil hier erstmalig die bis heute gültige Collegestruktur geschaffen wurde, also das Zusammenleben von Professoren – übrigens *Dons* genannt – mit ihren Studenten sowie die Hörsäle, die Mensa und die Bibliothek unter einem Dach. Den besten Blick auf die mittelalterliche Architektur hat der Betrachter im *Mob Quad* (Kurzform für *Quadrangular* = College-Innenhof). Auf einen Besuch in der wunderschönen mittelalterlichen Bibliothek Merton Library darf man ebenfalls nicht verzichten, dies ist die älteste noch in Gebrauch befindliche Bibliothek Großbritanniens.

J. R. R. Tolkien, der berühmte Autor von *„Herr der Ringe",* war Professor für englische Literatur in Merton, und *T. S. Eliot* studierte hier, verließ dann das College, dass er zwar ganz sympathisch fand, „doch darin nicht lebendig begraben sein wollte".

Zurück zur High Street, ist schnell **University College** erreicht, dass in Oxford kurz *Univ* genannt wird und das erste College der Stadt war. Aus dieser Zeit ist jedoch keine Bausubstanz mehr erhalten geblieben, so, wie sich uns *Univ* heute zeigt, datiert es aus dem 17. Jh. 1811 war ein

schwarzes Jahr für die Institution, da nämlich wurde *Percy Bysshe Shelley* der Hochschule verwiesen. Den Autoritäten hatte seine Kampfschrift *The Necessity of Atheism* nicht gefallen. Wenige Jahre später war *Shelley* einer der ganz großen romantischen Dichter, und die Institution durfte sich nicht mit seinem Namen schmücken. Als er 1822 im Golf von Livorno ertrank, wurde im Innenhof des College das weiße Marmordenkmal errichtet; da liegt der tote nackte Körper des jungen Dichters auf einer Bahre, die von zwei Löwen getragen wird, und die Muse der Dichtkunst beweint den Tod des Poeten.

Der amerikanische Ex-Präsident *Bill Clinton* studierte ebenfalls am *Univ* und rauchte hier auch heimlich Haschisch, doch inhalierte er den Rauch dabei nicht, wie er in seinem Wahlkampf kundtat …

Queen's College um die Ecke wurde in der Zeit von 1672 bis 1760 errichtet; *Nikolas Hawksmoor* entwarf einen Großteil der Gebäude, und sein Lehrer, der berühmte *Sir Christopher Wren,* nahm sich der Kapelle an.

Am Ende der High Street dann macht am Ufer des River Cherwell das **Magdalen College** (sprich Maudlin) mit seinem hohen repräsentativen mittelalterlichen Turm Eindruck auf die Besucher. 1458 wurde diese Institution ins Leben gerufen. *Oscar Wilde* gehörte von 1874 bis 1878 zu den Studenten. Magdalen ist berühmt für seine bizarren Figurenköpfe entlang der Fassade. Die im englischen *Gargoyles* genannten Gestalten schmücken nicht nur die College-Bauten, sondern auch viele

England, West

Gebäude und Kirchen im gesamten Stadtbild von Oxford.

Eine Brücke führt hier über den River Cherwell, und auf der anderen Uferseite kann man einen gemütlichen Spaziergang entlang Addison's Walk machen. Im Frühjahr steht alles in voller Blüte, und Rotwild äst hier, von dem es heißt, dass es für die Küche von Magdalen bestimmt sei.

Gegenüber vom College erstreckt sich auf der gleichen Flussseite der Botanische Garten, der 1621 auf einem ehemaligen jüdischen Friedhof angepflanzt wurde und damit der älteste im gesamten Königreich ist.

Zurück zum Queen's College setzen wir unseren Rundgang fort und stoßen nach wenigen Metern auf New College, dass 1379 gegründet wurde und dessen Gebäude im *Front Quad* im schönsten gotischen *Perpendicular* erbaut worden sind. Leider jedoch haben die Hochschulautoritäten 300 Jahre später, um 1675, ein weiteres Stockwerk aufsetzen lassen, und das schmälert den Gesamteindruck ganz beträchtlich. Von der College-Kapelle sagt man, dass sie die schönste von ganz Oxford sei. Die Szene von Christi Geburt im westlichen Fenster wurde 1777 von dem Portraitmaler *Sir Joshua Reynolds* geschaffen.

Hertford College besitzt eine der meistfotografierten Sehenswürdigkeiten Oxfords, die *Bridge of Sigh* aus dem Jahr 1919. Die Seufzerbrücke ist eine Kopie der um 1600 von *Antonio Contini* erbauten venezianischen *Ponte dei Sospiri*. Sie verbindet die beiden durch die New College Lane getrennten alten und neuen Gebäude. Südlich daran schließt sich **All Souls**

College an, und hier studierte *T. E. Lawrence,* der später als „Lawrence von Arabien" berühmt werden sollte.

Vor dem goldgeschmückten Haupteingang von *All Souls* ragt die kreisrunde **Redcliff Camera** im Stil der italienischen Renaissance auf. 1737 – 1749 leitete der Architekt *James Gibb* die Bauarbeiten. *John Redcliffe,* nach dem auch der Platz benannt ist, war ein bekannter Modearzt und hinterließ der Universität Geld für eine Bibliothek. Redcliff Camera ist heute der Lesesaal der **Bodleian Library,** deren Haupteingang sich um die Ecke in der Broad Street befindet. Bodleian, 1602 gegründet, ist die zweitgrößte Bibliothek des Landes und so genannte *Copyright Library*; jedes in England gedruckte Buch landet in den Regalen, die, glaubt man den Verlautbarungen der Bibliothek, insgesamt mittlerweile 80 Meilen, also knapp über 120 km, lang sind und auf denen mehr als 5 Mio. Bücher stehen. Kein einziges davon darf ausgeliehen werden. Mehrmals täglich finden während der Sommermonate Führungen statt, die auch einen Besuch in der *Duke Humfrey's Library* aus dem Jahr 1439 beinhalten.

Ebenfalls an der Broad Street imponiert das halbrunde **Sheldonian Theatre** dem Besucher. Das dem römischen Marcellus-Theater nachempfundene Gebäude war die erste größere Arbeit des Architekten-Genies *Christopher Wren,* der 31-jährig die Bauarbeiten leitete; es war eigentlich ein Nebenjob für ihn, denn im Hauptberuf war er zu jener Zeit Professor für Astronomie. Ursprünglich einmal sollte es eine Bühne für universitäre Veranstaltungen aller Art sein, heutzutage dient das *Sheldonian* fast ausschließlich als Konzerthalle.

Spaziert man die Broad Street Richtung Osten hinunter, so ist nach wenigen Minuten Fußweg auf der linken Straßenseite das Ausstellungsgebäude **The Oxford Story** erreicht (Sommer tgl. 9.30–17 Uhr, Winter 10–16 Uhr). Hier bekommt der Besucher detailliert die Geschichte der Stadt und der Universität erzählt. Wenige Schritte weiter, in der St. Michael's Street, informiert **The Oxford Union** über eine weitere Besonderheit Oxfords; hier ist die Heimat des *University Debating Club*. Alle führenden Politiker Großbritanniens haben sich hier während ihrer Studentenzeit in der freien Rede geübt und rhetorische Schlachten geschlagen.

Nördlich der Broad Street befindet sich das **Ashmolean,** Großbritanniens allererstes öffentliches Museum; 1683 bestaunten die Besucher die noch ungewöhnliche Institution (Di–Sa 10–16, So 14–16 Uhr). Heute besitzt das *Ashmolean* Exponate aus ägyptischer, römischer und byzantinischer Zeit, Ausstellungsstücke aus Fernost, Kuriosa wie die Laterne von *Guy Fawkes,* italienische Malerei, Werke von *Cezanne, Renoir, Bonnard* und natürlich auch Gemälde britischer Künstler wie etwa der Präraffaeliten.

Wer vom **Carfax Tower** auf der St. Aldates in Richtung Süden spaziert, passiert schnell auf der linken Seite das viktorianische Rathaus und das **Museum of Oxford,** das ebenfalls interessant über die Geschichte der Stadt und der Universität berichtet (Di–Sa 10–17 Uhr).

Wenige Schritte weiter ragt der gewaltige, monumentale Tom Tower auf und markiert den Haupteingang des **Christ Church College,** das unübersehbar Oxfords größte Universitätsinstitution ist. Der mächtige Torturm geht auf Entwürfe von *Christopher Wren* zurück. Besuchern ist der Durchgang durch das repräsentative Torhaus verwehrt, sie müssen wenige Meter auf St. Aldgates weiter gehen, dann links in die War Memorial Gardens einbiegen und hier beim Südeingang den Komplex betreten.

Christ Church wurde gleich zweimal gegründet, einmal 1525 von *Kardinal Wolsey,* dem Lordkanzler des frauenmordenden *Heinrich VIII.* Als *Wolsey* dann beim König in Ungnade fiel, wollten die College-Autoritäten vorsichtshalber nichts mit ihrem einstigen Stifter zu tun haben, und so kam es 1546 zu einem neuen Gründungsakt, bei dem *Heinrich* auch gleich der großen Kapelle Kathedralstatus zuerkannte.

In dem prachtvollen **Dom** des College befindet sich in der Lady Chapel der Schrein der angelsächsischen Prinzessin *Frideswide.* An der Ostseite der Kapelle hat der präraffaelitische Maler *Edward Burne-Jones* in einem Kirchenfenster die Lebensstationen der heiliggesprochenen Dame in mehreren Bildfolgen festgehalten. *Frideswide,* so heißt es, war die Gründerin eines Klosters, und die romanische *Christ Church Chapel* die dazugehörige Abtei-Kirche. Als die fromme Frau hier begraben wurde, wallfahrten die Pilger zu ihrem Grab, und Oxford wuchs an und wurde immer bedeutender.

England, West

Christchurch College

Über den *Tom Quad,* der seinen Namen natürlich von dem imposanten *Tom Tower* bekommen hat und dessen Fassaden bis heute unvollendet sind, und weiter durch den kleineren *Peckwater Quad* erreicht man den *Canterbury Quad* und hat von hier aus Zugang zur **Christ Church Picture Gallery.** Vor allem italienische Malerei vom 15. bis zum 18 Jh., darunter etliche Werke von *Leonardo da Vinci* und *Michelangelo,* sind zu besichtigen.

Über die sich südlich anschließenden **Christ Church Meadows,** die Flussauen des College, erreicht man die Themse und den River Cherwell; hier kann man an vielen Verleihstellen *Punts* mieten. Dort, wo die Straße St. Aldates auf einer Brücke über den Fluss führt, gibt es unterhalb einen gemütlichen Riverside Pub.

Auf dem Weg zurück ins Stadtzentrum können dann kunstinteressierte Besucher einen Umweg über die Pembroke Street machen und dort das **Oxford Museum of Modern Art** (MOMA) besuchen, das regelmäßig Wechselausstellungen zur zeitgenössischen Kunst zeigt (Di–Sa 10–18, So 14–18 Uhr).

Praktische Hinweise

Tourist Information
●*Oxford Information Centre,* 15 Broad Street, Tel.01865/726871.

Unterkunft
●*Victoria Hotel,* 180 Abingdon Road, Tel. 01865/724536, Fax 794909, DZ 75 £.
●*The Balkan Lodge Hotel,* 315 Iffley Road, Tel. 01865/244524, Fax 251090, DZ 78 £.
●*Bed & Breakfast: Gables,* 6 Cumnor Hill, Tel. 01865/862153, Fax 864054, stay@ gables-oxford.co.uk, DZ 46 £; *Pickwick's,* 15 London Road, Headington, Tel. 01865/ 750487, Fax 742208, pickwicks@x-stream.

co.uk, DZ 48 £; *All Seasons,* 63 Windmill Road, Headington, Tel. 01867/742215, Fax 432691, admin@allseasonsguesthouse.com; DZ 50 £; *Bravalla,* 242 Iffley Road, Tel. 01865/241326, Fax 250511, bravalla@talk 21.com, DZ 50 £; *Acorn,* 260 Iffley Road, Tel./Fax 01865/247998; DZ 48 £; *Courtfield Private Hotel,* 367 Iffley Road, Tel./Fax 01865/242991, DZ 48 £.

●*Jugendherberge: Oxford Youth Hostel,* 2 a Botley Road, Tel. 01865/727275; *Oxford Backpackers Hostel,* 9 a Hythe Bridge Street, Tel. 01865/721761, oxford@hostels.demon. co.uk.

●*Camping: Oxford Camping International,* 426 Abingdon Road, Tel. 01865/244088, der Stadt am nächsten gelegener Campingplatz, 3 km südlich vom Carfax Tower.

Pubs

●*Turf Tavern,* Bath Place, Oxfords gemütlichster Pub in zwei kleinen Räumen.

●*The Mitre,* High Street, uralter Pub mit angeschlossenem Restaurant in einem windschiefen Fachwerkgemäuer.

●*All Bar One,* High Street, sehr atmosphärereiche Weinbar mit kleinen, essbaren Gerichten und trinkbaren Weinen, Speisen zwischen 4 und 11 £.

●*St. Aldates Tavern,* am Anfang der St. Aldates Street, blumengeschmückte Kneipe im Stadtzentrum.

●*Kings Arms,* Parks Road/Ecke Holywell Street, gemütlicher Pub mit einem angeschlossenen kleinen Restaurant.

●*Head of the River,* St. Aldates Street, schön an der Themse gelegen, hier sind auch Punts für eine gemütliche Stakfahrt auf dem Fluss zu mieten.

●*Internet Exchange,* Internet Café, 8 George Street.

Restaurants

●*La Gousse d'Ail,* 268 Woodstock Road, Tel. 01865/311936, sehr gutes (Nichtraucher-) Restaurant, Küche vom Feinsten, die Menus sind kaum zu überbieten und *Cherwell Boathouse,* Bardwell Road, 01865/552746, am Ufer des River Cherwell gelegen, sind die beiden besten Restaurants der Stadt, beide liegen zwischen 18 und 40 £.

●Dichtauf folgt der Libanese *Al Shami,* 25 Walton Crescent, Tel. 01865/310066 mit Gerichten bis 20 £.

An der Themse in Oxford

England, West

● **Ask,** George Street, gute Pizzen und Pastas in dem Lokal einer Restaurant-Kette.
● **Bella Italia,** George Street, Pizzen und Pasta um 5 £.
● **Gino's Spaghetti House,** Gloucester Green, preiswerte Pasta 7 £.
● **Restaurant Elizabeth,** St. Aldates, Steinhaus mit Tudor-Stil, sehr stilvoll, 20 £.

Rent-a-Bike
● **Cycle King,** 55 Walton Street.

Verbindung
● Im Intercity-Netz und Busse des National Express; Busse der Gesellschaft Oxford Tube alle 20 Min. von und nach London.

Umgebung von Oxford

Blenheim Palace

Einer der bedeutendsten und größten britischen Paläste liegt nordwestlich von Oxford beim Weiler Woodstock. Blenheim Palace (März–Okt. tgl. 10.30–17.30 Uhr) ist im ganzen Königreich das einzige Adelshaus, das über die Jahrhunderte den Titel *Palace* tragen durfte, der ansonsten königlichen Residenzen vorbehalten war. *John Churchill,* der *l. Duke of Marlborough,* wurde von *Königin Anne* mit dem Anwesen beschenkt, weil er 1704 im Spanischen Erbfolgekrieg die Franzosen beim deutschen Dörfchen Blindheim vernichtend schlug und damit Britanniens Vorherrschaft in Europa sicherte. Da die Engländer mit der Aussprache des Schlachtenortes Probleme hatten, heißt das Anwesen Blenheim. 30.000 m² Wohn- und Repräsentationsfläche haben die Architekten *Nicolas Hawksmoor* und *John Vanburgh* großzügig umbaut, der Meisterschnitzer *Grinlin Gibbons* verzierte noch jede aller-

kleinste Holzleiste, und, wie nicht anders zu erwarten, legte der geniale „*Capability*" *Brown* den über 1000 ha großen barocken Garten an. 1874 kam *Winston Churchill* in Blenheim zur Welt, begraben ist der große britische Premierminister auf dem Friedhof des Nachbar-Weilers Bladon.

Die Cotswolds

Unbeschreiblich schön sind die Cotswolds, die den Briten als Inbegriff der englischen **Countryside** gelten, und lieblich sind die winzigen Örtchen in dem sanft ondulierten Hügelgebiet zwischen der Themse und dem River Severn. Im 16. und 17. Jh. kamen die Bewohner der Region durch die Wolle, die von ihren *Cotswold Lions Sheeps* gebildet wurde, zu Wohlstand.

Quer durch die Region zieht sich der 160 km lange **Cotswold Way,** ein beschilderter Wanderweg, der dem Besucher die landschaftlichen Schönheiten der Gegend ganz besonders gut erschließt. Er beginnt im Süden in Bath und endet nach gut 135 km in Chipping Camden südlich von Stratford.

Hier entspringt die Themse, doch lohnt sich ein Besuch dort nicht. *What a bloody muddy depression!*, rief enttäuscht ein noch jugendlicher Besucher beim Anblick der feuchten Senke aus – nein, *The Thames Head* ist die Anfahrt nicht wert, es gibt weitaus schönere Flecken in den Cotswolds. Wer dennoch unbedingt dorthin möchte, findet die **Themse-Quelle** wenige Kilometer südwestlich der Stadt Cirencester. Am Pub *The Thames Head* beginnt der Fußweg, den

Blenheim Palace

der Wirt gerne erklärt. Eltern, die mit Kindern unterwegs sind, sei stattdessen der **Cotswold Wildlife Park** südlich von Burford empfohlen, in dem Tiere der Region gehalten werden.

Wer sich für das Universalgenie, den Künstler und Schriftsteller *William Morris* (1834–96) interessiert, sollte sein Haus **Kelmscott Manor** beim Örtchen Lechlade, einige Kilometer südlich von Burford besuchen. (April–Sept. Mi 11–13, 14–17 Uhr). Anstatt mit dem Auto dorthin zu fahren, sei dem Besucher ein schöner Spaziergang entlang der Nordufers der Themse von Lechlade bis nach Kelmscott empfohlen.

Allerliebst ist der winzige Weiler **Lower Slaughter,** südwestlich von Stow-on-the-Wold, der von Bächlein durchflossen wird, einige wenige alte Sandsteinhäuser, ein paar Brück-

chen und eine Mühle besitzt. Wer von hier aus die Gegend erkunden möchte, findet Unterkunft im *Washbourne Court Hotel* (Tel. 01451/822143) mit seinem guten Restaurant in einem Haus aus dem 16. Jh.; 3 Kilometer weiter ist im Schwesterörtchen **Upper Slaughter** das Restaurant im Hotel *Lord of the Manor* (Tel. 01451/820243) weit über die Grenzen hinaus berühmt.

Mindestens genauso idyllisch ist das Nachbardorf **Bourton-on-the-Water,** das vom flachen River Windrush durchflossen wird und über den alle paar Meter winzige, uralte Bogenbrücken führen; entlang des Baches reihen sich kleine Cottages, in denen Restaurants und Pubs untergebracht sind, und an schönen Sommertagen speist und trinkt man in den netten Vorgärten. An den Fluss

England, West

schließt sich eine weite Rasenfläche an, und an Wochenenden kommen tatsächlich Tausende von Besuchern zum Picknicken, Kinder waten durch den flachen Bach und planschen im Wasser. Neben der angenehmen Countryside-Atmosphäre bietet das Dörflein ein Motor Museum, ein Model Village und ein Vogelparadies.

Ein weiterer Abstecher lohnt sich unbedingt nach **Stow-on-the-Wold,** dem höchstgelegenen Städtchen der Cotswolds. Auch hier gibt es eine Reihe alter Fachwerkhäuser, dazu ein Marktkreuz und den ehemaligen Pranger zu bewundern. Stow ist für seine vielen Antiquitätengeschäfte bekannt, weiterhin berühmt für den *Royalist Inn* (Digbeth Street), den ältesten Pub Großbritanniens, der seit dem Jahr 947 für die durstigen Zecher da ist, und für das ausgezeichnete (demzufolge leider teure Nichtraucher-) Restaurant *Wick Hill House* in der Burford Road. Die Taverne *White Hart Inn* aus dem 14. Jh. war einmal eine Postkutschenstation und ist bei den vielen sonntäglichen Ausflüglern ebenso beliebt wie der Pub *The King's Arms,* der seine Schanklizenz im Jahr 1548 bekam. Diese beiden ambientereichen Gasthöfe liegen am Marktkreuz und damit im Zentrum von Stow.

Moreton-in-Marsh ist ein liebliches, langgestrecktes Straßendorf mit freundlicher Atmosphäre und schönen Hausfassaden. In dem Ort liegen sich an der Hauptdurchgangsstraße das Restaurant *Ask,* das gute Pizzen und Pasta serviert, und der gemütliche Pub *The Bell Inn* gegenüber und halten die gastronomische Infrastruktur aufrecht. 3 km außerhalb gibt es ein *Falconry Centre* (eine Falknerei, ausgeschildert); hier kann man sich sommertags über die mittelalterliche Jagd mit dem schnellen Greifvogel informieren.

Auch der einstige, sehr attraktive Marktflecken **Chipping Camden** – ein langgestrecktes Straßendorf – profitierte über die Jahrhunderte ebenfalls vom Wollhandel; *Chipping* ist ein altes englisches Wort für Markt. Die lange Straße ist rechts und links gesäumt von Häusern mit uralten, gut renovierten, warmen, in der Sonne angenehm leuchtenden Sandsteinfassaden, in denen Pubs, Hotels, Cafés und Restaurants untergebracht sind. Zur Einkehr lädt die gemütliche Taverne *Lygon Arms,* ein Free House mit Biergarten. Ebenfalls herzallerliebst ist der uralte, charmante Pub *The Red Lion,* der ebenfalls einen Biergarten hat. Die für heutige Begriffe wahrhaft winzige Markthalle war einmal das Zentrum des Wollhandels und datiert aus dem Jahr 1637.

Stratford-upon-Avon

Während der Saison ist das charmante Städtchen Stratford-upon-Avon, in dem wahrscheinlich am 23. April 1564 *William Shakespeare* geboren wurde, immer hoffnungslos von in- und ausländischen Besuchern überlaufen. Genau weiß man das Geburtsdatum aber nicht, wie ohnehin nur wenige Daten und Begebenheiten aus seinem Leben gesichert sind. Das hat dazu geführt, dass sich schon seit vielen Jahrzehnten hartnäckig Gerüchte halten, *Shakespeare* habe seine Stücke gar nicht selbst geschrieben, sondern nur den Strohmann für einen adligen Dichter abgegeben. Dramen und Komödien fürs Theater zu schreiben galt in jenen Tagen beim Adel als verpönt. Mittlerweile glauben nur noch unverbesserliche Phantasten an diese Theorie.

Allererste Attraktion – alle Sehenswürdigkeiten sind ausgeschildert – ist natürlich das **Geburtshaus** des Dichters in der verkehrsberuhigten Henley Street (Mo–Sa 9–17.30, So 10–17.30 Uhr). Zwar weiß man, dass dieses Haus *Shakespeares* Vater gehörte, der hier auch seine Werkstatt als Handschuhmacher hatte; ob der große Barde jedoch tatsächlich in dem Fachwerkgemäuer das Licht der Welt erblickte, ist wie so vieles recht zweifelhaft. Im vermeintlichen Geburtszimmer haben eine Reihe von il-

lustren Besuchern ihre Namen mittels ihrer Diamantringe in die Scheibe geritzt; die bekanntesten Graffitis hinterließen zwei Schotten, nämlich der Romancier *Sir Walter Scott* und der Historiker *Thomas Carlyle.*

Von den Honoraren für seine Stücke und den Gewinnausschüttungen des Londoner *Globe Theatre* kaufte sich *Shakespeare* in Stratford das Patrizieranwesen **New Place** (Chapel Street) und verbrachte hier die letzten Jahre seines Lebens. 1616 ist er hier 52-jährig gestorben – wie es heißt, nach einem ausgedehnten Saufabend mit seinem Freund und Dramatikerkollegen *Ben Jonson.* New Place wurde im Jahr 1759 von seinem damaligen Besitzer, *Reverend Francis Gastrell,* nach einem Brand nicht wieder aufgebaut. Der Geistliche hatte ein für allemal die Nase vom beginnenden Shakes-

Markt in Stratford

England, West

peare-Tourismus voll. Täglich dran-
gen Besucher in sein Haus ein oder
liefen durch seinen Garten. Als An-
denkenjünger einen Maulbeerbaum
abholzten, den *Shakespeare* eigenhändig gepflanzt haben soll, war das
Maß voll. New Place wurde dem Erd-
boden gleichgemacht. Heute ist hier
ein schöner, ruhiger Garten angelegt, so, wie er in elisabethanischer
Zeit typisch war.

Ebenfalls in der Chapel Street steht
Nash's House, in dem einmal *Shakespeares* Enkelin *Elizabeth Hall* mit
ihrem Mann *James Nash* lebte. Heute
ist hier das Lokalmuseum untergebracht und informiert über die Geschichte von Stratford (Mo–Sa
9.30–17, So 10.30–17 Uhr).

Ein weiteres altes Gemäuer ist in
der High Street das Fachwerkgebäude **Harvard House,** 1596 errichtet,
das einmal der Familie von *John Harvard* gehörte, der nach seiner Aus-
wanderung die nach ihm benannte
amerikanische Universität gründete.

Seine letzte Ruhestätte fand *William Shakespeare* in der **Holy Trinity
Church.** Um Grabschändern den
Mut zu nehmen, warnt eine Inschrift:
„Bei Jesus, Freund, laß dich beschwören,/Den stillen Staub hier
nicht zu stören!/Dein Segen, achtest
du den Stein -/Verflucht, wer rührt
an mein Gebein!"

Das erste **Theater** in Stratford öffnete 1879 seine Pforten und wurde
bei einem Brand 1926 zerstört.
Sechs Jahre später war es in den
lieblichen Flussauen des River Avon
wieder aufgebaut, und seitdem
bringt hier – im so genannten *Main
House* – das Ensemble der *Royal*

William Shakespeare – Leben und Werk

„We are such stuff
As dreams are made on; and our little life
Is rounded with a sleep"
William Shakespeare, „The Tempest"

William Shakespeare wird am 26. April
1564 in der Pfarrkirche zu Stratford getauft; das genaue **Geburtsdatum** kennen wir nicht, angenommen wird jedoch
stets der 23. April, denn 52 Jahre später,
am 23. April 1616, stirbt das Genie, so
dass nun Geburts- und Todestag auf das
gleiche Datum fallen.

Stratford verfügte bereits über eine gute
Grammar School und qualifizierte Lehrer; zwar ist nicht dokumentiert, dass *William* hier Schüler war, doch aufgrund seiner Bildung sowie der Zitate in seinen
Stücken, die teilweise aus Schulbüchern
der damaligen Zeit stammen, ist es doch
sehr wahrscheinlich, dass er hier den Unterricht besuchte. Die *Grammar School* der
Tudor-Ära war in erster Linie eine Latein-
schule, den Schülern wurden Grammatik
und Rhetorik z. B. anhand der Texte von
Cicero beigebracht, später lasen sie dann
die Werke von *Vergil, Caesar, Ovid, Juvenal*
und *Horaz. Shakespeare* dürfte hier auf alle
Fälle eine fundierte Ausbildung erfahren
haben (die sein akademisch gebildeter
Freund *Ben Jonson* mit den Worten „he
had small Latin and less Greek" abtat).

Die nächste aktenkundige Eintragung
nach der Geburt bezieht sich 18 Jahre
später auf *Shakespeares* **Hochzeit.** Entweder am 30. November oder am 1. Dezember 1582 heiratet *William* die acht Jahre
ältere *Anne Hathaway.* Die Formalitäten für
die Eheschließung waren mit großer Eile
vorangetrieben worden, denn *Anne* war
schwanger. Am 26. Mai 1583 wird *Susan-
na* geboren, zwei Jahre später, am 5. Februar 1585, die Zwillinge *Hamnet* und *Judith;* der Knabe stirbt mit elf Jahren, die
beiden Mädchen überleben die Kindheit.

Von 1585 bis 1592 gibt es in *Shakespeares* Biographie erneut eine Lücke, keinerlei Aufzeichnungen verraten etwas über das private oder berufliche Leben. Diese undokumentierten sieben Jahre haben zu einer ganzen Reihe von teilweise wilden Spekulationen und Legendenbildungen Anlass gegeben. Das Problem, das diese so genannten **Lost Years** für die Biographen aufwirft, ergibt sich aus der Tatsache, dass *Shakespeare* 1592 an einem anderen Ort, nämlich in London, und dort bereits als namhafter Autor und Schauspieler wieder in das Licht der Geschichte tritt. Irgendwie hat *Shakespeare* – so nimmt man an – seinen Weg in eine **fahrende Schauspielertruppe** gefunden. Stratford bot dafür gute Voraussetzungen, denn Tournee-Theater gastierten regelmäßig in der Stadthalle; für die Jahreswende 1586/87 sind fünf Truppen urkund-

lich erwähnt. Sehr wahrscheinlich hat sich *Shakespeare* dem Ensemble der *Queen's Men* angeschlossen, die während ihrer Aufführungen in Stratford einen Schauspieler durch ein Duell verloren; *Shakespeare* dürfte diese Lücke ausgefüllt und sehr bald Stücke für die Truppe geschrieben haben.

Wenngleich das Theaterwesen keine eigene Zunft hatte und außerhalb jeglicher Gildenbestimmung stand, so war ein Ensemble doch nach den Prinzipien eines Handwerksbetriebs organisiert. Ganz oben stand der *Master*, der Chef der Truppe, der Pächter oder auch Besitzer des Theatergebäudes, ihm nachgeordnet, etwa im Rang von Gesellen, 15–20 fest angestellte Schauspieler, die jedoch kein reguläres Gehalt bekamen, sondern am Einspielergebnis beteiligt waren. Aushilfskräfte *(Hired Hands)* verstärkten die Gruppe, hinzu kamen noch Jungschauspieler im Rang von Lehrlingen, die vor allem Frauenrollen spielten, denn auch das Theatergeschäft war eine reine Männerangelegenheit (Frauen ließ man erst ein gutes Jahrhundert später, nach der Restauration des Königshauses unter dem lebenslustigen und vergnügungssüchtigen *Merry Monarch Karl II.* auf die Bühne).

Für *Shakespeare*, der langsam vom Schauspieler zum Autor wechselte, bedeutete ein fester Platz in einem Ensemble große Sicherheiten, und er war damit wesentlich besser gestellt als die freien Schreiber, welche die Truppen gegen ein Pauschalhonorar mit Texten für ein Stück versorgten, nie wissen konnten, wie oft ihr Drama denn gespielt wurde, und häufig in bitterer Armut lebten.

Auf alle Fälle taucht *William Shakespeare* am 3. September 1592 als bereits bekannter Mann und **geachteter Autor in London** auf. Wir wissen deshalb so genau darüber Bescheid, weil der Stückeschreiber *Robert Greene* mit einer wilden Attacke über *Shakespeare* herfällt. In seinem Pamphlet „*Ein Groschen Witz gekauft für eine Million Reue*" schimpft *Greene* über die Schauspieler, über „diese Marionetten,

England, West

die nur mit unserem Mund sprechen", diese „Tanzclowns, die sich mit unseren Farben schmücken", über „diese angemalten Monstren". Und ganz besonders hat er *Shakespeare* im Visier, der als Schauspieler und Nichtakademiker glaubt, auch Stücke schreiben zu können. Da heißt es: „Yes trust them not: for their is an upstart crow, beautified with our feathers, that with his tiger's heart wrapped in a player's hide, supposes he is as well able to bombast out a blank verse as the best of you: and being an absolute Johannes factotum, in his own conceat the only Shakescene in the country." („Jawohl traut ihnen nicht: Denn da gibt es eine hochgekommene Krähe, mit unseren Federn geziert; und der glaubt mit seinem Tigerherz, von einem Schauspielerfell umhüllt, dass er es genausogut verstehe, einen Blankvers auszustaffieren wie der Beste von euch: und da er ein totaler Hans-Dampf-in-allen-Gassen ist, ist er in seiner eigenen Einbildung der einzige Bühnenerschütterer im Lande.")

Direkt genannt wird *Shakespeare* nicht, doch dass er gemeint ist, ergibt sich aus zwei Passagen: zum einen aus dem Wortspiel *Shake-scene*, das natürlich auf den Namen *Shakespeares* anspielt, zum anderen aus der Tigerherzstelle, die eine Parodie auf ein Zitat von *Shakespeare* aus dem Stück „*Heinrich VI.*" ist (O tiger's heart wrapt in a woman's hide).

Dieser einzige Angriff eines Zeitgenossen gegen *Shakespeare* wird vom Nachlassverwalter *Greenes* wenige Wochen später entschuldigend zurückgenommen: „Es tut mir so leid, als sei der ursprüngliche Fehler (der Angriff von Greene) der meine gewesen, denn ich habe selbst festgestellt, dass sein Verhalten (das von Shakespeare) nicht weniger höflich ist, als er in dem Metier, das er betreibt, hervorragt. Außerdem haben mehrere Personen von Rang mir von seiner Rechtschaffenheit bei Geschäften berichtet, was für seine Ehrenhaftigkeit spricht, und von seiner heiteren Anmut als Autor, was ihn als Künstler ausweist."

Nach den Angriffen von *Greene*, die von Neid gegen den erfolgreichen Aufsteiger zeugen, versucht *Shakespeare* sich auch als **Poet**, um zu demonstrieren, dass er das gesamte Gebiet der Dichtkunst beherrscht. Theaterstücke gelten nicht als hohe Literatur, sondern als unterhaltende Gebrauchslyrik, ein Epos hingegen ist die Spitze der Dichtkunst. 1593/94 erscheinen die beiden Versepen *„Venus and Adonis"* und *„The Rape of Lucrece"*. Binnen kurzem erlangt *Shakespeare* ungeheure Aufmerksamkeit, und eine Auflage nach der anderen überschwemmt den Markt. Trotz des Erfolgs schreibt *Shakespeare* weiter Theaterstücke, denn hiermit ist gutes Geld zu machen. Unaufhörlich vollzieht sich nun sein gesellschaftlicher und beruflicher Aufstieg.

In der elisabethanischen Ära konnten Theatergruppen nur überleben, wenn sie einen **adligen Patron als Schirmherr** besaßen. Die Angst der Autoritäten vor Leuten, die keiner Zunft angehörten, damit nicht kontrollierbar waren, veranlasste *Elisabeth I.*, 1572 das so genannte Vagrantengesetz zu verabschieden. „Fechter, Bärenführer und gewöhnliche Schauspieler" werden darin als „Kriminelle und Vagabunden" dem Gesetz zugeführt und bestraft, soweit sie nicht „einem Peer des Reiches angehören". 1594 ist *Shakespeare* mit seiner Truppe Mitglied der **Lord Chamberlains's Men.** Das Ensemble hat großen Erfolg und ist gar bei Hofe hochbeliebt. Insgesamt 32 Mal spielen sie vor *Elisabeth I.*; nach ihrem Tod im Jahre 1603 übernimmt *Jakob I.* den Schutz der Schauspieler, die ab nun **The King's Men** sind. Insgesamt 175 Aufführungen erleben die Stücke von *Shakespeare* vor dem Monarchen.

1599 bietet die Familie *Burbage* dem Dramatiker eine Teilhaberschaft am **Globe Theatre** an, und *Shakespeare* wird *Sharer* mit 10 % Anteil; 1608 beteiligt er sich mit einem Siebtel am Blackfriars Theatre.

Am 20. Oktober 1596 verleiht das Königliche Wappenamt *John Shakespeare*, dem Vater des Dichters, sowie seinen Kindern und Enkeln das Recht, ein Wappen zu führen; die Familie, so heißt es, ist *of good reputation and credit.* Natürlich hat *William* die Angelegenheit in die Wege geleitet und bezahlt. Nun gehört er zur *Gentry* und darf sich **Gentleman** nennen – mit vollem Titel: *William Shakespeare of Stratford upon Avon, in the country of Warwick, Gentleman!*

Diese Bezeichnung führt er gern und ständig, sie zeigt, dass er mehr seiner Geburtsstadt als der Metropole London verhaftet ist, und folgerichtig legt er sein Geld in Stratford an. Am 4. Mai 1597 erwirbt er New Place, eines der größten Häuser des Ortes, am 1. Mai 1602 kauft er 43 ha Ackerland und am 28. September ein weiteres Haus gegenüber von New Place.

Obgleich nun mit viel Anerkennung bedacht, unternimmt *Shakespeare* keinerlei Anstrengungen, sein Werk einer breiten Öffentlichkeit zugänglich zu machen. Er lässt keines seiner Stücke drucken, versucht nicht, eine Gesamtausgabe zu initiieren, schreibt keine Vorworte oder Einleitungen zu seinen Dramen (wie etwa *Ben Jonson*) und tut nichts, um sich bleibenden Ruhm zu sichern. Zwar kursierten schon zu seinen Lebzeiten einzelne **gedruckte Bände** seines Werkes, doch sie kamen nicht auf seine Anregung hin zustande. Eine erste größere Gesamtausgabe wurde erst 1623, sieben Jahre nach seinem Tod, von *John Henninge* und *Henry Condell* besorgt. Unsere Kenntnis von 17 Dramen beruht allein auf dieser Folioausgabe.

Um das Jahr 1611 soll sich *Shakespeare* **vom Theaterleben** in London **zurückgezogen** haben und nach Stratford übergesiedelt sein. Doch hielt er weiter Kontakt zu seiner Schauspieltruppe und den Theatern in der Metropole.

Am 23. April 1616 **stirbt** er – wie die Legende behauptet, nach einem Saufgelage mit *Ben Jonson.*

Das ist so ziemlich alles, was wir über das Leben von *William Shakespeare* wissen, und so ist es nicht verwunderlich, dass im 19. Jahrhundert, ja sogar heute noch die Meinung kursiert, dass *Shakespeare* nur ein **Strohmann** war, der den eigentlichen Autor verbarg. Die Gründe für die Vermutung liegen auf der Hand, denn wie soll dieser in einer *bookless neighbourhood* aufgewachsene Sohn eines Analphabeten, von seinen Zeitgenossen weitgehend unbeachtete, ungebildete, mit höfischer Etikette unvertraute Mann, dieser Trunkenbold, dessen Tod offensichtlich mit seiner Sauferei zusammenhing, derart elaborierte, sprachgewaltige Werke geschrieben haben, die eine tiefe Detailkenntnis historischer Fakten verlangten. Und so soll *Shakespeare* für einen hohen Adligen den Autor gemimt haben, damit dieser nicht mit der verruchten Zunft der Schauspieler in einem Atemzug genannt wurde und so an Reputation verlor. Zwei Argumente sprechen immerhin dagegen: Zum einen ist es sehr unwahrscheinlich, dass über Jahrzehnte vor den Schauspielern, Druckern und Herausgebern die wahre Identität verschleiert werden konnte, zum anderen brauchte ein verkappter Aristokrat bei den Versepen nicht um seinen Ruf zu bangen; solch qualitätsvolle Poesie hätte ihn zu einem geachteten Mann gemacht, warum also verzichtet der anonyme Autor auf diesen Ruhm. Und doch blühen bis heute die Spekulationen, dass *Shakespeare* in Wahrheit eigentlich *Francis Bacon* war; große Aussicht, enttarnt zu werden, hat auch *Edward de Vere*, 17. Earl of Oxford, von dem schon *Sigmund Freud* glaubte, dass er der Meister gewesen sei.

Höchst spekulativ ist auch die These, dass *Christopher Marlowes* Tod in einer Wirtshausschlägerei nur vorgetäuscht war, um ihn vor der Anklage der Blasphemie zu schützen, und dass der Tunichtgut dann nach Italien floh, dort die Feder wetzte und Stücke sowie Sonette an einen Vertrauten namens *William Shakespeare* schickte.

Shakespeare Company die Stücke des Meisters auf die Bühne. Im *Swan Theatre* werden Dramen und Komödien von *Shakespeares* Zeitgenossen – etwa von *Ben Jonson* oder *Robert Marlowe* – aufgeführt, und im Theater *The Other Place* in der Southern Lane finden moderne Stücke ihr Publikum. Vorbuchungen für alle drei Theater im *Main House* unter Tel. 01789/295623.

2 km westlich von Stratford findet der Shakespeare-Freund inmitten des winzigen Örtchens Shottery *Anne Hathaway's Cottage,* ein reetgedecktes Fachwerkhaus inmitten eines blühenden Gartens. Hier erblickte *Shakespeares* Frau das Licht der Welt, die Nachfahren der Familie *Hathaway* bewohnten das Häuschen noch bis ins Jahr 1899.

Praktische Hinweise

Tourist Information
●*Bridgefoot,* Tel. 0870/1607930.

Unterkunft
●*Grosvenor House Hotel,* Warwick Road, Tel. 01789/269213, Fax 266087, sales@patenhotels.freeserve.co.uk, DZ 60 £.
●*The Falcon Hotel,* Chapel Street, Tel. 01789/279953, Fax 414260, thefalcon@corushotels.com, DZ 80 £.
●*Bed & Breakfast: Craig Cleeve House,* 67 Shipston Road, Tel. 01789/296573, Fax 299452, craigcleev@aol.com DZ 50 £; *Eversley Bears,* 37 Grove Road, Tel./Fax 01789/292334, eversleybears@btinternet.com, DZ 44 £; *Hardwick House,* 1 Avenue Road, Tel. 01789/204307, Fax 296760, hardwick@waverider.co.uk, DZ 45 £; *Moonraker House,* 40 Alcester Road, 01789/267115, Fax 295504, moonrakerleonard@aol.com, DZ 50 £; *Clomendy,* 10 Braod Walk, Tel. 01789/266957, DZ 40 £; *The*

Croft, 49 Shipston Road, Tel. 01789/293419, Fax 552986, croft.stratford_uk@virgin.net, DZ 44 £.
●*Jugendherberge: Stratford Youth Hostel,* Hemmingford House, Alveston, Tiddington Road, Tel. 01789/297093, 3 km außerhalb an der B 4086; *Stratford Backpackers Hostel,* 37 Green Hill, 01789/263838, stratford@hostels.demon.co.uk
●*Camping: Dodwell Park Camp Site,* Evesham Road, Tel. 01789/204957, 4 km westlich vom Zentrum an der B 439.

Pubs & Restaurants
●*The Garrick Inn,* High Street, sehr atmosphärereicher Pub in einem uralten Fachwerkhaus von 1595, benannt nach dem legendären Shakespeare-Schauspieler *David Garrick* (1717-79).
●*Old Thatched Tavern,* Queenhill Street Ecke Rother Street, ein sehr atmosphärereicher Pub in einem uralten, windschiefen, reetgedeckten Cottage.
●*The Rose and Crown,* Sheep Street, uralter gemütlicher Pub in einem alten Fachwerkgemäuer, frühere Kutschstation, im Hof nun ein Biergarten.
●*The Encore,* Bridge Street/Ecke Waterside, netter Pub mit angeschlossenem Restaurant, 6 £.
●*Russon's,* 8 Church Street, Tel. 01789/268822. Stratfords bestes Lokal in einer Malzscheune aus dem 17. Jh., *Pre-Theatre Meals* ab 17.30 Uhr, bis 17 £.
●*Café Rouge,* Sheep Street, gemütliches Lokal einer Restaurant-Kette mit gutem Preis-Leistunsverhältnis, Gerichten 5 bis 14 £.
●*The Golden Bee,* Sheep Street, Free House, äußerst gemütlicher und angenehmer Pub in einem vernünftig renovierten und modernisierten uralten Fachwerkhaus, viele Bar Meals ganztägig.
●*Lamb's,* Sheep Street, kleines Restaurant mit Wohnzimmeratmosphäre, 8 £.

Rent-a-Bike
●*Clarke's Garage,* Guild Street.

Verbindung
●Mit *Zügen* und *Bussen* in alle Landesteile.

Die mächtige Burg von Warwick

Warwick

Das Städtchen präsentiert sich dem Besucher zurückhaltend und unprätentiös, obwohl es die schönste geschlossene Architektur im Umkreis aufweist. 1694 brannte das Zentrum nieder und wurde im feinsten **georgianischen Stil** wieder aufgebaut, umgeben ist es von alten mittelalterlichen Gebäuden am Stadtrand.

Größte Attraktion ist die mächtige Burg, von der es heißt, sie sei die größte **mittelalterliche Festung** auf der Insel (tgl. 10–17.30 Uhr). Steht man dann vor der gewaltigen Anlage, die vom River Avon umflossen wird, so ist man geneigt, diese Behauptung zu glauben. Der heutige Gesamtanblick verdankt sich umfangreichen Restaurationen im 19. Jahrhundert. Unglücklicherweise gehört die Festung nun zum Imperium von *Madame Tussaud's,* und so sind beispielsweise die *State Apartments* (königliche Gemächer) verschandelt mit Wachsfiguren, die dem Besucher Szenen einer *Royal Weekend Party* vorgaukeln. Ärgerlich ist darüber hinaus der vor allem für kinderreiche Familien horrende Eintrittspreis.

Das Restaurant *Ask* in der High Street von Warwick serviert gute Pizzen und Pastas zwischen 7 und 9 £. Der sympathische, in einem alten Gemäuer untergebrachte Pub *The Wheatsheaf* sowie die Taverne und Hotel *Tudor House* in einen großen, schön anzusehenden Fachwerkhaus, beide in der West Street, sorgen für leibliches Wohl.

Tourist Infomation
● Jury Street, Tel. 01926/492212.

England, West

Coventry

Im 15. Jh. war die Stadt weitaus bedeutender als heute, und die Bürger kamen vor allem mit dem Tuchhandel zu Wohlstand. Eine prachtvolle Kathedrale und viele schöne, große Fachwerkhäuser kündeten vom Reichtum des Städtchens. Am 14. November 1940 bombardierte die Deutsche Luftwaffe die für ihre wichtigen Rüstungsbetriebe bekannte Stadt und legte sie **vollständig in Schutt und Asche.** Tausende von Bewohnern kamen ums Leben. Nach dem Krieg wurde schnell wieder aufgebaut, doch konnte die einstige Atmosphäre von Coventry nicht wieder hergestellt werden, zumeist gesichtslose und hässliche Betonblocks prägen bis heute das Stadtbild.

Zerstört wurde bei dem Angiff auch die **Kathedrale** der Stadt. Neben die geschwärzte Ruine baute der Architekt *Sir Basil Spence* 1962 ein neues Gotteshaus aus warm leuchtendem Sandstein. Durch ein über die gesamte Portalseite gezogenes Fenster, in dem die Konturen des Turms der ausgebombten Kathedrale eingeritzt sind, kann der Blick auf das alte Gotteshaus fallen, das mahnend den Irrsinn des Krieges anprangert. Am Eingang steht die letzte Arbeit von *Sir Jacob Epstein*, „Der hl. Michael kämpft mit dem Teufel", und hinter dem Altar hängt der von *Graham Sutherland* entworfene Wandteppich *Christ in Glory*. Der Komponist *Benjamin Britten* schrieb zur Weihe der neuen Kathedrale das *War Requiem*.

Die Ruine des zerstörten Gotteshauses dient alle drei Jahre als Kulisse für die *Coventry Mystery Plays*, die Mysterienspiele der Stadt, die alle drei Jahre stattfinden und 2006 ein weiteres Mal aufgeführt werden.

Die Ruine der Kathedrale von Coventry

Vor einem großen Kaufhaus im Zentrum der Stadt, dem Cathedral Lane's Shopping Centre, erinnert eine Statue an **Lady Godiva.** Als der hartherzige *Leofric, Earl of Murcia,* die Steuern drastisch erhöhte, protestierte seine Frau *Godiva* – so erzählt es die Legende – gegen die unpopuläre Maßnahme, indem sie nackt, nur bedeckt von ihrem langen Haar, durch die Straßen von Coventry ritt.

Der Pub *The Golden Cross,* in einem der wenigen erhaltenen Fachwerkhäuser, sorgt in der Hay Lane/Ecke Bayley Lane, nahe der Kathedrale, für Speise und Trank; ein sympathisches Café mit leckeren Sachen ist *Bunty's - for fine teas, coffees and cakes –*, ebenfalls in der Hay Lane, und hier sorgt auch die Weinbar und das Bistro *Juicy Pear* für die Durstigen. Ebenfalls sehr empfehlenswert ist *Yates's* in der High Street/Ecke Hay Lane, eine alte, sehr *atmosphärereiche* Taverne aus dem Jahr 1884 mit großem Angebot an offenen Weinen – *a centuries reputation for honesty, excellence and purity.* Alle genannten Pubs haben mittags wie auch abends gute Bar Meals im Angebot.

Tourist Information

● 4 Priory Road, Tel. 024/76227264.

Peak District

Der Peak District umfasst 1403 qkm und war der erste Nationalpark Englands. Er ist heute noch immer für einige Millionen Menschen des ehemaligen *Industrial Belt* eines der wichtigsten Naherholungsgebiete und deshalb an schönen Wochenenden entsprechend überlaufen mit Wanderern. Das **Naturschutzgebiet** markiert den Übergang von südlichem Flachland und den sanften Midlands hin zum nordenglischen Berggebiet. Kommt man von Süden her, so steigt unvermittelt der 378 m hohe Hen Claud, ein bizarrer Felsenkegel, aus der Landschaft.

Die Gipfel des Peak District gehören zu den ersten rund 60 km der insgesamt 240 km langen, von Süden nach Norden verlaufenden **Pennines,** die aufgrund ihrer Lage auch als *Backbone of England*, als Englands Rückgrat, bezeichnet werden. Höchste Erhebung im Nationalpark ist mit 630 m der Kinder Stout, nahebei rauscht der Wasserfall Kinder Downfall 30 m in die Tiefe.

Buxton

Im geographischen Zentrum des Parks – und damit ideal als Standquartier – liegt die höchste Marktstadt Englands, der ehemalige Kurort Buxton, dessen **Devonshire Royal Hospital** mit seinen vielen Kuppeln wie ein orientalisch inspiriertes Gebäude aussieht und damit das Ortsbild dominiert. Inmitten der **Pavilion Gardens** nahebei ragt ein weiterer Kuppelpavillon wie aus dem Morgenland auf und wird als Tagungszentrum genutzt. Hier schließen sich ein Café, dann ein Restaurant und schließlich ein schönes, langes **Gewächshaus** mit exotischen Pflanzen und kleinen Springbrunnen an. Am Ende dieses Wintergartens befindet sich der jugendstilgeschmückte Ein-

England, West

Die Bewohner dürfen kostenlos das heilkräftige Mineralwasser zapfen

gang des 1000 Besucher fassenden **Opernhauses** von Buxton.

An The Crescent, der an den berühmten Crescent von Bath (siehe dort) erinnern soll, befindet sich gegenüber der Tourist Information ein **Brunnen,** an dem aus einem Löwenkopf unterhalb einer Marienstatue das natürliche und **heilende Mineralwasser** fließt. Hier füllen die Bewohner von Buxton kostenlos ihre Kanister, und auch der Besucher darf sich hier mit dem heilenden Nass versorgen. Neben dem Bahnhof von Buxton befinden sich die Produktionsstätten von *Perrier,* wo das Mineralwasser auf Flaschen gezogen wird.

Ein Stückchen außerhalb des Zentrums in Richtung Norden kann man die **Poole's Cavern** besichtigen, in der der River Wye entspringt.

Tourist Information
● **The Crescent,** Tel. 01298/25106.

Unterkunft
● **Buckingham Hotel,** 1 Burlington Road, Tel. 01298/70481, Fax 72186, frontdesk @buckinghamhotel.co.uk, DZ 70 £.
● **Portland Hotel,** 32 St. John's Road, Tel. 01298/22462, Fax 27464, brian@portland-hotelfreeserve.co.uk, DZ 50 £.
● **Bed & Breakfast:** *Buxton View,* Corbar Road, Tel./Fax 01298/79222, DZ 42; *Old Manse,* 6 Clifton Road, Silverlands, Tel./Fax 01298/25638, old_manse@yahoo.co.uk, DZ 45 £; *Lakenham,* 11 Burlington Road, Tel. 01298/79209, DZ 58 £; *Grendon,* Bishop's Lane, Tel. 01298/78831, Fax 79257, parkerh1@talk21.com, DZ 48 £; *Wellhead Farm,* Wormhill, einige Kilometer westlich von Buxton, Tel. 01298/871023.
● **Jugenherberge:** *Gradbach Mill Youth Hostel,* Gradbach, Quarnford, Tel. 01260/227625, 10 km westlich von Buxton.

Pubs & Restaurants
● **The Old Clubhouse,** Water Street, neben dem Opernhaus, freundlicher, efeubewachsener Pub mit guter Atmosphäre und kleinem Biergarten.
● **Milton's Head,** Spring Garden, kleiner Pub in einem alten Gemäuer, hält die Erinnerung an den Dichter *John Milton* wach.
● Restaurants im **Grove Hotel, The Quadrant,** sowie im **Old Hall Hotel,** gegenüber vom Opernhaus, beide servieren gute Gerichte zwischen 8 und 12 £.
● Zu empfehlen ist auch das **Park Restaurant** im Portland Hotel (s. o.).

Umgebung von Buxton
Auf dem Weg nach Castleton, nordöstlich von Buxton, passiert man an der A 625 die Höhle **Blue John Cavern.** Der ungewöhnliche Name geht auf einen blaufunkelnden Halbedelstein zurück, der in den vergangenen 250 Jahren abgebaut wurde und auf der gesamten Welt bisher nur hier gefunden wurde. Im Örtchen **Castel-**

ton gibt es die **Peak Cavern** zu besichtigen sowie die **Speedwell Cavern,** die man mit einem Boot befährt und die bei dem Abbau von Blei entstand; in der Mine ist das so genannte *Bottomless Pit*, ein wassergefülltes Loch, in das 40.000 Tonnen Abraum gekippt wurden, ohne das sich der Wasserspiegel auch nur um einen Millimeter gehoben hätte. Weiterhin lohnt sich ein Besuch in der **Peak Cliff Cavern,** die schöne Tropfsteine besitzt und in der ebenfalls der lichtbrechende Blue John abgebaut wurde. In der Castle Street von Castleton gibt das **Peak National Park Information Centre** Auskünfte über die Region. Für Speise und Trank sorgen die beiden urigen Pubs *The Bull Head* und *Ye Olde Cheshire Cheese.*

Ebenfalls ein liebliches Örtchen im Naturpark ist südöstlich von Buxton der Weiler **Bakewell,** der schon seit Jahrhunderten ein wichtiger Marktflecken des Peak District ist. Das liegt an der alten, fünfbogigen Brücke, die hier über den River Wye führt – und vor der recht fotogen Enten mit ihrem Nachwuchs schwimmen und große weiße Schwäne wie Fregatten kreuzen. Weit im Umland berühmt ist das Dörfchen für seinen *Bakewell Pudding*, eine lokale Süßigkeit, die 1860 hier erfunden wurde und – man muss es sagen – ungeheuer gut schmeckt; so kann man nur empfehlen, im *Old Original Bakewell Pudding Shop* in der Bridge Street Kostproben zu kaufen; angeschlossen ist ein Restaurant (teuerste Gerichte um 8 £). Der efeubewachsene Pub *The Castle Inn* an der Bridge

Street/Ecke Castle Street und die alte Taverne *The Wheatsheaf,* ebenfalls in der Bridge Street, sind zwei gemütliche Lokalen, mit guten *Lunch Snacks* zur Mittagszeit. Empfehlenswert ist ebenfalls in der Bridge Street auch der Pub *The Red Lion* mit seiner niedrigen alten Eichenbalkendecke und dem an kalten Tagen wärmenden Kohlenfeuer im Kamin.

Einige Kilometer östlich von Bakewell steht das Herrenhaus **Chatworth House** (März–Okt. tgl 11–16.30 Uhr). Das *Stately Home* datiert aus dem 17. Jh. und imponiert mit einer prachtvollen palladianischen Frontfassade inmitten eines schönen blühenden, 40 Hektar großen Garten, der wiederum von einem riesigen Park umgeben ist; wie nicht anders zu erwarten, stammt die Landschaftsarchitektur vom genialen „*Capability" Brown*. Bis heute wohnt in dem repräsentativen Anwesen die Familie des *Duke of Devonshire.*

Im Süden des Peak District wirbt das kleine Städtchen **Ashbourne** mit dem fremdenverkehrsfördernden Namen *Gateway to the Dove Dale,* dem landschaftlich schönsten Teil des Nationalparks. Hier macht noch ein altes, über die volle Länge der Straße gespanntes Wirtshausschild auf den Pub und die ehemalige Postkutschenstation *Green Man and Black Head* in der St. John Street aufmerksam. Donnerstags ist hier Markttag in der gemütlichen, sympathischen Stadt; wer in diesem Teil des Naturschutzgebietes nicht wandern, sondern Rad fahren möchte, findet in der Union Street den Fahrradverleih *Bicycle Hire Centre.*

England, West

Englands Industrial Belt – Birmingham, Manchester, Liverpool

In Zentral-England, den Midlands und im südlichen Nord-England befindet sich mit den Städten Birmingham und Manchester sowie der Hafenmetropole Liverpool der einstige industrielle Kernraum des Landes, das „Ruhrgebiet" Großbritanniens. Seit mit dem Ende des Zweiten Weltkriegs eine Dauerrezession das Land beutelt und die traditionellen Schwerindustriebereiche sehr krisenanfällig geworden sind, steht es ökonomisch schlecht im Industrial Belt, und viele Familienväter haben keinen Job.

Birmingham

Mit über 1 Mio. Einwohnern Großbritanniens zweitgrößte Metropole, gilt Birmingham den Briten als erste reine Industriestadt, in der zu Beginn der **industriellen Revolution** in großem Stil produziert wurde. Wie der damalige Beiname *City of 1001 Trades* deutlich macht, war so gut wie jede Industriesparte vertreten. Den innovativen Schub, der allerdings von verheerenden sozialen Zuständen begleitet war, hatten sechs Männer – *Matthew Boulton, Erasmus Darwin* (der Großvater des Evolutionstheoretikers *Charles Darwin*), *William Murdock, Joseph Priestley, Josiah Wedgwood* und *James Watt* - eingeläutet, die sich zur so genannten *Lunar Society* zusammengeschlossen hatten. Die Aufgabe dieser Gesellschaft war die gezielte wissenschaftliche Forschung und die direkte industrielle Umsetzung ihrer Ergebnisse. So entstand in Birmingham die erste gezielt geplante Produktionsstätte, in der in Massenfertigung **Dampfmaschinen** hergestellt wurden. In dem Zeitraum von 1780 bis 1830 stieg die Einwohnerzahl fast um das Vierfache auf 130.000 Menschen an.

Wie alle ehemaligen Schwerindustriemetropolen versucht Birmingham heutzutage, eine moderne Dienstleistungsstadt zu werden und in dieser weltweit boomenden Sparte Arbeitsplätze zu schaffen. Deutlichster Ausdruck dieser Bemühungen ist zweifellos das riesige **International Convention Centre** (ICC) am Centenary Square mitten im Zentrum.

Ebenfalls hier befindet sich das renommierte **Repertory Theatre.** Einen Steinwurf weiter nördlich am Chamberlain Square besitzt das **City Museum & Art Gallery** die größte Bildersammlung der präraffaelitischen Maler. Noch einmal ein Stückchen weiter nach Norden macht in der Newhall Street das **Museum of Science and Industry** mit der ruhmvollen Vergangenheit der Stadt bekannt. Einen Besuch darf man auf keinen Fall versäumen.

Wenn man zum drittenmal einige Minuten nach Norden geht, erreicht man das **Jewellery Quarter;** am St. Paul's Square and Church bekommt man im *Jewellery Quarter Discovery Centre* einen informativen Einblick in die Schleiftechnik von Brillanten.

Tourist Information
● **The Rotunda,** Tourism Centre, 150 New Street.

Manchester

Im 19. Jahrhundert war Manchester weltweit das bedeutendste Zentrum der Baumwollverarbeitung, und die Stadt trug auch den Beinamen Cottonopolis.

Das Image von Manchester heute ist nicht nur in Großbritannien denkbar schlecht, und dies liegt vor allen Dingen an der *sozialen Situation* in einem der größten urbanen Slum-Gebiete Europas: Moss Side. Täglich kommt es hier zu allen Spielarten der Drogenkriminalität, und Mord, Totschlag und Schusswechsel sind keine Seltenheit. Das hat der Metropole den wenig schmeichelhaften Namen Madchester eingebracht.

Zudem gibt es ja immer noch den seit *Margaret Thatchers* rigoroser Monetarismus-Wirtschaftspolitik wieder bekannter gewordenen Begriff vom **Manchester-Kapitalismus,** der zu Zeiten der industriellen Revolution eine menschenverachtende Ausbeutung übelster Spielart bezeichnete.

Manchester ist aber auch Großbritanniens größte **Studentenstadt** und hat somit eine lebendige Jugend-Szene mit vielen Pubs.

Alte Bausubstanz darf der Besucher in Manchester nicht erwarten, denn während des Zweiten Weltkriegs wurde die bedeutende Industriestadt von den Deutschen systematisch zerbombt; die städteplanerischen Anstrengungen der 50er und 60er Jahre zeichnen sich vor allem durch Hässlichkeit aus.

Im Zentrum von Manchester am St. Peter's Square darf der kunstinteressierte Besucher einen Gang durch die **City Art Gallery** nicht auslassen. Auch hier sind wieder viele Gemälde der präraffaelitischen Maler zu besichtigen, weiterhin Werke früher flämischer und italienischer Meister. Einen Steinwurf weiter südlich macht in der Princess Street das **National Museum of Labour History** mit der Entwicklung der britischen Gewerkschaften bekannt.

Vom St. Peter's Square erreicht man in Richtung Westen über die Peterstreet und die nach Süden verlaufende Deansgate das **Museum of Science and Industry** in der Liverpool Pood, das wie kaum eine andere Ausstellung die beginnende Industrialisierung mit all ihren Aspekten darstellt. Eine große Abteilung widmet sich der Eisenbahngeschichte, und am Wochenende können Zugenthusiasten mit der *Planet* von *Robert Stephenson* – deren Vorbild die *Rocket* seines Vater *George* war – zum 500 m entfernten ältesten Bahnhof der Welt fahren. Am 15. September 1830 lief hier die *Rocket* auf ihrer Jungfernfahrt, von Liverpool kommend, in den Bahnhof ein. Dieses eigentlich freudige Ereignis wurde durch den ersten tödlichen Unfall mit dem neuen Beförderungsmittel überschattet. Der Parlamentsabgeordnete für den Wahlkreis Liverpool, *William Huskisson,* war unter die Räder geraten. An seine Seele erinnert übrigens eine Statue in der Kathedrale von Chichester im Süden Englands.

Neben dem Industriemuseum darf man einen Besuch in den **Granada Studios** nicht auslassen, wo alle möglichen Ausstellungsstücke über die Film- und Fernsehtechnik infor-

England, West

mieren. Attraktion, vor allem für britische Besucher, sind die Kulissen für eine der am längsten ausgestrahlten Seifenopern der Welt, die Serie *Coronation Street*. Unsere Lindenstraße wurde davon abgekupfert. Vom St. Peter's Square verläuft die Oxford Sreet schnurgerade nach Süden zum Universitätsgelände. Rechter Hand befindet sich das **Manchester Museum** mit einer großen und interessanten ägyptologischen Abteilung.

Tourist Information
● **Town Hall,** *Lloyd Street,* Tel. 0161/ 2343157.

Liverpool

Liverpool steht fast schon als Synonym für den unaufhaltsamen wirtschaftlichen Niedergang des einst so mächtigen Kolonialreiches. Die Stadt besaß einmal den wichtigsten und bedeutendsten britischen **Transatlantikhafen,** von hier lösten die Frachter mit Kurs auf Amerika ihre Leinen, und hier wurden tagtäglich Abertausende von Tonnen an Gütern gelöscht und umgeschlagen. Mit dem Ende des Zweiten Weltkriegs ging es mit dem Handel rapide bergab, und Armut und Massenarbeitslosigkeit zogen in Merseyside ein. Wie kaum eine andere Stadt, sieht man einmal vom schottischen Glasgow ab, hatten die Bewohner Liverpools unter dem **wirtschaftlichen Verfall** zu leiden. Die Hafenmetropole war für lange Zeit das Armenhaus Englands, so schlecht sah es gar aus, dass die europäische Union die Region von Merseyside zu einer der bedürftigsten Europas zählte und reichlich EU-Gelder überwies. Immerhin hat sich nun einiges im Stadtbild getan, die Docks sind renoviert worden, Luxusappartements, Pubs, Restaurants, Büros und Museen sind in die alten Speicherhäuser eingezogen.

Im Zentrum der Metropole macht in der William Brown Street das **Liverpool Museum and Planetarium** gleichermaßen mit der Geschichte der Stadt und den Schönheiten des Sternenhimmels vertraut. Nur wenige Schritte gen Osten, schon ist die **Walker Art Gallery** erreicht, eine Gemäldesammlung mit Werken früher flämischer und italienischer Maler, Gemälden der Präraffaeliten, Bildern von *Degas, Cezanne* und *Monet* sowie zeitgenössischen Arbeiten.

Am interessantesten ist es in Liverpool jedoch im **restaurierten Hafengebiet.** Vom Pier verkehren die Fähren der *Mersey Ferries* nach Seacombe und Woodside. Hier kann man auch Hafenrundfahrten buchen.

Wenige Minuten Fußweg in südliche Richtung, und das **Albert Dock** ist erreicht. Erste Attraktion ist das **Museum of Liverpool Life,** das dem Leben der Menschen in der Hafenstadt gewidmet ist und ihre alltägliche harte Arbeit anschaulich demonstriert. So etwa die Gründung der Gewerkschaften, der Kampf um mehr Lohn, die Proteste der Suffragetten gegen die Diskriminierung der Frauen und vieles mehr. Das **Maritime Museum** macht natürlich mit der Geschichte der Handelsseefahrt bekannt und dokumentiert die Entwicklung des Liverpooler Hafens. Das dritte bedeutende Museum am

Albert Dock ist eine Dependance der Londoner **Tate Gallery,** die moderne Kunst des 20. Jh. zeigt. Schließlich wird mit dem Ausstellungsgebäude **The Beatles Story** das Museumsangebot im Liverpooler Hafen abgerundet. Hier wird die Geschichte der *Beatles* erzählt, von hier starten auch geführte Touren *(Beatles Magical History Tours)* zu wichtigen Stellen im Leben der Stars, beispielsweise zur Penny Lane oder zu den Strawberry Fields (ein Heim der Heilsarmee). Wer sich mit dem einen oder anderen Beatlesmania eindecken möchte, kann dies im Laden *The Beatles Shop* in der Methew Street tun.

Tourist Information
●*Merseyside Maritime Museum,* Albert Dock, Tel.0906/6806886.

Chester

Die freundliche Stadt hat sich selbst den werbewirksamen Namen *The walled Town* gegeben – und das ist keineswegs eine Übertreibung, da noch viel von der mittelalterlichen Stadtmauer vorhanden ist. Im Übrigen gilt noch immer, was 1779 *James Boswell* an *Dr. Samuel Johnson* schrieb: *„Chester pleases me more than any town I ever saw."*
Im Stadtzentrum findet man noch noch eine ganze Reihe von Straßen, die rechts und links mit großen alten, schwarz-weißen Fachwerkhäusern bestanden sind und deren Besonderheit die so genannten *Rows* sind – **Galerie-Arkaden** im ersten Stock, die praktisch eine zweite Fußgänger-

zone mit Ladenfronten bilden. Die vielen Häuser im Tudor-Stil gehören sicher zu den schönsten, die Großbritannien noch zu bieten hat. Die Idee zu dieser sinnvollen Architektur kam wahrscheinlich nach dem großen Brand im Jahre 1278 auf, als die nicht völlig niedergebrannten Häuser wieder aufgestockt wurden.
Sehr zu empfehlen ist ein Besuch im **Chester Heritage Centre** in der Bridge Street Row, das mit der Geschichte der Stadt und des Umlandes von der römischen Besiedlung bis zur industriellen Revolution bekannt macht (Mo–Sa 11–17, So 12–17 Uhr).

Die Ladenarkaden in Chester

England, West

Über den Georgian Abbey Square erreicht man die **Kathedrale** von Chester, deren schönster Teil ganz zweifellos der im 14. Jh. errichtete Chor samt seinem feingeschnitzten Gestühl ist.

Etwas östlich der Kathedrale ist dann die rund 3 km lange **Stadtmauer** erreicht, deren Ursprünge auf die Römer zurückgehen und die fast vollständig erhalten ist. Hier lohnt sich ein Spaziergang, bei dem man dann auch an der Nordostecke den **King Charles Tower** passiert, so benannt, weil im Bürgerkrieg *Karl I.* von hier die Niederlage seiner Truppen miterleben musste.

Praktische Hinweise

Tourist Information
● **Town Hall,** Northgate Street, Tel. 01244/402111.

Unterkunft
● **Dene Hotel,** 95 Hoole Road, Tel. 01244/321165, Fax 350277, denehotel@btconnect.com, DZ 60 £.
● **Curzon Hotel,** 52 Hough Green, Tel. 01244/678581, Fax 680866, curzon.chester@virgin.net, DZ 60 £.
● **Bed & Breakfast:** *The Mount,* Lester's Lane, Higher Kinnerton, Tel./Fax 01244/660275, major@mountkinnerton.freeserve.co.uk, DZ 48 £; *Green Gables,* 11 Eversley Park, Tel. 01244/372243, Fax 376352, DZ 40 £; *Redland Private Hotel,* 64 Hough Green, Tel. 01244/671024, Fax 681309, DZ 65 £; *Gloster Lodge,* 44 Hoole Road, Hoole, Tel. 01244/348410, DZ 50 £.
● **Jugendherberge:** *Chester Youth Hostel,* 40 Hough Green, Tel. 01244/680056.
● **Camping:** *Netherwood House Touring Caravan Park,* Whitchurch Road, Tel. 01244/335583, an der A 41, der Chester/Whitchurch Road, gelegen.

Pubs & Restaurants
● **Wetherspoon's,** 78 Foregate Street, sympathischer Pub, in dem es sich gut trinken lässt.
● **Café Venue, The Crypt,** 28 East Gate, „Food, Drink, Internet, Magazines, Comfort", ein Café in einer ehemaligen Krypta.
● **La Taverna,** Ristorante Toscana, 52 Lower Bridge Street, Tel. 01244/350625, sehr angenehmes italienisches Lokal mit Hauptgerichten zwischen 10 und 17 £.
● **The Falcon,** Lower Bridge Street/Ecke Grosvenor Street, gemütlicher Pub in einem uralten, gut restaurierten Fachwerkhaus.
● **Bella Italia,** Eastgate Street, für englische Verhältnisse essbare Pizzen und Pasta in einem Lokal einer Restaurantkette, 6–8 £.
● **Ye Olde Custom House Inn,** Watergate Street, urgemütlicher Pub in einem alten Fachwerkgemäuer mit guten Bar Meals.

Verbindung
● Mit **Bussen** und **Zügen** in alle Landesteile, im Intercity-Netz.

Shrewsbury

Das sympathische, an drei Seiten vom River Severn umflossene Örtchen mit der *Shrewsbury School,* einer berühmten *Public School,* sollte man wenigstens auf einem kleinen Stadtbummel kennen lernen. Der große Sohn der Stadt ist übrigens **Charles Darwin,** der mit seiner Abstammungslehre das Weltbild jener Tage veränderte – 1809 erblickte er in Shrewsbury das Licht der Welt.

Aufgrund der strategisch günstigen Lage in einem weiten Bogen des Severn entstand schon im 5. Jh. eine erste Befestigungsanlage. Und auch noch heute steht hoch über dem Fluss ein rötliches **Sandsteinkastell,** das im 17. Jh. seine jetzige

Form erhielt und zur Residenz des Lokalmagnaten *Sir William Pulteney* avancierte. Heute ist hier das langweilige **Shropshire Regimental Museum** untergebracht.

The Square bildet das Stadtzentrum und ist von Fassaden im georgianischen Stil gesäumt. Südlich von The Square verläuft College Hill, hier kann man sich im **Clive House Museum** über *Lord Clive of India* (1725–74) informieren, der als Soldat in Indien Kolonialgeschichte schrieb (Mo 14–17, Di–Sa 10–13, 14–17 Uhr).

In der Barker Street macht das aus dem Jahre 1590 stammende, sehr schöne **Rowley's House** mit der Geschichte der Stadt und des Umlandes vertraut (Mo–Sa 10–17, So 12–17 Uhr). Von hier sind es nur ein paar Schritte bis zur Kirche **St. Chad's,** Englands größte runde Kirche mit einem Zuckerbäckerturm; 1792 wurde sie geweiht und ersetzte ein vier Jahre zuvor beim frühmorgendlichen Glockenschlag um vier Uhr zusammengebrochenes Gotteshaus.

In der Butcher Row, einer engen Gasse, die von der Fußgängerzone Pride Hill abzweigt, findet sich der Pub *The Bull Inn* mit guten Bar Meals. *Monty's Brasserie,* ebenfalls in der Burcher Row, ist eines der besten Lokale der Stadt mit Gerichten zwischen 9 und 17 £. An The Square sorgt der Pub *The Old Plough,* ebenfalls in einem alten Fachwerkbau, für gemütliche Atmosphäre, und vielsagend ist die Namensgebung der Taverne *The Bull in Paradise,* die sich in der High Street befindet. *The Old Post Office* in der Milk Street ist eine ehemalige Kutschstation, wo man heute im Innenhof recht stilvoll Bier trinken und Bar Snacks essen kann.

Tourist Information
● **The Square,** Tel. 01743/281200.

Ironbridge

Das winzige Örtchen ohne rechtes Zentrum östlich von Shrewsburg hat seinen Namen nach der **ersten Eisenbrücke der Welt** bekommen; hier in Ironbrige und dem nahen **Coalbrookdale** begann die Industrialisierung Großbritanniens, und so hat sich der Weiler die Bezeichnung *Birthplace of Industry* gegeben.

1779 begannen die Arbeiten an der hohen, das tiefe Tal des River Severn überspannenden Eisenbrücke, die am 1. Januar 1781 feierlich eingeweiht und dem Verkehr übergeben werden konnte. Genau 33 m beträgt der stützende Bogenschlag der 60 m langen Brü-cke, und die Zeitgenossen kamen beim Anblick dieser kühnen Konstruktion aus dem Staunen nicht mehr heraus. *Thomas Pritchard* und *Abraham Darbie* hießen die genialen Ingenieure, die das technische Meisterwerk bauten und damit die Fähigkeiten der Coalbrookdaler *Iron Masters* schlagkräftig unter Beweis stellten. Dies war der Startschuss für die **beginnende Industrialisierung.** Der River Severn war in jenen Tagen noch schiffbar, die Erzlager konnten im Tagebau geschürft werden, und die großen Wälder der Region lieferten die für die Eisenverhüttung notwendige Holzkohle. Innerhalb weniger Jahre rauchten rund um die *Ironbridge* die Schlote der Hochöfen.

Ironbridge

In unmittelbarer Umgebung des Weilers findet der Besucher heute insgesamt sieben **Museen,** die über die Industrialisierung der Region anschaulich und interessant berichten; sie alle können mit einem so genannten *Passport Ticket*, einer Sammeleintrittskarte, besichtigt werden. Kleinbusse fahren autolose Besucher zwischen den einzelnen Ausstellungsregionen umher.

Die Pubs *The White Hart Inn, The Malt House* und *The Swan* verfügen alle über einige Fremdenzimmer sowie ein Restaurant und liegen aufgereiht an der einzigen Straße von Ironbridge.

Ludlow

Ludlow ist ein typisches englisches Landstädtchen mit engen und katzenkopfgepflasterten Straßen, schönen schwarz-weißen Fachwerkhäusern, deren mächtige Giebel auf die Straße vorkragen, einem großen, natürlich noch immer genutzten Marktplatz und einer wehrhaften Burg. *Picturesque* nennen die Briten ein solches Städtchen in der Countryside. Sage und schreibe 500 Häuser von Ludlow stehen unter Denkmalschutz.

Die im 11. Jh. errichtete und über die Jahre immer wieder erweiterte und verstärkte **Burg** diente lange

Zeit als Schutz vor aufständischen Walisern und beherbergte auch einmal ein Verwaltungszentrum für Wales (tgl. 10.30–17 Uhr). Mit seiner guterhaltenen Baustruktur und der attraktiven Lage oberhalb des River Teme ist der Burghof eine hervoragende Freilichtbühne für das alljährlich im Juni und Juli stattfindende **Ludlow Festival.**

Der Zugang zur Befestigung öffnet sich auf den Marktplatz, und hier macht das unregelmäßig geöffnete **Heimatmuseum** mit der langen Historie der Stadt bekannt.

Von allen Straßen des Örtchen ist die **Broad Street** die attraktivste; sie ist an beiden Seiten mit vielen Fachwerkhäusern aus der Tudor-Zeit oder den Ziegelbauten der georgianischen Ära bestanden. An der Broad Street/ Ecke King Street kragt der hohe Giebel eines im frühen 15. Jh. errrichteten Hauses weit auf die Straße vor.

Unerreicht von anderen Gebäuden und sicherlich das schönste Fachwerkhaus in ganz Großbritannien ist in der Straße Bull Ring das über und über mit Schnitzereien verzierte **Feather's Hotel,** das aus jakobitischer Zeit, um 1619 datiert; eine stilvollere Übernachtungsmöglichkeit findet man schwerlich in der Gegend.

Ebenfalls unerreicht ist das Fachwerkhaus, in dem sich die gemütliche *Ye Olde Bull Tavern* (King Street) befindet, die im Jahre 1365 begründet wurde; dem Pub ist ein Restaurant angeschlossen (10 £). Weitaus jüngeren Datums ist der gemütliche Pub *The George* am Market Square, der aber immerhin auch schon 1850 erstmalig seine Pforten geöffnet hat.

Gute Bar Meals im Angebot hat die Taverne *The Compasses,* ebenfalls in Bull Ring und natürlich auch in einem uralten Gemäuer.

Tourist Information
● Castle Street, Tel. 01584/ 875053.

Hereford

Während der Dark Ages, der Zeit vom 5. bis zum 11 Jh., war Hereford eine von den Angelsachsen befestigte Garnisonsstadt zu Wales hin, und eine **Kathedrale** wird in den Annalen schon um das Jahr 700 erwähnt. Der heutige Dom von Hereford zeigt einen rechten Stilmischmasch, von dem ein englischer Führer richtig bemerkt, dass beim Betrachten kein rechter *eye-pleasing effect* zustandekommt. 1786 nämlich brach der normannische Westturm unter seinem eigenen Gewicht zusammen und zerstörte weite Teile des Gotteshauses. Bei den Restaurationsarbeiten dann kamen sich die Baumeister gegenseitig in die Quere und lösten ihre Aufgabe nicht zufriedenstellend.

Sehr interessant und sehenswert ist in der Krypta der Kathedrale die **Mappa Mundi,** eine Weltkarte aus dem Jahr 1299, die mit 1,65 m mal 1,34 m das weltweit größte Stück aus jener frühen Zeit ist. In der damaligen Vorstellung lag im Zentrum der Welt Jerusalem, während Großbritannien und Irland den Rand der Zivilisation bilden.

Für bibliophile Besucher ein Muss ist die ebenfalls in der Kathedrale untergebrachte **Chained Library,** die

England, West

Manuskripte und Bücher aus dem 8. bis 15. Jh. zeigt. Ihren Namen hat die Bibliothek von den angeketteten Folianten bekommen; durch diese ebenso einfache wie praktische Maßnahme kam man dem Diebstahl zuvor.

Im Pomona Place, off Whitecross Road, lohnt das **Cider Museum** für denjenigen einen Besuch, der dem schwach alkoholisierten Apfelmost zugetan ist (tgl. 10–17.30 Uhr). Sehr beliebt sind auch die Führungen durch **Bulmers' Cider Factory** nahebei in der Plough Lane.

Der gemütliche alte Pub *Queen's Arms* in einem schönen Fachwerkhaus (Broad Street), die beiden netten Tavernen *Spread Eagle* – mit angeschlossenem Restaurant, um 7 £ – und *The Orange Tree,* jeweils beide mit einem Biergarten in der King Street sorgen für Speise und Trank.

Tourist Information
● Gegenüber vom Haupteingang der Kathedrale, Palace Yard/Ecke King Street, Tel. 01432/268430.

Worcester

Die Skyline der Stadt wird eindeutig von der **Kathedrale** beherrscht, deren ältester Teil die Krypta aus dem Jahr 983 ist. Das Kirchenfundament ist das größte von ganz England. Mitte des 12. Jh. begannen die Arbeiten an dem Gotteshaus im gotischen *Early English Style.* 1216 fand hier Englands verhasstester König seine letzte Ruhestätte, alle anderen Kathedralstädte hatten sich geweigert, *Johann Ohneland, John Lackland,* in ihre geweihten

Gewölbe aufzunehmen. Reich geschmückt ist *Prince Arthur's Chantry,* das seit 1504 an den früh verstorbenen Sohn von *Heinrich VII.* erinnert.

Hinter der Kathedrale findet sich in der Severn Street das **Dysons Perrins Museum** und zeigt Exponate der berühmten **Porzellanmanufaktur** *Royal Porcelain* (Mo–Sa 9.30–17, Sa 10–17 Uhr). Das Ausstellungsgebäude ist Teil der Produktionsanlagen, und es gibt für Interessierte mehrmals täglich Führungen.

Nahebei, an der mehrspurigen Sidbury Street, sollte man in einem alten Fachwerkhaus das **Commandery Civil War Museum** nicht auslassen; hier wird der Besucher umfassend über den englischen Bürgerkrieg zwischen Royalisten und Anhängern des Parlaments informiert (Mo–Sa 10–17, So 13.30–17 Uhr).

In der Friars Street steht Worcesters schönstes Gebäude aus elisabethanischer Zeit und beherbert das **Tudor House Museum,** das Exponate zur Stadtgeschichte zeigt (tgl. außer Do/So, 10.30–17 Uhr).

Die Friar Street besitzt noch eine ganze Reihe von schönen, alten Häusern, in denen Cafés und Pubs auf Gäste warten. Angenehm ruhig gestaltet sich ein Spaziergang am **Riverside Drive,** wo man am Ufer des Severn unter den ausladenden Ästen alter Bäume entlangflaniert.

Der Pub *Farrier's Arms* in einem alten Tudor-Fachwerkhaus (Fish Street), das Café-Restaurant *Hodson's* in der High Street (Gerichte bis 7 £) sowie das Restaurant *Café Rouge* in der Friar Street mit gutem Preis-Leistungsverhältnis halten die touristische Infrastruktur aufrecht. Das mit Abstand beste Restaurant in Stadt und Region ist das *Brown's* (Tel. 01905/ 26363) in 24 Quay Street, in einer ehemaligen Kornmühle am River Severn. Zu Preisen zwischen 20 und 42 £ wird hier superb gekocht.

Tourist Information
●Guildhall, High Street, Tel. 01905/726 311.

Gloucester

Allererste Attraktion der Stadt am River Severn sind die renovierten **Dockanlagen,** in deren Speicherhäusern heute Restaurants und Pubs untergebracht sind und wo an den Kais die Segler und Motorjachten vor Anker

liegen. Das Areal ist zu einem sympathischen innerstädtischen Naherholungsgebiet umgewandelt worden, an sommerlich warmen Wochenenden strömen viele Ausflügler aus der Umgebung ins einstige Hafengebiet.

In einem der 14 einstigen Magazinbauten macht das **Museum of Packaging and Advertising** (Di-So 10–17 Uhr) mit Werbung und Verpackung von Produkten aller Art vertraut. Im Llanthony Warehouse informiert das **National Waterways Museum** (Di-So 10–17 Uhr) über die vielen Kanalbauten des 18. und 19. Jh. sowie über Beförderungstechniken und die Binnenschiffe.

Das große Hafenbecken wurde 1790 eingerichtet und bildete einige Jahre später den Endpunkt eines Kanals, der 1827 eingeweiht werden

Am Hafen von Gloucester

England, West

konnte. Die künstliche Wasserstraße zog sich über 25 km vom Mündungstrichter des River Severn bis nach Gloucester, das damit der am weitesten vom Meer entfernte Hafen in ganz Großbritannien war. Selbst die größten Segelschiffe jener Tage gelangten damit in die Stadt hinein. Sie löschten hier vor allem Getreideladungen, die in den Magazinspeichern zwischengelagert, dann auf kleinere Schiffe umgeladen und schließlich auf dem River Severn flussaufwärts in den Industriegürtel der Midlands transportiert wurden. Das ging bis in die 70-er Jahre des 19. Jahrhunderts, dann war der Hafen unrentabel geworden und wurde geschlossen.

In der Innenstadt von Gloucester ragt der 75 m hohe Vierungsturm der **Kathedrale** in den oft wolkigen Himmel. Schon in angelsächsischer Zeit stand hier eine Kirche, 1069 begannen Benediktiner-Mönche mit den Arbeiten für ein größeres Gotteshaus. 1327 wurde hier der ermordete König *Eduard II.* zur ewigen Ruhe gebettet, und ab sofort strömten die Pilger an den Sarg des Märtyrers. Viele von ihnen spendeten großzügig, und mit dem reichen Geldfluss gelang der Umbau der romanischen Kirche zum ersten Sakralbau des Landes im gotischen *Perpendicular Style*. Das Ostfenster, fertiggestellt 1350, ist mit seinen 26 m Höhe eines der größten mittelalterlichen Kirchenfenster Großbritanniens. Nahebei befindet sich auch das Grabmal des ermordeten Königs, das eine Alabasterfigur des unglücklichen Monarchen ziert.

In Gloucesters Hauptgeschäftsstraße, der North Gate Street, sollte man einen Blick in den **New Inn** werfen, der so neu nicht ist, da er aus dem Jahr 1450 datiert. Das alte Gemäuer zeigt anschaulich die Struktur eines spätmittelalterlichen Gasthofes. Vom zentralen Innenhof, in den die Postkutsche des Abends einfuhr, steigen Treppen zu den Galerien hoch, von denen aus die Reisenden die Zimmer erreichten. Sommertags sitzt man recht schön im Hof, mehrere Bars und ein angeschlossenes Restaurant sorgen für leibliche Genüsse.

Praktische Hinweise

Tourist Information
● 28 Southgate Street, Tel. 01452/396 572.

Unterkunft
● **New County Hotel,** 44 Southgate, Tel. 01452/307000, Fax 500487, newcounty@ eridianleisure.com, DZ 70 £.
● **Bed & Breakfast:** *Edgwood House,* Churcham, Tel. 01452/750232, DZ 46 £.
● **Jugendherberge:** *Slimbridge Youth Hostel,* Shepherd's Patch, Slimbridge, Tel. 01453/ 890275, ca. 12 km südlich nahe der M 5.

Pubs & Restaurant
● **The New Inn,** North Gate Street, s. o.
● **The Golden Cross,** South Gate Street, schöne, sehr gemütliche, uralte Fachwerk-Taverne, Free House, mit angeschlossenem Restaurant.
● Internet-Café **ICON.net Limited,** 124 Barton Street.
Weitere **Restaurants** und **Pubs** rund um die renovierten Hafenanlagen.

Verbindung
● **Busse** und **Züge** in alle Landesteile.

Der Norden Englands

Überblick

Eine der schönsten Städte im ganzen Königreich ist ohne Zweifel York mit seinem großen Münster und den vielen winkligen, schmalen, mittelalterlichen Gassen, die rechts und links mit kleinen Geschäften, Pubs und Restaurants bestanden sind. In Bezug auf Charme und Ambiente steht die Universitätsstadt Durham ihrer größeren Schwester in nichts nach, auch hier wird der Besucher von der Schönheit der Stadt in den Bann geschlagen. Der charaktervolle Fischerort Whitby, in dem einst der Weltumsegler *James Cook* seine Ausbildung erhielt, wurde im Gruselroman *Dracula* weltbekannt. Der finstere Vampir stellt hier der schönen Heldin *Lucy* nach. Ebenfalls unvergleichlich ist der Lake District; hier ragen rund um 16 große Seen die schönsten Gipfel in den Himmel. Für Wanderer ist der Lake District ein Paradies, denn wunderbar sind nach einem Bergaufstieg die Ausblicke über die weiten Wasserflächen und die schroffen, mal bewaldeten, mal kargen Gebirgshänge. Nicht weit entfernt lockt Hadrians Wall, die Mauer, mit der die Römer die kriegerischen Pikten Schottlands im Zaume halten wollten. Um sich vor schottischen Ureinwohnern zu schützen, bauten sie kurzerhand eine 110 km lange Mauer quer über das ganze Land – so einfach war das! Letzter Höhepunkt der Tour durch den Norden Englands ist für den literaturbewanderten Besucher das Pfarrhaus von Haworth, wo die vier *Brontë-Schwestern* ihre Phantasie-Reiche aufbauten, ih-

England, Nord

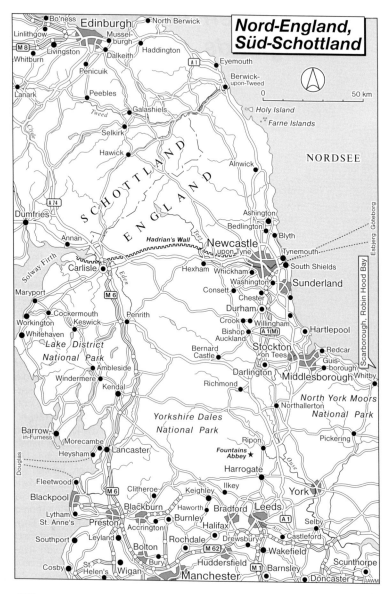

*Nord-England,
Süd-Schottland*

NORDSEE

0   50 km

⊲ Holy Island
⁑ Farne Islands

SCHOTTLAND

ENGLAND

Hadrian's Wall

Lake District
National Park

North York Moors
National Park

Yorkshire Dales
National Park

Fountains
Abbey ★

re Romane schrieben und nach einem kurzen, unglücklichen Leben so jung verstarben.

York

Ganz ohne Zweifel zählt York zu den schönsten Städten Englands und gilt zu Recht als wahres Juwel im Norden des Landes. Über die Jahrhunderte war York nach London die bedeutendste Stadt des Inselreiches, stellte neben dem Erzbischof von Canterbury den zweiten hochrangigen Kirchenvertreter des Staates und war auch in ökonomischer Hinsicht neben der Hauptstadt das wichtigste Zentrum Großbritanniens. Wie sehr York Einfluss auf die Geschicke des gesamten Landes ge-

nommen hat, zeigt der Ausspruch von *König Georg VI.,* der meinte, dass die Geschichte der Stadt die Historie Großbritanniens reflektiere.

Geschichte

Schon die *Römer* hatten auf dem Gebiet des heutigen York ab dem Jahr 71 eine bedeutende Befestigung errichtet und versuchten von hier aus, die rebellischen Pikten des rauen Schottlands im Zaume zu halten. Im Laufe der römischen Ära wandelte sich die Siedlung – Eboracum genannt – zur Kapitale der römischen Provinz Britannien und damit zum nördlichsten Administrationssitz des Römischen Reiches. Wie bedeutend die Stadt schon in jenen Tagen war, verdeutlichen gleich mehrere Ereignisse. Die späteren Kaiser *Hadrian* und *Septimus Severus* herrschten am Ort, und *Constantin Chlorus* segnete bei einem Besuch hier das Zeitliche, so dass sein ihn begleitender Sohn, der spätere *Konstantin der Große* und erste christliche Herrscher Roms, in York zum

Am Ufer des River Ouse in York

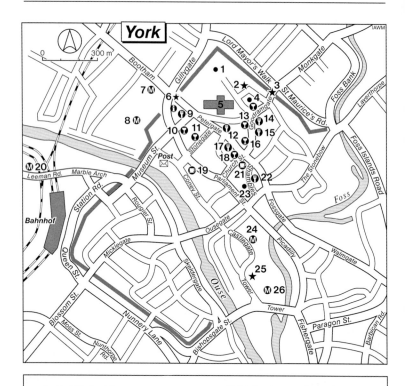

- **1** Minster Library
- ★ **2** Treasury
- ★ **3** Stadttor Monk's Bar
- **4** St. William's College,
  Pub Royal Oak
- ⅱ **5** Münster
- ★ **6** Stadttor Bootham Bar
- Ⓜ **7** City Art Gallery
- Ⓜ **8** The Yorkshire Museum
- **9** Restaurant Guy Fawkes
- **10** Pub Punch Bowl
- **11** Pub Ye Olde Star Inne
- **12** Restaurant Café Rouge
- **13** Pub Cross Keys
- **14** Restaurant Caesar's
- **15** Restaurant La Piazza
- **16** Pub Old White Swan
- **17** Restaurant Bella Italia
- **18** Pub Golden Lion
- **19** Betty's Café and Tearooms
- Ⓜ **20** Eisenbahnmuseum
- **21** Café Greenhouse
- **22** Ristorante Bari
- **23** Markt
- Ⓜ **24** Jorvik Viking Museum,
  York Story Heritage Centre
- ★ **25** Clifford's Tower
- Ⓜ **26** Castle Museum

neuen Kaiser des Römischen Reiches ausgerufen wurde.

In der **angelsächsischen Ära** hieß die Stadt Eoforwic und avancierte zu einem Zentrum christlicher Mission für den Norden Englands. Es war hier am Ostertag des Jahres 627, dass *Bischof Paulinus König Edwin* von Northumbria zum Christentum bekehrte und taufte. Die feierliche Zeremonie fand in einer winzigen, eilends errichteten Holzkapelle statt. Sechs Jahre später kehrte *Paulinus* als erster Erzbischof der Stadt nach Eoforwic zurück, und auf den Fundamenten des kleinen Gotteshauses entstand das erste Münster der nun schnell anwachsenden Metropole.

867 fiel die Siedlung an die invasionsfreudigen **Dänen,** die die Stadt in Jorvik umbenannten und bis 1066 hielten. In jenem so schicksalshaften Jahr für die Insel fand die Schlacht von Stamfordbridge statt, in der *König Harold* gegen den Dänenherrscher *Harald* kämpfte, siegte und die Oberhoheit der fremden Nordmänner damit ein für alle Mal brach.

Doch dies sollte sich als ein Pyrrhus-Sieg erweisen, denn die Schlacht schwächte sein Heer so sehr, dass die nur wenige Tage später stattfindende Invasion des **Norman-** *nen William The Conqueror* erfolgreich war und die Kämpfe beim südenglischen Hastings die Geschicke Englands umfassend veränderten (siehe dort). Die neuen Herren bauten York zu einem bedeutenden Handelszentrum des Nordens aus, und die Bürger der Metropole kamen zu Wohlstand. Wie wichtig York dem normannischen Königshaus war, zeigt die Tatsache, dass der zweite Sohn des Monarchen den Titel *Duke of York* erhielt – und das ist bis heute so geblieben. Während der Reformation und dem Abfall von Rom durch *Heinrich VIII.* avancierte die Stadt zum Zentrum des Katholizismus, und hier wurde auch *Guy Fawkes* geboren, der aufgrund der Religionsstreitigkeiten in London versuchte, den König und das Parlament in die Luft zu sprengen. Das alles störte die erfolgreichen ökonomischen Aktivitäten der Bürger nicht, York war und blieb eine der reichsten und bedeutendsten Städte im gesamten Inselreich.

Erst mit Beginn der **industriellen Revolution** verlor York dann den Anschluss an die Entwicklungen der Zeit und wandelte sich, im nationalen Maßstab gesehen, zu einem relativ unbedeutenden Ort. Heute ist die at-

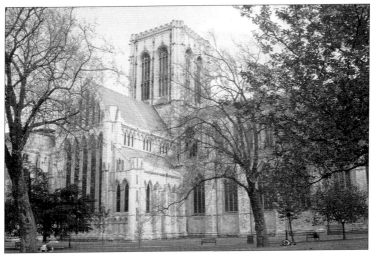

Die Kathedrale von York

England, Nord

mosphärereiche, sympathische Stadt am Ufer des River Ouse ein wichtiger Markt für die landwirtschaftlichen Produkte der Region und lebt recht gut von den Abertausenden alljährlichen Besuchern.

Sehenswertes

Das ungemein hübsche Altstadtareal ist weitgehend verkehrsberuhigt und von einer alten Stadtmauer umgeben. Am Beginn eines jeden Stadtrundganges steht natürlich ein Besuch im prachtvollen **Münster,** der Bistumskirche des Erzbischofes von York, die ein bleigefasstes Kirchenfenster besitzt, das weltweit an Größe und Schönheit unübertroffen ist. Den Grundstein für den prachtvollen Dom legte 1080, schon kurz nach der erfolgreichen Invasion, der normannische Erzbischof *Thomas von Bayeaux;* ein späterer Nachfolger, *Erzbischof Thomas,* ließ in seiner Zeit von 1154 bis 1181 zahlreiche Anbauten und Modifikationen vornehmen. Der Initiative des Kirchenvaters *Walter de Grey* ist es dann zu verdanken, dass ab 1260 umfangreiche gotische Umgestaltungen am Querschiff vorgenommen wurden, im Jahr 1300 die Arbeiten am Kapitelhaus im allerschönsten gotischen *Decorated Style* abgeschlossen werden konnten und 38 Jahre später auch das Hauptschiff im gleichen schmückenden Stil fertiggestellt war. 1415 erfreute der nun im spätgotischen *Perpendicular* errichtete Chor die Betenden, 22 Jahre später standen die beiden Westtürme, und 1480 war der aus dem 13. Jh. datierende Vierungsturm neu gemauert worden. Aus der nor-

mannischen Ursprungskirche war ein gotisches Kleinod geworden.

Bei **Fundamentuntersuchungen** Anfang der 1960er Jahre stockte den Ingenieuren bei genauerem Hinsehen der Atem. Die Bauexperten fanden heraus, dass der rund 20.000 Tonnen schwere und 80 m hohe Vierungsturm auf wenigen wackligen Steinen ruhte. 2 Mio. £ mussten investiert werden, und mit Tausenden von Tonnen an Beton sowie 9 km an Moniereisen und Stahlmatten wurde das Fundament verstärkt. Als die Arbeiten abgeschlossen waren, schlug 1964 der Blitz ins Gotteshaus ein, eine Feuerwalze raste vor allem durch das südliche Querschiff und vernichtete die gesamte hölzerne Balkendecke.

Wunderschön sind im Münster vor allem die bleigefassten, insgesamt 128 **Fenster des Domes.** Das *West Window* datiert von 1338 und wird aufgrund seines herzförmigen Maßwerks auch als *Heart of Yorkshire* bezeichnet. Im nördlichen Querschiff begeistert das *Five Sister Window* aus dem 13. Jh., so benannt, weil es aus fünf 15 m hohen Lanzettbogen besteht. Gegenüber, im südlichen Querschiff, lässt das *Rose Window* Licht ins Dunkel des Gotteshauses. Das Fenster ist aus 17.000 Teilen zusammengesetzt. Es erinnert an die Hochzeit von *Heinrich VII.* mit *Elisabeth von York* – die Eheschließung beendete den Rosenkrieg; in dem 30 Jahre währenden Bürgerkrieg hatte das Haus Lancaster (im Wappen eine rote Rose) gegen das Haus York (weiße Rose) um die Herrschaft im Land gekämpft.

Unübertroffen ist das 1405 fertiggestellte *East Window,* das mit seinen Ausmaßen von 25 x 10 m als das größte mittelalterliche Buntglasfenster der Welt gilt.

An das Münster schließt sich nördlich der Dean's Park an, und hier hat die **York Minster Library** ihre Behausung gefunden (Mo–Fr 9–17 Uhr); östlich vom Gotteshaus, in der Chapter House Street, befanden sich einst die Schätze des Münsters und das kostbare Messgeschirr in der **Treasury,** in einem Gebäude aus dem 16. Jh. Das Haus gehört heute dem *National Trust,* der mit vielerlei Exponaten die Geschichte des Ge-mäuers lebendig erhält (tgl. 10.30– 17 Uhr).

Um die Ecke findet der Besucher in der College Street das wunderschöne, fachwerkgeschmückte **St. William's College,** in dem zu Zeiten von *Karl I.* die königliche Münze und Druckerei ihren Sitz hatte. Kinder werden hier begeistert das **Brass Rubbing Centre** besuchen und alte Grabplatten abpausen (Mo bis Sa 10–17, So 12.30–17 Uhr).

Streift man nun gen Süden durch die winkligen, schmalen, katzenkopfgepflasterten Gassen mit ihren alten und uralten Fachwerkhäusern, so gerät man auch in die **Shambles** hinein, wo die Giebel der Fachwerkhäuser auf das Sträßchen vorkragen und sich oben bald berühren. Da hier in mittelalterlichen Tagen die Metzger – *Shammels* genannt – ihrem Handwerk nachgingen, war die Namensgebung der Gasse einfach. In der parallel zur Shambles verlaufenden Straße findet täglich ein großer Markt statt. Übereinstimmend

heißt es in allen Reiseführern, dass die kleine Gasse der atmosphärereichste Fleck der ganzen Stadt sei, und so ist die Shambels schon zu einem Synonym für York geworden. Geht man allerdings vorurteilsfrei an das Straßennetz heran, so muss man sagen, dass die Gasse Stonegate wesentlich charmanter ist. Rechts und links ziehen sich kleine Läden mit herzallerliebsten Auslagen im Schaufenster entlang, Bäckereien bieten köstliche Leckereien, Restaurants laden zum Dinner, und hier überspannt – wie es früher üblich war und man es heute nur noch ganz selten findet – auch in voller Breite ein Wirtshausschild die Gasse. Es weist auf den ältesten Pub von York hin,

Die Gasse Shambles in York

den von 1644 datierenden *Ye Olde Star Inne,* in dessen alter geschmackvoller Einrichtung das Bitter oder Lager noch einmal so gut schmeckt.

Spaziert man weiter südlich, so ist schnell **York Castle** erreicht, wo sich die Sehenswürdigkeiten konzentrieren.

Von der einst wehrhaften Burg, die sofort nach der Invasion von *Wilhelm dem Eroberer* in Auftrag gegeben wurde, ist nicht mehr viel zu sehen, lediglich der **Clifford's Tower** (tgl. 10–18 Uhr), ein massiger Bergfried, auf english *Keep* genannt, ragt noch in den Himmel, doch ist es nicht der Originalturm. Der brannte bei einem unrühmlichen Vorfall schon wenige Jahre nach seiner Errichtung ab: 1109 kam es zu antisemitischen Ausschreitungen, und 150 Juden suchten Schutz in dem mächtigen Donjon. Der Mob belagerte den Turm und angesichts der Wahl Hungers zu

sterben oder draußen abgeschlachtet zu werden, begingen die Männer und Frauen kollektiven Selbstmord, indem sie Feuer an den Turm legten.

Der im ganzen Inselreich berüchtigte *Highwayman* – wie man in England in früheren Tagen die Straßenräuber nannte – und Pferdedieb *Dick Turpin,* den noch heute jedes Kind kennt, verbrachte seine letzte Nacht auf Erden in der Festung. 1739 wurde er unter der begeisterten Anteilnahme der Bevölkerung öffentlich gehenkt.

Das **Castle Museum** neben der Burg dokumentiert mit einer Vielzahl von Exponaten das Alltagsleben über die Jahrhunderte recht gut (Mo-Sa 9.30–17.30, So 10.30–17.30 Uhr).

Nahebei in der Coppergate macht das **Jorvik Viking Centre** (tgl. 9–17 Uhr) den Besucher mit den Tagen der Wikinger vertraut, die für 400 Jahre Angst und Schrecken im gesamten Land verbreitet hatten. Und

Markt in York

schließlich informiert in der Castlegate das **York Story Heritage Centre** über die lange und wechselvolle Geschichte der Stadt (Mo–Sa 10–17, So 13–17 Uhr).

Eisenbahn-Enthusiasten dürfen einen Besuch im **National Railway Museum** in der Leeman Road auf keinen Fall versäumen (Mo–Sa 10–18, So 11–18 Uhr). Das riesige, preisgekrönte Museum präsentiert die Geschichte der Eisenbahn von den Anfängen bis zur Gegenwart. Die Haupthalle zeigt an die fünfzig Lokomotiven, die älteste datiert aus dem Jahr 1829; darunter ist auch die legendäre Mallard, die mit fast 200 km/h schnellste dampfbetriebene Lok der Welt.

An die Stadtmauer, am mächtigen **Torturm Bootham Bar,** schmiegt sich der Exhibition Square an, und hier findet der kunstinteressierte Besucher die **City Art Gallery,** die frühe italienische Malerei sowie Werke britischer und nordeuropäischer Künstler zeigt (Mo–Sa 10–17, So 14.30–17 Uhr). Die nächste Attraktion hier ist das **Yorkshire Museum,** das mit seiner großen archäologischen Abteilung die Römerzeit sowie die *Dark Ages*, die Ära der Angelsachsen, dokumentiert (tgl. 10–17 Uhr).

Praktische Hinweise

Tourist Information

● **De Grey Rooms,** Exhibitions Square, Tel. 01904/621756.

Unterkunft

● **The Gateway to York Hotel,** Hull Road, Kexby, Tel. 01759/388223, Fax 388822, enquiry@thegatewaytoyorkhotel.co.uk, DZ 70 £.

● **Novotel York,** Fishergate, Tel. 01904/611669, Fax 610925, H0949@accor-hotels.com, DZ 79 £.

● **Heworth Court Hotel,** 76 Heworth Green, Tel. 01904/425156, Fax 415290, hotel@herworth.co.uk, DZ 56 £.

● **Bed & Breakfast:** *Ashbourne House,* 139 Fulford Road, Tel. 01904/639912, Fax 631332, ashbourne@aol.com, DZ 50 £; *Brontë House,* 22 Grosvenor Terrace, Bootham, Tel. 01904/653434, info@bronte-guesthouse.com, DZ 50 £; *City,* 68 Monkgate, Tel. 01904/622483, jeff@cityguesthouse.co.uk, DZ 50 £; *Holly Lodge,* 204 Fulford Road, Tel. 01904/646005, DZ 58 £; *Acorn,* 1 Southlands Road, Bishopthorpe, Tel. 01904/620081, Fax 613331, acor.gh@btinternet.com; DZ 46 £; *Bootham,* 56 Bootham Crescent, Tel./Fax 01904/672123, DZ 44 £.

● **Jugendherbergen:** *York Youth Hostel Clifton,* Waterend, Tel. 0870/7706120; *York Backpackers Hostel,* 88 Micklegate, Tel./Fax 01904/627720, yorkbackpackers@cwcom.net.

● **Camping:** *Rawcliff Caravan Park,* Manor Lane, Shipton Road, Tel. 01904/624422, 3 km nördlich von York an der A 19, York/Thirsk-Straße, nahe der Kreuzung mit der Umgehungsstraße A 1237.

Pubs & Restaurants

● **Ye Olde Star Inne,** Stonegate, s. o.

● **Bella Italia,** Low Petergate, essbare Pizzen und Pastas im Lokal einer Restaurantkette, 7–9 £.

● **Old White Swan,** Goodramgate, urgemütlicher, freundlicher Pub mit Biergarten.

● **Cross Keys** und **Royal Oak,** beide Goodramgate, zwei große Pubs, letzterer in einem schönen, alten Fachwerkhaus, mit weiter Palette an Bar Meals.

● **Golden Lion,** Church Street, klassische Pub-Atmosphäre.

● **The Golden Fleece,** Pavement, kleiner Pub in einem winzigen, schmalen Häuschen, eng und gemütlich.

● **Melton's,** 7 Scarcroft Road, Tel. 01904/634341, bestes (Nichtraucher-) Restaurant

England, Nord

in York und eines der besten im Norden Englands, 20–45 £.

- **Middlethorpe Hall,** Bischopthorpe Road, Tel. 01904/641241, nach dem Melton's das beste (Nichtraucher-) Restaurant der Stadt mit guter Weinkarte.
- **The Punch Bowl,** Stonegate, uralter Stadtpub mit Lunch- und Dinnergerichten.
- **Café Rouge,** Low Petergate, gutes Preis-Leistungsverhältnis in dem Lokal einer Restaurant-Kette.
- **Caesar's,** italienische Küche, Goodramgate, Pizzen und Pastas um 5 £, Fisch- und Fleischgerichte 9 £.
- **La Piazza,** Goodramgate, *italian owned and managed,* 5–13 £.
- **Ristorante Bari,** The Shambles, italienische Küche, 6–13 £.
- **Café Greenhouse,** Church Street, gemütliches kleines Café mit angeschlossenem Restaurant, 6 £.
- **Betty's Café and Tearooms,** Parliament Street, schönes Jugendstil-Café aus dem Jahr 1919, aus den großen Fenstern kann man dem Treiben draußen zusehen.
- **Guy Fawkes Pub-Restaurant,** High Petergate, freundliches und sehr gemütliches Restaurant in dem Haus, in dem 1570 *Guy Fawkes* geboren wurde, 8 £.
- **Gateway Internet Café,** 26 Swinegate.

Rent-a-Bike
- **Cycle Scene,** Burton Stone Lane.

Verbindung
- Mit **Bussen** und **Zügen,** auch Intercity-Anschluss, in alle Landesteile.

North York Moors National Park

Über eine Fläche von 1432 qkm erstrecken sich Hochmoorebenen und Hügelland und reichen bis an die Küste heran. Siedler der Bronzezeit schon haben die einstmals ausgedehnten Wälder gerodet, und aufgrund fehlender Aufforstung entstanden die heutigen **Heidegebiete,** die die Engländer so sehr lieben, dass Jahr für Jahr 10 Mio. Ausflügler in dieses Naherholungsgebiet strömen. 1600 km an Wanderpfaden bietet der Nationalpark, steile Steigungen gibt es nicht, man läuft auf einem weichen, leicht federnden Moorgrund leichtfüßig durch sanfte Hügel. Trotz der vielen Besucher kann man stundenlang durch die Gegend spazieren, ohne eine Menschenseele zu treffen, die Ausflügler verlaufen sich in der Weite der Landschaft. Im August und September ist es im Naturpark am schönsten, dann nämlich blüht die Heide, und der Wandersmann schreitet über einen purpurfarbenen Teppich, der sich bis an den Horizont ausbreitet.

Quer durchs York Moor führen zwei Langstreckenwege, einmal der rund 180 km lange **Cleveland Way,** der in einer u-förmigen Route von Helmsley im Südwesten nach Norden über die Hambleton Hills und dann entlang der Cleveland Hills nach Guisborough an der Nordseeküste verläuft und schließlich weiter entlang des Meeres über Whitby, Scarborough bis nach Filey führt. Zum anderen der 64 km lange **Lyke Wake Walk,** der von Osmotherly, einem Örtchen im äußersten Westen des Parks quer durch das Naturschutzgebiet nach Ravenscar zur Küste führt. Diese Strecke ist schon uralt und folgt den Spuren ganz früher Siedler, die auf diesem Weg ihre Verstorbenen ins Moor brachten, um sie dort zu begraben. Viele andere, bis heute begehbare Pfade laufen kreuz und quer durch die Region, sie heißen *Trods, Causeways* oder *Panniermen's Track*, und wurden von Mönchen angelegt, die auf diesen Wegen ihre Waren in die umliegenden Zentren brachten.

Die Mönche waren es auch, die dankenswerterweise die **Steinkreuze** aufstellten, die dem Wandersmann heute noch die Richtung weisen; über 300 stehen im Park, und das älteste ist das *Lilla Cross* bei Ellerbeck Bridge in den Fylingdales Moors, das aus dem 7. Jh. datiert.

Schaut man sich die Flora und Fauna des York Moors an, so gedeihen hier Preisel- und Blaubeere, es wachsen weiter Sumpfrosmarin und die Graue Glockenheide. Durch die Lüfte flattern der Merlin, die kleinste Falkenart, Goldregenpfeifer, das Schottische Moorschneehuhn, große Brachvögel und der Wiesenpiper. Durch die Wälder des Nationalparks – trotz früher Abholzung gibt es noch immer genügend davon – streifen der räuberische Fuchs, der gestreifte Dachs, scheues Rotwild, und in den Bächen und Flüssen baut der Otter noch Dämme.

Vom kleinen Örtchen Pickering, das sich den fremdenverkehrsfördernden Namen *Gateway to the Moors* gegeben hat und das in der Tat in weitem Umkreis die touristische Infrastruktur aufrechterhält, verkehrt die bemerkenswerte **North York Moors Railway** durch die Heidelandschaft; kein Geringerer als *George Stephenson,* der die erste betriebstüchtige Eisenbahn der Welt baute und mit seiner legendäre Rocket alle Konkurrenten aus dem Feld schlug, hat die Strecke 1865 angelegt. Die Moors Railway ist nicht etwa eine Schmalspurbahn, sondern eine richtig groß dimensionierte Eisenbahn mit einer fauchenden, dampfenden Lokomotive, die ihre Ankunft mit einer schrillen, dampfbetriebenen Pfeife meldet. Zugnostalgie pur!

Standquartier ist, wie ja oben schon vermerkt, *Pickering,* und der Wandersmann sollte hier seine Zelte aufschlagen. Gibt es einen Regentag zu überbrücken, so kann man im **Beck Isle Museum of Rural Life** in der Bridge Street etwas über die Heimatgeschichte erfahren (tgl. 10–12.30, 14–17 Uhr).

Praktische Hinweise

Tourist Information
●*Ropery House,* The Ropery, Tel. 01751/473791.

Unterkunft
●*Black Swan Hotel,* 18 Birdgate, Tel. 01751/472286, Fax 472928, DZ 60 £.
●*Bed & Breakfast: Kirkham Garth,* Whitby Road, Tel. 01751/474931, DZ 50 £; *Heathcote Guest House,* 100 Eastgate, Tel. 01751/476991, DT 48 £; *The Old Manse,* 45 Middleton Road, Tel. 01751/476484, Fax 477121, DZ 45 £.
●*Jugendherberge: The Old School,* Lockton, Tel. 01751/460376, 8 km nordöstlich von Pickering.

Pubs & Restaurant
●*White Swan* und *Bay Horse,* zwei Pubs in Market Place, beide in uralten Gemäuern.
●*The Rose,* Bridge Street, neben dem Bach, mit Biergarten, alle Pubs servieren gute Bar Meals.
●Restaurant im *Black Swan Hotel.*

Verbindung
●*Busse* und *Züge* von und zu einer ganzen Reihe von größeren Orten.

England, Nord

Scarborough

Scarborough ist das älteste **Seebad** Nordenglands, wurde im 19. Jahrhundert für die badefreudigen Viktorianer angelegt und bekam schnell den poetischen Namen *The Queen of the Watering Places* verpasst. Im Laufe der Zeit wandelte es sich dann von einem feinen *Seaside Resort* der Begüterten zu einem Arbeiter-Kurort für die Wertätigen des mittelenglischen Industriegürtels. Im Gefolge davon kamen *Fun Palaces, Leisure Centres, Bingo Halls, Amusement Pavilions, Pleasure Parks, Fish & Chips Shops*, Softeis-Kioske und *Seaside Pubs* sowie entlang der Strandpromenade überdachte Bänke, von denen man auch bei schlechtem Wetter aufs Meer schauen kann – *Kiss-me-Quick-Huts* heißen solche Dinger in England.

Sieht man einmal von den Sandstränden ab, so ist die **Burg** die Attraktion im Örtchen, die von zwei Buchten eingerahmt, strategisch günstig östlich der Stadt liegt. Schon in der Bronzezeit war das kleine Vorgebirge befestigte, und die Römer unterhielten hier eine Signalstation. Die Wikinger hatten an diesem Platze ebenfalls eine Ansiedlung, die von einem gewissen *Scardi* befehligt wurde; auf *Scardi*, was übrigens Hasenlippe bedeutet, geht der Name der Stadt zurück. Der älteste Teil der Burg ist der Donjon, der zwischen 1158 und 1164 errichtet wurde; in den folgenden Jahrhunderten wurden immer wieder Um- und Anbauten vorgenommen. Während des ersten Weltkriegs bombardierten die Deutschen – unter strategischen Gesichtspunkten völlig blödsinnig – Scarborough Castle mit ihren fragilen Doppeldeckern.

Einen Steinwurf nur von der Burg entfernt steht in der Castle Street die **Kirche St. Mary's;** auf dem Friedhof des Gotteshauses ist *Anne Brontë* begraben (siehe Haworth).

Höchst interessant ist auch ein Besuch in der **Kirche St. Martin-on-the-Hill** in der Albion Road; hier haben die bekanntesten Präraffeliten kreative Akzente gesetzt: das Dach des Kirchturms entwarf *William Morris,* das Altar-Tryptichon stammt von *Edward Burne-Jones,* für die Kanzel zeichnete *Dante Gabriel Rosetti* verantwortlich, die Bleiglasfenster sind eine Gemeinschaftsarbeit von *William Morris, Burne-Jones* und *Ford Maddox Brown,* und an der Ostmauer kann man inmitten des Maßwerks *Angels* von *Morris* und *The Adoration of the Magic* von *Burne-Jones* bewundern – so etwas gibt es in ganz Großbritannien kein zweites Mal!

Tourist Information
●**Brunswick Shopping Centre,** Westborough, Tel. 01723/383636.

Robin Hood's Bay

Auf keinen Fall sollte man an dem pittoresken winzigen Küstenort nördlich von Scarborough vorbeifahren, in dem die Zeit stehengeblieben zu sein scheint. Warum der Weiler auf den Namen des legendären Bogenschützen aus dem Sherwood Forest hört, weiß keiner so recht, Verbindungen zum englischen *Michael Kohlhaas* gibt es keine, und so bevorzugen die *Locals* die Bezeichnung **Bay Town.**

Das kleine Nest wurde im 15. Jh. als **Fischerdorf** gegründet, und um das Jahr 1820 herum war es von allen Dörfern an der nordenglischen Küste das wohlhabendste. Sage und schreibe 130 Fischerboote fuhren Tag für Tag hinaus aufs Meer und stellten den Heringen nach, die damals noch in ungeheuren Schwärmen vorhanden waren. Auch auf Schellfisch, Krabben und Hummer machten die Boote Jagd, die entlang der Küste *Cobles* genannt wurden. Hohe Steuern des Staates provozierten im 18. und 19. Jh. die Schmuggelei im Weiler, und die Bewohner kamen durch die illegale Einfuhr von Tabak, Alkohol und Seide aus Holland und Frankreich nun richtig zu Reichtum.

Robin Hood's Bay ist in zwei Teile gegliedert, hoch oben auf der Klippe findet sich der Bereich Uplands, hier ließen sich im 19. Jh. die begüterten, durch den Schmuggel reich gewordenen *Sea Captains* nieder und hatten eine prachtvolle Aussicht aufs Meer. Unten am Kai reihen sich die Häuschen aus der Gründungszeit rund um den kleinen Hafen.

Von einem hochgelegenen Parkplatz spaziert der fremde Besucher sommertags zusammen mit vielen anderen Ausflüglern die steile Straße (30 % Gefälle) hinunter zum Meer, flaniert im kleinen Weiler über katzenkopfgepflasterte, enge und winklige Gassen, schaut sich am kleinen natürlichen Hafen die wenigen im Wellenschlag schaukelnden Bötchen an, trinkt ein Bier oder probiert ein *Bar Meal* in einem der uralten Fischer-Pubs, versucht die typisch englische Dorfstimmung auf den Film zu bannen, stellt dann beginnende Langeweile fest und ist bei der Abfahrt überzeugt, dass es nichts schöneres gibt als ein Örtchen an der englischen Küste.

Blick auf Robin Hood's Bay

England, Nord

Whitby

Von allen Städtchen an der englischen Nordseeküste ist Whitby ganz ohne Zweifel das charaktervollste und freundlichste und lädt dazu ein, zum Standquartier der Region zu werden. Das Fischerstädtchen besitzt historische und literarische Reminiszenzen, atmosphärisch dichte Ruinen und einen Charme, dem sich kaum ein Besucher entziehen kann.

Der Mündungstrichter des River Esk teilt Whitby in zwei Bereiche, mit der Old Town im Osten und dem neueren Viertel am West Cliff, wo sich auch die meisten B&B sowie die Hotels befinden.

Vom Altstadtbereich führen die berühmten 199 Stufen hoch zur **Kirche St. Mary's.** Eine der faszinierendsten Figuren der Literaturge-schichte erklomm diese Treppe in finsterer Absicht. **Dracula** war es, der von Transylvanien aus in einem Sarg die Reise nach Whitby antrat, und hier auf dem Kirchhof von St. Mary's im Grab einer Selbstmörderin die Tage verbrachte und des Nachts der mutigen Heldin Lucy nachstellte.

Von hier oben hat man einen prachtvollen **Ausblick** auf die Stadt, den Mündungstrichter des River Esk, den Jacht-Hafen, in dem die Segler vor Anker liegen und aufs Meer, wo von allen Seiten Fischerboote und Segeljachten auf Whitby zuhalten. Einen schöneren Ausblick gibt es weit und breit nicht noch einmal.

St. Mary's Ursprünge gehen auf das Jahr 1110 zurück, umfangreiche Renovierungen und Umbauten dann brachte das 18. Jh. mit sich. Einen Steinwurf von der Kirche entfernt fin-

Blick von der Kirche St. Mary's auf Whitby

det der Besucher die Ruinen von **Whitby Abbey.** Das Kloster wurde 657 von der *hl. Hilda of Hartlepool,* der Tochter des *Königs Oswy von Northumberland* gegründet und erlangte innerhalb weniger Jahre eine solche Bedeutung, dass 664 hier die Synode von Whitby stattfand; bei dem Kirchentreffen ging es um die Festlegung der Ostertage sowie vor allem jedoch um die Einführung des römischen Ritus zuungunsten des monastisch geprägten, frühchristlichen keltischen Brauchtums. Dennoch hielt sich noch fast für 600 Jahre der keltische Einfluss innerhalb der britischen und irischen Kirche.

Zwischen St. Mary's und der Abteiruine ragt ein 6 m hohes **Hochkreuz** auf, das an den frommen Bruder *Caedmon* erinnert; der Mönch, so heißt es, war zu Zeiten der Gründerin *Hilda* verantwortlich für die Schweine des Klosters, hatte aber anscheinend genügend Zeit, der Poesie zu frönen und dichtete den 9 Zeilen langen *Song of Creation.* Dies ist das älteste erhaltene Gedicht Großbritanniens, und Whitby Abbey ist damit nicht nur die Wiege des englischen Christentums, sondern auch der Geburtsort der britischen Literatur.

Die Originalbauten der Abtei fielen 867 den einfallenden Dänen zum Opfer, 1078 bauten Benediktiner-Mönche das Kloster wieder auf, und die Reste, die wir heute sehen, datieren aus der Zeit von 1220 bis 1539.

Whitbys großer Sohn ist der Kapitän **James Cook,** der zwar hier nicht geboren wurde, aber immerhin seine Lehre und Ausbildung im Städtchen absolvierte. 1728 erblick-

Am Hafen von Robin Hood's Bay

te *Cook* in einem Weiler des County Yorkshire das Licht der Welt, im Alter von 40 Jahren begann seine dreijährige Forschungsreise, von 1772 bis 1775 war er ein zweites Mal unterwegs und erkundete auf beiden Fahrten die Ostküste Australiens. Danach durchsegelte er die zwischen Australien und Neuguinea gelegene Torresstraße, kartographierte die neuseeländische Küste und entdeckte eine ganze Reihe von bis dahin unbekannten Inseln in der Südsee. Mit diesen beiden Reisen verwies er die bisherige Vermutung über einen riesigen Südkontinent, die so genannte Terra australis, ins Reich der Fabel. Einmal vom Forschungsfieber gepackt, machte sich *Cook* auf eine neuerliche Tour, bei der er vom Pazifik aus einen nördlichen Zugang zum Atlantik suchte. Dabei durchsegelte er die gefährliche, von treibenden Eisschollen teilweise blockierte Beringstraße und erkundete die Küste Alaskas. Am 14. Februar 1779 wurde er auf Hawaii bei einer Auseinandersetzung mit Einheimischen erschlagen.

In Whitby nun macht in der Grape Lane, im Ostteil der Stadt und kurz vor der schwenkbaren Hafenbrücke über den Mündungstrichter des River Esk, das **Captain Cook Memorial Museum** mit der Geschichte dieses bedeutenden Entdeckers bekannt (April–Okt. Mo, Di, Do–So 9.45–17, Mi 14–17 Uhr). In dem Gebäude betrieb einmal der Reeder *John Walker* seine Geschäfte und hier begann *James* seine nautische Ausbildung. Das Schiff, auf dem er die Entdeckungsreisen durchführte, war die *Endeavour,* ein in Whitby vom Stapel gelaufenes, typisches Produkt der lokalen Werften. Derlei Segler, *Cat* genannt, wurden im Kohlenhandel eingesetzt, waren langsam und besaßen einen sehr breiten Schiffsrumpf. Sie waren dafür geeignet, von der offenen See her in Flussmündungen zu stoßen und konnten auch gut in Flüssen mit vertrackten Strömungen segeln – ideal also für küstennahe Erkundungen. Das Museum zeigt eine höchst interessante Auswahl an Memorabilien zum Leben und Wirken *Cooks.*

Ebenfalls höchst interessant und sehr informativ ist das **Whitby Lifeboat Museum** am Hafen in der Pier Road (unregelmäßige Öffnungszeiten). Die *Whitby Lifeboat Crew* der RNLI *(Royal National Lifeboat Institution)* hat von allen Seenotrettungskreuzerbesatzungen in ganz England bisher die meisten Tapferkeitsmedaillen bekommen und im Laufe der letzten Jahrzehnte Hunderte von Menschenleben gerettet. Schaut man sich in der Ausstellung das Ruderboot an, mit dem sich noch Anfang des 20. Jahrhunderts bis zu zwölf Männer bei Sturm in die turmhohen Wellen trauten, um Schiffbrüchige zu bergen, so steht man staunend vor so viel Mut, das eigene Leben zu riskieren, um anderen zu helfen. Der Preis, den die Retter von Whitby – und die im ganzen Land stationierten Besatzungen der RNLI – dafür zahlten, ist freilich immer hoch gewesen.

In **The Pannet Park Museum & Art Gallery,** in den Pannet Gardens im Westteil der Stadt, gibt es ebenfalls eine Ausstellung zu *Captain Cook,* außerdem macht das Ausstellungsgebäude mit der hochinteressanten Seefahrtsgeschichte der Stadt vertraut (Mo–Sa 9.30–17.30 Uhr). Die Fischer von Whitby machten nämlich in früheren Zeiten Jagd auf Wale – und das müssen wir uns in der Tat so vorstellen, wie es *Herman Melville* 1851 in Moby Dick geschildert hat.

Praktische Hinweise

Tourist Information
●Longborne Road, Tel. 01947/383637.

Unterkunft
●**White House Hotel,** Upgang Lane, West Cliff, Tel. 01947/600469, Fax 821600, Thomas.Campbell1@btinternet.com, DZ 60 £.

●**Old West Cliff Hotel,** 42 Crescent Avenue, Tel. 01947/603292, Fax 821716, old westcliff@telinco.co.uk, DZ 55 £.

●***Bed & Breakfast:*** *Chiltern,* 13 Normanby Terrace West Cliff, Tel. 01947/604981, chiltern-whitby@faxvia.net, DZ 42 £; *Corra Lynn,* 28 Crescent Avenue, Tel./Fax 01947/602214, DZ 48 £; *The Waverley,* 17 Crescent Avenue, Tel./Fax 01947/604389, the waverley@tesco.net, DZ 46 £; *Sunny bank,* 43 Coach Road, Sleights, Tel. 01947/811157, ianclarkson61@hotmail.com, DZ 38 £.

●***Jugendherberge:*** *East Cliff,* Tel. 01947/602878.

Pubs & Restaurants

●***Middle Earth Tavern,*** 26 Church Street, charaktervoller Pub mit Restarant im ersten Stock in einem ehemaligen Kapitänshaus in der Nähe des Hafens.

●***The Dolphin,*** Bridge Street, Ausblicke auf die Drehbrücke und den Hafen.

●***The Buck Inn,*** St. Anne's Staith, gemütlicher Hafen- und Fischer-Pub.

●***The Jolly Sailors,*** St. Anne's Staith, große Taverne in einem schönen, alten renovierten Fachwerkgebäude.

●***Pier Inn,*** Pier Road, Free House.

●***Magpie Café,*** Pier Road, ein kleines Billigrestaurant an der See.

Verbindung

●Mehrmals täglich ***Züge*** und ***Busse*** von und in alle größeren Städte.

Sandsend

Sandsend ist ein kleines Örtchen wenige Kilometer nördlich von Whitby, das sich an einem schönen langen und breiten Sandstrand entlangzieht und das sich von daher bei sommerlichen Ausflüglern großer Beliebtheit erfreut. Die Kinder, die *Bucket and Spade Brigade,* wie die mit Sandschäufelchen, Förmchen und Eimerchen ausgerüsteten Kleinen in England auch genannt werden, finden ideale Voraussetzungen vor. Es gibt eine ganze Anzahl an Unterkünften des Typs Bed & Breakfast, etliche gemütliche Pubs, zwei, drei Billigrestaurants, Softeis-Kioske im 50-m-Abstand und gleichmäßig entlang der Uferstraße verteilte Tea Rooms mit Wohnzimmeratmosphäre.

Durham

Zwischen den Agglomerationen Middlesborough und Darlington hindurch geht es weiter gen Norden auf Durham zu. Das Zentrum der ungeheuer sympathisch und freundlich wirkenden kleinen Universitätsstadt liegt in einer langen Schleife des River Wear, und wer von den Besuchern mit dem Zug anreist, hat vom Bahnhofsgebäude eine der schönsten Aussichten in ganz Nord-England auf die von Kathedrale und Burg bestimmte Skyline von Durham.

Der ***Marktplatz*** gibt dem Besucher den Weg frei in die an drei Seiten umflossene Altstadt von Durham. Unübersehbar macht eine Statue mit dem *3. Marquis von Londonderry* bekannt, der hoch zu Ross den Market Square schmückt und der im 19. Jahrhundert ein von der Bevölkerung gehasster Grubenbesitzer war.

Über leicht ansteigende katzenkopfgepflasterte Straßen ist man schnell an der majestätisch aufragenden ***Kathedrale*** und der Burg angelangt. Palace Green heißt der kleine Rasenplatz, der beide voneinander trennt. Hier ist in den ehemaligen *Alms Houses*, also den früheren Armenhäusern, ein kleines, preiswertes Café-Restaurant untergebracht.

Französische Steinmetze waren maßgeblich an den Arbeiten des großen Gotteshauses beteiligt, und 1133 konnte die Kathedrale geweiht werden. Über die Jahrhunderte wurde immer nur behutsam restauriert, so dass Durham Cathedral im ganzen Inselreich der besterhaltene und zugleich größte Dom im normannisch-romanischen Stil ist. Nach der Kirchenweihe kamen die Gebeine des *hl. Cuthbert* in das große Gotteshaus, der schon Jahrhunderte zuvor in seiner einsamen Klause auf der kleinen Insel Farne gestorben war. Als die frommen Brüder des benachbarten Klostereilandes Lindisfarne wegen der Wikingerüberfälle auf das Festland flüchteten, ließen sie den Sarg ihres Heiligen natürlich nicht zurück. Der zweite große Mann, der in der Kathedrale seine letzte Ruhe gefunden hat, ist der *hl. Beda* (gest. 735), der mit einer der ersten Kirchenchroniken von sich reden machte. So entwickelte sich Durham rasch zu einem Wallfahrtsziel, was nicht nur religiöse, sondern erfreulicherweise auch handfeste ökonomische Vorteile für die Bürger der Stadt mit sich brachte.

Gegenüber der Kathedrale liegt **Durham Castle** oberhalb des River Wear und hat schon lange sein militärisches Aussehen verloren. Neben dem uralten Donjon, dem Bergfried, befindet sich die so genannte Normannische Kapelle, eine mittelalterliche Schatzkammer für die liturgischen Gerätschaften. Institutionen der **Universität** sind in der Burg untergebracht, eine Besichtigung ist daher nur während einer 45 Minuten langen geführten Tour mehrmals wöchentlich möglich. Ein Aushang nennt die Zeiten, die unregelmäßig sind, um den Lehrbetrieb so wenig wie möglich zu stören.

Ein ruhiger Spaziergang durch die **Altstadt** sowie ein Spaziergang auf einem von hohen Bäumen gesäumten Pfad entlang des River Wear darf dann auf dem Besuchsprogramm nicht ausgelassen werden; nach ca. 45 Minuten hat der Flaneur die Altstadt am Fluss entlang umlaufen.

Im Süden von Durham, außerhalb des vom River Wear umflossenen Zentrums, liegen auf dem Elvet Hill die Colleges der **Universität.** Hier lohnt ein Besuch im universitären **Oriental Museum,** dessen Highlight eine große Sammlung chinesischen Porzellans ist (Mo-Sa 9.30-13, 14-17, Sa, So 14-17 Uhr).

Die Kathedrale hoch über dem River Wear

Auf dem River Wear

Praktische Hinweise

Tourist Information
● 2 Millennium Place, Tel. 0191/3863015.

Unterkunft
● **Bowburn Hall Hotel,** Bowburn, Tel. 0191/3770311, Fax 3773459, DZ 65 £.
● **Rainton Lodge Hotel,** Rainton Gate, West Rainton, Tel. 0191/5120540, Fax 5841221, DZ 55 £.
● **Bed & Breakfast:** *Hillrise,* 13 Durham Road West Bowburn, Tel./Fax 0191/3770302, DZ 45 £; *Lothlorien,* 48 Front Street Witton Gilbert, Tel. 0191/3710067, milnes@lothlorien57.fsnet.co.uk, DZ 45 £; *The Georgian Townhouse,* 10 Crossgate, Tel./Fax 0191/3868070, enquiries@georgian townhouse.fsnet.com, DZ 50 £; *Castledene,* 37 Neville Terrace, Tel./Fax 0191/384 8386, DZ 45 £.
● **Camping:** *Grange Camping and Caravan Site,* Meadow Lane, Tel. 0191/3844778, 3 km nordöstlich der Stadt nahe der Kreuzung der A 1/A 690.

Pubs & Restaurants
● **Swan and Three Cygnets,** Elvet Bridge, hübscher, kleiner Pub mit guter Atmosphäre, bei schönen Wetter stitzt man draußen und schaut dem Treiben auf der Fußgängerbrücke zu.
● **Market Tavern,** Market Place, kleiner uralter Pub mit Atmosphäre.
● **Coach and Eight,** Framwellgate Bridge, freundlicher Riverside Pub mit Blick über den River Wear.
● **The Shakespeare,** Saddler Street, netter, kleiner Pub, hält die Erinnerung an Englands größten Barden wach.
● **Emilio's,** Elvet Bridge, gute italienische Küche, Pizzen und Pasta um 6 £, Fisch- und Fleischgerichte um 14 £.
● **Pizza Express,** Saddler Street, essbare Pizzen im Lokal einer weitverzweigten Restaurantkette, 7–9 £.
● Internet-Café **Durham Gallery,** 254 George Street.

Verbindung
● **Busse** und **Züge** in alle Landesteile.

England, Nord

Beamish Museum

15 km nördlich von Durham neben der A 693 befindet sich ein hochinteressantes *Freilichtmuseum.* Es versetzt den Besucher an den Beginn des 20. Jahrhunderts zurück, als hier noch kräftig Kohle gefördert wurde. Das ganze Areal ist originalgetreu angelegt. Selten wird im hohen Norden Englands derart lebensecht Geschichte verdeutlicht.

Öffnungszeiten und Anfahrt: April–Okt. tgl. 10–17 Uhr; von Durhams Bahnhof verkehrt ein Bus bis zu drei Mal täglich.

Berwick-upon-Tweed

Die schottisch-englische Grenzstadt hat sich – so scheint es – bis heute nicht von den jahrhundertelangen Dauerstreitigkeiten zwischen Engländern und Schotten erholt, denn sehr viel Flair und Atmosphäre ist nicht zu spüren. Allein zwischen 1174 und 1482 wechselte der Ort sage und schreibe 14mal seine Nationalität. War das Städtchen im 13. Jh. noch eine prosperierende schottische Hafenstadt, so haben die Grenzscharmützel in den folgenden Jahrhunderten das ökonomische Leben weitgehend zum Erliegen gebracht.

Einziger Grund, Berwick einen Besuch abzustatten, sind die wirklich gigantischen *Befestigungswälle,* die in der Regierungszeit von *Königin Elisabeth* angelegt wurden und ein für alle Mal eine Eroberung durch die Schotten ausschlossen. Der furchteinflößende, wahrhaft riesige Wall war nach neuesten militärischen Gesichtspunkten konstruiert und konnte der zerstörerischen Kraft anprallender Kanonenkugeln Stand halten. 128.000 £ ließ es sich *Elisabeth* kosten, die Stadt zu sichern, mehr, als alle anderen Befestigungen ihrer gesamten Regierungszeit an Geld verschlingen sollten. 1558 begannen die Arbeiten, die elf Jahre später abgeschlossen werden konnten. Nie jedoch erfolgte ein Angriff, und schneller als gedacht gingen die Schotten die Union mit England ein, und so steht diese gigantische Stadtmauer als ein weiteres Zeichen für den Wahnsinn des Krieges.

Ein beschaulicher Spaziergang über die begrünten dicken Mauern des Walls lässt schöne Ausblicke auf das Meer und die Stadt zu.

Eine weitere Attraktion Berwicks sind drei *Brücken* über den breiten Mündungstrichter des River Tweed. 1628 konnte die aus Sandstein erbaute Berwick Bridge dem Verkehr übergeben werden. Fertiggestellt wurde die von *Robert Stephenson* erbaute und von *Königin Victoria* eingeweihte 28-bogige Tweed-Überspannung 1840. Schließlich kam 1928 die Betonbrücke Royal Tweed hinzu.

Tourist Information
● 106 Marygate, Tel. 01289/330733.

Umgebung von Berwick

Farne Islands

Kurz bevor man Berwick von Süden her erreicht, liegt einige Kilometer vor der Küste in der rauen Nordsee ein kleiner, baumloser Mini-Archipel und dient als Refugium für Seevögel. Die „Steinsplitter" im Meer gehören dem National Trust, und damit die gefiederten Freunde sowie die Seerobben hier, im Unterschied zu ihrem anderswo sehr eingeengten Lebensraum, vom Menschen weitgehend ungestört leben können, sind nur zwei der Eilande für Besucher geöffnet. Vom verschlafenen Fischernest Seahouses bieten eine Reihe von Bootsbesitzern während der Saison mehrfach täglich Überfahrten nach Inner Farne und Staple Island an; auch bei schönem Wetter kann die Fährfahrt recht rau sein, und die kleinen Bötchen rollen und stampfen sehr zum Missvergnügen seekranker Passagiere in den Wellen. Die herbe Schönheit der unbewohnten Inseln und das Naturerlebnis versöhnen aber mit solcher Unbill. Auf Inner Farne kann zudem eine kleine Kapelle besichtigt werden, in der einst der *Hl. Cuthbert* im Gebet vertieft war.

Holy Island

Nicht ganz ungefährlich ist die Autotour nach Holy Island, denn der Damm zur 5 km vor der Küste liegenden Insel ist **nur bei Ebbe** zu befahren; *Tide Timetables*, Hinweise also über die wechselnden Zeiten von Ebbe und Flut, informieren Besucher über eine ungefährdete Überfahrt. Man sollte vorsichtshalber unbedingt noch einen Sicherheitsabstand zu den aufgeführten Zeiten einhalten, die Flut überspült mit erschreckender Schnelligkeit den *Causeway*.

In früheren Tagen hieß die Insel, die noch etwas näher an Berwick liegt,

Lindisfarne, und unter diesem Namen ist sie in die Kirchengeschichte Großbritanniens eingegangen. Das kleine Eiland hat eine höchst wechselvolle Historie hinter sich. Auf Einladung von *König Oswald of Northumbria* kam von der berühmten schottischen Klosterinsel Iona (siehe dort) der *hl. Aidan* und gründete im Jahre 634 auf Lindisfarne eine Abtei. Die Mönche bekehrten die Bewohner im Norden Britanniens zum Christentum und erlangten Reputation sowohl durch ihre fromme Lehrtätigkeit als auch für ihre religiös-keltische Kunst. 16 Äbte, alle im Rang eines Bischofs, standen über die Jahre dem Kloster vor, der berühmteste dürfte der *hl. Cuthbert* gewesen sein, der erst auf die ausdrückliche Bitte von *König Ecgfrith of Northumberland* das Amt antrat. Aber dann hielt es den frommen Mann doch nicht in der belebten Klause, er zog sich rasch wieder in seine Zelle auf Farne Island zurück, wo er 687 starb.

Die Mönche von Lindisfarne holten seine sterblichen Reste auf ihr Eiland, das nun rasch zu einem **Pilgerziel** avancierte. Als die Wikinger immer öfter marodierend in den Küstenstädten und auf den bewohnten Inseln einfielen, verließen die frommen Brüder 875 ihre selbstgewählte Einsamkeit und zogen sich aufs Festland zurück.

1082 kamen Benediktiner-Mönche erneut auf die Insel, nannten sie in Holy Island um, konnten dem „Steinsplitter" jedoch nicht die einstige Bedeutung wiedergeben. Mit Beginn der Reformation von *Heinrich VIII.* kam das endgültige Aus für das Kloster.

England, Nord

Zu besichtigen sind die Reste von **Lindisfarne Priory,** der Benediktinergründung, sowie **Lindisfarne Castle,** das Mitte des 16. Jh. errichtet wurde, um das Eiland vor schottischen Angriffen zu schützen. Anfang des 20. Jahrhunderts baute der Hofmaler *Sir Edwin Lutyens* die Burg zu einem repräsentativen Country House um.

Außer sonntags fährt während der Saison zweimal täglich ein Bus von Berwick-upon Tweed bis nach Holy Island.

Hadrian's Wall

Es ist wieder einmal unglaublich, was die Römer hier in den nordenglischen Sand gesetzt haben! Quer durch das Land, von der Ostküste bis zur Irischen See, zogen sie eine mehrere Meter hohe Mauer, komplett mit Wachtürmen und Forts, um sich vor den kriegerischen Pikten zu schützen. Schauen wir uns also diesen gigantischen englischen Limes einmal genauer an.

Im Jahre 122 n. Chr. besuchte *Kaiser Hadrian* seine nördlichste Provinz und wünschte ein für allemal sichere Grenzen. Pragmatisch, wie er nun einmal war, befahl er den Bau einer schützenden Mauer, und so begannen seine Pioniere mit den Arbeiten an dem langen Wall von der Tyne-Mündung im Osten bis zum Solvay Firth im Westen. Innerhalb von nur acht Jahren zogen die Römer die 110 km lange und zwischen 3,5 und 7 m hohe Mauer quer durchs Land; als zusätzliche Sicherung dienten alle 7 km große Befestigungsanlagen mit starken Garnisonen, alle 1,5 km befand sich ein kleineres Fort, und dazwischen dienten Wachtürme als Ausguckstationen. Vor dem Limes verlief ein 9 m breiter und 3 m tiefer Graben, der einem anbrandenden Heer ganz schön den Angriffsschwung genommen hätte, und auf römischer Seite sorgte eine breite Straße, der so genannte *vallum,* dafür, dass Truppenteile zur Verstärkung schnell an einen anderen Ort verlegt werden konnten. Die piktischen Stämme zeigten sich von solchen Fortifikationen beeindruckt und blieben, wo sie waren!

Für eine Besichtigungstour entlang des einstigen Limes empfehlen sich das sehr gut erhaltene Teilstück zwischen den Dörfchen **Greenhead** und **Chollerford** (einen Steinwurf

Hadrian's Wall

nördlich von Hexham gelegen) sowie **Chesters Roman Fort** bei Chollerford und das ausgegrabene Römerlager bei Birdoswald.

Carlisle

Zwei der drei Sehenswürdigkeiten von Carlisle liegen einander besucherfreundlich gleich gegenüber, einmal die ziegelrote Burg, zum anderen das interessante Tully House Museum.

The Key to England war der Beiname der Stadt während der Regierungszeit von *Heinrich VIII.*, und der fürchtete nach seinem Abfall von Rom um die Unversehrtheit der nördlichen Grenze und ließ die schon seit normannischer Zeit bestehende **Festung** aus- und umbauen (täglich 9.30–18 Uhr). Besonders interessant ist der Innere Festungshof mit dem Donjon (Bergfried), der Exponate zur Militärgeschichte zeigt und in dem *Maria Stuart* 1568 als „Gast" von *Elisabeth I.* unter Hausarrest stand.

Das **Tully House Museum** (tgl. Mo–Sa 10–17, So 12–17 Uhr) macht mit der Geschichte der Stadt und des Umlandes seit römischer Zeit vertraut, informiert über Hadrian's Wall und berichtet über eine der großen Plagen der Grenzregion, über die marodierenden *Reivers*; über drei Jahrhunderte waren diese Diebesbanden bei den Besitzern einsamer Bauernhöfe gefürchtet, plünderten sie doch beiderseits der Grenze die Häuser, schändeten die Frauen, mordeten die Männer und trieben das Vieh fort.

Nicht weit von der Burg und dem Museum entfernt ragt **Carlisle Cathedral** in den Himmel. Es war der schottische Mönch *Kentigern,* unter seinem heiligen Namen *Mungo* als Stadtgründer von Glasgow bekannt, der das Christentum im 6. Jh. nach Carlisle brachte. Das große Gotteshaus der Stadt wurde dann 600 Jahre später errichtet und im Laufe der Jahrhunderte so oft umgebaut und modifiziert, dass sich kein einheitlicher Stil mehr feststellen lässt. Im Bürgerkrieg haben parlamentarische Truppen die Kathedrale schwer verwüstet, nur zwei der Säulenbogen des normannischen Hauptschiffes blieben erhalten. Berühmt ist die Kathedrale für ihr bleigefasstes Ostfenster, das zu einem Drittel noch aus dem 14. Jh. datiert, der Rest ist eine sorgfältige Restaurierung aus dem 19. Jahrhundert. In der Nordwestecke des Hauptschiffes führen Stufen hinunter zur **Treasury,** wo eine kleine Ausstellung liturgische Gerätschaften zeigt sowie die Gründungsurkunde von *Heinrich VIII.,* mit der der Dekan und das Domkapitel im Jahr 1561 eingesezt wurden.

Tourist Information

●Old Townhall, Green Market, Tel. 01228/625600.

Lake District

Eine der schönsten Landschaften in ganz England ist der lieblich-raue Lake District, und seit gut zwei Jahrhunderten besingen ihn die Dichter in ihren Versen und malen ihn die

England, Nord

Künstler. Der Lake District ist England größter Nationalpark und erstreckt sich über eine Fläche von 2279 qkm. 16 große Seen werden eingerahmt von vielen hohen Bergen, und die gesamte Region ist ein **Wandergebiet** allererster Güte. Höchster Gipfel Englands ist mit 978 m der Scafell Pike, dicht gefolgt vom Scafell mit 964 m, dem Helvellyn (950 m) und dem Great Gable, der immerhin noch 899 hoch in die Wolken ragt. Eine Reihe von Wasserfällen rauscht die Gebirgshänge hinunter, arktisch alpine Pflanzen wachsen in geschützten Nischen, und megalithische Steinsetzungen der frühen bronzezeitlichen Siedler sorgen dafür, dass der Wanderer immer wieder Überraschungen erlebt.

Bis in die Romantik hinein, zu Beginn des 19. Jh., wäre keiner der Bewohner freiwillig in die Berge gestiegen, doch in jener Zeit entwickelte sich im Gefühlshaushalt der Menschen ein idyllisierendes Landschaftserlebnis, die **romantischen Dichter** priesen die Rauheit der Gegend, und die Aufmerksamkeit der Leute war geweckt. *William Wordsworth, Samuel Taylor Coleridge* und *Robert Southey* waren die drei Dichter – in England bekannt als *The Lake Poets* –, die sich mit kraftvollen Worten der Region annahmen, und *Wordsworth* schrieb gar den ersten Reiseführer über die Region, *The Guide to the Lakes*, der 1835 erschien. *Coleridge* ging ein wenig handfester vor und erwanderte sich systematisch seine Heimat – das machten ihm bald die Viktorianer nach, und in England kam das Reisen in Mode. Jeder Fußbreit Boden, jeder Gipfel, jede Klamm und jedes Seeufer wurde nun erkundet, und wer als erster am Ort war, der gab seiner Entdeckung natürlich einen Namen, zu-

An den Ufern des Crumock Water

meist einen fröhlichen: Little Lad Crag, Pots of Ashness, Green Crag Gully, Dolly-Wagon Pike, Windy Gap, Tom Blue, Hell Gate Pillar, Eagle's Nest Ridge und so weiter.

Wer nur über wenig Zeit verfügt und den Lake District nicht auf der einen oder anderen Wanderung erkunden kann, sollte wenigstens die folgende **Rundfahrt** unternehmen. Da geht es von Keswick gen Westen auf der B 5292 über den 318 m hohen Whinlatter-Pass nach High Lorton und von dort dann in Richtung Süden auf der B 5289 vorbei am Crummock Water und am Buttermere Lake über den 358 m hoch gelegenen Honister-Pass und zurück durchs Borrowdale. Dies ist sicherlich eine der landschaftlich schönsten Strecken im gesamten Lake District.

Karten und Führer

● **Wanderkarten:** Ordnance Survey (OS) Landranger Series 1.50.000 Map Nr. 85, 86, 89, 90, 91, 96, 97.
● **Buchtipp:** *The Lake District National Park* von *John Wyatt; The Guide to the Lakes* von *William Wordsworth.*

Windermere und Bowness-on-Windermere

Die beiden 1,5 km auseinanderliegenden Örtchen eignen sich gut als Standquartier für die Erkundung des südlichen Teils vom Lake District, sie haben eine sehr zufriedenstellende touristische Infrastruktur. Beide liegen sie am Ufer des Lake Windermere, mit 17 km Englands längstem See.

Attraktion in Bowness ist am Seeufer das **Steamboat Museum** (tgl. 10–17 Uhr), das die *Dolly* zeigt, ein

1850 in Dienst gestelltes Dampfschiff.

Angeboten werden **Scenic Lake Tours,** Kreuzfahrten auf dem Wasser. Eine Fähre setzt Besucher mehrmals stündlich nach **Sawrey,** auf die andere Uferseite, über.

In Bowness wird man mit **The World of Beatrix Potter** (1866 bis 1943) bekannt gemacht, deren Kinderbücher sich auch heute noch in England großer Beliebtheit erfreuen; ganze Generationen von Briten sind mit den liebenswerten Knuddelfiguren *Peter Rabbit* und *Jemima Puddle-Duck* aufgewachsen (tgl. 10–18.30 Uhr). Interessanter allerdings als diese arg kommerzielle Vermarktung ihrer Phantasie ist ihr Haus **Hill Top** nahe Sawrey auf der anderen Uferseite, 3 km vom Fähranleger entfernt (tgl. 11–16.30 Uhr).

Tourist Information

● **Windermere Tourist Office,** Victoria Street, Tel. 015394/46499; **Bowness Tourist Information,** Glebe Road, Tel. 015394/42895.

Unterkunft

● **Craig Manor Hotel,** Lake Road Windermere, Tel. 015394/88877, Fax 88878, info @craigmanor.co.uk, DZ 90 £.
● **Glenburn Hotel,** New Road, Tel. 015394/42649, Fax 88998, glen.burn@virgin.net, DZ 60 £.
● **Cranleigh Hotel,** Kendal Road, Bowness-on-Windermere, Tel. 015394/43293, Fax 47283, mike@the cranleigh.com, DZ 60 £.
● **Bed & Breakfast:** *Belsfield House,* 4 Kendal Road, Bowness-on-Windermere, Tel. 015394/45823, DZ 45 £; *Alice Howe,* 3 The Terrace, Windermere, Tel./Fax 015394/43325, info@alicehowe.co.uk, DZ 52 £; *Dene House,* Kendal Road, Windermere, Tel./Fax 015394/48236, jdene@globalnet.co.uk, DZ 45 £; *Glencree Private Hotel, Lake Road, Win-*

dermere, Tel. 015394/45822, h.butter worth@btinternet.com, DZ 45 £; *Hawksmoor,* Lake Road, Windermere, Tel./Fax 015394/42110, DZ enquires@hawksmoor. com, DZ 50 £; *Hazel Bank,* Hazel Street, Windermere, Tel./Fax 015394/45486, DZ 45 £.

● *Jugendherberge: Windermere Youth Hostel,* 3 km entfernt im Örtchen Troutbeck, Bridge Lane, Tel. 015394/43543.

● *Camping: Limefitt Park,* Windermere, Tel. 015394/32300, 5 km nördlich von Windermere, an der A 592 Richtung Ullswater; *Fallbarrow Park,* Windermere, Rayrigg Road, Tel. 015394/44422, von Windermere die B 5284 Richtung Bowness.

Pub & Restaurants

● *Queen's,* Windermere, Crescent Road, kleiner gemütlicher Pub.

● Windermere besitzt vier erstklassige Restaurants, die zu den besten im gesamten Lake District zählen: *Miller Hove,* Rayrigg Road, Windermere, an der A 592 zwischen Windermere und Bowness, Tel. 015394/ 42536, exzellente Fisch-, Fleisch- und Geflügelgerichte, hervorragende Fünf-Gänge-Menus, für Vegetarier ist gesorgt, 22–44 £; *Gilpin Lodge,* Crook Road, Windermere, an der B 5284, 3,5 km südöstlich von Windermere, Tel. 015394/88818, gute Lammgerichte und hervorragende mediterrane Küche, auch vegetarische Gerichte, 19–45 £; *Jerichos,* Birch Street, Windermere, Tel. 015394/42522, hervorragende Fisch- und Fleischgerichte, auch Vegetarier kommen hier auf ihre Kosten z. B.mit mariniertem und gegrilltem Gemüse an Ziegenkäse mit Couscous in Balsamico, 19–45 £; *Holbeck Ghyll,* Holbeck Lane, Windermere, von der A 591, 4,5 km nördlich von Windermere, Richtung Osten in die Holbeck Lane (ausgeschildert Troutbeck), dann nach 1 km linkerhand, Tel. 015394/43543, moderne französische Küche vom Feinsten, auch für Vegetarier, 20–45 £.

● *Gibby's,* Windermere, Crescent Road, kleines, freundliches Restaurant, 8 £.

● *Oriental Kitchen,* Crescent Road, Windermere, Kantonesisches Restaurant, preiswerte chinesische Gerichte 7–9 £.

● Das allerbeste Haus von Bowness ist das *Porthole Eating House,* 3 Ash Street, Tel. 015394/42793, italienische Küche vom Feinsten, 11–17 £.

● *Ristorante Rastelli,* Bowness, High Street, italienische Küche, 9 £.

● *Jade Delight,* Bowness, High Street, preiswerte chinesische Küche, 7 £.

● *Nissi,* Bowness, High Street, griechische Küche, 9 £.

● *Trattoria Ticino,* Bowness, High Street, italienische Spezialitäten, 9 £.

Rent-a-Bike

● *Lakeland Leisure,* neben dem Bahnhof, Windermere.

Verbindung

● *Busse* und *Züge* in alle Landesteile.

Folly in Ambleside

Ambleside

Wenn man von Windermere Richtung Norden auf Ambleside zufährt, passiert man auf halber Strecke das **Brockhole National Park Visitor Centre** (Tel. 019662/2231), das umfassend über die Flora und Fauna des Lake District informiert und in dem es Bücher, Wanderführer und Landkarten über die Region zu kaufen gibt.

Ambleside, am Nordufer des Lake Windermere gelegen, macht trotz seiner touristischen Infrastruktur einen recht verschlafenen, nichtsdestotrotz sympathischen Eindruck; jener Teil von Ambleside, der direkt am Wasser liegt, heißt **Waterhead.**

Einzige Attraktion des Örtchens ist ein *folly,* wie man architektonische Verrücktheiten im exzentrischen England nennt. Über dem Bach des Örtchens ist aus Bruchsteinen auf einem Bogen ein winziges zweigeschossiges Häuschen gebaut, dass keck über den murmelnden Fluten sitzt und heute einem Büro des National Trust als Heimstätte dient.

Tourist Information
● Market Cross, Tel. 015394/32582.

Rydal, Grasmere

Auf dem Weg nach Norden in Richtung Keswick passiert man nach wenigen Minuten Fahrt den winzigen Weiler Rydal, und hier steht rechter Hand abseits der Straße das ausgeschilderte Haus **Rydal Mount** (tgl. 9.30–17 Uhr). In dem stattlichen Gemäuer lebte, nachdem er ein bekannter Mann geworden und zu Geld

gekommen war, der romantische Dichter *William Wordsworth* (1770–1850) mit Familie und der anhänglichen Schwester *Dorothy* von 1813 bis zu seinem Tod 1850. Heute lebt in einem Teil des Anwesens noch immer die Ur-Urenkelin des Meisters und hält die Erinnerung an einen der bedeutendsten Dichter Englands wach. In den Tourist Information Offices und den Buchhandlungen der Region kann man auch heute noch **Wordsworths** nützlichen Reiseführer zum Lake District, den *Guide to the Lakes,* erstehen.

Einige Kilometer weiter liegt an einem kleinen See das sympathische Örtchen **Grasmere,** und hier ist die allererste Attraktion – sieht man einmal von der landschaftlichen Lage ab – das **Dove Cottage,** in dem *Wordsworth* von 1799 bis 1808 lebte und in dem er einige seiner besten Gedichte schrieb. *Thomas de Quincey,* ein glühender Verehrer des Poeten, besuchte ihn oft und lange in dem Häuschen, und nachdem *Wordsworth* nach Rydal Mount übergesiedelt war, bezog der Autor der „*Bekenntnisse eines Opiumessers*" das kleine Cottage. Auch *Sir Walter Scott* besuchte seinen Dichterkollegen hier einmal, und da es im Haushalt *Wordsworth* recht sparsam zuging – das Motto des Dichters lautete „*plain living but high thinking*" – war das Frühstück entsprechend frugal. *Scott,* der es gerne üppiger hatte, schützte morgendliche Arbeit in einem verschlossenen Zimmer vor, stieg klammheimlich durchs Fenster, verschwand nach Grasmere in den Pub *The Swan* und tafelte ausgiebig an einem reichhaltigen Cooked Breakfast. So ging es eine ganze Woche lang, bis *Wordsworth* und *Scott* bei einem Spaziergang auf den Wirt vom *Swan* trafen, der sich beiläufig nach den Frühstückswünschen des nächsten Tages bei *Scott* erkundigte. Der erbleichte vor Scham, während *Wordsworth* pikiert aus der Wäsche schaute.

Eine andere Anekdote erzählt, dass *Thomas de Quincey* eines Tages *Wordsworth* schrieb, wie sehr er ihn bewundere; mit Gönnermiene lud der Meister *de Quincey* daraufhin ein, und der begeisterte Gast scheute sich nicht, gleich sieben Monate zu bleiben.

Am Parkplatz zum Dove Cottage gibt es ein kleines Café, dass leckere Kuchen, Cream Tea und Kaffee serviert.

In Grasmere lädt das weit über die Grenzen des Örtchens bekannte, exzellente *White Moss House* (Tel. 015394/35295) am Rydal Water mit seiner umfangreichen Weinkarte zu Tisch (zwischen 17 und 35 £).

Keswick

Das sehr sympathische Keswick eignet sich mit seiner guten touristischen Infrastruktur und der angenehmen Lage am großen Derwent Water als ausgezeichnetes Standquartier für den nördlichen Lake District. Schon im Jahre 1267 bekam das Örtchen von *König Eduard I.* die Marktrechte verliehen, und seit jenen frühen Tagen brachten es die Bewohner über die Jahrhunderte zu Wohlstand, eine Tatsache, die sich aufgrund unzähliger Besucher auch heutzutage nicht geändert hat. Früher war es der Handel mit Wolle und Leder, der Geld in die Taschen der Einwohner spülte; um 1500 wurden die Graphitminen von Keswick entdeckt, und als bald darauf pfiffige Italiener den Bleistift erfanden, entstand eine schnell wachsende Stiftindustrie im Örtchen, die dann den Reichtum der Bewohner beträchtlich vermehrte.

Wer Genaueres darüber erfahren möchte, sollte sich im **Cumberland Pencil Museum** der Main Street informieren (tgl. 9.30–16 Uhr).

Auch Keswick versucht, vom Ruhm *Beatrix Potters* zu zehren. Daher wird für die Schöpferin des Eichhörnchens *Nutkin* im **Packhorse Court** die Multi-Media-Vorführung *Beatrix Potter's Lake District* (tgl. 10–17 Uhr) veranstaltet.

Nächste Attraktion im Örtchen ist ein *Stars of the Cars* genanntes **Motor-Museum** in der Standish Street, das alte, schnelle und edle Karossen zeigt und u. a. den berühmten Lotus von *James Bond* im Bestand hat (tgl. 10–17 Uhr).

Und schließlich macht **Fitz Park Museum and Art Gallery** in der Station Road den Besucher mit dem Leben der *Lakeland's Poets* vertraut; es zeigt Manuskripte, Erstausgaben und vieles mehr (tgl., außer Sa, 10–12, 13–16 Uhr).

Bei all diesen kulturellen Angeboten darf man jedoch nicht vergessen, dem Ufer des **Derwent Water** einen Besuch abzustatten und vielleicht eine Bootsfahrt auf dem See zu unternehmen.

Tourist Information
●*Moot Hall,* Market Square, Tel. 017687/ 72645; *National Park Information Centre,* 31 Lake Road.

Unterkunft
●*Skiddaw Hotel,* Main Street, Tel. 017687/ 72071, Fax 74850, reservations@skiddaw hotel.co.uk, DZ 82 £.
●*Highfield Hotel,* The Heads, Tel. 017687/ 72508, Fax80634, highfieldkeswick@talk 21.com, DZ 88 £.
●*Bed & Breakfast: Allerdale House,* 1 Eskin Street, Tel. 017687/73891, Fax 74068, allerdalechef@aol.com, DZ 52; *Avondale,* 20 Southey Street, Tel. 017687/72735, Fax 75431, enquiries@avondaleguesthouse. com, DZ 47 £; *Craglands,* Penrith Road, Tel. 017687/74406, keswick@craglands.freeser ve.co.uk, DZ 50 £; *Goodwin House,* 29 Southey Street, Tel. 017687/74634, enquiries @goodwinhouse.co.uk, DZ 44 £; *Sunny Side,* 25 Southey Street, Tel. 017687/72446,

Fax 74447, raynewton@survey.u-net.com, DZ 50 £; *Tarn Hows,* 3 Eskin Street, Tel./Fax 017687/73217, david@tarnhows40.freeser ve.co.uk, DZ 50 £.
●*Jugendherberge: Keswick Youth Hostel,* Station Road, Tel. 017687/72484.
●*Camping: Castlerigg Hall Caravan and Camping Park,* Castlerigg Hall, Tel. 017687/74499, 2 km südöstlich von Keswick, von der A 591 ausgeschildert.

Pubs & Restaurants
●*Oddfellows Arms,* Main Street, Pub mit angeschlossenem Restaurant, 8 £.
●*Ye Olde Golden Lion Inn,* Mainstreet, *„delicious pub-food served in a friendly lakeland atmosphere",* mit einem reichen Angebot an Bar Meals.
●*The Packhorse,* im Packhorse Court, off Main Street, freundlicher Pub mit einigen B&B-Zimmern.
●*Swinside Lodge,* Newlands, off A 66 Penrith nach Cockermouth, Tel. 01768/

Derwent Water bei Keswick

772948, bestes Restaurant von Keswick in einem unscheinbaren Hotel am Ufer des Derwent Water; berühmt sind die ausbalancierten Fünf-Gänge-Menüs, 28–37 £.

● *Bank Tavern,* Main Street, gemütliche Kneipe mit guten Bar Meals den ganzen Tag über.

● *Casa Bella,* Station Street, Pizzen und Pasta bis 8 £.

● *Restaurant Rembrandt,* Station Street, 8 £.

Rent-a-Bike

● *Tracker's Cycle Hire,* 66 Main Street.

Verbindung

● *Busse* des landesweiten National Express.

Yorkshire Dales National Park

Wem der von allen Briten heißgeliebte Lake District an schönen Sommertagen zu überlaufen ist, der kann in die südwestlich vom Seengebiet liegenden Yorkshire Dales ausweichen, ein 1760 qkm großes Kalkhügelland in den zentralen *Pennines,* das zu ungefähr einem Drittel als Nationalpark unter Naturschutz steht. Dale ist übrigens ein altes Wikingerwort und bedeutet „Tal".

Nirgendwo sonst in Großbritannien findet der Wanderer derartig eindrucksvolle *Kalksteingebilde;* bei Gordale Scar und Malham Cove ragen bis zu 91 m hohe weiße Klippen aus der Landschaft, die das Licht der Sonne blendend reflektieren. In Jahrmillionen haben Regenfälle und unterirdische Wasserläufe Labyrinthe aus dem Boden gewaschen; über 50 *Höhlen* – die größte ist die Gaping Gill – finden sich in den York-

shire Dales. Beliebt bei Gipfelstürmern sind die *Berge* The Three Peaks, Ingleborough, Whernside, und Pen-y-Ghent, alle über 600 m hoch. Auf dem hochgelegenen, subalpinen Grasland wachsen Moorgräser, Heidekraut, Himbeeren und Preiselbeeren; unterhalb davon gedeihen auf dem bis zu 27 m dicken Hochmoor nur die Wollgräser.

Im Naturreservat Colt Park Wood beim Rimble Head findet sich am Hang einer der schönsten *Eichenwälder* von ganz England, hier besteht die Bodenflora aus über 150 Arten.

Dort, wo die *Heide* dominiert, grasen die Schafe und heben sich als weiße Tupfer von den graugrünen Hügelhängen ab.

Mit ein wenig Glück sieht der Hobby-Ornithologe den buntschillernden Eisvogel an den Bächen, Flüsschen und Bergseen, Wasseramseln und Gebirgsstelzen kommen häufig vor, Merline, Wander- und Turmfalken fetzen rasant durch die Lüfte, und hat der Mäusebussard seine Beute entdeckt, so steht er flügelschlagend in der Luft, bis er im Sturzflug niederstößt.

Die *Wanderwege* der Yorkshire Dales sind markiert, und die Tourist Information Offices sowie die Buchhandlungen in den Dörfchen der Region haben Kartenmaterial und Wanderführer im Angebot.

Karten

● Ordnance Survey (OS) Outdoor Leisure Maps 1:25.000 Nr. 2, 10, 30.

● Ordnance Survey Landranger Series 1:50.000 Map Nr. 98, 99.

Richmond

Standquartier für Wanderungen in die attraktiven Yorkshire Dales könnte das Örtchen Richmond sein, das sich an die nordöstliche Grenze des Nationalparks schmiegt und über eine gute touristische Infrastruktur verfügt. Darüber hinaus besitzt es eine reiche geschichtliche Vergangenheit, die sich an der mächtigen **Burg** mit ihren starken Mauern zeigt (tgl. 10–18 Uhr). Schon vier Jahre nach der Invasion, 1070, ließ *Alan Rufus,* der erste normannische *Earl of Richmond,* den wehrhaften Komplex anlegen. Dass die Normannen die besten Burgenbauer Europas waren, sieht man an Richmond Castle sehr deutlich. Nur wenige Jahre später sollten sie während der Kreuzzüge ihre Wehrbaukenntnisse bei der Anlage der gigantischen Festungen Montfort, Belvoir und Crac de Chevalier im heiligen Land vervollkommnen. Bis heute sind der Torturm und Scolland Hall wenig verändert worden und sehen weitestgehend noch so aus wie in den Tagen von *Alan Rufus,* Scolland Hall ist somit der älteste normannische Saal im ganzen Land.

Rund um die Burg findet der Besucher noch viel mittelalterliches Flair in den engen, winkligen und katzenkopfgepflasterten **Gassen,** die auf englisch übrigens *Wynds* heißen.

Der **Market Square** ist dann von hübschen georgianischen und viktorianischen Fassaden gesäumt.

Wenig pietätvoll sind die Bewohner der Stadt mit der 1135 geweihten **Holy Trinity Church** umgesprungen; das Gotteshaus ist säkularisiert und beherbergt heutzutage das unin-

Die mächtige Burg von Richmond

teressante Museum des *North Yorkshire Green Howard Regiment.*

Einen Steinwurf vom Marktplatz entfernt befindet sich das älteste Theater Englands, das aus dem Jahr 1788 datierende **Theatre Royal.** Von außen ist das Bühnenhaus recht unspektakulär, vom Innenraum dagegen heißt es, hier sei landesweit das schönste georgianische Interieur zu finden (Touren Mai–Sept. Mo–Fr 14.30–17, Sa 10.30–13.30 Uhr).

Wer das Städtchen zu seinem Standquartier gemacht hat, findet sicherlich die Zeit, knappe 2 km auf einem Uferweg neben dem Swale zur **Easby Abby** zu schlendern; die Abteiruine liegt in zauberhafter Lage am Fluss. 1152 wurde das Kloster gegründet, und etliche Gebäude sind noch erstaunlich gut erhalten, so etwa das aus dem 13. Jh. stammende Refektorium.

Praktische Hinweise

Tourist Information
●***Friary Gardens,*** Victoria Road, Tel. 01748/850252.

Unterkunft
●***Frenchgate Hotel,*** 59 Frenchgate, Tel. 01748/822087, Fax 823596, DZ 65 £.

●***Bed & Breakfast:*** *Old Brewery,* 29 The Green, Tel. 01748/822460, Fax 825561, DZ 45 £; *Pottergate,* 4 Pottergate, Tel. 01748/823826, DZ 42 £.

●***Jugendherberge:*** *Grinton Lodge Youth Hostel,* Grinton, Tel. 01748/884206, ca. 12 km westlich im Weiler Grinton.

●***Camping:*** *Brompton-on-Swale Caravan & Camping Park,* Brompton-on-Swale, Tel. 01748/824629, von Richmond auf der B 6271 nach Brompton-on-Swale, kurz vor dem Dorf rechts der Straße.

Pubs & Restaurants
●***The Castle Tavern, The Bishop's Blaize, The Talbot*** und ***The Golden Lion*** sind vier gemütliche Pubs rund um den Market Place mit reichhaltigen Bar-Meals zur Lunch-Zeit.

Die romantische Ruinenanlage in Fountains Abby

Verbindung

●Wenige **Busse** in größere Sädte der Umgebung.

Fountains Abbey und Studley Royal

Was Tintern Abbey für Wales bedeutet, das ist Fountains Abbey für Yorkshire, 6 km südwestlich vom Städtchen **Ripon** gelegen.

Die größte **Abteiruine** des Landes liegt in einem schmalen, bewaldeten Tal in den grünen Flussauen des River Skell. Sommertags picknicken viele Ausflügler auf den weiten Rasenflächen rund um die einstige Abtei und genießen den Ausblick auf die noch immer wunderschöne Ruine der Klosterkirche, während die Kinder spielend umhertollen.

1133 zogen 13 Benediktiner-Mönche aus der reichen Abtei St. Mary's in York in diese Gegend und gründeten St. Mary's *ad fontem*, zwei Jahre später nahmen die **Zisterzienser** diese Abtrünnigen auf, und die Arbeiten begannen. Innerhalb von 100 Jahren wurde die Abtei eine der reichsten von ganz England, und in dieser Zeit entstanden auch die Gebäude des Klosters: Haupt- und Querschiff der Kirche von 1135–47, die Gemeinschaftsbauten 1147–79 und das östliche Ende des Gotteshauses mit dem Chor und der Chapel of the Nine Altars 1220–47. Lediglich der weithin sichtbare Turm wurde viel später, 1298–1526, errichtet.

Wenige Jahre danach kam die Reformation von *Heinrich VIII.*, und die Klöster des Landes wurden aufgelöst und verkauft oder an treue Vasallen verschenkt. Fountains Abbey kam an *Sir Richard Gresham,* der den Komplex als Steinbruch für sein stattliches Anwesen **Fountains Hall** nutzte.

Vom Parkplatz aus gelangt man nach einem 15-minütigen Spaziergang zur attraktiven Ruine, weiter dann kann man sich nahebei **Studley Royal,** einen wunderschönen Landschaftspark mit Wassergarten, anschauen. Äsend streift hier an den Menschen gewöhntes Rotwild über das Grasland.

Öffnungszeiten: April–Sept. tgl. 10–18, Okt.–März 10–17 Uhr.

Haworth

Westlich der zusammengewachsenen Doppelstädte Leeds und Bradford und südlich von Keighley liegt inmitten einer weiten Moorlandschaft das Örtchen Haworth.

Würden sich an schönen Tagen nicht die Besucher in der engen, mit uralten Fachwerkhäusern bestandenen Hauptstraße des alten Ortsteils drängeln, so könnte man glauben, die Zeit sei hier stehen geblieben. Versetzen wir uns also zurück ins 19. Jahrhundert und nehmen wir empfindsamen Anteil an der unglücklichen Geschichte der **Brontë-Familie.**

Neben der Kirche von Haworth, getrennt nur durch den beschaulichen Friedhof und ein kleines Stück Garten, steht das **alte Pfarrhaus,** in dem sich eine Familientragödie zutrug, die den Besucher noch heute tief beeindruckt.

England, Nord

Die Geschichte der Brontë-Geschwister

Man schrieb das Jahr 1812, und der 35-jährige Pfarrer *Patrick Brontë* heiratet glücklich die sehr viel jüngere, freudestrahlende *Maria Branwell.* Zwei Jahre nach der Trauung kommt die erste Tochter, *Maria,* zur Welt, und in den folgenden Jahren erblicken *Elisabeth, Charlotte,* der Sohn *Patrick Branwell,* dann *Emily* und schließlich *Anne* das Licht der Welt. Da der Vater in jenen unsicheren, frühindustriellen Zeiten eine sichere Anstellung hat, ist das Glück der kinderreichen Familie ungetrübt. Doch da erkrankt die Mutter *Maria* an Krebs und stirbt wenig später. Ihre Schwester *Elisabeth* führt nun den großen Haushalt. Ohne Mutter und mit einem Vater, der in jenen puritanischen Tagen keine Emotionen gegenüber seinen Kindern erkennen lassen darf, schließen sich die sechs Kleinen eng zusammen und verschlingen, was die Regale des Vaters an Büchern, Magazinen und Zeitungen hergeben, und *Patrick* hält immerhin die Versorgung seiner Kinder mit Lesestoff sorgsam aufrecht. 1824 bringt er ihnen von einer kurzen Reise einige Zinnsoldaten mit, und diese einfachen Figuren sollten für die kommenden 16 Jahre die sechs zu einem ausufernden Werk inspirieren, zu den Geschichten, Sagen und Legenden der imaginären Reiche ***Gondol und Angria.***

Um seinen Kindern eine gute Schulausbildung mitzugeben, schickt *Patrick* seine ältesten drei Mädchen, *Maria, Elisabeth* und *Charlotte,* in das Internat des Reverend *Carus Wilson.* Der fanatische religiöse Eiferer lässt seine Schutzbefohlenen in eiskalten, zugigen Schlafsälen nächtigen, und es dauert nicht lange, da werden die elfjährige *Maria* und die ein Jahr jüngere *Elisabeth* so krank, dass *Patrick* sie nach Hause holen muss. Innerhalb von sechs Wochen sterben die beiden kleinen Mädchen.

Verstört und von Traurigkeit überwältigt, schließen sich die vier Jüngeren nun noch mehr zusammen und gehen völlig in den Traumwelten ihrer fiktiven Reiche Gondol und Angria auf. Sie schreiben Essays, verfassen eine Tageszeitung, in der sie Leser-

Das Geburts- und Sterbehaus der Brontë-Geschwister

briefe und Buchrezensionen, ja selbst gewerbliche Anzeigen erscheinen lassen, schreiben Diskussionsbeiträge, erfinden eine ganze Literatur für Gondol und Angria und schreiben die Historie ihrer Phantasiegebilde. So sehr gehen die vier in ihren kreativen Träumen auf, dass sie sich immer weiter von den Realitäten des Lebens entfer-

nen. Zwischendurch schickt *Patrick* seine Mädchen immer wieder in verschiedene Internate, wo sie eine akzeptable Ausbildung erhalten und damit als Gouvernanten ihren Lebensunterhalt verdienen können. *Branwell* versucht sich als Maler, zeigt auch durchaus Begabungen, schafft es jedoch nicht, seine Fähigkeiten diszipliniert zu entwickeln. Statt-

National Trust und English Heritage

Der *National Trust for Places of Historic Interest or Natural Beauty* (abgekürzt NT) ist eine gemeinnützige Organisation und Englands größter Immobilien- und Landbesitzer.

Man schrieb das Jahr 1895, England war eine der reichsten Nationen der Welt, und die Industrialisierung fraß sich immer weiter in die englische Countryside, zerstörte Bauwerke und Landschaften von historischem Interesse oder lieblicher Schönheit. *Octavia Hill*, eine Sozialarbeiterin, die sich maßgeblich für bessere Wohnbedingungen der Massen eingesetzt hatte, *Sir Robert Hunter*, ein Rechtsanwalt, und der Pfarrer *Canon Hardwicke Rawnsley* gründeten den Trust, um gefährdete Bauwerke und Regionen zu übernehmen und fortan zu schützen. Das **erste Objekt,** das für 10 £ in die Hände der Initiative überging, war das alte Pfarrhaus aus dem 13. Jh. in Alfriston bei Eastbourne.

1907, nur 12 Jahre später, war die Organisation schon so bedeutend geworden, dass ein **Parlamentsbeschluss** den Trust offiziell mit der *„permanent preservation for the benefit of the nation of lands and tenements (including building) of beauty or historic interest"* beauftragte.

1937 passierte ein Gesetzentwurf das House of Commons, der besagte, dass demjenigen die Erbschaftssteuern erlassen werden, der sein Anwesen dem Trust übergibt; so konnten viele der **Stately Homes,** große Herrensitze, gerettet werden. Da der Trust Wert darauf legt, aus solchen Häusern keine Museen zu machen, sind die meisten von ihnen noch von den

Adelsfamilien bewohnt, denen sie einmal gehörten. 88 große Landhäuser und 229 weitere Gebäude befinden sich mittlerweile in dem Besitz dieser Organisation.

Seit 1965 läuft die **Kampagne Enterprise Neptun;** damit will der Trust möglichst viele gefährdete Küstenstriche kaufen. Über 17 Mio. Pfund sind bisher an Spenden zusammengekommen, und dem Trust gehören nun über 800 km Küstenlinie. Weiter sind 232.086 Hektar Land in seinem Besitz und werden gehegt und gepflegt. Mehr als zwei Mio. Briten sind Mitglieder im National Trust.

Die **Eintrittsgelder für Sehenswürdigkeiten** im Besitz des Trusts sind exorbitant hoch. Werden Sie also Mitglied im National Trust, für rund 25 Pfund Jahresgebühr kommen Sie dann in alle Häuser und Gärten der Organisation kostenlos hinein; wenn Sie nur vier besuchen, sind Sie schon im Plus.

English Heritage (EH), aus dem *Department of Environment* hervorgegangen, ist eine staatliche Institution und hat über 12.500 schützenswerte Denkmäler und ca. 300.000 unter Denkmalschutz stehende Gebäude in ihren Listen.

Als Mitglied von *English Heritage* hat man ebenfalls zu dessen Sehenswürdigkeiten freien Zutritt. Der Jahresbeitrag liegt unter 20 £.

Der auch in Deutschland und Österreich erhältliche **Great British Heritage Pass,** der freien Eintritt zu über 500 Sehenswürdigkeiten beider Organisationen gewährt, kostet für 7 Tage bereits umgerechnet über 30 Euro, für 15 Tage 45 Euro und für einen Monat 65 Euro. Eine Jahresmitgliedschaft ist also unter Umständen günstiger.

England, Nord

dessen fängt er an zu saufen und sucht weitere Zuflucht im Opium. *Charlotte* und *Anne* nehmen mehrere Stellungen als Privaterzieherinnen in reichen Haushalten an, doch fassen sie in diesem wenig geachteten Beruf nicht Fuß und kehren schon nach kurzer Tätigkeit ins väterliche Pfarrhaus zurück, wo sie sich nach wie vor in den Phantasiewelten von Gondol und Angria verlieren. Auch der Versuch der Mädchen, eine Privatschule zu gründen, schlägt fehl, und *Branwell* verbringt seine Tage fast ausschließlich bechernd im Pub *The Black Bull.*

Auf der Suche nach festen Einnahmen beginnen *Patricks* Töchter zu schreiben, und geschult an ihren jahrelangen Geschichten über die Traumreiche, verfassen sie gut konzipierte Geschichten. Im Jahr 1847 veröffentlicht ein Londoner Verlag die Bücher der drei überglücklichen Schwestern. Unter Pseudonym ist *Charlotte „**Jane Eyre**"* verfasst, *Emily „Die Sturmhöhe",* die vielen unter dem englischen Titel *„**Wuthering Heights**"* bekannter ist, und *Anne* reüssiert mit dem Roman *„**Agnes Grey**".* Alle drei werden ein literarischer und kommerzieller Erfolg, und die drei Mädchen haben nun ihren weiteren Lebensweg klar vor sich, Freude kehrt in die Familie ein. Doch da stirbt 1848 *Branwell* im Alter von 31 Jahren an den Folgen seiner Alkohol- und Opiumsucht. Der Tod des geliebten Bruders löst einen solchen seelischen und körperlichen Schock bei den Schwestern aus, dass *Emily* unmittelbar nach der Bestattung *Branwells* schwer erkrankt und nur vier Monate später 30-jährig stirbt. Jetzt ist es *Anne,* deren Gesundheit angegriffen ist, doch sie ignoriert ihre körperlichen Symptome beharrlich. Erst als nichts mehr geht, lässt sie sich in das gesündere Klima des Seebades Scarborough bringen, und hier folgt sie ihrer Schwester nur fünf Monate später im 31. Lebensjahr ins Grab.

Von Trauer überwältigt, arbeitet *Charlotte* wie besessen an weiteren Romanen, die allesamt erfolgreich werden. 1854 heiratet sie den Hilfsgeistlichen ihres Vater, *Arthur Nell,* und erlebt eine kurze Zeit des Glücks. Ein Jahr nach der Hochzeit wird *Charlotte* krank und stirbt drei Monate später im Alter von 39 Jahren.

Patrick überlebt seine Frau und seine sechs Kinder um etliche Jahre.

Hat man je eine traurigere Familiengeschichte erlebt?

Im ***Brontë-Parsonage,*** dem georgianischen Pfarrhaus, kann der Besucher noch Originalmobiliar der *Brontës* sowie Bilder von *Branwell* und die winzigen Büchlein der Geschichten von Angria und Gondal besichtigen (tgl. 10–17 Uhr).

In der gedrungenen normannischen Kirche befinden sich die ***Gräber der Brontës,*** mit Ausnahme von *Anne,* die in Scarborough begraben wurde (siehe dort).

Am höchsten Punkt der ansteigenden Main Street, die noch so authentisch mit alten Fachwerkhäusern bestanden ist, dass sie ganz häufig für Werbezwecke gefilmt oder fotografiert wird, findet der Besucher den Pub *Black Bull,* in dem *Branwell* sich zu Tode gesoffen hat. Ein weiterer schöner alter Pub ist an der Hauptstraße der *Red Lion,* und darüber hinaus bietet *Emma's Eating Parlour,* ein kleines Billigrestaurant mit Wohnzimmeratmosphäre, preiswerte Gerichte.

Tourist Information

● 2 West Lane, oben auf dem Hügel, Tel. 01535/642329.

Wales

Überblick

Auf der Autobahn M 4 geht es einige Kilometer westlich von Bristol auf einer hoch über den breiten Mündungstrichter des River Severn führenden Brücke hinein nach Wales. Nördlich dieser eindrucksvollen Überspannung liegt das Örtchen Hay-on-Wye und beherbergt das größte Buch-Antiquariat der Welt. Bibliophile Besucher kommen daran nicht vorbei! Über eine Reihe weiterer kleiner und atmosphärereicher Orte und vorbei an der romatischen Ruine von Tintern Abbey erreicht man Cardiff, die Hauptstadt von Wales. Ab hier geht es entlang der Küste und durch etliche freundliche Seebäder bis nach Swansea. Hier erblickte einst *Dylan Thomas,* einer der größten englischsprachigen Lyriker, das Licht der Welt. Auf seinen Spuren reisen wir weiter durch Wales und gelangen nach Laugharne, wo er mit seiner Familie im kleinen Boat House lebte und auf dessen winzigem Friedhof er zusammen mit seiner Frau *Catlin* begraben ist. Das Puppenstubenseebad Tenby ist zweifellos das schönste Juwel an der Südküste von Wales, und an sommerlich warmen Tagen flitzen Hunderte von Windsurfern an den beiden langen und breiten Sandstränden vorbei. St. David's dürfte ohne jeden Zweifel Großbritanniens kleinstes Kathedralstädtchen sein, und von hier lohnen sich Wanderungen in den Pembrokeshire National Park. Weiter geht es die sandige Küste in Richtung Norden; spannend ist hier ein Besuch im CAT, im Centre for Advanced Technology. Hier wird mit dem Umweltschutz Ernst gemacht, und mit alternativen, höchst intelligenten Technologien sind die Bewohner dieser Siedlung allen anderen Dörfern und Städten in Großbritannien weit voraus. Der interessierte Besucher kann sich über den neuesten Stand umweltfreundlicher Technik informieren und staunt über die oft simplen Lösungen. Nördlich von hier locken die Snowdonia Mountains, ein rauer und karger Gebirgszug, wieder einmal die Wanderer und Gipfelstürmer, und über Caernarfon mit seiner mächtigen Burg – in der Thronfolger *Charles* zum *Prince of Wales* gekürt wurde – erreichen wir Llandudno. Das Seebad gehört ganz zweifellos zu den schönsten Großbritanniens, und an einem warmen Sommertag sollte der Besucher während des Sonnenuntergangs an der Spitze des weit ins Meer ragenden Piers stehen und schauen, wie die im Meer versinkende Sonne die schneeweißen Hausfassaden des Städtchens in rotes Licht taucht.

Hay-on-Wye

Das winzige, unbedeutende Örtchen im Nordosten des Nationalparks Brecon Beacon liegt hart an der Grenze zum Nachbarland – der Bahnhof gehört bereits zum englischen Territorium. Ein Besuch im Dorf ist für Bücherfreunde und Sammler bibliophiler Kostbarkeiten hochinteressant, denn Hay ist ein einziges Antiquariat. In den 15 bis 20 *Second*

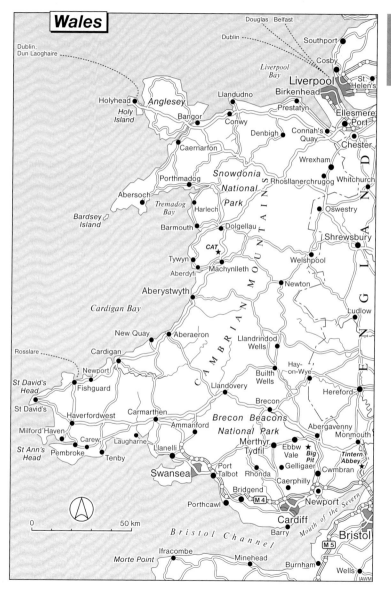

Hand Bookshops finden sich gut eine Million Bücher, der größte Laden alleine hat eine halbe Million Bände in seinen Regalen.

1961 begann *Richard Booth* damit, Hay zum **größten Antiquariat der Welt** auszubauen und seine Mitbürger für die Idee zu begeistern. Mittlerweile leben fast alle Einwohner des Städtchens von den Besuchern und Sammlern, und vergessen sind die Zeiten der hohen Arbeitslosigkeit.

1977 sorgte *Richard Booth* für weitere Schlagzeilen und machte Hay wiederum in aller Welt bekannt. Er rief sich zum Monarchen aus, gliederte Hay als sein **Königreich** aus dem United Kingdom aus, ernannte Minister und druckte sein eigenes Geld. Das übrigens kann man durch Essen vernichten, es ist auf Reispapier gedruckt. Die Bewohner von Hay haben eigene „Pässe", und eine Vielzahl weiterer „Regierungsstellen" arbeitet an der Verwaltung des kleinen Königreiches. Stilgerecht residiert *King Richard* in der ortseigenen Feste, die allerdings durch zwei Brände in den 30er und 70er Jahren in Teilen ruiniert ist. Doch lässt der Lokalherrscher je nach Geldaufkommen die Burg langsam restaurieren. Wer sich über die Lage der einzelnen Antiquariate innerhalb des Örtchens – pardon, des Königreiches – informieren will, bekommt einen kostenlosen Stadtplan im *Independent Tourist Information Office.*

Alljährlich Ende Mai/Anfang Juni findet in Hay-on-Wye ein in ganz Großbritannien beachtetes **Literatur-Festival** statt, und in Buchläden, Pubs, Restaurants und Hotels gibt es Dichterlesungen, Vorträge und Diskussionen rund ums Buch. Rechtzeitig sollte man dann in und um Hay herum Unterkünfte vorbuchen.

Praktische Hinweise

Tourist Information
● Oxford Road, am zentralen Parkplatz von Hay, Tel. 01497/820144.

Unterkunft
● **Swan Hotel,** Church Street, Tel. 01497/821188, Fax 821424, info@swanathay.co.uk, DZ 80 £, eine ehemalige Kutschstation aus dem 19. Jh.
● **Bed and Breakfast:** *Belmont House,* Belmont Road, Tel. 01497/820718, DZ 44 £; *La Fosse,* Oxford Road, Tel. 01497/820613, annabell@crook58.freeserve.co.uk, DZ 45 £; *Rest for the Tired,* 6 Broad Street, Tel. 01497/820550, mary@restforthetired.co.uk, DZ 50 £.
● **Camping:** *Pencelli Castle Caravan Camping Park,* Pennelli, Tel. 01874/665451, 3 km östlich von Brecon von der A 40 in die B 4558 bis Pencelli.

Pubs & Restaurant
● **The Old Black Lion,** Lion Street, charaktervoller Pub mit Restaurant.
● **The Granary,** Broad Street, Café mit kleinem angeschlossenem Restaurant, 7 £.

Verbindung
● Wenige lokale **Busse** täglich nach Hereford und Brecon.

Brecon

Das sympathische Landstädtchen an der nördlichen Grenze des Brecon-Beacon-Nationalparks hat ein weitgehend einheitliches, im georgianischen Stil erbautes Zentrum. Die kleine Stadt eignet sich mit ihrer touristischen Infrastruktur gut als Standquartier für Wanderungen in der landschaftlich attraktiven Umgebung.

Zwar hatten die Römer hier schon eine Befestigung errichtet, doch die richtige Besiedlung begann erst im Jahre 1096 mit der Anlage eines Benediktiner-Klosters, dort, wo der River Honddu in den breiteren Usk mündet. Während des Bürgerkrieges im 17. Jh. zeigten die *Breconians* eine ungewöhnliche Weitsicht und schleiften ihre Befestigungsanlagen, um nicht Ziel eines Angriffes zu werden. Derlei Abrüstungsbereitschaft war erfolgreich, nicht einem Einwohner wurde ein Haar gekrümmt.

Herausragendes alljährliches Ereignis ist das **Brecon Jazz Festival** Mitte August, das zu den besten Veranstaltungen dieser Art in Großbritannien gezählt wird.

Brecons Zentrum markiert der große Platz **The Bulwark,** an dem der hohe Kirchturm von St. Mary's aufragt, der *Duke of Wellington* mit einer Statue geehrt wird und der elegante georgianische Eingangsporticus des *Wellington Hotel* zusammen mit freundlichen georgianischen Ladenfassaden Eindruck machen.

An der Kreuzung The Bulwark mit der Glamorgan Street informiert in einem großen, griechisch inspirierten Gebäude das **Brecknock Museum** (Mo–Sa 10–13, 14–17 Uhr, April–Sept. auch So) über die Geschichte der Stadt und des Umlandes. Wer weiter in Richtung Osten auf The Watton flaniert, gelangt schnell zu den **South Wales Borderers' Barracks,** deren Museum die 300-jährige, martialische Geschichte des gleichnamigen Regimentes feiert.

Eine Vielzahl enger Straßen läuft von hier zum nördlichen Ufer des **Monmouth and Brecon Canal,** 1801 eingeweiht, der seine einstige wirtschaftliche Bedeutung längst eingebüßt hat und auf dem man heutzutage nachmittägliche Kreuzfahrten zum *Cream Tea* unternehmen kann.

Weiter The Watton abwärts gelangt man zum **Welsh Whisky Visitor Centre** (Mo–Fr 10–17, April–Sept. auch Sa 10–17, So 11.30–15.30 Uhr), das mit harten walisischen Alkoholika aufwarten kann. Die beiden bekanntesten lokalen Rachenputzer – walisisch *Chwisgi* – sind der *Sun-y-Mor*, die „Stimme des Meeres", und der feine Malz-Whisky *Prince of Wales*.

Vom Bulwark-Platz verläuft die High Street Inferior in nordwestliche Richtung, und hier ist nach wenigen Minuten Fußweg der Pub **Sara Siddons** erreicht. 1755 wurde die berühmte Schauspielerin des Londoner Drury Lane Theatre hier in der damals *The Shoulder of Mutton* benannten Taverne geboren. Das heutige Wirtshausschild zeigt ihr Gesicht, so, wie es in ihrem 30. Lebensjahr von dem bekannten englischen Portraitisten *Gainsborough* gemalt wurde. Über die High Street und die weiterführende Ship Street gelangt man zur Brücke über den Usk.

Die High Street Superior führt vom Zentrum nordwärts und vorbei an der langen **Markthalle;** dienstags und freitags findet hier ein geschäftiger Markt statt, der in regelmäßigen Abständen um einen Viehmarkt bereichert wird. An jedem dritten Samstag im Monat gibt es hier auch einen Kunsthandwerksverkauf.

Überragt wird Brecon von der **Kathedrale St. John,** die für ihr normannisches Taufbecken von 1130 berühmt ist und in der *Hugh Price* bestattet ist; der Mönch gründete ausschließlich für seine walisischen Studenten 1571 in Oxford das Jesus College.

Praktische Hinweise

Tourist Information & Brecon Beacon National Park Office
● **Cattle Market Car Park,** off Lion Street, Tel. 01874/622485.

Unterkunft
● **Lansdowne Hotel,** The Watton, Tel. 01874/623321, Fax 610438, reception@lans downehotel.co.uk, DZ 50 £.
● **Bed & Breakfast:** *Beacons,* 10 Bridge Street, Tel./Fax 01847/623339, beacons @brecon.co.uk, DZ 44 £; *Borderers,* The Watton, Tel./Fax 01847/623559, ian@ borderers.com, DZ 44 £; *Cherrypicker House,* 9 Orchard Road, Tel. 01874/624665, info @cherrypickerhouse.co.uk, DZ 45 £.

Pubs & Restaurants
● **Ye Olde Cognac** und **Sara Siddons,** beide High Street Inferior, zwei kleine, gemütliche alte Pubs.
● **Bentley's,** The Bulwark, preiswertes Restaurant um 6 £.
● **Balti Tandoori Restaurant,** Glamorgan Street, indische Küche, 5–8 £.

Verbindung
● **Busse** nach Cardiff und Abergavenny

Der Brecon Beacon National Park

1350 qkm umfasst der 1957 gegründete, landschaftlich wunderschöne Brecon-Beacon Nationalpark. Verwirrenderweise werden sowohl die Berghänge im Osten des riesigen Gebietes als auch im Westen jeweils **Black Mountains** genannt.

Beliebte Ziele der Bergwanderer sind **im Westen** die beiden Gipfel Babbau Sir Gaer (750 m) und Fan Brycheiniog (721 m).

Östlich schließen sich die **Fforest Fwar** an, walisisch für die „großen Wälder", einst bevorzugtes Jagdgebiet der Lords of Brecon und wohl der einsamste Teil des großen, weitgehend aus rotem Sandstein bestehenden Nationalparks.

Im Zentrum des Naturschutzgebietes ragt dann der **Pen-y-Fan** auf, der mit 886 m höchste Berg von Süd-Wales. Zwei weitere, für Himmelsstürmer attraktive Gipfel umgeben ihren hohen Konkurrenten, einmal der Corn Du (873 m) und dann der Cribyn (795 m). Wer den Weg von Storey Arms her wandert, wird vielleicht auf das Denkmal stoßen, das an den Tod des jungen *Tommy Jones* im August des Jahres 1900 erinnert. Der unglückliche Wanderer erfror bei einem Schlechtwettereinbruch – im August wohlgemerkt! Der Gedenkstein soll zur Vorsicht mahnen.

Eine ganze Reihe von **Stauseen** sichert die Wasserversorgung der Region, zusammen mit dem Llangorse Lake bilden sie das größte Seengebiet im Süden Wales; hier überwintern eine ganze Reihe von Vögeln, so etwa Tafel- und Reiherenten sowie Zwerg- und Singschwäne. Leider sind aufgrund intensiver Wassersportvergnügungen die brütenden Vogelpopulationen stark zurückgegangen, und auch eine ganze Reihe von Uferpflanzen sind selten geworden oder schon ganz verschwunden.

Der Süden des Nationalparks ist ein Eldorado für Geologen und Speläologen; nirgendwo im ganzen Inselreich finden sich mehr **Höhlen.** Da verschwinden Bäche plötzlich im Nichts, um unerwartet an anderer Stelle wieder aufzutauchen. Empfehlenswert ist eine Führung durch die **Grottenlabyrinthe** Dan-yr-Ogof am Oberlauf des River Tawe. Erfahrene Höhlenkletterer finden eine ganze Reihe weiterer unterirdischer Gänge und Schluchten in der Region; so etwa Stollen bei Agen Allwed, die rund 15 km weit in den Mynydd Llangatwg hineinführen oder das Grottensystem bei Ogof Ffynon Ddu, das zu den tiefsten ganz Großbritanniens zählt.

Wie schon der Westen wird auch **der Osten** von den Hängen der Black Mountains gesäumt. Höchster Berg ist mit 811 m der Waun Fach, beliebt bei den Gipfelstürmern sind aber auch der 595 m hohe Sugar Loaf und der Skirrid Fawr mit 486 m.

Ebenfalls gerne begangen wird – allerdings nur von erfahrenen Wanderern – der rund 200 km lange **Offa's Dyke Path,** der durch die Bergeinsamkeit der östlichen Black Mountains führt.

Informationen

●Neben dem *Tourist Information & Brecon Beacon National Park Office* in Brecon (s. o.) gibt das *Mountain Centre* bei Libanus weitere Auskünfte, ca. 10 km südwestlich von Brecon, erreichbar über die A 470

Karten

●**Ordnance Survey** Landranger Series 1:50.000 Nr. 160 und 161; besser noch, weil im größeren Maßstab, sind die Karten der Outdoor Leisure Series 1:25.000 Nr. 11, 12 und 13; erhältlich in den Buchgeschäften der Region sowie in den Information Offices.

Jugendherbergen

Zwei Jugendherbergen stehen für Wanderer im Brecon-Beacon-Nationalpark zur Verfügung:

●Jugendherberge in **Llandeusant,** 10 km südlich von Llandovery; das Youth Hostel ist in dem ehemaligen Pub *The Red Lion* untergebracht, Llangadog, Tel. 01550/740218.

●*Llwyn-y-Celyn,* in **Libanus,** Tel. 01874/624261, ca. 10 km südwestlich von Brecon, erreichbar über die A 470, altes Farm Cottage im Afon Tarell Valley.

Abergavenny

Die Stadt mit der besten touristischen Infrastruktur im inneren Südosten von Wales ist ganz zweifellos Abergavenny, und wer plant, den Sugar Loaf oder den Skirrid zu besteigen oder die hochinteressante Mine Big Pit zu besuchen, der sollte hier sein Standquartier aufschlagen.

Einzige Attraktion des freundlichen Marktfleckens – dienstags wird mit Vieh gehandelt, freitags mit Obst, Gemüse und weiteren Artikeln – ist das **Museum of Childhood,** das in einer säkularisierten Kapelle in der Market Street untergebracht ist (Mo bis Sa 10–17, So 14–17 Uhr). Spielzeug aus allen Epochen können die Besucher hier bewundern; eine der vielen Puppen gehörte einmal einem kleinen Mädchen, das beim Untergang der Titanic gerettet wurde.

Im restaurierten Bergfried der weitgehend zerstörten Burg dokumentiert das **Heimatmuseum** (Mo–Sa

11–13, 14–17, So 14–17 Uhr) mit vielen Fotos und weiteren Ausstellungsstücken die Historie von Stadt und Umland. In der Festung lebte einst *William de Braose,* der Weihnachten 1175 sämtliche lokalen Adligen der Region zu einem Festessen einlud und dann allesamt von seinen Schergen ermorden ließ.

Praktische Hinweise

Tourist Information
●*Swan Meadow,* Monmouth Street, Tel. 01873/857588.

Unterkunft
●*Angel Hotel,* Cross Street, Tel. 01873/ 857121, Fax 858059, angel@abergavenny. net, DZ 80 £.
●*Abergavenny Hotel,* 21 Monmouth Road, Tel./Fax 01873/855324, aberhotel@aberga venny.net, DZ 55 £.

●*Bed & Breakfast: Somerset Arms,* Victoria Street, Tel. 01873/852158, somerset@aber gavenny.net, DZ 45 £; *Belchamps,* 1 Holywell Road, Tel./Fax 01873/853204, belchamps. guesthouse@virgin.net, DZ 45 £; *Maes Glas,* Monmouth Road, Tel./Fax 01873/854494, DZ 40 £.
●*Jugendherberge: Black Sheep Backpackers Hostel,* 24 Station Road, Tel. 01873/ 859125, Fax 851403, info@blacksheep backpackers.com.

Pubs & Restaurants
●*Coach & Horses,* Cross Street, gemütlicher alter Pub.
●*Great George,* Cross Street, manchmal Live-Musik an Samstagen.
●*Coliseum,* Lion Street, großer, aber sehr gemütlicher Pub mit Bar Meals ganztägig.
●*Peking Chef,* Cross Street, chinesiche Küche, 8 £.
●*Luigi's,* Cross Street, italienisches Billigrestaurant, 5 £.

Verbindung
●Mehrmals täglich *Busse* und *Züge* in die größeren Orte der Umgebung.

Big Pit

Es ist noch gar nicht so lange her, dass im Süden von Wales rund 25.000 Männer in den Kohlegruben arbeiteten, heutzutage sind es gerade noch rund 1000 Kumpel. Big Pit, die Kohlenmine beim Örtchen *Blaenavon,* 10 km südwestlich vor Abergavenny, wurde 1980 stillgelegt und während der folgenden drei Jahre zu einem Bergwerksmuseum umgebaut. Die labyrinthischen Stollen in mehreren hundert Meter Tiefe können also besichtigt werden, und so einen interessanten Besuch sollte man nicht auslassen. Jeder Besucher bekommt einen Helm aufgesetzt, an

Die Kohlenmine Big Pit

dem vorne eine Lampe angebracht ist, weiterhin eine schwere Batterie umgeschnallt sowie eine Atemschutzmaske, und dann geht es es mit der Förderkorb hinab in die Tiefe. Alle Männer, die jetzt Touristen durch die Grube führen, haben hier einmal als Kumpel gearbeitet. Von den vielen Bergwerksmuseen in Wales vermittelt dieses dem Besucher die Erfahrung unter Tage am nächsten.

Öffnungszeiten: März–Dez. 10 bis 17 Uhr, letzte Einfahrt um 15.30 Uhr.

Monmouth

Monmouth ist ein liebliches Städtchen mit viel Atmosphäre und Charme. An drei Seiten wird der Ort von den Flüssen Way und Monnow umflossen, was in früheren unruhigen Zeiten zusätzliche Sicherheit brachte. 1387 wurde der Stadt ein großer Sohn geboren, *Heinrich von Monmouth,* der 1413 als *Heinrich V.* den englischen Thron bestieg; zwei Jahre später schlug er die Schlacht von Agincourt gegen ein überlegenes französisches Heer und sorgte dafür, das weite Teile Nordwestfrankreichs unter die englische Krone kamen.

Im Andenken an dieses kriegerische Ereignis heißt denn auch der zentrale Platz des Örtchens ***Agincourt Square;*** vor der georgianischen Shire Hall, dem ehemaligen Verwaltungssitz der Grafschaft, steht die Statue des *honourable Charles Stewart Rolls,* der im Jahre 1906 den Englischen Kanal im Ballon und 1910 dann in einem Flugzeug gleich zwei-

mal hintereinander überflog. Zusammen mit einem gewissen *Mr. Royce* war *Charles Stewart Rolls* Gründer der Flugzeugmotorenwerke *Rolls Royce,* die einige Jahre später auch exklusive Personenwagen herstellen sollten.

Gegenüber der Shire Hall gelangt man über ein Sträßchen auf den ***Castle Hill,*** auf dem aber von den Befestigungsanlagen nur noch der Great Tower zu besichtigen ist. In der Burg wurde *Heinrich von Monmouth* geboren. Im Great Castle House ist das Hauptquartier des *Royal Monmouthshire Regiment* untergebracht.

Wer sich für den britischen Seehelden *Admiral Horatio Nelson* interessiert, sollte vom Agincourt Square der nordwärts führenden Priory Street folgen; nach wenigen Minuten Fußweg ist das ***Stadtmuseum*** (Mo–Sa 10–13, 14–17 Uhr) erreicht, das eine ganze Reihe von Memorabilien des Seebären zeigt. Die Mutter von *Charles Stewart Rolls* bewunderte den Admiral glühend und sammelte von ihm, was ihr unter die Finger kam. Selbstverständlich informiert das Ausstellungsgebäude auch über die Geschichte der Stadt selbst und des Umlandes. Am unteren Ende der Monnow Street führt die ***Monnow Bridge*** über den gleichnamigen Fluss; das hohe Steintor datiert aus dem Jahr 1262 und diente gleichermaßen als Schutz vor Angriffen wie auch als Station für das Eintreiben der Maut.

Praktische Hinweise

Tourist Infomation
● ***Shire Hall,*** Agincourt Square, Tel. 01600/ 713899.

Unterkunft

- **Riverside Hotel,** Cinderhill Street, Tel. 01600/715577, Fax 712668, riverside@com pass-rose.org.uk, DZ 55 £.
- **Bed and Breakfast:** *Trevithin,* Dixton Road, Tel. 01600/712351, Fax 716234, DZ 38 £; *Verdi Bosco,* 66 Wonastow Road, Tel. 01600/714441, DZ 38 £; *Troydene,* 16 Beach Road, Tel. 01600/712260, DZ 36 £.

Pubs

- **The Punch House,** Agincourt Square, Free House, in einem alten, schwarzweißen Fachwerkhaus aus dem 17. Jh., sehr gemütlich, sommertags kann man draußen sitzen.
- **The King's Head,** Agincourt Square, freundliche Kneipe, Free House.
- **The Vine Tree,** Monnow Street, mit Biergarten.
- **Robin Hood,** direkt an der Monnow Bridge mit Aussicht auf den Fluss.

Tintern Abbey

Die Ruine von Tintern Abbey südlich von Monmouth in den Flussauen des lieblich dahinplätschernden River Wye ist eines der populärsten Ziele im ganzen Königreich, und seit über 200 Jahren besingen Poeten ihre Schönheit und Atmosphäre, malen Künstler sie in unzähligen Variationen. Das berühmteste Gedicht über die **Zisterzienser-Abtei** stammt zweifellos aus der Feder des Romantikers *William Wordsworth,* der sie 1793 erstmals besuchte; fünf Jahre später zog es ihn noch einmal gleich für fünf Tage dorthin, und am 13. Juli 1798 dichtete er: *„The tall rock,/The mountains, and the deep and gloomy wood,/Their colours and their forms, were then to me/An appetite; a feeling and a love/That had no need of a remoter charme".* Das Licht-und-Schatten-Genie *William Turner* malte das be-

Heinrich V. und der neueste Stand der Langbogenforschung

„Der Wind ist günstig, laßt uns nun an Bord. Fröhlich zur See. Die Fahnen fliegen schon; kein König Englands ohne Frankreichs Thron." So lässt *Shakespeare* im Ratssaal zu Southampton *Heinrich V.* zum Aufbruch rufen. Und in der Tat stach im Herbst des Jahres 1415 – zwischen England und Frankreich tobte der Hundertjährige Krieg – von Southampton aus unter Führung von *König Heinrich* eine kleine Truppe in See, überquerte den Kanal und ging nahe dem französischen Städtchen Harfleur an Land. Einen großen Waffengang hatten die Engländer nicht im Sinn, dazu war die Armee viel zu klein. Man wollte ein bisschen brandschatzen, marodierend durch die Gegend ziehen, plündern und dann wieder schnell zurück in die Sicherheit der heimischen Insel segeln. Doch daraus wurde nichts. Als sich in den Frühstunden des 25. Oktober 1415 der Morgennebel lichtete, sah sich der kleine Haufen einer gewaltigen Streitmacht gegenüber – die Franzosen hatten den Eindringlingen beim kleinen Örtchen Agincourt den Rückweg zur Küste abgeschnitten.

Die Landesverteidiger leisteten sich erst einmal ein opulentes Frühstück, der demoralisierte Feind dagegen zitterte vor Hunger, Kälte und Angst. „Sie haben volle 60.000 Streiter. Fünf gegen einen, auch sind alle frisch. Gott sei mit uns! Die Übermacht ist schrecklich." Das war sie in der Tat, wenngleich *Shakespeare* zur Übertreibung neigte. 24.000 französische Fußsoldaten, alle in Rüstungen, und 1000 gepanzerte Reiter standen einer Streitmacht von nur 7000 englischen Recken, davon 6000 Bogenschützen, gegenüber. Die Invasoren hatten sich in den vergangenen Tagen nur von Beeren und Nüssen ernähren können, viele waren vom Durchfall geschwächt. Der Ausgang der Schlacht war klar; so sicher glaubten die Franzosen an den Sieg, dass die Adligen schon die zu erwartende Beute aufteilten. Stunden später lagen über 15.000 Franzosen tot am Boden, der Rest des Heeres stolperte in blinder Flucht von dannen. Von den Engländern hatte die Schlacht nur 300 Opfer gefordert. Der britische Militärhistoriker *John Keegan* bejubelte das Ereignis als „den Sieg des Schwachen über den Starken, des gemeinen Mannes über den Ritter hoch zu Roß, des Entschlossenen über den Hochtrabenden." Die Schlacht von Agincourt war eines der „epischen Ereignisse der englischen Geschichte".

Doch davon weiß der 28-jährige *Heinrich V.* noch nichts, und so macht er sich vor Angst fast in die Hose. Vier Stunden stehen sich auf einem waldumsäumten Feld die Gegner gegenüber, die Franzosen wollen nicht angreifen, sie weiden sich an der Furcht der Engländer und machen sich lustig über den trostlosen Haufen. *Heinrich* sammelt also seine Mannen, lässt eine Messe lesen und dürfte in seiner Verzweiflung wohl so dem Herrn angefleht haben, wie *Shakespeare* es ihm in den Mund legt: „O Gott der Schlachten! Stähle meine Krieger, erfüll sie nicht mit Furcht, nimm ihnen nun den Sinn des Rechnens, wenn der Gegner Zahl sie um ihr Herz bringt. Heute nicht, o Herr. O heute nicht."

Heinrich teilt seine Kämpfer in drei Abteilungen, zwischen denen jeweils ein großer Trupp Bogenschützen stationiert wird, und sichert auch die Flanken der Schlachtenreihe mit den Männern des Langbogens. Dann lässt er auf die Franzosen losmarschieren, bis nur noch ein Abstand von 200 m die Gegner trennt. Die Bogenschützen rammen einen beidseitig spitzen Pfahl schräg in die Erde, eine Art „Panzersperre" für die berittenen Feinde, und jagen dann alle 10 Sekunden in synchroner Aktion 6000 Pfeile auf die Franzosen. Erst nach der vierten Bogenattacke setzt sich die schon dezimierte französische Reiterei in Bewegung, die im Angriff eine fünfte „Breit-

seite" ereilt. Dann geht das gegenseitige Abschlachten richtig los.

Es war der Langbogen, der die Schlacht entschied, doch bis vor kurzem wussten die Historiker nichts über seine Schusskraft, über die Reichweite und die Durchschlagskraft der Pfeile. Der Physiker *Gareth Rees* vom *Scott Polar Institute* in Cambridge hat nun aufsehenerregende Untersuchungsergebnisse im Fachblatt New Scientist vorgelegt. „Es scheint klar zu sein", so schrieb er, „dass die französische Taktik, den englischen Langbogenschützen mit gepanzerten Reitern und Infanteristen zu begegnen, ein fataler Fehler war." Bisher hatten die Wissenschaftler angenommen, dass das Spanngewicht eines im Durchschnitt 1,70 m hohen Langbogens rund 40 kg betrug. Bei Langbogen, die man vor einigen Jahren aus der gehobenen Mary Rose (siehe Kap. „Portsmouth") geborgen hatte, kamen die untersuchenden Wissenschaftler zu dem Schluss, dass die Waffen ein doppelt so hohes Spanngewicht, also 80 kg, hatten. Ein mit solchem Schwung von der Sehne abgeschossener, 75 cm langer und 600 Gramm schwerer Pfeil erreichte eine Anfangsgeschwindigkeit von 200 km/h. Nach 200 m geschwindem Flug – dies war ja die Entfernung zwischen den beiden Heeren – trafen die Pfeile noch mit 130 km/h auf den Stahl der gepanzerten Franzosen – und durchschlugen ihn!

Als die Entfernung für Pfeilschüsse zu gering wurde, legten die *Longbowmen* ihre Waffen beiseite. Wer von den Franzosen aus der zentralen Todeszone verwundet entkommen konnte, in Richtung auf die Flanken der englischen Schlachtenreihe forttaumelte und dabei von der 30 kg schweren Rüstung behindert wurde, den erschlugen die englischen Bogenschützen, die sich in ihren Lederwesten leicht bewegen konnten.

kannteste Bild von den eindrucksvollen Resten der noch immer wunderschönen gotischen Abteikirche, die im Zentrum des Ruinenareals majestätisch aufragt.

1131 begannen Zisterzienser-Mönche mit den Arbeiten am Kloster, 139 Jahre später, 1270, nahmen die frommen Männer ihre Abteikirche in Angriff. Im Zuge der Reformation wurde das Kloster 1536 geschlossen, die Gebäude verfielen, und die Bauern des Umlandes nutzten sie als Steinbruch.

Cardiff

Seit 1955 ist Cardiff die **Hauptstadt von Wales** und das, obwohl die Metropole ihre Wurzeln eigentlich nicht sonderlich tief in die Historie des Landes geschlagen hat. Andere große walisische Städte, die sich ebenfalls um das Hauptstadtrecht beworben hatten, werden nicht müde, darauf hinzuweisen. Den Zuschlag bekam die Stadt einfach deshalb, weil sie über die besten infrastrukturellen Voraussetzungen verfügte.

Zwar waren hier schon die Römer, doch eine größere Ansiedlung entstand erst während der industriellen Revolution im 19. Jahrhundert. 1905 bekam Cardiff die Stadtrechte, und parallel mit dem Ausbau des Hafens wuchs auch der Ort rapide an. Zählte das unbedeutende Fischernest im Jahre 1801 nicht einmal 1000 Einwohner, so lebten um 1900 schon über 170.000 Menschen in der prosperierenden Hafenstadt.

Heutzutage präsentiert sich Cardiff dem Besucher als freundliche, weltoffene Metropole mit vielen grünen Parks und blühenden Blumen; in der verkehrsberuhigten Einkaufszone der Queen's Street findet man alle Geschäfte des gehobenen Einzelhandels. Das **Stadtzentrum** ist kompakt angelegt, und die Sehenswürdigkeiten lassen sich gut zu Fuß erreichen. Nach Westen hin wird der Geschäftsbereich der Innenstadt vom River Taff begrenzt, gen Norden erstreckt sich die ausgedehnte grüne Lunge der Kapitale, der Bute Park, und das riesige Areal von Nationalmuseum und University College.

Am Ende der Fußgängerzone ragt an der Castle Street die riesige **Burg** von Cardiff auf (Mai–Sept. 10–18 Uhr, alle 20 Min. Führungen; März–April 10–17; Nov.–Feb. 10–16.30 Uhr). Eine erste Befestigung hatten hier bereits die Römer errichtet, und auf deren Fundamenten erbauten dann die Normannen unter *Robert Fitzhamon,* einem Vertrauten von *Wilhelm dem Eroberer,* eine weitere, bereits stark bewehrte Burg. Über die Jahrhunderte kamen An- und Umbauten hinzu, und im 18. Jh. dann ließ der steinreiche dritte *Marquis of Bute* den gesamten Komplex im idyllisierenden mittelalterlichen Stil umbauen. Die Innenausstattung der Gebäude kann nur als prachtvoll bezeichnet werden, herausragend sind der Arabische Raum, die *Banqueting Hall* und die Bibliothek mit ihren Buntglasfenstern.

Das **National Museum of Wales** gehört zu den bedeutendsten Ausstellungshäusern in ganz Großbritan-

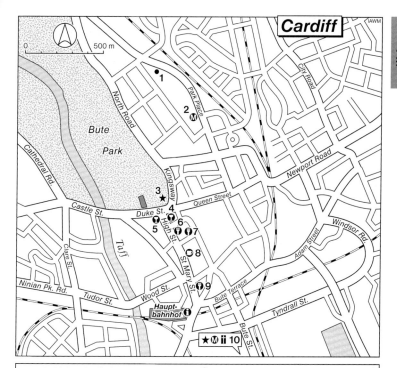

- • 1 University College of Wales
- Ⓜ 2 National Museum of Wales
- ★ 3 Cardiff Castle
- ❻ 4 Pub The Olde Rummer Tavern
- ❻ 5 Pub The Goat Major
- ❻ 6 Restaurant Bella Pasta
- ❻ 7 Restaurants Truffles, Orleans und Fontana de Trevi
- ◗ 8 Café Jazz
- ❻ 9 Restaurant Champers
- ★10 Hafen mit Techniquest, Q-Shed,
- Ⓜ   Wales Industrial Maritime Museum, Pierhead Building, Cardiff Bay Visitor Centre und
- ⅱ   Norvegian Church

nien und ist hervorragend aufgemacht (Di–Sa 10–17, So 14.30–17 Uhr). Ein Rundgang ist derart spannend, dass Kinder wie Eltern gleichermaßen die Stunden vergessen und gebannt in die erdgeschichtliche Vorzeit hineinreisen. Der kuppelüberwölbte riesige Bau aus Portland-Marmor wurde in Etappen zwischen 1912 und 1992 errichtet. Die Ausstellungen widmen sich der Geschichte von Wales innerhalb des britischen Kontextes, die Kunstsammlungen zeigen u. a. bedeutende italienische und flämische Malerei des 17. Jh., Gemälde aller großen Meister des 18., 19.

Die Burg von Cardiff

(hier beispielsweise Bilder der Präraffaeliten) und 20. Jahrhunderts, so
etwa die französischen Impressionisten. Es gibt weiterhin eine *Dinosaur
Gallery,* eine Wisssenschaftsabtei-
lung, die sich z. B. des Umweltschutzes annimmt, weiterhin zoologi-
sche, botanische und archäologische Ausstellungsbereiche.

Ein 30minütiger Spaziergang entlang der belebten Bute Street (Alternative: Bus Nr. 80) führt zum Hafengebiet, vom Volksmund als Cardiff
Bay bezeichnet. Wer sich bei einem
höchst interessanten Rundblick umfassend über die Industrie- und Ha-
fengeschichte informieren möchte,
kann dies im **Welsh Industrial and
Maritime Museum,** in Cardiff kurz
als WIMM bekannt (Di–Sa 10–17, So
14.30–17 Uhr). Im schönen viktorianischen Bahnhofsgebäude Bute
Road Station der stillgelegten Bahn-

strecke informiert die **Railway Gallery** des WIMM über die walisische
Eisenbahn, und wenige Schritte weiter südlich ist dann mit mehreren modernen Gebäuden der Hauptkomplex
des WIMM erreicht. Wechselausstellungen des Museum, finden im so genannten **Q-Shed** statt, das aus einem
viktorianischen Speicherhaus heraus
gearbeitet worden ist. Dahinter, in der
Stuart Street, befindet sich das **Techniquest,** das sich vor allem bei Kindern und ihren Vätern allergrößter Beliebtheit erfreut. Unter dem Motto
Hands-on Technology kann man alle
Arten von fauchenden, ratternden,
klingelnden, alle Sinne ansprechenden Experimenten durchführen und
begreift Technik auf Anhieb und phy-
sikalische Prozesse spielend.

Einen Steinwurf östlich vom WIMM
steht nahe dem Hafenbecken Roath
Basin das **Pierhead Building;** das

aus viktorianischer Zeit datierende Gebäude ist reich geschmückt und im schönsten neogotischen Stil erbaut. Hier arbeitete einmal die Verwaltung der Bute Dock Company. Ein Besuch lohnt daneben im *Cardiff Bay Visitor Centre,* wo der Besucher alles über den Hafen der walisischen Metropole erfährt. Zum Abschluss des Rundganges sollte man dann in der **Norwegian Church,** einer ehemaligen Seemannskirche, das darin untergebrachte Café besuchen und sich von den Anstrengungen der Besichtigungstour erholen.

Praktische Hinweise

Tourist Information
● *Cardiff Visitor Centre,* 16 Wood Street, Tel. 01222/227281; hier erhält man auch das kostenlose Blättchen *The Buzz,* das monatlich erscheint und über alle kulturellen Aktivitäten der Stadt detailliert informiert.

Unterkunft
● *Hotel Ibis Cardiff,* Churchill Way, Tel.029/ 20649250, Fax 29209260, h2936@accorhotels.com, DZ ab 45 £.
● *Hotel Ibis Cardiff Gate,* Malthouse Avenue, Tel. 029/20733222, Fax 20734222, H3159accor-hotel.com, DZ ab 45 £.
● *Bed and Breakfast: Tanglewood,* 4 Tygwyn Road, Penylan, Tel./Fax 029/20473447, tanglewood_uk@hotmail.com, DZ 45 £; *Annedd Lon,* 157 Cathedral Road, Pontcanna, Tel. 029/20223349, Fax 20640885, annedd. lon@ntlworld.co.uk, DZ 47 £; *Clare Court,* 46 Clare Road, Tel. 029/20344839, Fax 20251511, clarecourthotelcardiff@hot mail.com, DZ 45 £; *Courtfield,* 101 Cathedral Road, Tel./Fax 029/20227701, court field@ntlworld.com, DZ 55 £.
● *Jugendherbergen: Cardiff Youth Hostel,* Wedal Road, Roath Park, Tel. 029/2046 2303; *Cardiff Backpackers Hostel,* 98 Neville Street, Tel. 029/20345577, www.back packers.co.uk.

Pubs & Restaurants
● *Ye Olde Rummer Tavern,* Duke Street/ Ecke St. John Street, gegenüber der Burg, gemütlicher, alter Fachwerk-Pub mit Bleiverglasung.
● *The Goat Major,* High Street, im „Ziegenmajor" herrscht immer eine angenehme Atmosphäre.
● *Le Cassoulet,* 5 Romilly Crescent, Canton, Tel. 029/20221905; bestes Restaurant in Cardiff mit exzellenter französischer Küche, 27–44 £.
● *Armless Dragon,* 997 Wyeverne Road, Cathays, Tel. 029/20382357; zweitbestes Haus mit sehr individueller Küche, Fleisch, Fisch und vegetarisch, 14–36 £.
● *Champers,* 62 St. Mary Street, Tel. 029/20 373363, drittbestes Lokal in Cardiff, 14–30 £.
● *Bella Italia,* High Street, Pizzen und Pasta bis 6 £.
● *Truffles,* Church Street, Tea Room and Restaurant, britische Küche bis 10 £.
● *Old Orleans,* Church Street, mexikanische und amerikanische Gerichte, 7 £.
● *Fontana de Trevi,* Church Street, gemütliches kleines italienisches Lokal, 12 £.
● *Café Jazz,* St. Mary's Street, Café, Bar, Restaurant, Live Entertainment, Drei-Gänge Menu 9 £.
● *Cyber Internet Café,* 9 Duke Street.

Rent-a-Bike
● *Taff Trail Cycle Hire,* Forest Farm Country Park, Whitchurch.

Verbindung
● mit *Bus* und *Bahn* in alle Landesteile.

St. Fagans

6 km westlich vom Stadtzentrum Cardiffs liegt in schon ländlich geprägter Umgebung das kleine Örtchen St. Fagans und hat dem Besucher Großes zu bieten. Hier befindet sich nämlich rund um St. Fagans Castle das **National Welsh Folk Museum.**

Alte Häuser im Welsh Folk Museum

Auf einem mehrere Hektar großen Gebiet stehen Häuser aus allen Regionen von Wales; über 30 Gebäude aus verschiedenen Zeitaltern sind hier zwischen Rasenflächen und kleinen Wäldchen verteilt. Das Freilichtmuseum vermittelt dem Besucher auf höchst interessante Art und Weise Wohnen, Arbeiten und Leben der Waliser im Verlauf der letzten Jahrhunderte. Auch für Kinder ist der Besuch ein großes Vergnügen.

Öffnungszeiten u. Verbindung: tgl. 10–17 Uhr; Nov.–März geschl.; stündlich Bus Nr. 32 von Cardiffs Central Station.

Barry

Ansehen kann man es sich ja einmal kurz; Barry – 1880 noch ein verschlafenes Fischernest – ist schon seit vielen Jahren das lauteste und **schrillste Seebad** von ganz Süd-

Wales und vermittelt, wie ein walisischer Führer ganz unverblümt mitteilt, *loud chip-swollowing, beer swilling seaside fun*, was sich als „laute frittenfettige, bierschwimmende Strandvergnügungen" übersetzen lässt. Am meisten davon sowie die größte Dichte an *Fun Palaces, Amusement Pavilions, Bingo Halls, Pleasure Parks, Leisure Centres, Fish & Chips Shops*, Softeis-Kiosken und *Seaside Pubs* findet der geneigte Besucher in **Barry Island** rund um den kurzen Sandstrand. Wer sich das in Ruhe angesehen hat, sollte dann ins Auto steigen, Gas geben und in einem Rutsch zum 30 km entfernten Porthcawl fahren.

Wales

Porthcawl

Bei der Einfahrt in das Küstenörtchen passiert man einen Caravan Park mit dem architektonischen Charme eines Gefangenenlagers; ist man dann aber erst einmal im Ortskern, zieht sich die **Esplanade** entlang der Seefront und ist mit weißgekalkten Häusern und Hotels aus viktorianischer und edwardianischer Zeit bestanden, die allesamt Zeichen beginnenden Verfalls zeigen und leicht morbiden Charme verströmen. Von der Esplanade verlaufen zwei, drei Straßen weg vom Meer.

In der John Street befindet sich ein sporadisch geöffnetes **Museum** zur Stadtgeschichte, und an der Esplanade steht der kuppelüberwölbte **Grand Pavilion,** der gleichermaßen als Theater und Kino dient und *Seaside Entertainment* aller Art saisonal im Angebot hat. Im Westen stößt der Spaziergänger auf den **Coney Beach Amusement Park,** in Richtung Osten ist es an der sehr schönen **Rest Bay** weitaus ruhiger.

Praktische Hinweise

Tourist Information
● John Street, Tel. 01656/786639.

Unterkunft
● **Seabank Hotel,** The Promenade, Tel. 01656/782261, Fax 785363, info@seabankhotel.co.uk, DZ 80 £.
● **Bed & Breakfast:** *Penoyre,* 29 Mary Street, Tel./Fax 01656/784550, DZ 45; *Minerva,* 52 Esplanade, Tel. 01656/742428, Fax 722055, DZ 45 £.

Pub & Restaurant
● **Rock Inn,** am Ende der langen John Street, lange Liste mit Bar Snacks.

● **Fulgony's,** John Street, gegenüber vom Rock Inn, großes Billigrestaurant, 2–6 £.
● **La Rochelle,** Well Street, ordentliche, nicht übertriebene französische Küche, Hauptgerichte zwischen 9 und 16 £.

Swansea

Besucher, die im walisischen Swansea die lange Strandpromenade entlangfahren, bemerken sie nur selten. Bei Ebbe, wenn sich das Wasser aufgrund des hohen Tidenhubs weit zurückgezogen hat, wühlen sommers wie winters eine ganze Reihe von Männern im Schlick; sie alle suchen nach **Cockles,** kleinen Herzmuscheln, der gleichermaßen teuren wie leckeren Spezialität von Swansea. Vor einigen Jahren kamen arbeitslose Liverpooler angereist, um am Cockles-Boom zu partizipieren und ein schnelles Pfund zu machen, doch die Lokalmatadore fackelten nicht lange, und schon flogen die Fäuste. Den Engländern war das eine Warnung, bisher kamen sie nicht zurück, und seitdem tragen die Waliser von Swansea ganz besonders gerne ihr T-Shirt mit der Aufschrift: *Keep Wales tidy. Drop your litter in England!* Die zweite lokale Spezialität – das sei hier noch schnell erwähnt – ist **Laverbread,** gerösteter Seetang *(The Poor Man's Caviar),* der gerne zum Frühstück gegessen wird.

Doch wie schon gesagt, Besucher, die in Swansea einfahren, wissen von all dem nichts, denn sie sind in erster Linie auf der Suche nach den Spuren von **Dylan Thomas.** Der wurde am 27. Oktober 1914 hier in Swansea im Cwmdonkin Drive Nr. 5 (das walisi-

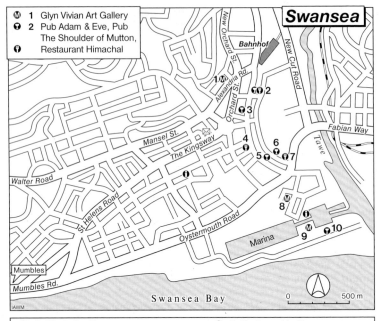

Ⓜ	1	Glyn Vivian Art Gallery
❷	2	Pub Adam & Eve, Pub The Shoulder of Mutton,
❶		Restaurant Himachal

Swansea

❷	3	King's Arm Tavern		❷	7	Restaurant La Tasca
❷	4	Restaurant Opium Den		Ⓜ	8	Swansea Museum und Dylan Thomas Theatre
❷	5	Restaurant Ask				
❷	6	Weinbar No Sign, Pub The Bank Statement		Ⓜ	9	Maritime and Industrial Museum
				❷	10	Pub The Pump House

sche „w" wird wie ein „u" gesprochen) geboren – in der „häßlichen, der wunderschönen Seestadt, die sich an einer langen, herrlich geschwungenen Küste ausbreitet, wo Schulschwänzer und Strandläufer und alte Männer nach Strandgut suchten, umhertrödelten, wateten und den Schiffen nachsahen, wie sie hafenwärts zogen oder fortdampften ins Abenteuer, nach Indien, ins Wunder und nach China – in Länder, die nach Apfelsinen dufteten und widerhallten vom Löwengebrüll."

Das Geburtshaus von *Dylan* im Cwmdonkin Drive ist nicht zu besichtigen, um die Ecke befindet sich aber der **Cwmdonkin Park,** wo *Dylan* in seiner Kindheit umhertollte – *„full of wondering and magic to me"*; nach seinem frühen Tod 1953 haben hier die einstigen Spielkameraden einen einfachen Stein aufstellen lassen, in dem die letzten drei Zeilen seines Gedichtes „Fern Hill" – mittlerweile schon arg verwittert – eingemeißelt sind: „Oh, als ich jung war und leicht in seiner gewaltigen Kräfte

Gnade,/Hielt Schwager Zeit mich, grün und sterbend/Ob ich auch sang in meinen Ketten wie die See."

Wer weiter auf den Spuren von *Dylan Thomas* wandeln will, sollte unterhalb vom Geburtshaus am Uplands Crescent die **Uplands Tavern** besuchen; hier machte der junge *Dylan* seine ersten Erfahrungen mit dem Vollrausch.

Am **Hafen** von Swansea, in dessen einstige Speicherhäuser Restaurants und Pubs eingezogen sind und der zu einem angenehmen innerstädtischen Erholungsgebiet gestaltet wurde, findet der Besucher eine gewaltige **Statue** vom großen Sohn der Stadt. Da sitzt *Dylan* breitbeinig auf einem Stuhl, leicht vornübergebeugt, als würde er seine Verse deklamieren (was er übrigens gut konnte). An sommerlich warmen Abenden, wenn die Durstigen draußen vor den umliegenden Pubs sitzen, das Lager oder

Bitter zu Schabernack treibt, dann ist es in Swansea mittlerweile Sitte geworden, dass ein freundlicher Zecher mit einem vollen Glas Bier zur Statue geht und es *Dylan* vor die Füße stellt. Der Wirt der nahe gelegenen Kneipe erzählt, dass er im Sommer täglich nach Dienstschluss hier ein *Pint* wieder einsammelt. Ein netter Brauch, dem Dichter Reverenz zu erweisen – *Dylan* hätte das gefallen!

Die Statue hat der Bildhauer *John Doubleday* gestaltet, und sie sieht dem Dichter so wenig ähnlich, dass die Bewohner von Swansea sie als *A Portrait of the Artist as Someone Else* bezeichnen; das geht auf den Erzählband von *Dylan Thomas* unter dem Titel *A Portrait of the Artist as a young Dog* zurück.

Hier im Hafengebiet macht das älteste öffentliche Ausstellungsgebäude von Wales, das 1836 eingerich-

Cockles-Sammler bei Ebbe im Schlick

tete *Swansea Museum* (Di bis So 10.30–17.30 Uhr), mit der Geschichte der Stadt vertraut. Auch hier informiert das *Maritime and Industrial Museum* (gleiche Öffnungszeiten) über die seemännische und industrielle Bedeutung der Stadt. Und schließlich kommen im *Dylan Thomas Theatre,* das einmal ein Speicherhaus war und mit einem großen Wandgemälde geschmückt ist, Stücke des Meisters auf die Bühne.

An der Alexandria Road befindet sich die *Glynn Vivian Art Gallery* (Di–So 10.30–17.30 Uhr) und zeigt u. a. Bilder walisischer Künstler; hier hängt auch das Portrait der jungen, wunderschönen *Caitlin Thomas,* der Frau von *Dylan – Augustus John* hat es gemalt.

Die Statue von Dylan Thomas

Folgt man der Küstenstraße in Richtung Westen, so ist schnell der Seebad-Vorort *Mumbles* erreicht – wie es sich für ein britisches *Seaside Resort* gehört, ist das Örtchen natürlich mit einem weit ins Meer reichenden Pier ausgestattet. Hotels, Restaurants und Pubs prägen das Erscheinungsbild. Am Pier sitzt man ganz nett in einem großen Glaskasten, dem Café und Restaurant *Verdi's,* und hat von dort eine gute Aussicht auf den Strand.

Wegen der dichtesten Pub-Kette in ganz Wales wird die Seefront auch *Mumbles Mile* genannt, die berühmtesten Tavernen sind *The Antelope, The Oystercatcher* und *The White Rose.*

Praktische Hinweise

Tourist Information
●Plymouth Street, Opposite Quadrant Bus Station, Tel. 01792/468321.

Unterkunft
●*Hotel Posthouse Swansea,* The Kingsway, Tel. 98704/009078, Fax 01792/456 044, gm1212@forte-hotels.com DZ 76 £.
●*Bed & Breakfast: Grosvenor House,* Mirador Crescent, Uplands, Tel./Fax 01792/461522, grosvenor@ct6.com, DZ 46 £; *Alexander,* 3 Sketty Road, Uplands, Tel./Fax 01792/476012, alexander.hotel@swig-online.co.uk, DZ 50 £; *Cefn Bryn,* 6 Uplands Crescent, Tel. 01792/466687, enquiries@cefn bryn.co.uk, DZ 50 £; *Crescent,* 132 Eaton Crescent, Tel./Fax 01792/466814, conway atthecrescent@compuserve.com, DZ 46 £.

Pubs & Restaurants
●*Adam & Eve* sowie *The Shoulder of Mutton* sind zwei atmosphärereiche Pubs in der High Street.

Wales

- **Himachal,** High Street, preiswerte indische Küche mit Gerichten zwischen 5 und 9 £.
- **Opium Den,** Castle Street, kantonesische Küche zwischen 5 und 9 £.
- **Ask,** Wind Street, essbare Pizzen und Pastas, Lokal einer Restaurantkette, 7–9 £.
- **La Tasca,** Wind Street, Spanische Tapas Bar & Restaurant, viele gute rote und weiße spanische Weine, Tapas zwischen 2 und 5 £, Paella für zwei Personen zwischen 8 und 10 £.
- **The Bank Statement,** Wind Street, schönster Pub von Swansea in einem ehemaligen Bankgebäude, Free House, Bar Meals, Biergarten.
- Internet-Café **Cyberstop,** Portland Street.
- **The King's Arms Tavern,** High Street, alter Fachwerk-Pub.
- **No Sign Bar,** Wind Street, seit 1793 eine atmosphärereiche Weinbar mit angeschlossenem Restaurant, *Dylan Thomas* becherte hier oft und beschrieb die Weinbar unter dem Namen *The Wine Vault* in seinem Werk.
- **The Pump House,** Dylan Thomas Square (an der Marina), angenehmer Pub mit angeschlossenem Restaurant.

Rent-a-Bike
- **Swansea Bay Cycle Hire,** Village Lane, im Seebadvorort Mumbles.

Verbindung
- mit **Bus** und **Bahn** in alle Landesteile.

Carmarthen

Carmarthen ist ein lebendiger Marktflecken und ein wichtiges Versorgungszentrum der weiten ländlichen Region; gleich dreimal wöchentlich finden Märkte statt. Bedeutendster Sohn der Stadt ist der Zauberer *Merlin,* der laut der Artus-Sage in Carmarthen geboren wurde.

Hauptstraße des Örtchens ist Darkgate, die dann in die Lammas Street übergeht, beide sind von Geschäften, Hotels und Pubs gesäumt. Von der Lammas Street zweigt die Mansell Street ab und führt Besucher, Händler und Konsumenten zu den **Markthallen,** wo Produkte aller Art angeboten werden.

Die nett anzusehende **Guildhall** am Beginn von Darkgate datiert aus dem 18. Jahrhundert und zeigt, dass Carmarthen auch schon in jenen Tagen ökonomisch wohlauf war. Hinter der Guildhall breitet sich der hübsche **Nott Square** aus, das Zentrum der Stadt. Von hier aus verläuft die rechts und links mit Geschäften gesäumte King Street auf die Kirche St. Peter zu; gegenüber vom Gotteshaus zeigt die ehemalige *Victorian School of Art,* heute umbenannt in **Oriel Myrdin,** Arbeiten lokaler Künstler.

2 km außerhalb von Carmarthen an der A 40 Richtung Llandeilo macht das **Heimatmuseum** mit der Stadt und dem Umland bekannt und erzählt die Geschichte von der Besiedlung durch die Römer bis heute (Mo bis Sa 10–16.30 Uhr).

Praktische Hinweise

Tourist Information
- Lammas Street, Tel. 01267/231557.

Unterkunft
- **Boars Head Hotel,** Lammas Street, Tel. 01267/222789, Fax 222289, kaw@boars headhotel.demon.co.uk, DZ 50 £.
- **Falcon Hotel,** Lammas Street, Tel. 01267/234959, Fax 221277, reception@falconcarmarthen. co.uk, DZ ab 55 £.
- **Bed & Breakfast:** *Sarnau Mansion,* Llysonnen, Tel./Fax 01267/211404, fernihough@so1405.force9.co.uk, DZ 45 £.

Pubs & Restaurants

- **Yr Hen Dderwen,** King Street, großer, dennoch gemütlicher Pub.
- **Ginger,** King Street, Indian Cuisine, preiswerte indische Küche, 6–8 £.
- **The Queen's,** Queen Street, Pub mit Biergarten; direkt daneben liegt **Hamilton's Restaurant,** ein Lokal und eine Weinbar mit Gerichten zwischen 8 und 14 £.
- **Mansell's Arms,** Mansell Street, Free House an den Markthallen.
- **The Old Curiosity,** King Street, kleines, sehr gemütliches Billigrestaurant.
- **The Boar's Head,** Lammas Street, alte Kutschstation.

Verbindung

- **Busse** nach Swansea.

Laugharne – bei Dylan Thomas zu Hause

Das weiße, am Hang gebaute dreistöckige **Boat House** – „das Haus auf Stelzen, hoch zwischen Schnäbeln und Palavern von Vögeln" – liegt nur wenig vom kleinen Ortszentrum entfernt unterhalb eines steilen Felsens, und von der umlaufenden Veranda aus hat man einen weiten Ausblick aufs Meer und den breiten Mündungstrichter des River Taf. Groß ist es nicht, und die fünfköpfige Familie *Thomas* hatte nicht gerade viel Platz. Unten gibt es die Küche mit dem Esszimmer, von der aus man auf die kleine Veranda kommt; an schönen Sommertagen nahm *Caitlin* gerne ein Sonnenbad. Heute sitzen hier die Besucher und trinken ihren Tee oder Kaffee. Im ersten Stock ist das Wohnzimmer noch immer mit *Caitlins* und *Dylans* Möbeln ausgestattet. An den Wänden hängen eine Anzahl Fotos der Familie *Thomas.* Im oberen Stock befanden sich einmal die Schafzimmer, und hier können sich die Besucher heute einen Videofilm über *Dylans* Leben ansehen – oder die Erstausgaben seiner Bücher.

Oberhalb des Hauses, auf der Klippe, am *Cliff Walk,* der von hohen Hecken gesäumt wird und sich schlängelnd nach Laugharne hineinführt, bezog *Dylan* einen ehemaligen Fahrradschuppen und richtete sich darin seine **Dichterklause** – „mein Wasser- und Baumzimmer" – ein; von hier oben hatte er einen phantastischen und ungeheuer inspirierenden Ausblick auf Meer und Fluss.

Allmorgendlich machte sich *Dylan* vom Boat House auf den Weg die Klippe hoch, um von dort, vorbei an seiner Schreibhütte, nach Laugharne hineinzuspazieren und in **Brown's Hotel,** dem Pub des Örtchens, einzukehren. Anhänger von *Dylan,* die es ihm heutzutage gleich tun wollen, werden feststellen, dass die rustikale Kneipe seit jenen Tagen unverändert ist. Dort saß er dann in der Küche der Wirtin *Ivy Williams,* sah ihr beim Kochen zu, trank seine Biere und hörte sich den Dorfklatsch an, den *Ivy* vor ihm ausbreitete und der zu einem wichtigen Ideengeber für sein berühmtes lyrisches Hörspiel „Unter dem Milchwald" wurde. Hier erzählen Stimmen Geschichten, Klatsch und Gerüchte aus dem Alltag im walisischen Örtchen Llareggub. Als ihn ein Freund einmal darauf hinwies, dass er mit dem fiktiven Ortsnamen Llareggub zum ersten Mal ein walisisches Wort in seinen Versen benutzt hatte, winkte *Dylan* ab und riet ihm, es von hinten zu lesen: *Bugger all*, zu deutsch: alles Päderasten!

Das Heim von Caitlin und Dylan Thomas

Bis heute hängen bei Brown's eine Anzahl Bilder an den Wänden und zeigen *Dylan* an der Bar, beim Kartenspiel, beim Verse deklamieren und zusammen mit *Caitlin* beim Bier. Da hockt ein unglaublich jung aussehender *Dylan* mit dem Gesichtsausdruck eines verzogenen Bürschchens am Tisch und hat neben sich *Caitlin* wie eine reife Traube in voll erblühter, sinnlicher Schönheit sitzen.

1952 starb *Dylans* Vater, und der Sohn schrieb Tränen in die Augen treibende Verse: „Geh nicht so sanft in diese gute Nacht,/Das Alter sollte lodern, rasen, wenn der Tag sich senkt;/so wüte, wüte doch, dass man das Licht dir umgebracht."

Als *Dylan* dann selbst an der Reihe war, noch jung, da ging auch er sanft in seine letzte Nacht und wütete, raste nicht gegen die ewige Finsternis.

Auf seiner vierten Vortragsreise in Amerika, wo unter seiner Regie „Unter dem Milchwald" aufgeführt und ein grandioser Erfolg wurde, nahmen seine Alkoholexzesse schlimme Formen an. Am Abend des 3. November 1953 ging er für kurze Zeit fort und verkündete bei seiner Rückkehr: „Ich habe 18 Whisky pur getrunken. Ich glaube, das ist der Rekord." Am nächsten Morgen wurde er ins Krankenhaus eingeliefert, wo er ins Koma fiel und fünf Tage später im Alter von 39 Jahren starb.

Caitlin überführte seine sterbliche Hülle nach Wales und ließ *Dylan* auf dem winzigen Friedhof von Laugharne zur letzten Ruhe betten. Sein ***Grab*** ist leicht zu finden, ein schlichtes weißes Holzkreuz markiert es. Im August 1994 ist *Caitlin* neben ihm begraben worden.

Anreise: Laugharne liegt ca. 45 km westlich von Swansea und ca. 15 km südlich von Carmarthen an der walisischen Südküste; in dem Örtchen ist das Boat House ausgeschildert. Öffnungszeiten: Ostern bis Oktober tgl. 10–17.15 Uhr; Oktober bis Ostern tgl., außer Sa 10–15.15 Uhr. Der Friedhof von Laugharne befindet sich von hohen Bäumen verdeckt, direkt linker Hand am Ortseingang.

Tenby

Tenby ist das schönste Hafendorf an der gesamten südwalisischen Küste – und das haben vor allem die Surfer entdeckt. An schönen Tagen hat man hoch oben vom Felsen prachtvolle Ausblicke aufs Meer und auf die Scharen der über die Wellen flitzenden Wassersportler.

Tenby liegt strategisch günstig auf einem von drei Seiten von Wasser umschlossenen Vorgebirge, Reste der **Stadtmauer** mit einem mächtigen, *Five Arches* genannten Tor, schützten die Stadt von der Landseite.

Gleich zwei große **Sandbuchten** laden zum Baden ein; da ist einmal der weite und breite South Beach und dann neben dem Hafen die North Sands, die auch den Goscar Rock beherbergen, einen mächtigen Steinkegel im Sand. Dem Einfluss des Golfstroms ist es zuzuschreiben, dass in vielen Vorgärten Palmen wachsen.

Rechts oberhalb des Hafens liegen auf dem **Castle Hill** die Ruinen der normannischen Burg, und von hier hat man einen prachtvollen Ausblick auf die beiden Buchten von Tenby. Das Areal ist mit Blumenbeeten, Büschen und Rasen bepflanzt, und eine Statue von *Victorias* Prinzgemahl *Albert* sorgt für royales Flair. Hier be-

Der Felsen Goscar Rock am Strand von Tenby

findet sich auch das bereits 1878 gegründete **Heimatmuseum,** das umfassend über das hübsche Städtchen und sein Umland informiert (Ostern–Okt. tgl. 10–18 Uhr).

Ebenfalls oberhalb des Hafens verläuft die Straße Quay Hill, und hier befindet sich das **Tudor Merchant's House,** das älteste Gebäude der Stadt. Errichtet wurde es im späten 15. Jh. für einen reichen Kaufmann; zu jener Zeit war Tenby nach Bristol der zweitwichtigste Hafen in Britanniens Westen. Das Häuschen zeigt Mobiliar aus dem 15. und 16. Jh. und verdeutlicht den gehobenen Lebensstil jener Tage (April–Okt. Mo–Fr 11–18, So 14–18 Uhr).

Wer genug Zeit mitbringt, sollte vom Hafen nach **Caldey Island** übersetzen; während der Saison verkehren gleich mehrfach stündlich Boote hinüber zur Insel, auf der schon im 6. Jh. keltische Mönche ein Kloster gründeten; seither ist das Eiland eine Klause für fromme Brüder; um eine wirtschaftliche Grundlage zu haben, spezialisierten sich die Mönche zu Beginn des 20. Jahrhunderts auf die Herstellung von Parfüm.

Praktische Hinweise

Tourist Information
● Upper Park Road, Tel. 01834/ 842402.

Unterkunft
● **Atlantic Hotel,** The Esplanade, Tel. 01834/ 844176, Fax 842881 enquiries@atlantic-hotel.uk.com, DZ 86 £.
● **Heywood Mount Hotel,** Heywood Lane, Tel. 01834/842087, Fax 842087, reception @heywoodmount.co.uk, DZ 60 £.
● **Bed & Breakfast:** *Gumfreston Private Hotel*, Culver Park, Tel./Fax 01834/842

871, gum@supanet.com, DZ 45 £; *Weybourne,* 14 Warren Street, Tel. 01834/843641, DZ 40 £; *Castle View Private Hotel,* The Norton, Tel. 01834/842666, DZ 45 £.
● **Jugendherberge:** *Manobier Youth Hostel,* Tel. 01834/871803, beim Örtchen Manobier, 5 km westlich von Tenby.

Pubs & Restaurants
● **Lifeboat Tavern,** High Street, traditionell die Kneipe der Seenotretter.
● **The Lamb,** High Street, kleiner, alter Pub.
● **Coach and Horses,** Upper Frog Street, gemütlicher Pub in uraltem Fachwerkhaus.
● **Prince of Wales,** Upper Frog Street, Pub mit angeschlossenem Restaurant in einem uralten Gemäuer, 4–11 £.
● **Five Arches Tavern,** St. Georges Street, gute Bar Meals.
● **La Cave,** Upper Frog Street, italienische Küche, keine Pizzen, auch vegetarische Gerichte, 6–14 £.
● **Pam Pam** und **Baytree,** High Street, gemütliche Restaurants mit ansprechendem Interieur, auch vegetarische Gerichte, 6–14 £.

Rent-a-Bike
● **Broadmoor Garage,** Kilgetty.

Verbindung
● **Busse** in alle Richtungen.

Pembroke

Pembroke – am riesigen Milford Haven Waterway, einer gigantischen natürlichen Bucht gelegen, die *Admiral Nelson* einst als größten Naturhafen der Welt bezeichnete – ist ein kleines, verschlafenes Städtchen, dessen lange Hauptstraße von properen viktorianischen Fassaden gesäumt ist.

Allererste Attraktion ist die wirklich mächtige **Burg,** die einmal die bedeutendste Festung von ganz Süd-Wales war. (April–Sept. tgl. 9.30–18 Uhr,

Okt.–März 10–16 Uhr). Schon kurz nach der Invasion von 1066 schufen die Normannen eine erste Befestigung, die dann im Laufe der Jahrhunderte weiter ausgebaut wurde. Noch heute beeindruckt vor allem der 25 hohe normannische Bergfried mit seinen fast 6 m dicken Mauern.

Gegenüber der Burg befindet sich in der Westgate Hill das interessante **Museum of the Home** (Mai–Sept. Mo–Do 11–17 Uhr), das Tausende von Haushaltsartikeln aus den vergangenen drei Jahrhunderten zeigt.

Nach der Besichtigung lohnt sich eine Rast im sympathischen Free House *Castle Inn* in der Main Street, wo man sommertags gute Bar Meals auch in einem Biergarten bekommt.

Information

● Commons Road, Tel. 01646/622388.
● **Pembrokeshire Coastal National Park Information Centre,** am Eingang zur Burg, Tel. 01646/682148.

Umgebung von Pembroke

Carew

Carew Castle, ein paar Kilometer nordöstlich von Pembroke, ist mindestens genauso eindrucksvoll wie die Burg von Pembroke, hat allerdings den Vorteil, in landschaftlich sehr schöner Umgebung an einem breiten Strom inmitten grüner Flussauen zu liegen. An sonnigen Wochenenden tummeln sich viele Besucher in dem winzigen und freundlichen Örtchen und picknicken rund um die **elisabethanische Befestigungsanlage** (Ostern–Oktober tgl. 9.30–17 Uhr). Ein keltisches Steinkreuz mit feinstem mittelalterlichem Dekor erinnert an den Tod von *Maredydd,* Herrscher über die Deheubarth, der 1035 das Zeitliche segnete. Neben der Burg ist vor allem die **Carew French Mill** einen Besuch wert, diese nämlich ist eine von nur fünf im

Die mächtige Burg von Pembroke

Die Tankerkatastrophe vor der walisischen Küste

Das Tankerunglück, das im Januar 1996 vor der walisischen Seeküste Tausende von Meeresvögeln und Fischen das Leben kostete und vielen Fischern, Lachs- und Austernzüchtern empfindliche Geldeinbußen brachte, ist nur ein Beispiel für den ignoranten Umgang der britischen Administration mit der Natur. Das Unglück passierte, weil das Hauptradar des Hafens von Milford Haven ausgefallen war – und das bereits seit über vier Monaten. Milford Haven, der zweitgrößte Ölhafen Europas, gehört weltweit zu den Ankerplätzen, die aufgrund eines außerordentlich hohen Tidenhubes, vieler Sandbänke und Schärensplitter und starker Strömungen außerordentlich schwierig anzufahren sind.

Nachdem die 274 m lange *Sea Empress* auf Grund gelaufen war, hatten Schlepper den Koloss schnell am Haken und freigezogen. Erst 1000 Tonnen Öl waren ausgelaufen. Doch die Hafenverwaltung von Milford Haven weigerte sich, den Havaristen an die Kais zu lassen. Das hätte die Öllieferungen anderer Schiffe behindert, und damit wären die Raffinerien nicht ausgelastet gewesen. So dümpelte der Koloss auf der Reede. Zwei Tage später warf ein Sturm den Tanker erneut auf die Klippen, weitere 500 Tonen Rohöl liefen aus, aber wieder konnte die *Sea Empress* freigeschleppt werden. Doch noch immer durften die Schlepperkapitäne nicht nach Milford Haven hinein, denn zwei Tanker dampften auf den Ölhafen zu; die bekamen noch schnell Vorfahrt, und damit war

die Katastrophe perfekt. Ein drittes Mal drückte der Sturm die *Sea Empress* auf die Klippen, und diesmal kam sie nicht mehr frei. Sieben Meter tief bohrte sich eine Felsspitze in den Rumpf, schlitzte ihn wie eine Konservendose viele Meter weit auf und zerriss die Trennwände von zwölf Tanks. 70.000 Tonnen Öl liefen aus, der Koloss saß unverrückbar fest.

Als ein chinesischer Superschlepper den havarierten Tanker auf den Haken nehmen wollte, waren die Behörden unfähig, einen geeigneten Übersetzer zu finden. Im Schnellimbiss *Happy Garden* von Milford Haven wurde der Koch *Paul Chung* vom Herd weggeholt, um zu dolmetschen. Doch ihm fehlten die maritimen Fachausdrücke. Unverrichteter Dinge musste der Schlepper wieder abziehen, das Öl floss weiter. Sage und schreibe sechs Tage benötigten die Schlepper-Teams noch, bis die *Sea Empress* endlich im Hafen lag.

Experten schätzen, dass es rund zehn Jahre dauern wird, bis sich die Region von dem Ölschock erholt hat. Wer dafür zahlen muss, ist bisher ungeklärt, denn der Tanker ist ein globales Produkt. Der Havarist gehört einem Norweger, der ihn in Spanien auf Kiel legen ließ, nach seiner Fertigstellung in Zypern registrierte und mit einer russischen Besatzung unter liberianischer Flagge von Glasgow aus managt. Der norwegische Eigentümer hat sich und seinen Kapitän von jeder Schuld bereits freigesprochen, und der Lotse ließ über seinen Anwalt das Gerücht dementieren, er wäre betrunken gewesen.

Und das Hauptradar von Milford Haven war auch viele Tage nach der Katastrophe noch nicht repariert. Tolle Zustände!

---

ganzen Inselreich verbliebenen **Tidal Mills,** eine Mühle also, die vom Tidenhub des Meeres angetrieben wird. Audioviselle Displays erläutern dem Besucher die Funktionsweise. Auf einem Rundkurs, entlang am River Carew, gelangen die Besucher zu allen Sehenswürdigkeiten.

Pembrokeshire Coast National Park

580 qkm groß ist dieser Naturschutzpark im äußersten Südwesten von Wales. Besonders im Sommer ist die **Pflanzenpracht** der Region nicht zu übersehen, dann sprießt das Löffelkraut mit seinen weißen Blüten und

grünen Blättern, weiterhin Leimkraut, die Gemeine Grasnelke, Wundklee und Wilde Möhre, der malvenfarbige Strandflieder, und in der Luft saust trotz stärkstem Wind der Sturmeisvogel durch die Lüfte. Von September bis März überwintern hier viele Watt- und Wasservögel, so etwa Graureiher, Brand- und Kanadagänse. Vor allem im Frühjahr findet der aufmerksame Wanderer fleischfressende Pflanzen, das lila blühende Fettkraut und den Rundblättrigen Sonnentau. Die ansonsten vom Aussterben bedrohte Helm-Azurjungfer, eine mit blauen Segmenten besetzte Libelle, schwirrt hier noch munter durch die Lüfte.

Wer solch eine Naturerfahrung machen möchte, der wandere entlang des 269 km langen Pfades von **Amroth** im Südosten bis zur Mündung des Teifi bei **Cardigan** im Norden.

Für **Informationen** siehe Pembroke; als **Wanderkarten** sind zu empfehlen: Ordnance Survey Landranger Series 1:50.000 Blatt Nr. 145, 157 und 158.

St. David's

St. David's ist das kleinste **Kathedralstädtchen** im gesamten Inselreich, und aufgrund seines Alters, der verwinkelten Gassen, der alten Gemäuer und der katzenkopfgepflasterten Straßen ist der Ort bei Besuchern sehr beliebt und während der Saison fast immer gut besucht – doch da alles recht weitläufig angelegt ist, verlaufen sich die Touristen auch.

Im Zentrum ragt ein mittelalterliches **Marktkreuz** auf, ein **Tower Gate** der alten Stadtmauer aus dem 13. Jh. leitet zum *Cathedral Close* über.

Die **Kathedrale** liegt tief unten in den grünen Flussauen des River Alun. Es war der walisische Nationalheilige *David,* der in den *Dark Ages* eine erste Kirche gründete und von hier aus in Wales und Cornwall missionierte. Er starb vermutlich um 588.

1176 wurde mit dem Bau der heutigen Kathedrale begonnen, und sie ist das letzte große Gotteshaus Großbritanniens, das noch im normannischen Stil errichtet wurde. Seit 1400 Jahren ist St. David's ein Wallfahrtsziel, noch im Jahr der erfolgreichen Invasion pilgerte *Wilhelm der Eroberer* hierher, und 1120 ordnete *Papst Calixtus II.* sogar an, dass zwei Wallfahrten nach St. David's eine nach Rom ersetzten. Von der Kathedrale durch den leise murmelnden River Alun getrennt, steht die prachtvolle Ruine des ehemaligen **Bischofspalastes.**

Ein weiterer touristischer Höhepunkt des Weilers ist das **Oceanarium** in der New Street (tgl. 10–17 Uhr) wo in mehreren riesigen Aquarien Seefische gezeigt werden; natürlich gibt es auch ein Haibecken. Am Ortseingang von St. David's schließlich macht das **Marine Life Centre** der erstgenannten Institution schwere Konkurrenz.

Praktische Hinweise

Tourist Information
●**The Grove,** Tel. 01437/720392.

●**Bed & Breakfast:** *Y-Gorlan,* 77 Nun Street, Tel. 01437/720837, Fax 721148, DZ 44 £; *Coach House,* 15 High Street, Tel. 01437/

Wales

Die Kathedrale von St. David's

720632, DZ 40 £; *Y Glennyd,* 51 Nun Street, Tel. 01437/720576, Fax 720184, DZ 45 £.
●*Jugendherberge: Llaethdy Youth Hostel,* Llaethdy, Tel. 01437/720345, 3 km nordwestlich nahe der White Sands Bay.

Pubs & Restaurants
●*Farmer's Arms,* Goat Street, einziger Pub, daher immer voll, Biergarten.
●*Cartref Restaurant,* Cross Square, bestes Haus in St. David's, 13 £.
●*Cox's,* High Street, gemütliches Lokal mit Wohnzimmeratmosphäre, 10–14 £.
●*Morgan's Brasserie,* Nun Street, sehr gemütliches kleines Restaurant, 13 £.

Rent-a-Bike
●*St. David's Adventure Centre,* High Street.

Verbindung
●Mehrmals täglich *Busse.*

Entlang der Cardigan Bay

Fishguard

Das etwas verschlafene Fishguard wird von Besuchern eigentlich nur für die **Überfahrt nach Rosslare in Irland** besucht. Vom Hafen aus verkehrt eine große Autofähre auf die Nachbarinsel.

Der **Pub Royal Oak Inn** an der Durchgangsstraße im Stadtzentrum ist die einzige Sehenswürdigkeit. Hier fanden die Kapitulationsverhandlungen zwischen den Briten und einem französisch-irischen Invasionskommando statt. 1779 waren die Erzfeinde am nahe gelegenen Carregwastad Point gelandet; die wehrfähigen Männer von Fishguard störte das jedoch keineswegs, das Mannsvolk tat nichts für die nationale Sicherheit. Da allerdings wurde es den Frauen zu viel; bewaffnet mit Mistgabeln, Dreschflegeln und Waschzuberstampfern, marschierte das schwache Geschlecht unter der Führung von *Jemima Nicholas* auf den Feind zu. Da sie alle einheitlich im walisischen Kleiderstil gewandet waren – rote Röcke und Westen und auf dem Kopf hohe schwarze Hüte –, wähnten sich die Franzosen von vermeintlichen „Rotröcken", wie die Soldaten der englischen Armee genannt wurden, umringt und ergriffen die Flucht.

Die furchtlose *Jemima Nicholas* ist auf dem Kirchhof von St. Mary's, hinter dem Pub, begraben.

Tourist Information
●*Ocean Lab,* Goodwick, Tel. 01348/872 037.

Newport

Auf dem Weg weiter gen Norden passiert man einige Kilometer hinter Fischguard das charmante Newport, dessen einzige Hauptstraße auf beiden Seiten mit Geschäften, Pubs, Cafés und Restaurants bestanden ist. Besucher sollten einen Aufenthalt so einrichten, dass sie zur Mittagszeit hier einen Stopp zum Lunch einlegen können. Abends lohnt sich dann ein Dinner im besten Restaurant der Region, im Nichtraucherlo-

Am Hafen von New Quay

kal *Cnapan* (Tel. 01239/820575) in der East Street (12–32 £). Der Name **Cnapan** bezeichnete ein früher sehr populäres südwalisisches Ballspiel.

Bei gutem Wetter kann man 4 km weiter den schönen, phantastisch geschwungenen und von Felsen gesäumten Sandstrand **Newport Sands** besuchen (ausgeschildert).

Tourist Information
● 2 Bank Cottages, Long Street, Tel. 01239/820912.

Cardigan

Das sympathische Städtchen an der Mündung des River Teifi ist uralt und wurde von dem Normannen *Roger de Montgomery* kurz nach der Invasion im Jahre 1093 mit dem Bau einer Burg gegründet. Cardigan war über die Jahrhunderte ein wichtiger Fischerort an der walisischen Westküste, im 19. Jahrhundert dann versandete der Hafen, und vorbei war es mit der ökonomischen Sicherheit.

Attraktionen des Dorfes sind die mittelalterliche **Brücke** über den Teifi, die **Guildhall,** der **Covered Market,** wo Obst und Gemüse sowie weitere frische Produkte gehandelt werden, und das **Theatr Mwidan,** in dem Kunstausstellungen, Theatervorstellungen, Kinovorführungen, Musikveranstaltungen stattfinden und das ein Café sowie die lokale Tourist Information beherbergt. Eine ganze Reihe von Cafés und Naturkostläden finden sich in der Black Lion Mews, off High Street, der Pub *Ship Inn* serviert gute Lunch Snacks und hat eine gemütliche Atmosphäre.

Tourist Information
● Im Theatr Mwidan, Tel. 01239/613230.

New Quay

New Quay an der **Caredigion Coast,** wie dieser Küstenabschnitt genannt wird, reklamiert für sich, das Llareggub aus *Dylan Thomas' Under the Milkwood* zu sein, denn es besitzt mit seinen winkligen, kopfsteingepflasterten Straßen, den viktorianischen Hausfassaden, der alten Steinmole unten am Hafen und seinen betagten gemütlichen Pubs genau jenen Charme und jene verträumte Isolation, die so unnachahmlich gut von *Thomas* in seinem Hörspiel geschildert werden. Neben dem Hafen zieht sich ein kurzer Sandstrand dahin.

The Hungry Trout ist ein kleines Seafood Restaurant (10 £) am Hafen mit Wohnzimmeratmosphäre und Blick aufs Meer. Aber auch von der Bar des *Penwig Hotel* und dem vorgelagerten Biergarten hat man gute Aussichten auf den Hafen und die See.

Die **kleine Mole** wird noch von einer Anzahl von Fischern genutzt, Hummer- und Krabben-Reusen sowie Netze liegen herum, und für Selbstversorger gibt es hier einen kleinen Kiosk, in dem fangfrischer Fisch verkauft wird.

Tourist Office
● Church Street, Tel. 01545/560865.

Aberaeron

Aberaeron ist ein weitmaschig angelegtes Örtchen mit freundlich aussehenden, kräftig blau, grün, rostrot, zartrosa oder pastellfarbig gestrichenen Häuschen an der Mündung des River Aeron. Das Städtchen wurde Anfang des 19. Jh. geplant angelegt und geht auf die Initiative des *Reverend Alban Gwynn* zurück; der träumte von einem Hafenstädtchen, und es gelang ihm, den damaligen Londoner Stararchitekten *John Nash* für sein Unternehmen zu begeistern. Eine geschwungene hölzerne Fußgängerbrücke führt zum *Inner Harbour*, in dem bei Ebbe die Bötchen platt im Schlick liegen.

Skurrile Attraktion ist die 1980 erbaute Rekonstruktion der so genannten **Aeron Express Aerial Ferry,** der angeblich ersten Gondelbahn der Welt; im 19. Jahrhundert eingerichtet und von Hand gezogen, transportierte die „Luftfähre" Passagiere über den Hafen. Ein **Sea Aquarium** (Ostern–Okt. 11–17 Uhr) nahe am Wasser informiert über die Fische vor der walisischen Küste, und der Pub *The Cadwgan,* ein Free House,

hält mit einer weitgespannten Palette an Bar Snacks die touristische Infrastruktur aufrecht. Weit über die Grenzen des Örtchens bekannt ist das *Hive on the Quay,* ein exzellentes Café-Restaurant mit Gerichten aus biologischem Anbau (15 £).

Tourist Information
●The Quay, Tel. 01545/570602.

Aberystwyth

Aberystwyth ist das lebhafteste Seebad an der gesamten Caredigion-Küste und unbestritten der Hauptort der Region. Die Stadt besitzt eine Universität, die 1907 gegründete walisische Nationalbibliothek (*Welsh Library*) und die 1963 ins Leben gerufene *Cymdeithas yr Iaith,* die **Welsh Language Society,** die sich der heimischen Sprache annimmt.

Segler im Hafen von Aberystwyth

Wales

Blick vom 150 m hohen Constitution Hill auf Aberystwyth

Als *Seaside Resort* ist Aberystwyth schwer zu schlagen, besitzt die Stadt doch gleich zwei lange Buchten, die vom **Burghügel** unterbrochen werden. Die Befestigung, die heute in Trümmern liegt, wurde von *Eduard I.* im 13. Jh. in Auftrag gegeben, um seine Vorherrschaft über Wales zu sichern.

Von hier zieht sich die mit Hotels und Guest Houses gesäumte Seepromenade, offiziell Marine Terrace genannt, nordwärts und endet am knapp 150 m hoch aufragenden **Constitution Hill.** Dort hinauf führt eine 1896 in Dienst gestellte **Cliff Railway,** eine Kabelbahn. Oben angekommen, hat man einen schönen und weiten Ausblick auf die Stadt, das Meer und in Richtung Norden auch auf die Gipfel der Snowdonia Mountains. Außerdem gibt es hier

ein Picknick-Areal, ein Café und eine Camera Obscura, mit der sich Bilder der Region heranholen lassen.

Wie es sich für ein Insel-Seebad nun einmal gehört, besitzt Aberystwyth einen (allerdings gekappten) Pier mit einem kleinen türmchen- und kuppelgeschmückten **Vergnügungspavillon,** *Sea Villa* genannt, den einstmals der berühmte Londoner Architekt *John Nash* gestaltete, und weist damit den für viele kleine britische Seebäder üblichen proletarischen Charme auf.

Im Westen der Stadt ziehen sich an der Penglais Road das **University College of Wales** sowie die **Welsh National Library** entlang; in dem Bibliotheksgebäude macht die Ausstellung **A Nation's Heritage** mit walisischen Druckerzeugnissen bekannt. Und wer schließlich etwas über die

Geschichte der Stadt und des Umlandes wissen möchte, der sollte in der Terrace Road in einem ehemaligen edwardianischen Theater das **Amgeuddfa Caredigion,** das Caredigion-Museum, besuchen (Ostern bis Okt. Mo–Sa 10–18 Uhr).

Praktische Hinweise

Tourist Information
● Terrace Road, Tel. 01970/612125.

Unterkunft
● **Four Seasons Hotel,** Portland Street, Tel. 01970/612120, Fax 627458, info@foursea sonshotel.uk.com, DZ 65 £.
● **Bed & Breakfast:** *Glyn Garth,* South Road, Tel. 01970/615050, Fax 636835, glyngarth@southroad88.freeserve.co.uk, DZ 45 £; *Yr Hafod,* 1 South Marine Terrace, Tel. 01970/617579, Fax 636835, DZ 45 £; *Llety Gwyn,* Llanbardan Fawr, Tel 01970/623965, DZ 50 £.
● **Camping:** *Midfield Caravan Park,* Southgate, Tel. 01970/612542, 3 km südlich vom Zentrum an der A 4128, 200 m entfernt von der Kreuzung mit der A 487.

Pubs & Restaurants
● **Cambrian Hotel,** Alexandra Road, ein alter Fachwerkpub mit hohen Giebeln und netter Atmosphäre.
● **Little Italy,** 51 North Parade, italienische Küche, Antipasta 3–4 £, Risotto 6–9 £, Pasta mit Fleisch 6,50–10 £, vegetarische Speisen 6–7 £, Pizzen 6–8 £.
● **Shilam,** Alexandra Road, im ehemaligen Bahnhof der Stadt, außerordentlich freundliches und ansprechendes Lokal mit indischer Küche, Hauptgerichte um 8 £.
● **Yr Hen Orsaf,** Alexandra Road, der walisische Name bedeutet: „Zum alten Bahnhof"; ein großer, heller, sehr gemütlicher und freundlicher Pub im ehemaligen Bahnhof der Stadt, Free House, die Taverne ist die erste Adresse für den durstigen Besucher, große Palette an Bar Meals.

Rent-a-Bike
● **Red Dragon,** Llanbardarn Road.

Verbindung
● Mit **Bussen** in alle Landesteile.

Umgebung von Aberystwyth

Devil's Bridge
18 km östlich von Aberystwyth, erreichbar über die A 4120, darf man einen Besuch bei Devil's Bridge nicht auslassen. Hier rauscht der River Mynach durch eine enge Klamm, und gleich drei Brücken sind hier im Laufe der Jahrhunderte erbaut worden. Die obere Straßenbrücke datiert aus dem Jahr 1901, darunter spannt sich die Steinbrücke von 1753 von einer Felsnase zur nächsten, und tief unten schließlich befindet sich der Bogenschlag aus dem 11. Jh. Auf Stufen kann man bis nach unten steigen; die Szenerie ist durchaus sehenswert. Dies gilt auch für die **Falls of Mynach,** die nahebei niederrauschen. Auch hier ist die Landschaft so bewundernswert, dass der romantische Dichter *William Wordsworth* wie zuvor schon bei Tintern Abbey nicht vom Verseschmieden ablassen konnte und mit seinem Gedicht eine neue Touristenattraktion schuf.

CAT – Center for Advanced Technology
Schon kurz nach seiner Gründung mitten in der Ölkrise von 1974 avancierte das CAT abgekürzte *Center for Advanced Technology* – auf walisisch *Canolfan y Dechnolog Amgen* – zu einem ganz großen Besuchermagnet in Wales (tgl. 10–17 Uhr). 3 km nördlich

Die wassergetriebene Kabelbahn des CAT

bis zu 1000 Besucher täglich durch das Gelände und bestaunen die alternativen Technologien. Faszinierend ist alleine schon der Beginn der Tour, bei dem man über eine wassergetriebene, höchst intelligent konstruierte *Cliff Railway* vom Parkplatz nach oben auf den Hang befördert wird.

Ein kleines Restaurant mit Vollwertkost sorgt für leibliches Wohl.

Snowdonia Mountains

Über insgesamt 2170 qkm erstreckt sich der Snowdonia-Nationalpark im Nordwesten von Wales. „Ein schrecklicher Anblick nackten Gesteins", so schrieb entsetzt ein früher Besucher im 16. Jh., und in der Tat ist die Berglandschaft recht rau, wenngleich aufgrund von intensiven Aufforstungsbemühungen nicht mehr so kahl wie vor einigen Jahrhunderten. Bis zu 5000 mm Niederschlag fallen hier pro Jahr, und oft hängen die Wolken tief herab, so dass die Bergspitzen in der weißen Watte verschwunden sind. Mit 1085 m ist der Snowdon der höchste Gipfel von Wales, und von dort oben blickt der Wanderer an einem schönen Tag auf weitere 13 über 900 m hohe Berge. Nur hier wächst die arktisch-alpine Faltenlilie, und in der Luft zieht noch der ansonsten in Großbritannien ausgestorbene Steinadler seine Runden. Kolkraben, Wanderfalken, Merline, Ringdrosseln und Alpenkrähen flattern durch die Lüfte und machen Wanderungen für Hobby-Ornithologen zu einem großen Vergnügen.

des Örtchens Machynlleth werden in einem ehemaligen Schiefersteinbruch all jene Sachen realisiert, die Energie sparen und die Umwelt schonen. Strom wird aus Sonnenkollektoren, Windrädern und Wasserturbinen gewonnen und in Batterien gespeichert, die Häuser sind optimal isoliert, und Brenngas zum Kochen liefern die Biotoiletten. Die Siedlung ist vollständig autark und selbstversorgend, die Bewohner und Ingenieure bekommen so gut wie keine staatlichen Hilfen und finanzieren ihr Projekt über Eintrittsgelder und Stiftungen. Während der Saison flanieren

Wales

15 Jugendherbergen sorgen im Nationalpark für **Unterkunft;** für Wanderungen im Norden des Naturschutzgebietes sind die Orte **Conwy, Llanberis** und **Bethesda** die besten Standquartiere; für den zentralen Bereich bieten sich **Blaenau Ffestiniog** und **Betws-y-Coed** an, im Süden sollte man in **Harlech, Dolgellau** oder **Bala** Quartier nehmen.

Information und Karten

●Der Nationalpark wird durch vier der **Ordnance Survey** (OS) Outdoor Leisure Series Maps abgedeckt, die im Maßstab von 1:25.000 für den ernsthaften Wanderer ein Muss sind; dazu gehören die Karten Snowdon, Conwy Valley, Harlech, Bala und Cader Idris/Dyfi Forest.

●Eine gute Einführung bietet der vom OS herausgegebene Band **Guidebook** *to Snowdonia, Anglesey an the Llyen Peninsula.*

●Da das Wetter hier selbst für walisische Verhältnisse ungewöhnlich wild ist, sollte man die regionale **Wettervorhersage** unter Tel. 01286/ 870120 einholen.

Entlang der walisischen Nordwestküste

Aberdovey (Aberdyfi) und Tywyn

Die beiden Örtchen sind zwei kleine, unspektakuläre **Seaside Resorts** an der walisischen Nordwestküste, die noch nicht vom Bingo-Rummel und von schrillen *Amusement Pavilions* eingeholt worden sind. Aufgrund der schützenden Berge rund um die Bucht und der Mündung des River Dovey bietet das Örtchen **Aberdovey** seinen Besuchern ein mildes Klima. Am Strand können Surfbretter, kleine Segelboote und Kanus gemietet werden, und an Regentagen kann man das kleine, unregelmäßig geöffnete **Maritime Museum,** das mit der lokalen Schifffahrtshistorie vertraut macht, besuchen. Der Pub *Britannia Inn* sowie das Free House *Dovey Inn,* beide an der Seefront gelegen und von daher mit schönen Ausblicken aufs Meer, servieren gute Bar Snacks und besitzen eine lebhafte und freundliche Atmosphäre.

Das Örtchen **Tywyn** ist recht treffend benannt, denn das walisische Wort bedeutet „Strand" und davon hat das Seebad genug; über 6 km zieht sich eine breiter Sandstrand dahin und ist sommertags eine Freude für die *Bucket and Spade Brigade*. Eine weitere Attraktion ist vor allem für Eisenbahnfanatiker die Rundfahrt durch das bewaldete Talyllin-Tal mit der **Talyllin Narrow Gauge Railway** (April–Sept. tgl. zwei bis acht Fahrten); die Schmalspurbahn brachte 1866–1946 Schiefer von dem Bryn-Wglwys-Steinbrüchen bei Nant Gwernol nach Tywyn. Vier Jahre nach ihrer Stilllegung sorgten Zugenthusiasten dafür, dass das fauchende und schnaufende Bähnlein statt Schiefer nun Touristen durch die Gegend fährt. Wenn die Züge in Betrieb sind, dann macht auch das **Narrow Gauge Museum** in der Tywyn Wharf Station mit der Geschichte der Zuglinie bekannt. Das Restaurant *The Proper Gander* in der High Street liefert gute schmackhafte Gerichte um 6 £.

Tourist Information
●High Street, Tywyn, Tel. 01654/710070.

Dolgellau

Von Tywyn weiter nach Norden passiert man den langen und breiten Sandstrand von **Fairborne,** die Strecke ist hier von großer landschaftlicher Schönheit.

Dolgellau empfängt den Besucher mit winkligen Gassen und niedrigen grauen Häuschen aus Bruchstein und hat sich den fremdenverkehrsfördernden Namen „Das Tor zu Snowdonia" gegeben. Aufgrund der guten Infrastruktur eignet sich das Städtchen gut als Ausgangspunkt für Touren in die raue Bergwelt.

Im Haus der Tourist Information am Eldon Square ist das **Quäker-Besucherzentrum** untergebracht und informiert über die walisische Religionsminorität, die im 17. Jh. Verfolgungen ausgesetzt war, so dass viele Anhänger nach Pennsylvanien in Amerika flohen.

Genauso interessant ist das **Welsh Gold Visitor Centre** (tgl. 9 bis 19 Uhr), von dem aus geführte **Mining Tours** angeboten werden.

Tourist Information
●Eldon Square, Tel. 01341/422888.

Unterkunft
●**George III. Hotel,** im Dörfchen Penmaenpool, 6 km westlich von Dolgellau, Tel. 01341/422525, Fax 423565, reception@ george-3rd.co.uk, DZ 80 £.

●**Clifton House,** Smithfield Square, Tel. 01341/422554, 423580, DZ 45 £.
●**Ivy House,** Finsbury Square, Tel. 01341/ 422535, Fax 422689, ivy.hse.dolgellau@ ic24.net, DZ 45 £.
●**Jugendherberge:** *Kings Youth Hostel,* Penmaenpool, 6 km westlich von Dolgellau, Tel. 01341/422392.
●**Camping:** *Tanyfron Caravan and Camping Site,* Arran Road, Tel. 01341/422638.

Pubs & Restaurants
●**The Stag Inn,** Bridge Street, netter Pub mit Biergarten.
●**Y Sospan,** Queen's Square; kleines, gemütliches Restaurant, Lunch und Dinner, 7 £.
●**Unicorn,** Smithfield Square, alter, kleiner dunkler Pub mit niedriger Decke und den üblichen Bar Meals.
●**Dylanwad Da,** 2 Ffös-y-Felin, Tel. 01341/ 422870, der Name bedeutet soviel wie „herzlich willkommen", das beste Restaurant von Dolgellau, gute Lamm- und Fischgerichte, auch Vegetarisches im Angebot, 10–15 £.

Verbindung
●Mehrere **Busse** täglich ins Umland.

Barmouth

Von Süden her überspannt auf 113 dünnen Stelzenbeinen eine 800 m lange hölzerne **Eisenbahnbrücke** den breiten Mündungstrichter des River Mawddach; die fragile Konstruktion wurde 1867 erbaut, und seitdem haben Wind und Wellen der Brücke arg zugesetzt, so dass schon seit längerem ein Neubau diskutiert wird. Eine **Passagierfähre** setzt Fußgänger und Radfahrer vom Weiler Fairborne über die breite Mündung hinüber nach Barmouth.

Am kleinen Hafen – der fast ausschließlich den Fischern dient – macht das **RNLI Museum** (täglich 10–17 Uhr) mit der Geschichte der

Wales

Seenotrettung bekannt. Die Abkürzung RNLI steht für die *Royal National Lifeboat Institution*; die private, aus Spendengeldern finanzierte Organisation unterhält rund um die britische Küste Seenotrettungskreuzer.

Einen Besuch lohnt auch das mittelalterliche Tower House mit dem **Ty Gwyn Museum** (Juli–Sept. Di–So 10.30–17 Uhr), in dem *Jasper Tudor,* der Onkel von *Heinrich VII.,* einmal gewohnt hat. Die Ausstellung informiert über die Tudor-Dynastie.

Hochseeangler können beim Hafenmeister Touren buchen.

Alljährlich beginnt in der zweiten Junihälfte in Barmouth das *Sailing and Running Race,* auch **Three Peaks Race** genannt, ein Triathlon ganz besonderer Art. Dabei sind insgesamt 389 Seemeilen zu segeln, 11.176 Fuß (3353 m) auf Berge zu steigen und 73,5 Meilen (112 km) zu laufen. Erster Anlaufpunkt der Segler ist der Hafen der walisischen Stadt Caernarfon, von dort sprinten die Athleten zum Fuße des Snowdon, besteigen ihn, laufen zurück und segeln gen Norden zum Lake District, wo schon der Gipfel des Scafell wartet, und schließlich geht es nach Schottland hinein, zum Hafen von Fort William, wo der Ben Nevis in Angriff genommen wird. Die drei genannten Berge sind die höchsten Gipfel von Wales, England und Schottland.

Am Hafen von Barmouth halten *The Last Inn,* eine gemütliche Hafenkneipe aus dem 15. Jh., *Davy Jones Locker Restaurant and Coffee Shop, „Barmouth most historic Restaurant and Coffee shop, dating from the fifteen century",* und die *Isis Pizzeria* die touristische Infrastruktur aufrecht.

Tourist Information
● Station Road, Tel. 01341/280787.

Harlech

Der kleine Ort kann mit einer **Burg** aufwarten, die majestätisch auf einem 60 m hohen Felsen sitzt (tgl. 9.30–18.30 Uhr). *Eduard I.* ließ 1285 mit dem Bau beginnen, um seine Herrschaft über Wales zu sichern. Dabei verwendeten die Baumeister den harten Stein der Umgebung, der als *Harlech Grit* bekannt ist.

Von der Befestigungsanlage schaut man hinunter aufs Meer und auf den langen **Sandstrand** von Harlech, der mit seinem türkisen Wasser zweifellos das schönste Gestade an der gesamten Westküste ist.

Im Dörfchen lohnt in der High Street ein Besuch im *Plâs Café* und Restaurant, wo man auch nett im Garten sitzt und von dort einen ähnlich guten Ausblick wie von der Burg hat; abendliche Hauptgerichte 11 £.

Tourist Information
● High Street, Tel. 01766/780658.

Porthmadog

Der Parlamentsabgeordnete *William Maddock* ließ im 19. Jahrhundert die Mole erbauen, um einen **Fährhafen nach Irland** anzulegen und damit die Arbeitslosigkeit der Region zu bekämpfen. Doch schnappte ihm *Holyhead* auf der nördlich gelegenen Insel Anglesey die Passagiere weg.

Bescheidenen Wohlstand im Hafenörtchen aber brachten dann die nahe gelegenen Schiefersteinbrüche bei Blaenau Ffestiniog. Um das Gestein nach Portmaddock zu transportieren, wurde 1836 eine Schmalspurbahn eingerichtet, und wegen dieser schönsten **Mini-Eisenbahn** von ganz Wales kommen Zugenthusiasten in Scharen nach Porthmadog. Zwischen Ostern und Oktober gibt es zwischen vier und zehn Fahrten täglich durch die Snowdonia Mountains zum 20 km entfernten Weiler Blaenau Ffestiniog. Dabei überwindet das fauchende und schnaubende Bähnlein einen Höhenunterschied von 215 m. Am Bahnhof macht auch ein kleines Museum mit der Geschichte dieser Eisenbahn bekannt.

Das ist jedoch noch nicht alles, denn es gibt doch tatsächlich noch eine zweite Schmalspurbahn im Örtchen, die **Welsh Highland Railway,** die jedoch jüngeren Datums ist und ein weitaus kürzeres Streckennetz hat. Es bestehen allerdings Bestrebungen, die Schienen bis kurz vor Caernarfon zu verlegen.

Am Hafen informiert ein **Maritime Museum** über die Geschichte der Seefahrt von Porthmadog (Juni bis Sept. tgl. 10–18 Uhr).

4 km westlich vom Zentrum zieht sich der Hausstrand entlang, der **Black Rock Sands.**

Das *Grapevine Steak House* in der High Street serviert Steaks und andere Gerichte zwischen 4 und 11 £, und ebenfalls in der High Street verbreitet der Pub *Ship & Castle* in einem alten Fachwerkhaus eine gemütliche Atmosphäre.

Tourist Information

● High Street, Tel. 01766/512981.

Portmeirion

Die dritte bedeutende Attraktion von Porthmadog ist das in Privatbesitz befindliche, **im italienischen Stil errichtete Dörflein** Portmeirion, das auf einer Halbinsel, 5 km östlich von Porthmadog, liegt. Wer nicht mit dem eigenen Wagen unterwegs ist, kann mit der Ffestiniog-Schmalspurbahn dorthin kommen; der Zug hält am Bahnhof von **Minffordd,** von dort ist der Besucher nach einem 20-minütigen Spaziergang am Ziel.

Im Dörfchen gibt es eine italienische Piazza, einen Campanile und mediterran anmutende Loggien an den Häusern. Der walisische Architekt *Sir Clough William-Ellis* begann 1925 mit den Arbeiten, und es sollte fast 50 Jahre dauern, bis alles fertiggestellt war. 1973 dann, im hohen Alter von 90 Jahren, hatte er sich seinen Traum erfüllt. Fast alle Häuschen bieten Unterkunft, denn das Projekt hatte auch eine ökonomische Seite, und wer in der Region um Porthmadog **übernachten** will, tut dieses recht stilgerecht in Portmeirion (Zimmer zwischen 30 und 70 £).

Caernarfon

Das sympathische, uralte Örtchen mit seinen winkligen Gassen und betagten Fassaden liegt einladend an der schmalen Menai Strait, welche die **Insel Anglesey** vom Festland trennt und in die des River Seion mündet.

Wales

Caernarfon ist im ganzen Land berühmt für seine mächtige **Burg,** die auf das Befestigungsbauprogramm von *Eduard I.* zurückging, der mit diesem so genannten *Iron Ring* jede Autonomiebestrebung der Waliser gleich im Keim ersticken wollte. Weltweit wurde die Trutzburg 1969 bei der Investitur des *Prince of Wales* bekannt (tgl. 9.30–18.30 Uhr). 1283 begannen die Arbeiten an der Festung sowie an der Stadtmauer, 1317 waren die ebenso eindrucksvollen wie abschreckenden achteckigen Türme fertig. Selbst wer mit den Sicherungen früher Festungsanlagen nicht vertraut ist, wird dennoch feststellen können, wie sehr die Festung – die gleichzeitig auch als königliche Residenz diente – vor Angriffen geschützt war. Vom höchstem Turm, dem King's Tower, schweift der Blick weit hinaus über die Stadt. Der Queen's Tower im Süden des Komplexes beherbergt das **Museum of Royal Welsh Fuseliers,** und der Nordostturm schließlich zeigt die **Prince of Wales Exhibition,** Fotos von der Investitur des jungen *Prinz Charles.*

Am Victoria Dock macht ein **Maritime Museum** mit der Seefahrtsgeschichte der Stadt bekannt (Mo–Sa 9.30–18, So 14–18 Uhr).

Praktische Hinweise

Tourist Information
● Castle Street, Tel. 01286/672232.

Unterkunft
● **Menai Bank Hotel,** North Road, Tel./Fax 01286/673297, info@menaibankhotel.co.uk, DZ 52 £.
● **Bed & Breakfast:** *Black Boy Inn,* Northgate Street, Tel.01286/673604, Fax 674955, blackboy@welsch-historic-inns.co.uk, DZ 45 £, s. u.; *Caer Menai,* 15 Church Street, Tel./Fax 01286/672612, khlardner@talk21.com, DZ 44 £; *Menai View,* North Road, Tel./Fax 01286/674602, menaiview@wall suk4.freeserve.co.uk, DZ 45.
● **Jugendherberge:** *Totters Backpackers Hostel,* 2 High Street, Tel. 01286/672963, bob@totters.free-online.co.uk.

Pubs & Restaurants
● **The Anglesey,** direkt neben der Burg; Pub mit guten Ausblicken auf die Menai Strait.
● **Black Boy Inn,** Northgate Street, hier trinkt es sich gut in dem urgemütlichen alten Gasthof aus dem Jahr 1552.
● Das **Menai Bank Hotel** (s. o.) beherbergt ein gutes Restaurant mit leckeren Gerichten zwischen 11 und 14 £.
● **Tafarn Y Porth,** 5 Eastgate, hervoragender Pub in einem ehemaligen Supermarkt, der walisische Name bedeutet „Kneipe am alten Zolltor".
● **Ship and Castle,** Bangor Street, die Taverne datiert aus dem Jahr 1867, serviert gute Bar Meals und hat während der Saison regelmäßig Live-Musik.

Die wehrhafte Burganlage von Caernarfon

Wales

●*Morgan Lloyd,* Castle Square, gemütlicher alter Pub mit Blick auf die Burg, Biergarten und den üblichen Bar Meals zum Lunch.
●*Bengal Spice,* Palace Street, preiswerte indische Gerichte zwischen 5 und 9 £.

Verbindung
●Mit *Bussen* in alle Landesteile.

Bangor

Bangor besitzt eine große Universität, und die Studenten sind es vor allem, die das Straßenbild beleben. Aufschwung kam im 18. Jahrhundert mit dem Schieferabbau in die Region sowie mit den Schienen- und Straßenprojekten, die in jener Zeit in Nord-Wales realisiert wurden. Heutzutage sind die *Bangorians* eher als militante Nationalisten bekannt, die für die Unabhängigkeit von Wales streiten.

Die *Kathedrale* von Bangor ist von allen Domen Großbritanniens am längsten in Gebrauch. 1071 errichteten die Normannen auf den Resten eines weitaus älteren Gotteshauses die heutige Kathedrale, die nach Zerstörungen von *Johann Ohneland* und *Eduard I.* 200 Jahre später erneuert wurde; im 15. Jh. kamen weitere Restaurationsarbeiten hinzu, und im 19. Jh änderte Architekt *Gilbert Scott* noch einmal die Bauweise. Lediglich ein normannisches Fenster erinnert noch an die Ursprünge.

Einen Steinwurf von der Kathedrale entfernt hat der historisch interessierte Besucher die Gelegenheit, sich im *Bangor Museum & Art Gallery* (Di-Fr. 12.30–16.30, Sa 10.30–16.30 Uhr) über die Geschichte der Stadt und des Umlandes zu informieren und wechselnde Kunstausstellungen zu besichtigen.

Halb hinüber zur Insel Angelesey ragt – wie es sich für eine britische Stadt am Meer gehört – ein fast 500 m langer *Pier.*

Tourist Information
●*Town Hall,* Deiniol Road, Tel. 01248/352786.

Conwy

Das kleine, sympathische Örtchen ist fast vollständig von einer mächtigen mittelalterlichen Stadtmauer umgeben und besitzt darüber hinaus eine mächtige und eindrucksvolle Burg. Wendet sich der Blick gen Süden, so eilt er an den hohen Bergen der Snowdonia Mountains entlang, die oft bis in den Frühsommer hinein in der Sonne blitzende Schneekappen tragen.

Auch *Conwy Castle* geht auf das Burgenbauprogramm von *Eduard I.* zurück, der mit diesem *Iron Ring* seinen Zugriff auf Wales sicherte; die riesige Burg gilt bis heute als eines der besterhaltenen Forts Europas (tgl. 9.30–18.30 Uhr). Der begabteste Festungsbauer jener Tage, *James of St. George,* errichtete mit Hilfe von 1500 Arbeitern Conwy Castle in nur fünf Jahren. Acht mächtige Türme ragen in den Himmel, und der innere Bereich der Festung war noch einmal vom äußeren Hof durch eine Zugbrücke und ein Fallgitter abgetrennt und geschützt.

Unterhalb der Burg verläuft eine **Hängebrücke,** die der berühmte schottische Architekt *Thomas Telford* 1826 im Zuge eines Straßenbauprogramms errichten ließ. Bis 1958 war sie in Betrieb. Telford hat diese *Suspension Bridge* derart genial gestaltet, dass sie den Gesamteindruck der Burg nicht stört, ja im Gegenteil eher noch positiv verstärkt.

Die **Stadtmauer** von Conwy wird von sage und schreibe 21 hohen Türmen überragt, und ein Spaziergang oben auf den Zinnen lässt gute Ausblicke über die Stadt und auf die Berge der rauen Snowdonia Mountains zu.

An der Straße The Quay, der Promenade vor der breiten Flussmündung, gibt es eine Kuriosität zu bestaunen: das **kleinste Haus in Großbritannien,** 2,7 m hoch, 1,5 m breit!

Das reich geschmückte Patriziergebäude eines mittelalterlichen Händlers, **Aerconwy House,** in der Castle Street lohnt weiter einen Besuch und zeigt die Wohnformen wohlhabender Bürger in den vergangenen Jahrhunderten (täglich, außer Di 11–13, 14–17.30 Uhr). Auch darf man am **Plas Mawr** nicht vorbeigehen, das in ganz Großbritannien zu den besterhaltenen Häusern aus der elisabethanischen Ära gehört.

Praktische Hinweise

Tourist Information
● **Conwy Castle Visitor Centre,** an der Burg, Tel. 01492/592248.

Unterkunft
● **Castle Bank Hotel,** Mount Pleasant, Tel. 01492/593888, Fax 596466, castlebank @bun.com, DZ 55 £.

● **Bed & Breakfast:** *Bryn Derwen,* Woodlands, Tel. 01492/596134, DZ 40 £; *Glan Heulog,* Llanrwst Road, Woodlands, Tel. 01492/593845, glenheulog@no1guesthou se.freeserve.co.uk, DZ 40 £.

● **Jugendherberge:** *Kings Youth Hostel,* Larkhill, Sychnant, Pass Road, Tel. 01492/ 593571.

● **Camping:** *Conwy Touring Park,* Bwlch Mawr, Tel. 01492/592856, an Conwy Castle in die B 1506, nach 3 km eine Hinweisschild an der Straße.

Pubs & Restaurants
● **Ye Olde Mail Coach,** High Street, gemütlicher Pub, wie der Name schon sagt, in einer ehemaligen Kutschstation.
● **The Blue Bell,** Castle Street, mit Biergarten.
● **The Albion,** Bangor Street, gemütlicher Pub mit einer großen Auswahl an Bar Meals zur Lunch-Zeit.
● **Clemence Restaurant,** Castle Street, 7 £.
● **George and Dragon,** Castle Street, seit 1777 ein Pub, heute mit Restaurant, serviert wird auch im Garten, 6 £.

Verbindung
● **Busse** und **Intercity-Züge** in alle Landesteile.

Llandudno

Mit weitem Abstand ist Llandudno das schönste **viktorianische Seebad** von ganz Wales, und es macht sogar den feinsten englischen *Seaside Resorts* Konkurrenz. Im 19. Jahrhundert war Llandudno bevorzugter Aufenthaltsort begüteter Viktorianer, und auch aus dem Ausland kamen bekannte Männer und Frauen angereist – *Bismarck, Napoleon III., Königin Elisabeth von Rumänien,* und auch zwei britische Premierminister, *Gladstone* und *Disraeli,* ließen sich hier blicken.

Wales

Die Kabelbahn von Llandudno

Am schönsten ist es in Llandudno, wenn an einem warmen, wolkenlosen Sommertag die Sonne untergeht. Steht man dann am Ende des langen Piers und schaut auf die Strandpromenade zurück, dann taucht die Sonne die weißen Häuser der Esplanade in warmes rotes Licht. In einer solchen Stunde gedenkt man gerne dem Motto der Stadt, die von sich selbst behauptet, dass sie *Hardd Haran Hedd* ist, ein „wunderschöner Hafen des Friedens".

Überragt wird Llandudno von dem 225 m hohen **Great Orme,** an dessen Hang eine Trockenskipiste angelegt ist, und ein **Skilift** die Besucher hochbefördert. Ebenfalls knarrt eine kabelgezogene Schmalspurbahn den Berg hoch, die **Great Orme Tramway.** Oben auf dem Gipfel, der in früheren Tagen als Telegrafenstation genutzt wurde, befinden sich heute ein Restaurant, ein Café, ein Andenkenladen, ein Kinderspielplatz und Münzfernrohre. Von dort hat man einen prachtvollen Ausblick auf die tief unten liegende, weiße Stadt, den weit ins Meer hinausragenden Pier und das schaumgekrönte Meer. Für Autofahrer gibt es eine Straße parallel zu den Schienen der Kabelbahn.

Ein wenig unterhalb vom Gipfel befinden sich die **Great Orme Mines,** wo die Archäologen bronzezeitliche Minen freigelegt haben, in denen nach Kupfer gegraben wurde. Von 9.30 bis 17.30 Uhr finden regelmäßig Führungen statt, und eine audiovisuelle Vorführung macht mit den historischen Hintergründen vertraut.

Eine 8 km lange Straße, **Marine Drive** genannt, führt einmal rund um den Great Orme herum und liefert dem Fahrer spektakuläre Aussichten auf das Meer und die Umgebung.

In der Stadt selbst sind natürlich ein Spaziergang entlang der feinen *Promenade* sowie ein Gang zum Ende des *Piers* obligatorische touristische Pflichtübungen. Kunstinteressierte sollten in der Vaughan Street die *Mostyn Art Gallery* besuchen, die über das Jahr verteilt mehrere Wechselausstellungen zeigt (Mo–Sa 10.30–17 Uhr). Wer mit Kindern unterwegs ist, darf den Kleinen das *Alice in Wonderland Visitor Centre* am Trinity Square nicht vorenthalten; hier werden die Geschöpfe von *Lewis Carrol* wieder lebendig (tgl. 10–17 Uhr).

Praktische Hinweise

Tourist Information
● Chapel Street, Tel. 01492/876413.

Unterkunft
● *St. George's Hotel,* The Promenade, Tel. 01492/877544, Fax 877788, stgeorges@ccsmm.co.uk, DZ 90 £.
● *Dunoon Hotel,* Gloddaeth Street, Tel. 01492/860787, Fax 860031, reservations @dunoonhotel.demon.co.uk, DZ 76 £.

● *Bed & Breakfast: Abbey Lodge,* 14 Abbey Road, Tel./Fax 01492/878042, enquiries @abbeylodge.com, DZ 55 £; *Cranberry House,* 12 Abbey Road, Tel./Fax 01492/879760, cranberryhouse@llandudno12.fs net.co.uk, DZ 45 £; *Beach Cove,* 8 Church Walks, Tel./Fax 01492/879638, DZ 40 £; *Bodnant,* 39 St. Mary's Road, Tel. 01492/876936, DZ 42 £.

Pubs & Restaurants
● *Foutains,* Mostyn Street, Café, Bar, gemütliches Lokal mit Tee, Kaffee, Kuchen, Wein, Bier und kleinen Snacks, 2–5 £.
● *The Palladium,* Gloddaeth Street, ein außerordentlich gemütlicher Pub in einem ehemaligen Tanzschuppen, Free House mit Bar Meals.
● *Jasmin House,* Mostyn Street, in der Shopping Mall, preiswerte chinesische Küche zwischen 5 und 9 £.
● *Homecookin',* Mostyn Street, kleines Billigrestaurant.
● *Bengal Dynasty,* North Parade, indische Küche, 9 £.
● *The Mediterranean,* Mostyn Street, italienische, griechische und türkische Küche, 4–11 £.

Verbindung
● *Busse* und *Intercity-Züge* in alle Landesteile.

Blick auf die Häuser der Promenade von Llandudno

Schottland

Lowlands *Überblick*

Die Lowlands beschreiben den schottischen Süden, die Regionen *Borders* und *Dumfries & Galloway.* Im Gegensatz zu der oft rauen Bergwelt des schottischen Nordens prägen hier sanfte Hügel die Landschaft. Ausnahmen bilden die *Cheviot Hills,* das Grenzgebirge zu England, und die bergige Landschaft der *Tweedsmuir Hills* um Moffat.

Durch die Borders

Wer die *Borders* kennen lernen möchte, folgt hinter der englischen Stadt Carlisle der A 7 in Richtung Edinburgh. Bei Canonbie hat man bereits England verlassen und seine Füße auf 'heiligen' schottischen Boden gesetzt. Im Folgenden wird eine Route durch die Borders beschrieben, die von Langholm entlang der A 7 über Hawick, Galashiels bis Edinburgh führt. Ein Abstecher in Richtung Nordosten bringt uns nach Melrose, Kelso, Duns und die schottische Steilküste um Eyemouth, das von Schottlandreisenden passiert wird, die über die A 1 an der englischen Ostküste entlang nach Schottland einreisen.

Dumfries und Galloway

Viele Reisende schenken der Region Dumfries und Galloway im Südwesten Schottlands zu Unrecht wenig oder gar keine Beachtung, wenn sie die Region auf der A 74 durchqueren, der Schnellstraße von Carlisle nach Glasgow. Dumfries & Galloway besitzt genügend landschaftliche Reize, angefangen von der Berglandschaft bei Moffat bis zur Steilküste der Rhinns of Galloway.

Langholm

Etwa 15 km hinter der Grenze erreicht man ein altes Städtchen namens Langholm. Jedes Jahr im Juli findet hier das so genannte **Common Riding** statt. Alle Leute, die ein Pferd besitzen, reiten in Erinnerung an die einstigen oft tödlichen Unstimmigkeiten mit den Engländern gemeinsam die Grenzen der Stadt. Das Ganze ist mit einem Volksfest verbunden und hat übrigens in fast allen Borders-Städten Tradition.

Nordwestlich von Langholm in **Eskdalemuir** (an der B 709) gilt es, auf einem lohnenden Umweg den größten buddhistischen Tempel in Westeuropa zu entdecken, das **Kagyu Samye Ling Tibetan Monastry,** anno 1967 gegründet als Folge der Verfolgung tibetanischer Mönche durch die Chinesen.

Praktische Hinweise

Tourist Information
●**Dumfries Tourist Information,** 64 Whitesands, Tel. 01387/253862.

Unterkunft
●**The Whitecroft Hotel,** 81 High Street, Langholm DG13 ODJ, Tel. 01387/81343, ab 40 £.

●**Camping:** *Ewes Water,* Milntown, Langholm, Tel. 013873/80386.

Hawick

Am Ufer des Flusses Teviot liegt Hawick, die Stadt mit der größten **Textilindustrie** in den Borders und vielen einschlägigen Geschäften, die Tweed und Strickwaren verkaufen.

Die **Bronzestatue** in der Stadtmitte, ein Pferd mit einem Reiter, der stolz sein Banner in den Himmel reckt, erinnert an 1514, das Jahr nach der vernichtenden schottischen Niederlage bei Floddenfield. Alle wehrtüchtigen Männer der Stadt starben in der Schlacht von Floddenfield. Eine Truppe Heranwachsender aus Hawick rettete die schottische Ehre. Die Pubertierenden zeigten den Engländern die Zähne, als sie plündernde englische Soldaten in die Flucht schlugen und den Engländern ihr Banner raubten. Jenes Banner hält der bronzene Reiter stolz in seiner rechten Hand. Dieses Ereignis aus dem 16. Jh. wird noch heute während des **Common-Riding-Festes** im Juni gefeiert.

In der **Johnnie Armstrong Gallery** formen Künstler keltische Gegenstände nach alten Mustern sowie allerlei Kunsthandwerk; Henderson's Knowe, **Teviothead,** 15 km südlich von Hawick an der A 7.

Das **Hermitage Castle** ist eine Trutzburg, 26 km südlich von Hawick an der B 8399 in Richtung Newcastleton. In einer hügeligen Gegend nahe der englischen Grenze liegt die Burg, man überblickt von ihr ein weites Gebiet. Von außen schaut sie mit ihren mächtigen Ecktürmen intakt aus, innen sind die Schäden vergangener Tage nicht zu überse-

Lowlands

hen. Das Castle, das kein Liebhaber von Burgen- und Rittersagen verpassen sollte, ist ein beliebter Drehort für Maria-Stuart- und Macbeth-Filme.

Im Jahre 1566 ritt *Mary Queen of Scots* in mörderischem Galopp vom 40 km entfernten Jedburgh zum Hermitage Castle, um ihren Geliebten *Bothwell* zu sehen, der bei einem Gefecht stark verwundet worden war. Der Ritt erschöpfte *Mary* dermaßen, dass sie ein starkes Fieber befiel, von dem sie sich nur langsam wieder erholte (Apr. bis Sept. Mo–So 9.30–18.30 Uhr, Okt. bis März Mo–So 9.30–18.30 Uhr, mittlerer Eintritt).

Praktische Hinweise

Tourist Information
●**Common Haugh,** Hawick, Drumlanrig's Tower Knowe, Tel. 0870/6080404.

Aktivitäten
●**Raleigh Cycle Centre,** Mart Street, Tel. 01450/376033, vermietet Fahrräder gegenüber dem Supermarkt. Preise: halber Tag ab 5 £, Tag 10 £, Woche 20 £.

Unterkunft
●**Ellistrin Guest House,** 6 Fenwick Park, Hawik, TD9 9PA, Tel. 01450/374216, B&B ab 22,50 £.
●**Elm House Hotel,** 17 North Bridge Street TD9 9BD, Tel. 01450/372866, ab 30 £.

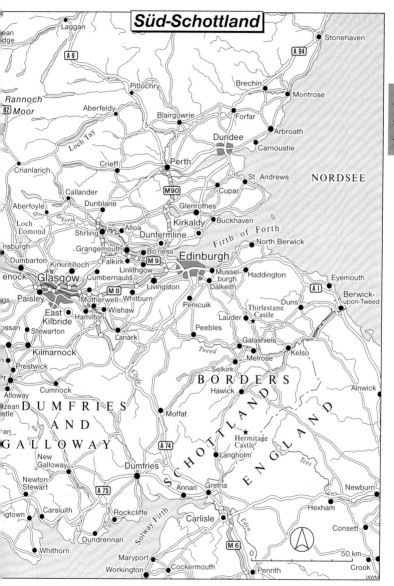

Süd-Schottland

Lowlands

NORDSEE

BORDERS

DUMFRIES
AND
GALLOWAY

SCHOTTLAND

ENGLAND

Laggan · Stonehaven · A 94 · A 9 · Pitlochry · Brechin · Montrose · Rannoch Moor · 82 · Aberfeldy · Blairgowrie · Forfar · Arbroath · Loch Tay · Dundee · Carnoustie · Crianlarich · Crieff · Perth · St. Andrews · M90 · Callander · Cupar · Aberfoyle · Dunblane · Glenrothes · Loch Lomond · Forth · Kirkaldy · Buckhaven · Stirling · Alloa · Dunfermline · nsburgh · Grangemouth · Bo'ness · Firth of Forth · North Berwick · Dumbarton · Kirkintilloch · Falkirk · M9 · Edinburgh · enock · Linlithgow · Cumbernauld · Livingston · Mussel-burgh · Haddington · Eyemouth · Glasgow · M8 · Dalkeith · A1 · gs · Paisley · Motherwell · Whitburn · Penicuik · Duns · Berwick-upon-Tweed · East Kilbride · Hamilton · Wishaw · Thirlestane Castle · ossan · Stewarton · Lanark · Peebles · Lauder · Kilmarnock · Tweed · Galashiels · Prestwick · Melrose · Kelso · Alnwick · Alloway · Selkirk · Cumnock · Hawick · zean stle · Moffat · an · Hermitage Castle · GALLOWAY · A74 · Tees · New Galloway · Langholm · Newton Stewart · A75 · Dumfries · Eden · Newburn · igtown · Carsluith · Rockcliffe · Annan · Gretna · Hexham · Carlisle · Consett · Dundrennan · Whithorn · M6 · 50 km · Maryport · Cockermouth · Penrith · Crook · Workington · Solway Firth · Clyde · IAWM

405

Galashiels

Die Textilindustrie hat der Stadt Galashiels ihren Stempel verpasst: Viele Woll- und Stoffläden zeugen noch heute davon. Ein College bildet Textildesigner aus. Wer sich des Weiteren über die Wollproduktion informieren möchte, kann dies im Galashiels Wool Centre oder im Scottish College of Textiles (auch Kurse im Weben, Muster fertigen u.s.w.). Ein Besucherzentrum erläutert den Vorgang der Wollverarbeitung vom Schafscheren bis zum fertigen Produkt.

Der Name Galashiels hat seinen Grund in den so genannten *shielings.* Es handelt sich dabei um Unterstände, welche die Schafhirten vor vielen hundert Jahren am Ufer von Gala Water bauten.

Nördlich von Galashiels in Lander liegt die imposante Anlage des **Thirlestane Castle,** ursprünglich aus dem Jahre 1590 mit architektonischen Erweiterungen aus dem 18. und 19. Jh. (Mo, Mi, Do, So im Sommer, Juli, Aug. Mo–So, außer Fr von 10–16 Uhr).

Das **Traquair House** aus dem 10. Jh. (hinter Walkerburn an der A 72 nach links abbiegen) ist „das älteste fortwährend bewohnte Herrenhaus in Schottland". Einst nutzten es die schottischen Könige als Jagdschloss. Gediegen ist das Innenleben des Hauses: die Originaleinrichtung stammt größtenteils aus dem 18. Jh. Viele berühmte Personen gaben sich in Traquair House ein Stell-

Die Straße tanzt

dichein, insgesamt 27 Monarchen, darunter *Mary Queen of Scots* und *William the Lion,* der hier 1175 ein Dokument unterschrieb, welches Glasgow in die Riege der königlichen Städte erhob. Seit 1492 besitzt die Familie *Stuart* das Traquair House mit seiner weiten Parkanlage, mit einer Brauerei und diversen Kunsthandwerksläden. Momentan nennt die Witwe des 20. *Laird* (Gutsherr) das Herrenhaus ihr eigen (Sept. 12–17 Uhr, Juni und Juli 10.30–17.30 Uhr, 6,20 £, Kind 3,30 £).

Das **Lochcarron Wool Centre, Waverley Mill & Museum,** zeigt und erläutert den Vorgang des Spinnens und Webens; ferner informiert es über die verschiedenen britischen Schafrassen. Zentral in der Muddersfield Street, hier holt auch *Vivienne Westwood* ihren ‚Stoff‘ (Apr.–Sept. Mo–Fr 9–17 Uhr, mittlerer Eintritt).

Praktische Hinweise

Tourist Information
●**Peebles,** EH45 8A6, High Street, Tel. 0870/6080404.

Unterkunft
●**Abbotsford Arms Hotel,** Galashiels, Stirling Street, Tel. 01896/752517, bereitet hausgemachte Speisen, Doppelzimmer ab 45 £, Einzelzimmer ab 25 £.
●**Ettrickvale,** 33 Abbotsford Road TD1 3HW, Tel. 01896/755224, ab 18 £.
●In Galashiels selbst gibt es keine **Jugendherberge.** Es besteht die Möglichkeit, in die etwas dezentral, aber ruhig gelegene Jugendherberge *Broadmeadows* (10,75 £) auszuweichen. Sie befindet sich südwestlich von Galashiels an der A 708 von Selkirk nach Moffat kurz vor dem kleinen Ort Yarrowford (Tel. 0870/0041107, März–Okt.).

Melrose

Wir verlassen nun die A 7 nach Edinburgh und wenden uns gen Osten. Wenige Kilometer von Galashiels entfernt liegt der kleine, geschäftige Ort Melrose in der hügeligen Landschaft der Eildon Hills an der A 609. Die Hauptattraktion ist unbestritten die Melrose Abbey, eine Klosterruine aus dem 12. Jh.

Sehenswertes

Melrose Abbey eilt der Ruf voraus, „unter den Klosterruinen der Borders die schönste zu sein". Die romantische Ruine findet sich, von der Market Square in der Ortsmitte von Melrose aus gesehen, rechts an der Abbey Street. Auf den 23. März 1136 wird ihre Gründung datiert; Mönche des Zisterzienserordens von Rievaulx in Yorkshire legten den Grundstein für das Kloster in Melrose und widmeten ihr Werk Maria, der Mutter Jesu. Schnell entwickelte sich die Abtei zu einer wirtschaftlichen Macht in den Borders und verleibte sich große Ländereien ein.

(Apr.–Sept. Mo–Sa 9.30–18.30, So 14–18.30 Uhr, Okt.–März Mo–So 9.30–16.30, 4,50 £, Kind 2 £, Senior 3,50 £).

Wer sich weitergehend mit Melrose Abbey beschäftigen möchte: Das Museum im **Commdendator's House** – über die Cloisters Road hinweg – dokumentiert die Geschichte der Abtei. Ferner informiert es über die Spuren, die einst die Römer in der Borders-Region hinterließen, und stellt Fundstücke jener Zeit aus.

Lowlands

Im *Abbotsford House* verbrachte *Sir Walter Scott* die letzten 20 Jahre seines Lebens, bevor er dort 1832 verstarb. Das Herrenhaus an der A 7 zwischen Melrose und Galashiels ist ein buntes Allerlei verschiedener Baustile. Der englische Architekt *William Atkinson* entwarf das Gebäude nach dem strengen Willen des Romandichters. *Scott* war nicht nur ein leidenschaftlicher Literat, sondern auch ein Sammler von Kuriositäten, die in seiner Bibliothek mit über 9000 Büchern ausgestellt sind: Locken von *Admiral Nelson* und *Bonnie Prince Charlie,* eine Nachbildung des Totenschädels von *Robert Bruce* etc. (März–Okt. Mo–Sa 9.30–17, So 14–17 Uhr, 4,75 £, Kind 2,40 £).

Praktische Hinweise

Tourist Information
● *Melrose* TD6 9LG, Abbey House, Abbey Street, Tel. 01896/822555 (im Sommer).

Unterkunft
● *Burts Hotel,* Market Square, Tel. 01896/822285, bereitet exquisite Mahlzeiten. Preis: B&B ab 54 £.
● *Duntermline House,* Tel. 01896/822148, befindet sich zentral in Melrose mit Blick über die Abbey, B&B ab 22 £.
● *Jugendherberge:* Vom Market Cross in der Ortsmitte von Melrose sind es 5–10 Min. zu Fuß bis zur Jugendherberge (Grad 1). Man folgt der Straße East Port und biegt nach ca. 500 m nach links in die Priorwood Road ein. Die Jugendherberge ist in einer alten Villa eingerichtet, mit Blick auf die Melrose Abbey, Tel. 01896/822521.
● *Camping:* Der Campingplatz *Gibson Park* befindet sich in Melrose in einer Nebenstraße, die von der High Street abzweigt. Der Stellplatz kostet ab 8,50 £, Tel. 01896/822969.

Kelso

Östlich von Melrose liegt an der A 699 die Stadt Kelso. Dort vereinigt sich der Fluss *Teviot* mit dem *Tweed.* Eine *fünfbogige Brücke,* im Jahre 1803 vom schottischen Ingenieur *John Rennie* entworfen, überspannt den Fluss Tweed. Die Brücke stand 1811 Modell für die alte Waterloo Bridge in London, die allerdings 1934 abgerissen wurde.

Die Innenstadt von Kelso zeigt sich wie ein *Schmuckkästchen. Sir Walter Scott* kürte das Städtchen einst zum schönsten der ganzen Borders-Region. Das Zentrum bildet der rechteckige, großflächige Marktplatz.

Sehenswertes

Die Reste von *Kelso Abbey* stehen in der Nähe des Marktplatzes, in Richtung Coldstream. 1128 gründete der schottische König *David I.* das Kloster. Schnell wuchs Kelso Abbey in der Borders-Region zu einem reichen und mächtigen Wirtschaftszentrum empor. *James III.* wurde in der Abteikirche 1460 zum schottischen König gekrönt. In der ersten Hälfte des 16. Jh. zerstörten die Engländer die Abtei wiederholt. Im Jahre 1545 radierten sie das Kloster fast vollständig aus: Das Kloster wurde außer dem Turm und der Fassade des Nordwestteils gründlichst zerstört, so dass sich ein Besuch nur noch lohnt, um von der Geschichte der einst mächtigen Klosteranlagen zu träumen (Öffnungszeiten Sommer: Mo–Sa 9.30–18.30 Uhr, Winter: 9.30–16.30 Uhr, Eintritt frei).

Floors Castle, 2 km westlich von Kelso, bezeichnet sich als „größtes bewohntes Schloss in Schottland". In der Tat: Die Ausmaße sind überwältigend, eine Vielzahl von Türmen und Zinnen vermittelt das Gefühl, keine einzelne Burg, sondern eine ganze Burgfamilie vor sich zu sehen. Wer romantische Burgen mag, wird entzückt sein von diesem Märchenschloss. Die Innenausstattung des Gebäudes ist dagegen weniger überladen. Zu besichtigen ist eine Ausstellung von Porzellan, Porträts und Teppichen.

In Floors Castle, das in den Jahren 1721–1725 nach einem Entwurf von *William Adam* gebaut wurde, hat der Herzog *Duke von Roxburghe* seinen Wohnsitz. In den 30er Jahren des 20. Jh. war das protzige Schloss der Drehort für den Tarzan-Film „Greystoke" (Öffnungszeiten: im Sommer 10.30–16.30 Uhr, 6 £, Kind 3,25 £, Senior 5 £, Gruppenermäßigung).

Mellerstain House, ein Herrenhaus im georgianischen Stil, 11 km nordwestlich von Kelso in Richtung Lauder (A 6089), wurde ebenfalls von den *Adams,* der berühmten Architektenfamilie Schottlands entworfen: *William Adam* begann, das Herrenhaus im Jahre 1725 zu bauen, sein Sohn *Robert,* der auch Culzean Castle an der schottischen Westküste entwarf, vollendete die Arbeit seines Vaters im Jahre 1778. Von außen wirkt Mellerstein House eher schlicht. Elegant und bis ins Detail geplant ist dafür die Inneneinrichtung. Die Möbel sind von Designern wie *Chippendale* entworfen. Die Ge-

mäldesammlung umfasst die Maler *Allan Ramsay* und *Thomas Gainsborough*. Liebhaber gediegenen Wohnens sollten sich Mellerstein House nicht entgehen lassen (im Sommer So–Fr 12.30–17 Uhr, 6 £, Kind 3,50 £, Senior 5 £).

Praktische Hinweise

Tourist Information
● *Town House,* Kelso TD5 7HF in der Nähe des Marktplatzes, Tel. 01573/223464.

Unterkunft
● *Queens Head Hotel,* 24 Bridge Street, Kelso TD5 7JD, Tel. 01573/224636, liegt zentral in Kelso, die Preise für B&B bewegen sich zwischen 30 £ und 40 £.
● *Black Swan Inn,* Horsemarket, Kelso TD5 7HE, Tel. 01573/224563, nimmt für B&B ab 25 £.
● *Jugendherberge: Kirk Yetholm,* Grad 2, Tel. 0870/0041132, ideal zum Wandern in den Cheviot Hills. Die Jugendherberge befindet sich in dem Ort Kirk Yetholm, 11 km südlich von Kelso am Ortsausgang in Richtung Pawston (März–Okt.), 10,50 £.
● *Camping: Springwood Caravan Park,* Tel. 01573/224596, liegt 1,5 km südlich von Kelso an der A 699. Preis: ab 10 £ kostet der Stellplatz pro Nacht (Apr.–Okt.).

Duns

Im *Merse,* dem Marschgebiet an der Ostküste, befindet sich der Ort Duns. Zwei berühmte Menschen hat Duns hervorgebracht: einen der führenden Philosophen des Mittelalters, *John Duns Scotus,* und den Formel-1-Rennfahrer *Jim Clark,* dessen Trophäen im *Jim Clark Room* zu bewundern sind. Wer sich für Autorennsport interessiert, kann sich die

Lowlands

Pokale und Erinnerungsstücke von *Jim Clark* in der Newton Street in Duns, an der A 6105, ansehen.

Nördlich von Duns befindet sich ein **Naturschutzgebiet** mit Wanderpfaden. Inmitten dieses Gebietes lag einst der Ort Duns. Der englische König *Henry VIII.* unternahm jedoch im Jahre 1544 aus Wut, dass *Mary Stuart,* Queen of Scots, seinen Sohn nicht geheiratet hatte, einen Rachefeldzug nach Schottland, bei dem das „alte" Duns völlig verwüstet wurde.

Unterkunft
● **Bannikan House Hotel,** 18 Murray Street, Tel. 0870/2143466, B&B ab 30 £.
● **Ravelaw,** außerhalb von Duns, TD11 3NQ, Tel. 01890/870207.
● **The Smithy,** Cranshaws, Duns, TD11 35J, Tel. 01361/890277, liegt im Grünen und bietet sich an für Familienurlaub oder auch für Edinburgh-Festivalbesucher, mit Frühstück ab 25 £.

Aktivitäten
● **Abbey St Bathans,** Church, am Whiteadder Water, kleine Kapelle 8 km nördlich von Duns.

Umgebung von Duns

Manderston House, ein edles schottisches Landhaus in edwardianischem Baustil (18. Jh.), steht abseits der A 6105, 3 km östlich von Duns. Ein Garten mit Rhododendren und Azaleen vervollständigt das Anwesen. (Mitte Mai–Sept. Do und So 14–17 Uhr, 5,50 £; nur Garten 2 £).

Das **Paxton House** beherbergt die größte *Chippendale-Sammlung* und ist eines der schönsten Landhäuser in ganz Großbritannien (Apr.–Okt. 11–17 Uhr, 6 £, Kind 3 £).

Die **Swinton Pottery,** 5 km südlich von Duns, Tel. 01890/860283, stellt Sammlerstücke für Burgenfans her, kleine Zauberer, Burgen und anderes mehr. 25–27 Main Street in Swinton (Jan.–Dez. 10–17 Uhr, Eintritt frei).

Eyemouth

Die Küstenlinie der Borders-Region hat zwar nur eine Länge von rund 40 Kilometern, dafür ist sie um so spektakulärer – nirgendwo an der Ostküste Schottlands existiert eine vergleichbare Steilküste. Zum Teil ist der Küstenstreifen, wie z. B. der um **St Abbs Head** nördlich von Eyemouth, zum Naturschutzgebiet erklärt.

Direkt am Meer ist das Fischerdorf Eyemouth angesiedelt, der letzte größere Ort Schottlands vor der englischen Grenze. Das lebendige Dorf zieht viele **Wassersportfreunde** an, denen sich Möglichkeiten zum Tauchen, Segeln und Baden eröffnen. Wer keine Wasserratte ist, kann die Küste erkunden, die von Sandstränden, Höhlen und einer herrlichen Steilküste geprägt wird. Das **Eyemouth Museum** erinnert an ein Ereignis aus dem Jahre 1881. Ein Tornado vernichtete einen Großteil der Fischerflotte von Eyemouth, wobei 129 Männer starben.

Praktische Hinweise

Tourist Information
● **Auld Kirk,** Eyemouth TD14 5HE, Tel. 01890/750678. Das Büro ist von April bis Oktober geöffnet.

Unterkunft

●**White Craggs,** Hillfield, am Hafen, Tel. 01890/781397, ab 23 £.

●**Ship Hotel,** TD14 5HT, Harbour Road, Tel. 01890/750224, ein guter Ort, um die Wassersportmöglichkeiten in Eyemouth wahrzunehmen, Preis: B&B ab 18 £.

●**Jugendherberge:** *Coldingham Sands,* liegt direkt am Meer in der Nähe von St Abbs, 2 km entfernt von Coldingham, Tel. 0870/0041111. Wegbeschreibung: In Coldingham läuft man in Richtung St Abbs, passiert einen Lebensmittelladen. Auf der rechten Seite taucht der **Campingplatz von Coldingham** auf, hinter welchem man nach rechts abbiegt. Von dort bis zur Jugendherberge, die rechts auf einer kleinen Anhöhe steht, sind noch rund 3 km zu bewältigen, ab 11 £.

Umgebung von Eyemouth

Vom **Fast Castle,** ca. 16 km nördlich von Eyemouth, ist leider wenig mehr als die Gründung erhalten. Stolz hat die Burg einmal auf jenem Felsvorsprung gestanden, den die Wellen der Nordsee unaufhörlich abtragen. Von der Felsklippe hat man einen wunderbaren Blick entlang der Küste in Richtung Nordwesten. Etwas störend wirkt allerdings das Kraftwerk, das man in weiter Ferne entdeckt.

Vom Erbauer des Fast Castle ist leider nichts bekannt. Im 14. Jh. war die Familie *Home* im Besitz der Burg. Später sollen sich Schmuggler- und Seeräuberbanden hier verschanzt haben. Fast Castle liegt nordwestlich von Eyemouth an der Steilküste. Von Eyemouth fährt man nordwestlich nach Coldingham, von dort entlang der A 1107 (!) in Richtung Cockspurnpath. Ca. 7 km hinter Coldingham biegt eine Straße nach rechts ab. Man überquert den Telegraph Hill und kommt zu einer Farm, an welcher der Fahrweg endet. Der Rest der Strecke zum Fast Castle muss zu Fuß zurückgelegt werden. Vorsicht, das letzte Stück über blanken Fels bis zur Ruine ist nicht ganz ungefährlich!

Lowlands

Schottlands Ostküste fällt öfters steil ab

Dumfries

Zurück in den Südwesten Schottlands: Als *„The Queen of the South"* war Dumfries einst bekannt, mit 33.000 Einwohnern die größte Stadt im Süden Schottlands. In geographischer Hinsicht hat die Stadt ihren Ruf bewahrt, allein wenn man sich auf der Landkarte die Straßen betrachtet, die auf das wirtschaftliche Zentrum der Region zusteuern.

Wie ein roter Faden durchzieht die Geschichte Dumfries' der fortwährende Kampf um ihren Besitz zwischen Engländern und Schotten. Die Stadt an der Mündung des Nith erlangte bereits im 12. Jh. den Rang einer *Royal Burgh,* was ihr einige Rechte einbrachte. Im Jahr 1301 brachte *Edward I.* die Stadt in englische Hand. Doch bereits fünf Jahre später gab *Robert the Bruce* in Dumfries das Signal für den Aufstand gegen die verhassten Engländer. Vor dem Hochaltar der Franziskanerkirche erschlug der spätere schottische Herrscher den Abgesandten des Königs. Der Aufstand verlief erfolgreich, Dumfries wurde wieder schottisch. Umgekehrt siegten die Engländer in den Jahren 1448, 1536 und 1570 gegen die Schotten. *Bonnie Prince Charlie* versuchte 1745 noch einmal, Einfluss in Dumfries zu gewinnen, scheiterte aber.

Sehenswertes

Zwei Stammkneipen des schottischen Nationaldichters *Robert Burns* befinden sich noch heute in Dumfries: *The Globe Tavern* und das *Hole in the Wa,* in der High Street. In eine Fensterscheibe des *The Globe Tavern* hat *Burns* eine Liebeserklärung an die Kellnerin geritzt. Böse Zungen behaupten, der Dichter sei nach einer Zechtour in seiner Lieblingskneipe *The Globe Tavern* volltrunken im Schnee liegengeblieben und habe seine Gesundheit bei jenem Umtrunk dermaßen ruiniert, dass er sich nicht mehr erholte und schließlich starb.

Informationen über Burns' Leben in Dumfries hält das *Robert Burns Centre* am Ufer des Nith bereit – die beste Möglichkeit, sich einen Überblick über das Leben des Poeten in Dumfries zu verschaffen (Apr.–Sept. Mo–Sa 10–20 Uhr, So 14–17 Uhr, Okt.–März Di–Sa 10–13 Uhr, 14–17 Uhr).

Im *Robert Burns Center* findet sich ein ‚Filmtheater', das Filme über Burns selbst, aber auch gute Spielfilme zeigt, Tel. 01387/264808.

Praktische Hinweise

Tourist Information
●*Douglas House,* Dumfries, 64 Whitesands, DG1 2RS, Tel. 01387/253862, www.visitdumfriesandgalloway.co.uk.

Unterkunft
●*Station Hotel,* 49 Lovers Park, Dumfries DG1 1LT, Tel. 01387/254316, ab 45 £, in der Nähe der Bahnstation von Dumfries.
●*Marthrow of Mabie,* Mabie Forest, Tel. 01387/247900, ab 12,50 £.
●Der *Beeswing Caravan Park,* Tel. 01387/760242, liegt an der A711 von Dumfries nach Dalbeattie, 1 km hinter Beeswing. Der Preis für einen Stellplatz beträgt ab 8 £ pro Nacht.

Verbindung

● **Stagecoach Western Buses** unterhält die Hauptverbindungen im Südwesten Schottlands, nach Stranraer und anderen Orten an der A 75, Annan, Castle Douglas, Kirkcudbright, Twynholm, Gatehouse of Fleet, Creetown, Newton Stewart und Glenluce. Außerdem verkehren Langstreckenbusse nach Glasgow und Ayrshire. Fahrpläne und Auskünfte über Reisezeiten und Preise bekommt man bei Western Scottish in Dumfries, Whitesands, Tel. 01292/613500, www.stagecoach.com.

● **Travel Information Line,** Tel. 0870/6082608, informiert über Verbindungen innerhalb von Schottland und darüber hinaus.

● **MacEwan's Coach Services** steuert Edinburgh an, allerdings nur an Wochenenden. Die Busse halten u. a. in Tweedmuir und Moffat und benötigen ca. 2½ Std. bis Edinburgh. In der Regel starten sie um 10 Uhr in Dumfries, an der Bushaltestelle Whitesands. Nähere Auskünfte sind dort zu erhalten oder telefonisch unter 01387/710357.

Pubs & Restaurants

● **Greenes,** 59 St Michael Street, mit Live-Musik, Pool-Billiard, Draußensitzen.

● **The Venue,** Church Place, Stadtmitte, Tel. 01387/263623, Konzerthalle und Nachtclub.

Umgebung von Dumfries

New Abbey

In New Abbey, ca. 10 km südlich von Dumfries an der A 710, steht die gut erhaltene Ruine der **Sweetheart Abbey** aus dem 13. Jh. (Apr.–Sept. Mo–Sa 9.30–18.30 Uhr, So 14–16.30 Uhr, Okt.–März Mo, Mi, Sa 9.30–16.30 Uhr, So 14–16.30 Uhr, 2,50 £, Senior 2 £, Kind 1 £).

In der Dorfmitte, befindet sich die **Cornmill,** eine Kornmühle aus dem 19. Jh., die mit Wasserkraft betrieben wird und den Besuchern demon-

striert, wie man aus Getreide feines Mehl gewinnt (Apr.–Sept. Mo–Sa 9.30–18.30 Uhr, So 14–19 Uhr, Okt.–März Mo–Mi 9.30–16 Uhr, So 14–16 Uhr, 3,50 £, Senior 2,50 £, Kind 1,50 £).

Caerlaverock Castle

Das Besondere an der Wasserburg Caerlaverock Castle aus dem 13. Jh., ca. 15 km südlich von Dumfries an der B 725, ist ihr dreieckiger Grundriss (Sommer Mo–Fr 9.30–18.30 Uhr, Sa 9.30–16.30 Uhr, So 14–18 Uhr, Winter Mo–Sa 9.30–16 Uhr, So 14–16.30 Uhr, 4,50 £, Senior 3,50 £, Kind 2 £).

In der Nähe der Burg Caerlaverock findet jeden Winter ein Naturspektakel statt. Ca. 12.000 **Ringelgänse** kommen aus Grönland Jahr für Jahr zum Brüten dorthin, außerdem Schwäne, Enten und Stelzvögel. Das marschige Gebiet zwischen der Mündung des Nith und des Lochar Water gehört zum großen Teil dem **Wildfowl & Wetlands Centre.** Das unter Naturschutz gestellte Gebiet ist vom 16. Sept. bis 30. Apr. von 9.30 bis 17 Uhr geöffnet (4,40 £, Senioren 3,60 £, Kinder 2,70 £), Tel. 01387/770200.

Ruthwell

Von Caerlaverock weiter in Richtung Annan steht an der B 724 in der Kirche von Ruthwell das **Ruthwell Cross,** ein sehr gut erhaltenes Hochkreuz aus dem 8. Jh. Die **Ruthwell Church** wurde nachträglich zum Schutz des Kreuzes vor Wind und Wetter im 18. Jh. gebaut (Öffnungszeiten beliebig, Eintritt frei).

Lowlands

Zwischen Dumfries und Newton Stewart

Zwischen den beiden zentralen Orten im schottischen Südwesten liegen einige sehenswerte Bauten.

In einer Landschaft von grün rollenden Hügeln, den Glenkiln, sitzt das Paar „King and Queen", zwei Bronzefiguren des Künstlers *Henry Moore.* Ein Kaufmann stellte diese und andere Skulpturen in die freie Natur. Die besondere Begegnung mit den Kunstobjekten erlebt man im **Glenkiln Reservoir.** Zu erreichen: zwischen Crocketford und Dumfries rechter Hand nach Shawhead abbiegen, in Shawhead nach links abzweigen, und schon durchfährt man das Gebiet des Glenkiln.

Auf einem Werder im Fluss Dee, der bei Kircudbright mündet, steht die Festung **Threave Castle** hinter dem Ort Castle Douglas abseits der A 75 auf der rechten Seite. *Archibald* „der Schreckliche", der dritte der *Earls of Douglas,* die Galloway einst regierten, legte im Jahre 1369 den Grundstein für die stramme Festung auf der damals nahezu uneinnehmbaren Flussinsel. Ein Angreifer hatte keine Deckungsmöglichkeit. Er war den Geschützen der Verteidiger hoffnungslos ausgeliefert.

Bei einer Konfrontation der so genannten schwarzen *Douglas* mit dem schottischen König *James II.* verteidigte sich das Threave Castle als letzte Festung der *Douglas.* Im Jahre 1455 fiel die Burg nach langer Belagerung in die Hände von *James II.*

und gehörte fortan der schottischen Krone.

Ein Motorboot setzt den Besucher auf die flache, grasbewachsene Insel im Dee über (Apr.–Sept. Mo-So 9.30–18.30 Uhr, Winter geschl., 3,50 £, Senioren 2,50 £, Kinder 1,50 £).

Threave Gardens and Wildfowl Refuge sind knapp 2 km südlich von der Burg entfernt. Die meisten Pflanzen der viktorianischen Anlage blühen im Juni, Juli und im August (täglich Apr.–Okt. 9.30–17.30 Uhr (Haus plus Garten), 9 £, Kind 6,50 £).

Die einzige runde „Wohnburg" in Schottland, der **Orchardton Tower,** erbaut im 15. Jh., liegt abseits der A 711, zwischen Palnackie und Auchencairn und ist über einen befestigten Weg zu erreichen. Der Rundturm ist normalerweise für Irland typisch (Apr.–Sept. Mo-So 9.30–18.30 Uhr, Okt.–März Mo-So 9.30–16.30 Uhr, Eintritt frei).

Die an der A 711 gelegene **Dundrennan Abbey** aus dem 12. Jh. ist sehr zerfallen, dennoch sind einige interessante Gebäudeteile erhalten. Während der Reformationszeit wurde das ehemalige Zisterzienser-Kloster beschädigt und konnte wegen der Zerstörung nicht mehr bewohnt werden. Die Leute aus dem Dorf Dundrennan nutzten die Ruine fortan als Steinbruch, um mit wenig Aufwand an Baumaterial für eigene Gebäude zu kommen. Daher kann man auch in vielen Häusern des Dorfes Steine der Abtei entdecken.

Ihre letzte Nacht auf schottischem Boden soll *Mary, Queen of Scots,* 1568 in der Dundrennan Abbey verbracht haben, bevor sie sich nach England begab (Apr.–Sept. Mo–So 9.30–18.30, Okt.–März Mo–Mi 9.30–16.30 Uhr, Sa, So 14–16 Uhr, 2,50 £, Senioren 2 £, Kinder 1 £).

Hinter der Ortschaft Gatehouse of Fleet, an der A 75, stehen zwei *Tower Houses,* eine Art Mischform zwischen Burg und Wohnhaus.

Die erste „Wohnburg", das vierstöckige *Cardonnes Castle* aus dem 15. Jh., kann kurz hinter *Gatehouse of Fleet* auf der linken Seite besichtigt werden. Die Ruine stammt aus dem 15. Jh. (Apr.–Sept. Mo–So 9.30–18.30, Okt.–März Sa, So 9.30–16.30 Uhr, 3 £, Kind 1,30 £).

Hinter Creetown an der rechten Straßenseite befindet sich das zweite Tower House: die dachlose Ruine des *Carsluith Castle* aus dem Jahre 1560 (Apr.–Sept. Mo–So 9.30–18.30 Uhr, Okt.–März Mo–Sa 9.30–16.30 Uhr, Eintritt frei).

Newton Stewart

Das Städtchen Newton Stewart an der A 75, am südlichen Rand des Galloway-Forest-Parks, ist mit seinen rund 4000 Einwohnern eine sympathische Kleinstadt, eingebettet in eine angenehme landwirtschaftliche Atmosphäre, mit einem allwöchentlichen *Viehmarkt* in der Ortsmitte.

Praktische Hinweise

Tourist Information

● Das Büro befindet sich im Ortskern an der Markthalle, Dashwood Square, Tel. 01671/402431 (Ostern bis Okt.).

Unterkunft

● Das *Flower Bank Guest House* befindet sich in Minigaff, der Ortschaft auf der anderen Seite des Flusses direkt am Ufer des Cree. Tel. 01671/402629, B&B ab 24 £.

● *Clugston Farm,* Tel. 01671/830338, Selbstverpflegung, liegt ca. 8 km westlich an der A75, 4–6 Personen 200 £/Woche.

● Die *Jugendherberge Minigaff,* Grad 3, Tel. 0870/0041142, liegt in dem gleichnamigen Ort Minigaff, jenseits des Flusses Cree, 10,50 £.

● 11 km westlich von Newton Stewart finden Camper auf dem *Three Lochs Caravan Park,* Tel. 01671/830304, einen Stellplatz zwischen 6 und 10 £. Sie fahren von Newton Stewart in Richtung Kircowan und bleiben einige km auf der A 75, bis rechter Hand ein Hinweisschild „Whitecairn Farm" auftaucht, welchem Sie folgen. Der Campingplatz liegt ca. 6 km hinter der Farm (März–Okt.).

Umgebung von Newton Stewart

Am Clatteringshaws Loch, 9 km vor New Galloway an der A 712, befindet sich das *Clattering Shaws Visitor Centre.* Die umgebaute Farm zeigt anhand von lebenden Hirschen und Informationstafeln, wie diese Tiere leben und sich in freier Wildbahn verhalten. Eine weitere Ausstellung ist dem Lachs gewidmet (nur im Sommer 10–17 Uhr, Tel. 01644/420 285).

Ein interessantes *Wandergebiet* erstreckt sich an der Verbindungsstraße von Newton Stewart nach New Galloway – wegen ihrer königlichen Landschaft auch *Queensway* genannt. *Robert Bruce,* der schottische Herrscher von 1306–1329, hat an dem heute so friedlich ausschauenden See die *Schlacht von Rapploch Moss* im Jahre 1307 ge-

Lowlands

415

gen die Engländer geführt – und gewonnen. Er und seine Schotten zogen sich auf die Anhöhe zurück und rollten Felsblöcke von der Anhöhe hinab auf die englischen Streitkräfte. Zum Gedenken an diese Schlacht steht der **Bruce's Stone** auf einem Hügel und blickt voller Stolz hinab auf das Clatteringshaw Loch. Der Weg zum Bruce's Stone ist mit einem Zeichen des *National Trust* markiert.

Eine andere Schlacht hat *Robert Bruce* im Tal **Glen Trool** nördlich von Newton Stewart gegen die Engländer geschlagen und gewonnen, der Auftaktsieg zur Schlacht von Bannockburn. Auch für diesen Sieg haben die stolzen Schotten ihrem einstigen Chef einen Stein aufgestellt. Er befindet sich nördlich des **Loch Trool.** Zu erreichen ist das landschaftlich sehr reizvolle Glen Trool, indem man in Clauchaneasy, ca. 15 km nördlich von Newton Stewart, nach rechts abbiegt in Richtung Glen Trool Lodge.

Wahrscheinlich im Bronzezeitalter wurden die 19 Steinblöcke des **Torhouse Stone Circle** aufgestellt. Der Steinkreis befindet sich auf einem Erdhügel abseits der B 733, ca. 7 km westlich von **Wigtown,** und gehört zu den sehenswertesten in Großbritannien. Die 19 rundlichen Steine beschreiben einen Kreis mit einem Durchmesser von 183 m. Die Mitte des Kreises markieren drei weitere Steinblöcke.

Südlich von Newton Stewart erreicht man über Wigtown, ein kleiner Urlaubsort an der A 714, nach ca. 30 km Whithorn. An der George Street befindet sich das **Whithorn Story Visitor Centre,** Schottlands erste christliche Siedlung (Apr.–Okt. 10.30–17 Uhr, 2,70 £, Kind 1,50 £).

Stranraer

Im äußersten südwestlichen Zipfel Schottlands liegt das Hafenstädtchen Stranraer. Von hier verkehren **Fähren** zur Nachbarinsel Irland.

Vom **Castle of St John** im Zentrum der Stadt Stranraer erzählt die Legende, dass es einst auf Wollballen erbaut wurde, damit seine Steinmauern nicht im sumpfigen Boden verschwänden. Die gut erhaltene Burg stammt aus dem 15. Jh. Sie war einst der Wohnsitz von *John Graham of Claverhouse,* jenes Bluthundes, der als großer Verfolger der Covenanters in die Geschichte einging. Vom 17. bis ins 19. Jh. nutzte man das Castle als Gefängnis und Sitz der Polizei (Apr.–Sept. Mo–Sa 10–13 Uhr und 14–17 Uhr, Eintritt frei).

Praktische Hinweise

Tourist Information
● In Stranraer in der Harbour Street C8, Tel. 01776/702595 (ganzjährig geöffnet).

Unterkunft
● **Fernlea Guest House,** Lewis Street, Tel. 01776/703037, B&B ab 20 £.
● Am Ortseingang von Stranraer, an der A 75, existiert der **Campingplatz** der Region. Im *Aird Donald Caravan Park* kostet die Übernachtung ab 8 £ (ganzjährig geöffnet), Tel. 01776/702025.

Verbindung
● **Stena Line Ltd.** zwischen Stranraer und Belfast. Die Überfahrt dauert ca. 2 Stunden,

One way kostet ca. 30 £ für Erwachsene, Kinder 15 £, Tel. 01776/802165.

●Die Fähren der **P&O European Ferries LTD,** The Harbour, Cairnryan, 8 km nördlich von Stranraer, laufen sechsmal am Tag von Stranraer nach Larne in Nordirland aus. Nähere Informationen erteilt die Auskunft am Hafen in Stranraer, Tel. 0870/2424777, ab 24 £ für Hin- und Rückfahrt.

●Die Fähre in Stranraer ist direkt verbunden mit den **Zügen,** die aus Glasgow bzw. dem Norden kommen. Direkte Züge verkehren mit Ayr und Glasgow. Auskunft am Bahnhof: Tel. 08705/707070.

●Vom östlichen Dumfries verkehrt ein Bus der **Scottish Citylink,** Tel. 08705/505050, zwischen dem Bahnhof in Dumfries und Stranraer, als Ersatz für die fehlende direkte Bahnverbindung. Dies ist vor allem interessant für Schottlandreisende, die via Bahn aus dem Süden Großbritanniens kommen.

Umgebung von Stranraer

Am Südzipfel der Rhinns of Galloway erhebt sich das **Mull of Galloway** vom Meeresspiegel auf eine Höhe von über 60 m. Von hier, dem südlichsten Punkt Schottlands, blickt man bei klarer Fernsicht bis an die irische Küste, die 40 km entfernt ist. Von Stranraer bis zum Mull of Galloway sind es ca. 35 km.

Ayr

An der Ostküste, nördlich von Stranraer, liegt die Hafenstadt Ayr. Ihre Geschichte datiert zurück bis ins 8. Jh. *Robert Bruce,* der im Jahre 1314 für Schottland die Unabhängigkeit erkämpfte, fügte hier den Truppen *Eduards I.* von England eine schwere Niederlage zu, als er die Unterkünfte der Soldaten in Brand steckte und dabei 500 Engländer in den Flammen umkamen.

Wozu Mallorca?

Doch vergessen ist die Vergangenheit. Heutzutage ist Ayr der große Urlaubsmagnet an der unteren Westküste. Touristen aus ganz Großbritannien reisen an und nutzen die breite Palette an *Sport- und Freizeitmöglichkeiten.* Ein über 3 km langer Sandstrand, die vielen Geschäfte und Lokale, die drei Golfplätze und die Autorennstrecke von Ayr ziehen in den Sommermonaten die Urlauber an.

Über allem jedoch schwebt das Markenzeichen von Ayr: *„the ploughman poet"*, der Dichter **Robert Burns.** Die Stadt ist der geeignete Ausgangspunkt, um einige historische Lebensstationen von *Burns* zu erkunden (s. „Umgebung").

Praktische Hinweise

Tourist Information
● Ayr, 22 Sandgate, Tel. 01292/288688 (ganzjährig geöffnet).

Unterkunft
● *Belmont Guest House,* 15 Park Circus, Tel. 01292/265588, ab 28 £.
● *Wilson Hall SAC,* das Scottish Agricultural College, ab 11 £ (geöffnet: Juli–Sept.), Tel. 01292/525203.
● *Crofthead Holiday Park,* von Ayr in Richtung Cumnock (A70), die erste Straße rechts nach dem Kreisverkehr, ab 9 £, Tel. 01292/263516.

Umgebung von Ayr

Der **Burns Heritage Trail,** eine mit blauen Schildern markierte Straße, führt zu Stationen im Leben des Dichters. Die Straße beginnt in Alloway, dem Geburtsort von *Burns,* und endet in Dumfries, wo *Burns* im Alter von 37 Jahren begraben wurde.

Im **Burns National Heritage Park** in Alloway, 3 km südlich von Ayr an der B 7024 in Richtung Maybole, ist das Buch „Poems and Songs of Robert Burns" erhältlich, das Interessierten den nötigen Hintergrund liefert, um den Stationen des Heritage Trail die richtige Bedeutung beizumessen. Ferner informiert eine Ausstellung über das Leben von *Burns.*

Im Jahre 1995 wurden das Burns Cottage, das Museum Monument, Auld Brig O'Doon and Alloway Kirk im Burns National Heritage Park zusammengefasst. Dazu gehört auch die so genannte Iain O'Slanter Experience, eine Multimedia-Show. Im heutigen **Burns Cottage and Museum** wurde *Robert Burns* am 25. Ja-

Pferde bei Ayr

nuar 1759 geboren und hier verbrachte er die ersten sieben Jahre seines Lebens. Das strohgedeckte Haus wurde vom Vater gebaut. Das Mobiliar stammt zum Teil noch aus der Originaleinrichtung. Im Museum sind Manuskripte, Briefe und Bücher des Dichters ausgestellt.

(*Öffnungszeiten:* im Sommer 10–17.30 Uhr, im Winter 10–17 Uhr, 3 £, Kind 2 £).

Wenn man die Straße vor dem Land O'Burns Centre überquert und immer geradeaus läuft, steuert man genau auf die **Alloway Kirk** zu. Die kleine Kirche, die schon zu *Burns'* Lebzeiten eine Ruine war, ist der Schauplatz des Gedichtes „Tam O'Shanter".

Am River Doon, in Sichtweite der Brücke, haben die Schotten ihrem Nationaldichter das **Burns Monument** errichtet, einen kleinen Tempel in griechischem Stil. Im Inneren sind diverse Bücher und Dokumente ausgestellt, die mit dem Leben von *Burns* in Beziehung stehen. Zwei besondere Andenken an das Liebesleben des Dichters liegen in den Vitrinen: eine Locke und die Bibel seiner geliebten *Mary Campell,* der *Highland Mary,* die kurz vor der geplanten Heirat mit *Robert Burns* aus dem Leben schied.

In der Nähe von **Failford,** östlich von Ayr an der B 743, steht zu *Marys* Gedenken das **Highland Mary's Monument.** Dort sollen sich *Robert* und *Mary* die Ehe versprochen haben, die nie Wirklichkeit wurde.

Weitere wichtige Stationen im Leben von *Burns* befinden sich östlich von Ayr, in **Mauchline,** 16 km von Ayr entfernt, weiter der B 743 folgend. Im **Burns House Museum,** Castle Street, hatte *Robert Burns* 1788 ein Techtelmechtel mit seiner späteren Frau *Jean Armour* (Öffnungszeiten beliebig, Eintritt frei). In der näheren Umgebung finden sich weitere Burns-Stätten. **Poosie Nansie's,** eine Bierschänke, die noch heute in Betrieb ist, regte *Burns* zu seinem Lied „The Jolly Beggars" an, das noch heute in Schottland als Volkslied gesungen wird.

In **Tarbolton,** an der B 730, die nördlich von der A 743 abzweigt, findet man **The Bachelors Club.** *Burns* hat hier die Tanzschule besucht und mit Freunden eine Lesegemeinschaft ins Leben gerufen.

Als weitere Station sei noch **Souter Johnnie's Cottage** genannt, ca. 20 km auf der A 77 südlich von Ayr, in Kirkoswald, hinter der Stadt Maybole. Im Sommer 1775 lernte der junge *Robert Burns* im **Kirkoswald's Inn** zechenderweise den Farmer und Schmuggler *Douglas Graham,* genannt *Tam* von der Shanter Farm, und den örtlichen Schuhmacher, *Souter Johnnie,* kennen. *Johnnie* und *Tam* waren das lebende Vorbild für die Figuren in Burns Ballade „Tam O'Shanter". Lebensgroß aus Stein gemeißelt, sitzen die beiden, der Wirt des Kirkoswald's Inn und dessen Frau, vor der Hütte von *Douglas „Tam" Graham* (Sommer 11.30–17 Uhr, 2,50 £, Kinder 1,30 £).

Culzean Castle, ein großartiges Schloss, steht am Rande der Steilküste, 18 km südlich von Ayr in Richtung Girvan. Im Jahre 1777 wurde Culzean Castle nach einem Entwurf von *Robert Adam* gebaut, der der bekann-

Lowlands

teste Spross der berühmten schottischen Architektenfamilie war (Apr.–Okt. 10.30–17 Uhr, 12 £, erm. 8 £).

Moffat

Der Kurort Moffat liegt in einer Landschaft, die zu den schönsten des schottischen Südens zählt. Ein idealer Ausgangspunkt, um die Reize der *Southern Uplands* zu kosten. Viele Touristen legen auf ihrem Weg ins schottische Hochland einen Zwischenstopp in Moffat ein, denn der Ort befindet sich nur 2–3 km abseits der Schnellstraße A 74 nach Glasgow.

Praktische Hinweise

Tourist Information
● *Moffat,* 4 Churchgate, Tel. 01683/220 620.

Unterkunft
● *Moffat House Hotel,* entworfen von *Robert Adam,* High Street, Tel. 01683/220 039, ab 50 £.
● *Star Hotel,* High Street, Tel. 01683/220 156, an der Hauptstraße von Moffat, ab 40 £.
● Eine angenehme Möglichkeit, dem Trubel in Moffat aus dem Weg zu gehen, ist *Hammerland's Farm,* Tel. 01683/220436, südlich von Moffat. Der Stellplatz kostet ab 13 £ pro Nacht.

Verbindung
● Dienstags und donnerstags (Juli–Sept.) sowie am Wochenende verkehrt *The Harrier Scenic Bus Services* nach Dumfries südlich von Moffat und nach Melrose in den Borders. Die Busse halten übrigens auch an dem Wasserfall Frey Mare's Tail (s. u.). Die genauen Abfahrtszeiten erfährt man in der Touristen-Information in Moffat, Tel. 01683/220620.

Umgebung

Die nördlich von Moffat gelegenen *Tweedsmuir Hills* erreichen eine Höhe von über 800 m. In einer riesigen Schlucht, der *Devil's Beef Tub,* in den Bergen 10 km nördlich von Moffat, versteckten Viehdiebe einst ihr Diebesgut. Die *Schlucht* ist zu Fuß von Moffat in etwa 3 Stunden zu erreichen. Mit dem Auto hat man ca. 9 km nördlich von Moffat von der A 701 einen guten Einblick in die Schlucht.

Nordöstlich von Moffat gelangt man zu *Grey Mare's Tail,* einem *Wasserfall* am Fuße des Berges White Coomb. Der „Schwanz der Grauen Stute" fällt in mehreren Etappen von Loch Skeen über 60 Höhenmeter hinab bis zur Mündung in den Fluss Moffat Water. Leider ist der Wasserfall meistens nur mit dem PKW zu erreichen, denn Busse entlang der A 708 sind eine Seltenheit. Von Moffat folgt man der A 708 ca. 18 km in Richtung Galashiels. Durch das Gebiet um Loch Skeen, das schon an der Grenze zu den Borders liegt, ziehen sich zwei Wanderpfade, einer führt zum Wasserfall, der andere umrundet den See.

New Lanark

Abseits der M 74, 40 km vor Glasgow – südlich der Stadt Lanark –, stehen die Fabrikgebäude der einstmals *größten Baumwollspinnerei* von Großbritannien. Der Barbier *Richard Arkwright* trat 1783 an den Industriellen *David Dale* heran, um einen Geschäftspartner für seine Entwicklung einer mit Wasserkraft betriebenen Spinnmaschine zu finden. *Dale* und *Arkwright* wurden Partner, als Standort der Baumwollfabrik wählten die beiden einen Platz am Fluss Clyde. Das Projekt wurde ein Erfolg, knapp 2500 Menschen lebten und arbeiteten in New Lanark. Allerdings waren die Arbeitsbedingungen katastrophal, Kinderarbeit an der Tagesordnung.

1799 heiratete der Waliser **Robert Owen** die Tochter von *David Dale* und wurde dessen Geschäftspartner. *Robert Owen,* ein sehr innovativer Mensch, versuchte durch Verbesserungen im sozialen Bereich respektable Lebensbedingungen zu schaffen, mit der Erkenntnis im Hinterkopf: Ein zufriedener Arbeiter leistet mehr.

So führte *Owen* die kostenlose ärztliche Versorgung ein. Die Lebensmittelpreise wurden gesenkt, um Forderungen nach einer Lohnerhöhung vorzubeugen. „The New Institution for the Formation of Character" hieß die Schule, die *Robert Owen* gründete, die erste Schule für Arbeiterkinder in Großbritannien. Kinder bis zum Alter von zehn Jahren wurden in einem großen Saal unterrichtet, ältere besuchten die Abendschule.

Doch der Unternehmer scheiterte mit seinen gutgemeinten Sozialreformen an der englischen Regierung, die ihm die finanzielle Unterstützung versagte. Er zog sich aus New Lanark zurück und versuchte in Amerika, einen genossenschaftlichen Betrieb zu verwirklichen. Der Versuch scheiterte ebenso, und *Owen* engagierte sich fortan für die Gewerkschaften.

Heute ist aus New Lanark ein **Museum** geworden, das in einer Ausstellung vorführt, unter welch harten Bedingungen Kinder zu Anfang des 19. Jh. leben und schuften mussten. Ferner wird erklärt, wie die Baumwollverarbeitung in jener Zeit funktionierte und wie das Wasser des Clyde dafür eingesetzt wurde (tgl. 11–17 Uhr, 6 £, Kinder 4 £).

Ein ausgeschilderter Pfad führt von New Lanark am Ufer des Clyde entlang durch das **Falls of Clyde Nature Reserve.** Leider raubt die Schleuse eines Wasserkraftwerks dem Clyde eine enorme Wassermenge, die die Stromschnellen und Wasserfälle einiges an Dramatik kostet. Für die Lachse, die den Clyde hinaufschwimmen oder -springen, genügt das reduzierte Wasservolumen, um die Granitfelsen und die Klippen zu überwinden. An einigen Sonntagen in den Sommermonaten wird die Schleuse für eine Stunde geöffnet, und die Clyde-Wasserfälle führen wieder Normalwasser.

Lowlands

Central Scotland

Glasgow

Überblick

Am Firth of Clyde liegt das wirtschaftliche Nervenzentrum der Region Strathclyde, die Stadt Glasgow. In der **Weltstadt am Atlantik** leben über 700.000 Einwohner, das sind fast ein Drittel aller Schotten.

Geographisch trennen Glasgow von der Hauptstadt Edinburgh an der schottischen Nordseeküste lediglich 60 Straßenkilometer, doch die beiden Städte hinterlassen einen grundsätzlich verschiedenen Eindruck. Edinburgh wirkt clean, städtebaulich gesund: eine langsam gewachsene (Bilderbuch-) Stadt. In Glasgow dagegen wirkt das **Stadtbild** zerrissen. Kühle, moderne Hochbauten haben sich zwischen viktorianische Schmuckhäuschen gedrängt. Bis in die 70er Jahre des 20. Jahrhunderts waren Glasgows Bauten überzogen mit einer schwarzen Rußschicht, die vor allem durch die Kohlebeheizung der Wohnhäuser und den Dreck der Schwerindustrie verursacht wurde.

Anfang der 1980er Jahre nahmen sich die Stadtväter Glasgows vor, das Image der dreckigen Industriestadt am Clyde aufzupolieren. Unter dem Motto *„Glasgow is Miles better"* wurden viele Fassaden in der Innenstadt mit dem Sandstrahler gesäubert, einige Gebäude renoviert. Anno 1990 wurde Glasgow prompt zur **„Europäischen Kulturhauptstadt"** gewählt und stand plötzlich in einer Reihe mit Städten wie Athen, Florenz, Berlin oder Paris, welche die

Auszeichnung in den Jahren zuvor gewonnen hatten.

Den Preis erhielt Glasgow zu Recht, denn die Stadt besitzt ein *blühendes Kulturleben.* Die *Scottish Opera,* das *Scottish National Orchestra* und das *Scottish Ballett* haben ihren Sitz in Glasgow. Der **keltischen Tradition** werden die *Celtic Connections* mit diversen Veranstaltungen, von Tanz bis Konzert, gerecht (Veranstaltungstermin: Januar).

Bei aller Kultur und allen Sehenswürdigkeiten, das Herz Glasgows sind zweifelsohne die **Bewohner der Stadt.** *„Can I help you?"* fragt der Glasgower hilfsbereit einen Touristen, der die Orientierung verloren hat. *„Can I help you?"* fragt er genauso jenen Besucher, der einsam im Pub sein Pint Bier trinkt. Schnell verwickelt einen der offenherzige Glasgower ins Gespräch. Er ist großzügig und gibt den ersten Whisky aus. Meist beginnt so eine muntere Unterhaltung, begleitet von einem ebenso munteren Trinken.

Einige Schwierigkeit bereitet dem Ausländer des Öfteren die Sprache der Glasgower, der schottische Slang. Schade, wegen des Sprachproblems wird man manchen Witz nicht verstehen, den ein Glasgower bei einem Pint Bier erzählt.

Geschichte

Glasgows Geschichte begann der **Legende** nach im Jahre 600 n. Chr. in Lothian mit einer gescheiterten Liebe: Eine piktische Prinzessin, die Tochter von *König Loth von Lothian,* trieb sich nicht ohne Folgen mit einem Mann von unstandesgemäßer Herkunft herum.

Central Scotl.

Kelvin Hall im Gotischen Kleid

Der Vater, *König Loth,* setzte seine geschwängerte Tochter in einer Barke im Firth of Forth aus. Das Meer spülte die Schande in Culross (Fife) an Land. Ein Christ, St Servanus, nahm sich der Mutter gewordenen Prinzessin an und taufte das Kind auf den Namen *Mungo.* Das Kind wuchs und reifte zum Missionar. Eines Tages sprach Gott zu ihm: „*Mungo,* trage die heiligen Knochen des toten *St Fergus* so weit und lange, bis Dir meine Stimme gebietet: STOP!"

Mungo ging gen Westen, der STOP erfolgte in einem lieblichen grünen Grunde, wo heute Glasgows Kathedrale steht und die Fergusknochen in einer Gruft liegen.

Leute siedelten sich in der Nähe der Gebeine an und tauften ihr Dorf auf den **Namen Glas Cau,** weil die gälischen Worte „lieber grüner Ort" bedeuten. Glas Cau wuchs zur mittelalterlichen Stadt. Im 12. Jh. wurde ein Castle gebaut, im Jahre 1253 die heutige Form der Kathedrale begründet. Dies waren die Voraussetzungen, dass Glasgow im Mittelalter die Stadtrechte erhielt, die es erlaubten, wöchentlich einen Markt und jährlich eine Messe zu veranstalten.

Als 1707 das englische Parlament mit dem schottischen fusionierte, eröffneten sich den Glasgowern neue Märkte in Übersee: die englischen Kolonien in Amerika und Westindien. Glasgow, wegen der Lage an der Westküste durch einen relativ kurzen Schiffsweg mit Amerika verbunden, stieg in den **Welthandel** ein: Tabak, Zucker, Wolle und Sklaven kurbelten die Wirtschaft der Stadt an. Die Vereinigung der Parlamente hatte auch positive Folgen für den Binnenhandel. Die Wegzölle fielen weg und die Britischen Inseln wurden Freihandelsgebiet.

Die florierende Wirtschaft in Glasgow mit ihren aufstrebenden Manufakturen zog viele Arbeitslose und Arme aus dem schottischen Hochland an. Auch aus Irland wanderten die Menschen nach Glasgow ein. So war es kein Wunder, dass die Bevölkerungszahl rapide in die Höhe schnellte. Dadurch entstanden große **soziale Probleme,** denn es gab weder genügend Wohnungen noch ausreichend Arbeit in Glasgow. Alles in allem führte der wirtschaftliche Aufstieg zu einer Verarmung des Mittelstandes, der sich vor allem

★ 1 People's Palace
★ 2 (Ehem.) Templeton Carpet Factory
★ 3 Flohmarkt Barras
ii 4 Glasgow Cathedral
★ 5 Provand's Lordship
★ 6 Necropolis
● 7 George Square
★ 8 City Chambers
⊠ 9 Postamt
❶ 10 Touristeninformation
● 11 Nordbahnhof Queen Street Station

Central Scotl.

- **12** Südbahnhof Central Station
- **Ⓑ 13** Busbahnhof Buchanan
- **14** Glasgow Royal Concert Hall
- **Ⓜ 15** Gallery of Modern Art
- **16** City Halls & Fruit Markets
- **★ 17** Citizen Theatre
- **Ⓜ 18** Centre for Contemporary Arts
- **★ 19** Willow Tearoom
- **20** Polizei
- **Ⓜ 21** Glasgow Transport Museum
- **★ 22** Kelvin Hall

- **Ⓜ 23** Universität und Hunterian Museum
- **🛏 24** Jugendherberge
- **Ⓜ 25** Kelvingrove Art Gallery & Museum
- **Ⓜ 26** Hunterian Art Gallery
- **★ 27** Burell Collection
- **★ 28** Pollok House
- **★ 29** Haggs Castle
- **★ 30** Tramway Theatre

aus Handwerkern zusammensetzte. Gegenüber den arbeitsteiligen Manufakturen waren die Handwerker nicht konkurrenzfähig. Den sozialen Aufstieg erlebte dagegen die kleine reiche Schicht von Tabakbaronen, Manufakturbesitzern und Kaufleuten, die sich eine dicke Geldbörse an dem Handel mit den Kolonien verdienten.

Als die USA im Jahre 1776 ihre Unabhängigkeit erklärten, erlebte der Handel in Glasgow einen derben *Rückschlag,* denn viele Kapitalanlagen in den USA waren mit einem Schlag verloren. Während der napoleonischen Kriege brach zudem noch der Handel mit Westindien zusammen. Das Ergebnis: Die Kaufleute und die rotbemantelten Tabakbarone mussten nach anderen Wirtschaftszweigen Ausschau halten.

Doch die Weichen waren bereits gestellt für ein neues Zeitalter.

Für die *Industrialisierung* Glasgows mussten einige Voraussetzungen erfüllt sein. Wichtig war die Schiffbarmachung des Clyde und damit ein Transportweg zum Atlantik. Wirtschaftlich gesehen, musste Kapital für Investitionen vorhanden sein und ein überschüssiges Potential an Arbeitskräften. Beide Voraussetzungen waren in Glasgow gegeben, der Handel in den Kolonien hatte enorme Geldreserven erwirtschaftet, und Arbeitssuchende gab es mehr als genug im Einzugsbereich der Stadt.

Eine andere Bedingung für die Industrialisierung waren verschiedene Erfindungen, die *Spinnmaschine* von *Arkwright* oder die Erfindung des mechanischen Webstuhls. Mit die wichtigste Entwicklung gelang allerdings in Glasgow. Im Jahre 1764 erfand *James Watt* hier die *Dampfmaschine.* Nach einigen Verbesserungen konnte sie erstmals im Jahre 1776 in einer Fabrik eingesetzt werden.

Wie Pilze schossen dann die *Fabriken* zu Anfang des 19. Jahrhunderts aus dem Boden; auf der einen Seite die wollverarbeitende Industrie, auf der anderen die Schwerindustrie. Die Fabrikbesitzer verdienten sich in der Eisen-, Stahl- oder Schiffsindustrie eine goldene Nase, während die Arbeiternase im Dreck steckte. Die Bevölkerung hatte sich rapide vermehrt, von 66.000 Einwohnern im Jahre 1791 auf 202.000 im Jahre 1831. Die Stadt platzte aus allen Nähten, in der Unterschicht herrschte *Armut,* Wohnungsnot und Hunger. Die Leute lebten auf engstem Raum, von Hygiene keine Spur. So wüteten im 19. Jahrhundert einige Seuchenwellen, Pest und Cholera, unter der Bevölkerung.

Der *Bürgerkrieg in den USA* (1860–66) bescherte den Glasgowern eine ähnliche *wirtschaftliche Pleite* wie das Jahr 1776. Wieder gingen Kapitalanlagen in Amerika verloren. Die Glasgower hatten ihr Kapital in den Südstaaten investiert, denn diese waren ihr Handelspartner im Baumwollgeschäft. Doch die Südstaaten waren die Unterlegenen im Bürgerkrieg. Das investierte Geld der Kaufleute aus Glasgow fiel in die Hände der siegreichen Nordstaaten. Für die Baumwollindustrie in Glasgow war die Niederlage der Südstaaten ein schwerer Schlag, denn die Folge des amerikanischen Bürgerkriegs war das Ende des Sklavendaseins der schwarzen Bevölkerung und somit eine Verteuerung der Baumwolle. Die Baumwollindustrie in Glasgow siechte dahin. So wandten sich viele Unternehmer der Stahl- und Eisenproduktion zu. Am Ende des 19. Jh. schossen die Zahlen der Schiffs- und Eisenbahnproduktion in die Höhe. Im *Schiffbau* wurden die Werften am Clyde führend in der Welt – 20 % aller neuen Schiffe in der Welt wurden noch im Jahre 1928 am Clyde hergestellt. Danach folgte, ausgelöst durch den „Schwarzen Freitag" in den USA, eine wirtschaftliche *Talfahrt der Schwerindustrie.* Der 2. Weltkrieg bremste die Misere für ein Jahrzehnt, denn er verschaffte der Kriegsindustrie unerwartete Aufträge. Danach führte die gewachsene internationale Konkurrenz, vor allem die asiatische, in den 1960er/70er Jahren zu einem Niedergang des Schiffbaus. Eine Werft nach der anderen ging bankrott.

Heutzutage existiert nicht einmal mehr eine Handvoll Werften in Glasgow, dafür gibt es sehr viele *Arbeitslose.* Mit einer Arbeitslosenquote von rund 15 %, das heißt, fast jeder sechste Erwachsene ist arbeitslos, krankt die Stadt noch heute an dem Niedergang der Schwerindustrie.

Sehenswertes

Im Südosten Glasgows am Clyde liegt *Glasgow Green,* ein Ort für Spaziergänger, ein schöner, grüner Park. Man erreicht Glasgow Green von der U-Bahn-Station St Enoch im Zentrum Glasgows durch die Trongate Street und die London Road. Mitten im Park steht ein glasüberdachter Wintergarten, der *People's Palace,* wie die Glasgower den Palast aus Glas nennen. Das Innere des Glaspalastes zieren tropische Pflanzen und Sonnenschirme. Da das Glasdach undicht ist und es bei starkem Regen von der Decke tropft, nutzt man die Sonnenschirme des Öfteren als Regenschutz. Hier treffen sich die Leute, um bei Kaffee, Tee und Kuchen oder beim Mittagessen einen netten Plausch zu führen.

Für das geistige Wohl sorgt ein ungewöhnliches Museum, das sich im People's Palace befindet. Die Ausstellung informiert über die Geschichte Glasgows, angefangen vom 12. Jh. bis zur heutigen Zeit. Auch von der Frauenbewegung, den Gewerkschaften und der industriellen Entwicklung weiß das Museum zu berichten (Mo–Sa 10–17 Uhr, So 11–17 Uhr, Eintritt frei).

Gegenüber dem People's Palace steht die einstige *Templeton's Carpet Factory. Templeton,* ein Teppichfabrikant aus Glasgow, war nach einer Italienreise vom Dogenpalast in Venedig so fasziniert, dass er die Fassade seiner Fabrik im gleichen Stil erbauen ließ.

Ganz in der Nähe, zwischen Gallowgate und London Road, befindet sich der *Barras,* der größte *Flohmarkt* Glasgows. Hier gibt es allerlei zu stöbern, von Jugendstilmöbeln bis zu alten Pantoffeln (Sa und So 9–17 Uhr, Mi–Fr 10–16 Uhr).

Der Highstreet nach Norden folgend, dann die Castle Street entlang (ca. 20 Minuten zu Fuß), erreicht man die ältesten Gebäude der Stadt. *Glasgow Cathedral* ist davon das älteste. Schwarz und rußig trotzt die gotische Kirche in einer Niederung der Luftverschmutzung und dem königlichen Krankenhaus links daneben. Im östlichen Teil der Kathedrale liegt der Altarplatz *(choir),* der sich in zwei Ebenen gliedert. In der oberen Ebene, hinter dem Hochaltar, steht der Schrein des heiligen *St Mungo,* des sagenhaften Gründers von Glasgow. Unten, in einer Gruft der Kathedrale, liegt er unter dem Hochaltar beerdigt.

Schräg gegenüber der Kathedrale an der Ecke Castle Street/Mac Leod Street, befindet sich ein anderer Oldtimer, *Provand's Lordship,* Baujahr 1471, das älteste erhaltene Wohnhaus der Stadt. In seiner Frühzeit berherbergte das Gebäude ein Krankenhaus, das St Nicholas Hospital, später wohnte der *provand* hier: der Pfründner, der die Einnahmen aus den Kirchengütern verwaltete. Im Inneren ist eine Möbelausstellung aus dem 17. Jh. zu betrachten (Mo–Do, Sa 10–17 Uhr, Fr, So 11–17 Uhr).

Neben der Kathedrale kann man *Dalís* berühmtes Gemälde „Christ of John of the Cross" im *St Mungo Museum* bewundern (Mo–Do und Sa 10–17 Uhr, Fr und So 11–17 Uhr).

Hinter den alten Bauten auf dem Hügel *Fir Park Hill* hinter der Kathe-

Central Scotl.

drale liegt der **Friedhof Necropolis,** die Stadt der Toten; er beherbergt die Überreste der High Society des 18. und 19. Jh. An den Gedenkstätten der Fabrikbesitzer und Bankiers durften Künstler aller Stilrichtungen schaffen. So braucht man sich nicht zu wundern, auf griechische, indische oder chinesische Grabmäler zu stoßen.

Ein Fußmarsch von einer Viertelstunde führt entlang der Castle Street und der George Street zum Nabel Glasgows: Der **George Square** ist der große Platz in der Mitte der Innenstadt. Zentral gelegen eignet er sich hervorragend als Orientierungspunkt bei einem Erkundungstrip durch die Stadt.

Berühmte Schotten zieren als steinerne Monumente den George Square, so z. B: der Nationaldichter *Robert Burns* oder der erfindungsreichste Glasgower, *James Watt.* Den Sommer über bläst ab und an eine Militärband den Dudelsack.

City Chambers nennt sich das Rathaus Glasgows an der Ostseite des Platzes. Ende 1883 im italienischen Renaissancestil entworfen, lohnt es einen Besuch wegen seiner mehr als prachtvollen Innenausstattung. Führungen durch das Rathaus finden Mo, Di, Mi und Fr 10.30 Uhr und 14.30 Uhr statt (Eintritt frei).

Bei Regen sucht man am besten den Westteil der Stadt auf, das Gebiet rund um den Kelvingrove Park (an der U-Bahnstation Kelvinhall aussteigen). Dort unterhält das **Glasgow Museum of Transport** Technikinteressierte. Eine Menge Oldtimer, alte Eisenbahnen, eine originale Tramway (Straßenbahn), landwirtschaftli-

che Traktoren und Geräte aus der Vorkriegszeit und als Extrabonbon der historische Nachbau der Kelvin Street des Jahres 1938 sind die herausragenden Exponate, deren Besichtigung gut und gerne einen halben Tag ausfüllt. Das Museum befindet sich hinter der Kelvin Hall an der Bunhouse Road (Mo–Do, Sa 10–17 Uhr, Fr, So 11–17 Uhr, Eintritt frei).

Die **Kelvin Hall** an der Argyle Street ist übrigens der Austragungsort sportlicher Großereignisse, hier fand die Leichtathletik-EM 1990 statt. Wer gerne Sport treibt, kann hier auch Squash spielen oder den Fitness-Raum benutzen.

Schräg gegenüber der Kelvin Hall zeigt das **Kelvingrove Art Gallery and Museum** internationale Malerei in erlesener Vielfalt: *Rubens* und *Rembrandt* als Altmeister neben modernen Künstlern wie *Turner, Whistler* und *Alan Ramsay.*

Ferner gibt es im Museum Ausstellungen über Naturgeschichte, Archäologie und Geschichte (Öffnungszeiten wie Museum of Transport, Eintritt frei).

Ein anderes Museum liegt im Norden des Kelvingrove Parks, das **Hunterian Museum.** Zu Fuß sind es ca. 20 Min. von der Art Gallery & Museum bis zum Hunterian Museum. Man geht den Kelvin Way entlang, der quer durch den Kelvingrove Park führt, vorbei an älteren Männern, die sich im Bowlingspiel messen.

Das Ziel des Weges ragt gotisch in den Himmel, die **Glasgow University.** Im Hauptgebäude ist das Hunterian Museum untergebracht, Glasgows ältestes Museum (seit 1807 geöffnet). Fundstücke von der Zeit menschlichen Höhlenlebens bis zur Invasion der Römer in Schottland sind hier ausgestellt, außerdem Material von *Captain Cooks* Reisen und die berühmte Münzsammlung von *William Hunter* (Mo–Sa 9.30–17 Uhr; So geschlossen).

Dem Hauptgebäude der Uni gegenüber in der Hillhead Street befindet sich die **Hunterian Art Gallery.** Angenehmes Tageslicht beleuchtet die impressionistischen Gemälde des US-Amerikaners *James Whistler* (1834–1904). An den Wänden hängen Werke der schottischen Moderne und weiterer Impressionisten, etwa des Schotten *Edward Atkinson Hornel,* aber auch einige ältere Gemälde von *Rubens* und *Rembrandt.*

Ein Muss für Leute, die schöne Möbel und Inneneinrichtung lieben, ist in die Hunterian Art Gallery integriert, das **Mackintosh House.** Graphiken, Bilder und Möbel von *Charles Rennie Mackintosh,* dem Jugendstilkünstler, werden ausgestellt (Mo–Sa 9–12.30 Uhr, 13.30–17 Uhr, Eintritt frei). Ein weiteres Bonbon für Mackintosh-Fans: der **Willow-Tearoom** in der Sauchiehallstreet im Zentrum!

Im Pollok Country Park, südlich des Stadtzentrums, ist im Museum **Burrell Collection** eine schier unermessliche Sammlung von Kunst und Kunsthandwerk untergebracht.

Die Sammlung der *Burrells* umfasst über 8000 Kunstobjekte aus verschiedenen Kulturkreisen, antike, chinesische, orientalische und mittelalterliche Keramik, Tassen, Möbel und Teppiche. Die Zeichnungen und Gemälde der Ausstellung stammen aus dem 15. bis 19. Jh. und reichen von *Rembrandt* bis *Cezanne* (Mo–Do, Sa 10–17 Uhr, Fr, So 11–17 Uhr, Eintritt frei).

Im Pollok Country Park gibt es eine weitere Schenkung eines Reichen an die Allgemeinheit, das **Pollok House.** 1740 entworfen von dem führenden, schottischen Architekten des 18. Jh., *William Adam,* steht das Gebäude mitten im angelegten Grün. Allein seine schöne Lage macht einen Besuch lohnenswert. 1966 verschenkten die Eigentümer, die *Maxwells,* ihr Gebäude an die Stadt (heute: NTS). Es werden dort spanische Gemälde von *El Greco, Goya, Blake* u. a. ausgestellt (Mo–Do, Sa 10–17 Uhr, Fr, So 11–17 Uhr, Eintritt: 8 £, Kind 5 £, Familie 20 £).

Kindern oder weniger Kunstbegeisterten bietet der **Pollok Country Park** genügend Alternativen, vom Spiel- oder Golfplatz bis zum Cricketfeld. Hobbygärtner können sich einen Lerngarten südlich des Pollok House ansehen.

Glasgows Beitrag zum neuen Jahrtausend heißt **Glasgow Science Centre** und präsentiert technische Innovationen, interaktive Ausstellungen, einen angeblich 100 m hohen, sich drehenden Turm sowie ein IMAX-Kino. Das Wissenschaftszentrum liegt am Clyde, 50 Pacific Quay, Tel. 0141/4205000.

Praktische Hinweise

Tourist Information
●**Tourist Board,** 11 George Square, Glasgow G2 1DY, Tel. 0141/5660800, www.seeglasgow.com.

Charles Rennie Mackintosh (1868–1928)

Die Kunstakademie in Glasgow bildete den Architekten *Charles Rennie Mackintosh* aus; im Büro „The Studio" in London kam er in schon früh in Berührung mit Arbeiten von *Jan Toorop,* die ihn in Richtung Jugendstil beeinflussten. Im Jahre 1896 beteiligte sich *Mackintosh* am Wettbewerb für den Ausbau der **Glasgower Kunstschule,** gewann, und seine eigenwillige Karriere konnte beginnen. Der Bau jener Schule, allgemein als sein *masterpiece* bezeichnet, steht ganz im Zeichen des Jugendstils. Die Gestaltung der Kunstschule, innen wie außen, ist komplett von *Mackintosh* und seiner Frau *Margaret,* einer Innenarchitektin, durchgeführt worden.

Das Besondere am Jugendstil *Mackintoshs* ist seine Art, aus der alten schottischen Tradition etwas Neues herauszukitzeln, die althergebrachte Formenwelt mit dem **Neuland des Jugendstils** zu kombinieren. Die Kreativität *Mackintoshs* sprühte über die Grenzen Schottlands, wirkte auf die Jugendstilbewegung Hollands und Österreichs. Vor allem auf *Joseph Maria Olbrich,* dessen Gebäude seelenverwandt sind mit denen des Schotten.

Mackintosh hatte einen **schwierigen Charakter,** wie des Öfteren willensstarke Leute. Der Firma Honeyman & Keppie, für die er arbeitete und an der er mit Aktien beteiligt war, kehrte *Charles* im Jahre 1913 den Rücken. Seine verbleibenden 15 Lebensjahre verbrachte er mit **Malerei** sowie Möbel- und Stoffentwürfen, bevor er im Alter von 70 Jahren starb.

Die wichtigsten Werke des Architekten:

1896	Glasgower Kunstschule
1897	Cranston-Teestuben in Glasgow
1899–01	Windyhill-House in Kilmacom
1902–03	Hill-House in Helensburgh
1906	Scotland Street School in Glasgow
1907–09	Bibliothek der Kunstschule in Glasgow

Musik und Theater

● Das **Centre for Contemporary Arts** (CCA), ein Künstlerzentrum in der 270 Sanchiehallstreet, veranstaltet Theateraufführungen, Konzerte, Kunstausstellungen und Lesungen. Ein Programm über die jeweiligen Veranstaltungen ist im Innern des Zentrums erhältlich. Ein Buchgeschäft im Foyer informiert über Kunst. Die Selbstbedienungs-Bar bietet leckere Salate an (Mo-So 10–18 Uhr), Tel. 0141/3524900.

● Opernfreunde aufgepasst: Im **Theatre Royal** in der Hope Street hat die **Scottish Opera** ihren Sitz, Schottlands einziges ständig bespieltes Opernhaus, Tel. 0141/240 1133.

● Das **Scottish National Orchestra** gibt seine Konzerte in der **Glasgow International Concert Hall,** Buchanan Street. Das neue Konzerthaus bietet Platz für 2500 Besucher.

● Das traditionelle **Kings Theatre** in der Bath Street im Stadtzentrum ist mit 1750 Sitzplätzen eines der größten in Glasgow, Tel. 0141/2401111.

● **Tron Theatre,** 63 Trongate, zu erreichen von der Trongate Street, Tel. 0141/552 4267, führt zeitgenössische Theaterstücke auf, seltener ältere Produktionen. Karten sollte man sich unbedingt früh genug kaufen. Die Abendkasse ist meist ausverkauft. In der modern eingerichteten Tron Bar am Tron Theatre kann nach der Aufführung noch etwas getrunken werden.

Stadtrundfahrten

● Eine **Stadtrundfahrt** verschafft all jenen einen groben Überblick, die für Glasgow nur einen Tag Zeit haben. *Scotguide Bus Tours,* 153 Queen Street, Tel. 0141/204 0444 bieten täglich eine Stadtrundfahrt an (8 £).

● Für **Architekturinteressierte:** *Glasgow Walking Tours;* Kontaktperson: Isabelle Lienholt, Tel. 01620/825722; ein Rundgang (in Englisch) durch zeitgenössische und traditionelle Architektur (nach Absprache).

Unterkunft

Das **Tourist Board**, 11 George Square, Glasgow G2 1DY, Tel. 0141/556800, www.seeglasgow.com, vermittelt Übernachtungen.

Hotels

●**Kirklee Hotel** in der Nähe der Glasgow University, ruhig gelegen, 11 Kensington Gate, Tel. 0141/3345555, Einzel ab 55 £, Doppel ab 36 £.

●**Sandyford Hotel,** 904 Sandiehall Street, Tel. 0141/3340000, ab 26 £ für das Doppelzimmer.

●**Smith's Hotel,** 963 Sauchiehall Street, Glasgow G3 7TQ, Tel. 0141/3397674, ab 21 £.

●**Seton Guest House,** Stadtteil East End, 6 Seton Terrace, Tel. 0141/5567654, ab 22 £.

B&B

●**Bunkam,** 26 Millhead 51, Tel. 0141/5814481, Bett im Schlafraum ab 12 £, Privatzimmer ab 16 £.

●**Botanic Hotel,** 1 Alfred Terrace, Tel. 0141/3377007, im Westen Glasgows, verlangt für B&B ab 22 £.

●**Euro Hostel,** 318 Clyde SA, Glasgow, Tel. 0141/2222829; nimmt für die Übernachtung ab 14 £.

Jugendherberge

●Das **Youth Hostel,** 7/8 Park Terrace, Tel. 0870/0041119, hat seinen Platz am Rande des Kelvingrove-Parks. Die Jugendherberge, Grad 1, hat bis 1.30 Uhr nachts geöffnet, verlangt allerdings mehr als üblich für die Nacht: ab 13 £.

Für Zugreisende: Vom Bahnhof *Central Station* fährt ab der Hope Street die Buslinie 44 oder die Nummer 59 bis Lynedoch Street. Die Straße Park Terrace, wo sich die Jugendherberge befindet, grenzt unmittelbar an. Vom Bahnhof Queen Street Station fährt die Buslinie 11 von der Cathedral Street bis zur Woodlands Road.

Camping

●**Craigendmuir Caravan Park,** Campsie View, in Stepps für Camper und Rucksackreisende. Zwei Personen plus Zelt zahlen 10 £ für die Nacht. Stepps liegt nordöstlich von Glasgow und ist von Glasgow zu erreichen über die M 8 (Autobahn) und die A 80, Richtung Cumbernauld, Tel. 0141/779 2973, Jan.–Dez. geöffnet.

Essen und Trinken

●Im fein eingerichteten Art-déco-Restaurant **Rogano,** 11 Exchange Place, Glasgow G1 3AN, Tel. 0141/2484055, serviert man Gravlax, Austern Sashimi und bestes Lamm, So mittags geschlossen, Preise ab 9 £ für Hauptmenüs.

●**The Buttery,** 652 Argyle Street, Glasgow G3 8UF, Tel. 0141/2218188, ist ein umgebauter viktorianischer Pub. Serviert wird französisch-schottische Küche, Hauptgerichte ab 10 £, Di–Fr 12–22 Uhr, Sa 18–22 Uhr.

●**Ubiquitous Chip,** 12 Ashton Lane, Glasgow G12 8SJ, Tel. 0141/3345007, es gibt eine Menge an Spezialitäten zu probieren, ab 30 £.

Pubs

In Glasgows Pubs trifft sich jung und alt. Selbst wenn die Musik laut oder schräg ist, veranlasst das keine Altersgruppe, die Kneipe zu wechseln. Seit 2002 hat die Queen höchstpersönlich das Ende der Sperrstunde um 23 Uhr verkündet.

●Zahlreiche Kneipen gruppieren sich um den Candleriggs Market: In der **Corinthian Bar** spielen regelmäßig Musikgruppen.

●Südlich der Argyle Street liegt ein altes Schlachtschiff in Glasgows Kneipenmeer: Die **Scotia Bar,** an der Ecke Howard/ Stockwell Street; eine Trink- und Billardkneipe. Gegen den Lärm aus den Musikboxen hilft kein Ohropax mehr, und die stimmgewaltigen Besucher der Scotia Bar sind nicht weit davon entfernt, die Musikboxen noch zu übertönen. Gegenüber bei **Vicky** (Victoria Bar) gibt es 2 x wöchentlich schräge Konzerte.

●Freunde des Jugendstils besuchen das „**The Pot Still**", 154 Hope Street.

●Gediegen ist das **Rab Has** in der Hutchenson Street, die von der Trongate abzweigt.

●Im **Uisge Beatha** (gäl.: Wasser des Lebens = *Whisky),* an der Ecke Woodland Rd., Willowbank Cres., lebt die Tradition: Die Bedienung trägt den Schottenrock, stolze Clanführer hängen als Gemälde an der Wand und das Pfeifen des Dudelsacks in der Luft.

●Andere Pubs finden sich an der Sauchiehall Street, vom Zentrum wegführend, der Woodland Road sowie an der Great Western Road.

Central Scotl.

Einkäufe

●Außerhalb des **Stadtzentrums** sind entlang der **Great Western Road** weitere Geschäfte und Kaufhäuser aller Art zu finden.

●Der **Trödelmarkt Barras,** zwischen Gallowgate und London Road, steht abseits der Leuchtreklame-Glitzer-Welt. Von neuen Elektrogeräten bis zu gebrauchten Antiquitäten gibt es hier beinahe alles zu kaufen. Auf dem Barras gibt es zu gucken, zu wühlen und zu feilschen. Der Markt findet Sa und So 10–17 Uhr statt.

●Auf der Suche nach dem Zeitgeist stößt man auf moderne Einkaufszentren wie **Buchanan Galleries** und **Princess Square Center** in der Buchanan Street und das **Sauchiehall Street Centre,** ebenfalls in der Buchanan Street, die alle eine Vielzahl verschiedener Läden beherbergen.

●Auf dem **Glasgow's Farmer Markets,** Queens Park, 1. und 3. Sa im Monat von 10–14 Uhr, werden in erster Linie Naturalien verkauft. Hier kann man den Glasgower Bürger auf der Suche nach frischen Lebensmittel finden.

●**Mansfield Park,** 2. und 4. Sa im Monat von 10–14 Uhr.

●Wer sich in Glasgow modisch einkleiden möchte, der kauft bei **Mademoiselle Anne,** 133 Stockwell Street.

●Keine modische, aber sehr individuelle Kleidung erhält man beim Highlandausstatter: **Kiltmaker,** 110 Buchanan oder **Geoffrey Highland Crafts,** 309 Sauchiehall Street.

●Gebrauchte **Schallplatten** und **Antiquitäten** gibt es in der 61 Otago Street: **Alba Secondhand Music.**

●**Tiso Glasgow Outdoor Experience,** ein **Ausrüstergeschäft** in der 50 Couper Street, verkauft Zelte, Rucksäcke, Wanderschuhe und andere Utensilien, die für Wanderer und Bergsteiger unverzichtbar sind.

Verbindungen und Stadttransport

Flug

●Der europäische Glasgowreisende landet im **Glasgow Airport** (in der Nähe von Paisley) oder **Prestwick Airport** (mit Ryanair).

Alle 30 Min. pendelt ein Bus der *Citylink Service* mit der Nummer 905 zwischen dem Glasgow Airport und den Busbahnhöfen Anderston und Buchanan hin und her. Der Bus benötigt eine Fahrzeit von ca. 20 Min.

Ein anderer Weg zum Bahnhof oder zum Flughafen: Ein Zug verkehrt zwischen Glasgow Central, dem Hauptbahnhof, und dem Gilmour Street Bahnhof in Paisley. Acht Züge fahren jede Stunde, Fahrzeit 12 Min. Vom Gilmour Street Bahnhof in Paisley fahren die Busse *Scottish Service* 160 oder 180 im 10-Minuten-Takt weiter zum Flughafen. Nach Edinburgh verkehrt ein stündlicher Bus-Service. (Siehe auch unter praktische Reisetipps.)

●Bei Flügen ins Ausland hilft das **Glasgow Airport Tourist Information Desk** weiter, Glasgow Airport, Paisley PA3 2ST, Tel. 0141/8484440.

Zug

●Die beiden **Hauptbahnhöfe** *Glasgow Central* und *Glasgow Queen Street* sind der Ausgangspunkt für Reisen in die Highlands oder zu anderen Zielen in Großbritannien. Zwischen den beiden Hauptbahnhöfen verkehrt täglich außer sonntags ein Bus im 15-Minuten-Takt, die einfache Fahrt kostet 50 p.

●Einen Rund-um-die-Uhr-Auskunftsdienst bietet das **Scot Rail Enquiry Office** an, Tel. 0845/6015929.

Stadtbus

●Die **Nummern** der Busse stehen an der jeweiligen Station. Das **Bezahlsystem** ist unterschiedlich. Auf jeden Fall sollte man Kleingeld (50 p- und 10 p-Münzen) bereithalten, da viele Busfahrer nicht wechseln.

●Vom *George Square* im Zentrum Glasgows fahren eine Vielzahl von **Nachtbussen** in einem Umkreis von 8 km zu den Vororten der Stadt. An Freitagen und Samstagen existieren zusätzlich Verbindungen zu Orten, die weiter außerhalb liegen. Details und Fahrpläne der Nachtstrecken sind im Travel Centre St. Enoch Square (an der U-Bahn-Station) erhältlich, Tel. 0141/2264826.

U-Bahn

●Die U-Bahn fährt auf einer **Rundstrecke** mit 15 Stationen. Im Takt von 6–8 Min.

taucht ein Untergrundzug auf. Morgens um 6.30 Uhr beginnt die U-Bahn zu kreisen, abends fällt die Klappe zwischen 22 und 23 Uhr. Die Öffnungszeit an Sonntagen ist auf 10 bis 18 Uhr beschränkt.

●Für die normale Fahrt zahlt der Erwachsene 1 £, das Kind die Hälfte, unabhängig von der Streckenlänge. Die *Tageskarte* „Discovery Ticket" kostet 1,90 £, ist an Wochentagen aber nicht gültig vor 9 Uhr.

Kombinierte Tickets

●Für Besucher, die Glasgow nicht mehr loslässt, gibt es die *Roundabout-Tickets,* die für U-Bahn und die meisten Busse und Bahnen gilt. Das *SPT Centre* auf dem St Enoch Square, Glasgow, berät Sie über die billigste Fortbewegungsart. (Mo–Sa 9.30–17.30 Uhr), Tel. 0141/2487644.

Taxi

●*Croft Radio Cars,* Tel. 0141/6332222.
●*Radio Taxis,* Tel. 0141/6473737.
●*Taxi Owners Association,* Tel. 0141/429 7070.

Autoverleih

●*UK Car Rental,* Glasgow and Glasgow Airport, von 150 bis 500 £ pro Woche Autos aller Größenklassen, Tel. 0970/9000533.
●*SIXT,* Glasgow/Prestwick Airport, 71 Air Road, KA9 1TE, Tel. 08701/567567.

Edinburgh

Die Hauptstadt des Königreiches Schottland (452.000 Einwohner) erhebt sich inmitten eines urzeitlichen Vulkangebietes, dessen Berge von der Eiszeit durch tiefe Täler getrennt wurden. Die Täler, die sich oft als grüne Adern durch die Stadt ziehen, sind der Beitrag der Natur zum Flair dieser Stadt.

Das Ungewöhnliche an Edinburgh ist das einmalige Nebeneinander einer gut erhaltenen schottischen Altstadt und des größten klassizistischen Stadtviertels der Welt, der „Neustadt". Die **New Town** hatte Edinburgh einst den Ruf *„Athens des Nordens"* eingebracht. Dieser Beiname rührte aber auch von dem fruchtbaren geistigen Klima her, das sich um Philosophen wie *Dugald Stewart* und *David Hume,* Dichter wie *Robert Burns, Walter Scott* und *R. L. Stevenson* und Ökonomen wie *Adam Smith* in dieser Stadt entwickelte.

Die Besuchermassen im Sommer, besonders während des weltbekannten **Edinburgh-Festivals,** machen es bisweilen schwer, dem Eindruck eines riesigen Freilichtmuseums zu entgehen. Daher lohnt es sich, den kleinen Juwelen am Rande, wie Dean Village, Greyfriars, die Wiesen in Princes Street Garden und nicht zu vergessen den Pubs am und um den Grassmarket, Beachtung zu schenken. Wer sich diese Muße nimmt, der wird sich dem Flair von Edinburgh im Spannungsfeld zwischen Geschichte und Weltstadt nicht entziehen können.

Geschichte

Die Besiedelung Edinburghs begann schon in der Steinzeit, wie die Ausstellung im **Huntly House Museum** sehr anschaulich zeigt. Seit dem 7. Jh. wurde dann der Burgberg befestigt. Manche sagen, der Name „Edinburgh" verweise auf *Edwin,* den König von Northumbria, der die Burg gründete. Andere vertreten die Meinung, der Name ginge auf das gälische *Din Eidyn* zurück, das soviel wie Hügelfestung bedeutet. Die schottischen Könige bauten erst 1128 eine Burg auf dem

Central Scotl.

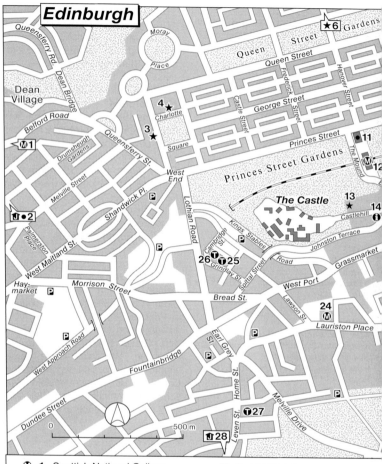

Ⓜ	**1**	Scottish National Gallery of Modern Art, Dean Gallery
⛺	**2**	Eglinton Youth Hostel,
●		Deutsches Konsulat
★	**3**	West Register House
★	**4**	Georgian House
Ⓜ	**5**	Scottish National Portrait Gallery
★	**6**	Royal Botanic Garden
★	**7**	Register House
✉	**8**	Hauptpost
❶	**9**	Tourist Information Office
★	**10**	Scott Monument
●	**11**	Royal Scottish Academy
Ⓜ	**12**	National Gallery of Scotland
★	**13**	Camera Obscura
❶	**14**	Festival Offices
⛪	**15**	St. Giles Cathedral

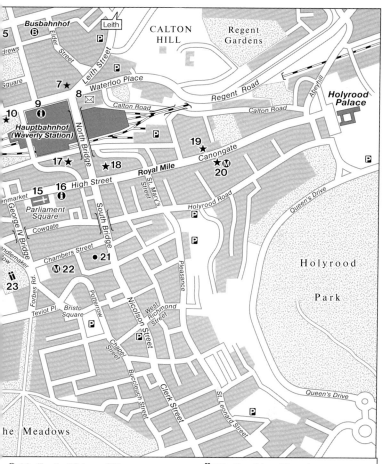

ℹ 16 Festival Fringe Offices
★ 17 City Arts Centre
★ 18 John Knox House
★ 19 Cannongate Tollbooth
★ 20 Huntly House und
Ⓜ Museum of Edinburgh
● 21 Edinburgh University College
Ⓜ 22 Royal Scottish Museum, Museum of Scotland

ⅱ 23 Greyfriars Church
Ⓜ 24 Fire Department Museum
🎭 25 Royal Lyceum Theatre
🎭 26 Usher Hall
🎭 27 King's Theatre
🛏 28 Bruntsfield Youth Hostel

Felsen, aber schon 1215 tagte hier das erste Parlament.

Die Stadt wuchs, und schon bald übertraf sie die alte Königsstadt Perth an Bedeutung, so dass *James II. Stewart* 1452 seine Residenz nach Edinburgh verlegte. Etwa in dieser Zeit wurde auch die erste Stadtmauer angelegt. 1530 brannte die ganze Stadt nieder, und was stehen blieb, zerstörten die Engländer *Heinrichs VIII.*, als sie Edinburgh 1544 plünderten. Dies ist auch der Grund, warum außer St Margaret's Chapel, St Giles und Holyrood Abbey heute kein mittelalterliches Gebäude mehr steht.

Als *Maria Stuart* 1561 nach Edinburgh zog, erlebte die Stadt nochmals eine kurze Blüte (siehe auch Exkurs weiter unten). In diese Zeit fällt z. B. die Gründung der Universität (1583). Als 1603 *Jacob VI.* aber *James I.* von England wurde, zog er mit seinem gesamten Hofstaat nach London um und ließ in Edinburgh Castle einen leeren Stuhl zurück.

Vom Ende der Stuarts kündete der Diktator *Oliver Cromwell*, der 1650 in Edinburgh einzog. Doch nachdem *Bonnie Prince Charlie* 1846 mit dem letzten Versuch der Jacobiten, den Thron zurückzuerobern, gescheitert war, fiel Edinburgh in Provinzrang zurück.

Erst nachdem *Sir Walter Scott* den britischen König *George IV.* 1822 für eine Schottlandreise gewinnen konnte, die zu einem Triumph für das britische Königshaus und die schottische Nation (der König trug Kilt) wurde, begann man Edinburgh den schottischen Nationalismus und all die Aufstände zu verzeihen.

Queen Victoria, die königliche Schottlandliebhaberin, verweilte regelmäßig in Edinburgh, seine alte Bedeutung als Hauptstadt erlangte die Metropole am Forth jedoch nie mehr. Auf den Gebieten der Kultur, der Wissenschaft und auch des Finanzwesens genießt Edinburgh jedoch heute wieder Weltruhm.

Das **Edinburgh Festival,** das mit über 2000 Veranstaltungen über drei Wochen das größte Kunstfestival der Welt ist, lockt jedes Jahr im August eine halbe Million Besucher in den Norden. Edinburgh lebt aber nicht nur vom Tourismus. Nach London ist die Stadt der zweitgrößte **Bankenplatz** des Vereinigten Königreiches. Fast al-

Blick über Edinburgh und den Botanischen Garten

le großen britischen Banken und Versicherungsgesellschaften unterhalten hier Filialen. Es wird sogar behauptet, das *banking* sei hier erfunden worden. Aber im bürgerlichen Edinburgh findet sich auch Industrie. Neben dem bedeutenden Hafen sind die wichtigsten Branchen die Gummi-, Maschinenbau- und die Elektronikindustrie und natürlich die unvermeidlichen Brauereien und Brennereien. Edinburgher Bier begegnet man in ganz Schottland wieder.

Die **Universität** ist eine der ältesten des Landes. Sie ist im ganzen Vereinigten Königreich bekannt, und vor allem die medizinische Fakultät genießt Weltruhm. Die Ärzte der Zaren kamen traditionell aus Edinburgh.

Sehenswertes in der Old Town

Die Innenstadt Edinburghs teilt sich im Wesentlichen in die zwei Bereiche Altstadt und Neustadt. Im Zentrum der Altstadt, der *Old Town,* verläuft die **Royal Mile,** eine lange Straße, bestehend aus Castlehill, Lawnmarket, Highstreet und Canongate, welche Burg und Schloss der schottischen Könige direkt miteinander verbindet. Ihren Anfang nimmt die königliche Meile am Castle.

Edinburgh Castle

Edinburgh Castle ist die weitaus **bekannteste Burg des Landes,** für Schotten zugleich auch die symbolträchtigste. Das eine beweisen die mehr als eine Million Besucher im Jahr, die sich in Stoßzeiten im Einbahnstraßensystem durch die Burg schieben. Das andere zeigt die Ge-

Edinburgh Fringe Festival

schichte. Die Engländer haben die Burg oft eingenommen und zerstört, am Ende blieb sie aber immer schottisch und wurde wieder aufgebaut.

Der Vulkanfelsen des Burgberges (133 m) war schon in der Eisenzeit besiedelt. Spätestens seit dem 7. Jh. wurde er auch befestigt. Aufgrund der strategisch günstigen Lage war die Burg bald umkämpft. *Kirkaldy of Grange* überdauerte hier drei lange Jahre der Belagerung. Der *Earl of Moray* nahm das Castle 1313 in einer Nacht: Er kletterte mit dreißig Mann den Felsen hoch und überrumpelte die Wachen im Handstreich.

Man nähert sich der Burg über die **Esplanade,** den alten Exerzierplatz.

Central Scotl.

Auf dem Platz, wo 1722 die letzte Hexenverbrennung stattfand, wird im August das **Military Tatoo,** ein touristisch aufbereiteter großer Zapfenstreich, vorgeführt.

Man betritt die Burg durch das **Gatehouse** und durchschreitet bald auf dem steilen Weg die **Portcullis Gate** von 1574. Auf dem Plateau angekommen, fällt die winzige **St Margaret's Chapel** auf, das älteste Gebäude der Burg und der Stadt. Im normannischen Stil im 11. Jh. erbaut, ist sie der *hl. Margaret* geweiht, die als Frau *Malcolms III.* den Katholizismus und die englische Sprache nach Schottland brachte. Über der **Halbmondbatterie** (1574), die auf die Old Town zielt, erhebt sich der **Palast,** dessen Gebäude den **Crown Square** umschließen. Er datiert aus dem 15. Jh.

Im **Crown Room** im Ostflügel werden die Kroninsignien ausgestellt: die Krone *Jacobs V.,* die bis auf *Robert Bruce* zurückgeht, das Schwert und das Zepter, die der Papst um 1500 *Jacob IV.* überreichte. Nach der Unionsakte von 1707 dürfen die Insignien nie mehr benutzt, aber im Castle aufbewahrt werden.

Nebenan liegen die Gemächer *Maria Stuarts.* Die Räume sind mit einigen Reliquien von der Schlacht bei Culloden ausgestattet. Über dem Eingang prangen die Monogramme *Marias* und ihres zweiten Mannes *Henry, Lord Darnley.* Im Südbau befindet sich die in allen schottischen Burgen obligatorische **Great Hall.** Ihre Wände sind mit Unmengen von Kriegswerkzeug geschmückt.

Nicht weniger martialisch ist die Kanone aus dem 15. Jh., die unter dem großen Saal steht. In dem gewaltigen Rohr von **Mons Meg,** das schon 1681 platzte, wurden angeblich schon Kinder gezeugt.

Im Westbau ist heute das **Scottish United Forces Museum** untergebracht. Dieses 1933 gegründete Museum präsentiert, wie viele ähnliche schottische Museen, Kriegstradition als eine Art Kulturerbe. Die

Edinburgh Castle

Nordseite des Palasthofes wird von einem Kriegerdenkmal abgeschlossen. Die übrigen Gebäude im jüngeren Teil des Castles werden heute als Kasernen genutzt. Die Burg ist noch heute das Hauptquartier der schottischen Division.

Die Hauptattraktion der Burg bleibt die herrliche Aussicht über Edinburgh und den Forth (Sommer Mo–So 9.30–17.15 Uhr (letzter Einlass), Winter nur bis 16.15 Uhr; zu teurer Eintritt).

Entlang der Royal Mile

Gleich am Beginn der Royal Mile finden sich der **Outlook Tower** mit seiner **Camera Obscura** und die **Scotch Whisky Heritage,** zwei teure Privatmuseen.

Wenn die Royal Mile dann Lawnmarket heißt, lohnt es sich viel mehr, nach einigen Metern auf der linken Seite **Gladstone's Land** zu besuchen. Dieses Mietshaus (schott.: *land),* das ein *Mr. Gladstone* im 17. Jh. kaufte und ausbauen ließ, beherbergte in jedem Stockwerk eine Familie. Der *National Trust* (NTS) hat hier liebevoll das Leben einer mittelständischen Familie des 17. Jh. nachgestellt (Apr.–Okt. Mo–So 10–17 Uhr, Juli–Aug. 10–19 Uhr, hoher Eintritt).

Die alte Hauptstraße, die Highstreet, wie sie in schottischen Städten fast immer heißt, beginnt mit dem **Parliament Square.** Der Platz hat seinen Namen vom **Parliament House** hinter St Giles, das bis 1707 Sitz des schottischen Parlaments war. Auf dem Platz stand noch bis 1817 das Old Tolbooth (Gefängnis), von dem nur noch das **Heart of Mid-**

Royal Mile

lothian kündet, ein herzförmiges Pflaster in der Straße, das den Ort der Todeszelle markiert.

Den Platz beherrschend, erhebt sich **St Giles Cathedral,** eines der Zentren der schottischen Geschichte. Hier wurden die Könige gekrönt, von hier steuerte *John Knox* die Reformation. Die Fundamente gehen auf eine normannische Gründung zurück, von der allerdings nur eine einzige, achteckige Säule erhalten blieb. Der heutige Bau stammt zum größten Teil aus dem 15. Jh. und wurde 1829 restauriert. Sehenswert sind vor allem der Osteingang und die dort liegende **Thistle Chapel**

(1911 neu gestaltet) des *Thistle Or-ders*, eines schottischen Ritterordens (Sommer Mo–Fr 9–19 Uhr, Sa 9–17 Uhr, So 13–17 Uhr, sonntags finden fünf Gottesdienste statt, im Winter nur bis 17 Uhr).

Vor der Kirche steht das **Mercat Cross**, das Zeichen der Stadtwürde. Unter dem Hoheitszeichen, dem Einhorn, fanden Hinrichtungen statt. Der Bau des **Rathauses,** auf der anderen Straßenseite, markierte den Beginn des Neoklassizismus in Edinburgh. *John Adam* schuf das Gebäude 1761 ursprünglich als königliche Börse und erweiterte es später zum Rathaus.

Wer eine Abwechslung vom Sightseeingalltag braucht, sollte kurz vor dem Knox House links in den Chalmers Close einbiegen. Das **Brass Rubbing Centre** bietet hier in der Trinity-Apsis, dem einzigen Überrest der gotischen Trinity College Church von 1460, die Möglichkeit, sich ein nicht alltägliches Souvenir zu rubbeln (im Sommer Mo–Sa 10–17 Uhr).

Am **John Knox House** verengt sich die Highstreet, als wolle sie der puritanischen Einstellung des Reformators Rechnung tragen. In dem Haus aus dem Jahre 1490 hat der Überlieferung nach der schottische Reformator *John Knox* 1561–72 gewohnt. Außer einer der ganz wenigen erhaltenen schottischen Deckenmalereien des 16. Jahrhunderts und der Netherbow Glocke im Hof hat das John Knox Museum wenig zu bieten. (Mo–Sa 10–18 Uhr, Eintritt).

Dem John Knox House schräg gegenüber liegt das **Museum of Childhood.** Die wunderschöne Spielzeugsammlung ist ein Bonbon für kleine Museumsmuffel! (Mo–Sa 10–17 Uhr, Juli–Aug. auch So 12–17 Uhr, Eintritt frei)

In der Canongate, die ihren Namen nach den Kapitelherren (Kanonikern)

John Knox House

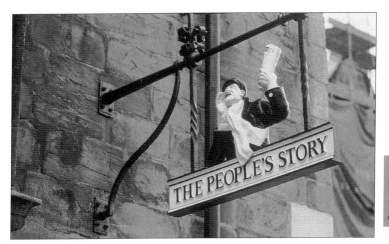

The People's Story

des nahen Klosters erhielt, steht auf der linken Seite das **Moray House.** In diesem 1628 erbauten alten adeligen Stadtpalais nahm *Cromwell* 1648 sein Hauptquartier. 1707 wurde hier der Unionsvertrag unterzeichnet. Heute befindet sich in dem Gebäude eine Schule.

Etwas unterhalb, auf der gegenüberliegenden Seite, befindet sich das **Canongate Tolbooth.** Das Gebäude von 1591 mit der großen victorianischen Uhr war einst Heimat von Stadtverwaltung, Justiz und Gefängnis. In **The People's Story Museum,** Besuch sehr empfehlenswert, wird hier heute in detailgetreuer Weise mit Szenen, Ausstellungsstücken und Erzählungen der Alltag im späten 18. Jh. veranschaulicht (Mo–Sa 10–17 Uhr, während des Festivals auch So 14–17 Uhr, Eintritt frei).

Das Huntly House gegenüber (erbaut 1517) gehört zu den großen alten Häusern Edinburghs. Das hier untergebrachte **Museum of Edinburgh** führt umfangreich durch die Geschichte der Stadt und des Umlands seit der Zeit der ersten Besiedelung.

Öffnungszeiten: Mo–Sa 10–17 Uhr, im August auch So 12–17 Uhr, Eintritt frei.

The Palace of Holyrood House

Am östlichen Ende der Royal Mile erhebt sich The Palace of Holyrood House. *David I.* hatte im 12. Jh. an dieser Stelle eine Abtei gegründet, aus deren Gästehaus sich nach und nach der Palast entwickelte. *James IV.* beschloss, das Gebäude auszubauen, und sein Sohn *James V.* fügte 1528 den Nordwestturm hinzu, der als einziger Gebäudeteil vom alten Schloss erhalten blieb.

Maria Stuart residierte sechs Jahre in dem Palast. Seine heutige Gestalt

Mary Queen of Scots – tragische Heldin oder Opfer ihrer selbst?

Man schrieb das Jahr 1542. Nach der Schlacht am Solway Moss lag *Jacob V.* zugrunde gerichtet in seiner Burg und wartete auf den Tod. Da schenkte ihm seine französische Frau einen Thronfolger. Aber, der Sohn war ein Mädchen. *Jacob* ließ es noch schnell auf den Namen *Maria* taufen und zur Königin salben, dann begab er sich enttäuscht zu seinen Ahnen.

Die **Königin in Windeln** wurde schnell vor ihrem machtgierigen Onkel *Heinrich VIII.* **an den Hof von Frankreich** in Sicherheit gebracht. *Maria Stewart* wuchs unter den französischen Königskindern zu einem fröhlichen Mädchen heran. 1558 heiratete die attraktive junge Frau den französischen Thronfolger. Schon bald wurde *Maria,* die sich nun auf französische Art *Stuart* nannte, **Königin von Frankreich.** Doch *Franz II.* war ein kränklicher Ehemann, der seine Frau schon 1561 zur Witwe machte. Nur noch Königin von Schottland, nahm sie ihren neuen Namen und ging in die alte Heimat zurück.

Maria kehrte in ein Land zurück, das inzwischen der Reformation anheimgefallen war. *Maria* blieb katholisch und forderte den schottischen Calvin, **John Knox,** sogar zu Streitgesprächen heraus. Der ausgeprägte Frauenhasser konnte mit seinen lebensfremden Bibelsprüchen jedoch die lebensfrohe Intelligenz der Königin nicht gewinnen. Die Pragmatikerin arbeitete dennoch mit den protestantischen Lords zusammen und konnte eine stabile Regierung etablieren.

Als **verwitwete Königin** war *Maria* eine begehrte Braut. Um ihre Hand warben Kaiser- und Königssöhne aus ganz Europa. Aber 1566 heiratete sie ihren Cousin *Henry Stewart, Lord Darnley,* der wie sie Ansprüche auf den englischen Thron besaß. Der junge Chevalier hatte der Königin den Kopf verdreht. Erst nach der Hochzeit merkte *Maria,* dass *Lord Darnley* arrogant, dumm und treulos war. Er trank und betrog die junge Königin ununterbrochen.

Maria Stuart wendete sich immer mehr ihrem italienischen Sekretär **David Rizzio** zu. Er wurde ihr erster Berater und Gesellschafter. Der eifersüchtige *Lord Darnley* wurde von einigen Lords aufgehetzt, die in

erhielt das Schloss 1671–76, als *Charles II.,* obwohl nie in Edinburgh gewesen, beschloss, die Anlage umzubauen. *Sir William Bruce of Balcaskie* riss alles außer dem Nordwestturm, den er als Südwestecke spiegelte, ab und errichtete es neu.

1745 hielt *Charles Edward Stuart* hier seinen glanzvollen Hof. Doch nach der Niederlage von Culloden kam erst 1822 mit *George IV.* wieder ein König nach Holyrood, und erst *Queen Victoria* machte das Schloss wieder zur Residenz.

Zur Besichtigung freigegeben ist nur ein Teil der Gemächer. Der erste Teil der Führung, die meist zu einer Massenabfertigung gerät, gilt den **Staatsgemächern.** Diese enthalten wertvolle Gobelins aus ganz Europa und sind zum größten Teil mit Möbeln des 17. Jh. ausgestattet.

In der **Gemäldegalerie,** dem Ballsaal des Palastes, prangen 111 Portraits schottischer Könige, von *Fergus I.* (ca. 330 v. Chr.) bis *James VII.* (1685–88). Der Maler *De Witt* malte dafür immer wieder die gleichen zwei Modelle in allen möglichen historischen Kostümen.

Die folgenden **Räume Darnleys und Maria Stuarts,** wo *David Rizzio* ermordet wurde, enthalten nur ein herrliches Prunkbett aus dem 16. Jh.

Rizzio einen Spion des Papstes erkannt zu haben glaubten. Am 9. März 1566 ließ Lord Darnley über eine enge Treppe, die seine Gemächer mit denen seiner Frau verband, seine Mitverschwörer ein. Vor den Augen der Hochschwangeren brachten sie den Italiener auf brutalste Weise um. Noch heute wird in Holyrood Palace die Stelle gezeigt, an der Rizzio verblutet sein soll.

Maria Stuart vergab ihrem Mann die Tat nie. Alle an dem Mordkomplott Beteiligten mussten ins Exil. Als im Juni ihr **Sohn James geboren** wurde, durfte der Vater ihn nicht einmal sehen. Maria ließ den Säugling in einem Korb heimlich am Festungsberg abseilen und nach Stirling in Sicherheit bringen. Am 10. Februar 1567 wurde Lord Darnley erdrosselt aufgefunden. Maria konnte eine Beteiligung nicht nachgewiesen werden. Sie überspannte aber den Bogen, als sie den Hauptverdächtigen James Hepburn, fourth Earl of Bothwell, zu ihrem dritten Mann nahm.

Nicht nur Schottland, auch Marias europäische Verbündete waren geschockt. Die Lords erhoben sich gegen Bothwell. In der Schlacht bei Musselburgh wurde er geschlagen und Maria, die in einem Nacht-

und Nebelritt zu ihm geeilt war, **gefangen genommen.** Sie wurde gezwungen, abzudanken und einen Regenten für den minderjährigen James einzusetzen. Sie selbst wurde in Loch Leven Castle gefangen gesetzt, Bothwell machte eine kurze Karriere als Seeräuber auf Orkney und endete in der Gefangenschaft des dänischen Königs.

Am 2. Mai 1568 gelang Maria Stuart die Flucht, doch in Langside bei Glasgow wurde ihre improvisierte Armee geschlagen, und sie musste weiter **nach England fliehen.** Dort bat sie Elisabeth I. um Asyl. Doch die englische Königin, gekränkt von Marias Thronansprüchen, setzte ihre Cousine in Fotheringhay Castle gefangen. Aus der **Haft** heraus intrigierte Maria immer wieder gegen Elisabeth. Nach 19 Jahren Gefangenschaft wurde sie am 8. Februar 1587 als Verräterin enthauptet.

Seither haben sich immer wieder Historiker und Literaten mit dem dramatischen Leben dieser ungewöhnlichen und schönen Frau auseinandergesetzt. Schillers „Maria Stuart" ist nur das bekannteste Beispiel dafür. Lesenswert ist auch die gleichnamige Romanbiografie von Stefan Zweig.

Den Namen Holyrood erbte das Schloss von der älteren **Abtei.** David I. hatte sie 1228 aus Dank nach einem überlebten Jagdunfall gegründet. Schon vor Ende des Jahrhunderts war die erste Kirche zu klein, und ein neuer Bau wurde begonnen. Den Bildersturm von John Knox's Reformation überlebte aber nur ein Teil. 1688 fiel auch der Rest als Symbol des Katholizismus der Revolution zum Opfer. Die romantische Ruine ist mit vielen Grabplatten und –steinen übersät, die der Stätte etwas Gespenstisches verleihen (tgl. 9.30–17 Uhr (letzter Einlass), im Winter nur bis 15.30 Uhr, hoher Eintritt).

Südlich der Royal Mile

Die Old Town besteht nicht nur aus der Royal Mile. Südlich unterhalb des Burgfelsens liegt das alte Herz der Stadt: **Grassmarket.** Von hier fuhren früher die Postkutschen ab, und hier fanden die nichtadligen Hinrichtungen statt. Früher wie heute finden sich am Grassmarket und in seiner Umgebung die besten Kneipen der Stadt, billige Studentenküchen und Cafés.

Von Grassmarket gelangt man durch die Candlemaker Row zum Eingang der **Greyfriars Church** (erbaut 1620). Auf dem Kirchhof, dem ältesten Friedhof der Stadt, wurde 1638

Central Scotl.

der *National Covenant* unterzeichnet, der die Reformation einleitete. Das treueste Hündchen Schottlands, *Greyfriars Bobby*, harrte hier 14 Jahre am Grab seines verstorbenen Herrn aus.

Von der großen Kreuzung vor Greyfriars zweigt nach rechts die Chambers Street ab. Auf der rechten Seite liegt das **Royal Museum.** Das schöne viktorianische Gebäude mit seiner riesigen Glaskuppel, 1861–1888 von *Francis Fowke* erbaut, beherbergt Exponate zu fast allen Bereichen von Wissenschaft und Technik (Öffnungszeiten: wie Museum of Scotland, Eintritt frei).

Gleich nebenan hat in einem modernen Bau seit 1998 das **Museum of Scotland** seine Tore geöffnet. Die umfangreiche Sammlung zeigt auf 6 Stockwerken 10.000 Jahre schottische Geschichte, ein absolutes Muss für jeden Schottlandfan (Mo–Sa 10–17 Uhr, Di 10–20 Uhr, So 12–17 Uhr, Eintritt frei).

In der gleichen Straße steht das **Old College der Universität,** die auf eine lange Tradition zurückblicken kann. 1583 gegründet, ist sie heute eine der größten im Vereinigten Königreich. *Robert Adam* begann 1789 den Bau, den *William Henry Playfair* vollendete. Die große Kuppel kam erst 1883 hinzu.

Sehenswertes in der New Town

Den zweiten Schwerpunkt der Innenstadt bildet die Neustadt, die inzwischen 200-jährige *New Town*. Als Mitte des 18. Jh. die Stadt aus allen Nähten platzte, wurde am nördlichen Ufer des ehemaligen Nor Loch, das

bereits seit 1759 trockengelegt war und heute den Princes Street Garden bildet, die notwendige Stadterweiterung geplant.

Bei einem Architektenwettbewerb siegte der Entwurf des jungen *James Craig*, der zwei Plätze, St Andrews Square und St George Square (heute Charlotte Square), als Allegorie für Schottland und England durch eine breite Prachtstraße verbinden wollte (George Street). Das Geniale an *Craigs* Entwurf waren zwei einseitig bebaute Straßen, die auf die Burg blickende Princes Street und die zum Firth of Forth gerichtete Queen Street. Zwei weitere Parallelstraßen nahmen das Motiv Schottland-England wieder auf: Thistle (Distel) Street und Rose Street.

1767 wurde mit dem Bau begonnen. Zunächst entstand St Andrews Square, dann zogen sich die Bauarbeiten langsam nach Westen, bis 1811 auch der Charlotte Square (benannt nach der Frau von *George III.)* fertiggestellt war. Die *New Town Conservation Area* ist mit 310 ha das größte Denkmalschutzgebiet Großbritanniens und eines der größten klassizistischen Stadtviertel überhaupt.

In dem wunderschönen Stadthaus des *Sir Laurence Dundas* am **St Andrews Square** residiert heute die *Royal Bank of Scotland.* Da noch unzählige weitere Banken und Versicherungen am St Andrews Square ihren Sitz haben, wird er der „reichste Platz der Welt" genannt.

Sein Pendant, der **Charlotte Square,** hat, anders als jener, sein ursprüngliches Aussehen bewahrt.

Die Nordseite ist ein Werk *Robert Adams.* Die Idee *Adams* war es, verschiedene Häuser mit einer einheitlichen palastartigen Fassade zu versehen. Charlotte Square No.7 beheimatet heute das **Georgian House.** Der *National Trust* (NTS) hat das Haus liebevoll im Stil einer großbürgerlichen Familie um 1800 eingerichtet. Ein amüsanter Videofilm versucht, das tägliche Leben dieser Zeit anschaulich zu machen (**Öffnungszeiten:** April.–Okt. Mo–So 10–17 Uhr, Juli u. Aug. 10–19 Uhr, März u. Nov. 11–15 Uhr, hoher Eintritt).

Im Nordosten der New Town, in der Queens Street hat in einem viktorianischen Sandsteingebäude die **Scottish National Portrait Gallery** eine Heimat gefunden. Sie bewahrt Gemälde und seltene Fotografien von Persönlichkeiten aus der schottischen Geschichte auf (Mo– So 10–17 Uhr, Do bis 19 Uhr, Eintritt frei).

An der Südseite der New Town liegt die Princes Street. An ihrem Ostende finden Sie das große **Tourist Information Centre.** Westlich davon erhebt sich wie die abgebrochene Spitze einer gotischen Kathedrale **Scott's Monument,** aus dem der Dichter *Sir Walter Scott* die Passanten betrachtet.

Von der Princes Street blickt man über den herrlichen Park der **Princes Street Gardens,** mit der ältesten Blumenuhr der Welt, genau auf die Schokoladenseite des Castles. Die Princes Street Gardens werden durch **The Mound,** den Bauschutthügel der New Town, zweigeteilt. Auf diesem Hügel erbaute *William Henry Playfair* zwei Tempel, die

seit neuestem mit einem unterirdischen Tunnel verbunden sind. In der **Royal Scottish Academy** finden wechselnde Ausstellungen statt, die meist schottische Kunst zeigen.

Im Nachbartempel huldigt die **National Gallery of Scotland** der Kunst. Möbel aus dem 16.–18. Jahrhundert geben der Galerie eine barocke Atmosphäre. Die Sammlung umfasst Werke der europäischen Malerei des 16.–19. Jh. z. B. *Tizian, El Greco, Velasquez* und *Rembrandt* sowie die Briten *Reynolds, Landseer* und *Turner.* Im ersten Stock findet sich außerdem eine kleine sehenswerte Impressionistensammlung (Mo–So 10–17 Uhr, Do bis 19 Uhr, Eintritt frei).

Nördlich der New Town verläuft das Tal des Leith. Hier befindet sich schon seit dem 12. Jh. **Dean Village,** ein altes Mühlen- und Bäckerviertel. Heute ist Dean Village ein ruhiges Wohnviertel, eine Idylle inmitten der Stadt. Flussaufwärts lohnt sich ein entspannender **Spaziergang** entlang des Leith durch ein Dickicht aus Holz und Blättern, das die Nähe der Stadt vergessen lässt.

Am anderen Ende der New Town ragt der Tempelberg Edinburghs auf: **Calton Hill.** 1822 wollte Edinburgh seinen Ruf als „Athen des Nordens" anschaulich untermauern. Das **Nationaldenkmal** sollte den schottischen Gefallenen in den Napoleonischen Kriegen gewidmet sein. Von der geplanten Kopie des Athener Parthenons wurden aber nur ein paar Säulen fertig. „*Scotland's pride and poverty*", wie der Architekt *Playfair* resigniert feststellte.

Central Scotl.

Das Denkmal für die Schlacht bei Trafalgar, **Nelson Monument,** kann bestiegen werden (Apr.–Sept. Mo 13–18 Uhr, Di–Sa 10–18 Uhr, Okt.–März Mo–Sa 10–15 Uhr, Eintritt).

Sehenswertes außerhalb des Zentrums

Außerhalb des Stadtkerns ist der wunderschöne, uralte **Royal Botanic Garden** für Pflanzenfreunde ein absolutes Muss! Auf einer Fläche von 27 ha wachsen im Botanischen Garten über 14.500 verschiedene Pflanzen. Seine Geschichte reicht bis 1670 zurück. Sehenswert sind der Rhododendrongarten, aber auch die viktorianischen Palmenhäuser, der Steingarten und nicht zuletzt der Blick über die Stadt.

An der Belford Road westlich von Dean Village steht in einem Park die **Scottish Gallery of Modern Art.** Die kleine, aber feine Ausstellung zeigt Kunst des 20. Jahrhunderts mit Werken von *Picasso, Matisse, Miró, Braque, Liechtenstein* und im Park von *Henry Moore* (Mo–So 10–17 Uhr, Do bis 19 Uhr, Eintritt frei).

Auf der anderen Straßenseite widmet sich die **Dean Gallery** dadaistischer und surrealistischer Kunst (Mo–So 10–17 Uhr, Do bis 19 Uhr, Eintritt frei). Der schönste Weg zu den Museen ist ein halbstündiger **Fußmarsch** entlang des Leith, der in Dean Village seinen Anfang nimmt.

Südlich von Holyrood Palace liegt der 3,6 qkm große **Holyrood Park.** Auf verschiedenen Wanderwegen kann man sich den grandiosen Blick

Dean Village

Eisenbrücke über den Firth of Forth

über Edinburgh von **Arthur's Seat** (251 m) verdienen. Wer nicht so hoch hinaus will, kann es mit *George VI.* halten und die **Radical Road** im Westen des Massivs entlangspazieren.

Zwischen Edinburgh und dem Meer liegt **Leith,** Edinburghs Hafen am Forth. Um den alten Hafen aus dem 16. Jh. an der Mündung des Leith bilden die alten Dockhäuser und Seemannsunterkünfte ein romantisches Ensemble. Im Hafenbecken, am neu gestalteten Ocean Terminal, haben das **Britannia Visitor Centre** und die ehemals königliche **Britannia** mit ihren fünf Decks für Besucher geöffnet (Öffnungszeiten im Sommer Mo–So 9.30–16.30 Uhr, im Winter 10–15.30 Uhr, sehr hoher Eintritt).

Die Küste entlang in Richtung Osten gelangt man bald nach **Portobello,** dem Edinburgher Brighton. Hier herrscht im Sommer reger Bade- und Strandbetrieb.

Praktische Hinweise

Tourist Information

●3 Princes Street, Edinburgh EH2 2QP, Tel. 0845/2255121 oder 0131/4733800, www.edinburgh.org. Für alle touristischen Angelegenheiten die richtige Adresse.

Unterkunft

●**Caledonian Hilton,** Princes Street, Edinburgh EH1 2AB, Tel 0131/2228888, Fax -8889, www.hilton.co.uk/caledonian, B&B ab 90 £, ist eines der besten Hotels der Stadt.

●**George Hotel,** 19–21 George Street, Edinburgh EH2 2PB, Tel. 0131/2251251, www.principal-hotels.com, B&B ab 80 £, eines der großen alten Edinburgher Hotels in der Nähe des St Andrew Square; mehrere Restaurants.

●**Radisson SAS Hotel Edinburgh,** 80 High Street, Edinburgh, EH1 1TH, Tel. 0131/ 5579797, www.radissonsas.com; B&B ab 45 £, nobles Hotel an der Royal Mile in einem der alten „lands".

●**Ivy House Guest House,** 7 Mayfield Gardens, Newington, Edinburgh EH9 2AX, Tel. 0131/6673411, www.ivyguesthouse.com, B&B ab 25 £, östlich des Stadtzentrums gelegen, an einer Nebenstraße der A701, Buslinien 3,30,31.

●*Dorstan Guesthouse,* 7 Priestfield Road, Edinburgh EH16 5HJ, Tel. 0131/6676721, www.dorstan-hotel.demon.co.uk, B&B ab 20 £, südöstlich des Stadtzentrums, an einer Nebenstraße der A7 (Dalkeith Road), Buslinien 21,33,14.

●*Dene Guest House,* 7 Eyre Place, Edinburgh EH3 5ES, Tel. 0131/5562700, www.deneguesthouse.com, B&B ab 22,50 £, zentral in der New Town gelegen, an einer Seitenstraße der Hanover Street, ca. 1 km nördlich der Princes Street.

●*Rosehall Hotel,* 101 Dalkeith Road, Edinburgh EH16 5AJ, Tel. 0131/6679372, www.rosehallhotel.co.uk; B&B ab 30 £, an der A 7.

●*Bed & Breakfast* finden sich in ganz Edinburgh und werden für ca. 3 £ vom *Tourist Information Centre* vermittelt. Die Preise für B&B liegen zwischen 18 £ und 30 £.

●*Jugendherbergen: 18 Eglinton Crescent,* Tel. 0870/0041116, zu Fuß ca. 10 Min. westlich der Princes Street; *7 Bruntsfield Crescent,* Tel. 0870/0041114, Stadtteil Bruntsfield, nahe King's Theatre; *Belford Hostel,* 6/8 Douglas Gardens, Tel. 0131/2256 209, (privat, in einer alten Kirche); *High Street Hostel* (privat), 8 Blackfriars Street (Old Town), Edinburgh EH1 1NE, Tel. 0131/ 557 3984; *Royal Mile Backpackers* (privat), 105 High Street, Edinburgh EH1 1SG, Tel. 0131/ 5576120, www.macbackpackers.com.

●*Camping: Mortonhall Caravan Park,* 38 Mortonhall Gate, Frogston Road East, Edinburgh EH16 6TJ, Südring, Ausfahrt Straiton, Tel. 0131/6641533, www.meadowhead.co. uk/mortonhall; Tourers/Zelte ab 9,50 £.

Einkaufen

Die meisten größeren Geschäfte schliessen um 18 Uhr, doch haben kleinere Läden zum Teil bis in die Nacht hinein geöffnet. In der Innenstadt haben viele Geschäfte auch Sonntag vormittags geöffnet.

●*Einkaufsstraßen:* Am beliebtesten ist die Princes Street mit Boutiquen, Kaufhäusern und Supermärkten, daneben Nicholson Street (Verlängerung der South Bridge) mit Läden für jeden Bedarf (z. B. Fahrradläden).

●*Modeboutiquen:* Rose Street.

●*Juweliere* und *elegante Modesalons:* George Street.

●*Antiquitäten:* Raeburn Street und vor allem in der abzweigenden St Stephen Street und im ganzen Stockbridge, daneben auch *Byzantinic Market* in der Victoria Street.

●*Antiquariat:* West Bow, Nähe Grassmarket.

●*Flohmärkte:* Während des Festivals samstags auf Grassmarket. Während des übrigen Jahres sonntags ab 10 Uhr auf dem Bistro Square.

Pubs und Restaurants

Die meisten Restaurants finden sich entlang der Royal Mile und südlich davon. Aber auch am Bruntsfield Place und in der Leven Street. Bar Meals und günstiges Essen werden in den Kneipen rund um die Universität und den Grassmarket geboten.

●*Mussel Inn,* 61–65 Rose Street, Tel. 0131/ 2255979, hat sich mit Gerichten um 20 £ auf schottische Meeresfrüchte spezialisiert. Auch Kinder sind gerne gesehen.

●*The Witchery by the Castle,* Castlehill, Royal Mile, Tel. 0131/2255613, bietet Theatergängern noch späte Mahlzeiten oder auch komplette Menüs ab 30 £. Kinder erst ab 8 Jahren.

●*The Elephant House,* 21 George IV Bridge, Tel. 0131/220 5355, steht für eine riesige Auswahl an Tee und Kaffee und über 600 Elefanten.

●*Howies Restaurant,* 29 Waterloo Place, Tel.0131/5565766, gute schottische Küche auch für Familien zwischen 15 und 20 £.

●Schottisch essen: an der Royal Mile (allerdings auch viel Nepp) oder seit 1767 im *Famous Peacock Inn,* The Village, Newhaven, Tel. 0131/5525522, oder bei *Stac Polly,* 29–33 Dublin Street, Tel. 0131/ 5562231.

Es gibt etwa 500 Pubs, die über ganz Edinburgh verteilt sind, nur in der New Town sind sie seltener.

●In der Rose Street z. B. ist die *Abbotsford Bar* zu empfehlen, die noch ein original georgianisches Interieur besitzt.

●Die meisten und besten Kneipen finden sich aber am Grassmarket. Im *Last Drop* gibt's super Bar Meals. In **Maggie Dickson's** ist oft die Hölle los. Auch das **Beehive** (Bienenkorb) macht seinem Namen alle Ehre. Im **White Heart Inn** verkehrten schon *Burns* und *Wordsworth.* Auch im West Bow, der Verbindung zur Royal Mile, finden sich einige Kneipen, die einen Besuch lohnen.

Unterhaltung

●Das Edinburgh Festival ist inzwischen weltberühmt. Da Edinburgh zum Festival ca. 500.000 Besucher anzieht, müssen Unterkünfte so lange wie möglich vorher reserviert werden, v. a. auch in den Jugendherbergen. Das Programm des größten Kunstfestes der Welt kommt im März heraus, und ab April können Karten im neu entstandenen Festival Centre, genannt *The Hub,* vorbestellt werden: **The Hub, Edinburgh's Festival Centre,** Castlehill, Royal Mile, Edinburgh EH1 2NE, Tel. 0131/4732099, www.eif.co.uk; thehub@eif.co.uk.

●Begleitet wird das Festival vom **Edinburgh Festival Fringe:** Jazz, Folk, Kabarett, Experimentaltheater u. a. Besonders zu empfehlen: **Fringe Club** am Bistro Square; und **New Calton Studios** in der Calton Road. Programm und Karten: **Fringe Office,** 180 High Street, Edinburgh EH1 1QS, Tel. 0131/2260026, www.edfringe.com.

●Konzertsaal: **Usher Hall** in der Grindlay Street; *Schottisches Nationalorchester,* Gastspiele.

●Große Theater: **King's Theatre** am Beginn der Leven Street; **Royal Lyceum Theatre,** neben der Usher Hall. Theater, Oper und Ballett.

●Weitere Theater: **Church Hill Theatre,** Morningside Road, **Edinburgh Playhouse** (Musicals), 18–22 Greenside Place, **Ross Open Air Theatre,** Princes Street Garden (nur im Sommer), **Traverse Theatre** (zeitgenössische Stücke), Cambridge Street.

Sport

●**Rugby:** *Murrayfield Stadium,* in Roseburn im Südwesten der Stadt.

●**Hunderennen:** *Powderhall Stadium* in Broughton im Norden des Zentrums.

●**Schwimmen:** *Royal Commonwealth Pool* in der Dalkeith Road.

●**Tennis, Squash, etc.:** *Meadowbank Sports Centre* an der London Street.

●**Golf:** *Silverknowes Golf Course,* Silverknowes Parkway, Tel. 0131/3363843.

Verbindungen und Stadtbusse

Flug

●**Edinburgh Airport** (Edinburgh Airport Ltd., Edinburgh EH12 9DN, Tel. 087-0/0400007, www.baa.co.uk) liegt an der A 8, ca. 11 km westlich der Stadt. *British Airways* fliegen von hier aus Aberdeen, Kirkwall, Sumburgh, Wick, Birmingham, Manchester, und London an.

Es fahren zu Spitzenzeiten alle halbe Stunde Busse in die Stadt, die vor Waverley Station im Zentrum enden. Die Fahrt mit dem Taxi kostet knapp 20 £.

●**City of Edinburgh Tourist Information Desk** im Flughafen, Tel. 0131/4733800, vermittelt Unterkünfte.

●Buchen kann man unter folgender Nummer: **British Airways,** Tel. 0870/850 9850.

Busse

●Ein **Stadtbesichtigungsbus** mit offenem Dach verkehrt alle Viertelstunde und hält an allen wichtigen Sehenswürdigkeiten zum Ein- und Aussteigen. Der Fahrschein gilt den ganzen Tag, Tel. 0131/2200770.

●Der **Busbahnhof,** mit Verbindungen von Orkney bis London, liegt gleich am Nordostende des St Andrew Square etwas versteckt in einem Hof.

●**Stadtbusverkehr und Lothian:** *Lothian Buses* (Tel. 0131/5556363, Infobüro am Bahnhof an der Waverley Bridge) für Edinburgh und nähere Umgebung, das übrige Lothian wird von verschiedenen Busgesellschaften bedient (Infos: *Traveline:* Tel. 0870/6082608 oder: www.traveline.org.uk).

●**Day Saver Ticket:** einen Tag freie Fahrt auf allen Buslinien von *Lothian Regional Transport* (2,50 £). Tel. 0131/5556363.

●**Ridacard Season Tickets:** eine Woche für £ 12 bzw. 36 £ für vier Wochen.

Zug

●Der **Bahnhof** (Infos around the clock: Tel. 08457/484950) liegt direkt im Zentrum.

Haupteingang ist von der Waverley Bridge. Vom Edinburgher Hauptbahnhof fahren täglich mehrere Züge in alle Richtungen, z. B. London, Glasgow, Inverness, Aberdeen.

Taxi
● *Capital Castle Taxis,* Tel. 0131/2282 555.

Autoverleih
● *Avis,* 5 West Park Place, Haymarket, Tel. 0131/3376363.
● *Arnold Clark Hire Drive,* Bankhead Drive, Edinburgh EH11 4DJ, T: 0131/458 1501.

Fahrradverleih
● *Bike Trax Cycle Hire,* 11 Lochrin Place, Tollcross, Edinburgh EH3 9QX, Tel. 0131/2286633, bikehire@biketrax.co.uk.

Ausflüge von Edinburgh

North Berwick
Der hübsche, kleine Ferien- und Fischerort North Berwick, im Osten Lothians, ist stolz auf seinen *Bass Rock.* Der Vulkanfelsen liegt mitten in der Forth-Förde und ist ein Paradies für Vögel und Ornithologen. Dieser Tatsache trägt seit Mai 2000 das *Scottish Seabird Centre* Rechnung, in dem man anhand einer Ausstellung und verschiedener Kameras und Fernrohre mehr über das Leben auf dem Felsen erfahren kann (im Sommer Mo–So 10–18 Uhr, im Winter nur bis 16 Uhr, hoher Eintritt). Das Zentrum befindet sich im Hafen North Berwicks, von wo aus im Sommer auch mehrmals täglich Schiffe zum Felsen starten.

Praktische Hinweise
● *Tourist Information:* 18, Quality Street, Tel. 01620/892197.
● *Verbindungen: Buslinien* 124 und 129. Abfahrtsort und Endstation in Edinburgh ist St Andrews Square Busstation und in North Berwick die Haltestelle in der Church Road. Auskunft: Tel. 0870/6082608.

Linlithgow Palace

Zudem wird North Berwick mit Edinburgh durch eine **Bahnlinie** verbunden.

East Linton

Im Osten Edinburghs ist bei East Linton die **Preston Mill and Phantassie Doocot** zu sehen. Die malerische Wassermühle ist die einzige noch intakte ihrer Art in Schottland. *Doocot* leitet sich ab von *dovecot* und bedeutet Taubenschlag, ein Verweis auf das Gebäude neben der Mühle. Der Taubenschlag bot früher Platz für 500 Vögel (nur im Sommer Do–Mo 12–17 Uhr, hoher Eintritt).

Roslin

Südlich von Edinburgh, zwischen der A 703 und der A 6094, liegt Roslin, mit der **Rosslyn Chapel** und ihren Steinmetzarbeiten. 1446 legte *William St Clair* den Grundstein für die Kapelle, doch als er 40 Jahre später starb, waren die Arbeiten noch nicht beendet und wurden eingestellt. Erst auf Geheiß *Queen Victoria's* wurde 1862 die Taufkapelle errichtet, um dem Bau einen Abschluss zu geben.

Krönung der Steinmetzarbeiten im Innern ist die *Prentice Pillar.* Nachdem ein Lehrling diese Säule in vollendeter Manier geschaffen hatte, soll er vom Meister aus Neid erschlagen worden sein (im Sommer Mo–Sa 10–17 Uhr, So 12–16.45 Uhr, hoher Eintritt).

Hopetoun House

Im Westen Edinburghs wurde Hopetoun House, die herrschaftliche Residenz der *Hope-Familie*, ursprünglich von *Sir William Bruce* entworfen und 1703 fertiggestellt. Das heutige Erscheinungsbild ist allerdings ein Werk der Architektenfamilie *Adam.* *William Adam* nahm 1721 Vergrößerungen vor, und nach dessen Tod zeichneten seine Söhne *John, Robert* und *James* für die Innengestaltung verantwortlich. Das Gebäude ist von einem wunderschönen Park umgeben und zeigt eine interessante und reichhaltige Inneneinrichtung (Ostern–Sept. Mo–So 10–17 Uhr, hoher, aber lohnender Eintritt).

Linlithgow

Im **Linlithgow Palace** lebten alle Stuart-Könige bis *James VI.,* auch *Maria Stuart* wurde 1542 hier geboren, während ihr Vater im nahe gelegenen Falkland Palace im Sterben lag. Leider ist der Palast im 18. Jh. abgebrannt. Geblieben sind eine immer noch mächtige Ruine sowie größtenteils intakte Gebäude und die phantastische Lage am Seeufer. Die obligatorische Great Hall und die Kapelle datieren aus dem späten 15. Jh. (im Sommer Mo–So 9.30–18 Uhr, im Winter Mo–Sa 9.30–16 Uhr, So 14.30–16 Uhr), Eintritt.

Praktische Hinweise

●**Tourist Information Centre,** Linlithgow T.I.C., Burgh Halls, The Cross, Linlithgow, Tel. 01506/844600.

●Entlang der A 9 führt eine regelmäßige **Bahnverbindung** von Edinburgh nach Stirling oder Glasgow. Haltestellen sind in Linlithgow und Falkirk. **Bahnauskunft:** Tel. 08457/484950.

Central Scotl.

Highlands Überblick

In diesem Kapitel wird das Land nördlich der Metropolen Glasgow und Edinburgh beschrieben. Im Zentrum steht dabei die *„klassische" Hochlandrundfahrt,* die von Edinburgh über Perth nach Inverness, weiter an Loch Ness vorbei nach Fort William und von dort über Glen Coe und den Loch Lomond zurück nach Glasgow führt. Für diese Rundfahrt sollte man sich ca. eine Woche Zeit nehmen.

Für alle, die mehr vom Hochland sehen wollen, haben wir darüber hinaus ausführliche *Alternativstrecken* beschrieben, die das gesamte nördliche Schottland abdecken.

Stirling

Unsere Rundfahrt beginnt in Edinburgh und führt als erstes auf der M 9 nach Stirling. Die an den Ufern des Forth gelegene Kleinstadt (36.000 Einw.) kann auf eine lange kaufmännische Tradition zurückblicken, denn dank ihrer günstigen Lage erhielt sie schon vor Ende des 13. Jh. die Rechte einer *Royal Burgh*. In den letzten drei Jahrhunderten hat sie sich zu einer Verwaltungs- und Industriestadt entwickelt, und seit 1967 ist in Stirling zudem eine Universität beheimatet.

Sehenswertes

Stirling Castle

Das hoch auf einem Vulkanfelsen gelegene Stirling Castle findet erstmals Anfang des 12. Jh. im Zusam-

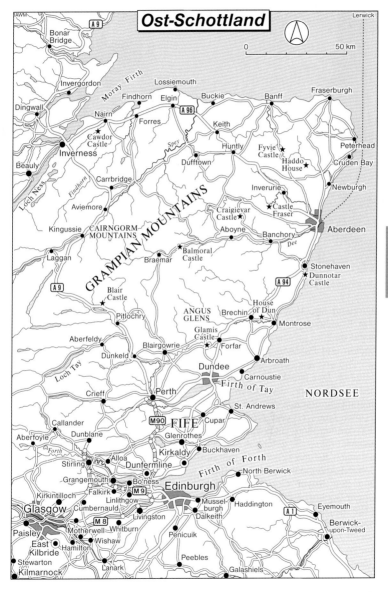

Die Innenstadt von Stirling

menhang mit *Alexander I.* urkundliche Erwähnung. Zu jener Zeit bestand es zum größten Teil aus Holzbauten und Palisaden, Maurerarbeiten sind erst aus dem späten 13. Jh. bekannt. Das älteste heute noch erhaltene Bauwerk, das **North Gate,** stammt gar erst aus dem Jahr 1381.

Unter *James IV.* und *James V.* wurden dann größere Bautätigkeiten veranlasst. *James IV.* zeichnet hier vornehmlich für die Errichtung der Außenverteidigungsanlagen (um 1500) und den **Royal Courtyard** (heute Upper Square) verantwortlich.

Die **Kapelle** ist so, wie sie sich heute darstellt, erst unter der Regentschaft *James' VI.* entstanden, als dieser im Jahr 1594 eine angemessene Räumlichkeit für die Taufe seines ersten Sohnes, *Prince Henry,* benötigte.

Die Fassade in ihrer klassischen Form und mit der Vielzahl an Dämonen, Wasserspeiern und anderen grotesken Gestalten macht den **Palast** zu einem herausragenden Beispiel der schottischen Frührenaissance. Deutlich sichtbar ist der Einfluss französischer Baumeister und Steinmetze, die diesen Stil nachhaltig prägten.

James V. gelangte über eine kleine, neogotische Brücke direkt vom Palast in die **Great Hall.** Da dieser separate Eingang jedoch den Königen vorbehalten war, gibt es für Normalsterbliche noch einen Eingang am Hof. Das imposante rechteckige Gebäude mit der Holzdecke ist um 1500 entstanden und diente als Versammlungsstätte bei Staatsgeschäften und größeren Zeremonien (im Sommer

Argyll's Lodging

9.30–18 Uhr, im Winter bis 17 Uhr, letzter Einlass 45 Min. vor Schluss, sehr hoher, aber lohnender Eintritt).

Weitere Sehenswürdigkeiten

In der reizvollen **Altstadt** erinnern noch mehrere Gebäude an die ehemalige Existenz als Königssitz.

Die **Church of the Holy Rude** ist mit ihrem gotischen Mittelschiff eine der wenigen erhaltenen mittelalterlichen Kirchen Schottlands. Hier wurden auch *Maria Stuart* und später ihr Sohn, *James VI.*, zur Königin bzw. zum König gekrönt (nur im Sommer Mo–So 10–17 Uhr).

Neben der Kirche befindet sich die Ruine von **Mar's Wark,** Haus des Vormundes von *James VI.*, des *John Earl of Mar,* mit einer außergewöhnlichen Renaissancefassade.

Schräg gegenüber wurde **Argyll's Lodging** 1630 auf Geheiß *Williams Earl of Stirling* errichtet. Später ging es in den Besitz des neunten *Earl of Argyll* über, der es 1670 vergrößern ließ. Einige Räume sind restauriert und neu eingerichtet worden (im Sommer Mo–So 9.30–18.30 Uhr, im Winter bis 16.30 Uhr, mittlerer Eintritt).

2,5 km außerhalb von Stirling liegt auf dem Abbey Craig das **National Wallace Monument.** Der ca. 65 m hohe Turm wurde zu Ehren des Nationalhelden *Sir William Wallace (Braveheart)* errichtet und birgt in seinem Innern eine Ausstellung über den schottischen Freiheitskämpfer und die Schlacht bei Stirling, die die Schotten unter seiner Führung um 1300 gegen die Engländer gewannen (Mo–So

Nov.–Febr. 10.30–16, März–Mai, Okt. 10–17, Juni 10–18, Juli/Aug. 9.30–18.30 Uhr, Sept. 9.30–17 Uhr, hoher Eintritt).

Praktische Hinweise

Tourist Information

● 41, Dumbarton Road, Stirling FK8 2QQ, Tel. 08707/200620.
● *Royal Burgh of Stirling Visitor Centre,* Castle Esplanade (Ausstellung zur Stadtgeschichte), Stirling, Tel. 01786/451881 bzw. 08707/200622.

Unterkunft

● *Golden Lion Milton Hotel,* 8 King Street, Stirling FK8 1BD, Tel. 0808/1005556, www.miltonhotels.com, B&B ab 65 £, angeblich eines der ältesten Hotels Schottlands.
● *Castlecroft,* Ballengeich Road, Stirling FK8 1TN, Tel. 01786/474933, www.castlecroft.uk.com, B&B ab 36 £.
● *Forth Guest House,* 23 Forth Place, Riverside, Stirling FK8 1UD, Tel. 01786/471020, B&B ab 20 £, relativ günstig und komfortabel.
● *Stirling Highland Hotel,* Spittal Street, Stirling FK8 1DU, Tel. 01786/272727, stirling@paramont-hotels.co.uk, B&B ab 60 £.
● In Stirling existieren zwei *Jugendherbergen:* Stirling *Y.H.,* St John Street, Stirling FK8 1DU, Tel. 0870/0041149 an der Straße zum Castle, und das unabhängige *Willy Wallace Hostel,* 77 Murray Place, Stirling FK8 1AU, Tel. 01786/446773, www.willywallacehostel.com
● *Campingplatz:* Witches Craig Caravan Park, Blairlogie, Stirling FK9 5PX, Tel. 01786/474947, www.witchescraig.co.uk, Wohnwagen, Zelt ab 12 £; der Campingplatz liegt an der A 91 ca. 5 km östlich von Stirling.

Verbindung

● Der Bahnhof liegt in der Burghmuir Road. Regelmäßige *Zugverbindungen* führen nach Edinburgh, Glasgow und über Perth nach Dundee, Aberdeen und Inverness. Auskunft Tel. 08457/484950.

● Der Busbahnhof liegt in der Goosecroft Street. *Busverbindungen* bestehen ebenfalls zu den genannten Städten. Zusätzlich erschließen Busse die weniger besiedelten Gebiete der Central Region und halten auch in kleineren Ortschaften. Auskunft bei First Bus, Tel. 01324/602200 bzw. Traveline Tel. 0870/6082608.

Ausflüge von Stirling

Bannockburn

Drei Kilometer südöstlich von Stirling liegt an der A 872 das Schlachtfeld von Bannockburn. Es hat für die Geschichte und das Selbstverständnis der Schotten eine ganz besondere Bedeutung, denn 1314 errangen hier die Schotten unter Robert the Bruce trotz zahlenmäßiger Unterlegenheit in einer entscheidenden Schlacht die Unabhängigkeit von den Engländern.

Der NTS hat die nationale Attraktion besucherwirksam aufbereitet und ein *Bannockburn Heritage Centre* errichtet, mit Videofilm, Ritterstatuen in Lebensgröße und einer Ausstellung über das schottische Königreich. Für Kinder werden echte Kettenhemden und Helme zum Ausprobieren bereitgestellt. Beeindruckend ist außerhalb des Zentrums die lebensgroße Bronzestatue von Robert the Bruce zu Pferd, in Rüstung und mit Streitaxt in der Hand (im Sommer Mo–So 10–18 Uhr, im Winter 10.30–16 Uhr, Jan. geschlossen, das Schlachtfeld ist immer zugänglich, Eintritt).

Dunblane

10 km nördlich von Stirling führt die A 9 in das Städtchen Dunblane. Mit seiner hochgotischen *Kathedrale,* einem herrlichen dreischiffigen

Gotteshaus, das größtenteils im 13. und 14. Jh. entstanden ist, besitzt Dunblane ein Schmuckstück schottischer Kirchenarchitektur. Das Gotteshaus hatte während der Reformation sein Dach verloren, wurde jedoch zwischen 1892 und 1895 vollständig restauriert. Virtuose Holzschnitzereien sind noch an der Kanzel, dem Chorgestühl und der Orgel zu bewundern. Prachtvolle alte Fenster stehen in gelungenem Einklang mit den modernen genauso wie das neue Chorgestühl (19./ 20. Jh.) mit den verzierten Stühlen aus dem 15. Jahrhundert, die sich um den Altar gruppieren, harmoniert.

The Trossachs

Anstatt die A 9 von Stirling direkt nach Dunblane zu fahren, kann man von Stirling auch auf der A 84 einen Ausflug nach Westen in die Trossachs unternehmen. **The Trossachs** wird allgemein das gesamte Gebiet von Callander und Loch Earnhead im Osten bis zum Loch Lomond im Westen genannt, ursprünglich galt die Bezeichnung aber nur für die etwa zwei Kilometer lange Schlucht vom Loch Achray zum Loch Kathrine.

Die Region ist Naherholungsgebiet der Glaswegians, doch bereits im 19. Jahrhundert pilgerten viele *Walter-Scott*-Verehrer zum lieblichen **Loch Kathrine,** um auf den Spuren der *„Lady of the Lake"* zu wandeln, die laut *Scott* auf einem Eiland im See leben sollte. Eine Möglichkeit, Loch Kathrine kennen zu lernen, ist eine „Kreuzfahrt" mit dem Dampfschiff *„SS Sir Walter Scott",* das im Sommer vom Trossachs Pier am Ostende des Sees nach Stronachlachar am

Highlands

Culross Palace

Westende ablegt (Abfahrtzeiten: Apr.–
Okt. tägl. 10 (außer Mi), 13.45 und
15.15 Uhr).

Unterkunft

● *The Forth Inn,* Main Street, Aberfoyle FK8
3UQ, Tel. 01877/382372, www.forthinn.
com, ab 30 £.

● *Inchrie-Castle Covenanters Inn,* Aberfoyle, Perthshire FK8 3XD, Tel. 01877/
382347, www.inchriecastle.co.uk, ab 55 £.

● Die nächste *Jugenherberge* findet sich
am Loch Lomond (B 837 über Drymen),
Rowardennon Y.H., Rowardennon, By Drymen, Glasgow G63 0AR, Tel. 0870/004
1148; *Trossachs Backpackers,* Invertrossachs
Road, Callander, FK17 8 HW, Tel./Fax:
01877/331200, www.scottish-hostel.co.uk,
ist ein Independent Hostel hohen Standards.

● *Campingplatz, Trossachs Holiday Park,*
Aberfoyle, Perthshire, FK8 3SA, Tel.
01877/382614, Zelt, Wohnwagen ab 12 £.
Der Park liegt etwa 3 km südlich von Aberfoyle an der A 81.

Verbindung

Durch das Gebiet führt ein *Radwander-
weg, Glasgow – Loch Lomond – Killin –
Cycle Way,* der das Lowland mit den Highlands verbindet. Der Weg ist insgesamt nicht
immer gut ausgebaut und besteht teilweise
aus Schotterstrecken, die, schwer bepackt,
nur von robusten Fahrrädern unbeschadet
genommen werden. Bei den Tourist Information Centres liegt eine Broschüre mit einer
genauen Beschreibung des Weges aus.

Fahrräder leihen kann man sich u. a. beim
Trossachs Holiday Park (Adresse s. o.)
oder bei *Wheels Cycle Hire,* Invertrossachs
Road, Callander, Tel. 01877/331100.

Fife

Wer nicht sofort weiter auf der A 9 in
Richtung Perth eilen will, kann von
Stirling gut einen Ausflug in das „an-
cient kingdom of Fife" machen. Die
Halbinsel, die im Südosten Schott-

lands ins Meer ragt, war im 11. Jh.
das schottische Königreich, und
Dunfermline die Hauptstadt. Geprägt
ist die kleine Region von der Fischerei und der Landwirtschaft. Ersteres
bezeugen die wunderschönen Fischerdörfer vor allem in East Neuk
im Südosten, letzeres wird man ge-
wahr, wenn man das Landesinnere
durchstreift. Hier erstrecken sich die
Felder bis zum Horizont und werden
nur gelegentlich von kleinen Wald-
stücken unterbrochen.

Dunfermline

Vor fast 1000 Jahren war The Auld
Grey Toon of Dunfermline für kurze
Zeit die Hauptstadt Schottlands.
1060 gab *Malcolm III.,* der Sohn des
von *Macbeth* ermordeten *Duncan,* der
Stadt den Vorzug gegenüber der alten Hauptstadt Perth und verlegte
seinen Hof nach Dunfermline. 10
Jahre später heiratete der grob-
schlächtige König die zarte sächsi-
sche Prinzessin *Margaret,* die es sich
zur Aufgabe machte, sowohl die groben Sitten der Kelten zu verfeinern
als auch ihre Kirche zu katholisieren.

Die *Abtei,* die zusammen mit der
Kirche das Stadtbild dominiert, wurde unter *David I.* im frühen 12. Jh. errichtet und diente als Begräbnisstätte
der schottischen Könige von *Malcolm III.* bis *Robert the Bruce.* Heute
ist nur noch das normannische Kirchenschiff aus dieser Zeit erhalten.
Die separat stehende eigentliche Kirche stammt aus dem 19. Jahrhundert. Nicht zu übersehen ist im neu-
en Chor das Grab von *Robert Bruce,*
des Königs, der 1314 die schottische Unabhängigkeit erkämpfte (im

Sommer Mo–So 9.30–18.30 Uhr, im Winter bis 16.30 Uhr, So 14–16.30 Uhr, Do nachmittags und Fr geschlossen, Eintritt).

Tourist Information

● 1 High Street, Dunfermline KY12 7DL, Tel. 01383/720999, Fax 01383/625807, kftb@dunfermlinetic.fsnet.co.uk.

Unterkunft

● *Garvock House Hotel,* St John's Drive, Transy Dunfermline KY12 7TU, Tel. 01383/621067, www.garvock.co.uk, B&B ab 47 £.
● *King Malcolm Hotel,* Queensferry Road, Dunfermline KY11 8DS, Tel. 01383/722 611, B&B ab 40 £.
● *Clarke Cottage Guest House,* 139 Halbeath Road, Dunfermline KY11 4LA, Tel. 01383/735935, clarkecottage@ukonline.co.uk, B&B ab 24 £, bietet Komfort zu gemäßigten Preisen, in der Nähe des Bahnhofs gelegen.
● *Pitreavie Guest House,* 3 Aberdour Road, Dunfermline KY11 4PB, Tel. 01383/724244, B&B ab 25 £.

Verbindung

● Dunfermline ist mit einer regelmäßigen *Bahnverbindung* an Edinburgh angeschlossen. Bahnauskunft Tel. 08457/484 950.
  Businformationen gibt es bei Traveline unter Tel. 0870/6082608, www.traveline.org.uk (gültig für ganz Schottland).

St Andrews

An der Nordküste Fifes liegt St Andrews, das Mekka des Golfsports. 1754 gründete sich die *Society of St Andrews Golfers,* die sich später in den *Royal and Ancient Golf Club of St Andrews* umbenannte. Das am Strand gelegene Clubhaus des *R&A,* das **Royal and Ancient Clubhouse,** ist heute weltweit offizielles Golf-Hauptquartier und letzte Instanz in allen Streitfragen.

Auf dem **Old Course** beim Clubhaus können nach Vorlage eines offiziellen Handicap-Zertifikates und Ent-

Highlands

St Andrews, Royal and Ancient Clubhouse

richtung eines Entgeltes (105 £) auch Nicht-Clubmitglieder spielen. Sonntags ist der Platz geschlossen. (Vorbuchungen müssen bis zu 2 Jahre im Voraus geleistet werden, *St Andrews Links Trust,* St Andrews KY16 9SF, Tel. 01334/466666, reservations@standrews.org.uk, www.standrews.org.uk (diese Adresse gilt auch für die anderen Golfclubs von St Andrews). Ansonsten wird ein Teil der Plätze am Vortag verlost, bzw. einzelne Spieler können frühmorgens zum Platzwart gehen und vielleicht einen Platz erheischen.)

Im Golf Place, schräg gegenüber dem Clubhaus, befindet sich das **British Golf Museum** (Ostern–Okt. 9.30–17.30 Uhr, Winter Do–Mo 11–15 Uhr, hoher Eintritt).

In der South Street können Sie das schmiedeeiserne Tor des **St Mary's College** bewundern. Durch das Tor

St Andrews Cathedral

gelangt man in den herrlichen Innenhof der Universität, die 1537 gegründet und 1554 fertiggestellt wurde. Die Nord- und Westgebäude der rechteckigen Anlage stammen noch aus dieser Zeit, während die anderen Teile erst im 17. Jh. erbaut wurden.

Ganz St Andrews wird überragt von seiner **Kathedrale** bzw. deren Ruine, die daran erinnert, dass die Stadt bis zur Reformation 1559 jahrhundertelang Wallfahrtsort für Abertausende von Pilgern war.

Die Kathedrale war vor ihrer Zerstörung während der Reformation die größte Kirche Schottlands, doch auch die Ruinen lassen die riesigen Ausmaße der zwischen 1160 und 1318 errichteten Kathedrale (109 m lang, 19 m breit) noch erahnen.

Auf dem Friedhof der Kathedrale erhebt sich **St Rule's Tower.** Den eckigen normannischen Turm einer noch älteren Kirche kann man über eine steile Wendeltreppe besteigen.

Öffnungszeiten: im Sommer tgl. 9.30–18.30 Uhr, im Winter Mo–So bis 16.30 Uhr, Eintritt.

Tourist Information
● 70 Market Street, St Andrews, Fife, Scotland KY16 9NU, Tel. 01334/472021, www.standrews.com.

Unterkunft
● ***Russell Hotel,*** 26, The Scores, St Andrews KY16 9AS, Tel. 01334/473447, www.russellhotelstandrews.co.uk, B&B ab 40 £.
● ***Doune House,*** 5 Murray Place, St Andrews KY16 9AP, Tel./Fax 01334/475195, www.dounehouse.com, B&B ab 25 £, günstig, aber gut.
● ***St Andrews Old Course Hotel,*** St Andrews, Fife KY16 9SP, Tel. 01334/474371,

Scotland – Home of Golf

In Schottland ist Golf Volkssport. Hier betreibt jede und jeder die vornehme Sportart rund um den kleinen weißen Ball, unabhängig von Jahreseinkommen oder Standeszugehörigkeit. Von der allgemeinen Beliebtheit des Sports zeugt auch die große Anzahl an Golfplätzen: Mehr als 420 Plätze sind über das ganze Land verteilt und verhelfen Schottland zur größten Platzdichte der Welt.

Die erste schottische Erwähnung des Sportes stammt aus dem Jahr 1457, als *James II.* das Dekret *„Gowf and fitba to be utterly cryit doon and not usit"* erließ. Mit diesem Erlass verbot der König das Golf- und das Fußballspiel, da beide Sportarten die jungen Männer vom kriegerischen Bogenschießen abhielten. Dies konnte jedoch die Ausbreitung des Golfspiels nicht verhindern, zumal selbst die königliche Nachkommenschaft von *James II.* dem Sport frönte: *Maria Stuart* war Anhängerin dieser Sportart, und ihr Sohn, *James VI.,* ließ, sobald er englischer König wurde, den ersten Golfplatz südlich der schottischen Grenze errichten.

Ziel des Spieles ist bekanntermaßen, einen Ball mit einem Schläger und möglichst wenigen Schlägen über verschieden lange Bahnen in ein Loch zu treiben. Ein Durchgang führt über insgesamt 18 Bahnen, bei Golfplätzen mit nur 9 Bahnen werden zwei Runden gespielt. Eine Bahn besteht aus dem Abschlag, der Spielbahn, genannt *Fairway,* und dem Grün bzw. *Green,* auf dem sich das Loch befindet. Rechts und links des *Fairway* liegen die so genannten *Roughs,* d.h. nicht geschnittene Rasenflächen, Bäume, Teiche usw., in die man seinen Ball möglichst ebensowenig schlagen sollte wie in die Sandbunker auf der Spielbahn. Auf die Suche nach seinem Ball darf man übrigens höchstens fünf Minuten verwenden, um nachfolgende Spieler nicht zu behindern.

Für jedes Loch ist eine Mindestanzahl an Schlägen vorgegeben, das so genannte *Par.* Für eine Bahn von einer Länge bis zu 238 m gilt ein *Par* von drei, bis 434 m von vier und über 435 m von fünf Schlägen. Locht man nach einer Schlagzahl von einem unter *Par* ein, ist das ein *Birdy,* zwei unter *Par* nennt man *Eagle,* drei unter Par heißt *Albatros* und das direkte Einlochen wird als *Ace* bezeichnet.

Ein Spieler darf bis zu 14 Schläger mit in die Runde nehmen, mit denen man je nach Material des Schlägerkopfes – Holz oder Eisen – und Neigungswinkel der Schlagfläche den Ball unterschiedlich weit schlagen kann.

Ein Gastspieler sollte folgende Regeln der Etikette beachten:

● Golf wird in Schottland traditionell in einem recht flotten Tempo durchgespielt, und eine Runde sollte nicht länger als 3,5 Stunden dauern. Will man den Sport etwas gemächlicher angehen, sollte man nachfolgenden Spielern gestatten durchzuspielen.

● Löcher, die man in den Rasen schlägt, sollte man wieder schließen, damit die Bahn nicht beschädigt wird.

● Einige Clubhäuser sind noch recht konservativ eingestellt, in Bar und Speiserestaurant gilt Jackett- und Krawattenzwang, und mancherorts ist sogar die Spielzeit für Frauen auf bestimmte Tage und Uhrzeiten beschränkt und der Haupteingang des Clubhauses für Frauen tabu.

www.oldcoursehotel.co.uk; B&B ab 95 £, ist „das" Golfhotel am Ort.

● **Jugendherberge:** *St Andrews Tourist Hostel,* Inchcape House, St Mary's Place, St Andrews KY16 9QP, Tel. 01334/479911, www.eastgatehostel.com, unabhängige Jugendherberge mit Übernachtungspreisen ab 10 £.

● **Camping:** *Cairnsmill Caravan Park,* Largo Road, St Andrews, Tel. 01334/473604, Zelt ab 10 £, Wohnwagen ab 14 £ entlang der A 915, 1,5 km südlich des Stadtrandes.

Verbindung

● In St Andrews gibt es keinen Bahnhof; der nächste liegt in Leuchars (ca. 5 km). Dort halten die **Züge,** die Aberdeen mit Edinburgh verbinden. Die Züge fahren ungefähr jede halbe Stunde, sonntags seltener.

●Stündlich verbindet die Buslinie X60 St Andrews mit Edinburgh. Linie 99 fährt stündlich nach Dundee. **Busbahnhof:** City Road, St Andrews KY16 9HW, **Businfo:** *Traveline,* Tel. 0870/6082608.

Falkland

Im Landesinneren Fifes liegt am Fuße der **Lomond Hills** das kleine Städtchen Falkland, in dem eines der sieben Schlösser der Stuart-Könige, der **Falkland Palace,** steht. Im Grunde zu klein für eine königliche Residenz, war der Palast das Jagdschloss der *Stuarts* und Brautgeschenk für die jeweilige Königin.

Die ursprünglichen Besitzer, die *Earls of Fife,* hatten den Palast im 12. Jh. als Festung erbaut, doch

300 Jahre später machte *James II.* den Palast zur königlichen Residenz und nahm zwischen 1453 und 1463 erhebliche Erweiterungen vor. Der Südflügel entstand unter *James V.* und ist, vergleichbar dem Palast von Stirling Castle, eines der schönsten Beispiele der schottischen Frührenaissance.

In dem wunderhübschen kleinen Park, der sich dem Palast anschließt, ist ein **Royal Tenniscourt** aus dem Jahr 1539 zu bewundern, der älteste königliche Tennisplatz Großbritanniens. Im Unterschied zu normalen Tennisplätzen werden hier die Wände ins Spiel mit einbezogen (im Sommer Mo–Sa 10–17.30 Uhr, So 13.30–17.30 Uhr, hoher Eintritt).

Unterkunft

●**Covenanter Hotel,** The Square, Falkland KY15 7BU, Tel. 01337/857224, www.covenanterhotel.co.uk.
●**Jugendherberge:** *Burgh Lodge,* Back Wynd, Falkland KY15 7BX, Tel. 01337/857 710, www.burghlodge.co.uk.

Perth

Zurück auf der A 9, liegt Perth genau dort, wo, vom Meer kommend, die früheste Möglichkeit bestand, eine Brücke über den Tay zu schlagen. So mussten bis zum Bau der Eisenbahnbrücke im 19. und der Autobahnbrücke im 20. Jahrhundert alle Reisenden, die von Fife nach Dundee wollten, den Umweg über Perth nehmen.

Perth ist eine alte Stadt. Überreste der Stadtmauer zeugen von einem römischen Lager an dieser Stelle,

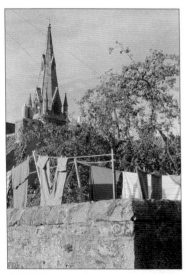

Falkland

und bereits im Jahr 1210 wurden der Stadt die Marktrechte zugesprochen. Bis ins 15. Jh. hinein war Perth schottische Hauptstadt, und beim nahe gelegenen Scone Palace wurden die schottischen Könige gekrönt.

In der **St John's Kirk** am St John's Place hielt *John Knox* am 11.5.1559 eine feurige Predigt. Von der folgenden Zerstörungswut der aufgebrachten Bevölkerung blieb auch St John's nicht verschont, sie wurde jedoch nicht so stark zerstört wie andere Kirchen in Schottland.

Im 19. Jahrhundert wurde mit der Renovierung der Kirche begonnen, und 1926 waren die Arbeiten beendet. Große Teile des Langschiffes sind zwischen 1100 und 1126 erbaut worden, Chor und Querschiff stammen aus dem 15. Jahrhundert. Die massiven Säulen und die prächtige Decke des Mittelschiffs stehen im reizvollen Kontrast zu dem schlichten Kreuz und dem Altar aus dem 20. Jahrhundert.

Nordwestlich der Kirche arbeiten in der West Mill Street die **Lower City Mills.** In der viktorianischen Wassermühle kann der interessierte Besucher der Mehlproduktion zusehen, über der Mühle befinden sich einige Kunsthandwerksstuben (im Sommer Mo–Sa 10–17 Uhr, kleiner Eintritt).

Nahe des North Inch ist in North Port eines der ältesten Gebäude der Stadt zu besichtigen. Im **Fair Maid's House** wohnte *Catherine Glover*, die *Walter Scott* als „The Fair Maid" verewigt hat. Die tapfere *Catherine* verriegelte 1437 den Mördern *James I.* die Tür des nahegelegenen Blackfriars Monastery mit ihrem Arm, bis dieser brach. Heute beheimatet das Haus einige Kunsthandwerksläden.

Nebenan findet man in der George Street die **Art Gallery and Museum** sowie ein Heimatkundemuseum mit wechselnden Kunstausstellungen (Mo–Sa 10–17 Uhr, Eintritt frei).

Praktische Hinweise

Tourist Information

●**Lower City Mills,** West Mill Street, Tel. 01738/450600, perthtic@visitscotland.com.

Unterkunft

●**Best Western Queens Hotel,** Leonard Street, Perth, Perthshire PH2 8HB, Tel. 01738/442222, www.lovathotels.co.uk, B&B ab 59 £, im Stadtinnern direkt am Bahnhof.

●**Dunallan Guest House,** 10 Pitcullen Crescent, Perth PH2 7HT, Tel. 01738/622551, www.dunallan.co.uk, B&B ab 25 £, an der A94, Bus Nr. 7 Richtung Scone.

●**Beechgrove Guest House,** Dundee Road, Perth, PH2 7AQ, Tel. 01738/636 147, beechgroveg.h@sol.co.uk, B&B ab 25 £, komfortables Gasthaus.

●**Jugendherberge:** *Wester Caputh Independent Hostel,* Manse Road, Caputh, Perth PH1 4JH, Tel. 01738/710449, Fax 01738/710617, www.westercaputh.co.uk.

●**Camping:** *Scone Palace Caravan Park,* Old Scone, Perth, PH2 6BB, Tel. 01738/552323, www.campingandcaravanningclub.co.uk, Wohnwagen, Zelte ab 14 £, ca. 3 km nördlich von Perth.

Verbindung

●Regelmäßige **Bahnverbindungen** führen täglich nach **Glasgow,** die Züge nach **Edinburgh** fahren über Kircaldy.

Ebenfalls besteht eine täglich befahrene Bahnlinie **nach Inverness** über Dunkeld, Pitlochry und Blair Atholl.

Eine weitere Verbindung führt nach **Aberdeen.** Der Zug fährt entlang der Küste mit Stationen u. a. in **Dundee** und Arbroath.

●Der **Bahnhof** liegt am King's Place unweit des Busbahnhofs. Der Bahnhof liegt zentral

Highlands

in der Leonard Street. **Verbindungsauskunft** bei *Traveline,* Tel. 0870/6082608 oder bei der **Zugauskunft,** Tel. 08457/484950.

●Zwischen Perth und den anderen größeren Städten des Landes verkehren mehrmals täglich **Buslinien** der *Scottish Citylink.*

●Der **Busbahnhof** liegt in der St Leonards Street, einer Nebenstraße der A 9 aus Stirling. Lokale Busse halten aber oft in der **Mill Street,** einer Parallelstraße der High Street.

●Unter publictransport@pkc.gov.uk kann man sich eine kostenlose **Liste aller Busverbindungen** der Gegend bestellen, ansonsten sind Auskünfte wie immer bei *Traveline,* Tel. 0870/6082608 oder bei *Scottish Citylink,* Tel. 08705/505050, zu erhalten.

Von Perth Richtung Inverness

Scone

3 km nördlich von Perth liegt an der A 94 **Scone,** der Krönungsort der schottischen Könige. Im 9. Jh. soll *Kenneth MacAlpine,* der Vereiniger der Pikten und Scoten, den **Stone of Destiny** nach Scone gebracht haben, auf dem bis ins 13. Jh. alle schottischen Könige gekrönt wurden. 1296 wurde der Stein vom englischen König *Edward I.* aus Scone entwendet und in die Westminster Abbey gebracht, von wo er erst 1996 nach Schottland, ins Edinburgh Castle zurückgekehrt ist.

Im 12. Jh. gründete *Alexander I.* in Scone ein Kloster, in dem der heilige Stein aufbewahrt wurde. Im 16. Jh. machte die Zerstörungswut der Reformatoren auch vor diesem Kloster nicht halt, doch noch im selben Jahrhundert wurde an gleicher Stelle der **Scone Palace** errichtet. Im 19. Jahrhundert schließlich ließ der *3. Earl of Mansfield* die herrschaftliche Residenz im viktorianisch-gotischen Stil umbauen.

Gegenüber dem Palast steht eine Kapelle auf einem unscheinbaren Hügel, dessen Erde aus allen Teilen Schottlands zusammengetragen wurde. Jedesmal, wenn die *Clan-Chiefs*

Scone Palace

auf einen neuen König schworen, brachten sie einen Stiefel voll Erde mit, um den Treueeid auf eigenem Boden zu leisten (nur Sommer, Mo–So 9.30–17.30 Uhr, hoher Eintritt).

Dunkeld

Das Zentrum von Dunkeld wurde im Rahmen des *Little Houses Programm* des *National Trust* (NTS) wunderschön restauriert. Der *Trust* unterstützte die privaten Hausbesitzer finanziell bei der Restaurierung ihrer Häuser und erreichte dadurch den Erhalt eines typischen Stadtbildes des 17. Jh. Gleich in der ersten Straße nach der Brücke links befindet sich ein hübscher dreieckiger Platz, die High Street. In der hinteren rechten Ecke des Platzes steht das **Tourist Information Centre,** das einen kurzen Film über Dunkeld und seine Geschichte zeigt.

Vom Platz geradeaus weiter zwischen den *Little Houses* hindurch, vorbei am Geburtshaus von *Alexander MacKenzie,* dem berühmten Kanadadurchquerer, gelangt man zur **Dunkeld Cathedral.** Schon *Kenneth MacAlpine,* der Gründer Schottlands (843–860), hatte hier eine Kirche errichten lassen. Die heutige gotische Kathedrale wurde während des 14. Jh. gebaut.

Ferienzentrum Pitlochry

Weiter auf der A 9 Richtung Norden, gelangt man nach gut 20 km in die grandios in den Grampian-Mountains gelegene Touristenmetropole am River Tummel. Die Stadt selber hat nicht viel Sehenswertes zu bieten,

Dunkled Cathedral

doch verfügt sie über eine Reihe guter Hotels und Unterkünfte. Im Sommer ist das **Festival Theatre** auf der gegenüberliegenden Seite des Tummel ein Anziehungspunkt. Karten für Schauspiele, Konzerte und andere Veranstaltungen erhält man am Theater oder in der Tourist Information.

Im Tal sind die Wasser des Tummel zum **Loch Faskally** gestaut, einer Idylle für Spaziergänger und Angler.

Tourist Information

● 22 Atholl Street, Pitlochry PH16 5BX, Tel. 01796/472215, pitlochrytic@visitscotland.com.

Unterkunft

● **Knockendarroch House Hotel,** Higher Oakfield, Pitlochry PH16 5HAT, Tel. 01796/473473, Fax 01796/474068, www.knockendarroch.co.uk, B&B ab 40 £.

●**Birchwood Hotel,** 2 East Moulin Road, Pitlochry, Perthshire PH16 5DW, Tel. 01796/472477, www.birchwoodhotel.co.uk, B&B ab 36 £.

●**Carra Beag Guest House,** 16 Toberargan Road, Pitlochry, Perthshire PH16 5HG, Tel./Fax 01796/472835, www.carrabeag.co.uk, B&B ab 20 £, angenehm.

●**Jugendherberge:** Knockard Road, Pitlochry PH16 5HJ, Tel. 0870/0041145, Standard, ganzjährig. In der Ortsmitte rechts in die Bonnethill Rd., dann erste Straße wieder rechts und dann links.

●**Camping:** *Blair Castle Caravan Park,* Blair Atholl, Pitlochry PH18 5SR, Tel. 01796/481263, www.blaircastlecaravanpark.co.uk, Zelt ab 8,50 £, am Blair Castle.

Verbindung

●Neben den Fernverbindungen geht zwei- bis dreimal am Tag auch ein **Bus** bis Kinloch Rannoch. Nach Blair Castle und weiter bis Calvine fahren mehrmals täglich Busse.

Umgebung

Pitlochry eignet sich bestens als Ausgangspunkt für Wanderungen in die nahen Berge. Nördlich der Stadt geht nach Westen die B 8019 ab. Sie führt entlang dem Ufer des romantischen **Loch Tummel** weiter aufwärts zum **Loch Rannoch.** Weiter westlich dieses Sees endet die Straße an einem der entlegensten Bahnhöfe Großbritanniens: **Rannoch Station.** Hier beginnt Rannoch Moor, in dessen unwegsamer Einsamkeit sich früher Verbrecher geflüchtet haben sollen.

Ein anderer Ausflug von Pitlochry führt an das **Loch Tay,** im Südwesten. Verbinden Sie die Tour mit dem Besuch von **Aberfeldy** und dem westlich davon, in der Nähe der B 846 gelegenen **Castle Menzies** (im Sommer Mo–Sa 10.30–17 Uhr, So 14– 17 Uhr, Eintritt).

Nördlich von Pitlochry verläuft die A 9 durch ein enges Tal, dessen Wände links der Straße steil in die **Schlucht von Killiecrankie** abfallen. Hier besiegte im ersten Jacobitenaufstand *Bonnie Dundee,* der *Marquis von Montrose,* am 28. Juli 1689 ein überlegenes englisches Heer. Er selbst fiel durch eine verirrte Kugel, die ihn nach Ende der Schlacht noch traf. Durch seinen Tod war die Rebellion trotz des Sieges zum Scheitern verurteilt. Links der A 9 hat der NTS ein Besucherzentrum mit Informationen über diese nationale Prestigeschlacht eingerichtet. Eher lohnt sich jedoch eine Wanderung durch die wildromantische Schlucht.

Etwas weiter biegt nach rechts eine Straße nach **Blair Atholl** ab. Das strahlend weiße **Castle Blair,** Sitz des *Duke of Atholl,* gehört zu den sehenswertesten Schlössern Schottlands. Die über 30 begehbaren Räume und Säle sind voller Antiquitäten: Waffen, Möbel aus dem 16.–19. Jh., eine Porzellansamlung, eine Kleidersammlung, wertvolle Bilder, eines der drei authentischen Porträts von *Maria Stuart* etc. machen das Castle zu einer Schatzkammer. Der *Duke of Atholl* besitzt als letzter Brite das Privileg, eine Privatarmee, die **Atholl Highlanders,** aufstellen zu dürfen, deren jährliche Parade Ende Mai, Anfang Juni stattfindet (nur Sommer, Mo–So 9.30–16.30 Uhr, hoher, aber lohnender Eintritt).

Aviemore

Weiter auf der A 9 erreicht man über den Pass of Drummochter Aviemore. Auch diese Stadt lebt vom Tourismus, und daher mangelt es nicht an Freizeitmöglichkeiten. Im Winter ist Aviemore ein **Skizentrum:** von der B 970 bei Coylumbridge zweigt eine winzige Straße ab, die zum **Cairngorm Lift** für den alpinen Skisport führt; je nach Schneelage sind im Winter die Loipen bis ins Tal gespurt.

Unterkunft

●**Corrour House Hotel,** Rothiemurchus, Aviemore, Invernessshire PH22 1QH, Tel. 01479/810220, www.corrourhousehotel. co.uk, B&B ab 40 £.

●**Cairngorm Hotel,** Aviemore, Grampian Road, Invernessshire PH22 1PE, Tel. 01479/810630, www.cairngorm.com, B&B ab 28 £.

●**Kinapol Guest House,** Dalfaber Road, Aviemore, Invernessshire PH22 1PY, Tel. 01479/810513, kinapol@ecosse.net, B&B ab 16 £.

●**Jugendherberge:** Grampian Road, Aviemore, Invernessshire PH22 1PR, Tel. 0870/ 0041104, noch vor dem Ortseingang links einbiegen.

●**Camping:** *Dalraddy Holiday Park,* Aviemore, Inverness-Shire, PH2 1QB, Tel./Fax 01479/810330, Wohnwagen ab 7,50 £, Zelte ab 5 £, liegt etwa 5 km südlich von Aviemore an der B9152; *Rothiemurchus Camping & Caravan Park,* Coylumbridge, Aviemore PA22 1QU, Tel./Fax 01479/812800, Wohnwagen ab 9 £, Zelte 5 £ pro Person, 2 km westlich von Aviemore an der Straße zu den Liften (B970).

Dundee

Nördlich von Fife, am anderen Ufer des Firth of Tay, liegt die Industriestadt Dundee. Sie gehört bereits zu **Ostschottland,** das im Wesentlichen die Regionen Tayside und Grampian im Nordosten des Landes umfasst. Die vom Klima verwöhnte und durch die Landwirtschaft geprägte Region

Highlands

McManus Galleries in Dundee

Tayside war Zentrum des piktischen Königreiches, bis im 9. Jh. die Pikten mit den Scoten durch *Kenneth Macalpine* vereint wurden. Zahlreiche Hügelfestungen und Steinringe zeugen noch von der ehemaligen Anwesenheit dieses mysteriösen Volkes.

Dundee selbst war ehemals für *Jute, Jam and Journalism* bekannt. Heute ist von den drei großen „J" nur das Jam geblieben, denn *Marmelade,* wenn auch in etwas bescheideneren Mengen, wird in der 175.000-Einwohner-Stadt noch immer hergestellt.

Dundee ist in erster Linie eine Industrie- und somit kaum eine Touristenstadt. Allerdings zeichnet es sich durch eine sympathische Atmosphäre und die von seinen Bewohnern attestierte hohe Lebensqualität aus.

Im Hafen von Dundee liegt am Victoria Dock die königliche *Fregatte Unicorn.* Das Kriegsschiff mit dem Einhorn als Gallionsfigur wurde 1824 erbaut und bietet Platz für 46 Kanonen. Ein Rundgang im Innern des Rumpfes vermittelt einen Eindruck vom Leben in der *Royal Navy* des 19. Jh. (im Sommer tgl. 9–17, im Winter Mo–Fr 10–16 Uhr, Eintritt).

An der A 85 nach Perth liegt die *Discovery* im Discovery Point. Die Dreimastbark, die 1901 vom Stapel lief, wurde für *Captain Scott* gebaut, der mit dem Schiff seine erste Antarktisexpedition unternahm (Mo–Sa 10–18 Uhr, So ab 11 Uhr, im Winter bis 17 Uhr, hoher, aber lohnender Eintritt).

Die Ausstellungen der *McManus Galleries* am Albert Square thematisieren die örtliche Geschichte und wirtschaftliche Entwicklung der Stadt.

Sie beherbergen außerdem eine Kunstgallerie (Mo–Sa 10.30–17 Uhr, Do 10–19 Uhr, So 12.30– 16 Uhr, Eintritt frei).

Im Kunstzentrum *Dundee Contemporary Arts,* in der Nethergate gibt es zwei Gallerien für zeitgenössische Kunst (Mo geschl., Eintritt frei), Werkstätten für Künstler und zwei Kinos.

Wer am Ufer des Firth of Tay steht, dem fallen die beiden großen *Tay Bridges* über die Förde ins Auge. Links die Autobahn-, rechts die Eisenbahnbrücke, ragen in der Mitte noch die Überreste einer dritten Brücke aus dem Wasser. Die erste Eisenbahnbrücke über den Tay wurde 1877 eingeweiht. Drei Kilometer lang war die Brücke, ein Wunderwerk der Technik, der Stolz Dundees. Doch bereits zwei Jahre später stürzte die Brücke während eines Unwetters ein und zog einen Zug und 75 Passagiere mit sich in den Abgrund. Der Sturm, der an diesem Tag tobte, zerstörte nicht nur die Brücke, sondern auch die Träume allzu Fortschrittsgläubiger, denn als Unfallursache stellte sich neben menschlichem vor allem technisches Versagen heraus.

In *Broughty Ferry,* etwa 5 km östlich des Stadtzentrums, steht am Ufer eines der besterhaltenen *Tower Houses* Schottlands. *Claypotts Castle* hat einen Z-förmigen Grundriss mit zwei Rundtürmen, die sich diagonal gegenüberstehen. Auf den Türmen sitzen wie Hauben hervorspringende Räumlichkeiten. Die Burg wurde im späten 16. Jh. für die Familie *Strachan* erbaut und war später u. a. im Besitz von *John Graham of Claverstone,* bekannter unter dem Namen

Bonnie Dundee (leider nur von außen zu besichtigen). Geöffnet hat dagegen das nahegelegene **Broughty Ferry Castle.** Es beherbergt das **Broughty Ferry Heimatmuseum** und bietet einen schönen Blick über das Meer (Öffnungszeiten: Mo-Sa 10-16 Uhr, So ab 12.30 Uhr, im Winter Mo geschlossen, Eintritt frei).

Praktische Hinweise

Tourist Information
● **Tourist Information Centre,** 21 Castle Street, Dundee DD1 3AA, Tel. 01382/527527.

Unterkunft
● **The Shaftesbury Hotel,** 1 Hynford Street, Dundee, Angus, DD2 1HQ, Tel. 01382/669216, www.shaftesbury-hotel.co.uk, B&B ab 50 £.
● **Cullaig Guest House,** 1 Rosemount Terrace, Upper Constitution Street, Dundee DD3 6JQ, Tel. 01382/322154, www.cullaig.co.uk, B&B ab 20 £.
● **Camping:** *Riverview Caravan Park* in Monifieth, im Osten von Dundee, an der A 930, Marine Drive, Monifieth DD5 4NN, Tel. 01382/535471, Wohnwagen, Zelt ab 12 £.

Verbindung
● **Züge** fahren regelmäßig entlang der Küste nach **Aberdeen,** durch Fife **nach Edinburgh** und über Perth **nach Glasgow.** Der **Bahnhof** liegt in der Nähe der Taybrücken am Tayufer. **Auskunft** erhalten Sie bei Scot-Rail, Taybridge Station, South Union Street, Dundee, Tel. 08457/484950.
● Durch Dundee fährt etwa stündlich ein **Bus** von Aberdeen **nach Edinburgh** und zurück. Zwischenstationen auf dem Weg nach Aberdeen sind u. a. Arbroath, Montrose und Stonehaven, zwischen Dundee und Edinburgh Kirkcaldy und Glenrothes. Etwas öfter verkehrt eine Linie, die von Edinburgh den Weg über Dunfermline, Kinross und Perth nach Dundee nimmt. Station in Dun-

dee ist die **Seagate Bus Station,** nördlich des Hafens. Genauere **Informationen** erhalten Sie bei der Seagate Bus Station oder unter Tel. 01382/228054, bzw. Tel. 08705/505050 *(Scottish Citylink)* oder bei *Traveline,* Tel. 0870/6082608.

Zwischen Dundee und Aberdeen

Verbindung
● **Zug:** Aberdeen verlässt ca. jede halbe Stunde ein Zug in Richtung Dundee. Zwischenstationen sind in Stonehaven, Montrose und Arbroath.
● **Bus:** Zwischen Aberdeen und Dundee verkehren die Buslinien der *Scottish Citylink.* Etwa jede Stunde fährt ein Bus mit Zwischenstopps in Arbroath, Montrose, Inverbervie und Stonehaven.

Ein anderer Bus nimmt den Weg durch das Landesinnere und fährt mit Zwischenstopps u. a. in Forfar, Brechin und Stonehaven alle zwei Stunden.

Arbroath

Etwa 25 km nordöstlich von Dundee wurde in Arbroath im Jahr 1320, nach dem Sieg in Bannockburn, unter *Robert the Bruce* die schottische **Unabhängigkeitserklärung** unterzeichnet.

Arbroath Abbey wurde 1178 von *William „the lion"* gegründet und von Tironensier-Mönchen bewohnt. Von der aus rotem Sandstein erbauten Abtei sind heute noch sehenswerte Teile der Kirche und der Wohngebäude erhalten. Auch das Haus des Abtes überdauerte und beherbergt heute eine Ausstellung über das Leben im Kloster sowie einige Stücke mittelalterlicher Kunst (im Sommer Mo-So 9.30-18.30 Uhr, im Winter bis 16.30 Uhr, So ab 14 Uhr, Eintritt).

Highlands

Weiterhin ist die Stadt für ihren *Arbroath smokie,* den über Eichen- und Birkenspänen geräucherten Schellfisch, bekannt. Zwischen Abtei und Hafen wird fast überall frisch geräucherter Schellfisch verkauft, der besonders gut kalt, mit dunklem Brot, Butter, Pfeffer und viel Zitronensaft schmeckt.

House of Dun

Ca. 5 km westlich von Montrose liegt an der A 935 ein Meisterwerk des schottischen Architekten *William Adam. Adam* wurde 1730 von *David Erskine, Lord Dun,* beauftragt, als Ersatz für das alte Castle ein Landhaus mittlerer Größe zu entwerfen. Entstanden ist dabei das **House of Dun,** das insbesondere durch die ausgewogene Innenarchitektur besticht. Typisch für seinen Stil ist die Kombination von Halle und Salon im Erdgeschoss und der Bibliothek über dem Salon, die von außen eine Auflösung der ansonsten eher strengen Linien bewirkt. Der Salon ist etwas höher als die übrigen Zimmer des Erdgeschosses und bedingt dadurch zwei Ebenen im ersten Stock, wo die Bibliothek über eine zusätzliche Treppe betreten werden kann (nur im Sommer Mi–So 12.30–17.30, Juli–Aug. täglich 11.30–17.30 Uhr, hoher Eintritt, Garten ganzjährig).

Dunnotar Castle

3 km südlich von Stonehaven liegen die Ruinen von Dunnotar Castle, das trotz fehlender Festungsmauern so sicher war, dass während der Cromwellschen Kriege hier die schottischen Reichsinsignien aufbewahrt wurden.

Das malerisch gelegene Castle wurde von *Sir William Keith, Marischal of Scotland,* auf einem 50 m hohen Felsen im Meer, der nur eine

Dunnotar Castle

schmale Verbindung zum Land hat, im 14. Jh. errichtet. Da hier früher eine Kapelle stand, wurde er dafür kurzzeitig exkommuniziert (im Sommer Mo–Sa 9–18, So 14–17, im Winter Fr–Mo 9.30–Sonnenuntergang, Di–Do geschlossen, Eintritt).

Stonehaven

Stonehaven ist eine kleine Stadt mit einem reizvollen Hafen am Fuße einer imposanten Sandsteinklippe. Der Felsen ist auf einem Fußweg zu erklimmen und verspricht bei schönem Wetter einen herrlichen Blick über das Meer und die Stadt. Von der Spitze nimmt auch ein Pfad zum 3 km entfernten Dunnotar Castle seinen Anfang, der entlang der dramatischen Küstenlinie verläuft.

Das Hafenbecken Stonehavens gewährt vorrangig Sportbooten Schutz, Fischerboote benutzen den Hafen selten. Am Hafen steht das alte Gefängnis, das Tolbooth, das heute keine Gefangenen, sondern das örtliche **Heimatmuseum** beherbergt (nur im Sommer, Mo–Sa 13.30–16.30 Uhr, Di geschlossen, Eintritt frei).

Tourist Information
●66 Allardice Street, Tel. 01569/762806 (nur im Sommer).

Unterkunft
Durch die Nähe zu Aberdeen sind die Unterkünfte in Stonehaven auch in der Nebensaison stark frequentiert. Es empfiehlt sich daher, rechtzeitig vorzubuchen.
● **Woodside of Glasslaw,** Stonehaven, AB39 3XQ, Tel. 01569/763779, www.4ho tels.co.uk/uk/hotels/woodsideofglasslaw. html, B&B ab 20 £, liegt zwar etwas außerhalb an der Kreuzung zwischen A92 und A90, wird dafür aber von der *nettesten Zimmerwirtin Schottlands* geführt, die ihre Gäste auch abholt.
● **Arduthie House,** Ann Street, Stonehaven, Kincardineshire AB39 2DA, Tel. 01569/762 381, gut, aber günstig, www.arduthie guesthouse.com, B&B ab 27 £.
● **Camping:** *Queen Elisabeth Caravan Park,* Stonehaven, Aberdeenshire, Tel. 01569/ 764041, der Campingplatz ist an der A 90, im Norden Stonehavens, neben dem Schwimmbad, ausgeschildert.

Glamis und die Angus Glens

Im Landesinnern ist zwischen Dundee und Forfar insbesondere **Glamis Castle** erwähnenswert, in dem *Queen Elisabeth, the Queen Mother,* aufgewachsen ist.

Das große Turmhaus mit niedrigeren Anbauten auf beiden Seiten ist in seiner heutigen Form erst im 17. Jh. entstanden, trotzdem sind Teile des Towers wesentlich älter, sie wurden bereits im 14. Jh. errichtet. Glamis ist eine jener drei Burgen, die Schauplatz der Ermordung *Duncans* durch *Macbeth* gewesen sein sollen. Doch ebenso wie bei den anderen Burgen spricht schon das Alter gegen diese Theorie, da *Duncan* bereits im 11. Jh. getötet wurde. Die Innenräume sind sehenswert, doch der Eintrittspreis ist überhöht (nur im Sommer täglich 10.30–18 Uhr). Letzter Eintritt: 16.30 Uhr.

Lohnend ist auch ein Besuch des kleinen **Angus Folk Museum** im Ort Glamis, in dem das Leben der schottischen Landbevölkerung und seine Veränderungen in den letzten 200 Jahren dargestellt wird. Ein Wohnraum und eine Spinnstube wurden ebenso eingerichtet wie ein

Highlands

Schulzimmer und eine Scheune mit verschiedenen landwirtschaftlichen Gerätschaften (nur Juli–Aug. Mo–Sa 11–17 Uhr, So 13–17 Uhr, Sept. Fr–Di 12–17 Uhr, hoher Eintritt).

Westlich von Glamis liegt an der A 926 das Städtchen Kirriemuir. Von hier aus lassen sich Wanderungen durch die herrlichen *Angus Glens,* die Täler der Region, wie Glen Isla, Glen Prosen oder Glen Clova, unternehmen. Genauere Informationen über Wanderwege erhalten Sie bei der örtlichen Tourist Information im Cumberland Close, Tel. 01575/574 097 (nur von Apr. bis Sept. geöffnet).

Das *Meigle Museum* an der A 94 stellt 25 Steine aus der keltisch-christlichen Zeit (6.–10. Jh.) aus und ist eine der wichtigsten europäischen Sammlungen von Bildhauerei aus dem frühen Mittelalter (nur im Sommer Mo–So 9.30–18.30 Uhr, kleiner Eintritt).

Aberdeen

Die *Grampian Region* hat ihren Namen nach den Grampian Mountains, die im Südwesten aufragen. Im Norden und Osten setzen der Firth of Moray und die Nordsee dem Gebiet eine natürliche Grenze. Zwischen Gebirge und Meer erstreckt sich eine fruchtbare Ebene aus weiten Feldern und bewaldeten Tälern, an der Küste wechseln sich atemberaubende Steilklippen und Felsformationen mit lieblichen Buchten und weißen Badestränden ab.

Grampian kann neben seiner abwechslungsreichen Landschaft mit einer Vielzahl und Vielfalt an **Burgen und Schlössern** aufwarten wie kaum ein anderer Teil Schottlands. Zerfallene Ruinen stehen unweit von majestätischen Tower Houses oder herrschaftlichen Residenzen.

Zentrum der Grampian-Region ist die Handelsstadt Aberdeen, die sich seit der Entdeckung des Nordseeöls in den sechziger Jahren von einem überdimensionalen Dorf, wie sie nichtaberdonische Spötter bisweilen nannten, zur *Ölhauptstadt Europas* entwickelt hat.

Wie schon im Mittelalter teilt sich auch heute noch Aberdeen in zwei Teile: die Handelsmetropole Central Aberdeen mit seinen georgianischen und viktorianischen Granitbauten und das Zentrum des studentischen Lebens, das mittelalterliche Old Aberdeen.

Sehenswertes

Central Aberdeen

Einen Rundgang durch Central Aberdeen beginnen Sie am besten in der Castle Street am **Mercat Cross.** Da Aberdeen schon seit dem Mittelalter Marktrecht besitzt, befindet sich hier das für die freien Marktstädte (Burgh) übliche Marktkreuz. In diesem Fall stammt es aus dem Jahr 1686 und wird von einem Einhorn aus weißem Marmor gekrönt. Die Reliefs entlang der Arkade zeigen neben den Wappen der Krone und der Stadt die Porträts sämtlicher Stuart-Monarchen von *James I.* bis *James VII.*

Gleich nebenan, in der Union Street, steht das viktorianische *Rathaus* mit dem weithin sichtbaren Westturm.

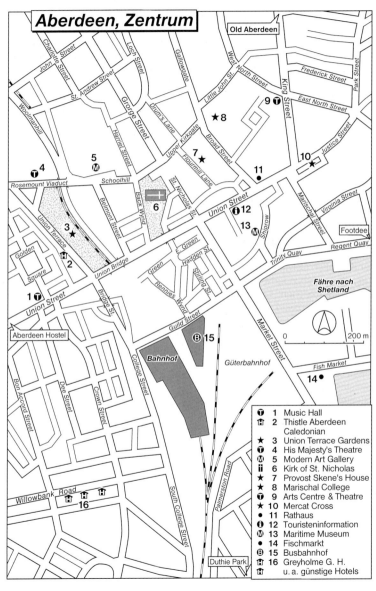

Aberdeen, Zentrum

Old Aberdeen

Highlands

Fähre nach Shetland

0   200 m

Bahnhof

Güterbahnhof

Fish Market

Aberdeen Hostel

Duthie Park

- 🚇 1 Music Hall
- 🏨 2 Thistle Aberdeen Caledonian
- ★ 3 Union Terrace Gardens
- 🚇 4 His Majesty's Theatre
- Ⓜ 5 Modern Art Gallery
- ⛪ 6 Kirk of St. Nicholas
- ★ 7 Provost Skene's House
- ★ 8 Marischal College
- 🚇 9 Arts Centre & Theatre
- ★ 10 Mercat Cross
- ● 11 Rathaus
- ℹ 12 Touristeninformation
- Ⓜ 13 Maritime Museum
- ● 14 Fischmarkt
- Ⓑ 15 Busbahnhof
- 🏨 16 Greyholme G. H.
- 🏨 u. a. günstige Hotels

Der Granitturm stammt aus dem 19. Jahrhundert und ist somit ca. 250 Jahre jünger als sein Pendant, der Gefängnisturm. Das **Tolbooth Museum** in seinem Innern zeigt eine interessante Sammlung zur städtischen Sozialgeschichte (im Sommer, Di–Sa 10–16 Uhr, So 12.30–15.30 Uhr, Eintritt).

Marischal College in der Broad Street wurde 1593 von *Georg Keith, 5th Earl of Marischal,* gegründet, um ein protestantisches Gegengewicht zum katholischen King's College in Old Aberdeen zu schaffen. Als im 19. Jahrhundert das ursprüngliche Gebäude zu klein und baufällig wurde, entwarf 1837 *Archibald Simpson* eine neue Anlage aus vier Flügeln, die hinter dem alten College errichtet wurde. Um die Jahrhundertwende wurden die ursprünglichen Gebäude dann nach einem Entwurf von *A. Marshall Mackenzie* durch eine neue Front für die Anlage Simpsons ersetzt.

Provost Skene's House in der Guest Row beherbergt das lohnende Städtische Museum. Provost (Bürgermeister) Skene's House selbst ist das älteste Haus im Stadtzentrum (erbaut 1545) und berühmt für die bemalte Holzdecke seiner Kapelle aus dem frühen 17. Jh. (Mo–Sa 10–17 Uhr, So 13–16 Uhr, Eintritt frei).

Nur wenige hundert Meter entfernt, sieht man die **Kirk of St Nicholas** am Back Wynd. Gegründet im 12. Jh., wurde die einst größte Pfarrkirche Schottlands während der Reformation in zwei Teile geteilt und bietet heute gleich drei verschiedenen Gemeinden Unterkunft. Der westliche Teil der Kirche ist zwischen

1741 und 1755 unter *James Gibbs* entstanden, einem der bedeutendsten Kirchenbauer Großbritanniens.

Die **Aberdeen Art Gallery** am Schoolhill zeigt zum einen eine Sammlung von Kunstwerken aus den letzten vier Jahrhunderten und besticht zum anderen durch die Innenarchitektur ihrer Eingangshalle (Mo–Sa 10–17, So ab 14 Uhr, Eintritt frei).

In einer Stadt, die seit Jahrhunderten von den Schätzen lebt, die das Meer ihr zugesteht, darf ein Seefahrtsmuseum nicht fehlen. Das **Aberdeen Maritime Museum** ist im **Provost Ross's House,** dem drittältesten Haus des Zentrums (1593), in der Shiprow untergebracht (Mo–Sa 10–17 Uhr, So 12–15 Uhr, Eintritt frei).

Old Aberdeen

Atmosphärisch schöner, weil intimer als Central Aberdeen ist Old Aberdeen. Die mittelalterliche Stadt, die rund um die Kathedrale gewachsen ist, besaß bis ins 19. Jh. hinein eigenständiges Marktrecht und ein Gericht und steht heute unter Denkmalschutz.

Die katholische Universität **King's College,** in der High Street, wurde 1495 von *Bishop William Elphinstone* gegründet und erst 1860 mit Marischal's College vereinigt. Der größte Teil der Gebäude entstand wie Marischal's erst nach 1820, doch die Kapelle ist noch ein Überbleibsel der ursprünglichen Anlage. Schon aus der Ferne beherrscht der Kirchturm das Stadtbild mit seiner markanten „gekrönten" Spitze.

St Machar's in der Chanonry besteht seit 1157 und wurde nach dem

Heiligen benannt, der hier im 6. Jh. ein Kloster gegründet haben soll. Von der ursprünglichen Kirche sind zwar nur noch die Torbögen aus Sandstein (14. Jh.) erhalten, doch ist St Machar's das älteste Granitgebäude Aberdeens und weltweit die einzige Kathedrale aus Granit (Öffnungszeiten: Mo–So 9–17 Uhr).

Durch den **Seaton Park** gelangen Sie zum River Don und der mittelalterlichen **Brig O'Balgownie.** Die Brücke mit dem gotischen Bogen wurde um 1318 fertiggestellt und war bis ins 19. Jahrhundert der einzige nördliche Zugang in die Stadt.

Auf keinen Fall verpassen sollte man den berühmten aberdonischen **Fischmarkt.** Beginn ist an jedem Wochentag früh um 4 Uhr, und bereits um 7.30 Uhr startet der Ausverkauf. Mit mehreren hundert Tonnen Fischumsatz täglich ist der Aberdeener Fischmarkt einer der größten Großbritanniens.

Praktische Hinweise

Tourist Information
● 23 Union Street, Aberdeen, AB11 5BP, Tel. 01224/288828, Fax 288838.

Unterkunft
Durch die Ölindustrie sind die Hotels in Aberdeen stets stark frequentiert. Es ist daher ratsam, sich schon frühzeitig um eine Unterkunft zu kümmern.

● **Thistle Aberdeen Caledonian,** Union Terrace, Aberdeen AB10 1WE, Tel. 01224/640233, www.thistlehotels.com, B&B ab 60 £.

● **Brentwood Hotel,** 101 Crown Street, Aberdeen, AB11 6HH, Tel. 01224/595440, www.brentwood-hotel.co.uk, B&B ab 35 £.

● **Kings Hall,** College Bounds, Old Aberdeen, Aberdeen AB24 3 TT, Tel. 01224/273444, www.abdn.ac.uk/catering, B&B ab 30 £, ist ein preiswertes Hotel mitten auf dem Grund des alten Kings College.

● **Armadale Guest House,** 605 Holbourn Street, Aberdeen, AB10 7JN, Tel. 01224/580636, zentral, B&B ab 25 £.

● **Jugendherberge:** *Aberdeen Youth Hostel,* 8 Queen's Road, Aberdeen AB1 6YT, Tel. 0870/0041100, Grad 1, liegt am westlichen

Highlands

Slains Castle

Stadtrand, vom Bahnhof fährt die Buslinie 27 zur Queen's Road, von der Union Street die Linien 14 und 15.

● *Camping:* Lower Deaside Holiday, South Deaside Road, Maryculter, Aberdeen, AB12 5FX, Tel. 01224/733860, Wohnwagen ab 9 £, Zelte ab 7,50 £. Der Campingplatz befindet sich ca. 12 km entfernt an der B 9077.

Theater und Konzert

● *His Majesty's Theatre* im Rosemount Viaduct bietet ein gutes Programm an Ballett, Theater und Oper, Tel. 01224/637788.

● In der *Music Hall,* Union Street, Tel. 01224/641122, tritt regelmäßig das Scottish Chamber Orchestra und das Scottish National Orchestra auf.

Verbindung

● Der Aberdeener Flughafen ist einer der modernsten Großbritanniens, und die Flugzeit von London beträgt nur etwas über eine Stunde. Regelmäßige *Flugverbindungen* gibt es mit fast allen britischen Zentren. Flugauskunft: Aberdeen Airport, Tel. 01224/ 722331 oder www.baa.co.uk.

● Gute und regelmäßige *Bahnverbindungen* existieren ebenfalls mit den anderen britischen Zentren. Der Bahnhof liegt zentral in der Guildstreet. Tel. 08457/484950.

● Für Ziele in der näheren Umgebung oder kleinere Ortschaften empfiehlt sich der *Bus,* da das Busnetz besser ausgebaut ist. Der *Busbahnhof* befindet sich in der Guildstreet. Busauskunft: Tel. 01224/212266 (Stagecoach Bluebird), bei First Bus, Tel. 01224/ 650065, die in der Union Street 47 eine Informationsstelle zum Stadtbusverkehr und Verbindungen in der näheren Umgebung betreiben, oder bei Traveline, Tel. 0870/ 6082608.

Die Küste Grampians

Etwa 40 km nördlich von Aberdeen zeigt sich die Küste Grampians von ihrer atemberaubendsten Seite. So lohnt sich z. B. ein Abstecher von der A 975 zur *Cruden Bay,* weniger wegen der unromantischen Ruinen von *Slains Castle,* sondern aufgrund der Steilklippen, die sich zu den bizarresten Felsformationen auftürmen. Etwa 3 km nördlich der Bucht ist so auch eines der bekanntesten Felsengebilde Schottlands zu sehen. Die *Bullers of Buchan* ist eine etwa 70 m tiefe Schlucht, in die durch einen Felsenbogen das Meerwasser hineinbraust. Entlang des Abgrundes führt ein schmaler Weg, der bei Feuchtigkeit glitschig sein kann und Vorsicht gebietet.

Peterhead

Peterhead, einige Meilen weiter nördlich, ist mit 18.000 Einwohnern nach Inverness die größte Stadt nördlich von Aberdeen. Die Geschichte dieser Kleinstadt wurde seit jeher durch das Meer bestimmt, und noch heute ist Peterhead einer der bedeutendsten Fischereihäfen der EG, und der örtliche *Fischmarkt* ist sogar größer als der Aberdeens. Der Markt findet täglich (außer sonntags) ab 7.30 Uhr, samstags ab 8 Uhr am Hafen statt.

Manche Stellen der geschäftigen Stadt erinnern an das alte Fischerdorf, so *Buchanhaven* im Norden und *Roanheads* nördlich des Hafens, wo jeweils noch einige der alten niedrigen Fischerhäuser zu sehen sind.

Das älteste Haus der Stadt, das *Ugie Salmon Fishings,* steht ebenfalls im Norden an der Mündung des River Ugie. Das Baudatum 1585 ist in einen der Giebel eingeritzt, und im Innern werden immer noch Lachs und Forellen über einem Feuer aus Eichenholz geräuchert (Mo–Fr 9–17 Uhr, Sa 9–12 Uhr).

Unterkunft

● **The Palace Hotel,** Prince Street, Peterhead AB42 1PL, Tel. 01779/474821, www.palacehotel.co.uk, B&B ab 35 £.

● **Carrick Guest House,** 16 Merchant Street, Peterhead AB42 6DU, Tel. 01779/470 610, www.carrickguesthouse.co.uk, B&B ab 22 £.

● **Camping:** Peterhead Caravan Park, South Bay, Peterhead AB4 6UW, Tel. 01779/ 473358, Zelt ab 5 £, Wohnungen ab 14 £.

Verbindung

● Die **Buslinien** 260 und 263 verbinden Peterhead ca. jede halbe Stunde mit Aberdeen, die Fahrt geht über Cruden Bay und Ellon. Die 269 fährt jede Stunde nach Fraserburgh. Busauskunft: Tel. 0870/6082608.

Fraserburgh

Im nordöstlichsten Zipfel Schottlands liegt die 12.000-Einwohner-Stadt Fraserburgh, deren Geschichte ins 14. Jh. zurückgeht. 1570 ließ *Alexander Fraser, 8. Laird of Philorth,* im Nordosten der Stadt eine Burg errichten, die 200 Jahre später zum ersten **Leuchtturm** Schottlands umgebaut wurde. Heute ist der Leuchtturm Teil des lohnenden **Museum of Scottish Lighthouses** und kann im Rahmen einer Führung bestiegen werden (im Sommer Mo–Sa 11–17, So ab 12 Uhr, Juli, Aug. bis 18 Uhr, im Winter bis 16 Uhr, hoher Eintritt).

Das älteste Gebäude der Stadt ist der **Wine Tower,** ein rechteckiger Bruchsteinturm aus dem 16. Jh. Der Wine Tower, gleich neben dem Leuchtturm gelegen, kann auf Anfrage besichtigt werden, Details erfahren Sie beim **Tourist Information Centre** am Saltoun Square.

Ebenfalls am Saltoun Square findet sich das **Mercat Cross** als Zeichen der Marktrechte Fraserburghs. Das Kreuz wird auf das Jahr 1763 datiert und zeigt als einziges Marktkreuz Schottlands sowohl das Wappen des Königreiches Schottland als auch das des Vereinigten Königreiches.

Tourist Information

● 3 Saltoun Square, Fraserburgh, Tel. 01346/518315.

Verbindung

● Die Buslinien 267 und 268 von *Stagecoach* verbinden Fraserburgh mit **Aberdeen.** Die Route führt über Ellon und Mintlaw. Informationen: *Traveline,* Tel. 0870/6082608.

Banff

Die Stadt am westlichen Ende der Banff Bay ist eine alte Handelsstadt und war schon im 12. Jh. Mitglied der „Nördlichen Hanse", eines Zusammenschlusses mehrerer freier Handelsstädte *(Burghs)* mit Handelserlaubnis. Das Städtchen unterhielt Verbindungen mit ganz Europa, obwohl es erst ab dem 18. Jh. einen eigenen Hafen besaß.

Am südlichen Stadtrand findet sich **Duff House,** eine großartig angelegte architektonische Kuriosität inmitten des Royal Golf Course. Anfang des 18. Jh. erbte der junge *William Duff, Lord Braco* und späterer *Earl of Fife,* das größte Vermögen Schottlands. Seiner neuen Stellung entsprechend, entschloss er sich, eine neue, herrschaftliche Residenz zu bauen, und beauftragte *William Adam* mit der Planung.

Highlands

Bowfiddle Rock bei Portknockie

Der Bau wurde nie beendet, da dem jungen Lord die Baukosten zu hoch wurden. Trotzdem gehört Duff House zu den schönsten Exemplaren georgianischer Barockarchitektur Großbritanniens und gilt als Meisterwerk *William Adams,* in dem die **National Galleries of Scotland** einen würdigen ersten Außenposten gefunden haben (Sommer Mo–So 11–17, Winter nur Do–So bis 16 Uhr, hoher Eintritt).

Elgin

Wenn man von Osten auf der A 96 nach Elgin kommt, führt links eine Seitenstraße zur berühmten *Elgin Cathedral.* Sie wurde 1224 gegründet und galt als die schönste Schottlands, bis sie, nachdem sie bereits 1390 abgebrannt und wieder aufgebaut worden war, während der Reformation erneut und endgültig zerstört wurde. 1567 wurden die Spitzen der beiden Türme heruntergerissen, und der unwiderrufliche Verfall begann.

Relativ gut erhalten sind sowohl die Ost- als auch die Westfassade mit den zwei großen Türmen, die aufgrund ihrer abgebrochenen Spitzen an eine französische Kathedrale erinnern. Auch das achteckige Kapitelhaus gilt immer noch als das schönste Schottlands (Sommer Mo–So 9.30–18.30, Winter Mo–Sa bis 16.30 Uhr, Do und Fr geschlossen, So 14–16.30 Uhr, Eintritt).

Elgin selbst ist eine alte Stadt mit einer sehenswerten Hauptstraße. Alte Häuser, ein Marktkreuz und eine Kirche auf einer Verkehrsinsel sind in der High Street zu finden. Das Haus Nummer 7, **Braco's Banking House,** wurde im Jahre 1694 erbaut und ist eines der wenigen Gebäude, die noch die ehemals typische Fassade aus Blendarkaden aufweisen.

St Giles Kirk auf der Verkehrsinsel wurde 1827–28 erbaut und von *Archibald Simpson* entworfen. Ihren ungewöhnlichen Standort verdankt die Kirche der Tatsache, dass genau an dieser Stelle bereits im Mittelalter ein Gotteshaus stand.

Tourist Information

● 17 High Street, Elgin, Tel. 01343/542666.

Unterkunft

● **Sunninghill Hotel,** Hay Street, Elgin, Moray IV30 1NH, Tel. 01343/547799, www.sunninghillhotel.com, B&B ab 36 £.
● **The Lodge Guest House,** 20 Duff Avenue, Elgin IV30 1QS, Tel. 01343/549981, www.thelodge-elgin.com, B&B ab 20 £.
● **Camping:** *Station Caravan Park,* West Beach, Hopeman, liegt ein Stück nördlich von Elgin an der Küste, Tel 01343/830 880, www.stationcaravanpark.co.uk, Zelte ab 4 £, Wohnwagen ab 8 £.

Verbindung

● **Zug:** In Elgin hält der Zug zwischen Aberdeen und Inverness, der im Zwei-Stunden-Rhythmus die Städte miteinander verbindet.
● **Bus:** Die Bluebird-Linie 10 fährt stündlich von Aberdeen über Inverurie, Huntly, Keith, Elgin, Forres und Nairn nach Inverness. Die Linie 305 fährt stündlich von Aberdeen u. a. über Fyvie, Turriff, Macduff und Banff nach Elgin. Busauskunft: Tel. 0870/6082608.

Grampian – das Landesinnere

Von Aberdeen nach Banff

Von Aberdeen nach Banff führt die A 947, eine Strecke, die sich insbesondere durch eine Vielzahl an Castles auszeichnet. Die Auswahl reicht von verfallenen Ruinen wie Tolquhon Castle über noch vollständig erhaltene Burgen wie Fyvie Castle bis zu herrschaftlichen Residenzen wie Haddo House.

Von Tolquhon Castle bei Pitmedden führt die B 999 ins nah gelegene Tarves, von wo noch 6 km bis **Haddo House** zurückgelegt werden müssen (Hinweisschild). Die dreigliedrige herrschaftliche Residenz wurde 1731 von *William Adam* für *William, 2. Earl of Aberdeen,* entworfen. Das Zusammenspiel von einem größeren Hauptbau und zwei niedrigeren Seitenflügeln lässt denn auch leicht die Handschrift des großen schottischen Architekten erkennen. Das Mobiliar im Innern des Hauses entstammt größtenteils nicht mehr dem 18. Jh., sondern ist original Adam-Revival aus dem Jahre 1880 (nur im Hochsommer, täglich 13–16.30 Uhr, Mai, Juni, Sept. Sa u. So, Garten ganzjährig geöffnet, sehr hoher Eintritt).

Nördlich des kleinen Ortes Fyvie liegt eine der schönsten Burgen Schottlands (ausgeschildert). Die 5 Türme von **Fyvie Castle** stehen für je eine der 5 Familien, die einmal die Burg besaßen. Dementsprechend heißen die Türme *Preston, Meldrum, Seton, Gordon* und *Leith.* Der älteste Teil des Castles stammt bereits aus dem 13. Jh. und gilt heute als das großartigste Exemplar schottischer Baronialarchitektur.

Die Inneneinrichtung zeugt größtenteils vom Reichtum des *First Lord Leith of Fyvie,* der das Gut 1889 erstand und restaurieren ließ. Die Gemäldesammlung ist eine besonders schöne und kostbare Zusammenstel-

Highlands

Leith Hall

lung verschiedener Porträts, unter ihnen Werke von *Gainsborough, Raeburn, Batoni, Romney, Opie* und *Hoppner.* Zudem werden Waffen und Rüstungen des 16. Jh. sowie mehrere Wandteppiche ausgestellt (nur im Sommer, Juni, Sept.–Okt. Sa–Mi 12–17 Uhr, Juli–Aug. Mo–So 11–17 Uhr, sehr hoher Eintritt).

Verbindung

● Entlang der Strecke verläuft die *Buslinie* 305, die im Ein-Stunden-Rhythmus in Aberdeen abfährt und zwei Stunden später über Stationen in Newmachar, Oldmeldrum, Fyvie, Turriff und Macduff in Banff ankommt.

Huntly

Huntly liegt zwischen Elgin und Aberdeen, dort, wo die A 97 und die A 96

wieder zusammentreffen. Am nördlichen Ende der freundlichen Kleinstadt steht die prächtige **Ruine Huntly Castle,** die mit herrlichen heraldischen Emblemen über dem Tor des Hauses und an den Burgmauern verziert ist. Schön kann man hier die architektonische Geschichte der Burg durch fünf Jahrhunderte beobachten: Die erste Burg aus dem 12. Jh. war eine Festung aus Erde und Holz, die zweite ein mittelalterliches L-förmiges Tower House, und die dritte wurde nach der Zerstörung des Turmhauses im 16. Jh. als eine fast palastartige Residenz gestaltet. 500 Jahre lang bewohnten die streng katholischen *Gordons* das Castle, bis es in den Bürgerkriegen Mitte des 17. Jh. endgültig zerstört wurde (im Sommer Mo-

480

So 9.30–18.30 Uhr, im Winter bis 16 Uhr, Do nachmittags und Fr geschlossen, Eintritt).

Tourist Information
● 9a The Square, Huntly, AB5 5AE, Tel. 01466/792255, nur im Sommer geöffnet.

Unterkunft
● **Huntly Hotel,** The Square, Huntly, Aberdeenshire AB54 5BR, Tel. und Fax 01466/792703, B&B ab 25 £.
● **Castle Hotel,** Huntly, Aberdeenshire, AB54 4SH, Tel. 01466/792696, www.castlehotel.uk.com, Übernachtung ab 60 £.

Verbindung
● Der **Zug** von Aberdeen nach Inverness fährt mehrmals täglich in Abständen von ein bis zwei Stunden von Aberdeen nach Elgin. Stationen sind in Inverurie, Huntly, Keith und Elgin.
● Zwischen Aberdeen und Keith verkehrt die **Buslinie** 10, die Aberdeen im Stundenrhythmus verlässt, um über Zwischenstationen u. a. in Kintore, Inverurie, Huntly, Keith, Elgin und Nairn drei Stunden später in Inverness anzukommen.

Von Aberdeen nach Dufftown

Castle Fraser liegt ca. 25 km westlich von Aberdeen, nördlich der A 944 in der Nähe von Achath. Der Bau der Burg wurde von *Michael Fraser* unter Nutzung des älteren, rechteckigen Tower Houses im Jahre 1575 begonnen. Zunächst ließ *Fraser* den Rundturm und den viereckigen Turm einander diagonal gegenüber errichten, doch schon sein Sohn erweiterte das nun Z-förmige Tower House um die beiden niedrigen Seitenflügel.

Im Innern des prächtigen Castles erwarten den Besucher neben geschmackvoll eingerichteten Räumen auch ein paar reizvolle Kleinigkeiten, beispielsweise das Holzbein des *Charles Mackenzie Fraser* oder das „Laird's Lug", ein unauffälliges Guckloch im Bailiff's Room, durch das der Gutsverwalter das Treiben in der Great Hall unter ihm beobachten konnte (nur im Sommer tgl. außer Mo und Fr 12–17 Uhr, Juli–Aug., Mo–So 11–17 Uhr, sehr hoher, aber lohnender Eintritt).

Craigievar Castle
Südlich von Alford ist nach 10 km an der A 980 das Märchenschloss Craigievar Castle zu besichtigen. 1610 von *William Forbes* als Tower House erbaut, blieb Craigievar im 19. Jahrhundert von viktorianischen Schnörkeln verschont und stellt sich

Highlands

Craigievar Castle

heute noch ebenso reizvoll dar wie zu Lebzeiten seines Bauherrn.

William Forbes war ein reicher Kaufmann, der aufgrund seiner Handelsverbindungen zum osteuropäischen Festland auch „*Willie the Merchant*" oder „*Danzig Willie*" genannt wurde. Starkes Nationalbewusstsein und die Notwendigkeit, aufgrund akuten Holzmangels möglichst viele Räume unter einem möglichst kleinen Dach unterzubringen, veranlassten ihn, ein typisch schottisches, fünfstöckiges Tower House zu errichten.

Außen bildet der schlichte Turm einen schönen Kontrast zu der aufwändig gestalteten Dachkonstruktion. Innen findet durch die Räume mit Originaleinrichtung etwa alle Viertelstunde eine Führung statt (nur im Sommer, Fr–Di 12–17.30 Uhr, sehr hoher, aber lohnender Eintritt).

Dufftown

Rome was built on seven hills, Dufftown stands on seven stills. Gleich sieben Quellen speisen sieben Brennereien und machen so den freundlichen Ort zur Hauptzentrale der schottischen Whiskyherstellung. Durch die **Glenfiddich Distillery** am Nordrand der Stadt drängen sich denn im Sommer auch täglich Touristenströme, um das Geheimnis der Whiskybrennerei zu erfahren (Führungen durch die Produktionsanlagen finden Mo–Fr 9.30–16.30 Uhr, im Sommer auch Sa + So 12–16.30 Uhr statt, Tel. 01340/820373, Eintritt frei).

Unweit der Distillery liegt die Ruine von **Balvenie Castle.** Im 13. Jh. als Festung des *Earl of Buchan* erbaut, entwickelte sich die Burg von der

Whisky, das braune Wasser des Lebens

In Schottland hat sich eine Form der Veredelung von Gerste (engl. *barley*) entwickelt, deren **Ursprung** manche bis in die Zeit der Pikten um die Zeitenwende zurückverlegen. *Uisge beatha,* das „Wasser des Lebens", nennen es die Gälen, *Whisky* heißt es im Schottischen, das viele gälische Wörter einfach in eine Kurzform brachte.

Die **Herstellung** von reinem **Hochland-Malzwhisky** ist eigentlich ganz einfach, doch benötigt man vier Dinge dazu, die es den Konkurrenten aus Irland, den USA oder gar Thailand verwehren, das Flavour des schottischen Stoffs zu erreichen: schottischer Torf, schottisches Hochlandwasser, schottische Destillateure und die Highlands. Japaner hatten einmal die ersteren drei Dinge auf Schiffen nach Japan verfrachtet und versucht, eigenen Malt zu brennen; heute kaufen sie ihren Malt wieder in Schottland.

Malzwhisky (auf schottisch kurz *Malt*) wird aus Gerste gewonnen, die zunächst keimen muss, um das Malz (Zuckerkristalle) auszubilden. Danach wird sie über Torffeuern getrocknet und erhält mit dem Torfrauch den typischen rauchigen Geschmack, der den schottischen Whisky von anderen unterscheidet. Nach dem Trocknen wird die Gerste gemahlen und das Malz mit Wasser herausgewaschen. Die nun entstandene Flüssigkeit wird mit Hefe vergoren. Das Ergebnis, ein dem Bier sehr ähnliches Gebräu, wird nun destilliert. Der dadurch gewonnene Rohwhisky wird in Eichenfässer gefüllt und muss mindestens sieben Jahre lagern, bis ein Schotte ihn Whisky nennt.

Viele der **Brennereien** in Schottland lassen Besucher hinter die Kulissen schauen. Wir empfehlen besonders die kleineren, da hier die Gruppen kleiner sind, man dadurch Zwischenfragen stellen kann und vor allem, weil man am Schluss einen Probeschluck echten Maltwhiskys erhält, die meisten großen Distilleries jedoch nur Blend anbieten.

Da die Herstellung von reinem Malzwhisky sehr langwierig ist – die meisten guten Whiskies lagern mindestens zwölf Jahre –, wird häufig der leichter herstellbare **Grainwhisky** *(grain* kann alle möglichen Getreidesorten bedeuten) mit dem Malt zum billigeren *Blend* verschnitten (engl. *blended).*

Die meisten in Deutschland bekannteren Scotch Whiskies sind **Blends,** also nur zweitklassiger Whisky. Je höher aber der Maltanteil ist, desto weicher wird auch der Blend. Aber auch Malzwhisky ist nicht gleich Malzwhisky. Zum einen ist das **Lageralter** entscheidend. Je länger ein Whisky im Eichenfass gelegen hat, desto weicher wird er in der Regel, wobei Kenner allerdings der Meinung sind, dass ein Alter über 12 Jahre keine spürbaren Veränderungen mehr bringt. Beim Alter zählt nur die

Lagerzeit, da der Whisky sich nicht mehr verändert, sobald er in luftdichten Flaschen abgefüllt ist.

Weiterhin unterscheidet man zwischen *Pure und Single Malt.* Der Pure Malt ist ein Verschnitt aus verschiedenen reinen Malzwhiskies, während der Single Malt aus einer einzigen Brennerei stammt, somit die Krone der Schöpfung darstellt. Die Whiskykenner unterscheiden darüber hinaus noch die **Western und die Eastern Malts.** Mit Eastern Malts sind vor allem die Whiskys aus der Whiskyregion Speyside gemeint, die durch ihr weiches, rundes Malzaroma bestechen. Die Western Malts, vor allem von den Inseln Islay und Skye und von Kintyre, besitzen ein erheblich raueres, torfigeres Aroma. Man sollte die Western Malts nach der schottischen Devise trinken: *„Drink no whisky without water and drink no water without whisky!"*

Highlands

Museumsbrennerei Dallas Dhu

Festung eines feudalen Barons zu einem stattlichen Wohnsitz, wie er für einen Renaissance-Adligen angemessen erschien. Besonders deutlich wird dies an der Ostfront, wo *John Stewart, 4. Earl of Atholl,* um 1550 die alten Verteidigungsanlagen abreißen ließ (nur im Sommer, Mo–So 9.30–18.30 Uhr, kleiner Eintritt).

Auf The Square in der Ortsmitte steht weithin sichtbar der **Clock Tower.** Die Uhr am Turm stammt ursprünglich aus Banff und wird allgemein *The Clock that hanged MacPherson* genannt. *MacPherson* war ein Räuber in Robin-Hood-Manier. Im Jahr 1700 wurde er zum Tode verurteilt und sollte erhängt werden, doch die Bevölkerung setzte sich beim König für die Begnadigung *MacPhersons* ein. Am Tage der Exekution war das Begnadigungsschreiben auf dem Weg, aber der Sheriff von Banff stellte die Turmuhr eine Stunde vor, um das rechtzeitige Eintreffen des Schreibens zu verhindern.

Der Turm beheimatet außer dem Tourist Information Centre auch das **Dufftown Museum,** eine kleine Ausstellung mit Stücken zur örtlichen Geschichte, wie alte Bügeleisen u. Ä. (nur im Sommer, Mo–Sa 10–17.30 Uhr, Juli–Aug. 9.30– 18.30 Uhr, So 14–18 Uhr, Eintritt frei).

Tourist Information

●Clock Tower, The Square, Dufftown, Tel. 01340/820501, nur im Sommer geöffnet.

Unterkunft

●**Tannochbrae Guest House,** 22 Fife Street, Dufftown, Banffshire AB55 4AL, Tel. 01340/820541, tannochbrae.co.uk, B&B ab 20 £.

Das Tal des River Dee

Durch das Deetal führt die A 93 von Aberdeen nach Ballater. Das Tal ist hier breit und sanft, die Umgebung wird landwirtschaftlich genutzt und unterscheidet sich stark von der wilden Natur am Ursprung des Tales.

Verbindung

●Durch das Deetal führt die Buslinie 201 der Stagecoach Bluebird. Von Aberdeen startet alle halbe Stunde ein **Bus nach Banchory,** alle zwei Stunden fährt der Bus weiter über Kincardine O'Neil, Aboyne, Ballater, Crathie bis **nach Braemar.** Genauere Auskunft über Abfahrtszeiten erhalten Sie in Aberdeen beim Busbahnhof in der Guild Street oder bei Traveline, Tel. 0870/608 2608.

Crathes Castle

An der A 93 befindet sich kurz vor Banchory ein Schmuckstück der schottischen Tower-House-Architektur. **Crathes Castle** wurde zwischen 1556 und 1596 auf Geheiß von *Alexander Burnett* errichtet, dessen Familie schon seit über 300 Jahren auf diesem Grund lebte. Auch die nächsten 350 Jahre verbrachte die **Burnett-Familie** in der Burg, die Ende des 17. Jh. unter *Sir Thomas* und *Margaret Burnett* noch um einen Seitenflügel erweitert wurde, da die 21 Kinder des Paares nicht mehr genügend Platz im alten Turmhaus fanden.

Die geschmackvolle **Inneneinrichtung** der gelbverputzten Granitburg zeigt eine Zusammenstellung von Möbeln seit dem 16. Jh. mit Schwerpunkt auf dem 17. Jh. Beeindruckend sind die herrlich bemalten Decken in einigen Räumen, die im frühen 17. Jh. von einheimischen Künstlern geschaffen wurden.

Außerhalb von Crathes Castle erstreckt sich ein weitläufiger **Park** mit schönen Linden und ein Garten mit einer unüberschaubaren Zahl an Blumen sowie herrlichen Eibenhecken (nur im Sommer Mo–So 10–17.30 Uhr, sehr hoher, aber lohnender Eintritt; Garten und Park: das ganze Jahr von 9 Uhr bis Sonnenuntergang, Eintritt auch separat möglich).

Banchory

Banchory, die größte Ortschaft des Deetals, zeichnet sich wie Aboyne oder Ballater vor allem durch seine schöne Lage und die guten Unterkunftsmöglichkeiten aus.

Tourist Information
● Bridge Street, Banchory AB31 3SX, Tel. 01330/822000, nur im Sommer.

Unterkunft
● **Village Guest House,** 83 High Street, Banchory, AB31 5LPJ, Tel./Fax 01330/ 823307, www.guest-house83.freeserve.co. uk, B&B ab 27 £.
● **Douglas Arms Hotel,** 22 High Street, Banchory AB31 5SR, Tel. 01330/822547, www.douglasarms.co.uk, B&B ab 30 £.
● **Camping:** *Feughside Caravan Park,* Strachan, Banchory, Kincardineshire AB31 6NT, Tel. 01330/850669, Zelt 7 £, Wohnwagen 9 £. Der Platz liegt 8 km südlich von Banchory, die B 974 nach Strachan, dann die B 976.

Balmoral Castle

Neun Kilometer vor Braemar auf der A 93 liegt rechts der Straße im Wald

Balmoral Castle, der Sommersitz des britischen Königshauses. *Königin Victoria* und ihr Gemahl *Prinz Albert* hatten sich hier ein Schlösschen ganz im Stile viktorianischer Romantik gebaut. Hat sich ein Mitglied der *Royal Family* vor den Londoner Boulevardfotografen in die Einsamkeit vom Deeside geflüchtet, kann das Schloss ganz oder teilweise geschlossen sein (Apr.–Juli Mo–So 10–17 Uhr, Eintritt).

Braemar

Das kleine Städtchen am Oberlauf des Dee schlummert in einem Talkessel zwischen einsamen, zum Teil bewaldeten Bergen vor sich hin. Der Ort besitzt mehrere überraschend große Hotels, deren Pubs Abendunterhaltung auch in der Wildnis bieten.

Highlands

Crathes Castle

485

Der olympische Geist im Kilt

Auch im archaischen Zeitalter der Clans konnte es passieren, dass ein Frieden zwischen zwei Sippen länger hielt, als es dem Tatendrang der Clansmänner lieb war. Der Ernstfall trat ein. Die Häuptlinge scharten ihre geschicktesten und stärksten Mannen um sich und stellten sich dem sportlichen Wettkampf mit den Nachbarn. Als später die Zeiten ruhiger wurden, die Klingen sich nur noch selten oder gar nicht mehr kreuzten, machte man allerorten im Hochland die friedlichen Wettkämpfe zu obligatorischen Einrichtungen im Leben der Clans. Die noch heute bestehenden **Highland Games** und **Highland Gatherings** waren geboren und entwickelten sich im Laufe der Zeit zu Volksfesten.

An den Spielen teilnehmen kann jeder, der sich vorher als Athlet gemeldet hat, die Disziplinen, in denen man sich misst, sind festgelegt. Nicht auf allen Spielen werden sämtliche traditionellen Disziplinen gleichzeitig durchgeführt – das geschieht nur auf den großen Spielen, wie etwa auf denen von Braemar oder Oban – die Wettkampfarten selbst bleiben jedoch gleich.

Am berühmtesten und exotischsten schillern unter ihnen die schwerathletischen Wettkämpfe hervor. Beim **tossing the caber** muss ein riesiger Kiefernholzstamm so durch die Luft geschleudert werden, dass er sich über das obere Ende überschlägt und möglichst exakt in der Zwölf liegenbleibt.

Putting the weight heißt die Disziplin, bei der ein Eisengewicht von bis zu einem halben Zentner über eine mehrere Meter hochliegende Hochsprunglatte geworfen werden muss. Daneben wird auch das Hammerwerfen durchgeführt **(throwing the hammer)**, wobei der Hammer aus einem Holzstab mit einer runden Steinkugel am Ende besteht.

Tug-of-war nennt sich eine der spannendsten und beliebtesten Disziplinen, die im Deutschen einfach Tauziehen heißt. Auf vielen Spielen werden daneben auch **klassische Laufwettkämpfe** abgehalten, die vom Sprint (100 yards) über Hürdenlauf bis zu Dauerläufen auf nahe gelegene Berggipfel reichen.

Das **highland dancing,** bei dem vom **sword dance** über zwei gekreuzten Säbeln bis zum **reel** alle Tänze vertreten sind, wurde früher nur von Männern betrieben, heute sind es meist junge Mädchen, die akrobatisch durch die Luft springen.

Zu guter Letzt messen sich auf den größeren Spielen natürlich auch die **Piperbands.** Dabei kommt es nicht nur auf virtuoses Dudelsackspiel an, die Kapellen müssen auch vorgeschriebene Marschformationen exakt abschreiten. Viele der Hochlandspiele haben fröhlichen Volksfestcharakter. Wenn die eigentlichen Wettkämpfe vorüber sind, wird in Festzelten und Kneipen gefeiert.

Durch den Ort zwängt sich in einer Schlucht der **River Clunie.** Die Brücke über die Schlucht hatte einmal das **Kindrochit Castle** bewacht, von dem heute nur noch Grundmauern zeugen. Das **Braemar Castle,** einen Kilometer nördlich vor der Stadt, stammt aus dem 18. Jh. und ist mit ein paar viktorianischen Erkern geschmückt. Im Inneren finden sich einige wenige Möbel des 17. Jh. (nur im Sommer, Mo–So 10–18 Uhr, Eintritt).

Bekannt ist Braemar aber vor allem wegen des **Braemar Gatherings.** Das größte und berühmteste aller Highland Games findet alljährlich am ersten Samstag im September statt und wird traditionell von der dann in Balmoral weilenden Königsfamilie besucht. Eintrittskarten verkauft oder reserviert: Braemar Royal Highland

Society, Coilacriech, Ballater, Aberdeenshire AB35 5UH, Tel. 013397/ 55377, www.braemargathering.org, oder das Office vor Ort. Abends findet eine stadtweite Party in allen Bars und Pubs statt, die man sich auf keinen Fall entgehen lassen sollte. Für die Highland Games sollten Sie unbedingt frühzeitig Unterkünfte vorbuchen. Das gilt auch und besonders für die Jugendherberge.

Tourist Information
●**The Mews,** Mar Road, Tel. 013397/ 41600.

Unterkunft
●**The Invercauld Arms Hotel,** Braemar, Aberdeenshire AB35 5YR, Tel. 013397/ 41605, B&B ab 25 £.
●**Cranford Guest House,** 15 Glenshee Road, Braemar AB35 5YQ, Tel. 013397/ 41675, www.cranfordbraemar.com, B&B ab 24 £, klein, aber günstig.
●**Rucksacks Braemar,** 15 Mar Road, Braemar AB35 5YL, Tel./Fax 013397/41517, bietet Basisunterkünfte ab 7 £.
●**Jugendherberge:** *Corrie Feragie,* 21 Glenshee Rd., Braemar, Aberdeenshire AB35 5YQ, Tel. 0870/0041105.
●**Camping:** *Invercauld Caravan Club Site,* Glenshee Rd., Tel. 013397/41373, links der Straße am südlichen Ortseingang, noch vor der JH.

Highlands

Deetal

Inverness

Die Stadt an der „Mündung des Ness" (gälisch = *Inver Ness)* ist die Hauptstadt der Highlands. Inverness (44.000 Einw.) ist ein modernes Industrie-, Einkaufs- und Handelszentrum und für seine Größe erstaunlich lebendig. Es eignet sich als Ausgangspunkt für Ausflüge in die gesamten Highlands.

Schon *St Columba* ruhte sich hier von seinem Kampf mit *Nessie* aus. Auch *Macbeth* gab sich hier die Ehre. In den Jacobitenkriegen war Inverness ein heiß umkämpfter Platz und ist seitdem Garnisonsstadt. Die schönen alten Häuser unter dem Castle zeigen, dass nicht alle adeligen Hochländer unter der Nase des Königs wohnen wollten.

In den Läden der Altstadt findet man vom Kilt über Dudelsack und Musik, Whisky und Shortbread, Wolle und Tweed alles, was irgendwie schottisch ist.

Stadtrundgang

Das **Castle** ist ein viktorianischer Bau des 19. Jh. und beherbergt heute Verwaltungsbeamte. Am Castle Wynd abwärts erhebt sich links der Bau des *Inverness Museums.* Es zeigt Exponate zu Archäologie und Hochlandkultur, Reliquien der Jacobitenkämpfe und eine Kunstausstellung (Mo–Sa 9–17 Uhr, Eintritt frei). Gegenüber liegt das **Rathaus** aus dem 19. Jh. An der Ecke Church Street/Bridge Street steht müde **The Steeple,** das alte Gerichtsgebäude aus dem Jahre 1791. Am anderen Ufer des Ness flussaufwärts steht die neogotische **Kathedrale.**

In der Church Street versteckt sich hinter der **Old Gaelic Church** die **Old High Church** aus dem Jahr 1770. Schräg gegenüber in der School Lane ist **Dunbars Hospital,** das alte Armenhaus des 17. Jh. Auf der anderen Seite der School Lane hat der *National Trust* den **Bow Court,** eine typische Wohnanlage des 18. Jh., restauriert. Das **Abertarff House,** etwas weiter die Church Street aufwärts, ist ein schönes Beispiel für ein Hochlandadelspalais aus dem 16. Jh.

Praktische Hinweise

Tourist Information

●Das **Tourist Information Centre** Ecke Bridge Street und Castle Wynd bietet die nötigen Informationen über Freizeit, Wandern, Ausflüge usw. (Castle Wynd, Inverness IV2 3BJ, Tel. 01463/234353).

Unterkunft

●**Palace Milton Hotel,** Ness Walk, Inverness IV3 5NE, Tel. 01463/223243, www.miltonhotels.com, B&B ab 35 £, am Flussufer gegenüber dem Castle.

●**Culduthel Lodge,** 14 Culduthel Road, Inverness IV2 4AG, Tel./Fax 01463/240089, www.culduthel.com, B&B ab 45 £, gutes Hotel in viktorianischem Adelsstadtsitz.

●**Ivy Bank Guest House,** 28 Old Edinburgh Road, Inverness IV2 3HJ, Tel. 01463/232 796, www.ivybankguesthouse.com, B&B ab 25 £.

●**Jugendherberge:** *Victoria Drive,* Inverness IV2 3QB, Tel. 0870/0041127, High, in einer Seitenstraße der Crown Street (Verlängerung der High Street).

●**Camping:** *Bught Caravan & Campsite,* Inverness IV3 5SR, Tel. 01463/236920, Tourer ab 8 £, Zelte 5 £, an der A 82 (Ft. William) kurz vor dem Kanal rechts.

Weitere Informationen

● **Eden Court Theatre,** Bishops Road, Tel. 01463/234234, Ballett, Schauspiel und Konzerte. Direkt dabei auch das Kino.

● **Veranstaltungen:** Folk Festival (April), Highland Games (Juli), berühmter Piper-Wettkampf (September).

Verbindung

● Der **Busbahnhof** liegt im Farraline Park, einer Seitenstraße der Academy Street. Einige der lokalen Busse fahren auch in der Queensgate ab. Fahrplanauskunft: Tel. 0870/6082608 oder für Postbusse Tel. 08457/740740 bzw. von außerhalb Tel. 0044/1752/387112.

● Der **Bahnhof** liegt wunderbar zentral an der Academy Street (Tel. 01463/239026, *Scotrail:* Tel. 08457/484950).

● Der **Flughafen** (Tel. 01667/464000) von Inverness liegt etwas östlich vor der Stadt bei Dalcross. Reservierungen bei *British Airways:* Tel. 0870/8509850.

● **Bootsfahrten** durch den Kaledonischen Kanal und Loch Ness: **Jacobite Cruises,** an der A 82, Richtung Fort William am Kaledonischen Kanal. Vor der Tourist Information in Castle Wynd fährt auch ein *Bus zum Fähranleger* ab. In der Information werden auch die entsprechenden Tickets verkauft (Tel. 01463/233999).

● **Autoverleih:** *Budget rent a car,* Railway Terrace, Inverness, IV1 1NM, Tel. 01463/713 333, macraehire@aol.com.

Ausflüge von Inverness

Westlich von Inverness liegt **Beauly,** ein hübsches kleines Städtchen am River Beauly. *Maria Stuart* soll der Stadt den Namen gegeben haben, als sie hier ausrief: „Quel beau lieu!" (Was für ein hübscher Ort!). Sehenswert ist besonders die zwischen ehrwürdigen alten Bäumen liegende Ruine der **Beauly Priory** von 1230.

Den Eingang des Moray Firth nordöstlich von Inverness (A 96 Richtung Nairn, links B 9006) bewacht die größte britische Barockfestung, **Fort George,** die die berühmte Architektenfamilie *Adams* 1748–1769 erbaute, um die Highlands zu „befrieden".

An der B 9090 östlich von Inverness liegt **Cawdor Castle.** Das Castle ist eines der drei, in denen *Macbeth* den *Duncan* ermordet haben soll. Doch es stammt aus dem späten 14. Jh., und so kann der Mord von 1040 kaum hier geschehen sein. Die Burg ist eine der schönsten in Schottland und reich mit Exponaten ausgestattet (im Sommer Mo–So 10–17.30 Uhr, privat, also hoher Eintritt!).

Beim Rückweg über die B 9006 überquert man das **Schlachtfeld von Culloden Moor.** Hier wurde *Bonnie Prince Charlie,* der letzte Thronanwärter der *Stuarts,* mit seinen aus den Hochlandclans zusammengewürfelten Truppen am 16. April 1746 vom *Duke of Cumberland* geschlagen. Culloden bedeutete den Anfang der brutalen Unterdrückung der Hochlandbewohner und ihrer Kultur durch die Engländer. Der *National Trust* hat hier ein Besucherzentrum eingerichtet (im Sommer Mo–So 9–18, im Winter 11–16 Uhr, Jan. geschl., hoher Eintritt).

Der einsame Norden

Überblick

Der schottische Norden gehört zu den verlassensten und zugleich wildesten Gegenden Europas. Wer es hier aushält, der muss Regen und Sturm, Einsamkeit und Abgeschie-

Highlands

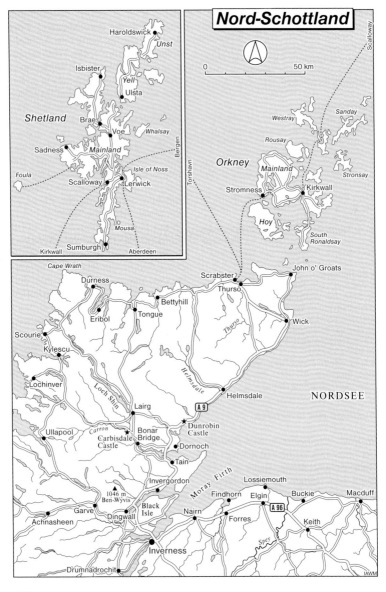

Nord-Schottland

Kampf mit der Streitaxt in Fort Georg

denheit trotzen, der wird, wenn die Sonne nach einem Schauer durch die Wolken bricht und kantige Fjorde, Seen inmitten von Fels und Flechten, glitzernde Wasserfälle, verwitterte Brochs und mystische Steine in ein unwirkliches Licht taucht, von ungezügelter Schönheit belohnt!

Die Grafschaften **Ross and Cromarty** und **Caithness** und das Herzogtum **Sutherland** sind ein Paradies für Angler und Jäger, aber auch für Wanderer und Kletterer. Die unberührten Landschaften bieten unzähligen Tieren eine Heimat. Man kann hier Fisch- und Steinadler beobachten, Hirschherden weiden sehen, Schwärmen von Seevögeln beim Fischen zuschauen, Robben und Otter beim Spielen erleben.

Im landschaftlich weicheren Osten finden sich unzählige prähistorische Stätten. Das Landesinnere ist von endlosen Moorflächen bedeckt und im Nordwesten von wunderschönen Fjorden und kilometerlangen Seen zerschnitten. An der Küste finden sich überall verträumte einsame Buchten, die Akkorde der Natur in der Sinfonie der Felsen, Klippen, Dünen.

Verbindung

● In dieser abgeschiedenen Gegend ist man praktisch auf ein **Auto** angewiesen. Trampen kann zur echten Geduldsprobe werden. Die meisten Straßen sind single track roads. Achten Sie auf einen vollen Tank. Die wenigen Tankstellen machen früh zu, und auch freundliche Passanten mit Reservekanistern werden selten.

● **Züge** verkehren nur im Nordosten. Von Inverness fährt über Dingwall, Tain, Lairg, Golspie und Helmsdale dreimal täglich ein Zug nach Thurso und Wick. In Dingwall zweigt von dieser Strecke der andere Arm der *Northern Highland Rail* nach Kyle of Lochalsh ab, der ebenfalls dreimal täglich befahren wird. Info: *Scotrail,* Tel. 08457/484950.

●Je weiter man in den Nordwesten vordringt, desto dünner wird auch das im Norden ohnehin spärliche *Busnetz.* Inverness nach Thurso: *Scottish Citylink Coaches* (Tel. 08705/505050). Thurso nach Durness: *Rapsons Coaches* (für Thurso Tel. 01847/893 123 bzw. für Inverness Tel. 01463/710555). An der nördlichen Westküste kommt man nur noch mit dem Postboten (Tel. 08457/740740) oder in der Schulzeit mit den Schulbussen vorwärts, die mit Handzeichen angehalten werden können.

Die Ostküste

Über die neue *Firth Bridge,* die sich von Inverness über den Moray Firth spannt, folgt man über die Halbinsel *Black Isle* der A 9 in Richtung Norden. Von hier lohnt ein Abstecher nach Westen in den kleinen Kurort *Strathpeffer* (800 Einw.) bei Dingwall, dessen Heilwasser man in der Ortsmitte probieren kann. In dem alten viktorianischen Bahnhof finden sich ein paar Kunsthandwerksläden. Strathpeffer dient als hervorragender Ausgangspunkt für *Wanderungen* in den Bergen von Cromarty, wie etwa zum 1046 m hohen *Ben Wyvis.*

Auf dem Weg nach Tain fährt man die A 9 unterhalb des *Fyrish Monument* entlang. Der Nachbau des Stadttores von Seringapatam in Indien, den ein Graf veranlasste, ist eines der witzigsten *follies* („Unsinn" aus der viktorianischen Epoche) Schottlands.

Das Städtchen *Tain,* das man bald erreicht, besitzt schon seit 1066 Marktrechte, als deren Symbol in der Ortsmitte das *Mercat Cross* steht. In der Tower Street widmet sich *Tain through Time* der örtlichen Geschichte. Der große *Tolbooth-Turm* (1630) an der Hauptstraße diente

früher als Gefängnis. Südöstlich von Tain in *Shandwick* findet sich einer der schönsten piktischen Symbolsteine, der eine Höhe von 2,7 m erreicht.

Wer nicht die schnelle A 9, sondern den weiten Bogen der A 836 nimmt, kann die Nacht im Schloss verbringen. Wenige Kilometer von Bonar entfernt liegt eine der schönsten Jugendherbergen Schottlands, *Carbisdale Castle.* Adresse: Culrain, Ardgay, Sutherland IV24 3DP, Tel. 0870/0041109, High, geöffnet März–Okt.

Von hier lohnt ein Spaziergang zu den *Falls of Shin* an der B 864. Besonders im Juni kann man den Lachsen bei ihren Sprüngen über die Wasserfälle im wildromantischen Shintal, das sich neben der Straße zur Schlucht verengt, zusehen.

Doppelcastle Sinclaire und Girnigoe

Folgt man weiter der Küstenroute, erreicht man als nächstes **Dornoch** mit seinem **Castle** (16. Jh.), auch Bishop's Palace genannt, und der verträumten **Cathedral** aus dem 13. Jahrhundert. Am Ufer des Firth besitzt Dornoch herrliche Sandstrände.

Tourist Information

●**Tourist Office,** The Square, Dornoch IV25 3SD, Tel. 01862/810916, zuständig für ganz Sutherland.

Unterkunft

●**Dornoch Castle Hotel,** Castle Street, Dornoch, Sutherland IV25 3SD, Tel. 01862/810216, B&B ab 70 £, im Castle im Stadtzentrum.
●**Independent Hostel:** Sleeperzzz.com, Rogart Station, Sutherland IV28 3XA, Tel. 01408/641343, www.sleeperzzz.com, Übernachtung in Eisenbahnwagons für 11 £.
●**Carbisdale Castle Youth Hotel,** Culrain, Sutherland IV24 3DP, Tel. 0870/0041109, schlafen im Schloss, aber nur im Sommer.
●**Camping:** *Dornoch Caravan Park,* The Links, River Street, Dornoch, Sutherland IV25 3LX, Tel. 01862/ 810423, am Strand, Zelt/Tourer ab 7 £.

Etwa 17 km hinter Dornoch passiert man auf der A 9 bei Golspie **Dunrobin Castle.** Im 19. Jahrhundert beschloss die **Herzogin von Sutherland,** die zweitgrößte Grundbesitzerin Europas, die Pächter von ihrem Land zu vertreiben, um Schafe weiden zu lassen. Wer sich sträubte, dem wurde das Dach über dem Kopf angezündet. So konnte sie aus der alten Clansburg ein luxuriöses Schloss machen. Das Innere birgt wenig Besonderes, sehenswert ist dagegen der prachtvolle **englische Garten** (Sommer: Mo–Sa 10.30–17 Uhr, So 12–17 Uhr, hoher Eintritt).

Einen Kontrast bietet das **Timespan Museum** in **Helmsdale.** Hier wird die Geschichte der Region und das Elend der *Clearances* erläutert (nur im Sommer Mo–Sa 9.30–17 Uhr, So 14–17 Uhr, Eintritt).

Vom **Ord of Caithness,** nördlich von Helmsdale, kann man bei gutem Wetter einige der britischen Bohrinseln in der Nordsee erkennen. In Occumster biegt nach links eine Nebenstraße ab. Die 4000–5000 Jahre alten **Grey Camster Cairns** (Kammergräber), die nach 8 km gleich links der Straße in der trostlosen Moorlandschaft ruhen, sind begehbar gemacht worden.

Wick (8700 Einw.), das Sie bald erreichen, ist ein kleines Fischerstädtchen, das seine Bedeutung dem **Flughafen** nördlich der Stadt verdankt. Sehenswert ist die Ruine des Doppelcastles **Sinclair und Girnigoe** aus dem 15.–17. Jh. Das **Wick Heritage Centre** in der Bank Street widmet sich mit einer schönen Sammlung der Geschichte der Region.

Öffnungszeiten: Mo–Sa 10–17 Uhr.

Unterkunft

●**MacKays Hotel,** Wick, Caithness, KW1 5ED, Tel. 01955/602323, www.mackays hotel.co.uk, B&B ab 55 £, am Hafen, freies Golfspielen.
●**Wellington Guest House,** 41–43 High Street, Wick KW1 4DP, Tel. 01955/603287, B&B ab 20 £.

Nördlich von Wick endet die A 9 in **John O'Groats,** dem winzigen Fährhafen nach Orkney. Nach Osten führt eine schmale Straße zum Leuchtturm auf **Duncansby Head,** der

Highlands

Nordostspitze des schottischen Festlandes. Man sollte nicht versäumen, einen Blick auf die **Duncansby Stacks** zu werfen, mehrere einzigartige, kegelförmige Felssäulen in der Brandung südlich der Landspitze.

Die Nordküste

Thurso (9400 Einw.), 20 km westlich, ist die letzte Siedlung mit Stadtcharakter bis Ullapool an der Westküste. Im Rathaus, das in der Fußgängerzone steht, ist das **Thurso Heritage Museum,** das Heimatmuseum der Grafschaft Caithness, untergebracht.

Gleich westlich der Stadt zweigt rechts die Straße nach **Scrabster** ab, dem kleinen Fährhafen für die Fähren von *P&O Scotland* nach Orkney und Shetland.

Unterkunft
● **Station Hotel,** 54 Princes Street, Thurso KW14 7DH, Tel. 01847/892003, www.stationthurso.co.uk, B&B ab 35 £.
● **Jugendherberge:** *Sandra's Hostel,* 26 Princes Street, Thurso, Caithness KW14 7BQ, Tel. 01847/ 894575, Basisunterkünfte ab 10 £.
● **Camping:** *Thurso Caravan Park,* Scrabster Road, Tel. 01847/895782, rechts der A 882 am Strand von Thurso Bay, Zelte/Tourer ab 8 £.

Vorbei an schönen Buchten und Stränden, in die man oft nur hinunterklettern kann, fährt man kurz vor **Bettyhill** an einer alten Kirche vorbei. Hier lohnt ein Blick ins **Strathnaver Museum,** das durch seine liebenswerte Fülle verschiedenster auf-, über- und nebeneinander geschichteten Ausstellungsstücke begeistert.

Nach dem **Kyle of Tongue** durchqueren Sie die Halbinsel **A Mhoine.** Von hier lohnt der Abstecher zum wunderschönen **Loch Hope** am Fuße des **Ben Hope** (927 m). Noch etwas südlich steht neben der Straße das **Dun Dornaigil Broch.**

Direkt vor dem Ortsanfang von **Durness** hat in einer langen, engen Bucht ein Flüsschen ein Naturwunder von überwältigenden Ausmaßen geschaffen. Links der Straße verschwindet der Fluss tosend in einem 21 m tiefen Loch. Zum Meer hin kommt ein Bach friedlich aus der gigantischen **Smoo Cave** herausgeplätschert. Die riesige Höhle wurde einst von Pikten, Wikingern und Schmugglern bewohnt. Bei gutem Wetter ist es möglich, mit einem Schlauchboot noch weitere, hinter dem Wasserfall verborgene Kammern zu befahren.

Durness ist nur ein kleiner Ort mit Supermarkt und Tankstelle. Von hier kann man einen Abstecher zur Künstlerkolonie **Balnakeil Craft Village** machen, in dem sich wunderschöne Souvenirs abseits des Massentourismus erstehen lassen.

Cape Wrath, die Felsnase im äußersten Nordwesten, erreicht man auf einer kombinierten Boots- und Kleinbustour (Infos bei der **Tourist Information** oder der Tankstelle).

Unterkunft
● **Mackays Rooms with Restaurant,** Durine, Durness, IV27 4PN, Tel. 01971/511 202, www.visitmackays.com, B&B ab 35 £, sehr nett.
● **Jugendherberge:** Smoo, Durness, Lairg, Sutherland IV27 4QA, Tel. 0870/0041113, Simple, Apr.–Sept., oberhalb der Smoo Cave.

Die Westküste

Von **Kylescu,** südlich von Scourie, schippert ein Boot im Sommer mehrmals täglich an Vogelfelsen und Seehundbänken vorbei in den **Loch Glencoul.** Hier stürzt der **Eas Coul Aulin,** Großbritanniens höchster Wasserfall, 200 m tief in den Fjord.

Lochinver (300 Einw.), weiter südlich, ist ein gemütliches kleines Fischerdörfchen, in dem Sie ihre Vorräte auffüllen können. Am Ortseingang links ist ein kleiner Supermarkt, weiter vorn die **Tourist Information** (Tel. 01571/844330) am Ortsende links auch eine Bank. Im Hafen finden sich endlich wieder **Pubs:** *Scottie's Public Bar* und die *Wayfarer's Bar.*

Unterkunft

● **The Albannach Hotel,** Baddidarroch, Lochinver, IV27 4LP, Tel. 01571/844407, www.thealbannach.co.uk. B&B ab 75 £, feines, altes Hotel aus dem 19. Jh.
● **Jugendherberge:** Recham, Lairg, Sutherland IV27 4JB, Tel. 0870/0041102, Simple, geöffnet Apr.–Sept., sie befindet sich in Achmelvich.

An der Abzweigung nach Lochinver liegt das wunderschöne **Loch Assynt,** mit der malerischen Ruine des kleinen **Ardvreck Castle** aus dem 15. Jh. auf einer Halbinsel im See. Da das Castle derzeit renoviert wird, kann es sein, dass der Blick auf die Fassade durch Planen versperrt ist.

Hinter Drumrunie zweigt eine kleine Straße ab, auf der man vorbei am eindrucksvollen **Stac Polly** (612 m) nach **Achiltibuie** gelangt. Von hier setzen Fähren zu den sehenswerten **Summer Isles** über.

Ullapool ist ein touristisches Städtchen mit einer hübschen Hafenpromenade. Der Ort eignet sich gut als Ausgangspunkt, um die Westküste und die westlichen Highlands zu erforschen. Vom Hafen laufen die Fähre nach Stornoway auf Lewis und verschiedene Ausflugsdampfer zu den Summer Isles aus. Infos: in den Buden am Kai.

Unterkunft

● **Westlea Guesthouse,** 2 Market Street, Ullapool, IV26 2XE, Tel. 01854/612594, www.westlea-ullapool.co.uk, B&B ab 20 £.
● **Jugendherberge:** Shore Street, Ullapool, Rossshire IV26 2UJ, Tel. 0870/0041156, an der Uferpromenade.
● **Camping:** *Ardmair Point Caravan Site & Boat Centre,* Ullapool, Rossshire IV26 2TN, Tel. 01854/612054, www.ardmair.com, Zelte/Tourer ab 7,50 £, nördlich von Ullapool an der A 835.

Südlich von Ullapool sollten Sie nicht versäumen, einen Blick in die 61 m tiefe und 1,5 Kilometer lange **Corrieshalloch Gorge** mit dem 45 m hohen **Fall of Measach** zu werfen.

Am nächsten Fjord, dem Loch Ewe, liegt der berühmte **Inverewe Garden** des *National Trust* (NTS). Unzählige Pflanzen, auch aus Afrika und Asien sowie herrliche Rhododendron- und Hibiscusbestände, bieten eine fast ganzjährige Blütenpracht (im Sommer tgl. 9.30–21, im Winter bis 16 Uhr, sehr hoher, aber lohnender Eintritt).

Vorbei am schönen, bewaldeten **Loch Maree** gelangt man auf dem Weg nach Süden bald nach **Torridon,** einem Ort am Fuße des großartigen **Liathach-Massivs.** Die Gegend ist eines der wildesten und un-

Highlands

Alter Viehpass bei Applecross

wegsamsten Gebiete Schottlands. In Fasag bei Torridon hat der *National Trust,* dem die ganze über 1000 m hohe Wand des Liathach gehört, ein **Besucherzentrum** eingerichtet.

Nach Osten erreicht man hier über Achnasheen wieder Inverness, nach Süden gelangt man entweder über Kyle of Lochalsh auf die Insel Skye oder über Shiel Bridge und die A 87 ins Great Glen.

Jugendherberge
● **Torridon,** Achnasheen, Rossshire IV22 2EZ, Tel. 0870/0041154, Standard, geöffnet März–Okt., zwischen der A 896 und Fasag.

Das Great Glen

Den tiefen Einschnitt, der die Highlands vom Nordosten nach Südwesten wie am Lineal entlang zerteilt, machte sich der Ingenieur *Thomas*

Telford nutzbar, als er 1803 mit dem Bau des **Caledonian Canal** begann. Mit Hilfe von 29 Schleusen sollte dieser Kanal den Atlantik mit der Nordsee verbinden. Der Wasserweg wurde eines der technischen Wunderwerke der Zeit. Wirtschaftlich erfüllte er die in ihn gesetzten Erwartungen jedoch nicht. Heute nutzen ihn nur noch Sportboote und wenige Fischkutter.

Von Inverness südwestlich führt die A 82 am Kaledonischen Kanal entlang bis Fort William an der Westküste. Die Straße folgt dem Nordufer des berühmtesten Sees von Schottland: **Loch Ness.** In **Drumnadrochit** ist gleich am Ortsbeginn rechts **The Original Loch Ness Monster Exhibition Centre** untergebracht. Die sehenswerte Multimedia-Show bietet eine vergnügliche Reise durch die vielen Folgen der Nessiege-

Die Erschaffung der Einsamkeit – Highland Clearances im 19. Jh.

Noch in der Mitte des 19. Jahrhunderts war das Hochland ein für jene Zeit normal besiedeltes Gebiet. Bald aber wurde es unmöglich, mit den veralteten Anbaumethoden des Hochlands das Bevölkerungswachstum zu bewältigen. In den Lowlands war man diesen Problemen mit modernen landwirtschaftlichen Methoden begegnet und in recht kurzer Zeit sogar zum Lebensmittelexporteur geworden. Man hatte das Land „bereinigt" (im Englischen *to clear*), d.h. durch Drainagen entwässert, begradigt, gedüngt und die Nutzung den Bodenverhältnissen angepasst. Die neuen Methoden sollten auch im Hochland Hilfe bringen. Doch die konservativen Hochländer sträubten sich gegen Veränderugen. Auch waren ihre Höfe zu klein, um wirtschaftlich betrieben zu werden. **Erste Landvertreibungen** begannen, um rentable Betriebsgrößen zu erhalten. Das Wort *Clearances* fing an, einen neuen Sinn zu erhalten: Säubern des Landes von Menschen.

Als infolge gestiegener Nachfrage in Europa der Wollpreis in die Höhe schnellte, handelten viele Landlords sofort: Wenn das Land von den Menschen befreit, die letzten Wälder abgeholzt wurden, dann war Raum geschaffen für Millionen von Schafen, die mit wenig Arbeit hohen Gewinn abwarfen. Zu Tausenden mussten in der Folge die Crofter ihre angestammten Täler verlassen und den Schafen Platz machen. Die Landbesitzer schreckten dabei vor **brutalsten Methoden** nicht zurück. Die *Duchess of Sutherland* ließ widerspenstigen Pächtern (*tennants*) das Dach über dem Kopf anzünden, auf den Hebriden ließ ein Landlord seine Pächter auf ein Schiff treiben, um sie direkt in den kanadischen Wald zu verschiffen, wo die meisten verhungerten.

Ausgehend von Irland, wo die Zustände ähnlich verheerend waren, kam es erst Ende des 19. Jh. zu Reformen. 1886 erließ das Unterhaus die *Crofters Act*, die erstmals den Pächtern die Sicherheit der Pacht zubilligte. Doch für die meisten der ehemaligen Hochländer kam das Gesetz zu spät. Das Hochland war entvölkert und in eine öde, menschenleere Wüste, die *man-made-desert*, verwandelt.

Ironie des Schicksals: Schon bald fielen die Wollpreise. Die Landbesitzer fanden schnell eine neue Einnahmequelle. Nun mussten auch die Schafe weichen und dem **Rotwild** Platz machen, denn Freizeitjäger aus ganz Europa waren bereit, Unsummen für die Jagd auf Rotwild zu bezahlen.

---

schichte (im Sommer 9–22 Uhr, im Winter 9–17 Uhr, hoher Eintritt). Hier sind auch Tickets und Infos zu den Abfahrtszeiten der *Loch Ness Cruises* (Bootsfahrten auf Loch Ness) erhältlich. Ganz in der Nähe hat das **Official Loch Ness 2000 Exhibition Centre,** das mit noch modernerer Technik und noch spektakulärer das gleiche Thema behandelt, geöffnet (Juli–Aug. 9–20.30 Uhr, Jun./ Sept. bis 18.30 Uhr, Apr., Mai. Okt. 9.30–17.30 Uhr, im Winter 10–16 Uhr, hoher Eintritt).

Lohnend sind von Drumnadrochit aus auch Abstecher auf der A 831 durch das **Glen Urquhart** in die Sackgassen von **Glen Cannich** zum Loch Mullardoch oder ins **Glen Affric** bis zum Loch Affric.

Etwas hinter Drumnadrochit liegt **Urquhart Castle** (sprich: Örket). Es wurde im 13. Jh. als königliche Festung erbaut und im 16. Jh. stark erweitert, aber während eines Jacobitenaufstandes 1691/92 zerstört (Sommer Mo–So 9.30–18.30, Winter bis 16.30 Uhr, hoher Eintritt).

Unbekanntes Tauchobjekt oder Sommerlochplombe?

Im Jahre des Herrn 565 war der irische Mönch und Klosterbauer *St Columba* an den Ufern von Loch Ness unterwegs. Plötzlich gewahrte er eine Gruppe Einheimischer, die einen der ihren zu Grabe trugen. Dieser war einer „aquatili bestiae", einem Seeungeheuer, zum Opfer gefallen. Sogleich erkannte *St Columba* seine Chance. Er ließ einen seiner Getreuen zum anderen Ufer des Sees schwimmen. Kaum war der Mann im Wasser, da tauchte auch schon „Niseag", heute nur noch „Nessie" genannt, auf, die sich den irischen Brocken nicht entgehen lassen wollte. Das war *St Columbas* Stunde: „Go thou no further, nor touch the man. Quick, go back!" befahl der Heilige. Erschrocken floh das Untier, nicht aber die Heiden. Sie liefen in Scharen dem Heiligen zu. Seitdem sind die Schotten Christen, und Loch Ness hat ein Monster.

Beides hat sich bis heute nicht verändert. Doch verschreckt von jener Begegnung mit Menschen, ließ Nessie sich erst im 19. Jh. wieder sehen. 1827 erwähnte *Sir Walter Scott* die „Wasserkuh" in seinem Tagebuch, und 1880 berichtete ein Taucher von einem großen Ungeheuer.

Wirklich berühmt wurde Nessie aber erst, als 1933 die großzügige A 82 durch das Great Glen gebaut wurde. Im Juli 1933 fuhren Mr. und Mrs. *Spicer* gemütlich am Ufer des Sees entlang, als sie plötzlich aus dem Farn am Fahrbahnrand ein seltsames Tier auftauchen sahen. Es hatte einen kleinen Kopf, einen langen dünnen Hals, einen dicken, schwerfälligen Körper und vier Flossen oder Füße und verschwand nach kurzer Zeit mit einem lauten Platscher im See. Seitdem beobachteten noch Hunderte von Menschen das Monster im See.

Die „Monstermania" war ausgebrochen. Der New Yorker Zoo bot 500 Dollar, 20.000 Pfund der Zirkus *Bertram Mills* und die *Black and White Distillery* sogar 1 Million Pfund. Noch heute sind die 500.000 Pfund der Guinnes- Brauerei für den kapitalen Fang erhältlich. Aber das wäre illegal, denn schon 1934 haben die Highländer ihr Ungeheuer unter Naturschutz gestellt.

Auf der Basis von Fotos und Filmen entstanden alsbald Hypothesen über die Spezies der Hochländerin. Die bekannteste vermutet, dass Nessie zu einer Art der Plesiosaurier gehört. Diese räuberischen Reptilien lebten in der Kreidezeit in küstennahen Meeresregionen. Bis vor 12.000 Jahren war Loch Ness noch ein Meeresarm, der erst nach der Eiszeit zum See wurde.

Zum Unglück der Monsterforscher ist der See mit dem Ungeheuer verbündet. Wie fast alle schottischen Seen ist Loch Ness undurchsichtig wie braune Tinte. Auch ist Loch Ness unglaublich tief, und keiner weiß bis heute genau wie tief. 325 Meter ist die größte bisher gemessene Tiefe, doch das moorige Wasser schluckt auch Sonarstrahlen, wer weiß also, ob der See nicht noch tiefer ist. Wird man also jemals in der Lage sein zu erfahren, ob das Geheimnis von Loch Ness nur spielende Fischotter, bizarre Baumstämme oder vielleicht doch ein scheues Relikt jener Spezies ist, die in anderen Ländern nur noch in Form von versteinerten Knochen unter Glas auftritt?

Am Südende von Loch Ness liegt **Fort Augustus** (500 Einw.). Der Ort entstand um eine der Festungen herum, die der Diktator *Oliver Cromwell* im späten 17. Jh. anlegen ließ. Ende des 19. Jhs. konvertierte die Bastion in ein Kloster. Noch heute unterhalten die Benediktiner eine Schule in der Abtei, die zwischen dem Kanal, dem River Oich und dem See liegt.

Folgt man der A 82 in Richtung Süden, gelangt man an die bewaldeten Ufer des **Loch Lochy. Spean Bridge,** das man nach einem Pass

Ben Nevis bei Fort William

unten im Tal erreicht, ist ein hübsches Örtchen, das sich gut als Ausgangspunkt für Wanderungen in die Umgebung eignet. An der Tankstelle kann man auch Fahrräder leihen.

Unterkunft

● *Corriegour Lodge Hotel,* Loch Lochy, by Spean Bridge, Lochaber PH34 4EB, Tel. 01397/712685, www.corriegour-lodge-hotel.com, B&B ab 60 £, führt auch ein hervorragendes Restaurant.

● *Coire Glas Guest House*, Spean Bridge, PH34 4EU, Tel. 01397/712272, www.coireglas.co.uk, B&B ab 25 £.

Fort William

Folgt man der A 82 weiter nach Süden, erreicht man bald Fort William (11.200 Einw.), das touristische Zentrum der Highlands. Der Parlamentskönig *Wilhelm von Oranien* gab der Stadt den Namen. Die Stadt selbst ist nicht besonders schön, doch sind von hier aus alle Glanzpunkte der westlichen Highlands leicht zu erreichen. In der Mitte der High Street steht das **West Highland Museum.** Es bietet ein sympathisches Sammelsurium von Gegenstände aus dem Hochland (Sommer Mo–Sa 10–17 Uhr, Juli–Aug. auch So ab 14, Winter bis 16 Uhr, kleiner Eintritt).

Seine Bekanntheit verdankt Fort William der 1344 m hohen Kuppe des **Ben Nevis,** des höchsten Bergs in Großbritannien. Auf einer „Fußgängerautobahn" ist es auch für Ungeübte möglich, vom **Glen Nevis** aus den Gipfel zu erreichen. Gute Schuhe sind hierfür allerdings genauso wichtig wie Vorsicht bei schlechtem Wetter.

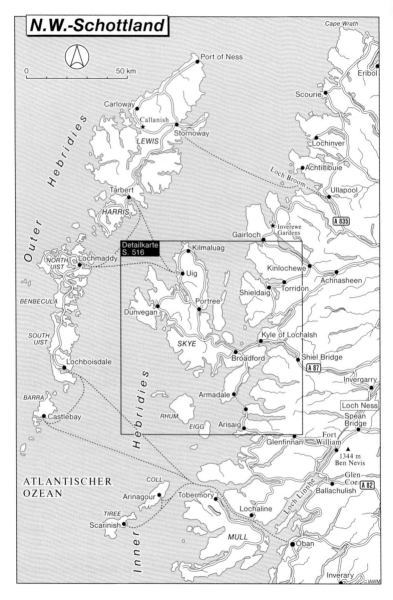

N.W.-Schottland

Praktische Hinweise

Tourist Information
●Gegenüber dem Museum liegt das *Tourist Information Centre,* Cameron Centre, Cameron Square, Tel. 01397/703781.

Unterkunft
●*Grand Hotel,* Gordon Square, Fort William PH33 6DX, Tel./Fax 01397/702928, www.grandhotel-scotland.co.uk, B&B ab 30 £.
●*Distillery Guest House,* Glenlochy Distillery, North Road, Fort William PH33 6LH, Tel. 01397/700103, www.stayinfortwilliam.co.uk, B&B ab 23 £, in der alten Destillerie am Eingang des Glen Nevis gelegen.
●*Craig Nevis Guest House,* Belford Road, Fort William, Inverness-shire PH33 6BU, Tel. 01397/702023, www.craignevis.co.uk, B&B ab 18 £.
●*Jugendherberge:* Glen Nevis, Fort William, Inverness-shire PH33 6ST, Tel. 0870/004 1120, Nov. geschl., ca. 2 km im Glen Nevis auf der rechten Seite.
●*Glen Nevis Caravan & Camping Park,* Fort William, Inverness-shire PH33 6SX, Tel. 01397/702191, www.glen-nevis.co.uk, ab 7,50 £.

Weitere Informationen
●Die beste Kneipe von Fort William ist das *Ben Nevis* an der Hauptstraße. Während die Bar eher für die jüngeren Einheimischen taugt, ist v. a. am Wochenende in der Lounge immer eine Bombenstimmung.

Verbindung
●Der *Zug-* und *Busbahnhof* liegt rechts der Belford Road, der Straße ins Zentrum, bevor man in die High Street biegt.
●Nach Kyle of Lochalsh und über Glencoe nach Glasgow fahren täglich drei Busse. Fort William verbinden neun Busse dreier Unternehmen mit Oban.
●Auf der *West Highland Line* von Fort William nach Mallaig fährt im Sommer auch eine alte Dampflok.

Ausflüge von Fort William

Nach Kyle of Lochalsh
Einer der schönsten Ausflüge ist der Abstecher nach Kyle of Lochalsh. Auf der A 82 fährt man wieder ins Great Glen bis nach Inver-

Highlands

Eilean Donan Castle

Plockton

garry. Hier biegt man links auf die A 87 ein. Schon bald lohnt sich der Stopp an einem Aussichtspunkt mit einem malerischen Blick über die bewaldeten Ufer Loch Loyne und entlang am Ufer des Loch Cluanie, erreicht man die Wasserscheide. Nun geht es durchs wildromantische **Glen Shiel** wieder abwärts bis auf Meereshöhe. Rechts der Straße liegen sich die **Five Sisters of Kintail** in über 1000 m Höhe in den Armen. Von **Shiel Bridge** aus lohnt sich für Freunde der Vorgeschichte ein Abstecher links über den Pass mit seinen spektakulären Aussichten zu den **Glenelg Brochs,** zwei gut erhaltenen Eisenzeitfestungen.

Weiter auf der A 87 erblickt man schon bald eines der meistfotografierten Castles von Schottland, **Eilean Donan Castle,** den trutzigen Sitz der *Mac Raes.* Auf der „Insel des St Donan", die wahrscheinlich bereits von den Pikten befestigt war, ließ *Alexander II.* im frühen 13. Jh. eine prächtige Königsburg bauen. Ihr vorläufige Ende ereilte die Burg in den Jacobitenkriegen, als drei englische Fregatten die alten Gemäuer gnadenlos in Schutt und Asche bombten. 1912 – 32 gelang es aber *Farquhar MacRae,* einem Maurer, der noch vertraut mit den alten Techniken war, anhand alter Zeichnungen die Burg originalgetreu wieder aufzubauen. Das echte Plagiat ist heute eines der Aushängecastles der Welt und darf in keinem wichtigen Ritterfilm fehlen: „Prinz Eisenherz", „Highlander" usw. (Apr. – Okt. täglich 10 – 17.30 Uhr, Eintritt).

Kyle of Lochalsh ist ein kleiner Ort, von dem man weiter nach Skye fahren kann. Auch ein Abstecher zum idyllischen **Plockton** mit seiner malerischen, von Palmen gesäumten Uferpromenade lohnt sich.

Nach Mallaig

Ein zweiter Ausflug von Fort William aus führt auf der A 830 nach Mallaig, dem südlichen Fährhafen zur Insel Skye. Gleich hinter der Stadt überquert man den Kaledonischen Kanal. Hier sollten Sie einen Blick auf **Neptune's Staircase** werfen. Acht direkt aufeinanderfolgende Stufen umfasst die 19,5 m hohe Schleusenleiter des Meeresgottes.

Am Ufer des Loch Eil, des tiefsten Einschnittes der See in die Berge von Lochaber, führt die Straße weiter bis **Glenfinnan,** einem winzigen Ort am Nordzipfel des Loch Shiel, wo **Charles Edward Stuart** 1745 seine Standarte aufpflanzte. Eine hässliche Säule mit der Statue eines Clansman erinnert heute an das große Ereignis.

Von **Mallaig,** einem ansonsten uninteressanten Ort, verkehren eine Autofähre nach Armadale auf Skye so-wie einige Personenfähren zu den Inseln Eigg, Rhum und Canna.

Glen Coe

Südlich von Fort William führt die A 82 durch das berühmteste und landschaftlich überwältigendste Tal des gesamten schottischen Hochlandes. Bis zu tausend Meter hoch ragen die Wände des **Glen Coe.** Unzählige Wasserfälle stürzen sich die Felsen hinab in den tosenden, wild zu Tal brechenden River Coe. Am Eingang des Tales hat der *National Trust* ein **Besucherzentrum** eingerichtet und veranstaltet im Sommer geführte Wanderungen durch die Berge (im Sommer Mo–So 9.30–17 Uhr, im Winter Do–So 10–16 Uhr, Eintritt).

Highlands

Schottlands Tal der Tränen – Glen Coe

1692 war das grandiose Naturwunder des Glen Coe Kulisse für das tragischste der vielen **Massaker** in der Geschichte Schottlands. Nachdem der Aufstand der Jacobiten 1689 gescheitert war, stellte *William III. von Oranien* den Clans ein Ultimatum. Bis zum 31. Dezember 1691 sollten die Chieftains einen Eid auf den neuen König ablegen. Die Clans beugten sich der Gewalt. Nur der Chief der *MacDonalds of Glen Coe* wollte seine Treue zu den *Stuarts* dadurch zeigen, dass er den Eid bis zum letzten Tag hinauszögerte. Ein Sturm machte es dann aber unmöglich, pünktlich zu erscheinen. So legte er seinen Eid zwar ordnungsgemäß, aber ein paar Tage zu spät ab.

Williams Schottlandminister sah endlich den geeigneten Anlass gekommen, ein Exempel zu statuieren. *„Put all to the sword under seventy!"* (Überantworte alle unter siebzig dem Schwert!) lautete sein Befehl an *Captain Robert Campbell of Glenlyon.* Der marschierte mit 120 seiner Clansmen nach Glen Coe und gab vor, Quartier zu suchen.

Beinahe zwei Wochen ließen sich die *Campbells* von den *MacDonalds* aushalten. Dann, am 13. Februar 1692 um fünf Uhr morgens, bis in die Nacht hatten sie noch gemeinsam gezecht, zogen die *Campbells* die *MacDonalds,* Männer, Frauen, Kinder, aus den Betten und ermordeten sie. Wer entkam, starb in dem Schneesturm, der an diesem Tag durch das Tal wütete.

Das ruchloseste an diesem Verbrechen ist für Schotten nicht die Tat an sich, sondern der Bruch der Gastfreundschaft.

Glen Coe

Unterkunft

●*Clachaig Inn,* Glencoe, Argyll, Scotland PH49 4HX, Tel. 01855/811252, www.clachaig.com, B&B ab 36 £, kleines Hotel mit großer und guter Kneipe.

●*Jugendherberge:* Glencoe, Argyll, PA39 4HX, Tel. 0870/0041122, Standard, ganzjährig geöffnet.

●*Camping: Invercoe Caravans,* Invercoe, Argyll, Tel. 01855/811210, www.invercoe.co.uk, Tourer/Zelte 10 £, an der B 863 kurz vor Glencoe.

Am oberen Ende des Glen Coe lohnt sich nach rechts ein Abstecher ins *Glen Etive.* Folgt man der A 82, überquert man bald das *Rannoch Moor.* Über Tyndrum und Crianlarich, zwei Hochlandsiedlungen, die zum Wandern und Ausspannen einladen, folgt man weiter der A 82, die nun bergab wieder in weichere Landschaften und zum Ufer des schönsten Sees von Schottland führt:

Loch Lomond

Der **größte Binnensee Großbritanniens** gehört auch zu den größten touristischen Attraktionen. Das Westufer, an dem die laute A 82 entlangführt, bietet eine Vielzahl an Unterkünften. Das Ostufer lässt sich dafür nur über die winzige B 837 erreichen, die in *Rowardennan* endet. Von hier kann man den 974 m hohen, vom Ufer steil aufstrebenden Ben Lomond mit seiner grandiosen Aussicht erwandern (ca. 3 Std. Aufstieg). Empfehlenswert sind auch Bootsfahrten auf dem See, die Sie von Tarbet, Balloch oder Balmaha am Ostufer aus unternehmen können.

Unterkunft

●*Balloch House Hotel,* Balloch, Tel. 01389/752579, an A 82.

- **Gowanlea Guest House**, Balloch, Drymen Road, G83 8HS, Tel. 01389/755771.
- **Ardlui Hotel**, Ardlui, G83 7EB, Tel. 01301/704243. Fax 01301/704268, empfehlenswertes Hotel am Nordzipfel von Loch Lomond, ab 45 £.
- **Jugendherbergen:** *Rowardennan* (Grad 1), Tel. 01360/870259; *Jugendherberge Loch Lomond* (Grad 1), Tel. 01389/850 226, in einem alten Lustschlösschen, an der A 82 südl. von Arden.

Bevor man die A 82 weiter in Richtung Glasgow fährt, lohnt sich ein Abstecher nach **Helensburgh,** das hübsch am Fuß der Berge zwischen Loch Gare und der Clydemündung gelegen ist. Hier wurde 1888 *John Logie Baird* geboren, der den ersten Fernseher erfand. Helensburgh eignet sich auch ideal als Ausgangspunkt zum Schwimmen, Segeln oder Wandern.

Sehenswert ist das **Hill House,** ein Landhaus, das von dem berühmten Jugendstilarchitekten *Charles Rennie Mackintosh* 1902 erbaut wurde. Gemeinsam mit seiner Frau gestaltete er auch das Innere, so dass ein in seiner Vollständigkeit seltenes Manifest des schottischen Jugendstils entstand. Das Hill House, Upper Colquhoun Street, liegt an der B 832 am Stadtausgang von Helensburgh auf der rechten Seite (täglich Apr.–Okt. 13.30–17 Uhr, hoher Eintritt). Ein schöner Ausflug führt durch **Glen Fruin,** ein Tal, das sich von der B 832 aus erreichen lässt.

Bevor man von Loch Lomond oder Helensburgh aus nach Glasgow weiterfährt, passiert man noch die alte Werftenstadt **Dumbarton.** In der Stadtmitte erhebt sich auf dem Dumbarton Rock **Dumbarton Castle,**

wo einst die kindliche *Maria Stuart* vor den Heiratsplänen *Heinrichs VIII.* in Sicherheit gebracht worden war (im Sommer Mo–So 9.30–18.30 Uhr, im Winter nur Sa–Mi 16.30 Uhr, Eintritt 3,50 £, Kind 1,50 £).

Folgt man von Dumbarton aus weiter der A 82, so gelangt man über die Stadtautobahn genau ins Herz der Clydemetropole Glasgow.

Oban

Die Hafenstadt am Firth of Lorn ist ein florierender Ort, mit 8000 Einwohnern der größte im weiten Umkreis. Bekannt ist Oban als Urlaubsgebiet für Wassersportler, vor allem für Segler und Taucher. Sie profitieren von der geschützten Lage der Stadt. Die Insel Kerrara liegt wie ein Wellenbrecher in einer Entfernung von 1–2 Kilometern vor der Küste Obans und schützt den Hafen. Für Inselreisende, die mit den Schiffen der *Caledonian MacBrayne* auf die **Hebriden** fahren möchten, ist die Stadt Oban Durchgangsstation.

Im Spätsommer finden die **Highland Games** in Oban statt. Andere Feste, **Ceilidh Festival** und **Oban Mod,** werden im Oktober veranstaltet.

An Sehenswürdigkeiten ist Oban nicht reich, dafür besitzt es eine Kuriosität, den **McCaig's Tower.** Entworfen nach dem Vorbild eines Kolosseums, thront das eigenartige Bauwerk des Bankiers *McCaig* über der Stadt. Zwei Ziele verfolgte *McCaig* mit dem Bau, erstens sich und seiner Familie ein außergewöhnliches Denkmal zu schaffen, was ihm

Highlands

ohne Zweifel gelungen ist, und zweitens den vielen arbeitslosen Zeitgenossen eine Beschäftigung zu geben. Leider wurde das Bauwerk nicht vollendet, denn *McCaig* starb vorher und seine Erben verfolgten andere Ziele, als *McCaig's* Sozial-Turm zu vollenden (geöffnet beliebig, Eintritt frei).

Nördlich von Oban, zu Fuß ca. ½ Std., steht die Ruine des **Dunollie Castle** aus dem 13. Jh. Die Burg war einst der Stammsitz des Clans *MacDougall,* der die Grafschaft Lorne beherrschte. Von der Burgruine hat man einen schönen Ausblick auf die Bucht von Oban. Der Eintritt ist frei.

Eine andere Burg der *MacDougalls* findet sich weitere 6 km nördlich, abseits der A 85. Das **Dunstaffnage Castle** kontrollierte einst in strategisch günstiger Position die Einfahrt zum Loch Etive (im Sommer Mo–So, 9.30–18.30 Uhr, im Winter Mo–So 9.30–16.30 Uhr, 3 £, Senioren 2,30 £, Kinder 1,30 £).

Praktische Hinweise

Tourist Information
●**Tourist Board,** Argyll Square, Oban PA34 4AN, Tel. 01631/563122.

Unterkunft
●**Manor House Hotel,** Gallanach Road, Oban PA34 4LS, Tel. 01631/562087, zentral, an der Küste, ab 60 £.
●Das **Youth Hostel** in Oban, eine schöne Villa, liegt am Ufer an der Corran Esplanade in Richtung Norden, Fort William. Vom Bahnhof in Oban läuft man ca. 25 Min. bis zur Jugendherberge, Tel. 0870/0041144, ab 11 £.
●**Gallanachmore Farm,** Gallanachmore Road, erreicht man über die kleine Küsten-

straße südlich von Oban. Vom Zentrum der Stadt folgt man dem Hinweisschild Gallanach, Tel. 01631/562425. Für den Stellplatz bezahlt man ab 10 £ pro Übernachtung. Öffnungszeiten: Apr.–Okt.

Verbindungen
●Von Oban aus verkehren **Autofähren** mit den Hebrideninseln Mull, Lismore, Colonsay, Coll, Tiree, Barra und South Uist. Mittwochs ist eine Verbindung über Colonsay bis Islay möglich. Genauere Informationen über die Abfahrtszeiten der Fähren sind bei der jeweiligen Insel beschrieben.
●Oban ist mit der **Bahn** vom Bahnhof Glasgow Central zu erreichen. Oban ist die letzte Station der Bahnlinie. Wer weiter nach Norden will, muss zurückfahren bis Crianlarich. Von dort geht die Bahnlinie weiter bis nach Mallaig, der Fährablegestelle nach Skye.

Aktivitäten
●**Borro Boats,** Dungallan Parks, Gallanach Road, Tel. 01631/563292, verleiht kleinere Segel- und Motorboote.
●**Oban Highland Theatre,** George Street, Tel. 01631/562444, zentral, Kino, Theater.
●Reiter und Pferdeliebhaber finden ihr Glück im **Achnalarig Riding Center,** Reitstunden und Cross Country, Achnalarig Farm, Glenmitten, Oban, Tel. 01631/562745.

Kintyre

Ein schöner Ausflug führt auf den 100 km langen schottischen Zeigefinger Richtung Irland, die **Halbinsel Kintyre.** Durch eine weich gewellte Landschaft, die zum Meer hin oft als Steilküste mit vorgelagerten romantischen, einsamen Stränden abbricht, führt Sie die A 816 und ab Lochgilphead die A 83 in eines der ältesten Siedlungsgebiete Schottlands.

Von dieser Vergangenheit zeugen unzählige, ca. 5000 Jahre alte *stan-*

ding stones oder *cairns*, wie man sie besonders im Tal bei **Kilmartin** findet. Im frühen Mittelalter war die Halbinsel das Kernland der Scoten, deren Volksstamm Schottland den Namen gab. Zeugnisse ihrer Kultur geben die *Bildsteine* in der Kirche von Kilmartin oder **Dunadd Fort** etwas weiter südlich. Von dieser alten Hauptstadt des Königreiches Dalriada (6.–9. Jh.) blieben leider wenig mehr als ein steinerner Fußabdruck, der zu Krönungszeremonien diente, und der wunderschöne Blick über den idyllisch mäandernden River Add.

Vom hohen Mittelalter erzählt die Ruine des **Skipness Castle,** einer typischen Festung des 15. Jh., mit ihrem schönen Blick auf Arran. Die Burg liegt am Ende der B 8001, 3 km von Claonaig, dem Fähranleger zur Insel Arran. Ebenfalls an der Ostküste finden sich die romantischen Reste der kleinen Zisterzienser-Abtei **Saddel Abbey.**

Im Süden der Halbinsel liegt das gemütliche Landstädtchen **Campbeltown.** Erst während des Heringsbooms im 19. Jahrhundert wuchs der Ort zur Stadt heran. Geblieben sind davon nur zwei Destillerien, die aber einen der besten Malts Schottlands (*„Springbank"*) produzieren.

Wer es bis hierhin geschafft hat, darf nicht versäumen, auf den oft nebligen Felsen des über 400 m hohen **Mull of Kintyre** zu fahren. Exbeatle *Paul McCartney* hatte den steil aus dem Meer ragenden, auch im Sommer windumtosten Felsen in einem seiner größten Erfolge besungen. Der grandiose Blick reicht bis auf das nahe irische Festland.

Unterkunft

●**Ballygreggan Farm,** Drumlemble, zwischen Campbeltown und Machrihanish, Tel. 01586/810211, ab 15 £.

●**Westbank Guest House,** Dell Road, Campbeltown, Argyll PA28 6JG, Tel. 01586/553660, ab 23 £.

●**Machrihanish Camping & Caravanning Club Site,** East Trodigal, Campbeltown, von Campbeltown die B 843 Richtung Machrihanish, Tel. 01586/810366, ab 5,50 £.

Inveraray

Von der A 85 aus Richtung Oban kommend, biegt man hinter Loch Awe nach rechts ab, folgt der A 819 und erreicht Inveraray, ein Städtchen mit einer merkwürdigen Geschichte. Das Städtchen am Loch Fyne ist der Sitz der Herzöge von Argyll. Im 18. Jh. ließ *Archibald,* der dritte Herzog *(Duke)* of Argyll, seine mittelalterliche Burg abreißen, weil sie seinen ästhetischen Maßstäben widersprach. Das Fischerdorf Inveraray störte seinen Sinn für Kunst ebenso, und daher wurde zusammen mit der alten Burg auch gleich das Fischerdorf abgerissen.

Sehenswertes

Das **Inveraray Castle** liegt einen Kilometer nördlich von Inveraray an der A 83. Das Schloss des *Duke of Argyll,* des Clanchiefs der *Campbells,* begonnen im Jahr 1744, beanspruchte über 40 Jahre Bauzeit. Das Ergebnis ist ein prachtvolles, rechteckiges Märchenschloss mit vier runden Spitztürmen an jeder Ecke, eingebettet in eine künstlich angelegte Gartenlandschaft.

Highlands

(Apr.–Okt. Mo–Do, Sa 10–13 Uhr, 14–17.45 Uhr, So 13–17.45 Uhr, Fr geschlossen, Juli. und Aug. Mo–Sa 10–17.45 Uhr, So 13–17.45 Uhr, 6,30 £, Senioren 5,20 £, Kinder 4,10 £)

Inveraray Jail, das alte Gefängnis am Ufer von Loch Fyne, wurde umgestaltet in ein Gefängnismuseum. In den historisch präparierten Zellen sitzen ausgestopfte Menschenpuppen. Eine Ausstellung klärt über die Foltermethoden des Mittelalters auf (Apr.–Okt. 10–17 Uhr. 6 £, Senioren 4 £, Kinder 3 £).

An der A93, 8,5 km südwestlich von Inveraray, liegt das **Auchindrian Old Village,** ein Open-Air-Museum, das die traditionellen ‚Langhäuser‘ der West-Highlands und die Lebensweise deren Bevölkerung zeigt.

Öffnungszeiten: Mo–So 10–17 Uhr, 4,50 £, ermäßigt 3,50 £, Kind 2,20 £.

Unterkunft

● Das **Fern Point Hotel** am Pier kostet ab 22 £, Tel. 01499/302170.

● *George Hotel,* für Inveraray – preisgünstig, verlangt 25–35 £, Tel. 01499/302111.

● Das **Youth Hostel** in Inveraray findet sich in Richtung Dalmally/Oban. Von Arrochar kommend, biegt man am Ortseingang durch den steinernen Torbogen nach rechts ab. Nach etwa 500 Metern steht die Jugendherberge an der linken Straßenseite, Tel. 0870/0041125.

● *Caravaning:* Der *Argyll Caravan Park* liegt 4 km südlich von Inveraray, an der Küstenstraße A 83, Tel. 01499/302285, ab 12 £.

Cowal und Bute

Die Halbinsel Cowal, begrenzt von Loch Long im Osten und Loch Fyne im Westen, erreicht man, indem man von Inveraray auf der A 83 in Richtung Glasgow fährt und bei Cairndow nach rechts abbiegt.

Im Norden Cowals erstreckt sich der **Argyll Forest Park.** Ausgedehnte Wanderpfade führen durch die aufgeforsteten Gebiete zwischen Loch Eck und Loch Goil. Für Klettertouren ist das Bergmassiv, die „Arrochar Alps“, im Norden Cowals geeignet. Die Berge The Cobler und der Beinn Narnain erreichen beide eine Höhe von über 1000 m.

Die **Insel Bute** trennt nur ein Katzensprung vom Festland der Halbinsel Cowal. Bute gehört zum Naherholungsgebiet von Glasgow. Das Zentrum der Insel ist die Stadt **Rothesay** an der Westküste mit rund 6000 Bewohnern; auf dem Lande leben dagegen zum Vergleich nur rund 1500 Menschen.

Praktische Hinweise

Tourist Information

● *Alexandra Parade,* Dunoon, 7 Argyll PA23 8AB, Tel. 08707/200629.

Unterkunft

● *Esplanade Hotel,* Dunoon, West Bay, PA23 7HU, Tel. 01369/704070, kostet ab 39 £.

● *Glendaruel Caravan & Camping Park* liegt 7 km nördlich von Dunoon, Tel. 01369/820267, ab 11 £, Öffnungszeiten: Apr.–Okt.

Schottlands Inseln

Arran

Zwischen der Halbinsel Kintyre und der Küste von Ayr liegt Arran mit seinen 4700 Einwohnern. Die Insel lebt von den Touristen, die sich das vom Fremdenverkehrsbüro versprochene „Kleinschottland" ansehen möchten. Im Sommer ist die Fähre nach Brodick immer gut gefüllt mit Urlaubern, die sich aber angenehm verteilen auf Arran.

Sehenswertes

Nördlich von Brodick, an der A 841 in Richtung Lochranza, 3 Kilometer zu Fuß von der Anlegestelle, befinden sich die gut erhaltenen Gemäuer von **Brodick Castle Garden & Country Park.** Schon zu Wikingerzeiten gab es an der Stelle des heutigen Castles eine Befestigungsanlage der Inselbewohner. Die heutige Form der Burg entstand im 13. Jh., weitere Teile wurden in den Jahren 1652 und 1844 hinzugefügt (Apr. – Okt. täglich 11 – 16.30 Uhr, Garden & Country Park ist ganzjährig geöffnet, 10 £, ermäßigt 7 £).

Nördlich der Burg Brodick erhebt sich die Spitze des höchsten Berges auf Arran, des **Goatfells.** Der Berg ist 2866 ft (874 m) hoch; für trainierte Leute mit guter Ausrüstung problemlos zu besteigen. Der Weg auf die Höhe startet vom Parkplatz nahe der Cladach Sawmill (vor dem Brodick Castle); 5 – 6 Stunden für einen Marsch von 12 km, zum Teil steil bergauf, sind einzuplanen.

Im Norden Arrans in einer Bucht liegt der kleine Ort Lochranza. Bei

Schott. Inseln

Springflut wird das **Lochranza Castle** nass, so nahe steht es am Wasser. Die Burgruine aus dem 13. Jh., täglich geöffnet, ist eine typische Wohnburg, die früher von schottischen Königen als Jagdsitz benutzt wurde. *Robert Bruce,* König von Schottland, soll im Jahre 1307 nach seiner Jagd auf die sagenumwobene *Spinne von Rathlin Island* im Lochranza Castle eine Verschnaufpause eingelegt haben.

Praktische Hinweise

Tourist Information
●In Brodick direkt an der Fähranlegestelle, The Pier, KA27 8AU, Tel. 01770/302140.

Unterkunft
●**Carrick Lodge,** Brodick, Tel. 01770/302550, bietet viele Qualitäten, eine Lage mit schöner Aussicht und einen guten Service; das Doppelzimmer kostet ab 24 £ pro Person in der Hauptsaison.
●**Camping:** Die *Glen Rosa Farm Site* (very basic) liegt von Brodick in Richtung Blackwaterfoot. Vor dem Friedhof biegt man nach rechts ab und folgt dem *Glen Rosa Track*. Der Zeltplatz kostet ab 5 £, Tel. 01770/302 380.
●**Ormidale Hotel,** Brodick, ab 33 £, Tel. 01770/302293.

Aktivitäten
●**Rosaburn Fishing,** Brodick, Tel. 01770/302203, vergibt Erlaubnisscheine zum Angeln.
●**Ranger Service, Brodick Country Park,** Brodick Castle, Tel. 01770/302462, organisiert Bergtouren.
●**Brodick Boat and Cycle Hire,** The Beach, Brodick, hilft Boots- und Fahrradfahrern weiter, Tel. 01770/302388.

Verbindungen
●Arran besitzt zwei **Fährhäfen.** Die Hauptanlegestelle ist **Brodick** im Osten. Die Autofähre von Ardrossan benötigt 55 Min. und verkehrt im Sommer sechsmal täglich zwischen 7 Uhr und 18 Uhr. Sonntags beschränkt sich das Angebot auf 4 Fähren. Umgekehrt startet die erste Fähre von Brodick nach Ardrossan um 8.20 Uhr, die Letzte um 19.20 Uhr (freitags fährt eine späte Fähre von A. nach B. um 20.30 Uhr, von B. nach A. um 21.40 Uhr). Von der Anlegestelle in Ardrossan gibt es erstklassige Verbindungen mit dem Bahnhof *Glasgow Central.* Die Züge von Glasgow benötigen lediglich 30 Min. und fahren fast bis auf die Fähre. Nähere Informationen erteilt *Caledonian MacBrayne Ltd.,* The Pier, Gourock PA19 1QP, Tel. 01475/650100, oder die Tourist Information, Tel. 01770/302140. Preise für Fußgänger einfach ca. 5 £, Autos ca. 30 £.
●Vom **Fährhafen Lochranza** im Norden Arrans gibt es Fährverbindungen nach Claonaig auf der Halbinsel Kintyre. Diese Strecke bewältigt die Fähre im 70-Minuten-Takt zwischen 8.15 und 18.25 Uhr, umgekehrt von Claonaig nach Lochranza zwischen 8.50 und 19 Uhr. Für den Busservice zwischen Claonaig/ Kennacraig und Tarbert ist Näheres zu erfahren bei Argyll & Bute Council, Tel. 01546/604360. Einfache Fahrt 4,55 £, mit Auto 20,35 £.

Gigha

Gigha (ausgesprochen: *Gi'ir)* heißt auf Gälisch Gott. Das kleine Eiland, 6 km vor der Westküste Kintyres, besticht durch die Ruhe auf der Insel und durch seine Blumenpracht. 200 Einwohner leben auf der 10 qkm großen Insel.

Achamore House Gardens sind die Attraktion Gighas. Von einem früheren Besitzer der Insel, *Sir James Horlick,* angelegt, erfreuen sie heute wahrscheinlich jeden Hobbygärtner. Das ganze Jahr grünt und blüht es in den Gärten. Eine 3 km lange Tour führt durch die Achamore House

Gardens, in denen Kamelien, Magnolien, Rhododendren und tropische Gewächse gedeihen. Der Garten liegt von der Anlegestelle in ***Ardminish*** 10 Min. entfernt.

Verbindungen

● ***Von Tayinloan*** im Westen der Halbinsel Kintyre verkehren sechs ***Autofähren*** am Tag nach Gigha. Die erste Fähre von Tayinloan nach Gigha startet um 8 Uhr, die letzte um 17 Uhr, sonntags stündlich zwischen 11 und 13 Uhr.

● Umgekehrt, ***von Gigha*** nach Tayinloan, fährt die frühe Fähre um 7.40 Uhr, die späteste um 17.30 Uhr. Sonntags stündlich von 10.30 bis 16.30 Uhr. Die einfache Fahrt kostet 4,90 £, Auto ab 17,10 £. Dauer: 20 Min.

Unterkunft

● Im ***Post Office House,*** Tel. 01583/ 505251, in Achamore, kostet die Übernachtung ab 22 £ aufwärts. Das Post-Haus liegt zentral auf Gigha.

Islay

Westlich der Halbinsel Kintyre befindet sich die Insel Islay (gesprochen: *Eiler),* die zu den größten Inseln der Inneren Hebriden zählt. Whisky, Wildgänse und die sagenumwobene Geschichte von Islay locken die Besucher an.

Acht ***Destillerien*** verteilen sich über das 40 km lange und 35 km breite Eiland. Jede von ihnen brennt ihre eigene Geschmacksrichtung, und jeder Whisky lohnt einen Probeschluck.

Die bis zu 30.000 ***Wildgänse,*** die zwischen Oktober und Mitte April auf Islay überwintern, sind nur eine von 111 Vogelarten, die es auf Islay gibt.

Dem wechselnden Landschaftsbild entspricht eine Artenvielfalt vom Wiesenläufer bis zum Goldenen Adler. Die Steilküste, die Süß- oder Salzwasserseen, die Moorlandschaften, aber auch das Ackerland bieten den vielen Vogelarten ihren artgemäßen Lebensraum.

Sehenswertes

Die ***Kildalton Chapel*** steht fünf Kilometer hinter Ardbeg. Die Kirchenruine stammt aus dem frühen 13. Jh. Das Besondere an der Kapelle ist das ***Kildalton Cross*** aus dem 9. Jh. Das aus einem einzigen Stein gehauene keltische Kreuz steht auf dem Friedhof der Kirche. Die biblische Geschichte von Kain und Abel ist auf dem linken Arm des Kreuzes szenisch festgehalten. Die Bilder auf dem rechten Arm beschreiben die Geschichte, in welcher Gott den ihm ergebenen Abraham auffordert, seinen Sohn Isaak zu opfern.

Im Norden der Insel liegt ***Ardtalla,*** ein kleiner Ort, der fast verschwindet im Schatten des Beinn Bheigeir, dem mit 491 m höchsten Berges auf Islay. Von Ardtalla führt ein Weg nordwärts bis ***MacArthur's Head,*** wo ein Leuchtturm die Einfahrt in die Meeresenge zwischen Islay und Jura, den *Sound of Islay,* markiert.

The Oa wird der Südwestzipfel Islays genannt. Der Weg dorthin zweigt hinter Port Ellen nach links ab. Das zerklüftete Gebiet fällt zum Meer hin steil ab. Die vielen Kliffs und Höhlen von The Oa gewährten in früheren Zeiten den Schmugglern Schutz. Von der geschützten Lage

Schott. Inseln

profitieren heutzutage nur noch die **Vögel,** die in dem unwegsamen Küstengebiet brüten.

Praktische Hinweise

Tourist Information
●**The Square,** Bowmore PA43 7JP, Tel. 08707/200617 (ganzjährig geöffnet).

Unterkunft
●**Harbour Inn,** Bowmore, in der Nähe des Hafens, Tel. 01496/810330, ab 50 £.
●**Lochside Hotel,** Shore Street in Bowmore, ab 25,50 £, Tel. 01496/810244.
●**Lambeth House,** Jamieson Street, Bowmore, gute Ausgangsbasis, ab 20 £, Tel. 01496/810597.

Verbindungen
●Die **Fähre von Kennagraig** auf Kintyre steuert einen der beiden Fährhafen, Port Askaig oder Port Ellen, an und benötigt eine Fahrzeit von knapp 2 Stunden. Sie startet in der Regel dreimal täglich nach Islay: jeweils um 7, 13 und um 18 Uhr, Mi nur um 8.15 und um 16.30 Uhr.
●In der umgekehrten Richtung entweder **von Port Askaig** oder **von Port Ellen** laufen die Fähren nach Kennacraig wie folgt aus: Von Port Ellen in der Regel um 9.45 Uhr, außerdem Mo um 4.15 Uhr, Mi 5.30 Uhr, Sa um 4.15 Uhr, So keine. Von Port Askaig immer um 15.30 Uhr, Mi um 14 Uhr. Der Preis für die einfache Überfahrt liegt bei 6,35 £. Wer innerhalb von 5 Tagen wieder zurückfährt *(excursion),* zahlt 11,20 £. Für den PKW kostet die Überfahrt von 36 £ aufwärts.

Jura

Jura trennt von der südwestlichen Nachbarinsel Islay die Meeresenge *Sound of Islay,* die sich an der engsten Stelle bis auf einen Kilometer zusammenzieht. Die meisten der 250

Einwohner Juras wohnen in **Craighouse,** das an der einzigen Straße auf Jura liegt. Jene *single-track-road* folgt dem Verlauf der Ostküste, bis sie hinter Ardlussa im Norden Juras in einen ungeteerten Weg übergeht. Die Westküste der Insel hat weder eine Straße noch Bewohner. Bei einer Ausdehnung von max. 44 km Länge und 13 km Breite verlaufen sich die Einheimischen und die wenigen Touristen der Sommermonate auf Jura. Wanderer und Leute, die auf der Suche nach Ruhe sind, finden auf Jura eine Idylle vor.

Sehenswertes

Feolin heißt die Stelle, an der die Fähre von der Nachbarinsel Islay ankommt. Dort beginnt die 40 km lange, einspurige *single-track-road,* die Jura von Süden nach Norden entlang der Ostküste durchzieht. Zwischen Feolin und dem 15 km entfernten Craighouse finden sich entlang der Straße einige Steinkreise.

Clag Castle liegt auf einem Eiland in der Einfahrt des Sound of Islay, gegenüber dem MacArthur's-Head-Leuchtturm auf Islay. Hierher verbannten die *MacDonalds,* die auf Islay einst ihren Herrschaftssitz hatten, ihre Gefangenen.

Praktische Hinweise

Unterkunft
●**Jura Hotel,** Craighouse, Tel. 01496/820243, ist sehr gut ausgestattet und ein idealer Standort zum Wandern und für Wassersport; die Übernachtung kostet ab 35 £.

Verbindungen

● Die **Feolin-Autofähre** startet mehrmals am Tag von Port Askaig auf Islay zum Pier auf Jura, Fahrzeit ca. 10 Minuten.

Colonsay und Oronsay

Vierzig Kilometer südlich von Mull liegen Colonsay und die Schwesterinsel Oronsay. Vor der Fähranlegestelle in **Scalasaig** auf Colonsay tummeln sich in aller Ruhe ein paar Seehunde, und der Eindruck bestätigt sich: Die beiden Inseln, nur bei Ebbe miteinander verbunden, sind ein Ort der Entspannung. Die Natur lädt ein zum Spazierengehen an Sandstränden, an felsiger Küste oder zum Erklimmen der Hügel, deren höchster auf Colonsay 193 m erreicht.

Der *heilige Columba*, der auf Oronsay einen Zwischenstopp einlegte, als er von Irland ausgezogen war, um die heidnischen Schotten zu missionieren, soll die Insel Colonsay nach sich benannt haben. Für seinen weniger populären Begleiter, den *heiligen Oran*, blieb für die Namensgebung das kleine Eiland Oronsay.

In den **Kiloran Gardens** auf Colonsay kann man eine große Blütenpracht und tropische Gewächse bewundern. Der Eintritt ist frei. Kiloran liegt 4 km nördlich vom Fährhafen Scalasaig.

Praktische Hinweise

Unterkunft

● Das einzige Hotel, **Isle of Colonsay Hotel** ***, B&B und Diner von 25 bis 70 £, ganzjährig geöffnet, Tel. 01951/200316

Verbindungen

● Die **Autofähre nach Colonsay** legt von Oban ab, der geschäftigen Touristenstadt am *Firth of Lorn*. Sie erreicht Colonsay nach ca. 2,5 Stunden und landet auf der Ostseite der Insel, wo die Küste zum Meer hin sanft abflacht. Im Sommer laufen Fähren So 17.30 Uhr, Mo 17 Uhr, Mi 15.30 Uhr, Do 9 Uhr und Fr 17 Uhr aus.

● Die **Fähre von Colonsay** nach Oban startet So um 20 Uhr (Sommer), mittwochs um 11.45 und 18.05 Uhr, Do um 11.55 Uhr, freitags um 19.35 Uhr. Die Fahrzeit beträgt ca. 2,5 Stunden. Die Hin- und Rückfahrt kosten 19,55 £, mit Pkw ab 95 £ aufwärts.

Mull

Mull (3000 Einw.), die drittgrößte Insel der Hebriden, liegt nur ein paar Meilen vom Firth of Lorn getrennt, der Stadt Oban gegenüber. Obwohl dem Festland so nahe, gehört auch diese Insel in eine andere Welt, in die Welt der Hebriden. Die Menschen sprechen zum großen Teil noch Gälisch, spontane *Ceilidhs* (schottische Folklorefeste) sind in den Pubs von Tobermory noch echt und keine aufbereitete Touristenattraktion.

Sehenswertes

Vom Hafen in **Craignure** fährt im Sommer mehrmals täglich eine winzige **Eisenbahn,** die einzige der Hebriden, die etwa 2 km bis zum Castle Torosay (der „Bahnhof" liegt am alten Pier, vom Fähranleger aus zweimal links).

Torosay Castle wurde erst im 19. Jahrhundert von *William Bryce* im Scottish Baronial Stil erbaut. In den Räumlichkeiten sind vor allem die Bil-

Schott. Inseln

der von *Landseer* und *Thorburn* sehenswert. Ein wunderbarer, 5 ha großer Park, von *Robert Lorimer* in italienischem Stil entworfen, umgibt das Schlösschen (nur im Sommer, Mo–So 10.30–17 Uhr, Eintritt 5 £, Kind 2,25 £); im Sommer verkehrt ein Ausflugsboot von Oban aus direkt zum Schloss.

Über die Duart-Bucht blickt Torosay Castle auf das trutzige alte **Duart Castle.** Von Land aus führt eine kleine Nebenstraße der A 849 zur Burg (nur im Sommer, Mo–So 11–16.30 Uhr, Eintritt 4,50 £, Kind 2,25 £).

Tobermory (700 Einw.), im Nordosten der Insel, ist die Hauptstadt von Mull. Das Städtchen ist idyllisch in eine steile Bucht gebettet, die den Hafen nicht nur zu einem der sichersten, sondern auch zu einem der schönsten in Schottland macht. In den Pubs der Hafenfront herrscht fast immer gute Stimmung.

Das **Mull Museum** in einer verwandelten Kirche an der Hauptstraße ist das Heimatmuseum der Insel (nur im Sommer Mo–Fr 10–16 Uhr, Sa nur bis 13 Uhr, kleiner Eintritt).

Praktische Hinweise

Unterkunft
●**Baliscate Guest House,** Tobermory, Isle of Mull, Argyll PA75 6QA Tel. 01688/302048, B&B ab 27 £.
●**Jugendherberge,** Tobermory, Isle of Mull, Argyll PA75 6NU, Tel. 0870/0041151, ab 11 £. Geöffnet März–Okt. Fahrradverleih, liegt direkt an der nördlichen Hafenfront.
●**Camping,** *Tobermory Campingsite,* Newdale, Dervaig Road, kleiner Zeltplatz, Tel. 01688/302624, ab 4 £.

Verbindungen
●Vom Ende der A 884 in Lochaline überquert eine **Fähre** den Sound of Mull nach Fishnish. Außerdem verbindet eine Fähre Tobermory mit Kilchoan auf der Halbinsel Ardnamurchan (Oban – Craignure: täglich mehrmals, ab 4 £/Person, ab 36 £/Auto; Lochaline – Fishnish: mehrmals täglich, ab 2,50 £/Person, ab 11 £/Auto; Tobermory – Kilchoan: Mai bis Mitte Okt., mehrmals täglich, 4 £/Person, ab 20 £/Auto). Von Tobermory verkehren Fähren der *Caledonian MacBrayne* nach Castlebay auf Barra, Lochboisdale auf South Uist, nach Coll und Tiree.
●**Silver Swift Raraig House** in Tobermory, Tauch- und Fischexkursionen, Tel. 01688/302390.
●**Sightseeing Touren** und Ausflüge nach Iona macht u. a. Bowman's Coaches, Craignure, Tel. 01680/812313, Buchungen auch im Office in Oban, Station Road.

Iona

Iona ist das schottische Jerusalem, die Urstätte des Christentums für ganz Nordeuropa. Der schottische Apostel *St Columba,* ein vertriebener irischer Prinz, ging im Jahre 563 auf der kleinen, aber fruchtbaren Insel an Land und gründete die **Iona Abbey.** Die klösterliche Gemeinschaft wuchs und begann, erst die Westküste, dann ganz Schottland und später sogar Skandinavien zu bekehren. *St Columbas* Christentum war dem *hl. Johannes* verschrieben und unterschied sich vom „Katholizismus" des *hl. Petrus* vor allem durch seine dezentrale und unhierarchische Organisation, aber auch durch Lebensfreude und Nächstenliebe. Während der Raubzüge der *Wikinger* wurde das alte Kloster des *Columba* zerstört. Nur noch zwei alte keltische Kreuze (8. und 12. Jh.) erinnern heute an diese Keimzelle des Christentums.

Die heutige frühgotische Abteikirche datiert aus dem Jahr 1203, in dem der *Lord of the Isles* hier ein Benediktinerkloster stiftete. Die Insel war den mittelalterlichen Menschen so heilig, dass auf ihr 48 schottische, 4 irische und 8 norwegische Könige sowie unzählige Clanchiefs der westlichen Inseln begraben liegen. Der letzte schottische König, der hier die ewige Ruhe neben seinem Opfer *Duncan* fand, war der Usurpator *MacBeth* (täglich geöffnet, kleiner Eintritt).

Verbindungen

●Iona erreicht man von Fionnphort aus mit der Fähre, die ca. 5 Min. für die Überfahrt benötigt (Mo–Sa 8.15–18.15 Uhr, So 8.45– 18 Uhr fast stündlich, 3,75 £). Im Sommer werden auch Ausflugsfahrten von Oban aus nach Staffa und Iona angeboten.

Staffa

Dieser kleine Basaltfelsen, der Mull im Westen vorgelagert ist, soll *Felix Mendelssohn-Bartholdy* zu seiner „Hebriden-Ouvertüre" inspiriert haben. Mancher bezweifelt das allerdings, wenn er weiß, dass der Komponist bei der Überfahrt hochgradig seekrank wurde, ein Umstand, der auch heute noch manchem Besucher zum Verhängnis wird.

Die Bootsfahrt nach Staffa ist oft ein kleines Abenteuer und eine Landung nie garantiert. Wenn die See allerdings ein Anlegen an den steilen Felsen zulässt, werden Sie ein unvergessliches Erlebnis haben.

Vulkanische Aktivität hat diese faszinierende Insel aus unzähligen senkrecht nebeneinander stehenden Basaltsäulen errichtet. Danach hat das Meer in pausenloser Arbeit rund um die Insel Höhlen in den Stein gegraben. Die größte dieser Höhlen, **Fingals Cave,** misst 20 m in der Höhe, 15 m in der Breite, ist 37 m tief und gibt einem das Gefühl, in einem Dom zu stehen.

Verbindungen

●Im Sommer fährt täglich ein Boot, wenn das Wetter in dieser stürmischen Gegend es zulässt, **von Fionnphort** auf der Insel Mull über Iona zu der Insel.

●In der Hochsaison werden auch **von Oban** aus Ausflüge nach Staffa und Iona angeboten.

Skye

Skye, die größte Insel der Inneren Hebriden, steht im Ruf, die schönste Insel Schottlands zu sein, und – verdient ihn. Nicht nur bei Sonnenschein, der auf der Insel eher selten ist, sondern gerade wenn Nebelfetzen und Regenschauer die Mondlandschaft der bizarren Bergwelt durchziehen, erblüht Skye in romantischer Schönheit. Das schwarze Massiv der Black Cuillins oder auch der bizarre Basalt der Quiraings sind ein wahrer Kletter-, Wander- und Augenschmaus. *„Five seasons a day",* auf Skye ist das Versprechen Wirklichkeit. Im Grenzbereich zwischen Nebel und Avalon fühlen sich Feen, Gespenster und Geschichten heimisch.

Schott. Inseln

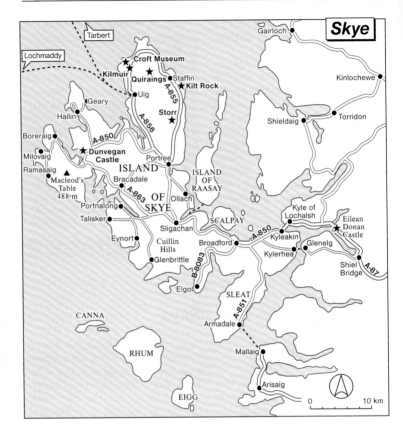

Verbindung

●Seit Skye mit **Kyle of Lochalsh** durch eine **Brücke** verbunden ist, sind die lauschigen Inselzeiten endgültig Vergangenheit.

●Mit der **Fähre** ist Skye von zwei Stellen aus erreichbar. **Von Mallaig** nach Armadale im Südosten verkehrt eine Fähre von *Caledonian MacBrayne* werktags mehrmals zwischen 9 und 18 Uhr, nur im Sommer nimmt sie auch Autos mit, Kostenpunkt: ab 18 £ für Autos und ab 3,50 £ für Fußgänger. Autofahrer sollten unbedingt vorbuchen. Tel.

08705/650000 oder Tel. 01687/462403 (Hafen in Mallaig), www.calmac.co.uk.

●Im Sommer verkehrt außerdem eine kleine private Ro-Ro-Fähre zwischen **Glenelg** und Kylerhea, Tel. 01599/511302, www.skye ferry.co.uk.

●Mit dem Festland ist Skye durch die **Busse** von *Scottish Citylink Coaches* verbunden. Sie fahren täglich vom Fähranleger in Uig nach Glasgow.

●**Lokale Busse** fahren meist zweimal täglich (morgens hin, nachmittags zurück) alle

wichtigen Orte an. Die Busse können überall per Handzeichen angehalten werden.
- Eine weitere Möglichkeit ist die Fahrt mit dem **Postboten** Tel. 08457/740740 oder Tel. 0044/1752/387112 (für Anrufe außerhalb Großbritanniens), www.postbus.royal mail.com.

Kyleakin

Über dem hübschen kleinen Hafenbecken von Kyleakin ragen drei Mauersäulen auf. Sie gehören zu **Castle Moil,** einer alten MacKinnon-Festung gegen Wikingerüberfälle. Kyleakin ist ein kleines Fischerörtchen, das heute vor allem vom Tourismus lebt.

Unterkunft
- **Jugendherberge:** Kyleakin, Isle of Skye IV41 8PL, Tel. 0870/0041134, ganzjährig geöffnet. Sie liegt vom Fährpier geradeaus, in der zweiten Straße links.

Broadford

Von Kyleakin fährt man auf der A 850 an der Küste entlang und kommt nach 13 km durch **Broadford.** Der Ort bietet Einkaufsmöglichkeiten sowie einige Hotels und eine Tankstelle. Gut eignet sich Broadford als Ausgangspunkt für Wanderungen oder Klettertouren in die nahen **Cuillin Hills.** Wegbeschreibungen erhält man in der **Tourist Information** (nur im Sommer) rechts der Straße in der Ortsmitte, Tel. 01471/822361.

Praktische Hinweise

Autoverleih
- **Skye Car Rental,** Broadford, Isle of Skye, IV49 9AB, Tel. 01471/822225, Fax: 822759.

Bei Sligachan

Unterkunft
- **Seaview Guest House,** Main Street, Broadford, IV49 9AB, Tel. 01471/820308, B&B ab 20 £.
- **Jugendherberge:** Broadford, Isle of Skye IV49 9AA, Tel. 0870/0041106, März–Okt.

Ein besonders lohnender Ausflug von Broadford führt auf der A 881 nach **Elgol.** Von hier verkehren zwei Passagierfähren (Tel. 0800/7313089 und 01471/866244) über das Loch Scavaig auf die Südseite der Cuillins. Die schwarzen, zerklüfteten Felsen der Cuillins begeistern Wanderer und Kletterer gleichermaßen. Von der Anlegestelle auf der anderen Seite des Loch Scavaig verläuft ein Weg am wunderschönen **Loch Coruisk,** einer Pilgerstätte der

Romantiker im 19. Jahrhundert, aufwärts. Durch die Cuillins hindurch erreicht man **Glenbrittle,** wo den ermüdeten Wanderer eine Jugendherberge und ein Campingplatz erwarten.

Ein Stück östlich von Broadford zweigt die A 851 auf die Halbinsel Sleat ab. Am Loch Na Dal geht links ein Pfad zur einsamen **Kinloch Lodge,** wo der derzeitige Chief of *Clan Donald* ein Hotel mit einem der besten Restaurants (Voranmeldung und angemessene Kleidung erbeten) der Insel unterhält (siehe unten).

In **Armadale** steht die Ruine des alten Stammschlosses des riesigen Clans (es gibt ca. 5 Millionen MacDonalds auf der Welt). Daneben hat im März 2003 das **Museum of the Isles** eröffnet, das die Geschichte der Highlands allgemein und des Clan MacDonald im Besonderen seit der Vorgeschichte erzählt (nur im Sommer, Mo–So 9.30–17.30 Uhr, Eintritt).

Unterkunft

●**Kinloch Lodge,** Isleornsay, Sleat, Isle of Skye IV43 8QY, Tel. 01471/833214, www.kinloch-lodge.co.uk, B&B inkl. Dinner ab 95 £.
●**Jugendherberge:** Armadale Y.H., Ardvasar, Sleat, Isle of Skye IV45 8RS, Tel. 0870/0041103.

Der Westen der Insel

Von Broadford folgt die A 850 der Küstenlinie nach Norden. Am Loch Ainort zweigt rechts eine malerische alte Straße mit wunderschönen Ausblicken auf die Inseln Scalpay und Raasay sowie das Festland ab (nur

für gut gefederte Autos passierbar). Kurz vor Sconsor biegt man dann wieder auf die A 850 ein.

In **Sligachan** zweigt kurz darauf die A 863 nach links Richtung Dunvegan ab, nach rechts geht die A 850 weiter bis Portree, der „Hauptstadt" der Insel. Das **Sligachan Hotel,** hier in einem der romantischsten Talkessel Schottlands, das genau in der Gabelung der Straße liegt, besitzt auch ein empfehlenswertes Restaurant.

Wenn Sie der A 863 folgen, biegt nach knapp 10 km links die B 8009 ab. Lohnende Abstecher von hier sind die Fahrt entlang des **Loch Harport** mit einer Besichtigung der **Talisker-Brennerei** oder abermals nach links ins oben erwähnte Glenbrittle als Ausgangspunkt für Wanderungen in die Cuillins.

Kurz bevor man auf der A 863 Dunvegan erreicht, zweigt links die Straße in die Heimat des Dudelsacks ab. Nach ein paar Kilometern auf einer sehr schlechten Straße gelangt man nach **Borreraig** mit seinem **Borreraig Park.** Hier lehrten die *MacCrimmons* über Jahrhunderte das Spiel auf der *bagpipe*. Sie waren die berühmtesten Bläser Schottlands und dienten den *MacLeods* vom 15. bis zum 18. Jh. als Piper. In dem kleinen Museum wird die Geschichte des Dudelsacks und der *MacCrimmons* erzählt (tgl. 9–17 Uhr, kleiner Eintritt).

Um jeden Berg auf Skye rankt sich mindestens eine Geschichte. Die schönste gehört zum 488 m hohen **Healaval Bag,** auf dieser Halbinsel: Als im 16. Jh. *Alasdair MacLeod,* der

Der Dudelsack

Das ureigenste Instrument der Schotten, so meint man heute, ist der Dudelsack. Doch die Überlieferungen sprechen in Ägypten schon um 1500 v. Chr. und in China gar zu Beginn des dritten Jahrtausends v. Chr. von einem Dudelsack. Im Mittelalter war er in ganz Europa verbreitet und hieß in Deutschland z. B. Sackpfeife, ganz wie heute noch in Schottland: bagpipe. Hierher hatten die römischen Truppen das Instrument gebracht.

Auch in Schottland wurde der Dudelsack in erster Linie ein **Militärinstrument,** das die eigenen Streiter anfeuern und die Gegner, z. B. die Engländer 1314 in Bannockburn in Panik versetzen sollte. Dabei begleiten drei Bordunpfeifen, die auf Grundton und Quint gestimmt sind, die Melodiepfeife. Durch ein kurzes Mundstück wird der Blasebalg mit Luft gefüllt.

Die Ausbildung zum **Meisterpfeifer** verlangt, dass der Absolvent mindestens 300 Kriegsmärsche *(pibrochs),* Klagelieder *(laments)* oder Tänze *(reels)* spielen kann. Der Überlieferung nach war das *Piping College* der *MacCrimmons* in Boreraig auf Skye die berühmteste Piperschule, auf deren Tradition sich noch heute das *Piping College* in Glasgow beruft.

Nach der Niederlage von Culloden (1746) wurde alles, was schottisch war, verboten. Wie das Gälisch und der Tartan fiel diesem Kulturmord auch die bagpipe zum Opfer. Erst die Auswanderungswelle im späten 19. Jh., deren Elend sich in den *laments* den klagendsten Ausdruck verschaffte, machten den Dudelsack wieder populär. Heute hat wieder jeder Hochlandort seine Piperband, die zu Festlichkeiten oder für die Besucher spielt.

Highland Gathering

Chief der *MacLeods,* in Holyrood weilte, provozierte ein Graf den „wilden" Hochländer, und sagte, dass es wohl auf Skye keinen so großen Saal mit so prachtvollen Leuchtern gäbe. Wenig später war der Earl Gast der *MacLeods* auf Skye. *Alasdair* führte den Spötter auf den Tafelberg *Healaval Bag,* wo unter dem klaren Nachthimmel auf das Üppigste gedeckt war, erhellt vom Licht Hunderter von Fackeln, die Clansmen rund um das Plateau in die Höhe hielten. Nach dem Essen wies *MacLeod* auf den Himmel und triumphierte: „Sie müssen zugeben, Sir, dass mein Dach höher, meine Tafel reicher und meine Leuchter prächtiger sind, als in irgendeiner Stadt." Seitdem heißt der Berg **MacLeods Table.**

Auf der A 863 gelangt man bald darauf zum **Dunvegan Castle,** das seit 1280 als Sitz des *Chief of Clan Leod* Loch Dunvegan beherrscht. Der größte Teil der heutigen Anlage stammt aus dem 17. Jh., bis auf die Zinnen und Erkerchen, die das romantische 19. Jh. verschuldete. Die Burg wird von einem herrlichen Park aus uralten Bäumen und riesigen Rhododendronbüschen umgeben.

Das Innere der Festung wäre wenig sehenswert, wenn da nicht die ehrwürdigen Reliquien von *Bonnie Prince Charlie* und *Flora MacDonald* und die wundertätige *Fairy Flag* wären, für deren Geschichten wir hier leider keinen Raum haben (im Sommer, Mo–So 10–17 Uhr, im Winter 11–16 Uhr, zu hoher Eintritt).

Kilt Rock

Aus der Bucht vor dem Castle macht ein kleines Boot Ausflüge zu den **Seehundbänken** im Loch Dunvegan.

Im Norden von Skye liegt die Halbinsel Trotternish. **Uig,** ein hübscher Fischer- und Fährhafen, liegt in einer weiten Bucht des Loch Snizort an der Westküste der Halbinsel **Trotternish.** Die Häuser schmiegen sich an die steilen Wände der verschlafenen Bucht, in der von Zeit zu Zeit die Fähren von *Caledonian MacBrayne* anlegen. Die Fähren laufen von hier aus Tarbert auf Harris und Lochmaddy auf North Uist an. Ein paar Pubs, vor allem am Ortseingang rechts, machen den Ort auch abends sympathisch.

Unterkunft

●Uig besitzt drei Hotels, deren teuerstes auch einen der erwähnten Pubs betreibt: **Uig Hotel,** Tel. 01470/542 205, www.uig hotel.com, B&B ab 40 £; Alternative: **The Ferry Inn,** Uig, IV51 9XP, Tel. 01478/611 216, www.ferryinn.co.uk, B&B ab 30 £.
●**Jugendherberge:** Uig, Isle of Skye IV51 9YD, Tel. 0870/0041155, Mai–Sept.

Nördlich von Uig liegt bald das **Skye Museum of Island Life,** ein sehenswert renoviertes Crofterdorf mit sieben Hütten, die reich mit landwirtschaftlichen Gerätschaften und Einrichtungsgegenständen ausgestattet sind (im Sommer Mo–Sa 9–17.30 Uhr, Eintritt). Auf der Nordspitze der Halbinsel finden sich noch die Reste von **Duntulm Castle,** der alten Burg der *MacDonalds*, die sich mit den *MacLeods* unzählige Schlachten um die Vorherrschaft auf der Insel lieferten.

Die Ostküste von Trotternish ist ein Muss für Schottlandbesucher und eine der atemberaubendsten Landschaften der Insel und Schottlands überhaupt. Die **Quiraings** sind bizarre Basaltberge, denen die Erosion sehenswerte Formen gab: z. B. **The Needle,** ein 36 m hoher Felsobelisk, oder **The Table,** ein grasbewachsenes Felsplateau.

An der Küste liegt der **Kilt Rock.** Die senkrechten Basaltsäulen dieser Steilküste haben mit etwas Phantasie das Aussehen der Falten eines Schottenrocks. Vorbei am zerklüfteten **Storr,** von dessen 719 m hoher Spitze sich ein herrlicher Rundblick bietet, und der fast 50 m hohen Felssäule **Old Man of Storr,** einer Herausforderung für Kletterer, erreicht man den malerischen Hafen von **Portree,** der tief unter der Straße in einer steilen Bucht liegt.

Portree besitzt alle wichtigen Vorteile der Zivilisation: Läden, einen Supermarkt an der Straße von Dunvegan, eine Post, eine Bank, Hotels und Restaurants. Das Städtchen eignet sich ideal als Ausgangspunkt, um Skye zu erkunden. Die berühmten **Skye Highland Games** finden Anfang August in Portree statt.

Tourist Information

●Bayfield Road, Portree, Isle of Skye IV51 9EL, Tel. 01478/612137.

Unterkunft

●**Cuillin Hills Hotel,** Portree, IV51 9LU, Tel. 01478/612003, www.cuillinhills-hotel-skye.co.uk, B&B ab 60 £, betreibt auch ein hervorragendes Restaurant.
●**Givendale Guest House,** Heron Place, Portree, Isle of Skye IV51 9GU, Tel.

Schott. Inseln

01478/612183, www.givendale.co.uk. B&B ab 23 £, kleiner und günstiger.

●*Camping:* *Torvaig Caravan & Campsite,* Portree, Isle of Skye IV51 9HS, Tel. 01478/611849, Tourer/Zelte ab 7 £, ca. 2 km nördlich an der A 855.

Die Äußeren Hebriden

Überblick

Im Atlantik, der schottischen Westküste vorgelagert, liegen die Hebriden, eine der ursprünglichsten Gegenden Schottlands. Die 31.000 **Einwohner** der Inselkette verteilen sich auf nur zehn der unzähligen kleinen Eilande. Die unbewohnten Inseln und die landschaftliche Einzigartigkeit des Archipels machen die Hebriden zu einem Asyl für die bedrohte maritime Tierwelt. Die Gesteine der Äußeren Hebriden zählen zu den ältesten **Gesteinsarten** der Erde. Der so genannte **Lewis Gneis** entstand vor ca. 2,9 Mrd. Jahren. An einigen Stellen existieren sogar noch ältere Gesteinsarten.

Überall auf den Inseln finden sich Zeugnisse einer uralten Steinzeitkultur. Im Mittelalter gehörten die Hebriden zum Herrschaftsbereich der Wikinger, bis sie im 12. Jh. unter die Lordship of the Isles der *MacDonalds of Islay* kamen. Die Clearances des 19. Jahrhunderts ließen die Hebriden noch stärker bluten als das Festland. Aber die Äußeren Hebriden sind eine der wenigen Stellen, wo sich das Gälisch auch als Alltagssprache noch erhalten hat.

Die Menschen auf den Hebriden leben in den typischen kleinen **Crofter-Dörfern** und oft auch noch in den

Jugendherberge des Gattliff Trust in Howmore

torfgedeckten **Black Houses.** Nach wie vor wird der Torf gestochen, der in großen Stapeln *(cruachs)* vor den Häusern liegt. Da Arbeitsplätze rar sind, bewirtschaften viele Familien nebenher noch ein kleines Croft oder stellen in Heimarbeit, besonders auf Harris, den berühmten Tweed her. Der wichtigste Arbeitgeber ist nach wie vor die **Fischereiindustrie.** Daneben gibt es nur wenig Arbeit im öffentlichen Bereich oder in der Tourismusbranche.

Lewis

Lewis ist nicht nur die größte der Hebrideninseln, sondern mit 20.500 Einwohnern auch die bevölkerungsreichste. Die Landschaft wird von hügeligen Mooren dominiert. Das Städtchen **Stornoway** ist das lebendige Zentrum der Insel und die einzige Stadt des Archipels. Sehenswert sind die **Town Hall,** mit dem **Museum Nan Eilean** über die Geschichte von Lewis und der **An Lanntair Galerie.** Das viktorianische **Lewis Castle** beherbergt heute ein College.

Zur Pflicht eines Lewisbesuchs gehören die 5000 Jahre alten **Tursachan Calanais** (stehenden Steine von Callanish). Die Größe, Vollständigkeit und malerische Lage der jungsteinzeitlichen Kultanlage strahlen noch heute auf den Betrachter eine Faszination aus wie kein anderer Steinkreis Schottlands.

Daneben sollte man den Besuch von **Dun Carloway,** das eines der besterhaltenen Brochs von Schottland ist, nicht versäumen. In Arnol, kurz hinter Carloway, lohnt sich ein Blick in das **Lewis Black House Museum,** in dem stets ein Torffeuer am Glimmen gehalten wird.

Harris

Die Halbinsel Harris mit ihrem Hauptort Tarbert unterscheidet sich vollständig von Lewis; beide Inseln sind zwar nicht durch das Meer, wohl aber durch unwegsame Berge voneinander getrennt. Von der weichgewellten Moorlandschaft ist nichts geblieben, Felsen, Berge, Fjorde und Buchten bestimmen das Bild. Zum Festland hin fallen die Felsen steil ins Wasser ab, während der Westküste eine Marschlandschaft mit herrlichen Sandstränden vorgelagert ist.

In **Rodel** an der Südspitze steht **St Clements Church.** Sie wurde im 12. Jh. in Kreuzform erbaut, später von den MacLeods erneuert und zu ihrer Grabkirche ausgebaut.

Nordharris ist der bergigste Teil der Äußeren Hebriden. Mit dem **Clisham** (Cliseam) steigt das Land auf 792 m an. Die Berge sind ein Paradies für Kletterer und Wanderer. Das **Scarista House** (Tel. 01859/550238,www.scaristahouse.com, außerdem ein kleines, aber feines Hotel) an der Westküste gehört zu den 100 besten Restaurants Schottlands.

Uist

North und **South Uist** sowie **Benbecula** sind keine drei einzelnen Inseln, sondern vielmehr ein Gewirr von Inselchen, aufgereiht wie auf eine Perlenschnur. Die einzelnen Inseln verlieren sich in einem Labyrinth

Schott. Inseln

Harris

aus Buchten, Fjorden, Seen, Bächen, Watt, Meerengen usw. Mit ca. 300 Einwohnern ist **Lochmaddy** der größte Ort auf North Uist. Auch auf Uist finden sich unzählige **stehende Steine** und **Steinkreise.**

Barra

Barra gehört zu den schönsten Inseln der Äußeren Hebriden. Ihr Reichtum liegt in der Farbenpracht der über 1000 verschiedenen wilden Blumenarten. Der wichtigste Ort der Insel ist **Castlebay,** dessen Hafen von **Kisimul Castle,** dem Stammschloss der *MacNeils of Barra* auf einer kleinen Insel im Hafenbecken, beherrscht wird.

Touristen Information
●26 Cromwell Street, Stornoway, Isle of Lewis, HS1 2DD, Tel. 01851/703088.

●Pier Road, Tarbert, Isle of Harris, Tel. 01859/502011.
●www.visithebrides.com.

Praktische Hinweise

Unterkunft
●**Park Guest House,** 30 James Street, Stornoway, Isle of Lewis HS1 2QN, Tel. 01851/702485, B&B ab 34 £, mit gutem Restaurant.
●**Harris Hotel,** Tarbert, Harris, Tel. 01859/502154, www.harrishotel.com, B&B ab 45 £.
●**Castlebay Hotel,** Castlebay, Barra, HS9 5XD, Tel. 01871/810223, www.castlebay-hotel.co.uk, B&B ab 38 £.
●**Jugendherbergen**: Sehr empfehlenswert sind die verschiedenen Selbstversorgerhütten des **Gatliff Trusts** in alten *Black Houses,* www.gatliff.org.uk

Verbindung
●Die **Flughäfen** Stornoway, Benbecula und Barra werden mehrmals täglich v. a. von

Glasgow, aber auch von Inverness aus, angeflogen. *British Airways:* Tel. 0870/850 9850 bzw. Tel. 0044/141/222222.

● *Caledonian MacBrayne* unterhält eine Flotte komfortabler **Autofähren** zwischen den Hebriden und dem Festland sowie zwischen den Inseln. Tel. 01475/650000. Es lohnt sich die Kombinationstickets **Island Hopscotch Ticket** oder **Island Rover Ticket** zu nutzen.

● *Bus:* Der öffentliche Busverkehr auf den Inseln ermöglicht es tagsüber (bis ca. 18 Uhr) recht gut voran zu kommen. Dreimal täglich fährt zudem eine Überlandroute, die auf die Fährfahrplan zwischen den Inseln abgestimmt ist. *Sonntags* kommt das Leben auf den Hebriden zum Erliegen, die B&B-Schilder werden eingeklappt und es fährt natürlich auch kein Bus mehr.

Orkney

Zwischen Atlantik und Nordsee, vom Festland aus schon zu sehen, liegt die Inselgruppe Orkney. 18 der knapp 70 Inseln des Archipels werden von den 19.400 Menschen bewohnt.

Die weichgewellte baumlose Agrarlandschaft bricht zum Meer hin, v. a. im Westen, schroff mit den höchsten Steilküsten von Großbritannien ab (St John's Head auf Hoy: 341 m), die Millionen von Seevögeln wie Dreizehenmöwen, Papageientauchern *(puffins)*, Tölpeln, Lummen, Kormoranen, Alken, Seeschwalben, Raubmöwen u. a. Lebensraum spenden. Der wichtigste Sektor der **Wirtschaft** ist auf Orkney daher auch die Landwirtschaft. Daneben tragen noch zwei große Destillerien, die Ölverladestation auf Flotta und nicht zuletzt der Tourismus zur ökonomischen Gesundheit der Inseln bei. Bemerkenswert sind auch die vielen **Kunst-** **handwerkstätten,** die in erster Linie Silberschmuck mit nordischen Motiven und Strickwaren herstellen.

Um 3000–4000 v. Chr. wurde Orkney von einem *rätselhaften mediterranen Volk* besiedelt, das Steinkreise, Gräber und ein Dorf hinterließ. Im 9. Jh. wurden die Inseln von den Wikingern erobert, und erst 1468 gingen sie von Norwegen an Schottland. Nach dem Ersten Weltkrieg lag die riesige, *kaiserliche deutsche Kriegsmarine* als Pfand der Alliierten in der Bucht von *Scapa Flow.* Nach einem Missverständnis bei der Unterzeichnung des Versailler Vertrages versenkte sich die Armada selbst. Die Bucht ist bis heute ein Magnet für Taucher aus aller Welt.

St Magnus Cathedral in Kirkwall

Schott. Inseln

Vorgeschichte Orkneys

Auf Orkney sind Überreste einer 5000–6000 Jahre alten Kultur in Form von Steinkreisen, Kammergräbern und einem Dorf besser erhalten als irgendwo sonst in Großbritannien.

Skara Brae, ein ca. 5000 Jahre altes Steinzeitdorf, ist mit seinen steinernen Häusereinrichtungen die Attraktion. Aber auch der **Ring of Brodgar** mit seinen 60 Steinen, das Kammergrab **Maes How,** das noch begehbar ist und kurioserweise die größte Runensammlung der Welt enthält, oder das riesige Kammergrab **Quoyness** auf Sanday lohnen einen Besuch.

Daneben zeugen die piktisch/wikingische Siedlung **Brough of Birsay** oder das **Gurness Broch** auch von der Bautätigkeit „jüngerer" Kulturen.

Hauptorte des Archipels sind **Stromness,** ein idyllischer kleiner Fischerhafen im Südosten von Mainland, und **Kirkwall.** Hier sind besonders die **St-Magnus-Kathedrale,** der **Earl's** und der **Bishop's Palace** und das **Tankerness Museum** sehenswert. Von Kirkwall aus können Fahrten über die ganze Insel unternommen werden.

Neben Mainland empfehlen wir besonders den Besuch von **Hoy.** Die Insel zieht durch unberührte Moorlandschaften den Besucher in ihren Bann. An der Westküste grüßt der **Old Man of Hoy,** eine 125 m hohe Felssäule, die Schiffe, und mit senkrechten 341 m ist **St John's Head** die höchste Steilküste von Großbritannien.

Dwarfie Stane auf Hoy

Touristen Information

- Stromness, The Ferry Terminal, Pier Head, Tel. 01856/850716.
- 6 Broad Street, Kirkwall (bei der Kathedrale), Tel. 01856/872856.
- www.visitorkney.com.

Praktische Hinweise

Unterkunft

- ***Lav'rockha Guest House,*** Inganess Road, Kirkwall, Orkney, KW15 1SP, Tel./Fax 01856/876103, www.lavrockha.co.uk, B&B ab 23 £, mit guter Küche.
- ***Ferry Inn,*** John Street, Stromness, KW16 3AD, Tel. 01856/850280, Hotel, Bar und Restaurant, B&B ab 25 £.
- ***Jugendherbergen:*** In Kirkwall und auf vier der kleineren Inseln.

Verbindung

- Von Glasgow, Aberdeen und Inverness wird ***Kirkwall*** mehrmals täglich angeflogen; *British Airways:* Tel. 0870/8509850.
- *NorthLink Ferries* betreibt von Scrabster und Aberdeen aus ***Fähren.*** Infos: Tel. 0845/6000449, www.northlinkferries.co.uk. Die Passagierfähren von *John O'Groats Ferries* pendeln zweimal, in der Hochsaison viermal täglich zwischen John O'Groats und Burwick. Die Gesellschaft bietet auch eine ***Busverbindung*** zwischen Inverness und Kirkwall an. Tel. 01955/611353, www.jogferry.co.uk. Preiswerter sind die Überfahrten mit Fähren von *Pentland Ferries* zwischen Gills und St Margaret's Hope (South Ronaldsay). Die Fähre kann auch eine begrenzte Zahl an Autos mitnehmen und ist im Hochsommer dreimal, im Winter nur einmal täglich in jeder Richtung unterwegs. Tel. 01856/831226, www.pentlandferries.co.uk
- Auf den einzelnen Inseln arbeiten mehrere kleine Busunternehmen, die das Fortkommen ermöglichen. Zwischen den Inseln verkehren die ***Fähren*** von *Orkney Ferries,* Tel. 01856/872044.
- Eine ***Flugverbindung*** zu den Inseln gibt es mit *Loganair,* Tel. 01856/872494 (Kirkwall Airport).

Shetland

Ähnlich wie Orkney hat auch Shetland bis heute seine eigene Identität bewahrt. In Shetland wird die **wikingische Tradition** weiter gepflegt. Nicht zuletzt mag das an der Ähnlichkeit der **Landschaften** von Shetland und Norwegen liegen. Die Eiszeit hat das vulkanische Gestein der Inseln tief eingeschnitten, so dass man nirgends auf den Inseln weiter als 5 km vom Meer entfernt ist. Das Land steigt mit dem *Ronas Hill* bis auf 450 m an und ist überwiegend mit Moor und Heide bedeckt. Die grandiosen Klippen und Felsen beheimaten **Seevögel, Robben** und **Fischotter.**

Die 23.000 Einwohner des nördlichsten Teils der Britischen Inseln leben überwiegend von der traditionsreichen **Fischereiindustrie** sowie von der Wollerzeugung und -verarbeitung, seit den 1970er Jahren natürlich auch von der Ölförderung.

Die Geschichte Shetlands unterscheidet sich kaum von der Orkneys. Seit 1970 werden die **Ölfelder** in den Gewässern um Shetland ausgebeutet.

Das administrative und überraschend lebendige Zentrum der Inseln ist die Stadt Lerwick (7500 Einwohner). Sehenswert sind das **Shetland Museum** (Wiedereröffnung Ende 2006) zur Geschichte der Inseln und das **Rathaus,** ein mächtiges Gebäude in viktorianischer Gotik. Die romantischen engen Gassen rund um die Commercial Street haben früher Schmugglern das Entkommen erleichtert. **Fort Charlotte** wurde 1665 unter *Cromwell* erbaut und im 18. Jh. umgestaltet.

Westlich von Lerwick liegt **Scalloway,** die alte Hauptstadt Shetlands. 1600 baute *Earl Patrick Stewart* das Castle, das noch heute den natürlichen Hafen des kleinen Fischerstädtchens dominiert. Neben dem Castle steht ein Geschäft der **Shetland Woollen Company,** das Strickwaren mit den bekannten Shetland-Mustern verkauft.

Von Sandwick weiter südlich an der Ostküste geht eine kleine Personenfähre (Tel. 01950/431367) zur unbewohnten Insel **Mousa.** Schon vom Festland aus erkennt man das berühmte **Mousa Broch,** das besterhaltene Broch Schottlands.

Bei **Sumburgh** an der Südspitze Mainlands liegt eine der wichtigsten archäologischen Fundstätten Europas: Der **Jarlshof** wurde vor der Steinzeit über eine Periode von 3000 Jahren bis in das frühe Mittelalter hinein besiedelt (nur im Sommer, Mo–So 9.30–18.30 Uhr, Eintritt).

Praktische Hinweise

Unterkunft
●**Fort Charlotte Guest House,** 1 Charlotte Street, ZE1 0JL, Tel. 01595/692140, www.fortcharlotte.co.uk, B&B ab 20 £.
●**Grand Hotel,** 149 Commercial Street, Lerwick, Tel. 01595/692826, www.kgq hotels.co.uk, B&B ab 65 £.
●**Jugendherberge,** *Islesburgh Community Center,* King Harald Street, Lerwick, Shetland, ZE1 0EQ, Tel. 01595/ 692114, Apr.–Sept. Wer vorbucht, wird auch noch eingelassen, wenn er erst mitten in der Nacht mit der Fähre ankommt.

Verbindung
●**Lerwick** wird von *Northline Ferries* einmal täglich von Aberdeen und einmal wöchentlich von Stromness aus angefahren, Tel. 0845/6000449.
●*British Airways* fliegen den **Flughafen Sumburgh,** mehrmals täglich von Aberdeen, Inverness, Edinburgh und Glasgow aus an, Tel. 0870/8509850.

Anhang

Literaturhinweise

Ein praktischer Reiseführer kann die meisten ein Land betreffenden Aspekte, Themen und Probleme nur anschneiden oder skizzieren, das liegt in der Natur der Sache. Für alle, die sich mehr für Großbritannien interessieren, haben wir an dieser Stelle eine kleine Auswahl an Literatur zusammengestellt.

● *Agricola, Christiane (Hrsg. und Übersetzung):* **Schottische Märchen** Insel Verlag, Frankfurt 1991.

Christiane Agricola hat in diesem empfehlenswerten Buch 89 Märchen und Sagen ausgewählt und liebevoll übersetzt. Die Geschichten reichen von Bauernmärchen bis zu Rittersagen. Besonders wertvoll machen das Buch darüberhinaus die ausführlichen Kommentare im Anhang, die viel zum Verständnis beitragen.

● *Barker, Juliet:* **The Brontës,** London 1994.

Neue Biographie aufgrund jüngerer Forschungen und neuer Funde zu den Brontë-Geschwistern von der ehemaligen Kustodin des Brontë Parsonage Museum, sehr einfühlsamer und gut geschriebener Bericht über das traurige Leben der vier Geschwister.

● *Baumer, Franz:* **König Artus und sein Zauberreich,** München 1993.

Alles über den sagenumwobenen König Artus und seine Tafelrunde.

● *Bell, Quentin:* **Virginia Woolf – Eine Biographie,** Frankfurt/Main 2003.

Quentin Bell, Sohn von Virginias Schwester, beschreibt einfühlsam und aus persönlicher Perspektive das Leben seiner Tante; eine große Biographie.

● *Bell, Quentin (et al.):* **Charleston – Past and Present,** London 1993.

Alles über das Leben in Charleston, die Besucher, die kunstvolle Ausgestaltung des Hauses und vieles mehr.

● *Bohrer, Karl-Heinz:* **Ein bisschen Lust am Untergang – Englische Ansichten,** Frankfurt/Main, 1982.

Bohrers gesammelte Zeitungsaufsätze in Buchform bringen dem Leser die englische Seele nahe.

● *Boswell, James:* **A Journal of a tour to the Hebrides with Samuel Johnson,** London 1786 (Reprint hg. von R. W. Chapman, London 1984).

Boswell beschreibt in diesem Klassiker die Reise in sein Heimatland, die er zusammen mit dem berühmten englischen Aufklärer Samuel Johnson unternahm. Neben Details aus dessen Leben und einer Erzählung der Flucht Bonnie Prince Charlies durch das Hochland vermittelt das Buch einen beredten Eindruck vom Schottland des 18. Jh.

● *Chaucer, Geoffrey:* **Canterbury Tales,** Darmstadt 1986.

Hervorragende Übersetzung von Chaucers Pilgergeschichten aus dem 14. Jh.

● *Doyle, Arthur Conan:* **Der Hund von Baskerville,** Zürich 2001.

Sherlock Holmes bei der Arbeit im schaurig-nebligen Dartmoor.

● *Drabble, Margaret (Hrsg.):* **The Oxford Companion to English Literature,** Oxford 2000.

Unverzichtbares Standardwerk zur englischen Literatur.

● *Du Maurier, Daphne:* **Gasthaus Jamaica,** München 1993.

Kein sonderlich großes Werk, immerhin Ansätze zu einer Landschaftsbeschreibung des Bodmin Moors.

● *Eagle, Dorothy/Stephen, Meic (Hrsg.):* **The Oxford Illustrated Literary Guide to Great Britain and Ireland,** Oxford 1992.

Wer hat was über wen wo geschrieben, Standardwerk über Autoren, die Örtlichkeiten ihres Schaffens und die Inhalte ihrer Arbeiten.

● *Fabian, Bernhard, (Hrsg.):* **Die englische Literatur.** Band 1: Epochen, Formen; Band 2: Autoren, München 1997.

Gute bis spannende Aufarbeitung der englischen Literaturgeschichte.

●*Ferris, Paul:* **Caitlin – The Life of Caitlin Thomas,** London 1995.

Das nicht gerade glückliche Leben von Dylan Thomas' Frau in einer detailreichen Beschreibung.

●*Ferris, Paul:* **Dylan Thomas,** London 2000.

Eine sehr gute Biographie über Dylan Thomas trauriges Leben.

●*Fontane, Theodor:* **Jenseit des Tweed, 1860,** Insel Taschenbuch, Frankfurt 2002.

Fontane, obwohl eigentlich mehr Englandliebhaber, versuchte mit diesem Buch seine Zeitgenossen für Schottland zu begeistern. Ganz im Stil romantischer Begeisterung für Sagen, Erzählungen und Anekdoten gehalten, ist dieses Buch ein Muss für alle, die in Schottland Geschichte und Geschichten suchen. Allein für die „Royal Mile" in Edinburgh listet Fontane fast zu jedem Haus eine romantische oder unheimliche Geschichte auf.

●*Garnet, Angelica:* **Freundliche Täuschungen – Eine Kindheit in Bloomsbury,** Berlin 1993.

Die Nichte von Virginia Woolf beschreibt wie sie zwischen all den großen Geistern und Genies aufgewachsen ist.

●*Gelfert, Hans-Dieter:* **Typisch englisch,** München 2002.

Wie die Briten wurden, was sie sind, lustiges und informatives Lesevergnügen.

●*Glendinning, Victoria:* **The Life of Vita Sackville-West,** London 2001.

Gute Biographie über Leben und Werk von Vita Sackville-West.

●*Hildesheimer, Wolfgang:* **Zeiten in Cornwall,** Frankfurt/Main 1991.

Sehr persönlicher Erfahrungsbericht über Hildesheimers Besuche in Cornwall, lesensund empfehlenswert.

●*Hunter, James:* **The making of the crofting communities,** Edinburgh 2000.

Hunter versucht in diesem Buch, hinter die Besonderheiten des schottischen crofting zu kommen. Ein Buch für alle, die mehr von schottischer Landwirtschaft und Landleben erfahren wollen.

●*Lawrence Thomas Edward,* **Die sieben Säulen der Weisheit,** München 1991.

Der persönliche Erfahrungsbericht von Lawrence von Arabien.

●*Mackie, J. D.:* **A History of Scotland** Penguin Book, London 1984.

Mackie, bis zu seinem Tod 1978 Professor für Geschichte in Glasgow und königlicher Historiograph in Schottland, hat mit diesem Buch ein auch Laien leicht zugängliches Werk zur Geschichte Schottlands geschrieben. Wer sich einen kurzen Überblick über schottische Geschichte schaffen will, dem sei dieses überall in Schottland erhältliche Bändchen empfohlen.

●*Manchester, William:* **Churchill – Der Traum vom Ruhm 1874–1932,** Band 1, Gütersloh 1989.

●*Manchester, William:* **Churchill – Allein gegen Hitler 1932–1940,** Band 2, Gütersloh 1990.

Sehr gute und detailreiche Biographie über Winston Churchill (Band 3 ist noch nicht erschienen).

●*Mattingly, Garret:* **Die Armada,** München 1988.

Ein äußerst spannender, sehr lesenswerter Bericht über die Armada.

●*Nicolson, Nigel:* **Portrait of a Marriage,** London 1994.

Der Sohn beschreibt die ungewöhnliche Ehe seiner Eltern Vita Sackville-West und Harold Nicolson.

●*Pepys, Samuel:* **Tagebuch,** Stuttgart 1997.

Das gleichermaßen vergnügliche wie informierende Tagebuch aus dem 17. Jh.

●*Ritchie, Anna und Graham:* **The ancient monuments of Orkney. Historic Building and Monuments,** Edinburgh 1995.

Das Ehepaar Ritchie hat mit diesem Bändchen, das man an allen eintrittspflichtigen Denkmälern des HBM erhält, einen lesenswerten, verständlichen und umfassenden Überblick über alle historischen Denkmäler Orkneys von der Steinzeit bis zur Neuzeit geschaffen.

●*Ritchie, J. N. G.:* **Brochs of Scotland,** Shire Archeology, Bucks 1998.

Das Büchlein gibt einen hervorragenden Einblick in den aktuellen Stand der Brochforschung. Zu empfehlen ist das Werk wegen seines hohen Spezialisierungsgrades nur Lesern, die mehr über die Welt der Eisenzeit und speziell die schottische Eigentümlichkeit des Brochbaues wissen wollen.

Anhang

● *Sackville-West, Vita:* **Schloss Chevron,** Frankfurt/Main 1985.

Das Leben auf dem Landsitz Knole in literarischer Form.

● *Schabert, Ina (Hrsg.):* **Shakespeare-Handbuch,** Stuttgart 2000.

Alles über Leben und Werk Shakespeares

● *Semsek, Hans-Günter:* **Häuser englischer Dichter,** Frankfurt 2000.

15 biographische Essays über bekannte englische Dichter und Schriftsteller, denen gemeinsam ist, dass man ihre Häuser mit der originalen Einrichtung besuchen kann.

● *Shakespeare, William:* **Sämtliche Werke in vier Bänden,** Berlin 2000.

Shakespeares gesammelte Werke, alle Stücke und Sonnette.

● *Spark, Muriel:* **Die Blütezeit der Miss Jean Brodie,** Diogenes Taschenbuch, Zürich 2003.

● *Standop, Ewald/Mertner, Edgar:* **Englische Literaturgeschichte,** Heidelberg 1992.

Gute, etwas akademische englische Literaturgeschichte.

● *Stewart, Desmond:* **Lawrence von Arabien,** Düsseldorf 1983.

Leben und Taten des Engländers Lawrence von Arabien.

● *Suerbaum, Ulrich:* **Das elisabethanische Zeitalter,** Stuttgart 1998.

Sehr informatives Buch über Geschichte, Staat, Regierung und Kultur zu Zeiten von Elisabeth I.

● *Thomas, Caitlin:* **Life with Dylan Thomas,** New York 1999.

Der persönliche Bericht von Caitlin über ihre Ehe mit Dylan Thomas.

● *Thomas, Dylan:* **Unter dem Milchwald,** Stuttgart 2003.

Das grandiose Spiel für Stimmen von dem Genie Dylan Thomas, sprachgewaltig übersetzt von Erich Fried – ohne Kenntnis dieses Meisterwerks darf man nicht nach Wales fahren.

● *Wagner, Margit:* **Schottland,** Prestel Verlag, München 1993.

Eine Mischung aus Reiseerzählung und Reiseführer. Das Buch ist wie ein Kalender aufgebaut, wobei die einzelnen Monate jeweils einer bestimmten Region zugeordnet werden. Auf diese Weise erhält der Leser einen schönen Einblick in das Land, die Geschichte und die Mentalität der Bewohner.

● *Walter, Kersten,* Gärten in Südengland, Köln 2000.

● *Woolf, Virginia:* **Orlando,** Frankfurt 1990.

Virginias literarische Verarbeitung ihrer Liebesgeschichte mit Vita Sackville-West.

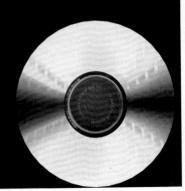

HILFE!

Dieses Reisehandbuch ist gespickt mit unzähligen Adressen, Preisen, Tipps und Infos. Nur vor Ort kann überprüft werden, was noch stimmt, was sich verändert hat, ob Preise gestiegen oder gefallen sind, ob ein Hotel, ein Restaurant immer noch empfehlenswert ist oder nicht mehr, ob ein Ziel noch oder jetzt erreichbar ist, ob es eine lohnende Alternative gibt usw.

Unsere Autoren sind zwar stetig unterwegs und versuchen, alle zwei Jahre eine komplette Aktualisierung zu erstellen, aber auf die Mithilfe von Reisenden können sie nicht verzichten.

Darum: Schreiben Sie uns, was sich geändert hat, was besser sein könnte, was gestrichen bzw. ergänzt werden soll. Nur so bleibt dieses Buch immer aktuell und zuverlässig. Wenn sich die Infos direkt auf das Buch beziehen, würde die Seitenangabe uns die Arbeit sehr erleichtern. Gut verwertbare Informationen belohnt der Verlag mit einem Sprechführer Ihrer Wahl aus der über 200 Bände umfassenden Reihe „Kauderwelsch". Bitte schreiben Sie an:

REISE KNOW-HOW Verlag Peter Rump GmbH, Postfach 140666, D-33626 Bielefeld, oder per e-mail an: info@reise-know-how.de

Danke!

Anhang

Anhang

Die Reiseführer von Reise

Know-How auf einen Blick

Wo man unsere Reiseliteratur bekommt:
Jede Buchhandlung Deutschlands, der Schweiz, Österreichs und der
Benelux-Staaten kann unsere Bücher beziehen. Wer sie dort nicht findet,
kann alle Bücher über unsere **Internet-Shops** bestellen.
Auf den Homepages gibt es **Informationen** zu allen Titeln:

www.reise-know-how.de oder www.reisebuch.de

Anhang

Umrechnungsfaktoren

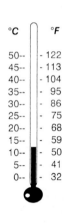

°C	°F
50--	- 122
45--	- 113
40--	- 104
35--	- 95
30--	- 86
25--	- 75
20--	- 68
15--	- 59
10--	- 50
5--	- 41
0--	- 32

Temperaturen

°Fahrenheit → °C	x 1,8 + 32
°C → °F	- 32 x 0,556

Längenmaße
Flächenmaße

Inches → Zentimeter	x 2,54
Zentimeter → Inches	x 0,39
Feet → Meter	x 0,3
Meter → Feet	x 3,28
Yards → Meter	x 0,91
Meter → Yards	x 1,09
Miles → Kilometer	x 1,61
Kilometer → Miles	x 0,62
Acres → Hektar	x 0,4
Hektar → Acres	x 2,47

Gewichte

Ounces → Gramm	x 28,35
Gramm → Ounces	x 0,035
Pounds → Kilogramm	x 0,45
Kilogramm → Pounds	x 2,21
British Tons → Tonnen	x 1,016
Tonnen → British Tons	x 0,985

Hohlmaße

Imperial Gallons → Liter	x 4,55
Liter → Imperial Gallons	x 0,22

Reifendruck

Pounds/Inch^2 → Bar	x 0,07
Bar → Pounds/Inch^2	x 14,2

Register

Anhang

Anhang

Anhang

Anhang

Die Autoren

Andreas Braun, Jahrgang 1968, wurde im Alter von 17 Jahren bei einer Reise quer durch Großbritannien vom Schottlandfieber infiziert. Seit dieser Zeit wandelt er begeistert über die karge Bergwelt des schottischen Hochlandes, fühlt sich aber genauso wohl im Süden Schottlands und muss immer wieder Glasgow besuchen. Sein großes Interesse hat der heute praktizierende Architekt auf die vielfältige schottische Baugeschichte und Baukunst gelegt.

Holger Cordes, Jahrgang 1969, studierte Geschichte und Volkswirtschaftslehre in Marburg und Poitiers. Seit er 1986 das erste Mal nach Schottland reiste, zieht es ihn immer wieder in dieses Land der lebendigen Geschichte, der Mythen und Legenden, aber auch der Wiege der modernen Nationalökonomie. Anziehender noch als die Weite der Bens, ist ihm das Wasser der Glens, das nach allerlei Verfeinerungen und Ruhe im Eichenbett Schottlands Einzigartigkeit in flüssiges Sonnenlicht verwandelt: in Single Malt Scotch Whisky.

Antje Großwendt, Jahrgang 1969, studierte Germanistik und Romanistik in Marburg, hat aber trotzdem eine ausgesprochen anglophile Ader. Seit 1990 bereist sie immer wieder Schottland, weil nirgendwo sonst die Schlossgespenster schauriger, die Dudelsäcke schräger und die Menschen schottischer sind. Mit Andreas Braun und Holger Cordes hat sie für dieses Handbuch die Ortsbeschreibungen für Schottland geschrieben. Ebenfalls bei REISE KNOW-HOW ist von ihnen bereits das Schottland-Handbuch erschienen.

Hans-Günter Semsek, Jahrgang 1952, studierte Soziologie und Philosophie, darunter ein Semester in London. Nach seinem Studium arbeitete er für mehrere Jahre als wissenschaftlicher Mitarbeiter an der Universität Bielefeld, war danach Verlagslektor und lebt heute als freier Journalist und Autor in Köln. Er hat für dieses Handbuch den Reisepraktischen Teil, die allgemeinen Informationen sowie die Ortsbeschreibungen für England und Wales geschrieben. Von ihm erschienen bei REISE KNOW-HOW bereits Reiseführer über London, England, der Süden und Irland.